KB087463

일제강점기 영화자료총서 — 07

신문기사로 본
조선영화

1924

일제강점기 영화자료총서─07

신문기사로 본 조선영화

1924

| 한국영상자료원 한국영화사연구소 엮음 |

Korean Film Archive
한국영상자료원

일러두기

1. 이 책은 한국영상자료원이 발간하는 〈일제강점기 영화자료총서－신문기사로 본 조선영화〉 다섯 번째 권으로 기획된 것입니다. 이 책의 발간을 위하여 연구기획 및 진행에 조준형, 공동 연구에 최은숙, 조외숙이 연구진으로 참여하였습니다

2. 이번 총서에는 기존 동아일보, 조선일보, 매일신보 외에 시대일보를 새롭게 추가하였습니다. 영화 기사를 중심으로 하되, 초기 영화사를 이해하는데 빼놓을 수 없는 극장, 극단, 환등회 등과 관련된 기사 및 광고를 포함하였고, 구극을 포함한 연극 및 극단의 구체적 활동, 기생 관련 등에 대한 기사는 선별적으로 수록하였습니다.

3. 이 책에 실린 기사는 맥락 이해를 위해 띄어쓰기와 쉼표, 마침표를 첨가하였을 뿐 대부분의 표기는 가능한 원문에 따랐습니다. 부분적으로 통일성이 부족하거나 당시와의 어법 차이로 인하여 독해에 불편함이 있더라도 이해해주시기 바랍니다.
다만 가독성을 높이기 위하여 원문 한자 중 한글로만 표기해도 될 것은 한글로 표기하였고, 나머지는 한글과 한자를 병기(한자를 괄호 안에 배치)하였습니다. 한자에 대한 오늘날의 음가와 당대의 음가가 다른 경우(여자와 여자, 현철과 현텰 등), 당대 한글 표기가 통일되어 있지 않은 경우(사진, 샤진, ᄾ진 등)에는 복수의 표기가 혼재되어 있습니다. 독자 여러분의 양해 바랍니다. 또한 광고면의 가독성을 높이기 위하여 영화 제목 및 극장명은 굵은 글씨체로 표기하였습니다.

4. 광고에서 흔히 보이는 '입(卄)'은 이십, '삽(卅)'은 삼십을 가리키는 한자입니다. 또한 당시 기사에서 'ᄼ'는 단음이 반복될 경우, 'ᄾ'는 두 음절 이상이 반복될 경우 사용되었습니다.

5. 기사 제목과 부제는 ' / ' 표시로 구분하여 병기하였고 코너 제목이 없는 광고의 경우 〈광고〉 표시를 붙였습니다.

6. 이 책은 2차 저작물이므로 본문에 실린 기사를 참조하실 경우 기사 원문의 출처와 더불어 이 책에서 인용하였음을 표기하여 주시기 바랍니다.

발간사

일제강점기 주요 일간지에 실린 영화 관련 기사를 집대성하고자 하는 야심
찬 포부를 가지고 시작한 '일제강점기 영화자료총서: 신문기사로 본 조선영
화' 시리즈가 올해로 다섯 번째 권을 맞이하게 되었습니다.

올해는 1924년의 신문기사를 모았습니다. 1924년에 이르면, 조선영화계는 완
연히 영화 산업의 체계를 갖추어갑니다. 1923년 일본인 감독과의 제작으로
만들어진 〈춘향전〉이 성공한 이후 본격화된 조선영화 제작은 단성사를 중
심으로 한 조선인의 자본과 연출로 만들어져 크게 인기를 얻은 〈장화홍련
전〉의 성공으로 이어집니다. 또한 부산에서 일본인 자본을 기반으로 만들어
진 조선키네마주식회사가 첫 영화로 〈해의 비곡〉을 개봉하였습니다. 말하자
면 1924년은 단발적이었던 영화의 제작과 흥행이 산업화의 기로로 접어드는
해라고 할 수 있을 것입니다. 이와 함께 조선총독부는 전국으로 일원화된 검
열 방침을 수립함으로써 영화 산업에 체계적으로 개입하기 시작하였습니다.
이 책은 이러한 당대 조선영화계의 제작과 배급, 상영, 정책의 흐름은 물론,
경향 각지에서 활발히 진행되었던 영화를 통한 정책 홍보와 계몽운동의 사
례들, 토월회를 비롯한 극단의 흐름, 새롭게 도입된 무선 통신 기술을 통한
라디오의 시험 방송 등 흥미롭고 풍부한 자료들을 담고 있습니다.

저희 영상자료원이 지속적으로 공개하는 이 자료들을 통해 한국영화사 연구
가 질적으로나 양적으로 한 단계 발전하는 계기가 만들어지기를 바랍니다.

이병훈
한국영상자료원장

차례

每日申報
朝鮮日報
東亞日報
時代日報
【1924년】

해제

1924년 신문 해제

이번 『신문기사로 본 조선영화 1924』에는 기존 매일신보와 동아일보, 조선일보 외에 새롭게 창간된 시대일보가 추가되었다. 조선일보는 특이하게 12월 24일부터 조간과 석간으로 나누어 매일 두 차례 신문을 발행했는데 이는 연말까지 이어졌다. 매일신보는 '연예계' 또는 '영화계'라는 특정한 란에서 개봉 영화의 내용을 자세히 설명하거나 간략하게 보도했다. 조선일보는 '연극과 활동'란을 통해 경성에서 상영되는 영화와 연극을 짤막하게 소개했다. 그러나 매일신보에는 10월 중순부터, 조선일보에는 9월 중순 무렵부터 영화나 연극계 소식을 알리는 고정란이 사라진 후 다시 등장하지 않는다. 1924년 3월 말에 창간된 시대일보는 6월까지 신문을 발행했지만 이후 간행이 중단되었다가 9월부터 속간되었다.

시대일보는 1924년 3월 31일에 최남선을 사장 겸 주간으로 하여 서울에서 일간지로 창간되었다. 조선일보와 동아일보가 1면을 정치면으로 편집했던 것과는 달리 시대일보는 1면을 사회면으로 편집했다. 이미 발행 초기부터 발행 부수가 2만 부에 이르렀던 시대일보는 조선일보, 동아일보와 함께 3대 민간지 시대를 정립했다.

그러나 경영난으로 보천교(普天敎)로부터 전도금(前渡金) 3만 원을 받은 것이 화근이 되어 보천교 측에서 1924년 7월 9일 시대일보의 경영권을 인수하고, 편집 겸 발행인의 명의를 이성영(李成英)으로 변경했다. 이에 사원들이 반발하자 7월 10일 자진 휴간을 신청했다. 이것이 사회 문제가 되어 7월 15일 조선교육협회관에서 '시대일보 사건토의회'를 개최하고 결의문을 채택하여 보천교 측의 처사에 대해 성토했다. 사회적 반발이 예상외로 크자 보천교 측에서는 대동신보(大東新報) 사장 박일근(朴逸根) 등에게 발행권을 양도하려 했다. 그러나 여론에 밀려 이 밀약마저 포기하고 결국 시대일보를 원상회복시키면서 9월 3일자로 속간호가 나오게 되었다.

그 뒤 1925년 4월 합자회사를 조직하고 임원진을 개편, 사장에 홍명희(洪命熹),

편집국장에 한기악(韓基岳) 등으로 진용을 가다듬었다. 그해 12월 30일 다시 발행인에 조준호(趙俊鎬), 편집인에 한기악, 인쇄인에 홍성희(洪性熹) 등으로 개편했다. 하지만 계속된 경영난으로 1926년 8월 발행이 중단되고, 무한책임사원 전원이 퇴사함에 따라 회사는 해산되고 발행 허가도 소실되고 말았다. 이후 이상협(李相協)이 1926년 9월 18일자로 시대일보의 판권을 인수, 11월 15일 중외일보(中外日報)로 제호를 바꾸고 창간호를 발행했다(시대일보에 관한 사항은 한국학중앙연구원의 『한국민족문화대백과』에서 해당 항목을 참조했다).

1924년 신문 기사 해제

1924년은 활동사진이 본격적으로 당대 대중들에게 그 의미와 가치를 확인시킨 해였다. 경성 활동사진 상설관에서 상영하는 영화들이 보다 풍부해졌음은 물론이요, 각종 선전 및 자선 구제 활동 등에 활동사진이 전국적으로 활발하게 동원되었다. 위생 선전, 시정 선전, 저축 선전, 온돌 개량, 산미(産米) 개량, 임업 선전, 지방 개량, 민풍 진흥, 축산 장려, 교육 선전, 산업 선전, 납세 선전, 조선 사정 활동사진회 등 총독부나 지방 정부 기관의 주관으로 온갖 선전 장려 활동에 활동사진이 적극적으로 활용되었다. 뿐만 아니라 축산공진회 활동사진 영사회(조선일보 24년 9월 18일), 광활(光活)청년회 활동사진회, 노동야학을 위한 활동사진회(조선일보 24년 12월 12일), 경성전기주식회사 선전 활동사진-강연회(매일신보 24년 11월 10일), 효진(孝進)청년회 자선 활사회(매일신보 24년 10월 11일), 민심 작흥을 위한 한해지(旱害地) 순회 활사회(매일신보 24년 10월 4일), 조선녀자교육협회 바자회 활동사진회(동아일보 24년 12월 6일), 자하청년회 주최 기근 구제 영화회(조선일보 24년 12월 1일), 성진 임명청년회 활동사진대 순회 영사, 간도 사정 활동사진회, 부인 납량 활동사진회와 축음기회 등 여러 단체들에 의해 다양한 목적으로 활동사진회가 개최되고 순회 영사회가 마련되어 만장(滿場)의 성황을 누렸다. 연극이나 강연, 음악 등과 함께, 혹은 단독으로, 활동사진이 보다 다양하고 활발하게 이용되었다. 뿐만 아니라 대중에게 미치는 영향력도 매우 커졌고 그 영향력이 전국적으로 확대되었다. 아울러 조선총독부에서 제작한 영화 〈어린 진고〉 〈조선의 연중행사〉 두 편이 경성뿐 아니라 지방(전라북도)에서도 무료로 공개되었다. 일제 강점기에 식민 주체인 총독부와 피식민 주체 스스로 추동한 계몽, 근대화 프로젝트에서 활동사진-영화는 가장 화려한 매체로 등극했다. 동시에 영화는 각광받는 대중오락으로도 급속히 부상하고 있었다. 매일신보 8월 31일자에 실린 애활가(愛活家)의 시 두 편은 거부하기 힘든 영화의 매혹과 영화 보기의 즐거움을 감각적으로 묘사함으로써 이런 정황을 매우 구체적으로 드러내고 있다.

영화가 대중 매체로 구성되어가는 과정에는 상영 확대에 따른 관객 형성과 더불어 본격적인 담론 생산이 반드시 필요하다. 1924년 조선에서 처음으로 영화 전문 잡지 〈애조(愛潮)〉가 발행되었는데, 10월 24일 창간호를 발행하면서 활동사진 대회를 개최하여 그 존재를 알리고 관객들과 함께 축하하였다(조선일보 24년 10월 8일, 10월 20일, 매일신보 24년 10월 17일, 24년 10월 24일). 이로써 이전까지 간간이 신문에서만 다루어지던 영화 관련 담론과 비평이 본격적으로 구성, 확산되는 계기가 마련되었다.

1923년에 시작된 조선 영화 제작은 1924년에도 이어져 8월 단성사 촬영부가 제작한 〈장화홍련전〉이 공개되었다. 일본 일활회사의 직속 기사였던 박정현이 감독을 맡고 단성사 변사 김영환이 각색을 하고 촬영 기사 이필우가 촬영한 이 영화는 조선의 설비로 조선인 배우를 기용한 순수 조선영화로 어필되었다. 시사회를 거쳐 9월 5일 단성사에서 개봉했는데 조선에 활동사진이 생긴 이래 초유의 성황을 거두었으며 (매일신보 24년 8월 31일, 9월 2일, 9월 6일, 9월 8일) 9월 중순부터는 대구의 만경관을 시작으로 지방 순연에 나섰다.

11월에는 조선 최초의 영화제작사인 부산의 '조선키네마'가 제작한 첫 번째 영화 〈해의 비곡(海의 秘曲)〉이 개봉했다. 부산에서 먼저 개봉한 이 영화는 윤백남 각색, 이월화, 이채전 주연으로 소개되었고 단성사에서 11월 12일에 개봉했다. 당시 단성사는 유니버설사, 송죽회사와 특약을 맺어 영화를 수급하고 있었는데 〈해의 비곡〉의 개봉에 앞서 조선키네마와도 특약을 맺었다. 이는 이후 조선키네마가 제작하는 영화를 지속적으로 공급받으려는 의도로 보인다(동아일보 24년 12월 10일 광고에는 '유사 송죽 조선키네마 특약 단성사'라는 문구가 들어 있다). 또 18일에는 〈해의 비곡〉이 대구 만경관에서도 상영되었다. 주연배우 이월화는 많은 인기와 주목을 끌었다. 이러한 성공에 힘입어 조선키네마는 곧바로 〈운영전〉 제작에 착수했다. 12월 21일 단성사에서 〈총희의 련(寵姬의 戀)〉으로 제목을 바꾸어 개봉할 예정이라고 보도되었으나 (매일신보 24년 12월 13일) 다음 해인 1925년 1월 14일에 개봉하게 된다. 〈운영전〉은 윤백남 감독, 김우연, 안종화 주연으로 크게 주목을 받았다. 제작 당시 초보 배우를 주연으로 기용하고 제작 현장에서 이 배우와 사적인 친밀감을 표현한 감독의 행태를 비판한 이월화의 일화가 소개되기도 했다(매일신보 24년 11월 26일, 12월 13일).

한편 조선극장의 경영을 맡은 일본인이 주축이 된 동아문화협회에서 제작한 〈비련의 곡〉이 11월 조선극장에서 개봉했다. 이 영화에 대해서 '세트와 연기 및 연출이 매우 어설프고 졸속으로 제작된 것이면서도 예술영화라고 선전되고 있다'고 비난한 글이 신문 독자 투고란에 실리기도 했다(매일신보 24년 12월 3일).

1924년에는 경성의 조선인 전문 활동사진 상설관 '조선극장'이 분규에 휩싸여 일정 기간 상영을 하지 못했으며 '우미관'이 화재로 전소되는 등 경성의 애활가(愛活家)들에게 안타까운 사건이 많았던 해이기도 했다.

연초에는 조선극장의 건물주 시택(矢澤)과 흥행권을 가진 황원균 사이에 소송이 벌어져(매일신보 24년 2월 27일, 동아일보 24년 3월 12일) 영업이 중단되었고 급기야 둘 사이에 난타극이 벌어지면서 분규가 확대되었다(매일신보 24년 3월 25일). 그러나 6월 초 황원균이 극장 경영을 한 달 동안만 독자적으로 맡기로 하고 다시 개관하여 토월회 연극을 상영했다(시대일보 24년 6월 10일). 한 달 후인 7월 일본인이 주관하는 동아문화협회(東亞文化協會)에서 조선극장을 경영하기로 최종 결정되면서 활동사진 상영이 재개되었다(동아일보 7월 13일).

5월에는 우미관에서 시험 영사를 하던 중 화재가 발생하여 극장이 전소되는 사고가 일어나 (매일신보, 동아일보 24년 5월 22일) 영업이 중단되었다. 신축에 들어갔으며 12월에 낙성되어 개관했다(동아일보 24년 12월 10일). 또한 9월에는 경성의 일본인 전문 활동사진관 '희락관 기계실에서 불이 나 필름 약 칠백 척이 소실되었다(동아일보 24년 9월 28일).

한편 6월에는 경성에 있는 일본인 전문 활동사진관 '대정관'과 '중앙관'이 미국 영화 상영 중지를 선언했다. 미국에서 1924년 7월 1일부터 일본인 이민 금지를 시행하기로 결정하자 일본에서는 이에 분개하여 미국과 미국 상품 배척을 주장하는 운동이 각계에서 일어났다. 영화계에서도 송죽과 일활을 중심으로 일본 내 활동사진회사들이 동맹하여 미국 영화 수입 및 상영 중지를 결정하기에 이르렀다. 이런 운동이 경성까지 파급되어 일본인 관객 전문 극장인 두 극장에서는 미국 영화 상영을 중지하고 일본 시대물로 대신하기로 결정했다(동아일보 매일신보 24년 6월 10일, 시대일보 24년 6월 11일, 매일신보 24년 6월 26일).

1924년에는 조선 영화 검열 장소가 통일되었다. 경성과 부산, 신의주 세 곳에서 모든 영화를 검열하고, 한 곳에서 검열받은 필름은 전국 어디에서나 영사할 수 있도록 결정되었다. 영화 수입이 주로 이루어지는 이 세 곳에서 영화를 검열하기로 했으나 부산과 신의주에는 아직 검열 설비가 갖추어지지 않았으므로 경성에서 검열을 통일적으로 실시하여 검열에 소요되는 경비와 시간을 줄이고자 했다(동아일보, 매일신보 24년 6월 30일).

1924년 후반에 무엇보다 경성과 조선을 흥분시켰던 것은 무선방송의 실체와 실시 여부에 대한 기대와 관심이었다. 1924년 3월 말에 창간된 《시대일보》는 '조선의 공중에 무선전화의 음향 파동될 달이 머지 않엇다'(시대일보 24년 9월 9일), '독일 무선전화를 경성서 방수(傍受)'(시대일보 24년 9월 14일), '사진을 무선 전송─무전계의 신기록'(시대일보 9월 20일) 등의 기사를 게재하며 무선방송에 대한 기대와 관심을 적극적으로 알리고 확산시키려 했다. 10월부터는 조선일보에서도 무선전화의 편리함과 이용 방식(조선일보 24년 10월 6일), 일본에서 실시한 무선방송의 실제(조선일보 24년 11월 24일)에 관한 보도를 통해 이러한 흐름에 적극 참여하면서 무선방송의 도래를 환영했다. 11월 말 경성에서도 곧 무선전화를 공개하기로 했다는 체신국의 결정이 보도되었으며(조선일보 24년 11월 30일) 이에 호응하듯 '무선전화 이약이'라는 기사를 게재하여 무선전화(방송)의 원리 및 송신기와 수신기의 가격과 활용 방법, 주의 사항 등을 독자들에게 자세히 설명하고 이의 구비를 독려했다(조선일보 24년 12월 12일, 13일). 마침내 조선일보사 주최로 12월 17일부터 무선방송 공개 시험을 실시하였다. 방송실은 조선일보에, 수신 설비는 우미관에 설치하고 초대한 인사들에게 조선말로 하는 시험 방송을 공개했다. 흥미로운 것은 시험 방송과 더불어 무선방송의 원리를 설명하는 활동사진을 영사했으며 전화와 축음기 소리를 무선방송 시험에 활용하여 우미관 밖 거리의 시민들에게도 신기한 경험을 하도록 했다는 점이다. 이후부터는 공회당으로 수신 장소를 옮겨 이틀 동안 더 무선 시험 방송을 공개했는데 공회당 장내뿐 아니라 장외에 수천 군중이 모여들어 신기한 근대 기술을 경험했다(조선일보 24년 12월 17일, 18일, 19일, 20일). 본격적인 무선방송은 이듬해 삼월부터 개시하기로 했는데 앞서 설명한 무선방송 시험이 축음기, 활동사진과 함께 이루어지면서 영화 관객들에게 유성영화의 도래를 기대하게 하고 그 충격적 경험을 예비하는 계기가 된 것으로 보인다.

객원연구원 최은숙

1월

동아 24.01.01 (3) 정초와 영화계 / 각처에 모다 새 사진

◇ 조선극장 시내 인사동 조선극장(朝鮮劇場)에서는 금 일일부터 신년 특별 흥행으로 불란서 문호 「주-마」 선생의 걸작 춘희(春姬)를 활동사진으로 박인 여섯권짜리와 문예극 오노의 청춘(懊惱의 靑春) 등을 상영한다는대 신년부터는 「마기노」 회사와 공영을 하기로 되얏다더라

◇ 단성사 시내 수은동에 잇는 단성사(團成社)에서는 인정영화 『사랑과 깃붐과 텬국』이라는 「메도로」 회사 특작품과 인정극 『벙어리와 절둑바리』라는 다섯권짜리를 상영한다하며

◇ 우미관 관텰동 우미관(優美舘)에서는 인정아동극 『소공녀』와 로국 문호 「쩌스터이에쓰프키」 씨의 걸작인 『카라마쏘프의 형뎨』를 상영할 터이라더라

동아 24.01.01 (6) (신년호 제이 2) 〈광고〉

근하신년
경성부 수은동
단성사

전화 광화문 구오구번
경성부 황금정 사정목
광무대
주(主) 박승필

동아 24.01.01 (7) (신년호 제이 3) [직업으로 본 세상의 면면] 세상이라는 전장에선 각인각양의 생활 이면(裏面) / 준비가 없다 / 여배우가 본 세상 / 신극좌 여우(女優) 최성해(崔星海)

오늘날 조선극계를 통하야 녀배우라고는 단 열 명이 못되고 그 열 사람 중에서 능히 자긔 예술만으로 자긔 몸을 직히어가는 사람은 한 사람도 업슴니다. 이것이 누구의 죄일가요?

물론 녀배우 자신의 지식 텬재에도 관계가 잇겟지만 우리 극계에서는 도뎌히 만도의 사랑을 한 몸에 실고 지낼만한 녀배우를 마지할 준비도 업는 줄로 밋습니다. 저는 무엇보다도 몬저 녀배우의 변변치 못함을 힝소하는 세상을 향하야 『나에게 생활의 안명을 주시오』 하겟습니다.

동아 24.01.01 (10) (신년호 제삼 2) 〈광고〉

근하신년
대구부 경정(京町)
활동사진 상설 만경관(萬鏡舘)
전화 사팔삼번

동아 24.01.01 (14) (신년호 제사 2) 조선극계의 장래 / 현철(玄哲)

동경 진재 후에 부흥의 고문격으로 후등 내상의 초빙에 응하야 일본을 방문한 미국 도시학자 "쎄아드" 박사는 진재로 인하야 황폐된 인심 수습에 대한 각 기자의 질문에 답하기를 "위대한 인물이 출현하야 추종의 신조로 인심을 회복하든지 그러치 아니하면 예술을 진흥하야 인심을 온유케하는 수 밧게 업다"고 하엿다. 일본의 민중이 과연 이 말을 실행하엿는지 실행치 아니 하엿는지 그것은 마치 모르지만은 하여튼 일비곡이라는 공원에 야외극이 각종의 단체에서 무료로 공개되엿고 따라서 음악의 공개도 잇섯으며 또는 낭화절이라고 하는 조선 가객의 단가와 가튼 노래의 공개도 성행하엿다.

이와가치 예술가의 활동으로 황폐한 인심을 위유함에 만은 공로가 잇슨 것은 신문지이 보도를 통하야 우리들이 알게되엿다. 물론 예술은 연극이나 음악 뿐으로만 지칭한 것이 아니겟지만은 요동된 인심을 선도하는대는 만은 군중과 접촉하야 이해하기에 다대한 지력을 요치 아니하는 음악이나 연극을 이용하는 것이 제일의 첩경이라고 하지 안을 수가 업다. 이러한 실례는 일본뿐 아니라 구주제국에서도 종종이 볼 수가 잇스니 구주대전 후 독일 정부에서는 극단체와 특별한 교섭이 잇서서 저렴한 관람료를 협정하야 일반 국민으로 하여금 간극(看劇)의 편리를 도하는 동시에 외국인에 대해서는 과다한 관극의 과세를 징하는 것만 보아도 우리들이 그 이유를 점두할 수가 잇슬 것이다.

일본은 공전의 진재로 일시적 인심이 요동되엿다. 구주는 대전으로 인심이 퇴폐하게 되엿다고 한다. 그러나 우리 조선 사람은 대전도 업섯고 진재도 업섯지만은 인심이 퇴폐한지 이미 오래다. 아마도 세계 엇더한 나라를 물론하고 소위 사천여년의 역사를 가지고 문명의 향락을 바다온 민족으로써 우리 조선 사람가치 소조냉락한 심정을 가진 사람은 없을 것이다. 정신적으로나 물질적으로나 우리의 번민과 고통은 일부일중첩하여 한시도 안심 입명

할 서광이 보이지 아니한다. 사회로 나가도 무슨 위안을 줄 시설이 업고 가정으로 들어와도 화락한 심정을 가지게 되지 못하엿스니 어버이는 자식을 이해치 못하고 자식은 어버이를 이해치 못하며 안해는 남편을 이해치 못하고 남편은 안해를 이해치 못하여 물질생활은 정신생활을 협조할 연락이 업고 정신생활은 물질생활을 조화할 도량이 업서서 무산자라고 불평은 불으지지면서 건강한 신체를 가지고 편편이 놀기만하여 자유라 하여 능장하는 것이 표준이고 위생이라 하여 엄동설한에 팔십 노친이 누어잇는 방문을 여러노키 일수이며 신식이라 하여 덥허놋코 구식이면 다 글으다하고 파괴라 하야 사람 치기를 장기로 알고 학자라 하여 머리 길느기만 능사로 삼으며 연단에서 책상만 치면 대영웅이 되며 회에서 회장만 되면 위인이 되고 글자만 짤느게 모아 노으면 대시인이 되며 "イ口ハ"만 알면[1] 대번역가가 되고 분만 발으고 무대에 오르기만 하면 명우로 자처하는 것이 현하 우리 조선의 상태이다.

아아 생각이 잇고 뜻이 잇는 자들아 깁흔 밤 고요한 자리 책상 우에서 스사로 이마에 손을 대이고 심사숙려하여 보라. 우리의 개인 생활이나 집단 생활이 얼마나 무질서, 무분간, 혼돈, 착오, 모순으로 혼탁되여 잇는가를? 이러한 행동이 더욱이 우리의 전도를 마타 잇는 소위 지식 계급의 청년남녀들에게서 주출되여 잇는 것을 볼 때에 엇지 우려지탄이 업스리요.

우리는 언제든지 이 모양, 이 현상으로 지내갈 것인가? 만일에 그러치 안타고 하면 반드시 무슨 방편으로나 정신을 차려서 좀 더 연구하고 좀 더 글을 읽으며 좀 더 생각하고 좀 더 확실하게 하지 아니하면 멀지 아니한 장래에 우리는 민멸을 당하고 말 것이다.

나는 세 가지 방법으로 이를 구제할 줄 안다. 하나는 위대한 인물이 나서 전 민족을 통일하거나 그러치 아니하면 종교의 힘을 빌거나 그 다음은 예술이 아니면 아니될 줄 안다. 그런데 위대한 인물은 누구다 다 될 수 업는 일이요, 졸지에 출현하기를 바라지 못할 것이다. 그러면 종교의 힘을 빌 수 박게 업는대 종교라고 하는 것은 신앙이라고 하는 근거가 업고는 하등의 효과가 업는 것이다. 그러나 신앙이라고 하는 것은 체험치 못하고 증명치 못할 무조건 절대 복종이 아니면 아니될 것이다. 그러한대 현대인의 심정은 무체험, 무증명한 신앙을 무조건으로 복종하기에는 좀 더 약아젓다. 종교라는 그것만으로는 현대인을 통솔하기가 점점 어렵게 되야온다. 그러면 그 다음에는 무엇인가? 오직 예술의 힘을 빌 수 박게 업도다. 이것이 나의 주장이요, 나의 희망이다. 우리 사회의 퇴폐한 이 인심을 구제하는 데는 예술 그것이 아니고 다른 도리는 업슬 것 갓다. 나는 생각하기를 현하의 우리 조선에는 일개의 민립대학보다도, 수개의 고등학교보다도 예술운동이 제일 필요한 줄 안

---

1) 이로하. 순서를 나타내는 기호. '가나다만 알면' 혹은 'ABC만 알면' 정도로 해석할 수 있다.

다. 그러면 예술 가운데도 엇더한 것이 가장 필요한가? 민중과 제일 접촉이 만은 연극 그것이 제일이라고 한다. 연극은 모든 예술형식에 가장 완비된 것이요, 가장 일반적인 까닭이다. 거긔에 우리 인민의 형이하와 형이상을 폭로, 발견, 전개, 이해, 해결하기 가장 절실한 첨경의 근저를 가지고 잇는 것이다. 인간은 이상한 편성이 잇는 까닭에 도적을 도적이라 하야서 듯기 조아하는 도적은 암아 업슬 것이다. 그러나 간접으로 도적의 비행을 빙징하면 거긔에 스사로 모개가 생길 것이다.

현하 세계 각국에서 정치상으로나 주의로나 교화상으로나 교육상으로나 엇더한 방면을 물론하고 연극을 이용하지 안은 것이 업다. 최근 구주의 연극 사조는 각 방면으로 팽창해것다. 가정에서는 가족이 모이여 연극을 하고 공장에서는 직공들이 기계를 돌려가며 연극을 하고 일본서는 야외극, 학교극, 아동극 등이 극성을 치하엿다. 구두 용라수여학교에서는 문예부가 잇서 무도까지 설비하여 매월 가극을 상연하는 것만 보와도 얼마나 연극이 인류의 미래 각계에 위대한 공적을 멈출 것인 줄 알 것이다.

여기에 비하야 가장 낙담, 실망, 분개할 것은 우리 조선의 극계이다. 나는 전자(前者)에 동아일보 신년호를 통하야 우리의 연극운동을 삼기(三期)로 분하야 제일기는 번역기, 제이기는 모작기, 제삼기는 창작기라고 하엿다. 그러나 우리 조선사회나 사중(社衆)은 넘어도 연극예술을 등한시한다. 공급을 선(先)히 하고 수요를 구하는 연극사업은 아직 식자간에서 연극을 연구하는 자가 없는 까닭으로 민중과 연극이 점점 간격을 멀리하고 잇다. 간혹 가다가 자칭의 연구가가 업지는 아니하나 한갓 희회건(戲詼件)이나 그러치 아니하면 일시의 호기심으로 연극이란 일홈을 빌녀서 민중을 농락거리로 아는 거긔에 지나지 아니한다.

거이 우리 민중은 두가지 조건을 회의(懷疑)하게 되얏다. 하나는 『자미없는 것』, 또 하나는 『손해보는 것』. 이 두 가지가 우리 극계에 쓸지 못할 근대(根蔕)를 박고 잇다.

여긔에서 나는 극계 진흥책으로 두가지를 연구하고 잇다. 한가지는 朝總[2] 역사극을 창시할 것. 또 한가지는 소녀가극을 창시할 것이다. 여긔에서 우리 극계에 근거를 엇지 못하면 아마 우리 조선민족은 영원히 연극이란 공효(功效)를 맛보지 못할줄 안다. 나의 이러한 계획이 실현되는 시는 확실히 성공할 줄 자신한다. 하고(何故)이냐 하면 그 민족의 사극은 그 민족의 전통적 취미성을 야기키 용이한 까닭이요, 소녀가극은 창가, 무도, 노래, 춤이 혼합조화됨으로 속중(俗衆)의 위안과 오락에 시각과 청각을 가장 평이하게 작용할 수 잇슬 쓴 아니라 소녀의 무대상 활동은 인간본능적 이성(異性) 호감의 정취를 이용할 수가 잇는 까닭이다.

이러한 가극 여우(女優)는 현하의 조선 형편으로 오해는 마시요만은—매수(買收) 교양이

---

2) 朝鮮의 오식으로 보임.

아니면 아니될 것이다. 그러치 안코는 사흘이 못가서 돈잇는 놈의 노리개가 되고 말 것이니까— 나는 여긔에 대해셔 연래(年來)의 복안을 가지고 잇다. 자금이 오천 원만 잇스면 완성할 수가 잇스니까. 나가튼 거어지는 오 원도 어렵지만은 죽을 째까지 연구를 계속하면 어너째던지 실현될 시일이 잇슬줄 안다. 나의 종생(終生)의 본업은 연극을 연구하는 것이다. 나는 진심으로 연극을 연구하고자 하는 남녀를 바라서 말지 아니한다. 내게는 매월 평균 이삼 인의 연극을 배우겟다고 오는 남녀가 잇다. 즉 광대가 되겟다고 광대를 차자오는 사람이 잇다. 그러나 한 사람도 영원히 악수한 사람이 업다. 오는 그 사람들은 이것저것 모도 실패에 낙담하고 『에라 이것저것 다 안되니 연극이나 하여 한 세상 유쾌이나 보내깃다』하는 이러한 심정을 가진 사람들 뿐이다.

그러나 연극사업가치 노역중 더 심한 노역이 업고, 노동중에 더 큰 노동이 업다. 그네들이 생각하는 것만치 그처럼 유쾌하고 용이한 사업이 아니다. 조선서 모든 극단이라고 자칭하는 것이 자미업다는 정평과 손실한다는 별명을 듯는 것은 전부 원인이 이 유쾌하다는 그것과 용이하다는 거긔에서 각본한 책만 보고 무대에 올으기만 하면 되리라 하는 거긔에 모든 병통이 생기는 것이다. 그리고 나는 연극을 배올 적에 청년시대로 가장 공부하기 조흔 째에 유쾌를 취해서 배운 것도 아니요, 용이하니 배운 것도 아니요 연한이 적으니 배운 것도 아니다. 법률경제를 배울 처지가 못되여서 배운 것도 아니요, 상업공업을 못배울 경우가 되여서 나를 차자오는 사람과 가치 『에라 이것저것 안되니 연극이나 하여 한 세상 쉬놀다가 죽겟다』하는 그러한 사람의 심정을 가지고 배운 것이 아니니까 그러한 입지로 배우겟다는 그 사람을 악수할 수가 없다.

그럼으로 나는 한 사람도 제자가 업다. 생각하면 가련한 물건이다. 쓰다가 보니 지정한 행수(行數)가 넘어 지나첫다. 또 만타고 신문사에서 내여줄는지 모르지만은 만일 내여주면 현(玄)광대의 종생의 영광이다. 인제 그만둘야고 각필(擱筆)한다. 다 써노코 보니 극에 대한 내용이 가장 빈약하고 제말만이 한 것 갓다. 그러나 그것은 현광대의 잘못이 아니라 신문사의 잘못이다. 웨 그러냐하면 신문사에서 주문이 현광대의 극에 대한 주의나 희망을 말하라는 까닭에 이러한 실업슨 자기 광고 가튼 것이 되고 말앗다.

당상당하(堂上堂下)에 만은 용서를 바랍니다.

매일 24.01.01 (4) 〈광고〉 근하신년

경성 창덕궁 입구

모범적 활동사진 영사 단성사

전화 광화문 구오구번

경성 황금유원

조선구극 원조 광무대

박승필

조선 24.01.01 (1) 〈광고〉 근하신년

경성부 인사동

일본 송죽 기네마 주식회사 특약

반도 초유 주야 개관 조선극장

주(主) 황원균

전화 광화문[3]

조선 24.01.01 (9) 〈광고〉 정하(正賀)

시내 인사동

조선극장 설해부

주임　김영환(金永煥)

　　　윤화(尹華)

　　　신무균(申武均)

　　　오태선(吳泰善)

　　　조재욱(趙載旭)

조선 24.01.01 (12) 〈광고〉 정하(正賀)

민중극단

단장　안광익(安光翊)

　　　권일청(權一晴)

　　　최성해(崔星海)

　　　송해천(宋海天)

　　　안종화(安鍾和)

기외(其外) 남녀배우 일동

---

3) 원문파손됨. 파손된 부분의 내용은 조선극장의 전화번호인 '구팔사번'으로 추측됨.

동아 24.01.02 (3) 〈광고〉

근하신년

함흥 동명(東明)극장

조선 24.01.02 (3) [연극과 활동]

시내 죠션극장에셔는 작일부터 신년 축하하는 의미로 특별한 사진을 상장하얏다는데 그 사진은 미국에셔 유명한 활동사진회사인 「졔네빌」 회사에셔 다수한 금전과 상긔의 일수을 허비하고 유명한 배우만으로 망라하야 고심걸작인 「알례ㄱ산드 주마」라는 슌전한 인졍극임으로 엇재든 일차 관람할 가치가 잇다 하며, 기외에도 여러가지 취미가 진々한 사진이 다수하다는데 죠선극장이 이와 갓튼 사진을 상장하게 된 원인은 관주되는 황원균 씨가 셰전에 일본에 건너가셔 사계의 권위자인 「마기노」 회사와 특약을 쳬결하는 동시에 이후부터 죠션극장을 공동경영하기로 되얏슴으로 그 회사에셔 유수한 사진만 특별이 보내는 것이라고.

조선 24.01.02 (4) 〈광고〉

당 일월 일일(화요)붓터

주야 이회 개관 삼일간 (유사(社) 날)

신년 특별사진 대공개

미국 유사 대작 영화

세계적 대역사(大力士) 에루모링칸 씨 주연

대활극 **무철포자(無鐵砲者)** 전이권

미국 유사 공전의 대작영화

명우(名優) 총출연

연속군사모험활극 **명금(名金)** 전이십이편 사십사권 중

최종편 십오, 십육, 십칠, 십팔, 십구, 이십, 이십일, 이십이편 전십사권 상장

애활가(愛活家) 제위(諸位)의 ᄃᆡ한 환영에 싸인 명금(名金)도

금회(今回)에 이르러 최후 종결에 이르럿습니다!

기다리시든…… 명금 종편

기회를 일치 마시고 쏙 보셔요……

유사 송죽 특약 **단성사**

전화 광화문 구오구번

일월 일일브터 육일간 주야 이회 공개

문예영화 상영

미국 도라이앙글 회사 특작

종교극 **여명의 구수(黎明의 救手)** 전오권

셰네-데르 회사 특작품

알네ㄱ산드, 주마 선생 불후의 대걸작

국제 명미인(明美人) 헤레ㄴ스페리 양 주연

문예영화 **춘희** 전육권

미국 오리에ㄴ다루 회사 대작품

인정극 **오뇌(懊惱)의 청춘** 전육권

화형(花形) 메리마디루스미다 양 주연

예고

차회 영화 『부로-드워드린컨』

명*(名*) 『판다스마』

진품(珍品) 『둘ㅈ번 남편』

경성부 인사동

마기노 공영관(共映舘) 명영화(畵) 상설 **조선극장**

전화 광화문 구팔사번

일월 일일부터 육일ㅅ지 주야 고급 명화 공개

미국 호와이트필늬ㅁ 회사

실사 **아이누의 웅제(熊祭)** 전일권

미국 파라마운트 크라후트 영화

화형(花形) 바니오레ㅅ트, 해링쿠 양 주연

풍자** **에부리우망** 전팔권

미국 메도로쏀인다 회사

후랑크링푸아남 씨 주연

연속활극 **괴인의 비밀** 전십오편 삼십권

초회 제일편 심야의 비밀 제이편 사(死)의 보증

미국 쌔데-지사

루스로란트 양 주연

연속활극 **호와이트이-구루** 전십오편 삼십일권

초회 제일편 *상자(*相者)에게 제이편 동혈(洞穴) 내 황금지(黃金池)

일활 특약 우미관

전화 광화문 삼구오번

동아 24.01.03 (2) 조선 여자 순극단(巡劇團) / 사십어 처에서 오쳔 원 긔부 모집

본보에 루차 보도한 바와 가치 조선녀자교육협회(朝鮮女子敎育協會)에서는 대략 사십일간 예명으로 「녀자연극단」을 조직하야 가지고 남조선 각지를 순회하며 그 회관의 건축비 겸 교사 건축비의 긔부금을 모집한 결과 의외에 조흔 성적을 엇게되얏는대 그 성적의 내용은 다음과 갓흐며 특별히 진주(晋州)에 한하야는 그 미수입(未收入)에 대한 확실한 통지가 아직 업슴으로 현금만 긔입하얏다더라. (각지 기부금 액수 명부는 생략)

동아 24.01.03 (3) 고적(古蹟) 순회 영사

경북 경주읍 사립 계남(啓南)학교는 유지가 곤난하야 폐교지운(之運)에 함(陷)하얏슴으로 차(此)를 보조하기 위하야 경주 신라고적 환등영사단을 조직하야 전 조선 각지에 순회한다 함은 누차 보도한 바어니와 동단(同團) 일행은 월전(月前)에 평양으로부터 귀경(歸慶)하야 휴식 중이든바, 금반 경(更)히 경북, 영일(迎日), 흥해(興海), 영덕 지방을 향하야 거(去) 삼십일일 경주역을 출발하얏다더라. (경주)

조선 24.01.03 (3) 여자 순극(巡劇)의 성적 / 매우 죠흔 성적을 일우어

시내 청진동 「죠선녀자교육협회」에서는 회관 건축할 긔본금을 엇기 위하야 녀자슌극단을 죠직하야 가지고 그 사이 사십여일 동안에 삼남 각디를 슌회하며 일반의 대환영을 바덧다 함은 이미 루ゝ히 보도한 바어니와 그 성적은 아래와 갓치 죠흔 성적을 일우엇다더라. (지명 및 금액은 기사 생략)

조선 24.01.05 (6) 함산(咸山)유치원 자선극

함흥 영생(永生)학교 재학생 제군은 거하(去夏)에 해교(該校) 도서관 부흥책으로 순회극을 조직하야 가지고 함북(咸北) 등지ᄭ지 순연하야 다대(多大)한 환영을 득(得)하얏던 바 금번에는 함산유치원을 위하야 일월 삼일부터 사일ᄭ지 당지(當地) 동명극장에셔 자선극을 개최하얏다더라. (함흥)

조선 24.01.05 (8) 경주 고적 환등사진

경북 경주군 계남학교 학부형회에서는 신라 사천여년의 고도(古都) 실현(實現), 고적 환등사진대를 조직하야 전선(全鮮) 각지로 순회하게 되는 일시(日時)에 기(其) 목적 취지는 본군 계남학교 창립 십오년 이래 기본 재산이 무(無)하야 천진난만의 수백 명 남녀학생이 중도 폐학(廢學)할 경(境)임으로 일반 학부형 급(及) 본교 담임자 제씨들은 우려하야 전선(全鮮) 각지에 잇는 우리 학부형의 열렬할 동정을 득(得)하야 본교를 부흥하기로 목적하고 거월(去月) 삼십일일 포항에 도착하야 당지(當地) 영일청년회 후원으로 일월 일일에 당지 야소교(耶蘇敎) 예배당 내에서 하오 팔시부터 개막하엿는대 입장 관람자 남녀 제씨는 약 백 명에 달한 바 정각이 되자 당지 청년회장 정학선(鄭學先) 씨 개회 소개 하에서 단장 김철(金喆) 씨가 등단하야 환등에 대한 취지설명이 긋나자 본 단원 중 독창과 본 예배당의 중학생 여생도 박말순(朴末順)의 독창이 잇섯스며 장경(張敬)히 아미리가[4] 독창과 이재우(李再佑) 독창과 본단(本團) 일행의 후원이 잇슨 후 계속하야 신라 사천여년 고적사진이 영출(影出)되엿는대 일반 관람자의 무한한 흥미를 주엇스며 사방으로 동정금이 답지한 바 동 십시 반경에 폐회하엿고 익일 부근 흥해(興海)로 출발하얏다더라. (포항)

조선 24.01.05 (8) 〈광고〉

당 일월 오일붓터 (삼일간)
새해에 새로운 분투는 제이회 명화대회
미국 에프,비-오사 대걸작
특선명화 모의 심(母의 心) 전오권
(일명(一名)은 쏫로-드워○, 매돈나)
명성(明星) 도로디, 바레ㄹ카 양 주연
미국 유나이디스트사 특작품
진품(珍品) **둘직번 남편** 전오권
에드나쑤-드리스치 주연
마기노 회사의 특별 선물이외다
우리 영화계에 처음
동화극성영화(童話劇省映畵) **환다스마** 전오권
나비갓치 사랑스러운 어린이의 연극!
희극 야!구레스! 전일권
예고
약속한 의문영화 ???
불원간(不遠間) 상영

---

4) 아메리카.

경성부 인사동

마기노 회사 공영관(共營舘) 명화 상설 **조선극장**

전화 광화문 구팔사번

당 일월 사일(금요)부터 삼일간

주야 이회 개관 신사진 전부 차환 송죽날

미국 파나마운트사 여행특작품

사진 **스라바야의 여행** 전일권

독일 스테룬 회사 대작품

사극 **샤로레—백작** 전구권

이태리 뷔라사 최근 대작 영화

맹수활극 **맹수와 미인** 전육권

유사 송죽 특약 **단성사**

전화 광화문 구오구번

조선 24.01.06 (3) 김소랑 일행 / 이리에셔 흥행 중

현시 극계에 명성이 혁혁한 김소랑(金小浪) 일행은 지나간 사일에 전북 리리(裡里)에 도착하야 오일부터 십일까지 흥행할 터인데 당디 일반인사는 매우 환영한다더라. (이리)

동아 24.01.07 (3) 〈광고〉

당 일월 육일(일요)부터

각국 명화 특별 대공개 송죽날

영화계에 희유한 최대 장척

놀내지 마시오 일만 이천척

독일 뷔—부쓰 회사 공전의 대작품

맹우(猛優) 루치아—노, 알—페루치리 씨 주연

대모험대활극 **결사의 모험** 최대장척 일만이천척

생? 사? 조인(鳥人)? 비인(飛人)?

신출귀몰의 모험 대영화

유사 송죽 특약 **단성사**

전 광(光) 구오구

조선 24.01.07 (4) 기특훈 소남소녀(少男少女)

충남 강강(江景)시 내 북정(北町) 거(居) 박정순(朴正淳)『남(男) 당년 십이세』된 보통학교 생도와 동정(同町) 거(居) 박현숙(朴賢淑) 양『당년 십오세』, 주안례(朱安禮) 양 당년 십일세된 보통학교 생도들은 우등의 성적으로 열심 *학(*學)하야 일반 기특히 생각하던 바, 강경청년회 주최와 본사 강경지국 후원 하에서 순회 활동사진대로 조직하야 수입되는 금액으로 청년회관을 건축하고 야학부의 경비를 보충할 목적으로 지방을 순회하기 전에 강경을 위시하야 삼일간 대성황리에서 영사하는 중『우리 조선민족도 집 좀 잇시 생활하여 보고 우리 강경청년회도 회관 좀 건축』하자는 부루짓는 소래를 듯는 박정순, 박현숙 양, 주안례 양은 무한한 늣김으로 박정순 군은 학비하고 남은 돈으로 일 전 이 전 저축 통장 금액 일 원 이십삼 전과 박현숙 주안례 양은 자기 주머니 속에 모와 두엇던 돈 일 원을 자발적으로 연단에 나가서 약소한 금전이나마 만분의 일이라도 회관 건축에 보충하라고 설명함에 일반 인사들은 소남소녀로는 희유한 동정열이라 칭송하며 장래 전도가 유망한 아동이라고 한다더라. (강경)

조선 24.01.07 (4) 강경(江景)여자계 각성

충남 강경지방에는 무엇보담도 여자사회가 미약하여셔 일반의 유감이던 바 강경 여자계도 각성이 되는지 본지에 누보(累報)와 갓치 강경청년회 주최와 본사 강경지국 후원으로 청년회관을 건축하고 야학 경영에 보충할 목적으로 활동사진을 영사하는 시(時)에 좌기(左記) 제씨(諸氏)가 자발적으로 회관 건축에 보충하라고 합*(合*) 동정(同情)하여는데 강경 여자사회도 일로부터 행복이라 하겟다더라. (동정금 명단 및 금액은 생략) (강경)

조선 24.01.07 (4) 〈광고〉

일월 육일 야간부터 신영화 상영
독일 데크라쌰오크라후 영화
칼트후오크트 씨 주연
탐정 **금강석이 선(船)** 전팔권
미국 메도로쌀인다 회사
후랑크링푸아남 씨 주연
연속 **괴인의 비밀** 전십오편 삼십권
이회 제삼편 괴인의 동작, 제사편 복수 사건 상영
미국 쌔데-지사
루스로란트 양 맹연(猛演)

연속 **호와이트이-구루** 전십오편 삼십일권
이회 삼편 불사의(不思議)한 편지 사편 도(途)을 일코셔 사권 상영
일활 특약 우미관
전화 광화문 삼구오번

조선 24.01.07 (4), 24.01.08 (4), 24.01.09 (4), 24.01.11 (4) 〈광고〉
동아일보 1월 7일자 단성사 광고와 동일

조선 24.01.07 (4), 24.01.08 (4), 24.01.09 (4) 〈광고〉
1월 5일자 조선극장 광고와 동일

동아 24.01.08 (2), 24.01.09 (3), 24.01.10 (3), 24.01.11 (4) 〈광고〉
1월 7일자 단성사 광고와 동일

조선 24.01.08 (4), 24.01.09 (4), 24.01.12 (4), 24.01.13 (4), 24.01.14 (4), 24.01.15 (4), 24.01.16 (4) 〈광고〉
1월 7일자 우미관 광고와 동일

조선 24.01.08 (4) 예림회(藝林會)에 순회극단
함흥에서는 서정익(徐廷翊) 박정걸(朴定杰) 천재현(千載現) 김활영(金活榮) 제씨(諸氏) 외(外) 이십여 인은 현대예술의 연구와 신극의 실지 흥행을 목적한 예림회를 작년 이월 말일에 조직하고 약 이십일간 예정으로 위선(爲先) 원산, 청진, 성진(城津), 회령, 나남(羅南) 등 북선(北鮮)지방으로 순회 흥행키 위하야 거(去) 육일 조남행(朝南行) 열차로 원산을 향하야 출발하얏더라. (함흥)

동아 24.01.09 (2) 토월회 삼회 공연 / 금월 중순경에
토월회(土月會)에서는 목하 데삼회 공연 준비에 분망 중이라는대 금월 중순경에는 시내 어느 곳에서던지 공연을 단행하겟스며 이번에는 특히 「쌘쓰」와 「관현악합주」 등도 잇고 각본으로는 『회색의 꿈』 『죽음과 사랑』 등 유명한 각본을 상연하리라더라.

매일 24.01.10 (3) 작년 중 검열한 활동 척수(尺數)가 부사산(富士山)[5]보다 삼백배나/ 될만한치 놀랠만하게 연장되여 됴션 리슈로는 삼천 사빅여리

경긔도 경찰부 보안과(保安課)에서 작년 일년간 검열(檢閱)한 활동사진 『휠림』의 권슈(卷數)와 『휠림』 연장을 됴스한 즉 신파(新派)의 권수는 일천빅팔칠십권으로 이 『휠림』의 연쟝은 일빅삼만 삼천륙빅사십칠척이며 이 중에 금지 건수(禁止件數)로는 파손(破損)이 두 건에 공안풍속문란(公安風俗 紊亂)이 셰건이며 절단 건수(切斷件數)로는 공안풍속문란이 십일 건이오, 그 외 셜명주의(說明注意)가 네건이라한다. 그리고 구파(舊派)는 권수가

륙빅구십구권으로 연장은 륙십일만 칠천팔빅칠십구척이며 이 중에 금지 건수로는 공안풍속문란이 일건으로 검안 건슈로도 역시 공안풍속 문란이 셰건이며 그리고 서양극(西洋劇)은 건수가 이천팔빅이십스건으로 그 연장은 이빅십구만 삼천칠빅구십구척이며 이 중에 금지 건수는 파손이 한건에, 공안풍속 문란이 셰건이오, 절단 건수는 역시 공안 풍속문란이 삼십 오건이오, 셜명 주의가 여덜건이며 희극(喜劇)은 권수 이빅칠십칠권으로, 연장은 삼십 스만 륙천이빅스십삼척인대 이 중에 금지 건수가 칠권이오, 절단과

셜명 주의가 삼건이며 그 외 실사(實寫)가 스빅스십팔권으로 그 연장은 이십만 칠천륙빅칠척인대, 이 중에 파손만 여섯건이잇셧다는 바, 이것을 총합하면 권수가 오천사빅삼십오권으로 그 연장은 사빅삼십구만 구천일빅칠십오척이라 한다. 그런데 이 연장 척수를 리수(里數)로 곳치면 실로 놀랄만하야, 삼빅사십사리 남어자로, 됴션 리수로난 삼천스빅사십여리이다. 그리고 일본에셔 뎨일 높다는 부사산(富士山)의 놉히에 비하야도 삼빅륙십륙비가 된다더라.

매일 24.01.11 (1) 〈광고〉

시계와 귀금속 보옥석 은기(銀器) 동기(銅器) 석기(錫器)
사진기 활동사진기 환등기 각종 재료
주식회사 대택(大澤)상회 경성지점
경성 본정 일정목
전(電) 본(本) 이육이번 삼삼구번 사팔○번

동아 24.01.12 (2) 매란방(梅蘭芳) 도일 / 이번 흥행의 수입은 전부 의연금에 쓴다

구일 중국 상해(中國 上海)에서 산성환(山城丸)으로 일본에 도라온 사람의 말을 드르면 중

---

5) 후지산.

국의 명배우(名俳優) 매란방(梅蘭芳)은 금월 이십일경에 동경에 건너와 위선 진재에 고초를 밧든 중국 사람을 위로한 후 다시 황태자 뎐하의 어혼의에 봉축 흥행을 한 후 그 수입은 전부 의연금으로 쓰리라더라.

동아 24.01.12 (2) 〈광고〉
당 일월 십이일부터 유사(社) 날
신사진 전부 차환
미국 유사 제공
희극 북을 치면서 전이권
미국 유사 제공
이태리 게-네쓰사 작품
인정활극 **대경마(大競馬)** 전사권
미국 유사 제공
이태리 뷔-쓰사 대작품
인정연화 **애(愛)의 뇌옥** 전사권
미국 유사 대작품
연속활극 **호용(豪勇) 쎄루** 전십팔편 삽육(卅六)권 중 제삼회 제오, 제육편 사권 상장
유사 송죽 특약 **단성사**
전(電) 광(光) 구오구

동아 24.01.12 (3) 신라 고적 영사
경북 경주읍 사립 계남학교는 유지가 곤난하야 폐교지경에 지(至)하얏슴으로 차(此)를 유지하기 위하야 신라 고적 환등 영사단을 조직하고 전 조선을 순회하는 중 거(去) 십이월 삼십일일 포항에 도착하야 영일청년회 후원으로 당지 예배당에서 개최한 바 정학선(鄭學先) 씨의 간단한 소개로 단원 중 김철(金哲) 씨의 심기팔묘(三奇八妙)에 대한 설명이 잇고 계속하야 환등을 영사하얏스며 의연금도 만앗더라. (포항)

매일 24.01.12 (3) 명우 매란방(梅蘭芳) 도동(渡東) / 동궁 가례에 봉축 연극 거힝
구일 상해(上海)로브터 산성환(山城丸)으로 귀됴한 스람의 말에 의하면 유명한 지나 비우 미란방(梅蘭芳)은 이십일경에 일본에 건너와 동경에서 위선 지나인의 위문 연극을 힝흔 후 동궁 뎐하 어경수에는 봉츅회로극(奉祝會路劇)을 흐야 그 수입은 젼부 의연할 터이라더라. (대판 전(大阪[6])電))

매일 24.01.12 (3) 24.01.13 (3), 24.01.14 (1), 24.01.15 (4) 〈광고〉
동아일보 1월 12일자 단성사 광고와 동일

조선 24.01.12 (4) 〈광고〉
당 일월 십일일붓터
동양 유일의 대영화 특별 대공개
홍엽(紅葉) 선생[7] 대걸작
일본 마기노 회사 일류 명우 대역연
대련극(大恋劇) **장한몽** 전이편 구권
(활동사진)
예술에는 국경이 업다고 하니다
예고! 차회!
명화 친우(親友) 초록버선 의문의 단총(短銃)
삼대 영화 일간 발표
경성부 인사동
마기노 회사 공영관(共營舘) 명화 상설 **조선극장**
전화 광화문 구팔사번

당 일월 십이일부터 유사 날
신사진 전부 차환
미국 유사 제공
희극 **북을 치면서** 전이권
미국 유사 제공
이태리 게─네쓰 사 대작품
인정활극 **대경마(大競馬)** 전사권
미국 유─사 제공
이태리 뷔─쓰 사 대작품
인정연화 **애의 착옥(愛의 窄獄)** 전사권
미국 유사 대작품

---

6) 오사카.
7) 〈장한몽〉의 원작 소설 〈금색야차(金色夜叉)〉의 작가 오자키 고요(尾崎紅葉).

연속활극 **호용(豪勇) 비루** 전십팔편 삽육권(卅六卷) 중 제삼회, 제오, 제육편 사권 상장

유사 송죽 특약 **단성사**

전화 광화문 구오구번

동아 24.01.13 (4), 24.01.14 (2), 24.01.15 (3) 〈광고〉

1월 12일자 단성사 광고와 동일

조선 24.01.13 (4) 독자위안 활동영사 / 본사 장연(長連)지국에서

본보 황해도 장연지국에서는 거(去) 오일 하오 칠시에 당지(當地) 공립보통학교 내에서 독자위안 활동사진회를 개최하얏는대 정각 전부터 운집하는 관중은 무려 사, 오백 명에 달하얏스며 지국장 고문 전석영(全錫泳) 씨의 간단한 권면사가 유(有)한 후 순서에 의하야 사진을 영사하얏는대 개막마다 박수갈채성은 장내를 진동하야 대성황을 정(呈)한 후 동 십시에 무사 산회하얏더라. (장연)

조선 24.01.13 (4), 24.01.14 (4), 24.01.15 (4), 24.01.16 (4) 〈광고〉

1월 12일자 조선극장 광고와 동일

조선 24.01.13 (4), 24.01.14 (4), 24.01.15 (4) 〈광고〉

1월 12일자 단성사 광고와 동일

매일 24.01.14 (3) 희례(喜禮) 광경을 활동사진에 배사(拜寫) / 영구히 긔념하고자 하야

둥궁뎐하(東宮殿下)의 어성혼 가례는 실로 일국을 통하야 경사스러운 아람다운 일인 동시에 싸라서 일반 국민에게 상셰히 알닐 필요가 잇슴과 또흔 이와굿흔 경사스러운 일은 영구히 긔념삼겟다는 의미 하에서 궁내성에셔는 당일의 일절 례식을 긋싯지 활동사진을 영사하기로 되얏다는대, 그 대강 내용을 소기하건대 위션 척판리궁으로브터 어출발하시는 동궁뎐하와 하잠곡뎌(下潛谷邸)로브터 어출발하시는 량자녀 왕뎐하의 자태를 비롯ㅎ야 소진으로 힝계하시는 거동과 그 외에도 이셰 신궁 복견도산(伏見挑山)의 어릉묘에 비례하시는 것싯지 일일이 영사하야 전 국민에게 비관홀 긔회를 모도하고자[8] 문부성 사회과에셔는 지금브터 준비에 착수하야 눈 쓸 여가가 업다더라. (동경 전(東京電))

---

8) '도모하고자'의 오식으로 보임.

동아 24.01.15 (2) [모임]

▲ 종로 청년회에서는 금 십오일 오후 일곱시 반에 소년부(少年部)를 위하야 환등회(幻燈會)를 열고 『나폴레온 일대긔』란 사진을 보일 터인대 설명은 그 회 총무 신흥우(申興雨) 씨가 할 터이요, 입장을 제한하기 위하야 입장료 십 원씩을 밧는다더라.

매일 24.01.15 (3) 『나폴레온』 일대기 / 청년회관 환등회

종로 즁앙긔독교 청년회(鐘路 中央基督敎 靑年會) 소년부(少年部)에셔는 금 십오일 오후 일곱시 반브터 환등회(幻燈會)를 긔최하고 나폴레온의 일대긔를 영수하며 신흥우(申興雨) 씨가 셜명홀 터이라는 바, 력사상으로 상식을 엇음에 불가불 필요흔 자이며 당일의 입쟝을 졔한키 위하야 회비 십 젼 평균으로 회원권을 팔 터이라더라.

동아 24.01.16 (4) 〈광고〉

당 일월 십육일부터 송죽 날

신사진 전부 차환

독일 콜드원사 대작품

실사 **독일군함** 전일권

미국 유사 작품 송죽 회사 제공

활극 낭의 군(狼의 群) 전이권

미국 오리엥다-루사 특작품

정극 **어둠의 저죽** 전오권

미국 후아스토나소 회사 특작품

학창연화(學窓戀話) **결승 이분간** 전육권

유사 송죽 특약 **단성사**

전(電) 광(光) 구오구

매일 24.01.16 (1), 24.01.18 (4), 24.01.19 (4) 〈광고〉

동아일보 1월 16일자 단성사 광고와 동일

조선 24.01.16 (4), 24.01.17 (4), 24:01.18 (4) 〈광고〉

동아일보 1월 16일자 단성사 광고와 동일

동아 24.01.17 (3) 순천 순극(巡劇) 내통(來統)

순천 노동야학회 순회 연극단 일행은 거(去) 십일일 내통(來統)하야 당일부터 각 단체의 후원으로 통영 봉래좌(蓬萊座)에 신파 연극을 흥행하얏는대 취지는 순천 노동야학을 위하야 선전 겸 자금보충이라 하며 제일일부터 자못 성황이엇다고. (통영)

조선 24.01.17 (3) 『쓰단[9]』 교사 고빙(雇聘) / 예술학원에서 / 유명한 로국녀자를

시내 셔대문명(西大門町) 이명목 칠번디에 잇는 예술학원(藝術學院)에서는 이번에 「로셔아」에서 「짠쓰」에 유명한 「구란도─」라는 녀자를 고빙하야다가 재작 십오일부터 「짠쓰」반 확생[10] 사십여 명에게 특별히 교수를 시긴다더라.

조선 24.01.17 (3) [연극과 활동]

시내 인사동 죠션극장에서는 지난 주일부터 특별한 사진을 뎨공한다 함은 이미 보도한 바와 갓거니와 작일부터 상장한 사진은 리태리 「이다라」사의 최신 고심걸작인 「권형의 녀신」이라는 슌전한 연애비활 전 팔권의 사진인 바 이 사진으로 말하자면 촬영비만 하야도 삼백만 원이라는 다슈한 금전을 허비하얏고 출장배우는 구미 각국에서 명성이 혁々한 일류 배우로만 출연하얏슴으로 일반 애활가는 일차 관람할 가치가 있다고.

조선 24.01.17 (3) 〈광고〉

당 일월 십육일붓터 명영화 대회

이태리 이다라 회사 특작

지상 유일의 일대 명편

연애비화 **권형(權衡)의 여신** 전팔권

미국 메트로 대작품

대활극 **지옥의 염(焰)** 전팔권

희극 **휠님 소동** 전이권

매트로 특작품

명화 **겐닥기의 꼿** 전오권

일본극명화 **교룡(蛟龍)을 묘(描)하는 인(人)** 전오권

(시간상 관계로, 어늬 쪽이든지 오권을 퇴(退)하겟삼)

---

9) '짠쓰(댄스)'의 오식으로 보임.
10) '학생'의 오식으로 보임.

경성부 인사동

마기노 회사 공영관(共營舘) 명화 상설 **조선극장**

전화 광화문 구팔사번

동아 24.01.18 (3), 24.01.19 (1) 〈광고〉

1월 16일자 단성사 광고와 동일

조선 24.01.18 (4), 24.01.21 (2) 〈광고〉

1월 17일자 조선극장 광고와 동일

조선 24.01.19 (3) [연극과 활동]

▲ 시내 수은동 단성사에서는 작년 오쥬년 긔념 이래로 일층 확장한 결과 계반 임무를 개량하는 동시에 사진관에 데일 요뎜되는 사진을 특별한 것으로만 상장하기로 되야 단성사에 해설쥬임 김덕경 군이 관주의 대리로 해외의 건너가 각 방면으로 주선한 결과로 금년 일월 일일부터는 명성이 혁혁한 회사의 걸작품으로만 상장함은 이미 본란에 소개한 바 독자 첨위의 다 아시는 바와 갓거니와 금명간에는 활동사진 유사 이래에 쳐음되는 걸작품이라는 평판이 자자한 「호아리오의 연애」라는 전 십이권의 난호어잇는 사진을 영사하기로 되야 방금 당국의 검열을 신청 중이라는데 이 사진은 독일서도 유명한 「에투와」 회사에서 일천만 원이라는 다슈한 금전과 이삼년의 장구한 셰월을 허비하고 싸라셔 현재 구미 각국에셔 유명한 일류배우로만 망라하얏슴으로 상장하는 동시에는 공전의 성황이 될 것은 무의하며 쏘는 이 사진을 상장하는 극장에서는 우금것 어대를 물론하고 특별한 료금을 징수하야 왓지만은 단성사에서는 평일 애고[11]하야 쥬신 제위 애활가의 특지를 생각하야 보통료금으로 입장케 한다 하며 단성사의 총지배인되는 박정현 군의 대객친절주의는 참 사계의 모범이 될 만하다고 평판이 자자하더라.

조선 24.01.19 (4) 송도연락회(松都硏樂會)

현대 음악계에 파동을 밧는 개성시내 청년 방규환(方奎煥) 김용근(金容根) 전형옥(全亨玉) 황명수(黃明秀) 노희조(盧熙祚) 제군으로부터 조직된 송도연락회 주최로 본월 십칠일부터 십구일까지 개성좌에서 활동사진을 개(開)한다는대 기(其) 수입금은 해회(該會)의 악기 매입에 보충하기로 목적함이라더라. (개성)

---

11) 愛顧. 사랑하여 돌보아 줌.

조선 24.01.19 (4) 함흥 농잠(農蠶)축산 선전

함흥군에서는 잠업, 농업, 축산 등을 대선전키 위하야 선전 『비라』 일만매와 도 사회과의 응원으로 활동사진을 휴대하고 거(去) 십일일부터 팔일간 예정으로 관내를 순회하얏더라. (함흥)

조선 24.01.19 (4) 〈광고〉

일월 십구일부터 신사진 교환
불국(佛國) 고몬 회사
실사 **고몬 주보** 전일권
미국 도라이안굴필늬ㅁ 회사
알미한통 양 주연
인정극 **동*(憧*)** 전오권
미국 메도로쌘인다 회사
후랑크링푸아남 씨 주연
연속 **괴인의 비밀** 전십오편 삼십권
사회 제팔편 명을 몰으고 제구편 운명의 수(手) 제십편 비밀의 * 육권 상영
미국 쌔데-지사
루스로란트 양 맹연(猛演)
연속 **호와이트이-구루** 전십오편 삼십일권
사회 칠편 기괴한 항해 팔편 공포의 * 사권 상영
일활 특약 **우미관**
전화 광화문 삼구오번

동아 24.01.20 (3) 〈광고〉

당 일월 입일(廿日)(일요)부터 삼일간
특별 사진 대공개 유사(社) 날
미국 유사 대작품
실사 유사 주보 전일권
미국 유사 특작품
대희극 **여장의 남(女裝의 男)** 전이권
미국 유사 공전의 대작품
연속활극 **호용(豪勇) 쎄루**

전십팔편 삼십육권 제칠, 제팔편 사권 상장

미국 유사 제−루 최근 대작 영화

서부활극 **여호(狐)** 전팔권

차회(次回) 대영화

송죽 날 **후오라의 연(戀)** 전십이권

유사 송죽 특약 **단성사**

전(電) 광(光) 구오구

매일 24.01.20 (5) 후원자씨리 분쟁이 나셔 / 청주 대성교 활동사진회는 / 수라장으로 화하고 취소이니 고소이니 하야 추타로 쏫첫다

청주 대성학원(淸州 大成學院) 주최로 활동사진회를 긔최하얏다 홈은 임의 보도하얏거니와 청쥬 각 단톄의 후원으로 예명과 갓치 십오일브터 십륙일신지 청주 잉좌에서 긔최되얏 난대, 뎨일일에는 입쟝ᄌ가 삼빅삼십여 명으로 동청금은 오빅칠 원이 잇셧스며 뎨이일에는 입쟝자 일빅륙십여 명으로 동정금은 일빅삼십구 원에 달하얏다. 그러나 입쟝료와 동정금을 합하야 사빅사십여 원으로 연극장 사용세와 뎐등세며 활동ᄉ진 비용과 기술ᄌ의 보수와 기타 졔반 잡비를 졔하면 별로히 여지가 업게되야

쥬최자측과 후원하는 각 단톄측에서는 유명무실이 됨을 긔탄하게 되얏다. 그리하야 후원 단톄의 흔 사람되는 호남일보사 츙북지사장 ᄌ등금장(濟藤金藏) 씨가 입쟝권을 빅방으로 권고하야 다수이 파라주고 긔회일브터 회셕에도 참가하야 여러 가지로 후원에 진력하야 오다가 젼긔와 갓치 얼마되지 못하는 동정금으로는 동 학원의 유지가 곤는한 디경에 쌔지고 말게됨을 보고 일변으로는 후원 단톄 중에서 혹 셩의가 부족하야 이러함이 안인가하는 싱각이 낫셧던지 돌연이

연단에 올나셔 대성학원 김영식(金英植), 셔창수(徐昌壽) 졔씨의 혈셩으로 천신만고하야 유지하야 오다가 금년도에는 사립학교령에 의하야 인가를 엇게되얏슴으로 졔반 셜비에 대하야 준비를 안이하면 안이될 터인대, ᄌ본이 업셔 만ᄉ가 자유치 못흔 관계로 각 단톄의 후원을 어더 활동ᄉ진회를 긔최하게 되얏슴으로 자긔도 참가흔 말로부터, 후원 단톄 중에 동아일보(東亞日報) 청주지국과 됴션일보 청쥬지국(朝鮮日報 淸州支局)이며 밋 청주청년회(淸州靑年會) 세 단톄는 일홈만 빌니고 셩의가 적은 듯하야 그것을

유감으로 싱각한다는 의미를 말하얏다. 이 말을 드른 동아일보 청주지국장 김태희(金泰熙) 씨와 청년 회원 김종진(金鐘溱), 정규택(鄭圭澤), 곽긔현(郭基鉉) 등 몃 ᄉ람이 즉시 ᄌ등 씨에게 향하야 무셩의라는 말을 질문한 즉 ᄌ동 씨는 『그러면 무엇이 셩의가 잇셧는가』 반문하야 언왕셜릭에 피차에 격분이 싱기며 결국은 김모 외 수 명이 동일한 후원ᄌ가 되

야 『우리 셰 단례만 셩의가 업다함은 실언이니 그 말을
취소하지 아니하면 호남일보 지ㅅ 간판을 쎄겟다』하며 달녀드려 멱살을 슬고 자바니이랴
하거니, 아니 나가랴하거니 일쟝파란이 이러낫다. 그리셔 지둥 씨는 몃 사람의 폭힝을 견
대지 못하야 할슈업시 강단에 나와 취소를 하고 무식흔 듯이 즉시 도라갓다. 그러나 즈긔
는 셰 단례에 대하야 수혐으로 비난흔 것이 아니요, 다만 대셩학원을 위하야 긔탄하는 의
미하에서 사실대로 말흠인대 이와갓치 폭힝을 당함은 넘우 억울하다 하야 공즁이 모힌 곳
에셔 자긔를 욕흔 리유로 견긔 네 명을 상대로하야 폭힝 급 명예훼손죄로 당디 경찰셔에
고소를 데긔하얏다더라. (청주)

동아 24.01.21 (4) 〈광고〉
1월 20일자 단성사 광고와 동일

매일 24.01.21 (3), 24.01.22 (4) 〈광고〉
동아일보 1월 20일자 단성사 광고와 동일(단, **여호(狐)**에 "명우 하-리케-리 씨 출연"이
추가)

매일 24.01.21 (4) 대성학원 활사(活寫)와 희사(喜捨) 제씨(諸氏)의 방명
청주 대성학원 주최로 활동사진회를 개최한다 함은 기보(旣報)와 여(如)하거니와 예정과
여히 십오일브터 십육일ᄭᅵ지 거행하얏는대 당지(當地) 관민 일동은 동 학원을 동정하야 관
람자가 다수 입장하야 대성황을 정(呈)한 바, 입장료 외에 동정금의 희사(喜捨) 제씨는 좌
와 여하더라. (청주) (이하 생략)

조선 24.01.21 (2) 〈광고〉
당 일월 이십일(曜日)[12]브터 삼일간 유사 날
특별사진 대공개
실사 **유사 주보** 전일권
미국 유사 특작품
대희극 **여장의 남(女裝의 男)** 전이권
미국 유사 前空의[13] 대작품

---

12) '日曜'의 오식으로 보임.
13) '空前'의 오식으로 보임.

명우 아-도애이코토 씨 대역연

연속 사회 **호용(豪勇) 쎼루**

전십팔편 삽육권(卅六卷) 중 제칠, 제팔편 사권 상장

미국 유사 제-두 최근 대작 영화

명우 하-리케리- 씨 주연

소천재(小天才) 設[14] 부리지-이-쓰 군 공연(共演)

서부활극 **여호(狐)** 전팔권

여러분이 기다리시든 유사 작품 영화

엇더한 대영화인지! 기회을 일치 마셰요!

예고

차회 대영화 송죽날 **후오라의 연(戀)** 전이권

유사 송죽 특약 **단성사**

전화 광화문 구오구번

동아 24.01.22 (2) 토월회 삼회 상연 / 이십이일부터 삼일간

조선극장에서 공연을 계속하든 토월회(土月會)의 뎨삼회 공연은 금 이십이일 밤 일곱시부터 삼일간 시내 긔독청년회에서 개최한다는데 각번[15]은 역시 서양극으로 무용가극 『사랑과 죽음』, 연애극 『회색 쑴』 등이며 입장료는 백권 일 원 오십 전, 청권 일 원, 홍권 칠십 전, 학생권 오십 전이요, 표는 번호를 붓치어 이십이일 낮부터 청년회에서 예매를 한다더라.

매일 24.01.22 (3) 토월회 공연극 / 이번에는 특별한 것이 만타고

됴선극장에셔 공연을 계속하던 토월회(土月會)의 연극부에셔는 남녀 비우 일동이 다시 뎨삼회 공연을 금 이십이일 밤 일곱시브터 동 이십사일٭지 삼일간 시닉 종로 긔독교 청년회에셔 상연혼다는대, 각본은 젼부 셔양 것으로 무용가극 『ㅅ랑과 죽음』과 연애극 『회쇡쑴』과 ٭량흔 관현악 합주도 잇슬 터이라 하며 입장료는 일등 일 원 오십 젼, 이등 일 원, 삼등 칠십 젼이요, 특히 학싱에게는 학싱석을 셜명하야 오십 젼식에 입장케혼다 하며 연극 중에 춤 노릭를 너허셔 상연하기는 이번의 『사랑과 죽음』이 쳐음되는 일이며 이번에는 장내에 셕차표를 붓치어 놋코 청년회에서 표를 미리 파는 고로 표를 몬져 스두면 늣게 가도 죠흔 자리에서 볼 슈 잇겟다더라.

---

14) 다른 광고를 참고할 때 '역(役)'의 오식으로 보임.
15) '각본'의 오식으로 보임.

조선 24.01.22 (3) 토월회 공연 / 뎨삼회로 금일부터 삼일간 / 중앙긔독교 청년회 관에셔

죠선극장에서 공연을 계속하든 토월회(土月會) 연극부에셔는 다시 남녀 배우일동이 뎨삼회 공연을 금 이십이일 밤 일곱시부터 동 이십사일까지 삼간 시내 종로 중앙긔독교청년회에셔 개연을 한다는데 각본은 전부 셔양 것으로 무용가극 「사랑과 죽음」, 연애극 「회색 쑴」이라 하며 이번에는 특히 회원 일동의 우량한 관현악 합주도 잇다는데 입장료는 백권 일 원 오십 전, 청권 일 원, 홍권 칠십 전이요, 학생셕은 오십 전식에 할인으로 하게 되얏다 하며 입장권은 금일 낫부터 청년회에서 좌석번호를 명하야 미리 팔겟슴으로 미리 사두면 늦게 가도 죠흔 자리에 안질 수 잇고 연극 중에 추ㅁ과 노래가 들기는 이번 「사랑과 죽음」이 쳐음이라더라.

조선 24.01.22 (4) 〈광고〉

1월 21일자 단성사 광고와 동일

동아 24.01.23 (2) 〈광고〉

당 일월 입삼일(卄三日)(수요)부터 사일간 송죽 날
특별 대영화 공개
미국 아–로사 최근 대작품
대서부대활극 **강적분쇄(强敵粉碎)** 전오권
독일 에–에푸아사 대문예영화
고대 애급(埃及)[16] 대비(大悲)사극 **파–라오의 연(戀)** 전십이권
······영화계의 최대 경이······
여러분이 고대하시든 명화
기회를 일치마시고 꼭 보서요!
유사 송죽 특약 **단성사**
전(電) 광(光) 구오구

매일 24.01.23 (3) 〈광고〉

당 일월 이십사일(수요)브터 송죽 날
특별대영화 공개

---

16) 이집트.

미국 아ー로사 최근 대작품

명감독 펜ー위일손 씨

맹우(猛優) 우이리암 무호와방크 씨 주연

대서부대활극 **강적분쇄(强敵粉碎)** 전오권

독일 에ー에푸아ー사 대문예영화

각색 감독 에두스도루빗치 씨 주연 에미루ー야닝크 씨 「싹타마부셰 주연 배우」

고대 애급(埃及) 대비(大悲)사극 **파ー라오의 연(戀)** 전십이권

……영화계의 최대경이……

여러분이 고대하시던 명화

긔회를 일치마시고 꼭 보셔요

유사 송죽 특약 **단성사**

전화 광화문 구오구번

동아 24.01.24 (2), 24.01.26 (2) 〈광고〉

1월 23일자 단성사 광고와 동일

매일 24.01.24 (3) 토월회극 일일 연기

토월회(土月會) 예삼회 공연을 직작야브터 하랴 하얏스나 당국의 허가가 느껴져서 직쟉야는 원만히 출연치 못하얏다는대, 작야브터는 명각 일곱시브터 대대덕으로 흥힝하얏다더라.

매일 24.01.24 (3), 24.01.25 (1), 24.01.27 (1) 〈광고〉

1월 23일자 단성사 광고와 동일

조선 24.01.24 (3) 추파(秋波)를 처벌 / 광무대 녀배우를 밀매음을 식히고

시내 림명(林町) 오십팔번디 김추파(金秋波 五三)라는 녀자는 광무대(光武臺) 극장에 배우로 잇는 김뎜홍(金点紅 一七)이란 어린 녀자를 자긔집에 두고 엇던 자에게 돈 팔십 원을 밧고 밀매음을 식힌 일이 발각되야 지난 이십이일에 본명 경찰서에 검거되야 취됴한 결과 구류 칠일간의 쳐분을 바덧는데 이 김추파란 녀자는 졀머셔부터 그와 가튼 일을 한 것이 만흔 녀자이라더라.

조선 24.01.24 (3) [연극과 활동]

시내 동구내 단성사에셔 불일내에 「파라오」라는 유명한 사진을 상장한다는 것은 이미 본

란에 소개한 것과 갓거니와 그 사진의 검렬도 무사히 맛치엿슴으로 작 이십삼 밤부터 영사하기로 되얏다는데 그 사진의 대한 설명은 그 관의 해설주임되는 김덕경 군이 전 책임을 가지고 설명함으로 개관 당일부터 공전의 대성항을 일우엇다고.

조선 24.01.24 (4) 〈광고〉
당 일월 이십이(화요)붓터
고급 영화 대공개
희극 **무숙자의 회(無宿者의 會)** 전이권
희극 **후이루무의 소(騷)** 전이권
정희극 **녹(錄)에 버션** 전＊권
사회정책 **태풍의 적(跡)** 전＊권
기타 실사도 잇슴니다
고급영화를 보시러거든
마기노 회사 공영관 명화 상설 **조선극장**
전화 광화문 구팔사번

매일신보 1월 23일자 단성사 광고와 동일

매일 24.01.26 (5) 봉축 어경전(御慶典)
경성부 무교정 구삼번지
한성권번
전화 광화문 이〇삼번

매일 24.01.26 (7) 봉축 어경전(御慶典)
경성부 관철동 이사구
합자회사 대정권번
전화 광화문 일삼육삼번

경성부 창덕궁 입구
모범적 활동사진 영사 단성사
전화 광화문 구오구번

경성부 황금정 삼정목
조선구극원조 광무대
박승필

조선 24.01.26 (4) 진재(震災)상황 활동사진

마산 복수사(福壽寺)의 주최로 일본 동경진재 당시의 상황으로 활동사진을 행코저 거(去) 십오일 鎭에 海[17] 내도(來到)하야 동일 오후 칠시부터 경화동(慶和洞) 공보교정(公普校庭)에 셔 영사하얏는대 수입된 금액은 복수사 야학부 경비에 충용하기를 결정하얏다더라. (진해)

동아 24.01.28 (2) 〈광고〉

당 일월 입칠일(廿七日)(일요)부터 유사 날
신사진 전부 차환
미국 유사 작품
실사 **스크링 마칭**[18] 전일권
미국 유사 작품
희극 **가병의 공휴(暇病의 公休)** 전이권
미국 유-사 작품
활극 **천망(天綱)** 전이권
미국 유사 작품
활극 **음모** 전이권
미국 유사 특작품
인정극 **위대한 애(愛)** 전오권
미국 유사 대작품
연속활극 제오회 **호용(豪勇) 쎄루**
전십팔편 삼십육권 중 제구, 십편 사권 상장
유사 송죽 특약 **단성사**
전(電) 광(光) 구오구

---

17) '鎭海에'의 오식으로 보임.
18) 스크린 매거진.

매일 24.01.28 (1) 〈광고〉

당 일월 이십칠일(일요)브터 유사 날

신사진 전부 차환

미국 유사 작품

실사 **스크링마칭** 전일권

미국 유사 작품

희극 **가병의 공휴(暇病의 公休)** 전이권

미국 유사 작품

활극 **천망(天綱)** 전이권

미국 유사 작품

활극 **음모(陰謀)** 전이권

명우 에데쌘로 주연

미국 유사 작품

인정극 **위대한 애(愛)** 전오권

명우(名優) 후링크메이요 씨 주연

미국 유사 작품

연속활극 **호남(豪男)** 비루

전십팔권 삽(卅)육편 중 제오회 제구, 십편 사권 상장

유사 송죽 특약 **단성사**

전화 광화문 구오구번

동아 24.01.29 (2) [모임]

종로청년회 소년부에서는 금 이십구일 일곱시 반에 그 회관 안에 『박물환등강연회(博物幻燈講演會)』를 열고 『동물의 생식과 친자의 관계(動物의 生殖과 親子의 關係)』란 제목으로 김동혁(金東爀) 씨의 설명 강연이 잇슬 터이며 입장을 제한하기 위하야 회비 십 전을 바들 터이라고.

동아 24.01.29 (2), 24.01.30 (3) 〈광고〉

1월 28일자 단성사 광고와 동일

매일 24.01.29 (1), 24.01.30 (1) 〈광고〉

1월 28일자 단성사 광고와 동일

매일 24.01.30 (3) 경성고상(高商)의 외어극(外語劇)

경성 고등상업학교 외국어부(京城 高等商業學校 外國語部)에서는 오는 이월 이일, 삼일 량일간 쟝곡천명 공회당에서 뎨이회 외국어극대회(外國語劇大會)를 기최할 터이라는대 입장권은 일 원식이며 학성 단톄에 대하야는 특히 반익으로 홀 터이며 입장권은 시내 중요한 각 상뎜에서 판미한다는대, 당야 흥힝할 연극과 음악은 다음과 갓더라

영국극 「쉑스피아」작 『쎄니스의 상인』 일막

▲ 동(同) 「쉑스피아」작 『함렛트』 삼막

지나어극 비가(荆軻) (일명 정(情)을 위하야) 이막

음악부 쌔요링 (안나 쏘렌나)

▲ 성악 (오배지가(吾輩之歌)) ▲ 하모니카 쌍＊기(雙＊旗) 행진곡

매일 24.01.30 (4) 순회강연의 성황

국민협회 신의주 지부 강연단은 순회의 종장 본월 입(卄)삼일 오후 육시 의주군 ＊현도(＊峴島) 공립보통학교에서 활동사진을 무료 공개하고 잉(仍)히 강연회를 개최한 바, 지부장 황리연(黃履淵) 씨는 신정(新政) 주화(周和) 급(及) 각성에 취(就)하야, 총무 이규＊(李圭＊) 씨는 권 양(權養)과 오인(吾人)의 전도(前途)라는 문제로 열변을 휘(揮)하야 청중에게 다대(多大)한 감각을 여(與)하얏는대 ＊마동(＊馬洞)은 역전(驛前)의 일 촌락으로셔 내회자(來會者) 팔백여 인에 달하얏슴은 과시 성황이러라. 연(然)한대 금회 강연의 목적은 당국 시정의 방침과 해회(該會)의 취지를 선전하기 위흠인대 도쳐 성황으로써 일반의 호감을 득하얏고 자(玆)에 예정의 ＊소(＊所)를 ＊료(＊了)하야슴이 인(因)하야 기익(其翌) 이십사일 오후 기차로 일동이 귀부(歸部)하얏다더라. (신의주)

동아 24.01.31 (3) 〈광고〉

당 일월 삼십일(수요)부터 사일간 송죽 날

신사진 전부 차환

일본 송죽 회사 특작품

실사 **동궁전하 가례(嘉禮) 실황** 전일권

미국 메도로 회사 대작품 영화

명우 우이리아무테쓰몬토 씨 주연

소천재(小天才) 역 리챠드펜토리크 씨 공연(共演)

문제영화 **수생의 혈(獸牲의 血)** 전육권

독일 에-에푸아- 회사 대영화

독일 표현파 대영화

사회풍자극 **알-콜-** 전십권

전주 본관의 상장되야 애활가(愛活家) 제위의

대환영이든 『파라-오의 연(戀)』

주연되얏든 세계적 명우 에미-르 챠-링크쓰- 씨 주연 대영화

유사 송죽 특약 **단성사**

전(電) 광(光) 구오구

매일 24.01.31 (1) 〈광고〉

당 일월 삼십일(수요)브터 송죽날

신사진 전부 차환

일본 송죽회사 특작품

실사 **동궁전하 가례(嘉禮) 실황** 전일권

미국 메도로 회사 대작품 영화

명우 우이리아무테쓰몬토 씨 주연

소천재 역 리챠드 펜토리크 씨 공연(共演)

＊영화 **수생의 혈(獸性의 血)** 전육권

독일 에-에프아- 회사 대영화

사회풍자극 **알-콜-** 전십권

세계적 명우 에미-르 챠링크스 씨 주연

유사 송죽 특약 **단성사**

전화 광화문 구오구번

2월

매일 24.02.01 (3) 범죄 비망 사진 / 첫 번에 강종일

인천 경찰서에서는 일반 범죄 피의자(被疑者)와 범죄 증거품과 그 외 스건 발싱 현쟝을 스진(寫眞)으로 남기어 두엇다가 필요한 쎡에 쓰집어내여 참고하고자 하야 이십삼일브터 스진긔를 비치하는 계속 실힝하는 즁인대 뎨일 쳐음으로 박힌 쟈는 셰샹을 놀리게하던 부산 됴션은힝원을 음습하야 일만오쳔 원을 강탈하던 강도 강종일(岡宗一)이라더라. (인천)

매일 24.02.01 (4), 24.02.02 (3) 〈광고〉

1월 31일자 단성사 광고와 동일

동아 24.02.02 (4) 〈광고〉

1월 31일자 단성사 광고와 동일

동아 24.02.03 (4) 〈광고〉

당 이월 삼일(일요)부터 삼일간 유사 날

신사진 전부 차환

미국 유사 최근 대작품

실사 **횡－레－ 천연화** 전일권

미국 유사 작품

희극 **역려(逆戾)** 전일권

미국 유사 특작품

대희극 **몰칸의 낭(娘)** 전일권

미국 유사 최근 대작품

대활극 **백뇌와 여히(百雷와 如히)** 전이권

미국 유사 특작품

서부활극 **지버처라** 전오권

미국 유사 공전의 대작품

연속활극 **호남(豪勇) 쎄루**

전십팔편 삼십육권 중 제육회 제십일, 십이편 사권 상장

유사 송죽 특약 **단성사**

전(電) 광(光) 구오구

매일 24.02.03 (5) [연예계]

광무대(光武臺)에서는 전례에 의하야 음력 셧달 그믐은 휴연을 하고 음력 정월 초 삼일브터 씨름으로 힝연을 하리라는대 극장이 기축한 후 쳐음으로 맛는 음력 정초임으로 될 수 잇는대로 셜비를 완전히하야 가지고 성대히 홍힝홀 예뎡으로 관주 박셩필(朴承弼) 씨는 목하 그 준비에 분망 즁이라하며 이번에는 특히 경품을 만히 붓치고 그외에 ᄌ미잇는 여흥을 뎨공하리라더라.

매일 24.02.03 (5) 〈광고〉

당 이월 삼일(일요)브터 유사 날

신사진 전부 차환

미국 유사 최근 대작품

실사 **휘잉–레– 천연화** 전일권

미국 유사 작품

희극 **역려(逆戾)** 전일권

미국 유사 특작품

대희극 **몰칸의 낭(娘)** 전일권

미국 유사 최근 대작품

대활극 **백뇌와 여히(百雷와 如히)** 전이권

쾌한 로이스데와–도 씨 주연

미국 유사 특작품

서부활극 **지버처라** 전오권

명우 호두킵손 씨 주연

미국 유사 작품

연속활극 **호남(豪男) 비루**

전십팔권 삽(卅)육편 중 제육회 제십일, 십이편 사권 상장

유사 송죽 특약 **단성사**

2편

전화 광화문 구오구번

동아 24.02.04 (2) 〈광고〉

당 이월 오일(수요)부터 이일간 송죽 날

신사진 전부 차환 주야 공개

실사 **고-몬 주보** 전일권

대희극 **안되엿다** 전이권

미국 아-로사 대작품

목물(牧物)대활극 **국경의 맹사(猛獅)** 전오권

이태리 휘루도 사 공전의 대작품

연애극 **우(愚)의 처녀** 전팔권

당 이월 칠일(일요)부터 삼일간 송죽 날

주야 공개 신사진 전부 차환

실사 **뇌호(瀨戶)[19]의 풍경** 전일권

독일 에-에푸아- 회사 특작품

연애극 **후아피오라** 전팔권

미국 게도로사 특작품

인정극 **무대를 동경하야** 전육권

유사 송죽 특약 **단성사**

전(電) 광(光) 구오구

동아 24.02.04 (3) 인천 활동사진 / 구일 내리(內里) 교당(教堂)에서

인천 신화수리(新花水里)[20] 야소교(耶蘇教) 내(內)에 있는 주일학교에서는 동교(同教)의 경비를 엇고자 활동사진 영사회를 개최한다 함은 기보(既報)한 바어니와 당국의 교섭을 맛치엇슴으로 내(來) 구일(토요) 오후 칠시부터 내리(內里) 교당에서 내리, 우각리(牛角里) 양 주일학교와 양 신문사 후원으로 동 대회를 개최한다는대 사진은 『크리스맛스 감상』『미국 아동 교육법』『천국의 일부』『인생의 일평생』 등으로부터 종교의 철리(哲理)를 보이는 사진 외수종의 자미잇는 종류가 잇다는대 요금은 대인 이십 전, 소아 십 전이라더라. (인천)

---

19) 일본 아이치현에 있는 도시 '세토'의 한자 표기.
20) 인천 화수동의 옛 명칭. 1914년에 신촌리, 화수동, 수유리를 통합하고 이 세 마을의 첫 글자를 따서 신화수리(新花水里)라고 하였다.

매일 24.02.04 (2), 24.02.05 (3), 24.02.07 (4), 24.02.08 (3), 24.02.09 (1) 〈광고〉

동아일보 2월 4일자 단성사 광고와 동일

매일 24.02.04 (3) 대사극 종교영화 / 세계에 유명한 활동사진

일본 『메소지스트』 교회(教會)에셔는 이번에 이태리(伊太利) 「주리오지아리니」 회사 특작의 활동ᄉ진 대ᄉ극(大史劇) 『비교즈(背敎者) 주리안누』 전 십ᄉ권이 반도영화연구소의 손으로 대판(大阪)에 수입되는 도즁에 이것을 빌니여 가지고 오는 구일브터 삼일간 시니 쟝곡천명(長谷川町) 공회당(公會堂)에셔 공기하기로 되엿다. 비교자 『주리안누』란 영화는 세계뎍 종교영화(宗敎映畵)로 유명한 『인토레란스, 시비리셰소, 오-바-듸힐』과 대등되는 세계뎍 대영화로 산즈 수명한 이태리를 비경으로 주뇌 비우 슈빅 명이 활약하고 『엑기스츄라』[21] 수만을 ᄉ용하야 촬영 비용은 일빅삼십만 원이며 제작에 이기년의 츈츄가 걸닌 걸작 ᄉ진으로 됴션에셔 두 번 볼 수 업는 명영화이다. 그리고 ᄯᅩ 이태리 『아니마휠림』 회사의 제작인, 일천구빅이십년도의 특작영화 이태리 고뎐시극(古典詩劇) 『가비리아』 젼 팔권도 동시에 상영할 터이라는대, 입쟝료는 보통 일 원 오십 젼, 학싱 군인은 칠십 젼으로 동교회와 밋 대판옥호, 졍본악기뎜, 산본악기뎜에셔 삼일브터 입쟝권을 발미한다더라.

동아 24.02.05 (4), 24.02.07 (4), 24.02.08 (4), 24.02.09 (3) 〈광고〉

2월 4일자 단성사 광고와 동일

매일 24.02.05 (3) [연예계]

금 오일은 음력 졍초임으로 시내 동구안 단성사(團成社)에셔는 음력 졍초 흥힝을 가쟝 의미잇게 하기 위하야 ᄉ진 젼부를 갈고 여러 가지 자미잇는 사진을 올닌다는대, 그즁에도 이태리 『후-루도』 회ᄉ의 『어리셕은 쳐녀』라는 것은 젼 팔권에 달하는 슌연애극으로 남녀 관긱의 젊은 피를 비등케하리라하며 오, 륙 량일간은 주야로 기관한다더라.

동아 24.02.10 (2) 〈광고〉

당 이월 십일일(일요)부터 유사 날
유사 특별 사진 전부 차환
미국 유사 신작품

---

21) '엑스트라'

실사 **국제시보** 전일권

미국 유사 특작 희극

대활극대희극 **기발기발** 전이권

미국 유사 특작 대활극

대서부대활극 **서부는 조흔 곳** 전이권

미국 유사 최근 대작품

인정극 **인생의 서(曙)** 전오권

미국 유사 공전의 대작품

연속활극 **호용(豪勇) 쎼루**

전십팔편 삼십육권 중 제팔회 제십삼, 십사, 십오편 육권 상장

유사 송죽 특약 **단성사**

전(電) 광(光) 구오구

매일 24.02.11 (2), 24.02.13 (3), 24.02.14 (4) 〈광고〉

동아일보 2월 10일자 단성사 광고와 동일

매일 24.02.11 (3) 세계적 저명 영화 / 천여 명의 관즁으로 전에 업든 대성황 즁에 공회당에셔 긔최

경성일보스 후원(京城日報社 後援), 경성죠합 교회 쥬최(京城組合 教會 主催), 이태리(伊太利)『쥬오, 지아리니』 회사의 특작 영화 대스극(大史劇)『비교자 쥬리안』(背教者 쥬리안) 이라는 셰계뎍 걸작 활동스진대회(活動寫眞大會)는 직쟉 구일 오후 여섯시 반브터 쟝곡천명 공회당에셔 긔최되얏다. 이 영화는 불란셔 문호『쎅돌 유고』 씨의 져작으로 유명흔『희! 무정(噫! 無情)』이라는 원작을 이태리의 유명한 비우『카이트, 구라지오』 씨 이하 수빅 명의 이태리 극단의 비우들이 주연자가되야

이만여 명 외 임시 고용 비우와 이기년 동안의 장구한 셰월과 빅삼십만 원이라는 막대한 금젼을 허비하야 촬영한 유사 이틱 셰계뎍 명화로 호평이 잇는『시비리계손구리 후이스』의 영화『오쌔데힐』과 함씌 명평 잇는 사진인대, 긔회될 뎡각으로부터 흔 시간이나 젼부터 관즁 읍흘 다토아 드러오기 시작하야 뎡각에는 천여 명의 다수한 관즁이 입쟝하야 립츄의 여디가 업슴으로 홀길업시 오후 일곱시부터는 입쟝을 스졀하게 되얏다. 뎡각이 되미 미묘한 한줄기 음악의 연주가 긋나자 위션 이태리 아니누휠름 회스의 걸작『가비리아』의『화스트렌』이라는 사진을 영화하게 되야 경성영화게에 태성인 남민부(南敏夫) 군의 긴장흔 태도로 장엄한 해셜의 흔마듸가 적막흔 공긔를 씌치자 만장일치의

53

환희성과 박슈가 계속하야 여덜시 오십분에 맛치고 아홉시 이십분브터 『背敎者 주리안』의 명화를 영수하기 시작하얏다. 사진의 심곡흔 표현은 깁허갈스록 관중에게 홍미를 더하야 대성황으로 오후 열흔시에 산회하얏는대 작십일에는 특히 일반부인과 학싱, 군인을 위하야 오젼 열시브터 긔시할 터인즉, 일반은 이 긔회를 일치말고 반드시 한번 관람홀 필요가 잇겟더라. 입장료는 일등 일 원 오십 젼이나 군인 학싱은 반익 칠십오 젼이라고.

동아 24.02.12 (3), 24.02.13 (4) 〈광고〉
2월 10일자 단성사 광고와 동일

동아 24.02.13 (1) 저금 활동사진대
체신국 저금선전 활동사진대 일행은 구력(舊曆) 정월을 기회삼아 조선인 본위로 저금장려를 시(試)코자 조선인 설명자 이 명을 가(加)하야 십이일 조(朝)에 출발하얏는대 개최지 급 (及) 일정은 여좌(如左)하더라.
십이일 이천, 십사일 십오일 원주, 십구일 이십일 충주,
이십삼일 경산, 이십오일 삼랑진, 이십칠일 진영, 이십구일 일일 구포

동아 24.02.13 (3) 이리(裡里) 소방 연극
호남선 이리는 신개(新開)의 도회로 인구의 조밀함은 타에 비할 바 안인대 여러 가지 설비도 점점 정돈되는 중 더욱 소방 기관을 완실히 하고저 하야 임의 우리 소방조가 조직되야 공헌이 다대하얏슴은 만인의 인정하는 바요, 금번에 더욱 완전한 기구를 비치키 위하야 음(陰) 정초를 이용하야 당지 이리좌에서 본월 십삼일 하오 칠시부터 연극을 흥행하기로 하는데 기위(旣爲) 각 방면의 찬조가 만흐며 당일의 성황을 예기한다고. (이리)

동아 24.02.14 (3) 〈광고〉
당 이월 십삼일(수요)부터 삼일간
송죽 특선 명화대회
미국 에도로사 신작품
실사 **영국의 고성(古城)** 전일권
미국 호루무보이쓰 회사 대작품
인희극 **훌륭한 운전수** 전이권
미국 에도로 사 특작 영화
연애정희극 **나는 당신의 처(妻)요** 전오권

미국 후아스도나소날 회사 공전의 대명화

연애대비극 **세계를 적으로 하고** 전팔권

명화 미리아—무구쌔 양 주연

애활가(愛活家) 제위의 기다리시든 연애 대비극

기여히 보십시요! 재득(再得)키 어려운 이 명화를!

유사 송죽 특약 **단성사**

전(電) 광(光) 구오구

동아 24.02.15 (4), 24.02.16 (3) 〈광고〉

2월 14일자 단성사 광고와 동일

매일 24.02.16 (4) 〈광고〉

당 이월 십삼일(수요)브터

송죽 특선 명화대회

미국 메도로 회사 특작품

실사 **영국의 고성(古城)** 전일권

미국 호루무보이쓰 회사 대작품

대희극 **훌능한 운전수** 이권

미국 메도로 사 특작 명화

연애정희극 **나는 당신의 처요** 전오권

미국 후아스도나쇼늘사 대명화

연애인비극 **세계를 적으로 하고** 전팔권

명화(名花) 미리아—무구쌔— 양 주연

유사 송죽 특약 **단성사**

전화 광화문 구오구번

매일 24.02.17 (5) 〈광고〉

당 이월 십칠일(일요)브터 유사 날

신사진 전부 차환

미국 유사 작품

실사 **휘잉례—천연화** 전일권

희극 **몰칸의 낭(娘)** 전일권

미국 유사 특작품

서부활극 **백뇌와 여히(百雷와 如히)** 전이권

미국 파라마운트 회사 대작품

미국 유니바살 회사 제공

서부활극 **심홍(深紅)의 도전** 육권

독일 야코푸사 대작 영화

미국 유사 특별 제공

인정비극 **자비** 전육권

『인류의 자비와 세계적 도라마』

유사 송죽 특약 **단성사**

전화 광화문 구오구번

매일 24.02.17 (6) 임업 선전 활사회(活寫會) / 장성군에서 개최

전남 장성군에셔는 내 이십일 오후 졍 칠시브터 장성 공립보통학교에셔 임업선전 활동사진회를 개최하고 일반에게 무료 관람케 홀 터이라는대, 사진은 가쟝 선명하고 미우 취미잇는 거시 만타하며 주최자는 조선산림회 급(及) 전남산림회인대, 아못조록 다수 내관(來觀)하시기를 희망한다더라. (장성)

동아 24.02.18 (2) 〈광고〉

매일신보 2월 17일자 단성사 광고와 동일

매일 24.02.18 (1) 〈광고〉

2월 17일자 단성사 광고와 동일

동아 24.02.20 (2) 〈광고〉

당 이월 이십일(수요)부터 송죽 날

송죽 특선 명화 대회

이태리 이다라 영화

실사 **남부 이태리** 전일권

미국 바-이다크라흐사 영화

대활극 **협혈(俠血)의 비약** 전오권

미국 리아라-도 대명화

연애극 **겐듸기−의 봄** 전육권
미국 후아스도 냐쇼날 문예 대명화
희비극 **마이 쏀−이** 전오권
세계적 천재 배우로 유명한 어리이−의 대명화
동경 제국관의 상장시는 입장요금 십 원 오 원의
특별 공개이엿스나 특히 본관은 보통 요금으로
유사 송죽 특약 **단성사**
전(電) 광(光) 구오구

매일 24.02.20 (3), 24.02.21 (3), 24.02.22 (4) 〈광고〉
동아일보 2월 20일자 단성사 광고와 동일

동아 24.02.21 (4), 24.02.22 (1), 24.02.23 (3) 〈광고〉
2월 20일자 단성사 광고와 동일

동아 24.02.22 (2) [경성내(京城內)] 영화계
일반의 추이는 희극보다 비극을 즐기고 련애극 중 슨은 것도 만타. 빈약한 경성 흥행계에서 오히려 일도의 생명을 지속하며 시민의 위안을 주는 곳은 시내 각 활동사진관이다. 조선 사람을 상대로 하는 곳이 세 곳, 일본 사람을 면문으로 하는 곳이 네 곳, 도합 일곱 곳에서 비초히는 활동사진의 필름은 전부 경기도텽
보안과에서 검열을 하는 것이다. 몇해 전짜지도 소관 경찰서의 보안계 순사들이 현장에 가서 먼저 한 번식 빗초혀 본 후 즉접 허가를 하얏스나 여러 가지 충절이 만하 경찰부 보안과에서 허가를 하게된 것인대 이로 인하야 도텽 면화 교환실 뒤로 조고마한 활동사진관이 생기엇는대 일곱 곳에서 드리는 검열을 하기에는 두 사람의 경부가 눈코를 뜰 수 업시 바쁜 현상이라 한다. 그들은 경찰관으로 활동사진에 정통하기 박사호를 밧을만도하다 하야 말버릇 사오나온 변사들 사히에는 여러 가지 별명짜지 창작이 된 모양이다. 일시는 경로와 사실은 다소 모순도 되고 허황하드라도 련속사진과 활극이 대갈채를 밧더니 시대
사상의 추이를 짜라 요사히에 와서는 눈물을 싸는 비극과 배경과 기술의 특수한 것이며 더욱히 가슴을 태오는 련애극이 만흔 호평을 밧게된 결과 일반 흥행업자 간에서도 압흘 닷호아 련애극을 중심으로 빗초이기로 되야가는 중인데 이로 인하야 경찰법과 칼자로만 벗을 삼는 경찰관의 눈으로는 참아 바로 대하기도 괴란히 역일 여러 가지 형용이 매오 만히 나타나게 되얏다. 청년 남녀가 입을 맛초으는 것이라든지 염치 업시 찌어안는 등 여러

57

가지 용납할 수 없는 사진에 대하야서는 부분을 싿게 하거나 전부를

검지식히는 것이 차차 느러가게 되얏다 한다. 작년 일년 중의 검지와 절단 처분을 명한 수를 보건대 상영 검지 여덜 가지 부분 절단 오십 가지이며

그 외 변사의 설명하는 내용이 허가한 사진의 범위를 써나 올치 못한 것을 주의 식힌 건수도 십삼 건이나 된다 한다. 련애극 외에도 작년 셧달경에 온 『암흑의 요성(暗黑의 妖星)』 가튼 것은 참아 눈으로 볼 수 업는 살인행위가 낫하남으로 그 부분만을 절단케 한 사실도 잇섯스며 조선극장에 상영되얏든 『평민재상(平民宰相)』과 『사랑의 꼿』 등은 전부 키쓰와 포용 등 너모 야하다 하야서 부분 절단을 명한 것 중의 하나이라 한다. 지난 정월 일 개월 중에도 사실이 참혹하야 부분을

절단케한 것이 일 건, 간통, 키쓰, 포용 등으로 싿은 것이 삼 건, 조선 경관의 뎨일 무서워하는 폭탄 사건으로 싿은 것이 일 건, 가칭 형사 변장 등으로 싿은 것이 두 건이나 잇섯스며 일본 사진으로 『데이고구기너마』의 신파 『주의 선(呪의 船)』 갓흔 것은 추악한 간통 사건이 영화막에 력력히 낫하나는 고로 금지를 당하고 마랏다한다. 보안과에서는 압흐로 더욱 영화의 검열을 엄중히 한다더라.

동아 24.02.22 (2) [모임]

종로청년회에서는 금 이십이일(금요일) 오후 일곱시 반에 그 회관 안에서 춘긔 활동사진대회를 열 터인데 입장료는 오십 전과 삼십 전의 두 종류요, 학생은 이십 전이라 하며 사진의 종류는 아래와 갓다더라.

인정극(人情劇) 혈의 규(血의 따) 오권

사회극 모친을 위하야(母親을 爲하야) 오권

희극 성가진 선생 등 기타 실사진이 만타.

매일 24.02.22 (3) 춘긔 활사(活寫)대회 / 종로 청년회관에서

종로 청년회관(鐘路 靑年會館)에서는 금요(金曜) 하오 일곱시 반브터 동회관 안에서 춘긔 활동슨진대회(春季活動寫眞大會)를 연다는대, 입쟝료는 오십 전, 삼십 전, 학싱 이십 젼이며 슨진 종류는 인정극(人情劇) 혈의 규(血의 따) 다섯권과 스회극(社會劇) 모친을 위하야(母親을 爲하야) 다섯권과 희극(喜劇) 셩가신 션싱(先生) 두권과 기외에 실사(實寫) 등 지미 잇는 것 쑨이라더라.

매일 24.02.22 (4) 시정선전과 활사(活寫)

제주도청에서는 현하 시정 방침과 위생의 장려함을 일반 민중의게 선전하기 위하야 구력

(舊曆)의 신원(新元)을 기(機)로 *고 본월 십칠일브터 당지(當地) 공립보통학교 구내에 신식 활동사진을 개시하얏는대 관람자가 누천(累千)에 달하야 파(頗)히 성황을 정(呈)하얏슴을 불구하고 차(此)를 철저히 실행홀 정신으로써 서무계원 이창빈(李昌彬) 씨을 파견하야 관내 전부를 일주하야 비록 산간 부락이라도 무혼(無混)히 선전홀 예정 중이라더라. (제주)

동아 24.02.23 (1) 활동 필늠의 검사
경기도에서 검열할 필림 중 절단 우(又)는 금지한 것은 종래 일개월 분을 한데 모아서 각 도에 통보하얏스나 여사(如斯)하면 기(其) 효과가 심히 적다하야 금회 경찰부에서는 금후 금지 우(又)는 절단한 쌔마다 그 이유 급(及) 척수, 종류, 권수, 제조 혹은 소유점 각 출원인 등을 정사(精査)하야 각도에 통첩하게 되엿더라.

동아 24.02.24 (2) 〈광고〉
당 이월 입(卄)사일(일요)부터 유사 날
신사진 전부 차환
미국 유사 작품
실사 **가나태(加奈太)[22]의 실황** 전일권
미국 유사 제공
희극 **원소동(猿騷動)** 전이권
미국 유사 제공
인정극 **사랑의 순례** 전칠권
미국 유사 제공
정희극 **결혼은 실패냐** 전칠권(명우 총출연 영화)
근일 유사 날 상장되는 연속사진은
유사 송죽 특약 **단성사**
전(電) 광(光) 구오구

매일 24.02.24 (5), 24.02.25 (2), 24.02.26 (3) 〈광고〉
동아일보 2월 24일자 단성사 광고와 동일

---

22) '캐나다'의 음가 표기.

매일 24.02.24 (6) 임업 선전 활동사진대회 / 입장자 무려 이천 명

전남 장성군에셔는 조선산림회 급(及) 전남산림회 주최로 임업 선전 활동사진대회를 개최흔다는 소식은 기위(既爲) 보도한 바어니와 이십일 오후 칠시에 장성 공립보통학교에서 개최하얏는대 원근 촌락으로브터 입장자는 무려 이천 명에 달하얏스며 사진이 미우 선명할 쑨 아니라 사진의 설명도 가쟝 철저하야 일반 관중으로 하야금 십분 애림사상을 고취케 하는 동시에 조림상(造林上) 만흔 인상을 여(興)하얏더라. (장성)

동아 24.02.25 (2) 토월회 사회 공연 / 이십륙일부터 우미관에서

토월회(土月會)에셔는 오는 이십륙일부터 매야 사일간을 시내 관텰동(貫鐵洞) 우미관(優美舘)에서 뎨사회 공연을 한다는대 상연할 연예는 뎨이회에 갈채를 밧든 『카츄샤』와 뎨삼회 갈채를 밧든 『사랑과 죽음』의 두 가지를 쏩앗다하며 학생에게는 특별 할인이 잇다더라.

동아 24.02.25 (2), 24.02.26 (3) 〈광고〉

2월 24일자 단성사 광고와 동일

동아 24.02.27 (4) 〈광고〉

당 이월 입(廿)칠일(수요)부터 송죽 날
신사진 전부 차환
미국 후옥크스사 영화
실사 **곡예색색(曲藝色色)** 전일권
미국 휘괴－사 대작품
대활극 돌격분투 전오권
미국 위－쓰사 특작품
대활극 **설중의 육탄(雪中의 肉彈)** 전오권
미국 휘루무사 대작품
대비련극 **공탄(空彈)의 비극** 전육권
－내주 예고－
미국 유사 공전의 대작품
신연속대모험대활극 **투장(鬪將) 작크**
전십오편 삼십일권
유사 송죽 특약 **단성사**
전(電) 광(光) 구오구

매일 24.02.27 (3) 선극(鮮劇) 분규 내막 / 남의 건물을 자긔 명의로 신고 / 테면을 본다하고 환셔를 불웅 / 건물 명의 환셔(換書) 문제로

시내 인사동에 잇는 됴션극장(朝鮮劇場) 극장 주인 시퇴은차랑(矢澤銀次郎) 씨와 영업쥬임 황원균(黃元均) 씨 사이에 소송 문뎨가 이러나셔 이릭 일기월에 갓갑도록 극장 문을 닫고 영업을 폐지하얏슴은 일반이 아는 바어니와 이제 그 분규가 일어는 닉용을 듯건딕, 원래 됴션극쟝은 황원균 씨가 대졍 구년에 건축 허가를 맛혼 것인대, 자본이 업셔셔 건축에 착수하지 못하고 나려오던 중 대졍 십년 륙월에 이르러 엇던 스람의 소긔로 그 당시 동양싱명보험회스 경성지부장(東洋生命保險會社 京城支部長)으로 잇던 시퇴 씨를 만나, 자긔는 극장 경영에 리익이 잇던 손해가 잇던 그 십분의 하나만 돔당하고 건물을 시퇴 씨의 명의로 환셔혼다는 조건으로 계약을 톄결하고 시퇴 씨의 자본으로 건축에 착수하야 대졍 십일년 가을에 락셩하얏는대, 황 씨는 최초의 계약을 무시하고 극장이 락셩된 후 시퇴 씨에게는 일언반스의 의론이 업시 자긔의 명의로 신고를 하얏슴으로 시퇴 씨는 황 씨의 무법훈 힝위에 분긔하야 즉시 종로셔에 고소하얏다.

이재 황 씨는 시퇴 씨에게 대하야 자긔 명의로 인가가 된 것을 극장 락셩되자마즈 영업도 긔시하기 젼에 명의를 환셔하면 신용상 관계도 적지 안코 스회에 대한 톄면도 보아야 할 것인즉, 이대로 영업을 긔시하고 필요에 응하야 언제던지 명의를 변경하겟다고 간곡히 말함으로 시퇴 씨는 황 씨의 말에 의하야 고소를 취하고 그대로 영업을 긔시하얏는대, 황 씨는 극장 경영에 대하야 아모 셩의도 업슬 쑨 아니라 스진을 계약혼다고 대판에 건너가셔 막대한 금액을 랑비하고 그 구녕을 치우기 위하야 구경도 못한 동경까지 갓셧다고 속이여 려비와 교졔비라 하고 계산을 덧거리질 하야놋코 그후 관원의 션금(先金)을 횡령한 것과 무대의 비단 쟝막에 남의 *고를 거두어 륙칠빅 원이나 횡령혼 것이 탄로되야 시퇴 씨는 강경한 문뎨를 이르키랴 하얏스나 황 씨는 자긔의 잘못임을 자빅하고 사과쟝(謝過狀)을 써셔 시퇴 씨를 주고 일시 무마가 되얏셧는대, 그후 시퇴 씨는 막대한 결손만 당하고 좃지 못흔 소문만 셰상에 내임으로 극장을 황 씨에게 빌니여 손익은 관계하지 아니하고 집셰만 밧기로 하얏스나 셰젼도 닉이지 아니하고 수입금은 쏘박ᄉ 집어쓰고 모든 지불을 그대로 내바려두어 됴션극장 명의로 사방에 빗만 늘어가게하고 내죵에는 뎐긔료 밀난 것이 팔빅 원 이상에 달하야 뎐긔회스에셔 뎐긔를 쥬지 안이함으로 할수 업시 극장문을 닷치게 되얏다.

부득이하야 재소(再訴) / 영업권을 차압하고 형스 소송을 뎨긔히

그리하야 시퇴 씨는 젼자에 밀닌 집셰와 뎐긔료는 자긔가 담당한 우에 당분간 싱활비를 줄 터이니 건물 명의를 환셔하야 달나고 황 씨에게 교섭을 하얏스나 황 씨는 말을 좌우로 칭탁하고 응죵치 안이함으로 시퇴 씨는 할수업시 지는 이월 이일에 건물과 영업권을 차압하고 전후 증거를 가초워 가지고 형사 고소를 하는 동시에 민사소송을 뎨긔흔 것이라는대, 하여 하던 삼십만 시민의 오락긔관으로 즁요흔 디위를 졈령하고 잇는 됴션극장이 쥬인을 잘 맛나 오뤼동안 문이 닷치여 잇는 것은 극히 유감되는 일이라고 차탄하는 ᄉ람이 만은 모양이더라.

동아 24.02.28 (2), 24.03.01 (2) 〈광고〉

2월 27일자 단성사 광고와 동일

매일 24.02.28 (4), 24.02.29 (4) 24.03.01 (3) 〈광고〉

동아일보 2월 27일자 단성사 광고와 동일

3월

매일 24.03.01 (3) 총독부 활사반(活寫班)의 조선 사정 선전 / 됴션 사정이 화면에 낫타나미 리빈들은 모다 입을 모와 찬양

동경에 톄직 즁인 슈옥 셔무부장(守屋 庶務部長)은 지는 이십칠일 오후 일곱시브터 총독부 동경 츌장소 이층에 다화회(茶話會)를 긔최하고 됴션에 관계가 잇는 학자와 밋 정치가들 빅여 명을 초대하야 최근에 촬영한 총독부 활동ㅅ진을 영사하얏는대, 최근의 됴션 수졍이 화면에 나타나미 리빈 모다 됴션의 모든 시셜이 졈졈 진보희옴을 찬양하고 됴션에 관한 둠화를 교환하고 오후 열시에 산회하얏는대 슈옥 씨는 이십팔일 동경을 쩌나 복도(福島) 궁셩(宮城) 암수(岩手)의 각 현을 순회하며 활동ㅅ진과 밋 강연으로 됴션 수졍을 션면하고 삼월 십오일경에 다시 동경으로 도라올 예뎡이라더라.

동아 24.03.02 (2) 〈광고〉

당 삼월 이일(일요)부터 유사 날
신사진 전부 차환
미국 유사(社) 신작품
실사 **유사 시보** 전일권
미국 유사 특작품
연화(戀話) **두려운 그날** 전오권
미국 유사 대작품
연화 **허언의 역(虛言의 力)** 전오권
미국 유사 공전의 대작품
신연속대활극 **투장(鬪將) 쟉크**
전십오편 삼십일권 중 제일, 이편 오권 상장예고
『마이쏜이』의 자매편인 『용감한 고아』 전오권이 상장되옴니다
유사 송죽 특약 **단성사**
전(電) 광(光) 구오구

매일 24.03.02 (3) [영화계]

머리말

여러분 이활가(愛活家)를 위하야 이번에 시로운 시험을 하랴합니다. 원리 이 시험 본사에셔도 항상 인식시키랴하던 것이나 지면(紙面)의 관계도 잇고 여러 가지 피치 못할 스정이 만하셔 지금까지 밀녀오던 것인대, 이번에는 긔어히 실현시켜 볼 작명으로 일요 부록(日曜附錄)의 지면을 어더 여러분 읍혜 가게 되얏습니다. 본스의 깃붐은 물론 *것* 넑으실 여러분도 반기여 마지실줄 암니다. 싯싯내 잘 리용하야 쥬시기 바람니다.

미국 「유-니버-살」 회사 역작

투장(鬪將) 싹크

주역 「윌리암 데스몬트」

상연일시 삼월 이일부터

상연장소 시내 단성사

젼긔 주역 「윌리암 데스몬트」 씨는 직쟉년 여름에 셔울에서 흥힝한 『제의 향(啼의 響)』이란 사진의 주역으로 만도의 애활가를 녈즁케 하던 명우이외다.

사진의 긔요

뎨일편 『질투의 칼날』. 오릭동안 「아라스²³⁾」의 「아메리카」라는 일홈을 듯던 「아라스」 령디로 지금의 「아라쓰카」는 서력 일천팔백륙십칠년에 「미국」이 「아라스」로브터 칠빅이십만불로 스듸려셔 「아라쓰카」라는 일홈을 붓쳣습니다. 그런대 이 사진의 내용도 그 당시브터 발단하는 것이외다. 모험성이 만코 쳥년의 쓸는 피가 용소슴치는 「미국」 사람 「싹크 메리루」는 이곳에 와셔 「아라스」 사람으로 장수하는 이의 쌀 「올가 파스노푸」라는 미인과 스랑에 쌔져 쑬보다 더 단 싱활을 하야왓습니다. 마치 봄날에 헤염치는 원앙시와 갓치…… 그러나 조흔 일에 마가 만타는 말과 갓치 「오루가」에게는 츄근ㅅ하게도 결혼을 하랴드는 성질이 낫분 쳥년 하나이 잇스니 일홈을 「이봔 페트로푸라」 함니다. 이자는 질투를 이르켜 자긔의 스랑의 대뎍인 「메리루」를 업시여 버리려 하얏습니다. 그리하야 자긔의 부하를 시켜 「메리루」를 쟌득 묵거 가지고는 「쏏-트」에 태워가지고 험흔 물에다 씌워 버렷습니다.

뎨이편 『죽음의 션고』. 물 가운대 묵긴 치로 써늬려가던 「메리루」는 하류에 사는 「인듸안」 종족에게 구원을 바다 다시 륙디에 오르게 되엇습니다. 그러나 이 토인들은 힌 스람이 이곳에 옴은 자긔네에게 흉조라 하고 「메리루」를 죽이랴 하얏습니다. 그런대 이를 구원하랴 흔 사람이 잇셧스니 이는 그 수장의 쌀 「니-와」라는 게집이엿습니다. 「니-와」는 그를 구하야 자긔 남편을 삼으랴 하얏스나 「메리루」는 다라나랴 하얏습니다. 고만 이것이 낫분 인

---

23) '러시아'

과를 지여 그 토인들의 불귀신에 졔사 듸리는 졔물로 쓰게 되엿슴니다. (또)

매일 24.03.02 (5) 본사의 시시험인 지방 독자 위안대 / 긔발한 활동사진의 영사와 현시대에 필요한 강연으로 / 제일회는 충청북도에

본사에셔는 신츈의 발발흔 긔상이 시로운 이 째를 당하야 디방 독자 여러분에게 하로의 위안을 드리고져 여러 가지로 싱각한 결과 활동ᄉ진과 밋 강연대(活動寫眞 及 講演隊)를 조직하야 위션 충청북도를 위시하야 각 군을 순회하며 본사에셔 여러 해를 두고 수집한, 시대에 필요한 활동ᄉ진의 영ᄉ와 강연회를 긔최하야 특히 디방 농촌에서 쌈을 흘니고 수고하며 근로하는 여러분에게 한 째의 위로를 엇으시도록 하자는 츙심으로 뎨일 회는 오는 본월 칠일브터 순회를 실힝홀 터인대, 그 순회 일활과 슌셔는 아릭와 갓더라.

순회일활(日割)순서

삼월 칠일 청주, 팔일 괴산, 구일 음성, 십일 충주, 십일일 제천, 십이일 단양,
십삼일 청안, 십사일 진천, 십오일 옥천, 십육일 보은, 십칠일 영동 십팔일 황*

매일 24.03.02 (5), 24.03.03 (3), 24.03.04 (3) 〈광고〉

동아일보 3월 2일자 단성사 광고와 동일

동아 24.03.03 (3) 제주 위생 선전

제주경찰서에서는 거월(去月) 이십사일부터 약 십오일간 위생을 선전코자 본도(本道)를 일주한다는대 그 방법은 강연, 활동사진 등으로 한다하며 선전지(宣傳地)는 여좌(如左)하다는대 순회는 동서 이대(二隊)로 분(分)하얏다더라.

동순대 제일일 제주면 함덕리, 이일 고원리, 삼일 종달리, 사일 감산리, 오일 삼달리 가촌리, 육일 수망리 옥남리, 칠일 신예리 서귀리

서순대 제일일 제주면 소길리, 이일 납읍리 금성리, 삼일 귀덕리 수원리 한림리, 사일 금릉리 고산리, 오일 신도리 무릉리 모슬포, 육일 금악리 상대리, 칠일 어도리 곽지리, 팔일 신엄리 하귀리, 구일 외도리 (제주)

매일 24.03.03 (3) 〈광고〉

순회 활동사진 대강연회
충북일원
순회일할(日割)
삼월 십일 청주, 십일일 괴산, 십이일 음성, 십삼일 충주, 십사일 제천, 십오일 단양, 십칠

일 진천, 십팔일 오창, 십구일 옥천, 이십일 보은, 이십일일 영동, 이십이일 황*
주최 매일신보사 충북지국

동아 24.03.04 (4) 〈광고〉
3월 2일자 단성사 광고와 동일

매일 24.03.04 (3), 24.03.05 (4) 〈광고〉
3월 3일자 순회 활동사진 대강연회 광고와 동일

동아 24.03.05 (4) 〈광고〉
당 삼월 오일(수요)부터 송죽 날
신춘 문예영화 대공개
미국 메도로 회사 특작품
초특작정희극 **본 것이 참말** 전 오권
미국 후아스도냐쇼날 대영화
명화 용감한 고아 전 오권
이태리 휘-루도 회사 특작품
연애극 **뷀카의 연(戀)** 전 오권
예고
내주 유사날 상장될 대명화는
대활극 **겐닥기의 답쎄** 전 육권
유사 송죽 특약 **단성사**
전(電) 광(光) 구오구

매일 24.03.05 (3) 「쿠-간」 군의 『용감한 고아』 / 금 오일부터 단성사에서 상영
오날브터 시내 단성수(團成社)에서 영수하는 희비극(喜悲劇) 『용감한 고아(勇敢한 孤兒)』의
주역은 일전에 영수한 『마이 쏜이』에 나왓던 「직 쿠-간」 이란 비우인 바, 이는 금년에 겨
우 열혼살의 어린이로 세계덕 명비우라는 영예를 씍우고 불상한 거지 아희와 그가 사랑하
는 기의 애닯고 쓰린 이약이라 하니, 지금브터 그 스진의 홀늉홈을 짐작홀 수 잇다고 상연
견브터 익활가의 인긔를 비등케하는 모양이더라.

매일 24.03.05 (3), 24.03.06 (3), 24.03.07 (3), 24.03.08 (3) 〈광고〉

동아일보 3월 5일자 단성사 광고와 동일

동아 24.03.06 (3), 24.03.07 (4), 24.03.08 (3) 〈광고〉

3월 5일자 단성사 광고와 동일

매일 24.03.09 (3) [영화계]

『투장(鬪將) 싹크』(제이회)

상연시일 삼월 구일부터

상연장소 시내 단성사

사진의 기요

뎨삼편 『운명의 쟉란』. 천신만고한 긋에 「싹크 메리루」는 「인지안」의 부락을 버셔나셔 「시도카」에 도라왓을 째는 임의 「페토로푸」와 「오루하」는 결혼하기로 되얏셧다. 실망한 「싹크」는 초연히 「아라스카」의 토디를 써느버렷다. 「오루카」는 부득이 「페토로푸」와 결혼을 하나 「싹크」는 긋긋내 잇지 못하얏다. 불힝한 「오루가」는 그 쌀 「오루가」를 느아놋코는 드듸여 황천긱이 되얏다. 셰월은 작고 흘넛다. 그러는 동안에 「싹크 메리루」의 큰 아들인 소 「싹크 메리루」도 훌융한 청년 남즈가 되얏다. 그리하야 「아라스카」의 텬디를 스모하야 그곳으로 가는 도즁에 그와 원한이 잇는 선장(船長)과 대격투를 이루게 되얏다.

뎨사편 『주인과 부하』. 「싹크」는 선장과 대격투를 하얏으느 비의 손님이 말닌 결과 그 즈리에셔는 긋이 낫다. 그리하야 비는 「싹크」가 동경하던 「아라스카」에 다엇다. 이약이는 밧고여 「페토로푸」는 금광(金鑛)을 발견하고 스람 스는 동리에 가셔 그곳에 필요한 물건을 사가지고 도라오는 길에 「페트로푸」의 힝복을 쎼앗으려 하난 악한 「스카리ㅡ」의 일파에게 좃기여셔 「호텔」 안에 일으러 드듸여 그 즈들과 싸호게 되얏는 바, 째맛침 불이 써지고 마럿다. 그러나 이 「호텔」에는 이상한 인연으로 「싹크」가 묵게 되얏셧다. 이에 「싹크」는 「페트로푸」 부녀를 위하야 텱권을 휘둘으게 되얏다.

매일 24.03.09 (5) 〈광고〉

당 삼월 五日(水曜)[24]브터 유사(社) 날

특별 대사진 공개

미국 유사 작품

---

24) 여타 광고를 참고할 때 九日(日曜)의 오식으로 보임.

실사 **유사 주보** 전일권

미국 유사 특작품

대활극 **해(海)의 법** 전이권

미국 유사 특작품

대희극 **최후의 거(擧)** 전이권

미국 유사 공전 대작품

대활극 **겐닥기의 듭비!** [25] 전육권

미국 유사 공전의 대작품

신연속대모험대활극 **투장(鬪將) 작크**

전십오편 삼십일권 중 제이회 제삼편 제사편 사권 상장

송죽 유사 특약 **단성사**

전화 광화문 구오구번

동아 24.03.10 (3), 24.03.11 (3) 〈광고〉

매일신보 3월 9일자 단성사 광고와 동일

매일 24.03.10 (3), 24.03.11 (3) 〈광고〉

3월 9일자 단성사 광고와 동일

동아 24.03.12 (2) 소송 중의 조선극장은 불원 개장 / 집주인 시택 씨와 흥행주 황원균 씨 간에 서로 싸호든 것이 황 씨가 승소되얏다고

민중오락이 뎨창되는 오늘날 조선의 수부인 경성에 삼십만 시민을 위하야 설시된 연극장이 과연 몇 곳이나 되는가. 『단성사』 『우미관』 『조선극장』 세 곳이 잇슬뿐이엇는대 그중에서도 우수한 조선극장이 돌연히 지난 이십구일부터 문을 닷치며 그 연극장에 일 보든 이들은 각처로 분산된 이래

별별 풍문이 다 들리게 되얏섯다. 개관 이래 여러 명작의 영화를 소개하든 조선극장이 문을 닷게된 것은 매우 유감되는 일이엇스나 그 리면에는 여러 가지 비밀이 복재하야 일반의 이야기거리가 되는 중 다행히 조선극장의 흥행권을 가진 황원균(黃元均) 씨가 불원간 다시 개관을 하기로 되얏다는데 이제 조선극장에 잠재한 분란의 내용을 듯건대 본시 조선극장은 황원균 씨의 명의로 건축 흥행 허가를 마타 당시 동양생명 보험회사 경성지뎜 지배인

---

25) 동아 3월 10일자에는 "겐닥기 다비"로 표기되어 있음.

으로 잇든 시택근차랑(矢澤近次郎) 씨가 십사만 원의 자본을 뎨공하야 집을 짓게된 것이엇섯다. 그러나 자연 개관이 되며부터 경영방침이 잘못되엿는지 예상 이상에 성적이 좃치 못하야감으로 자본주 시택 씨는 뜻밧게

재력에 대한 타격을 밧아 하는 수 업시 재작년 일월 즉 락성 개업한지 삼개월되는 째에 흥행주가 되는 황원균 씨에게 리익이 잇거든 분배를 할터이니 즉접 관계를 마라달나 하얏스나 황 씨도 또한 오래동안 애를 쓴 일에 발을 쎄기가 억울하다 하야 거절하매 시택 씨는 조선극장의 건물은 동양건물(東洋建物)에 륙만 원, 흥익회(興益會)에 사만 원, 도합 십만 원에 잡히어바리고 만것이엇섯다. 이래 작년 륙개월까지 시택, 황 량씨는 공동 경영으로 유지하야 왓스나 역시 성적은 좃치 못하야 못처럼 크게 세운 극장이 째 못 만난 한이 깁게 되얏든 것이엇섯다. 아모랴도 자긔의 재조로는 조선극장을 경영할 수 업는 줄을 깨다른 시택 씨는 작년 칠월부터 여러 가지 의론 긋헤 조선극장은 흥행주가 되는 황 씨에게 일임하고 하로 밤에 오십오 원식의 집세를 밧아가게되야 변사도 선택하고 사진도 황 씨가 수차 대판(大阪) 등지까지

츌장을 하야 선택하야온 결과 평판이 좃튼 중 금년 일월 초순에 이르러 시택 씨는 돌연히 황 씨에게 비록 조선극장을 경영하는데 피차의 반분식의 권리가 잇다나 자긔의 형편이 매오 곤란하니 조선극장을 짠 사람에게 삼년 동안만 빌니어서 그 수입으로 자긔의 부채를 정리하겟스니 희생이 되여달나고 말이 잇섯는데 황 씨는 즉시 그 요구는 드를 수 업다고 거절하매 시택 씨는 분개하야 『흥행권은 황원균 씨가 가젓스나 조선극장은 내 집이라』고 지난 일월 금음쎄 뎐등을 쓴케하며 문에 첩을 박아 다시는 흥행하지 못하게 한 후 뒤를 이어 경긔도텽에 출두하야 가흥행권을 청구하얏스나 임의 황원균이가 흥행권을 가지고 사라잇스닛가 하는 수 업다고 각하되얏스며 변호사 고교장지조(高橋章之助) 씨를 소송 대리인으로 황원균 씨를 거러서 흥행권 명의 변경 동의 요구(興行權 名義 變更 同意 要求)의 소송을 뎨긔하얏스나 마츰내 시택 씨가 폐소되얏슴으로 쌍방의 타협으로 불원간 황원균 씨의 명의 하에 다시 조선극장은 개관되리라더라.

동아 24.03.12 (2) 〈광고〉

당 삼월 십이일(수요)부터 송죽 날

특별 사진 공개

미국 마—메도 회사 희극

대희극 **어듸가 조냐** 전이권

미국 후아스토냐쇼날 대작품

대활극 **열풍호우의 야**(烈風豪雨의 夜) 전칠권

미국 비낙클 회사 특작 대명화
대활극 **사막의 혈연**(血煙) 전오권
유사 송죽 특약 **단성사**
전(電) 광(光) 구오구

매일 24.03.12 (3), 24.03.13 (4), 24.03.14 (3), 24.03.16 (4) 〈광고〉
동아일보 3월 12일자 단성사 광고와 동일

매일 24.03.13 (3) 열광적 갈채를 바든 순강대(巡講隊)의 제일일 / 박수하는 소리가 청주원야의 적막한 밤공긔를 뒤흔드럿다 / 본사 충북지국 주최

본스 충청북도지국과 경성일보 충청북도지국 쥬최로 활동스진반과 순회강연대가 본월 십일브터 청쥬를 위시하야 충청북도 각군을 순회하며 특히 디방 농촌의 계발과 됴선의 문화 향상을 도모하기 위하야 대대덕으로 활동을 긔시흔다 함은 임의 보도흔 바어니와 동십일 오후 칠시 반에 뎨일회로 청쥬 소학교에셔 긔최하얏는대, 명각 젼브터 텅즁은 립추의 여디가 업시 오빅여 명의 다수에 이르러 셜비가 충분히 되기 젼브터 어셔어셔 긔회하라 직촉하는 박수소리는 스방에셔 요란하얏다. 뎨일회의 긔최임으로 여러 가지 셜비에 불완견흔 덤도 업지 못하야 명각보다 삼십분이나 지는 뒤에 후원자측 대표 산긔(山崎) 청주 군수의 간단한 긔회사가 잇슨 후 본스 특파원 암좌언이(岩佐彦二) 씨의 『조선의 문화를 위하야』란 뎨하에 대략 한 시간에 긍한 열열한 강연이 잇섯 대환영리에 강연을 맛치고 즉시 활동 영스에 옴겨 특히 참신긔발한 영사에 대하야는 만장이 열광뎍 갈치를 밧아 박수하는 소리가 적막흔 청쥬원유의 고요한 공긔를 흔드럿다. 인하야 산회하니 쌔는 오후 십일시경이더라. (이(李) 특파원 발)

양 강사 환영연 / 톄육협회와 청쥬군텽 기타 후원 단톄 주최로

별항과 갓치 십일 오후 칠시 반으로브터 청쥬소학교에셔 본사 충청북도지국과 경성일보 충청북도지국 주최로 활동영스 대회와 강연회를 긔최하얏는대, 동일 오후 구시로브터 충북 지사 박즁양 씨 이하 충북신문 긔자단, 톄육협회, 충쥬면스무소, 청쥬군텽 등 후원 단톄 외 유력흔 제씨의 발긔로 본스 특파원 암좌언이(岩佐彦二)와 리능우(李能雨) 량씨에 대한 환영회를 료뎡 「호혜도」에 긔최하고 주긱 이십이분의 환담을 교환하얏는대, 특히 긔즈는 충북관민 상하가 이럿틋 됴션문화 사업에 대하야 열열히 환영함에 대하야는 실로 감스흠을 익이지 못하얏고 오후 십이시경에 산회하얏더라.

괴산에 향하야 출발 / 십일일 오젼 십일 시에

별항과 갓치 대셩황 대환영리에 쳥쥬의 뎨일막을 닷친 일힝은 예명과 갓치 십일일 오젼 십일시에 괴산(槐山)을 향하야 출발하얏더라.

동아 24.03.14 (3) 신민(新民)극단 행연(行演)

신민구락부 소속 신민극단은 기간(其間) 지방을 순회하고 귀경중 시외 마포청년회의 사업을 찬동하며 기(其) 발전을 도(圖)하는 동시 경비의 일부를 보조하기 위하야 기단(其團)의 기술을 공개하야 수입되는 금액을 전부 동 청년회에 기부한다대 시일은 거(去) 십일일부터 구일간이오, 장소는 동막(東幕)극장이오, 입장료는 대인 이십 전, 소인 십 전이라고. (고양)

동아 24.03.14 (3) 부식(扶殖)농원 자선 활사(活寫)

대구부 하(下) 재단법인 부식농원(일인(日人) 경영)에서는 내 십구일부터 이일간 대구부에서 자선 활동사진회를 개최한다대 그 수입으로써 과반(過般) 화재로 소실된 기숙사 재축 급(及) 학교(고아) 신축비에 충용한다고. (대구)

매일 24.03.14 (4) 부식농원 자선 활사

시외 속촌(束村)에 재(在)흔 재단법인 조선부식농원에셔는 선반(先般) 화재로 소실한 고아 기숙사 건설 급(及) 학교 신축에 대하야 일반의 동정(同情)의 구(求)코져 내(來) 십구, 이십 양일에 당지(當地) 대구좌에셔 자선 활동사진을 영사흔다더라. (대구)

동아 24.03.16 (1) 〈광고〉

당 삼월 십육일(일요) 주간부터 유사(社) 날
특별 사진 대공개
실사 **유사 시보(時報)**[26] 전일권
유사 특작품
대희극 **바보와 결투** 전이권
유사 대작품
군사대탐정대활극 **운명의 탑** 전삼권
권투대활극 **세계적 선수** 전칠권
유사 공전의 대작품

---

26) 매일 3월 17일자 광고에는 제목이 週報로 표기되어 있음.

연속활극 투장(鬪將) 작크
전십오편 삼십일권 중 제삼회 제오, 육편 사권 상장
유사 송죽 특약 **단성사**
전(電) 광(光) 구오구

매일 24.03.16 (3) [영화계]
상연시일 삼월 구일부터
상연장소 시내 단성사

『투장(鬪將) 짝크』(제삼회)
사진의 기요
데오편 『북쪽의 공포』 「메리루」의 힘으로 「올카」와 「페트로프」는 「호텔」의 불속에서 사라낫
스나 「페트로프」는 「스카리-」의 일파에게 잡히고 「올카」는 금광의 디도를 닉노흐라는 「스카
리-」의 합박을 당하얏다. 「메리루」는 「올카」를 구원희가지고 「페트로푸」가 갓친 집으로 눈
보라를 무릅쓰고 가는 도중에 이리 쎄를 만나 그 싱명의 바람압헤 쵸* 갓치 위태하얏다.
데륙편 『죽엄의 협박』 「짝크」와 「올카」는 겨우 목숨을 보전하야 「페트로푸」를 구원하야닌
후 「짝크」는 금광을 자긔 혼자 하*가려 하얏다. 그런데 「페트로푸」는 「짝크」가 그의 아버지
와 쏙갓흔 것을 보고 넷일이 싱각되야 두려움을 이르킨 후 엇지하던지 「짝크」를 죽여업시
랴 하얏스나 엇지느 될고! (또 잇소)

『맹수와 여(女)』
스나운 짐싱을 부리는 「킷틔」라는 어엿분 식시는 그 아버지와 함끠 「데루마」 곡마단의 화형
이엇다. 그러나 곡마단쥬인 「데루마」와는 스이가 좃치 못하얏다. 부자집 자식으로 난봉인
「부랏톤」이가 「킷틔」의 아버지를 곡마단에서 구원하야닌 것이 인연으로 「킷틔」와 교졔를
하게 되얏스나 「킷틔」는 그리 곰살곱게 안이하얏다. 싱활난에 쫏기인 「킷틔」는 「부랏톤」의
주션으로 돈버리를 하게 되얏는대, 「부랏톤」의 아버지는 아들의 난봉을 곳치게 하랴 「킷
틔」에게 이만 「쌀라」의 보수를 쥬고 청하야 승락바덧다. 그리하야 「부랏톤」은 차차 얌젼하
야젓다. 그러느 슐로 인하야 헤여져서 「킷틔」는 「써-커스」로 도라가셔 그 주인으로 인하야
위태케되얏다. 즉시 뒤쪼차 간 「부랏톤」은 용감히 이를 구원해닛엿다. 그러면 그 후는 엇
지 되얏을가?

『운명의 탑』

나라를 싱각하는 「놀덴」의 청년과 형의 원수를 갑흐랴는 어린 게집이 공모하고 「삭소니」의 비밀을 쓰내랴 그 나라 왕자를 수중에 넛코 비밀을 쓰내엿다. 그러느 그 사이에 옥에 갓치여 대포탄환의 늘어오는 위태한 경우도 당하고 쳔길만길 놉흔 곳에서 운하로 쒸어나려 목숨을 살니는 둥 아긔즈긔흔 이 스실을 맛본 청년 남녀는 긎긎내 자긔 목뎍을 달하얏다. 피 잇는 스람은 이것을 보면 고기가 쒸고 피가 쓸러올을 것이다.

동아 24.03.17 (2), 24.03.18 (1) 〈광고〉

3월 16일자 단성사 광고와 동일

매일 24.03.17 (4), 24.03.18 (3) 〈광고〉

동아일보 3월 16일자 단성사 광고와 동일

동아 24.03.18 (2) [모임]

종로청년회에서는 금 십팔일 오후 팔시에 활동사진대회를 열고 『구약창세긔(舊約創世記)』 『요셥 일대긔(一代記)』 희극(喜劇) 사진 일권을 빗칠터이며 입장료는 칠십 젼, 오십 젼, 삼십 젼이라고.

동아 24.03.18 (3) [청년 기타 집회] 신만(新灣)청년 긔념 연예회

신만청년회에서는 거(去) 십일 오후 팔시로 십일시까지 당지 상반좌(常盤座)에서 일주년 긔념 연예회를 개최하얏는대 관중은 인산인해의 대성황을 이루엇스며 회원 중에서 『허위(虛位)의 파멸』과 『사랑의 힘』이라는 예제로 연극을 흥행하야 관객에 열광적 환영을 수(受)하얏스며 동정금도 다액에 달하얏더라. (신의주)

매일 24.03.18 (3) 순강(巡講) 제오일 / 십삼일 제쳔에셔 / 수방의 박수 소릭는 중쳡한 산곡을 울녀

십사일 오후 삼시 반경에 충쥬를 써난 후 우리 일힝은 이늘에 특히 치위를 늣기엿다. 뎨쳔은 참으로 산곡의 일 소읍으로 충청북도 동북의 최말단 인각에 쳐하야 강원도와 졉경흔 가장 놉흔 곳이니, 변시 산상에 잇는 것 갓하야 충쥬를 써는 지 얼마 못 된 우리 일힝을 태운 자동차는 장스진을 느리인 듯흔 산을 빙빙 도라 올나가기 시작하야 길고긴 직를 둘이나 너머 비로소 뎨쳔읍에 당도하얏는대, 뎨쳔 군수 박태슌(朴泰純) 씨의 안녀로 려관에 드러 려장을 풀엇다. 예뎡한 시각보다 늣게야 긔회하고 동 박군수의 사회 하에 본사 특파

원 리능우(李能雨) 씨가 농촌계발에 대한 강연과 츙청북도 지국장 혀쥬 씨의 『동양의 문화
는 긔인에 잇다』라는 강연으로 열광덕 갈치를 밧고 계속하야 활동스진 영스를 시작하얏는
대, 박수하는 소리가 스쳐에셔 이러나 첩첩한 산곡을 흔드는 듯 하얏다.

매일 24.03.18 (3) 중앙청년회의 활동사진 대회 / 스진은 「요셥」 일대긔

종로 긔독교 청년회 종교부(鐘路 基督教 青年會 宗教部) 쥬최로 금 십팔일(火曜) 오후 여덜
시브터 동 회관 닉에셔 활동스진 대회(活動寫真 大會)를 연다는대, 스진은 구약창세긔 「요
셥」 일대긔(舊約創世記 요셥 一代記) 여덜권과 희극(喜劇) 두권, 실스(實寫) 한권이라 하며
입쟝료는 칠십 젼, 오십 젼, 삼십 젼의 세 가지라더라.

매일 24.03.18 (3) 조선 극단의 꼿 / 토월회 극단의 이월화(李月華) 양 / 과거에는 험로도 만코 눈물어린 이화도 잇다

리월화 양(李月華孃)! 됴션에 유일한 녀빈우요 예원(藝苑)의 녀왕(女王)인 리월화 양! 만일
됴션에 비록 형테만이라도 극단(劇團)이 잇다하면 이 리월화 양을 쎅아노흐면 그는 간조무
미하고 살풍경한
◇ 사막이 되고 말 것이다. 천여 관즁의 시션을 한 몸에 모두우고 무대(舞臺)에 올나셔셔
셤세(纖細)하게 기예(技藝)를 아로삭여 가는 것을 볼 쌔 누구라 이러흔 감상을 안이 늣길
자가 잇스랴. 그의 일거쥬 일투족에는 반다시 텬진의 번듹임을 볼 수가 잇고 그의 울고 웃
는 대는 관즁의 가삼을 늘카롭게 쩰너주는 굿세인 힘이 잇다. 이것이 오날에 됴션 연극을
말할 쌔 반다시 이
◇ 리월화 양을 련상치 안이치 못하게하는 원인이 된 듯하다. 지금브터 됴션에 허다한 녀
빈우가 싀로히 난다할지라도 그갓치 극히 변화흔 즁에도 극히 침묵흔 맛을 쯰우고 무대의
모던 것을 혼자 차지하고 어려운 역의 복잡한 셩격을 슬녀내는 슈완에는 됴뎌히 밋지 못
흘 것이다. 엇더흔 광긱 속에는 리월화 양의 기예는 활동스진을 모효한 덤이 만타는 비는
도 잇는 모양이나 가스 이것이 아조 근거업는
◇ 비평은 안이라 할지라도 현직 리월화 양이 근거로 삼고 잇는 토월회 극단(土月會 劇團)의
상쟝하는 각본의 젼부가 모다 셔양의 신극을 취하얏고 리월화 양의 당역이 됴션에셔는 보기
가 힘드는 퇴탕(頹蕩)한 녀주인공의 이즁(二重) 삼즁(三重)의 복잡한 셩격을 낫태내는 싯닭
임을 반다시 싱각하여야 흘 것이다. 이 리월화 양이 됴션 극단의 영화로운 긔초 우에 셔셔
◇ 압길을 긔쳑하갓다는 지금에 일으기신지에는 그의 과거가 비록 몃힛나 되지 못하느마
상당히 험로도 발밧스며 눈물에 어리운 애화도 업지는 안이하다. 그가 진명녀학교의 보통
과를 맛치고 리화학당 즁학과에 입학흔 엇더한 해 가을, 엇더한 날 져녁에 우연히 친고에

게 쓸니여 연극 구경을 쳐음으로 한 후브터 단슌한 처녀의 마음이 연극이란 흔 곳으로
◇ 쏠니게 되야 밥은 굴물지언졍 연극은 안이 구경홀 수 업게신지 그것을 스모하고 동졍하
얏다 흔다. 그후 어린 녀학싱의 약한 몸으로 완강한 가뎡의 구속을 버서나셔 자유로 무대
에 셜 째신지 얼마나 만은 오뇌와 번민을 격것스랴. 됴션 극단의 곳! 예원의 녀왕! 자즁하
라, 양의 읍혜는 빅화가 란만한 예술의 왕국이 열니여 잇다. (일 긔자)

동아 24.03.19 (2) 〈광고〉
당 삼월 십구일(수요)부터 송죽 날
신사진 전부 차환
미국 리-루크라후도사 영화
대활극대희극 **진웅(珍雄) 깃도** 전이권
미국 콜드윙사 대작 명화
대활극 **금철의 서(金鐵의 誓)** 전오권
미국 후아쓰도냐소날 특작품
인졍활극 **무숙의 협한(無宿의 狹漢)** 전육권
예고
내주 상장되는 대명화는
유사 공전의 대작품
대모험대활극 **맹투천리(猛鬪千里)** 최대장척
유사 송죽 특약 **단성사**
전(電) 광(光) 구오구

동아 24.03.19 (3) 해평(海坪) 활사(活寫) 내단(來端)
함북 성진군 해평동에 잇는 해평청년회 예술부에서는 활동사진대를 조직하야 북선(北鮮) 각
지를 순회 흥행하는 바, 거(去) 십일 단천(端川) 여해진(汝海津)에 도착하야 양일간 흥행하얏
는대 동정금이 백여 원에 달하야 성적이 자못 양호한 바, 그들의 목적은 해지(該地) 사립 해
평소학교는 개교 십팔년 이래 기본금의 핍소(乏少)로 교황(校況)이 일퇴월쇠(日退月衰)하야
필경은 폐교의 비운에까지 지(至)하얏슴으로 각지 인사의 열렬한 동정을 구함이라고. (단천)

매일 24.03.19 (3) 우미관에 『카츄샤』 상연 / 원작과 틀님 업다고
시내 관텰동(貫鐵洞)에 잇는 우미관(優美舘)에셔는 작 십팔일 밤브터 지난번 토월회(土月
會)에서 연극으로 상연하야 대갈치를 밧든 『카츄샤』의 활동스진을 영수한다대 이 스진은

문예영화(文藝映畵)를 만들기로 유명한 이태리(伊太利)「지벨휠님」회스의 대걸작으로 여덜 편에 느호여 그 내용이 『카추샤』의 원본과 죠곰도 틀님이 업다는 바, 만도의 의활에게 대환영을 밧으리라더라.

매일 24.03.19 (3), 24.03.21 (4) 〈광고〉
동아일보 3월 19일자 단성사 광고와 동일

매일 24.03.19 (4) 시정 선전 활사
함경남도에서는 시정 선전하기 위하야 사회과장 유홍순(劉鴻詢) 상공과장 다하민수(多賀敏秀) 양씨는 실업적 활동사진을 지(持)하고 거(去) 십일일에 당지(當地)에 도착하야 동 이십일 하오 일시브터 동지(同地) 공립 보통학교 내에 남녀노소를 다수 소집하고 온돌개량, 생활개량, 산업개량, 부업증진, 애경상조(愛慶相助), 근검절약, 풍속개량 등의 설명이 유(有)하야 민중의 갈채가 유(有)하고 동일(同日) 하오 팔시브터 동지 심상소학교정에서 활동사진의 영사가 유(有)하야 일반의 산업에 각성을 여(與)하고 동(同) 하오 십이시에 산(散)하얏는대 기(其) 기계사용은 다하과장, 변사에는 유과장에 친히 집행하야 다대흔 취미로 민중의 감탄은 물론이오, 북청(北靑)지방에 불소(不小)한 감상을 여(與)하얏다더라. (북청)

동아 24.03.20 (2) 중국인 극단과 삼백여 명 대격투 / 원인은 조선인 통역의 과실로
재작 십팔일 오후 여섯덤경부터 약 네 시간 동안 인천부 외리 애관(仁川府 外里 愛舘)에서 흥행 중인 중국 텬진(中國 天津)의 중국인 가무극단(歌舞劇團)원 삼십여 명과 그 부근 조선인 **삼백여 명**과 사이에 큰 격투가 이러나 드듸여 중국인 중경상자 세 명을 내이고 인천에 잇는 중국인 령사관(領事館)에서는 오(吳) 령사 대리가 출동을 하는 등 대소동을 이르키엇다. 그리하야 소관 외리 파출소에서는 부근 주재소와 본서의 원조를 어더 동 십시경에야 진정을 시키엇다는데 사실을 듯건대 가무극단 좌댱(座長)으로 잇는 녀배우 류이신(劉頤臣) (二六) 외 삼십여 명이 려관으로부터 극장으로 가는 길에 조선 아동 몇 명과 말다툼한 것이 시작되야 그 일행 중에 통역으로 잇는 조선인 경성 북미 창명 김성오(京城 北米 倉町 金成五)(二八)의 조치 못한 행위에 반감이 만튼 관중은 그를 핵심(核心) 삼은 그 극단과 맹렬히 싸호게 되야
삼십여 명을 가운데 몰고 극장을 에워싼 채로 흥분이 극도로 쌧치어 교의 수십개와 극장의 벽과 유리창 기타 숙직실과 대문을 산산히 부시고 중국인 배우 중 하길당(賀吉堂)(三二)는 머리 뒤에 중상을 당하얏고 리문융(李文隆)(三六) 류이신 등 두 명은 경상을 당하

야 소창병원(小倉)에 입원 치료 중인 바 하길당은 약 이주일간 치료를 요하게 되얏다 하며 한편으로 경찰서에서는 극력 진압하랴다가 뜻을 이루지 못하매 덥허노코 경관도 아닌 김성오와 함께 함부로 조선 사람 구십 명을 톄포하야 본서로 인치하는 등 일장의 활극을 연출하얏섯다는데 열아홉 사람은 취조를 마친 후 작 십구일 아츰에

젼부 방송하얏고 이번 소동의 문뎨 인물인 김성오(金成五)를 검속하얏다하며 방금 폭행을 이르킨 범인과 전긔 세 명의 가해자를 수색 중이라더라. (인천)

매일 24.03.20 (3) [붓방아]

지는 팔일에 인천 인관에서 흥힝하는 지나 극단 칠십여 명과 됴션인 스이에 민쪽뎍으로 대결투가 잇셧는대 인천 경찰셔원은 지나인만 두호하고 됴션 사람은 함부로 묵거갓다. 그리하고 그 지나인 즁에는 됴션 사람이 흔 명이 셕기여 지느인 편이 되야 싸홈을 하고 경관과 갓치 됴션 사람을 쌜내쥴로 묵거 쥬엇다지. 목구녕이 보두텅이라고 당쟝 지나인에게 밥을 어더먹는 터이니싯 주인을 위하야 그리 하얏다하면 오히려 용서할 뎜이 잇거니와 경관은 무슨 싯닭으로 그놈들에게 됴션사람들을 포박케하얏담. 경관도 그 즈들에게 무엇을 어더먹은 것은 아니깃지?

동아 24.03.22 (4) 〈광고〉

3월 19일자 단성사 광고와 동일

매일 24.03.22 (2) [조선극단의 유일한 천재] 무대예술연구회의 이상필(李相弼) 군 / 됴션에 쳐음 생긴 빅우 / 현직 됴션극단의 권위

됴션에 연극(演劇)이 잇슨 후로 쳐음으로 싱긴 텬지(天才)! 그리하고 진정한 의미로 보아 지금의 우리 됴션에는 다만 하나박게 업는 「익터!」이외에는

리상필(李相弼) 군을 츙분히 셜명할 말이 업다. 됴션에 연극이란 말이 싱긴 후로 오늘에 이르기신지 무슨 단, 무슨 회니, 분을 발느고 무대에 올는 자가 수업시 잇셧스나 진정한 의미로 보아 빅우다운 빅우는 이 리상필 군 한 사람 뿐이엇다. 만일 리일화 양이 됴션 극단의 「퀴인」이라하면 이 리상필 군은 맛당히 됴션 극단의 「킹」이라하야도 결코

과찬은 안일 것이다. 군이 지는 대졍 십년 가을에 예술협회 뎨일회 공연(藝術協會 第一回 公演)의 첫 무대브터 그후 무대에 오른 것은 날즈로 계산하야 불과 이십여 회에 지나지 못하나 회마다 변하는 당역의 여러 가지 성격을 유감업시 낫타내여 경향의 관극가로 하야곰 경이의 눈을 부릅 쓰게 하얏고 군의 출연한다는 소문이 잇슬 째마다 만도의 인쇠를

뒤쓸케 하얏다. 군은 다만 흔 빅우로만 능홀 쑨 안이라 무대예술을 상당히 리해하고 쏘

그에 대흔 조예가 왼간히 깁홈으로 간고한 가셰에 가족의 굼쥬림을 도라보지 안이하고 ᄌ나 씨나 무대를 동경하면셔도 오히려 상당한 극단과 상당한 쟝소가 안이면 무대에 오르기를 피해왓다. 이것이 군을 리해하는 자로 하야곰 한층 더 군을
존경케하는 싯닭인 듯하다. 지금 상당한 후원을 어더 이젼브터 관계가 깁흔 무대예슐연구회원(舞臺藝術會員)을 인솔하고 동릭군(東萊郡) 범어사(梵魚寺)에셔 공부를 시작하얏다하니 얼마 안이되는 쟝릭에 경성극단에서 그의 무대의 얼골을 볼 수가 잇스려니와 우리 됴션의 오늘갓치 빈약한 극계에서 그러한 텬지가 싱겻슴은 됴션 극계의
쟝릭를 위하야 극히 치하할 일이다. 그러나 아! 그러나 적어도 이쳔만 종족을 포용흔 됴션에셔 비록 빈약하다 할지라도 무엇무엇 이 형테나마 잇스면셔도 이러흔 텬지가 몸둘 곳을 이려버리고 각쳐로 표랑케 함이 이것이 우리 민족의 쟝릭에 무엇을 의미함이냐. (일(一)기자)

매일 24.03.22 (4) 시정(施政) 선전대 출발

기보(既報)와 여(如)히 제주군청에서 시정 급(及) 위생의 필요로 일반 민중의게 선전하기 위하야 본월(本月) 십일일 동(同) 서무계원 이창빈(李昌彬) 씨를 각면에 출장하야 신식의 활동사진으로써 다수의 민중을 집합하고 유창흔 어조로 강습적 선전흘 터이요, 약 이주일 예정인대 지방에서는 환영하는 중이라더라.

동아 24.03.23 (1) 〈광고〉

당 삼월 이십삼일(일요)부터 유사(社) 날
활극 명화 대회
실사 **낭담(狼譚)** 전일권
유사 작품
희극 **파리는 조흔 곳** 전일권
유사 작품
대활극 **천변(川邊)** 전이권
유사 특작품
대희활극 **서탐(婿探)** 전이권
유사 공전의 대작품
연속 사회(四回) **투장(鬪將) 작크**
전십오편 삼십일권 중 제칠, 팔편 사권 상장
유사 대작 명화
대모험대활극 **맹투천리(猛鬪千里)** 전오권

유사 송죽 특약 **단성사**

전(電) 광(光) 구오구

동아 24.03.23 (3) [청년 기타 집회] 강화(講話) 급(及) 활동사진

함경남도 사회과장과 상공과장은 거(去) 십오일 이원(利原)에 내착(來着)하야 동일(同日) 오후 이시(二時)부터 당지(當地) 공립보통학교 내에서 일반에 대한 강화가 유(有)하엿스며 야(夜)에는 가사(家事) 개조 활동사진이 유(有)하야 성황을 정(呈)하엿다고. (이원)

동아 24.03.24 (1), 24.03.25 (3) 〈광고〉

3월 23일자 단성사 광고와 동일

동아 24.03.25 (2) 조선극장으로 대격투 / 쌍방이 상해 고소

조선극장(朝鮮劇場)의 분규 문뎨는 루차 보도한 바어니와 흥행권(興行權)을 가진 황원균(黃原均) 씨는 재판까지 하야 자긔가 승소하엿슴으로 재작 이십삼일 오후 두시경에는 극장 문을 열려고 하엿스나 그 극장의 소유주인 시택(矢澤) 씨의 사람으로 그 극장의 숙직을 보고 잇는 최도완(崔道完) 씨는 이 극장은 시택 씨의 소유이라 문을 여는 것은 가택 침입이라고 하야 한참 쌍방에서 말성을 하다가 나종에는 격투까지 하야 황원균 씨와 최도완 씨 두 사람이 모다 얼골을 부상하엿는데 이 보고를 접한 종로서에서는 쌍방에 화해를 식히고저 하엿스나 쌍방이 모다 불응하고 각각 종로서에 상해 고소를 뎨긔하엿더라.

매일 24.03.25 (3) 선극(鮮劇) 분규 확대 / 극장 문전에 혈우(血雨) / 변호사와 무뢰비(無賴輩) 미수하야 문을 바수고 사람을 란타힛다

분규에 분규를 더하야가는 시내 인스동(仁寺洞) 됴선극쟝(朝鮮劇場)의 문뎨는 다시 직작 이십삼일에 극장젼에셔 황원균(黃元均) 씨 측과 극장쥬 시틱(矢澤) 씨 측 극장직, 이 스이에 큰 싸홈이 이러나셔 극쟝문을 파괴하고 이십여 명의 황 씨 부하가 돌입하야 일대 참극을 이리킨 스실이 잇다. 이졔 그 자세한 늬용을 들으면, 원릐 이 극장을 셰울 째에 견긔 시틱 씨는 극장을 건설하고 명의만 황 씨의 압흐로 하고 건축을 맛긴 후에는 시틱 씨의 명의로 환셔흔다난 계약하에 건설하얏다. 그러나 그후 황 씨는 시틱 씨로브터 루루히 **명의 변경**에 대한 독촉이 잇셧스되 종시 이를 리힝치 안이홀 쑨 아니라 더구느 극장 셰금도 내이지 안코 극장 명의로 스방에 부칙만 늘어가셔 뎐등료 륙빅 원신지 지불치 못하야 뎐긔 사용의 명지신지 밧기에 이르럿다. 이에 이를만치 참아오던 시틱 씨는 홀 수 업시 경셩디방 법원에 황 씨를 거러 소송을 뎨긔하고 명의 변경 청구를 하얏던 바, 법뎡에셔는 엇지한 셰음이던지 그 명의 변경의 필요를 *즁치 안는다하고 판결하야 버림이 어시호 황 씨는 뎨일심에서 승쇼한 것은 셰상이 다 아는 바어니와 시퇴 씨는 다시 공소를 뎨긔하야 극장이 즈긔의 긔디와 즈긔의 돈으로 된 이상, 이를 찾지 안이하면 안이되겟다하고 황 씨에게 대하야 극장 스용을 거절하야 왓다. 그리흔대 직쟉 이십삼일 오후 두시경에 즈긔 측 변호사 원강일(原剛一), 권태용(權泰用) 량씨와 긔타 즈긔도 당 이십삼 명 가량을 다리고 됴션극장에 이르러 원변호사를 식키여 그곳을 직히고 잇던 최도원(崔道元)에게 극쟝문을 열느 하얏다.

문을 파괴ᄒ고 극댱 안으로 돌입
그러나 최도원은 즈긔 쥬인의 승락이 업슨 이상 그대네의 말을 듯고 문을 열지 못하겟다하고 거절하얏다. 그 째에 변호사 원강일 씨는 황원균 씨 가지고 간 쟝도리를 쎅아서 들고 문의 유리창을 산산히 바수우고 그 엽헤 털판으로 봉쇄한 협문을 쎅테리고 쟝내에 드러 갓슴으로 이 무법흔 힝동을 본 최도원 외 흔 명은 원변호스와 황 씨를 붓잡고 빅주에 남의 잠근 집을 파쇄하고 침입함은 무법한 힝동이 안이냐고 힐칙흔 즉, 황 씨는 원변호스와 밋 자긔가 인솔하고 온 이십여 명 부하에게 명하야 극장직 이 두 사람을 란타하야 원변호사는 최도원에게 치료약 일쥬일이 걸니는 부상을 당케하고 쟝내 쟝외가 벌컥 뒤집히여 션혈이 쑥쑥 덧는 대활극이 시쟉되얏다. 그 째에 만일을 넘려하고 츌장하얏던 경관은 쌍방을 즁지하얏 싸홈을 말닌 후에 황 씨와 원변호스와 최도원의 세 명을 다리고 종로셔로 도라갓다.

그러한 고소는 본서(本署)에셔 수리키 어렵다는 셔장의 이상한 거절
이 날은 스법쥬임이 업셧슴으로 오후 다셧시경이느 되야 비로소 심문을 긔시하얏는대 황 씨와 원변호스는 십오분쯤 지는 후에 돌녀보내고 젼긔 극쟝을 직히던 최도원은 밤 열한시 ᄭᆞ지 쟝시간의 심문을 한 후 비로소 도로가게 하얏다. 이 소문을 들은 시퇴 씨의 변호사 고교쟝지죠(高橋章之助) 씨는 즉시 종로셔쟝에게 뎐화를 걸고 경관이 그들의 편의 도와쥬고 공평치 못흔 힝동을 함은 온당치 못흔 일이며 더욱이 일본 뎨국헌법(憲法) 뎨이십칠죠에 빗최여 볼지라도 인민의 소유권을 빅쥬에 침히를 당하야도 귀셔가 가해자를 어대ᄭᅡ지 보호하고 피히즈 측을 압박함은 무법한 일인 즉, 이것을 들어 고소하겟다 하민 종로셔쟝은 링담한 퇴도로 그 고소를 즈긔셔에셔는 졉수치 못하겟다 거절하얏다.

가택 침입과 건물파괴로 고소를 뎨긔
이에 고교 씨는 믜우 격분흔 태도로 그러면 우리는 졍식으로 법의 밝은 죠문에 의하야 이를 경성디방법원 검사국에 고소하겟노라 하얏다는대, 고교 씨는 작 이십삼일에 일건 셔류를 작성하야 가지고 경성디방법원 감수국에 고소를 데긔하얏다더라.

최도원과 황원균 씨도 셔로 고소를 데긔

이 스건으로 젼긔 황원균 씨는 시퇴 씨와 최도완을 거러 업무 방해 급 상해죄(業務 妨害 及 傷害罪)로 고소를 데긔하얏스며 또 시퇴 측의 최도원도 상해죄로 황 씨 측을 거러 고소하얏다더라.

동아 24.03.26 (2) 극단과 격투한 사 명을 검사국에 / 삼 명은 구류에만

인천에서 중국인 극단과 삼백여 명의 조선 사람 사이에 이러낫든 격투의 끗은 방금 인천서에서 조사를 맛치고

한갑동(韓甲童)(一七) 신순만(申順萬)(三○) 이오봉(李五奉)(一八) 윤주옥(尹珠玉)(一九) 네 명은 상해 급 긔물기회죄(傷害 及 器物棄毀罪)로, 림자근룡(林小龍)(一六)은 폭행죄(暴行罪)로 검사국에 일건 서류와 함께 금명간 넘어간다하며 김태경(金泰景) 외 두 명은 구류 이십일에 처하엿다더라. (인천)

동아 24.03.26 (4) 〈광고〉

당 삼월 이십육일(수요)부터 송죽날
특별 사진 대공개
미국 フアストナシヨナル[27] 대영화
문예명화 **승합마차** 전칠권
미국 기네트사 대작품
대활극 **무적(無敵)** 전오권
미국 크리피—쓰사 대영화
세계적 명감독 크리피—쓰 씨 작품
문예명화 **행복의 곡(谷)** 전육권
유사 송죽 특약 **단성사**
전(電) 광(光) 구오구

---

27) 퍼스트내셔널.

매일 24.03.26 (7) 본정서(本町署) 관내 무면허 변사 처벌 / 감찰 업시 사진을 셜명하는 자나 감찰 업는 변사를 사용한 자신지

흥업 절긔(興業節期)가 되여옴으로 시내 각 경찰셔에셔는 이에쌀아 흥업장 취례에 전력을 다한다 함은 임의 보도한 바와 갓거니와 일전 본명 경찰셔 관니에셔만 처벌을 당한 자흥업자는 아릭와 갓다.

▲ 무면허(無免許) 활동사진 히셜자(解說者)로 과료 처분을 받은 즈

욱정(旭町) 삼정목 일 일고희삼랑(日高喜三郎)

본정(本町) 일정목 삼팔 청목오랑(青木五郎)

욱정 삼정목 일삼 포건일랑(浦健一郎)

▲ 허가 업는 스진을 영스하야 과료의 처분을 밧은 자

앵정동(櫻井洞) 삼일 대정관 감리자 신전우평(新田又平)

▲ 무면허 히셜즈를 스용하엿다는 리유로 처벌을 당한 자

본정 이정목 삼팔 희락관주 송전정웅(松田正雄)

매일 24.03.26 (7) 단성사의 특별 흥행 / 오날 져녁부터

시내 단성사(團成社)에셔는 금 이십륙일(수요)부터 특별이 대명화(大名畵) 승합마차(乘合馬車) 일곱권즈리와 힝복의 곡(幸福의 谷) 여섯권즈리를 영스키로 되얏다는대, 이 두 스진은 전부 동도(東道)라는 명화에 느왓던 「리차-드 바-텔메스」 군과 「리리안 키쉬」 양의 대력쟉으로 일본과 긔타 외국에셔는 보고 쏘 보아도 역시 만원의 대갈치를 밧든 사진이며 물론 우리 셔울에 잇셔셔도 예긔 이상의 성적을 엇을 쥴로 단셩스에셔는 확신흔다는 바, 입장료도 각등에 십 젼식 더 밧는다더라.

매일 24.03.26 (7) 〈광고〉

당 삼월 이십육일(수요)브터 송죽날

특별 사진 대공개

미국 후아스도나소날 대영화

문예명화 **승합마차** 전칠권

명우 리츠도 바셰투메 씨 대역연

미국 기네트 회사 대작품

대활극 **무적(無敵)** 전오권

미국 크리피쓰사 대명화

세계적 명감독 크리피쓰 씨 대작품

세계적 명화(名花) 리리안 키쉬 양 대역연
문예영화 **행복의 곡(谷)** 전육권
예고
내주 유사 날 상장되는 명화는?
송죽 유사 특약 **단성사**
전화 광화문 구오구번

동아 24.03.27 (3), 24.03.28 (2), 24.03.29 (3) 〈광고〉
3월 26일자 단성사 광고와 동일

동아 24.03.28 (3) 대저(大渚) 위생 선전
김해군 대저면에서는 금반(今般) 지방 개량 활동사진대를 청하야 교육 급(及) 위생을 선전
한다고. (대저)

매일 24.03.28 (4), 24.03.29 (3) 〈광고〉
3월 26일자 단성사 광고와 동일

동아 24.03.30 (3) 인천에 방화극(防火劇)
인천 소방조 주최로 이십육일부터 삼일간 가무기좌(歌舞伎座)에서 방화 선전극을 하얏다
고. (인천)

동아 24.03.30 (4) 〈광고〉
당 삼월 삼십일(일요)부터 유사(社) 날
특별 사진 공개
미국 유사 작품
실사 **유사 시보(時報)** 전일권
미국 유사 작품
활극 **도인의 의(盜人의 衣)** 전이권
미국 유사 작품
활극 **장력(張力)** 전이권
미국 유사 특작품
정희극 **꿀 먹은 벙어리** 전오권

미국 유사 특별 제공

전시연화(戰時戀話) **세계와 평화** 전육권

유사 송죽 특약 **단성사**

전(電) 광(光) 구오구

매일 24.03.30 (4) [영화계]

상연시일 삼월 삽(卅)일일

상연장소 시내 단성사

『도인의 의(盜人의 衣)』

「시쿨에ㅡ」 목장(牧場)으로 가는 도즁 「피리ㅡ」는 즈동차의 고장으로 인하야 매우 곤란한 즁에 잇는 어여쁜 녀즈를 구하얏다. 그런대 스막(砂漠)의 밋친 바람을 맛는 두 스람은 「피리ㅡ」 목장에 피란하얏스느 바지 스이에셔 써러진 편지가 원인이 되야 「피리ㅡ」는 가축(家畜)을 훔치는 도적이라는 더러운 일홈을 듯게 되얏다. 그리고 그 녀자는 즉시 즈긔의 아버지에게 그것을 통지한다. 그러느 참말 도적놈은 「피리ㅡ」에게 잡히고 만다. 「피리ㅡ」는 더러운 일홈을 버셧다. (씃)

『장력(漲力)』

「데유ㅡ스, 에ㅡ간」이란 부정한 자는 「부레ㅡ스, 로리이」에게 당연히 도라갈 돈을 쎅셔가지고 다러낫다. 그러나 「에ㅡ간」의 부정한 것을 알지 못하는 스람들은 「루레ㅡ스, 로리이」를 악한으로 녁이고 쪼차간다. 「루레ㅡ스, 로리이」는 엇던 황막흔 동리로 다라나 드러갓다. 그런대 그갓치 황막흔 동리 속에도 아조 적적하고 힘 업는 살님은 하되 지미잇게 스는 어버이와 쌀이 잇셧다. 그리하야 쏘겨간 그는 이 두 스람을 위하야 만흔 희싱으로 놀릴만흔 큰 활극을 일으킨다…… (씃)

『쑬 먹은 벙어리』

「돈미ㅡ」는 무슨 일에든지 확실하고 튼튼한 남자이요, 「바ㅡ뷔ㅡ」는 독신의 텰학자(哲學者)이다. 그리하야 두 사람은 언졔던지 항상 셔로 심방하얏셧다. 그런대 「돈미ㅡ」는 「마리안」 이라는 외양과 마음이 다ㅡ 어엿쁜 식시와 결혼을 하게 되얏다. 「마리안」은 퍽 쌋쌋하고 마음 고흔 식악시엇스나 뇌외 스이에는 무엇이던지 감춤이 업어야 흔다고 「돈미ㅡ」에게 무엇이던지 숨기지 말고 토로하라 하얏다. 그런대 「돈미ㅡ」에게는 넷날브터 아는 「졔시카」라는 녀즈가 잇셧다. 이 녀즈는 「돈미ㅡ」에게 마음이 잇셧스나 「돈미ㅡ」는 거들쎠보지도 아니하

얏다. 어늬째 「제시카」가 즈긔 집으로 청하얏는대 「마리안」은 긔어히 안 가랴함으로 「돈미
―」는 혼즈 갓다. 이리하야 닉외 간에 협의가 싱기고 그 싱긴 협의는 다시 「바―뭬―」의 힘
으로 풀어지고 협의가 풀어진 후에는 「마리안」이 남편을 「제시카」의 집으로 차져가고 남편
을 차져가셔는 쏘다시 달큼흔 스랑 나라로 드러가고…… (씃)

『세계의 평화』
구주젼* 당시의 피 슬코 고기 쮜노는 필늼이다…… 누가 피가 잇고 고기가 쮜나뇨? 그럿
커든 이 스진을 보라! 싸홈 그것을 익이는 동시에 미국과 불국의 가인(佳人) 용수(勇士)는
쏘 스랑싯지 승*를 *다…… (씃)

매일 24.03.30 (4) 〈광고〉
당 삼월 삼십일(일요)브터 유사 날
특별 명화 공개
미국 유사 작품
실사 **유사 주보(週報)** 전일권
미국 유사 작품
활극 **도인의 의(衣 衣)** 전이권
미국 유사 작품
활극 **장력(漲力)** 전이권
미국 유사 특작품
정희극 **쑬 먹은 벙어리** 오권
미국 유사 특별 제공
전란화(戰亂話) **세계의 평화** 전육권
애활가 제 씨의 기대리시든 대명화 출현
송죽 유사 특약 **단성사**
전화 광화문 구오구번

동아 24.03.31 (1) 24.04.01 (4) 〈광고〉
3월 30일자 단성사 광고와 동일

매일 24.03.31 (2), 24.04.01 (1) 〈광고〉
3월 30일자 단성사 광고와 동일

동아 24.04.01 (3) 부천(富川) 위생 전람 / 육 칠 양일 계남면(桂南面)에서

부천군 계남면에서는 내 육, 칠 양일동안 소사(素砂) 공립소학교에서 위생전람회와 활동사진 영사회를 열 터이라는데 그날에는 도 위생과에서도 기사가 참석하야 위생에 대한 강화를 한다고. (인천)

동아 24.04.01 (4) 〈광고〉

사월 일일(화요)부터 사일간

미국 쌔데- 지사 제공

희극계 명성(名星) 할트로이트 씨

친제(親弟) 로이트 씨 주연

대희극 **로이도 관힐**(鑵詰)[28] 직공 전이권

미국 파라마운트 회사

코랏트네-켈 씨 로이스우일스 씨 주연

특선명화 **웃지 안는 사람** 전칠권

미국 데이스토리쎄유토아 회사

여우계 명성(名星) 헤렝 홀무스 양 맹연(猛演)

연속모험대활극 **호의 조**(虎의 爪) 전십오편 삼십권

초회 제일편 『니리미』의 소인(燒印), 제이편 인기일발(印機一髮)

일활특약 **우미관**

전화 광(光) 삼구오번

---

28) 통조림공장.

동아 24.04.02 (2) 활동사진 취체(取締)를 / 각디에서 통일할 예뎡 / 경긔도에만 사백삼십여 만척

활동사진에 관한 일반의 흥미도 늘어감을 조차 자연 여러 가지 「필름」이 수입되는 중인대 작년 일년 동안 경긔도 경찰부에서 검열을 밧은 척수만 하여도 실로히 사백삼십구만 구천 백칠십오척에 달하얏슴으로 당국에서도 매우 중요시하게 되얏는데 아즉까지 사진을 검 열하는 방법이 불일타 하야 남도에서 허가된 것이 북도에서 불허가가 되며 한번 허가 맛 흔 것을 자리만 옴기면 쏘 다시 그곳 경찰관서의 허가를 밧게됨으로 경찰 측의 일도 번잡 하고 흥행자의 곤난도 큼으로 다행히 금월 말일 경성에 개최되는 전 조선 경찰부당회의를 긔회로 활동사진 취톄 규측을 개정하야 활동사진 검열법을 전 조선덕으로 확대하야 한 곳에서 허가 맛흔 것은 어느 곳에서든지 상영하게 한다더라.

동아 24.04.02 (2) 구경터에 절도 / 그 자리에서 잡히어

부하 고양군 용강면 아현리(高陽郡 龍江面 阿峴里) 일백륙 번디에 사는 과자장사 신천흥 (申千興)(一五)은 재작 삼십일일 밤에 시내 영락정(永樂町) 활동사진 상설 중앙관(中央舘)에 서 관객의 돈지갑을 훔치다가 발각되야 본명서에 인치되엿다더라.

동아 24.04.02 (4) 〈광고〉

당 사월 이일(수요)부터 송죽사(社) 날
특별 명화 대공개
미국 후아스도냐쇼날사 대작품
명화(名花) 카스링마구도나루도 양 주연
연애 **어엽분 허언자(虛言者)** 전오권
미국 븍쓰사 대작품
맹우(猛優) 윌이암 랏셀 씨 대역연
대활극 **나에게 막기여라** 전오권
미국 후아쓰도냐쇼날 대명화
서부대활극 **호용(豪勇) 쏌섁** 전칠권
=예고=
근일 상장되는 신연속은 미국 유사 대작품
신연속대활극 **비밀의 4**
전십오편 삼십권
쾌한 에데섄로 씨 대역연 영화 출연

유사 송죽 특약 **단성사**

전(電) 광(光) 구오구

4월 1일자 우미관 광고와 동일

매일 24.04.02 (1), 24.04.04 (3), 24.04.05 (1) 〈광고〉

동아일보 4월 2일자 단성사 광고와 동일

매일 24.04.02 (3) 「필님」 검사 통일 / 경기도 경찰부 제안 / 활동사진 검열을 젼 선넉으로 늬디와 제도를 쏙갓치한다고

됴션에셔 활동사진(活動寫眞) 「필님」을 검열(檢閱)함은 스진을 빅일 째마다 그 디방의 경찰부(警察部) 혹은 경찰서(警察署)에서 각각 하야온 결과, 그 통일 샹에 폐해를 이르킴이 업지 아니하얏는대, 경긔도 경찰부의 발안으로 오난 스월 금음늘 경긔도텽에서 열니는 젼션 경찰부쟝회의에 이것을 뎨안하야 취체법(取締法)의 기정을 획하야 검열을 젼션넉으로 하랴하는 바, 동 안의 늬용은 현직 늬디에셔 기정하랴 하는 안과 대동소이하도록 할 모양이다. 이제 이것이 실시케 되면 자연 경성에셔 빅힌 「필님」은 다른 관넉에셔도 빅일 수 잇게 되야 죵릭의 검열하든 수속의 번잡한 것이 적어질 모양이며 또 감독관텽으로셔도 사무의 간졉을 쇠함에 가쟝 덕졀한 일이라 하겟더라.

동아 24.04.03 (4), 24.04.04 (3), 24.04.05 (1) 〈광고〉

4월 1일자 우미관 광고와 동일
4월 2일자 단성사 광고와 동일

매일 24.04.04 (3) 적지(赤池)총감의 활동 대표 회견 / 활동 필림에 듸한 인상을 셔로 연구

적지(赤池) 경시총감은 활동스진(活動寫眞)과 사회와의 관계에 대하야 연구할 목덕으로 이일 송죽(松竹) 「키네마」, 일본활동(日本活動), 국제활동(國際活動) 등의 활동스진 회사 대표(代表)와 회견하고 전혀 활동스진의 내용을 몰으는 스람이 본 「필님」에 대흔 인상(印象)과 활동사진의 내용을 아는 스람이 본 「필님」에 관한 의견을 교환한 결과 스회덕 연구의 자료로 참고되는 뎜이 만엇다더라. (동경 젼(電))

시대 24.04.04 (1) 무선전화 실시되면 / 보도기관에 사용 / 시험은 사월 십일에 시행 / 영업자는 국한할 터라고

오래동안 문제가 되어 나터오든 무선전화 방송시험(無線電話 放送試驗)은 체신국의 뒤쓸에 방송장치(放送裝置)를 준비해두고 경성, 용산, 인천, 청량리 등 몃 곳에 수화긔(受話器)를 *러두어 신문긔자(新文記者)와 밋 일반관람인(觀覽人)에게 듯게 할 계획은 오는 십일로 실행할 예정이며 결과에 쌀허서는 다시 부산, 원산, 평양 등 각 도시에서 방송을 **시험할 터**인 바 만일 설치가 된다 하면 방송영업(放送營業)을 청원할 이도 만흘 듯한데 이에 대하야 근등 체신사무관(近藤 遞信事務官)은 말하되 미국에서는 거의 제한 업시 영업을 허가하지만 일본과 조선만에는 원칙으로 한 지방에 한 군대식 두어 가지고 경영을 가장 확실히 하고 쏘*하게 하야 여러 사람에게 보도하는 **공익사업**에만 쓰게 될 터이로되 처음되는 일이라 폐해가 만흘 것인즉 방임주의(放送主義)[29]는 쓸 수 업는 바이다. 영국 가튼 나라에도 그 제도가 자못 엄한 것으로 신문지와 관계에 대해서는 가장 신중하게 생각하야 편집이 긋나기 전에는 방송을 검하는 터이며 영업자로 말하야도 영 본국(英 本國)에 오즉 한 회사에만 맛겨서 전국에 여덜 군대 출장소를 내고 잇는데 영업자의 수를 만히 하면 여긔저긔 전파(電波)가 석기어 공급하는데 적지 안흔 폐해가 잇는 터임으로 조선에서는 그 폐해를 미리 피할 작정이라 하얏다.

동아 24.04.05 (3) [판외(版外)소식] 독자위안 / 성황리에 종료

본사 대구지국 주최의 독자위안회는 기보(旣報)와 여(如)히 거(去) 일일 오후 칠시 경정(京町) 만경관(萬鏡舘)에서 춘우몽몽(春雨濛濛)한 가온대 개최하얏다. 우중임에 불구하고 정각 전부터 운집하는 독자와 초대를 수(受)한 인사들은 뒤를 이어 참집(參集)하야 장내는 입추의 여지가 없는 대성황을 정(呈)하얏다. 순서에 의하야 활동사진, 음악, 짠스 급(及) 마지막 여흥을 도읍는 대구 예기(藝妓)의 승무가 유(有)한 후 동 십일시 반에 폐회하얏더라. (대구)

매일 24.04.05 (3) 천도교 창도(創道) 육십오회의 천일(天日)기념식 거행 / 축하 활동사진회 / 청년당의 후원으로[30]

예수로는 이날 밤 여덜시브터 이번에 싁로 죠직된 텬도교 닉슈단(天道敎 內修團)(녀즈단톄)의 주최와 텬도교 청년당(靑年黨)의 후원으로 축하 활동스진회(祝賀活動寫眞會)를 여러 이

---

29) '방임주의(放任主義)'의 오식으로 보임.
30) 사월 오일 천도교 창도 기념을 맞아 강연 및 기념회 거행한다는 내용으로, 활동사진회 이외 기사 내용은 생략.

날의 밤을 역시 질겁게 보내랴한다더라.

매일 24.04.05 (3) 활동배우의 승마술 연습 / 연극에 필요한 것을 연습[31]한다

경도(京都)에는 작년 가을 이릭로 승마계(乘馬界)가 갑작히 성황해와셔 각 방면의 인스 중 말타는 연습이 크게 류힝하는 즁인대 그 즁에 일활회스(日活會社)와 숑쥭(松竹) 키네마의 남녀 비우들이 승마를 련습할 필요가 잇는 것을 실졀히[32] 씨닷고 최근 경도 승마 구락부 (京都 乘馬倶樂部)에 셩히 련습을 힝하는 즁인 바, 그들 승마 련습의 목덕이 톄육을 위함 이 안이요, 연극에 필요혼 것을 련습하지 안이하면 안이된다 하야 말에셔 써러지거나 둘 이 함씌 타는 것들을 셩히 련습한다더라.

조선 24.04.05 (2) 영화 취체(取締) 개정 제의(提議)

조선에서 활동사진 영화의 검열은 촬영할 째마다 해지(該地)의 경찰부 혹은 경찰서에셔 구ㅅ(區ㅅ)히 행하는 결과 통일상 폐해를 야기하더니 경기도 경찰부의 발안으로 내(來) 사 월 말일 경기도청에서 개회될 전 조선 경찰부장 회의에 차(此)를 제안하야 취체법을 개정 한 후 검열을 전 조선적이 되게 하랴는 모양인데 동(同) 안의 내용은 현재 일본에셔 개정 코자 하는 안과 대체(大體) 동양(同樣)의 의향인대 차(此)가 실시되면 경성에서 촬영한 영 화는 타관(他管) 내에셔도 촬영할 슈 잇게 된다더라.

조선 24.04.05 (4) 인천 노동 정기 총회 / 내 육일 하오 칠시부터 / 외리(外里) 애 관(愛舘) 내에서 개최

인천 소성(邵城) 노동회 제일회 정기총회는 내(來) 육일 하오 칠시부터 외리 애관 내에서 개 최한다는대 결의사항은 좌기(左記)와 여(如)하며 당일 회원 중 부득이한 사고로 인하야 불 참할 시는 각기 구위원(區委員)에게 권리행사에 관한 것을 부탁함이 가하다더라. (인천)

동아 24.04.06 (1) 〈광고〉

당 사월 육일(일요)부터 유사(社) 날

신사진 전부 차환

푸로크람

유사 작품

---

31) '연습'의 오식으로 보임.
32) '졀실히'의 오식으로 보임.

대활극 **사랑의 영웅** 전이권

미국 유사 작품

대활극 **과부** 전이권

미국 유사 특작품

인정극 **전율** 전육권

미국 유사 특작품

인정극 **처(妻)이니까** 전오권

＝예고＝

근일 상장 대명화 에데썬로 씨 주연

연속명화 **비밀의 4**

전십오편 삼십권

유사 송죽 특약 **단성사**

전(電) 광(光) 구오구

동아 24.04.06 (2) 〈광고〉

당 사월 오일 토요부터 삼일간

미국 파라마운트 회사

실사 **차륜제조** 전일권

미국 파라마운트 회사

희극 **주부** 전이권

미국 로바트송, 콜 회사

벳씨 바리스스켈 양 주연

인정극 **이국의 화(異國의 花)** 전오권

미국 쌔테—지사

여우계(女優界) 명성(名星) 루스 로란트 양 맹연(猛演)

연속모험 **삼림여왕** 전십오편 삼십일권

해결편 제십삼편 강제의 결혼 제십사편 남은 곳 일일(一日) 제십오편 불행 중의 행

연속 이회 **호의 조(虎의 爪)** 전십오편 삼십권

기타 특선 명화 공개 ＝ 근일 상장

연속모험 **절해(絶海)의 비밀** 전십육편 삼십이권

일활특약 **우미관**

전화 광(光) 삼구오번

매일 24.04.06 (3) [영화계]

장소 시내 단성사
시일 사월 칠일부터 상연

처이니싯 (오권)

「아라릭크시원」 대위의 안히 「참」은 대단히 그 남편을 싱각하는 여자이엇다. 그런대 미인 (美人)의 안해의 그 쟝중에는 남편의 쟝릭의 셩공이든지 실픠가 다―믜여잇다는 말을 충곡덕으로 드른 뒤부터는 엇지하야서든지 남편의 승진에 힘을 쓰겟다 싱각하고 쟝관(長官) 「구레고리―」하고 교졔를 시작한다. 「그레고리―」는 「참」의 그 어여쌛고 요조한 자틱에 쌔져서 이외의 싱각을 품게된다. 그 스이에 「아라릭크」는 부임 후 얼마 안이되는 「키―」셤으로브터 「마두다」에 면임하라는 스령이 「론돈」으로브터 이르럿다. 그것을 쟝관 「구레고리―」는 중간에서 협잡하야 「아라릭크」를 다시 스라오기 어려운 「아푸리카」의 깁고깁흔 속으로 쏘차보내고 그 안해를 중간에서 가로채이려 한다. 그 남편이 「마두다」로 면임하게 된 스실을 안 「참」은 비로소 「구레고리―」의 마음을 알고 남편을 부르고자 즈긔 스스로 「아푸리카」를 향히 쏘차간다. 그리하야 야만의 악인은 어지러움을 일으키고 흉악한 즘싱은 스나웁게 부르지져 무섭고 밍열흔 싸홈이 인다. 그러느 지금에는 그것이 다― 일쟝의 봄 숨으로 물결이 비단결 갓흔 디즁해(地中海) 상에 「아라릭크」 내외는 일즉부터 동경하든 「마두다」를 향하야 흰 녀긔를 일으키고 잇게 되엿다…… (싯)

과부 (이권)

지극히 겨으름징이 「안푸로―스」는 「데스핏치」 박사의 권함을 싸라 엇던 미인과 결혼을 하여 가지고 죽는 숭내를 내지 안이치 못하게 되얏다. 싯닭은 「데이키―하―스―드」라 일으는 사람이 그 빅부의 유산을 상속케 되얏는대 그 죠건으로 과부와 결혼치 안이하면 안된다. 그런대 그에게는 임의 혼약한 녀즈가 잇다. 그리셔 이 혼약한 녀자를 과부로 만들고즈 열두 시간 안에 죽을 병인을 림시의 남편으로 하기로하고 이와갓치 의스에게 부탁하야 일을 숨인 것이다. 계획은 아죠 잘 되여 가지고 결혼을 맛친 「암푸로―스」는 결혼하여 준 갑스로 안락히 스러가게 하기 위하야 산속의 엇던 「호텔」로 옴겨가게 된다. 여긔셔 속 낫분 의스는 그 돈을 혼즈 먹으랴 폭발탄을 가지고 날치다가 그 공모한 간호부와 함씌 화를 밧고 뒤숭숭흐고 신긔흔 인연으로 「안푸로―스」는 거짓말로 결혼하얏던 녀즈와 참말 결혼을 흔다…… (싯)

전율 (육권)

「필님」의 닉용은 효성으로브터 죄를 지으며 그것을 뉘우친 후에는 왼몸에 모-든 광휘(光輝)가 빗느게 된다. 그것을 「구라파」의 젼징 그것으로 됨이다…… 하나님은 항상 착한 사람의 몸에 게시다. 이곳의 쥬인공도 무슨 죄악이 잇든 이것이 다 착흔 곳에셔 이러는 것이 엇스니…… 엇지 텬도가 무심하랴! 하다흔 곡절 만흔 암시(暗示)가 넘치는 이 스진을 보라!

매일 24.04.06 (5), 24.04.07 (3), 24.04.08 (3) 〈광고〉

동아일보 4월 6일자 단성사 광고와 동일

시대 24.04.06 (4) 〈광고〉 축 창간[33]

경성부 관철동

활동사진 상설 **우미관**

전화 광(光) 삼구오번

활동사진 상설 **단성사**

구파 원조 **광무대**

주(主) 박승필

조선 24.04.06 (2) 〈광고〉

동아일보 4월 6일자 단성사 광고와 동일

동아일보 4월 6일자 우미관 광고와 동일

조선 24.04.06 (3) 중국극단에 조선인 여배우 / 그 극단의 중추가 된다

지난 이월 하슌부터 인쳔부(仁川府) 외리(外里) 애관(愛舘)에 중국 구극단 옥슌화(玉順和)라는 연극이 요사이 흥행하여 왓는데 그 극단배우 중에는 꼿다운 녀배우 한사람이 잇셔서 중국관객으로 하여금 갈채를 하게 하는데 이 녀배우로 말하면 의외에 이상스러운 「로멘스」를 감추어 잇다. 그 내용에 대개를 소개하면 이 녀자는 본내

경성 태생으로 나히 겨우 네살 째에 엇더한 구진 바람에 불니어 중국에 건너간 후 여덜살 먹든 해부터 중국극단에 들어가 이래 녀배우 노릇을 하엿는데 그의 어엽쌘 용모와 텬재의

---

33) 시대일보의 창간을 축하하는 내용. 시대일보는 1924년 3월 31일에 창간되었으며 시대일보의 전신(前身)은 주간지 〈동명(東明)〉이다. 창간 당시 진용은 사장 최남선, 편집국장 진학문, 정치부장 안재홍, 사회부장 염상섭 등이었다.

묘기는 중국 녀배우에게셔 만흔 환영을 바덧스며 작년부터는 만주와 죠선에 슌업을 하며 널니 동양뎍으로 그 묘기를 구경 식키엇는데 도쳐마다 관중의 시선은 그에게로 집중인데 그 극단에서 부르기를 리금슈(李金秀)라 하며 방년 이십팔셰인데 아직

그의 짝은 업다하며 이 소문을 듯고 그를 차자가 여러가지로 그의 신상에 관하야 물엇스나 언어를 통치 못함으로 그 사정을 들을 수 업섯고 혹은 넘어 어렷슬 쌔에 일이니까 긔억할 수 업다고 말은 안이 하나 그 녀자의 몸은 지금 그 극단주인에게 매여 잇는 터인데 원례 일홈 잇는 녀배우이기 쌔문에 그 몸갑은 매우 만흐리라 하며 그 녀자가 업스면 옥슌화 극단은 아죠 한 팔이 썩길 만치 중요한 지위에 잇다더라. (인천)

동아 24.04.07 (4) 〈광고〉
4월 6일자 단성사 광고와 동일
4월 6일자 우미관 광고와 동일

동아 24.04.08 (1) 〈광고〉
사월 팔일 화요부터 사일간
불국(佛國) 에크렐 회사
실사 **비행기 연구** 전이권
미국 파라마운트 회사
정희극 **정령의 혼** 전육권
미국 데이스토리쎄유토아 회사
연속모험 **호의 조**(虎의 爪) 전십오편 삼십권
이회 제사편 장(張)의 세력 제오편 복면남은 누구 제육편 백병전
＝예고＝
근일 상영 특선 명화
연속모험 **절해의 비밀** 전십육편 삼십이권
일활특약 우미관
전화 광(光) 삼구오번

4월 6일자 단성사 광고와 동일

동아 24.04.09 (1), 24.04.10 (1), 24.04.11 (3) 〈광고〉
4월 8일자 우미관 광고와 동일

동아 24.04.09 (3) 〈광고〉

당 사월 구일(수요)부터 송죽 날

송죽 문예명화 특별 공개

미국 아–방키네도사 대명화

특작실사 **륜돈(倫敦)**[34]**의 명소** 전일권

미국 아–도라쓰사 특작품

대희극 **작난쑨** 전이권

미국 아메리캉사 특작품

맹우(猛優) 완–맛메이모아– 씨 역연(力演)

해양대활극 **해저의 복수** 전오권

미국 아메리캉사 문예명화

명화(名花) 네–루십부–망 양 명우 히유–토무부승 씨 주연

문예명화 **아라스카의 폭풍** 전팔권

유사 송죽 특약 **단성사**

전(電) 광(光) 구오구

매일 24.04.09 (1), 24.04.10 (4), 24.04.11 (3) 〈광고〉

동아일보 4월 9일자 단성사 광고와 동일(단, 출연배우가 누락)

매일 24.04.09 (3) 단성사에 문예영화 상연 / 아메리킨사 걸작 「아라스카」 폭풍

시니 동구안 단성수(團成社)에셔는 금 구일 져녁브터 유명한 문예극(文藝劇) 『아라스카의 폭풍』 젼 여덜권자리를 상연한다는대, 스진의 내용은 긔구흔 팔자의 소유자인 쏫다운 녀즈가 쓴셰상의 마수에셔 미수로이 이리 옴기고 져리 옴겨 형언키 어려운 악착한 경우로브터 신싱(新生)의 셔광을 엇게 되는 것으로 각디의 「쫭」[35]을 모조리 울니고 웃키든 명화이며 이외에도 『론돈의 명소』라는 훌늉흔 실사(實寫)신지 잇다더라.

동아 24.04.10 (4), 24.04.11 (1) 〈광고〉

4월 9일자 단성사 광고와 동일

---

34) '런던'의 한자 표기.
35) 'fan(팬)'의 당대 표기로 보임.

조선 24.04.10 (2) 〈광고〉

사월 팔일(화요)부터 사일간

불국(佛國) 에크례르 회사

실사 **비행기 연구** 전이권

미국 파라마운트 회사

월바링카- 씨 라이리리- 양 주연

정희극 **정령의 혼주(魂主)** 전육권

미국 데이스토리쎄유토아 회사

여우계(女優界) 명성(名星) 헤레ㅇ홀무스 양 맹연(猛演)

연속모험 **호의 조(虎의 爪)** 전십오편 삼십권

이회 제사편 장(張)의 위력 제오편 복면남은 누구 제육편 백병전예고

특선명화 명여우 와니다한셰ㄴ 양 주연

연속모험 **절해의 비밀** 전십육편 삼십이권

일활 특약 **우미관**

전화 광화문 삼구오번

조선 24.04.10 (2), 24.04.12 (2) 〈광고〉

동아일보 4월 9일자 단성사 광고와 동일

매일 24.04.11 (3) 조선 부식(扶植)농원 자선 활동회 / 십일부터 공회당에서

관민다수가 관계하는 지단법인 됴션 부식농언 자션회(朝鮮 扶植農園 慈善會)는 우리 됴션의 유일흔 구계긔관(救濟機關)으로 그 수이 만흔 자션수업이 잇셧는 바 이번에 다시 지는 일월 륙일에 화지로 인하야 전부 소실한 동원 경영의 대구(大邱) 고아 수용원 긔슉수(孤兒收容院寄宿舍) 지축비와 동원에셔 경영하는 학교 교수(校舍) 건축비를 엇고자 오는 십일, 십이 량일의 오후 륙시경부터 시내 쟝곡텬뎡(長谷川町) 공회당(公會堂)에셔 즈션 활동수진회(慈善活動寫眞會)를 열 터이라는 바, 수진은 젼부 문부셩 츄천 영화(文部省 推薦 映畵) 이인의 익아(二人의 愛兒) 일곱권싸리에 열한권이며 회비는 빅권(白券) 일 원, 청권(靑券) 칠십 젼, 소아 학싱 각 삼십 젼의 셰가지인대, 빅권 두장 이상을 수는 이에게는 라쿠도켄(우요가루) 한통식을 증정흔다 하며 이에 대하야 일반 수회 인수의 만흔 동정이 잇기를 바란다더라.

매일 24.04.11 (3) [극단에셔] 교육계로 써나간 이채전(李彩田) 부인 / 경쇠 소리를 들을 써마다 녯놀을 츄억하고 탄식홀 것이다

됴션에 신극운동(新劇運動)의 봉화를 든 것은 예술협회(藝術協會)이다. 이 예술협회가 겨우 데이회의 시연을 씃맛치고 데삼회 시연을 준비하다가 불힝이 희산의 비운에 이르러 그 싱명은 불과

반기 년의 쌀은 시일에 지나지 못하얏다홀지라도 일본 신파극(日本 新派劇)을 모방하야 근근히 싱명을 니여오던 소위 됴션신파극의 껍질을 버셔바리고 신극운동의 첫 발을 듸딈에 대하야는 됴션 연극ᄉ에 한 이쳐라 홀 슈 잇다. 이 예술협회가 데일회 시연의 첫날브터 일반관긱에게 경이의 눈을 부릅쓰게 흔 것은 첫직에 각본 연습이 츙분하얏고 제반 셜비가 왼간히 완젼하얏슬 쑨 아니라 극단의

비후에는 ᄉ회 각 방면 일류 명사의 후원이 잇셧든 싯닭이나 그보다도 더 큰 리유는 이 극단의 인긔의 즁심이던 리쳐뎐 부인의 기예가 초무대브터 직리의 모든 녀형비우(女形俳優) 즁에 보지 못하던 진정한 예슐미를 낫하닌 싯닭인 듯 하다. 예술협회가 긔막 젼브터 소문이 굉장하얏슴으로 직리의 비우 즁 시긔와 질투하는 의미로 구셕이 비이고 모든 것이 어식할 초무대의

무뒤면을 마음쩟 비우셔주랴고 픠를 지여 입쟝하얏다가 예상 이상으로 완젼히 셜비된 무대에셔 리쳐뎐 부인의 합리덕으로 셤셰하게 아로삭여 나아가는 환슉흔 기예에 마음이 잇쓸니여 필경에는 울고 도라갓다하는 삽화(揷話)의 한 구졀을 들을지라도 부인의 기예가 얼마나 텬진뎍이엇던 것을 죡히 알 것이다. 통터러놋코 됴션의 녀ᄌ로 무대에 올른 ᄉ람 즁에 이 리쳐뎐 부인갓치

일반 관긱에게 깁흔 인상을 남기여 준 ᄉ람은 업슬 것이다. 됴션에 극계가 극히 빈약하고 완젼한 극단이 형셩되야 잇지 안이함으로 눈물을 먹음고 동경하는 극계를 써나 자긔가 군과 갓치 지금 량산(梁山) 통도ᄉ(通度寺)의 초빙을 바다 그 졀의 경영하는 ᄉ립 보통학교에셔 수빅 명의 어린 남녀를 다리고 교편을 들고셔셔 무대로 가삼을 치미러 올나오는 예술에 대하야

동경하는 마음을 억제로 견듸여 참고 잇다한다. 그러ᄂ 산명 수려한 졀경을 압헤 두고 늙은 셜법당 속으로 아침 겨녁 흘너나오는 한가한 경쇠 소리를 들을 째마다 젼일의 번화하던 무대 싱활을 츄억하고 부셰의 덧업슴을 얼마나 탄식하랴! 풍편에 들니는 말에 의할진딘 지금 동리(東萊) 범어ᄉ(梵魚寺)에셔

공부 중인 리상필(李相弼) 씨의 쥬간인 무대예술연구회 극단(舞臺藝術硏究會 劇團)에 관계를 밋계되야 머지안은 쟝리에 경셩의 극쟝에셔 그의 무대상 얼골을 볼 수 잇스리라 흔다. 아! 이 말이 과연 졍말로 실현될는지. (일 긔자)

매일 24.04.11 (4) 문화활사(活寫)순회대

경북 김천군 봉산면(鳳山面) 봉계동(鳳溪洞)에 재(在)하는 봉계교육장려회에서는 금회 동 (同) 지방의 일반 소작인의 산업장려 급(及) 선도면민(善導面民) 급(及) 청년의 사상선도, 아동 급(及) 아동 부형모매(父兄母妹)의 지도교화의 목적으로 도 사회과의 문화선전 활동 사진대를 고빙(考聘)하야 내(來) 이십이일 오후 칠시브터 동지(同地) 봉산공립보통학교 내 에서 사진을 영사코져 도 당국에 사진대의 파유방(派遺方)을 신청하얏는대 차제 김천군청 에서 차(此)를 계속하야 동 이십칠일ᄭᅵ지 군내 김천, *령(*寧), 아천(牙川), 과곡(果谷), 지 례(知禮) 등 각면에 순회영사케 흔다더라. (대구)

조선 24.04.12 (1) 〈광고〉

사월 십이일 토요부터 삼일간

미국 나시요날 회사

실사 **영불동원(英佛動員)** 전일권

불국(佛國) 엑크레ㄹ 회사

희극 **경업호신사(輕業好紳士)** 전일권

미국 쌔데-함푸톤 영화

쌱란시유스이트 양 주연

인정희극 **시른 남편 역(役)** 전오권

미국 파라마운트 회사

아트크라후트 영화

도마스미-푸왕 씨 크로ㄹ아스왕승 양 공연(共演) 리라리- 양 조연

씨엑스에ㄹ라스키 씨- 제공

예술영화 **남성과 여성** 전구권

예고

근일 상영

와니다한세ㄴ 양 주연

연속모험 **절해의 비밀** 전십육편 삼십이권

내(來) 화요에 상영될 명화는 과연?

일활특약 **우미관**

전화 광화문 구오구번

동아 24.04.13 (3) 〈광고〉

당 사월 십삼일(일요) 낮부터 유사(社) 날

명화 특별 공개

실사 **불국의상(佛國衣裳)** 전일권

희극 **일류선장(一流船長)** 전이권

활극 **한마가편(悍馬加鞭)** 전오권

세계적 명마(名馬) 주연

명화 **명마(名馬)의 눈물** 전이권

기담 **야성의 환성(喚聲)** 전오권

＝예고＝

내주 유사 날 상장되는

비밀의 4와

내주 송죽 날 상장될 세계적 대명화

삼총사 전십이권

유사 송죽 특약 **단성사**

전(電) 광(光) 구오구

사월 십이일(토요)부터 삼일간

미국 나시요날 회사

실사 **영불동원(英佛動員)** 전일권

불국(佛國) 에크렐 회사

신극(新劇) **경업호신사(輕業好紳士)** 전일권

미국 쌔데-함푸톤 영화

인정신극(人情新劇) **시른 남편 역(役)** 전오권

미국 파라마운트 회사

아트크라후트 영화

예술영화 **남성과 여성** 전구권

＝예고＝

근일 상영

연속모험 **절해의 비밀** 전십육편 삼십이권

일활특약 **우미관**

전화 광(光) 삼구오번

매일 24.04.13 (3) [영화계]
상연시일 사월 십삼일

상연장소 시내 단성사

활극 『열정지국(熱情之國)』 (오권)

「카리퓌-니아」가 아즉 「셔반아(西班牙)」의 펑디엿슬 시대의 이약이다. 큰 농장(農莊)을 가지고 잇는 「돈두이스 파루다라모」의 아들 「오-도레」는 용감흔 청년이엇는대 그 부친의 농장 취례역(取締役)인 「셰레스치노」의 쌀 「에로린타」를 스랑하야 결혼의 약속을 한다. 가을이 되야 츄수(秋收)를 흔 후 축하의 잔채를 할 늘이 와셔 「루이스」는 명문(名門)의 「미가엘」과 「루이스」의 스이에는 「미가엘」의 쌀 「이스베라」와 「오-도레」를 결혼식힐 내약을 이 연회째에 하랴한 것을 「오-도레」가 그 아버지로브터 듯고 비로소 파란(波瀾)이 이러는다. 「오-도레」는 「에로린타」를 몰래 대리고 가셔 결혼식을 하야 버리랴하다 「에로린타」의 부친 「셰레스치노」의 오해를 밧고 「피스토드」[36]의 탄환을 마젓다. 「오-도레」가 죽은 줄 안 그 부하들은 「셰레스치」에게 원수를 갑흐랴 밋친듯키 살도(殺到)흔 신닭에 연회장은 홀연히 수라장(修羅場)으로 변하야 버렷스나 「에로린타」의 로력으로 피를 흘니기에는 이르지 아니하얏다. 이에 「루이스」도 「에로린타」에게 감동되야 아들과 결혼하기를 질겨 허락하얏다.

활극 『강자와 약자』 (이권)

「오-엑스오-」 목장(牧場)의 훌늉한 가축(家畜)들은 항상 어느 악흔에게 만히 이러버린다. 동부(東部)로브터 온 「레기날트」는 이것을 방비하랴 하얏는대 목장의 두목(頭目)인 자는 목장의 가축을 훔쳐내면서도 모르는 치 하고 목장 쥬인의 쌀과 결혼하랴 흔다. 「레기날트」는 그 어엿샌 녀즈를 구하기 위하야 목스(牧師)의 집에 달녀가셔 춤말 죄인(罪人)을 가르쳐준다. 아조 겁만코 약흔 스니로만 알던 그 여자 「도리-」는 「레기날트」와 결혼하랴하얏스나 거절을 당하며 「레기날트」는 그곳을 써나버린다. (씃)

희극 사자와 녀자 (이권)

실사 유-니버살 스크린 전보 (일권 **등)

동아 24.04.14 (3) 연예 음악 대회 / 제물 청년회 주최로

인천의 신진 청년으로 조직된 『제물포』 청년회(靑年會)에서는 창립된 이래로 인천의 처음되

---

36) '피스톨(pistol)'을 이렇게 표기한 것으로 보임.

는 「스켓트」 대회를 개최코저 하얏든 바, 사람의 힘으로 엇지할 수 업는 텬후 관계로 중지를 당하고 그 뒤를 이어서 가장 의미잇는 사업을 경영코저 쇠하든 중 몬저 연예 음악을 주최하야 일반 유지 제씨의 동정을 보답하며 그 회의 창립됨을 일반 부민에게 알리기 위하야 그동안 열심으로 준비 중이든 바, 거의 준비가 되엿슴으로 장소와 기타 관계를 참작하야 오는 십오일 오후 팔시에 시내 가무기좌(歌舞伎座)에서 개최한다는대 그 날에 출연할 인물은 그 회 회원은 물론이오, 이우구락부(以友俱樂部)에서는 조선 고악인 정악을 출연케 할터이며 조선 척후군의 류량한 군악이 잇고 쏫가튼 처녀의 텬진란만한 「짠스」와 녀학생의 류창한 합창과 현악합주(絃樂合奏) 등의 출연도 잇스며 현텰(玄哲) 씨 창작의 계곡(溪谷)과 현대사회 그대로 그려 만든 전 삼장의 『그 찰나』 등 예예를 상연할 터이라는데 그 날의 입장료는 아래층 삼십 전이오, 웃층이 이십 전인데 발서 팔닌 표가 오륙백장에 달한다고 하니 당일의 장관은 미루어 알겟다고. (인천)

동아 24.04.14 (3) 〈광고〉
4월 13일자 단성사 광고와 동일
4월 13일자 우미관 광고와 동일

매일 24.04.14 (3) 명화 삼총사와 본지 독자 우대 / 황금관에셔 일쥬일 동안
시내 황금유원(黃金遊園) 내에 잇는 황금관(黃金舘)에서는 오는 십오일브터 불란셔(佛蘭西) 알렉산다 쥬마 션싱(先生)의 걸작(傑作) 삼총사(三銃士)의 활동스진(活動寫眞)을 영스케 되얏는대 본스(本社)와 동관의 특약으로 본지 이독즈에게 흔하야 활인키로 되얏는대, 본지 란외(欄外)에 반익 활인권(割引券)을 가지고 가는 이에게는 이층 팔십 젼을 륙십 젼으로, 아리층 륙십 젼을 스십으로 활인하기로 되얏더라.

매일 24.04.14 (3), 24.04.16 (1) 〈광고〉
동아일보 4월 13일자 단성사 광고와 동일

조선 24.04.14 (4) 예술협회 창립
진남포에 잇는 몟 사람은 춘일(春日)을 기회하야 거(去) 육일 오후 칠시에 진해루(鎭海樓)에셔 창립총회 겸 발회식을 행하얏는대 선정된 임원은 고문 한중전(韓重佺), 회장 이영익(李泳翊), 총무 겸 각색 감독 김백악(金百岳), 무대감독 최**, 실연부 간사 윤삼순(尹三淳), 서무부 간사 김득영(金得泳) 제씨엇다더라. (진남포)

조선 24.04.14 (4) 〈광고〉

당 사월 십삼일(일요) 낮부터 유사(社) 날

명화 특별공개

실사 **불국의상(佛國衣裳)** 전일권

희극 **일류선장(一流船長)** 전이권

활극 **한마가편(悍馬加鞭)** 전오권

세계적 명마(名馬) 주연

명화 **명마의 눈물** 전이권

기담 **야성의 환성** 전오권

예고

내주 유사 날 상장되는

와 여러분 애활가(愛活家)에 기다리시든 **(비밀의 4)** 와!

내주 송죽 날 상장되는 세계적 대명화 **(삼총사)** 전십이권?

기다리세요 이 이대 명화 상장 기일을

송죽 유사 특약 **단성사**

전화 광화문 구오구번

4월 12일자 우미관 광고와 동일

동아 24.04.15 (3) 〈광고〉

사월 십오일(화요)부터 사일간

소서(小西)영화 제작품 촬영

대비극 **모친을 차저서** 전사권

미국 파라마운트사

인정비극 **세계의 싯** 전칠권

미국 데이스토리쎄유토아 회사

연속모험 **호의 조(虎의 爪)** 전십오편 삼십권

삼회 제칠편 사(死)의 경쟁 제팔편 호구의 도출(虎口의 逃出) 제구편 간책

＝예고＝

근일 상영

연속모험 **절해의 비밀** 전십육편 삼십이권

특선명화 대비극 **어ー버ー씌힐** 전십일권

일활특약 **우미관**

전화 광(光) 삼구오번

4월 13일자 단성사 광고와 동일

조선 24.04.15 (2), 24.04.16 (2) 〈광고〉
4월 14일자 단성사 광고와 동일

조선 24.04.15 (2) 〈광고〉
사월 십오일(화요)부터 사일간

소서(小西)영화제작소 촬영

대비극 **모친을 차져셔** 전사권

미국 파라마운트사

베데이-콤송 양 주연

인정비극 **세계의 꼿** 전칠권

미국 데이스토리쎄유토아 회사

여우계(女優界) 명성(名星) 헤레ㅇ홀무스 양 맹연(猛演)

연속모험 **호의 조(虎의 爪)** 전십오편 삼십권

삼회 제칠편 사(死)의 경쟁 제팔편 호구와 도출(虎口와 逃出) 제구편 간책 예고

근일 상영

명여우 와니다한세ㄴ 양 주연

연속모험 **절해의 비밀** 全十六卷[37] 삼십이권

특선명화

대비극 **오-버-쩍힐** 전십일권

일활특약 **우미관**

전화 광화문 삼구오번

동아 24.04.16 (3) [중앙판] 단성사에 명화
시내 동구안 단성사(團成社)에서는 금 십륙일부터 나흘 동안 삼총사(三銃士)라는 전부 열 권의 세계덕으로 유명한 사진을 상장한다는데 이 사진이 동경 「뎨국극장」에서 상연되엿을

---

37) '全十六篇'의 오식으로 보임.

째에는 입장료는 오 원, 십 원식이나 밧은 보기 드문 사진이라하며 그 사진은 「불란서」를 배경으로 하야 「루이」 십삼세 째에 일어난 자미잇고 파란 만흔 사실을 촬영한 「력사극」이라고.

동아 24.04.16 (3) [중앙판] 천연색 영화회

시내 약초정 일본 긔독교 청년회(若草町 日本 基督敎 靑年會)에서는 오는 십칠, 십팔 량일 오후 일곱시 반부터 당곡천정 공회당(長谷川町 公會堂)에서 불국(佛國) 고몬 회사 특작 영화 사극(史劇)『크리스타』 대회를 개최하는대 성화(聖畵)를 원작으로 하는 텬연색 영화(天然色 映畵)라 하며 입장료는 큰 사람 일 원, 아이 오십 전이라고.

동아 24.04.16 (3) 〈광고〉

4월 13일자 단성사 광고와 동일
4월 15일자 우미관 광고와 동일

조선 24.04.16 (2), 24.04.18 (2) 〈광고〉

4월 15일자 우미관 광고와 동일

동아 24.04.17 (3) 〈광고〉

당 사월 십육일부터 사일간 송죽 날
특선 대명화 공개
미국 후아스도냐쇼날사 특작품
인정극 **취설의 야변**(吹雪의 野邊) 전육권
미국 유나이팃트사 대작품
세계적대활극 **삼총사** 전십권
특별요금 대인 일등 팔십 전, 이등 대인 육십 전, 삼등 대인 사십 전
　　　　 소인 일등 오십 전, 이등 소인 사십 전, 삼등 소인 삼십 전
＝예고＝
내주 유사 날 상장 연속극
연속활극 **비밀의 4**
유사 송죽 특약 **단성사**
전(電) 광(光) 구오구

4월 15일자 우미관 광고와 동일

매일 24.04.17 (3) 명화 삼총사 / 작일(昨日)부터 단성사에셔 / 눈물과 피의 결정인 용감한 삼총사의 활동을 보아라!

봄철이 도라오미 취미(趣味)와 오락(娛樂)에 대한 감정이 자못 스람 스람의 가삼에 비등하야 왓다. 그 즁에는 산과 들곳과 물을 찻는 이도 만흐나 또한 민즁의 오락긔관으로 가히 업지못할

활동사진(活動寫眞)을 찻는 스람도 격증하야왓다. 이에 식봄을 마진 시내 단셩스(團成社)에셔는 엇지하야셔던지 훌늉한 스진을 상쟝하야 만도의 식봄을 쟝식하는 동시에 모든 「퐌」으로 열광케할가 함을 궁금하야 오든 차에 미국 「유나딋트 아지스트」 회사의 특작 명화(名畵)인 삼총사를

올니기로 하고 어졔 밤부터 상연을 하기 시작하얏다. 이와 동시에 단셩스와 본스는 식봄을 마진 본 애이독자[38]를 위하야 특히 그 입쟝료를 미 등에 십 젼식 활인하기로 되얏다.(본지 란외에 활인권을 참죠) 이졔 이 스진은 불란셔의 문호(文豪) 「알렉산다 주-마」 션싱의

심혈을 다하야 지은 소셜을 각식한 것으로 희극계(喜劇界)의 거셩 「다그라-쓰 훼이방크쓰」 씨와 비극계(悲劇界)의 명화 「메리-마크라렝」 양이 함쯰 공젼의 직조를 다하야 만든 것이니 스진의 내용을 보면 그 사진이 엇더한 것을 가히 알 것이다. 「다르쿠난」은 그의 아버지 소긔로 쳐음 파리(巴里)를 간다. 파리로 가는 째에 그 아버지는

츙군이국(忠君愛國)과 남자다운 남자임을 잇지 말고 힘잇게 싸흘 것임을 당부한다. 그리하야 그는 싸호기에 주져치 안음을 의례로 안다. 그러나 그 싸홈은 항상 졍의(正義)와 인도(人道)에 잇셧다. 그리하야 그는 파리에 온지 몃칠이 못 되야 불란셔의 류힝아(流行兒)가 되엿다. 당시 불란셔에는 「리수-랴」라는 대승졍(大僧正)이 잇셔 젼국의 권리를 잡고즈

세력잇는 황후(皇后)를 엇지하야셔던지 쳐치하랴고 음모를 쑴인다. 일로브터 모-든 스단이 이러나 「다루구난」이 활약하게 된다. 불란셔에셔 영국으로, 영국에셔 불란셔로. 이 스이에 익타는 스랑도 잇스며 쏘 넷늘 지나 삼국시대(三國時代)의 류관쟝(劉關張) 세 스람이 도원(桃園)에 의(義)를 미지듯 용스(勇士) 네 명의 결의(結義)도 잇다. 피도 흘으고 눈물도 만타…… 이것이 스진의 긔의 다 식봄에 신싱명 어든 스람은 누구든지 보면 인삼록용(人蔘鹿茸)의 보지 이상의 조흔 효험이 잇슬 것이다……

(사진은 삼총스의 주연비우)

---

38) '본지 애독자'의 오식으로 보임.

조선 24.04.17 (2) 〈광고〉

당 사월 십육일(부터) 사일간 송죽 날

특선 대명화 공개

미국 후아스도냐소날사 특작품

인정극 **취설의 야변**(吹雪의 野邊) 전육권

미국 유나이티스트사 대작품

희활계(喜活界) 거성 다그라—쓰 흐아방크쓰 씨

비극계 거성 메리마구라레ㅇ 양 주연

세계적 희활극 **삼총사** 전십권

특별요금 대인 일등 팔십 전, 이등 대인 육십 전, 삼등 대인 사십 전

　　　　　소인 일등 오십 전, 이등 소인 사십 전, 삼등 소인 삼십 전

예고

내주 유사 날 상장 연속극

여러분이 기다리시든, 에데쌘로 씨 주연

연속활극 **비밀의 4** 전십오편 삼십권

송죽 유사 특약 **단성사**

전화 광화문 구오구번

동아 24.04.18 (4) 〈광고〉

4월 15일자 우미관 광고와 동일

4월 17일자 단성사 광고와 동일

매일 24.04.18 (1), 24.04.19 (4)〈광고〉

조선일보 4월 17일자 단성사 광고와 동일

매일 24.04.18 (3) 만도(滿都) 관중을 열광케 하는 / 역사적 명화 『삼인총사』 / 용감한 무사의 피 쓸는 활동 / 요염한 미인의 익타는 사랑

지작일 단성ᄉ(團成社)에 상쟝한 명화(名畵) 삼총ᄉ(三銃士)는 ᄉ진다운 ᄉ진인만큼 만도의 인긔를 쓰러 졍각 젼에 각 등에는 만원을 이루어 근릭에 드문 일대 셩황을 이루엇다. 사진의 내용은 임의 본지에 *기를 계지한 것과 갓치 슈빅년 젼에 불란셔 왕궁을 비경으로 이러는 ᄉ실이니, 츙군이국의 졀졍인 용감한 무ᄉ(武士)의 피쓸는 활동, 요염흔 미인의 익타는 사랑, 극흉극악한 간신(奸臣)의 발호, 륙상(陸上)과 해상(海上)으로 혹은 희극 혹

은 비극 혹은 활극…… 사진으로셔 초월한 특작품일 뿐 안이라 근고(近古)의 불란셔 궁명사(宮庭史)를 엿봄에도 뎍당흔 지료이엿슴으로 압흐로 이 스진을 상연하는 동안 물론 예긔 이상의 대셩황을 이루울 것이요, 아울너 우리 기네마게에 한 신긔원(新紀元)을 짓깃다 하겟더라.

조선 24.04.18 (2), 24.04.19 (4) 〈광고〉
4월 17일자 단성사 광고와 동일

조선 24.04.18 (3) 구경이 병이아
시내 명동(貞洞) 일백이십삼 번디에셔 사는 김원현(金元鉉)은 재작일 오후 아홉시 이십분에 단성사(團成社)에 구경을 갓다가 지갑 한개를 일헛는데 그 속에는 현금 십 원과 면당표 한 장이 들엇다더라.

동아 24.04.19 (3) 극장에 일 풍파 / 소위 청년 극단의 흥행 중에 일 풍파
지난 십륙일부터 가무기좌(歌舞伎座)에셔 흥행하든 소위 인천청년극단(仁川靑年劇團)은 재작 십칠일 밤에도 역시 삼인학우(三人學友)라는 연예의 대활극을 흥행하다가 만치도 못한 관중으로부터 『이놈들 집어치어라』는 소래가 벽력가치 이러나며 동시에 극장 주인도 집세를 바들 길이 막연함을 알고 『집세를 내고야 흥행하라』고 하야 중간에 일대 수라장으로 변하야것고 관객들은 입장 료금을 도로 달라고 하는 등 살풍경을 이르키엇다는데 그 전날 「제물포」 청년회 연예극이 대성황을 이루엇슴으로 이것을 틈타서 인천청년극단이란 일홈을 팔아 몃몃 청년이 기생 몃 명과 석기어 가지고 흥행하랴 한 것이오, 그 일홈에 속은 구경스군들은 정말 청년극단으로 알고 갓다가 그제야 속은 줄 알고 그리된 것이라고. (인천)

동아 24.04.19 (4) 〈광고〉
사월 십구일(토요)부터 삼일간
독일 모 회사
실사 **독일 잠항정 실전** 전일권
독일 토릭히 영화
탐정극 **야반의 만찬** 전칠권
미국 파라마운트사 아트코라후르 영화
심리비극 **섭(囁)의 합창** 전칠권
=예고=

근일 상영 특선 명화

연속모험 **절해의 비밀** 전십육편 삼십이권

미국 대(大) 퍽스 회사 초특작품

대비극 **오-버-쎅힐** 전십일권(원명 구(丘)을 월(越)하야)

일활특약 **우미관**

전화 광(光) 삼구오번

4월 17일자 단성사 광고와 동일

매일 24.04.19 (3) 조선 사정 영화극 / 「깃분 조선에셔」 / 경도 됴션관에셔 영사 하야 뒷뒤덕으로 갓치를 바닷다

루챠 보도한 바, 목하 경도에셔 기최 즁인 경도 박남회 뎨삼회쟝(京都 博覽會 第三會場)에 설치된 됴션관(朝鮮舘)에셔는 지는 십오일에 「됴션데-」를 거힝하얏는대 비상히 성황을 이루엇다 하며 입쟝쟈의 수는 쥬야를 합하야 칠쳔스빅 명에 달하얏다는 바 그날 밤은 뎨삼회쟝 안의 긔게관(機械舘)과 연예관(演藝舘) 사이와 광쟝에셔 됴션 사명을 소기하고 활동사진 「깃분 됴션에셔」 라는 스진을 영스하야 비상한 *긔로 대갈치를 바덧다더라.

조선 24.04.19 (2) 〈광고〉

사월 十五日[39] 토요부터 삼일간

독일 모 회사

실사 **독일 잠항정 실전** 전일권

독일 토릭히 영화

베르토르토셰육히 씨 주연

탐정극 **야반의 만찬** 전칠권

미국 파라마운트사 아트코리후트 영화

카사-링 윌니암 씨 주연

심리비극 **섭(囁)의 합창** 전칠권

예고

근일 상영 특선명화

명여우 와니다한셰ㄴ 양 주연

---

39) 여타 광고를 감안할 때 '四月 十九日'의 오식으로 보임.

연속모험 **절해의 비밀** 全十六卷[40] 삼십이권
미국 대(大)페그스 회사 초특작품
대비극 **오-버-쎅힐** 전십일권(원명 구(丘)을 월(越)하야)
일활특약 **우미관**
전화 광화문 삼구오번

동아 24.04.20 (1) 〈광고〉
당 사월 이십일(일요)부터 유사 날
푸로크람
미국 유사 공전의 대작품
연속 일회 **비밀의 4**
전십오편 삼십권 중 제일, 제이, 제삼편 오권 상장
특히 보통 요금으로 삼일간 연기
대모험대활극대희극 **삼총사** 전십권
유사 송죽 특약 **단성사**
전(電) 광(光) 구오구

4월 19일자 우미관 광고와 동일

매일 24.04.20 (5) [영화계]
상연시일 사월 이십일
상연장소 시내 단성사

『비밀의 4』 (오권)
뎨일편 가면의 뒤(第一編 假面의 後). 과학이 늘로 발달되야 가는 일편에는 셕유의 힘으로써 국력(國力)을 융성하게 하는 것이다. 미국 서부(米國 西部)에서 큰 셕유광(石油坑)을 발견한 것을 탐명의 보고를 졉하고 사실의 내용을 알게 된 「다루리푸이아」라는 느라의 륙군대신(陸軍大臣) 「와루구로프」 빅작을 미국으로 파견하고 그 석유광을 자긔 나라의 소유로 민드러셔 세계의 엇듬이 되기를 실심하얏는대 이 쌔에 미국으로브터 온 「혜레-」라는 한 부인이 잇스니 이 부인은 륙군 대신의 손님의 대우를 밧고 잇스느 그 실상은 「다루라푸이

---

40) '全十六篇'의 오식으로 보임.

아」의 음모를 명탐하려 온 탐명이엇다. 그 여자는 미국으로브터 온 편지를 「우이루구로프」 빅작이 쌔앗고자 할 째에 맛침 미국에서 려힝자로 온 탐험가(探險家) 「침, 스톳타ー트」에게 구원을 밧어가지고 다시 「헤린」은 「침」의 힘을 비는 것이 가쟝 유력하겟다고 싱각하고 륙군대신의 가쟝회(假裝會)에 「침」을 보내여 귀중한 밀셔(密書)를 엇어가지고 곳 도쥬하얏스나 도즁에서 자동차에 고쟝이 싱기엿스며 그 뒤를 추격히 오는 자가 잇슨 즉 그는 다단히 위험흔 경우에 쌔젓다. (제일편 완)

뎨이편(第二編) 음모의 가(陰謀의 家). 그리하야 「침」 일힝은 「다루비야」 스람의 자동차 뒤에 붓혀서 그 일힝과 함씌 부두에 이르러 갓치 비를 타고 밀항하야 미국에 도착흔 후 위는을 피하고자 「마두친」 교수의 집에 도라왓는대 「시노루쓰」는 고가로 그 디도를 스기를 희망하얏으나 그 교슈는 거절하얏다. 「시노루쓰」는 부하를 쓸고 공격하얏스나 「지무」는 교수와 그 손녀를 다리고 자동차로 도회에 일으럿다. 교수는 비밀의 4를 멋모르고 차져왓다가 함정에 쌔진 것이 우연히 쪼차왓든 「스노루쓰」에게 구함을 밧엇다. 두 사람은 자동차로 산을 지느 써러진다. 한편 「지무」는 교수를 구하랴 드럿갓다가 도망하야 나오는 길에 교수의 손녀를 업고 줄을 붓들고 건느다가 써러져바린다. (이편 완)

뎨삼편. 곡을 월하야(第三編 谷을 越하야). 이 집을 도망하야 나온 「지무」와 「나다인」 의형뎨는 광부의 집에 슘엇는대 「지무」에게 디도를 쌧스랴 「레ー노무쓰」 일파가 팀비엿다. 「지무」는 그것을 감추어바리고 「나다인」과 「쌛ー드」를 타고 다라나려 하얏스나 그 압길에는 부류수뢰(浮流水雷)가 잇섯다. (삼편 완)

『남자가 되기까지』 (육권)

「위엔스파이」는 「바도리시야」를 스랑하고 돈을 가지고 롱락하랴 하얏스느 그것은 불가능한 일이엇다. 그러나 「위엔스파」는 너모 포악흔 싯닭에 그 동리에서 쪼겨나 도회로 간다. 그곳에서 그는 즈긔의 돈을 젼부 스리에게 쌔앗기고 술집 하인 노릇싯지 하게 된다. 어시호 참 세상을 알고 회기하며 아름다온 「바도리시야」의 사랑을 밧는다.

『악귀와 쾌남아』 (육권)

세계뎍 명우 총 출연의 남성뎍 대활극(男性的 大活劇)이다.

▲ 비밀의 4는 「에디보로」 씨가 유수를 작별할 째에 최후의 력작인 것을 부언(附言)하야 둔 *.

매일 24.04.20 (9) 〈광고〉

당 사월 이십일(일요)브터 유사 날

푸로그람

미국 유사 공전의 대작품

쾌한 에듸쌘로 씨 대역연

연속 일회 **비밀의 4**

전십오편 삽(卅)권 중 제일, 제이, 제삼편 상장

애활가(愛活家) 제위의 갈망으로 말미아마 특히 보통 요금으로 삼일간 연기 하옵니다

미국 후아스도나소날사 작품

희활계 거성 다그라쓰 후아렝크 씨 비극계 거성 메리 마구라령 양 주연

세계적 희활극 **삼총사** 전십권

유사 송죽 특약 **단성사**

전화 광화문 구오구번

조선 24.04.20 (2), 24.04.21 (2) 〈광고〉

4월 19일자 우미관 광고와 동일

조선 24.04.20 (2), 24.04.21 (1), 24.04.24 (1), 24.04.25 (4) 〈광고〉

매일신보 4월 20일자 단성사 광고와 동일

동아 24.04.21 (4), 24.04.22 (3) 〈광고〉

4월 19일자 우미관 광고와 동일

4월 20일자 단성사 광고와 동일

매일 24.04.21 (4), 24.04.22 (3) 〈광고〉

4월 20일자 단성사 광고와 동일

조선 24.04.21 (3) 가극단 입경(入京)

구주 각국을 도라단이며 대환영을 밧든 일본 가극단 사십여 명의 녀자로 죠직한 일행은 목하 각 활동사진에셔 연주하는 여러 가지 사진을 가극과 함께 연주하며 큰 구렁이를 응용하는 대마술단(魔術團)인데 오는 이십오일부터 시내 황금명(黃金町) 동양척식회사 압 공디에셔 개연하리라더라.

조선 24.04.22 (2) 〈광고〉

사월 이십이일 화요부터 사일간

불국(佛國) 코본 회사

실사 **고무 제조** 전일권

미국 홀룸보이스 회사

희극 어느 곳까지 강(强)하계 전이권

이태리 알만트우에 회사

크라레스트반토리 주연

인정활극 세계의 무대 전육권

미국 데이스토리쎄유토아 회사

여우계(女優界) 명성(名星) 헤레ㅇ홀무스 양 맹연(猛演)

연속모험 호의 조(虎의 爪) 全十五卷 三十篇[41]

제십편 밀고자 제십일편 불려의 사(不慮의 死) 제십이편 맹화(猛火)의 위험

예고

근일 상영

명여우 와니다다한셰ㄴ 양 주연

연속모험 절해의 비밀 全十六卷[42] 삼십이권

미국 대(大)페ㄱ 회사 초특작품

대비극 오-버-쎅힐 전십일권(원명 구(丘)을 월(越)하야)

일활특약 우미관

전화 광화문 삼구오번

매일신보 4월 20일자 단성사 광고와 동일

동아 24.04.23 (1) 〈광고〉

4월 20일자 단성사 광고와 동일

조선일보 4월 22일자 우미관 광고와 동일(단, 영화의 주연배우명들이 누락)

---

41) '全十五篇 三十卷'의 오식으로 보임.
42) '全十六篇'의 오식으로 보임.

매일 24.04.23 (3) 토월회 공연

메ㅅ회 공연(第四回 公演)을 시늬 우미관(優美舘)에셔 열고 만도의 인긔를 ㅅ려 연일 만원의 대성황을 이룬 토월회(土月會)에셔는 죵릭의 경험에 침착하야 이계 면목을 일신하고 곧 이십삼일브터 사일간 시늬 단셩ㅅ(團成社)에셔 일곱시 반브터 대흥힝을 혼다는대 이극은 「톨스토이」의 유명한 걸작품인대 「산숑쟝」이라는 네막(四幕)의 극이라하며 입쟝료(入場料)는 삼등에 학ㅅ 삼십 젼, 보통 ㅅ십 젼, 이등에는 학ㅅ 오십 젼, 보통 칠십 젼이며 일등은 학ㅅ 칠십 젼이오 보통 일 원이라는대 지금부터 시내의 인긔는 ㅈ못 비등한 모양이더라.

매일 24.04.23 (3), 24.04.24 (3), 24.04.25 (3), 24.04.26 (3), 24.04.27 (6) 〈광고〉

4월 20일자 단성사 광고와 동일

시대 24.04.23 (1) 토월회 공연 / 금야 칠시 반부터 / 시내 단성사에서

조선극계(劇界)에 공로가 만흔 토월회(土月會)에서는 금 이십삼일부터 사일 동안을 두고 오후 칠시마다 시내 단성사(團成社)에서 제오회 공연(第五回 公演)을 연다는데 각본은 『톨스토이』 씨의 명작인 『산 송쟝』이라 하며 조선극계에 유명한 배우들이 모다 출연하겟슴으로 매우 자미스럽겟다 한다.

동아 24.04.24 (3), 24.04.25 (3), 24.04.26 (3) 〈광고〉

4월 20일자 단성사 광고와 동일

매일 24.04.24 (3) 노국(露國) 비장(秘藏) 대전활사회(大戰活寫會) / 이십팔일에 공회당에셔

구주대전징 당시에 로셔아 륙군 참령(露西亞 陸軍 參領)으로 젼졍에 나가셔 독일군사를 퇴각식히고 큰 성공을 한 김시윤(金時允) 씨는 금번 고국 방문을 하기 위하야 로셔아에 비쟝(秘藏)하얏든 구주대젼 활동사진(歐洲大戰 活動寫眞)을 휴대하고 직작일 경셩에 도착하얏는대 당지 젼징의 춤졀비졀하든 광경을 일반에 관람케 하기 위하야 오는 이십팔일브터 구일ㅅ지 시내 공회당에셔 대대뎍으로 활동사진을 흥힝혼다더라.

시대 24.04.24 (1) 본사 주최 영사 / 단체 가입 성황

본사 주최의 구주대전 활극 영사대회에 대하야 단체의 신립[43]은 거의 만원의 성황을 일우어 학생단체로만 하야도 휘문고보(徽文高普) 중동학교(中東學校) 양정고보(養正高普) 동덕

113

녀학교(同德) 리화녀자고등보통학교(梨花女高普) 배화학당(培花) 등 여러 학교와 기타 십여 단체가 이미 신립하야 거의 만원임으로 금일 안으로 긔별이 엄스면 도저히 접수할 수 업는 터이라고 한다.

시대 24.04.24 (1) 로서아 비장 세계대전 활극 영사대회

전 노국(露國) 육군참령 김시윤(金時允) 씨 고국방문

▲ 사월 입(卄)오, 입(卄)육일 오후 칠시 중앙기독교청년회관

입장료 금 일 원

학생 급(及) 단체 사월 입(卄)오, 입(卄)육일 오후 일시 단성사에서

입장료 오십 전 (단 학생 백 명 이상 단체에 한하야 매인(每人) 입(卄)오 전)

입장권 판매소 시내 각 중요한 잡화서적점

▲ 주최 시대일보사 경리 삼성사

조선 24.04.24 (1), 24.04.25 (1) 〈광고〉

4월 22일자 우미관 광고와 동일

동아 24.04.25 (1) [횡설수설]

조선 사정을 선전한다고, 활동사진을 쎄메이고, 도라다니든 총독부에서는, 이것만으로는, 부족하다고, 금번에는, 유성기까지, 씨고다닌다고, 그리지 말고, 야시 흥행인을, 본업으로, 차고 나서는 것이 여하(如何).

매일 24.04.25 (3) 인천 소년 연예대회 / 이십륙일에 / 인천 가무기좌에서

조선 소년 척후군(朝鮮 少年 斥候軍) 인천 지부(仁川 支部) 쥬최와 본사 인천지국(仁川支局) 외 셰 신문ᄉ 지국과 청년단톄의 후원으로 이십륙일 오후 여덜시브터 인천 빈뎡(濱町) 가무긔좌(歌舞妓座)에셔 연예대회(演藝大會)를 셩*히 긔최할 터인대 연예뎨[44]는 극(劇), 음악(音樂), 무도(舞蹈), 긔슐(奇術) 등이며 이 날은 경성 조선 소년 척후군 뎨일호대(第一虎隊)와 인천 지나인 동ᄌ군(童子軍)의 츌연도 잇슬 터임으로 벌셔브터 인긔가 물 쓸틋 한다는대 입쟝료는 오십 젼과 삼십 젼의 두 종류이며 학싱은 이십 젼이라더라.

---

43) 신청(申請)의 옛 용어.

44) '演藝題(연예제)'를 의미함.

시대 24.04.25 (1) 고대하든 영사회 / 정각 전에 만원될 념려가 잇스니 남보다 먼저들 오시요

본사 주최의 전 로국 륙군 참령 김시윤(金時允) 씨가 고국을 방문하는 길에 가지고 온 로서아 비장 세계대전 활극 영사대회는 금 이십오일부터 열일 터이라는 것은 사고와 밋 기사로 루차 보도한 바와 갓거니와 단체가입은 날로 답지하는 중 작보에 보도한 것 외에 작일 오전까지 신청한 학교 측으로만 해도 연희전문학교(延禧專門學校) 정신녀학교(貞信女學校) 경신학교(儆新學校) 등의 오백여 명의 학생이 잇고 그 나마지 종교, 회사 측으로도 속속 신청 중인데

김시윤 씨는 지난 이십삼일 오후 네시경에 본사를 방문하얏스며 작 이십사일에는 비행 방문할 예정이 잇섯든 바 비행가 리긔연(李基演) 군이 *주 비행을 하고 도라와서 긔체의 수리도 해야 할 것이며 일긔도 좃치 못한 까닭에 하는 수 업시 중지하얏는 바 정각 전이라도 만원이 되면 입장의 거*을 당할 념려가 잇는 터이니 일반관람객들은 될 수 잇는대로 먼저 오는 것이 필요**는데 더욱 자세한 것은 별항 **을 참작하는 것이 좃켓다.

동아 24.04.26 (1) 〈광고〉

사월 입(卄)육일(토요)부터 삼일간

미국 콜톤 나쇼날 회사

실사 **중미(中米)여행** 전일권

미국 라스키– 회사

인정극 **정열의 심(審)** 전오권

미국 콜트우잉 회사

전쟁여담(餘談) **세계의 평화** 전팔권

＝예고＝

근일 상영

연속모험 **절해의 비밀** 전십육편 삼십이권

미국 대(大) 퍽스 회사 초특작품

대비극 **오–버–쎅힐** 전십일권

일활특약 **우미관**

전화 광(光) 삼구오번

시대 24.04.26 (1) 개막된 영사회 / 눈 압헤 나타난 구주대전 / 립추의 여지가 업는 회장

본사 주최(本社 主催) 로서아 비장 구주 대전극 영사대회(露西亞 秘藏 世界大戰劇 映寫大會)는 작일 하오 일시 단성사에서 예정과 가티 개회하엿는데 단체로 참관한 남녀학생이 정각 전에 만원을 일우어 립추의 여지도 업는 성황을 일우어 순서대로 본사원 리재갑(李載甲) 씨의 개회사가 잇섯고 그 사진을 가지고 생전에 처음으로 고국을 방문한 김시윤(金時允) 씨가 로서아 말로 인사를 베푼 후에 곳 영사를 시작하엿는데 우슴거리 『현사의공』 정극 『야성의 여자(野性의 女子)』 우슴거리 『토*(土*)의 *』 등 미국의 화려한 사진에 눈이 저즌 우리에게는 처음 보는

로서아 사진을 영사하야 북쪽 대륙의 침울하고도 무거운 낫 가운대서 알 수 업는 묘미를 차저내게 한 것은 조선 영화(映畵界)에는 신긔록이라 할 수 잇섯스며 당대의 로서아 천지를 독제하든 『니코라이』 황제가 열병식을 *하는 실사는 『에카데린쓰르하』에서 유대 혁명당의 손에 이슬노 사라진 긔억을 새삼스러웁게 다시 나게 하엿다. 맨 나종으로 『우리는 긔억하자』하는 사진을 영사하엿는데 구주대전 당시 세계의 이목을 경동식히든 미국 긔선 『루시다니아』호 침몰하든 광경을 목전에 보는 모든 관중은 손에 쌈을 쥐고서 장내에는 긴장한 공긔가 써드를 쏟이엇는데 그 사진을 설명한 변사들의 정확한 설명은 일반관중에게 만족을 주고도 남엇것다.

조선 24.04.26 (2) 〈광고〉

사월 이십육일 토요부터 삼일간
미국 콜톤나소날 회사
실사 **중미(中米)여행** 전일권
미국 타스키— 회사
베토로—무아 양 마롱하밀트 씨 공연(共演)
인정극 **정열의 심(審)** 전오권
미국 콜트우잉 회사
이케—링코룽 양 바—바라캇슬톤 씨 공연
전쟁여담 **세계의 평화** 전팔권(원명 세계의 자유를 위하야)
예고
근일 상영
특선명화
명여우 와니다한셰ㄴ 양 주연

연속모험 **절해의 비밀** 전십육편 삼십이권
미국 대(大) 페ㄱ 회사 초특작품
대비극 **오-버-듸힐** 전십일권(원명 구(丘)을 월(越)하야)
일활특약 우미관
전화 광화문 삼구오번

조선 24.04.26 (3) 김시윤(金時允) 씨 / 고국 방문과 세계대전 영화 / 작금 량일간에 / 낫에는 단셩사 / 밤에는 쳥년회

로국 「연추」디방에셔 생장한 우리 동포 김시윤(金時允) 씨는 이번에 비로소 고국산천을 밟게 되야 지나간 이십이일에 경성에 도착하얏는데 그는 죠부시대에 로국으로 이쥬하야 그의 부친부터 로국에서 생장하얏슴으로 그는 죠국 말이라고는 한마듸도 몰으며 그는 일즉이 로국 륙군 잠령⁴⁵⁾으로 구주대전 째에 포연탄우(砲烟彈雨)를 무릅쓰고 악전고투(惡戰苦鬪)를 하던 용장인데 이번에 고국방문을 긔회로 하야 그 구주대면의 광경을 실사한 활동사진 「필임」을 가지고 나왓슴으로 그 장쾌한 전쟁 실디를 일반 동포에게 보야주고자 작일부터 금일까지 영사하는 바 오후 한시부터는 단성사(團成社)에서 학생과 단테에게 관람시키고 오후 일곱시부터는 종로 중앙청년회관에셔 일반에게 관람시킨다는데 그 성적이 매우 죠흐리라고 예측한다더라.

조선 24.04.26 (4) 져금 선전 사진대

남선(南鮮) 각지를 순회하면셔 져금 선전에 노력하던 체신국 활동사진대는 거(去) 십육일 울산군 대현면(大峴面) 장생포에 도착하야 당지(當地) 소학교에셔 대현면장 사회 하에 천여 군중의게 다대한 흥미를 주엇다더라. (울산)

동아 24.04.27 (3) 〈광고〉

당 사월 이십칠일(일요)부터 유사 날
특별 사진 전부 차환
대활극 **복면의 괴인** 전이권
하바-드 로리손 씨 주연
연애극 **시련의 철화(鐵火)** 전오권
인정극 **행복을 위하야** 전오권

---

45) '참령'의 오식으로 보임.

에딕쏀로 씨 대역연

연속이회 **비밀의 4** 제사, 오편 전사권

=예고=

내주 송죽 날 상장되는 지상 유일의 대연속

독일 메토로 회사 대위작(大偉作) 모험극

독일 영화계의 모험 배우 총출연

대연속대모험대탐정 **무두(無頭)기수** 전입(卅)편 사십권

유사 송죽 특약 **단성사**

전(電) 광(光) 구오구

4월 26일자 우미관 광고와 동일

매일 24.04.27 (3) [영화계]

상연시일 사월 이십칠일

상연장소 시내 단성사

『비밀의 4』 (오권)

뎨사편 절망의 잠입(絶望의 潛入). 「란치」를 탄 「침」들은 부류수뢰(浮流水雷) 째문에 최후를 맛칠 번 하얏스나 요힝이 「란치」가 부서짐으로 귀즁한 싱명은 보존하얏다. 한편에셔 디도를 어대선지 렬망하는 『비밀의 4』는 「침」의 산 것을 보고 밍렬히 츄적하얏다. 「나데인」을 바다가에 쩌러틀이고 도망하랴한 「침」은 몸은 사럿스나 「나데인」은 표류(漂流)되랴고 슌간으로 절박하얏다.

뎨오편 밤의 바다(夜의 海). 밋업시 깁흔 바다에 쌔진 「나데인」을 구하랴고 「침」은 언덕에 디도를 감춘 것을 「레놀쓰」 일파에게 들키엿다. 그 진가를 알기 위하야 「레놀쓰」 등은 「나데인」을 쾌쥬졍(快走艇)에 태우고 동힝하얏다. 안부를 념려하는 「침」은 가만히 쾌쥬졍에 기여를 낫는 바 필스의 힘을 다하야 활략한 후 그의 싱스는 밤의 바다의 비밀과 갓치 스라졋다. (속(續))

답(踏)의 피로

「무리이 메메혼」은 의복 상뎜의 고용녀(雇傭女)로셔 화려한 싱활을 부러워하얏스느 텬셩은 정직한 쳐녀이엇다. 상뎜 주인의 아들 「레투」는 당셰의 풍류직자로 「코―라스칼」 후신의 미인을 안해로 마졋스느 째째로 부부 스이가 불합하얏다. 어느날 그 상뎜에 「치에리」라 하는

청년이 직업을 구하랴왔셧는대 「룻트」는 시골스람임을 업수이 역이고 여러 가지로 조롱하얏다. 이것을 참아 볼 수 업는 「모리이」는 「치에리」를 다리고 분지에게 가셔 직업을 엇게 하얏든바, 「치에리」는 다시 법률스무소로 가셔 상당한 수입이 잇게 되고 「모리이」도 근검 져축하얏다. 그후 「룻트」의 부부 간은 더욱 불화하야 셔로 실망하게 되얏는 고로 「모리이」는 이것을 렬심으로 중지하야 다시 회합하게 되얏다. 「치에리」는 일시 「모리이」를 오히하얏스ㄴ 이것을 풀고 두 사람이 시론 싱활을 일우엇다.

시대 24.04.27 (1) 대성황인 영사회 / 량일 밤낮을 두고 / 입추의 여지업서

본사 주최인 세계대전 활극 영사회(世界大戰 活劇 映寫會)는 이십오, 륙 량일 밤낮을 두고 회장에는 립추의 여지가 업시 대성황을 이루윗스며 예정대로 오는 이십팔, 구 량일은 경성일일신문사(京城日日新聞社) 주최로 경성공회당(公會堂)에서 영사하랴 하얏스나 마침 군 사령부(軍 司令部)에서 하로 동안만 영사하여 달라는 청구가 잇슴으로 어썰 수 업시 이십팔일 하로는 군 사령부에 가셔 하겟슴으로 경성일일신문사 주최로는 이십구일 하로밧게는 못하겟다 한다.

동아 24.04.28 (2) 〈광고〉

4월 26일자 우미관 광고와 동일
4월 27일자 단성사 광고와 동일

매일 24.04.28 (3) 성황리에 개연한 토월회 극단 / 데륙회 공연을 준비

단성스(團成社)에셔 데오회 공연을 하야 오던 토월회 극단(土月會 劇團)은 직작 이십륙일식지 나흘 동안을 대성황으로 맛츄엇는 바, 이계 다시 데륙회의 공연을 하기 위하야 모든 준비에 착슈할 예뎡이라더라.

시대 24.04.28 (4) [집회와 강연]
(평성(平城)) 위생박람회

평남(平南) 중화군(中和郡)에서는 위생사상의 보급을 도(圖)하야 내(來) 입(卄)팔일부터 오월 사이까지 팔일간 위생박람회를 개최하기로 하고 군내 양정(楊井), 백**(百**)면의 이 개소에 회장을 설(設)하얏스며 타 면에 대하야는 동 기간 내 위생활동사진을 영사하야 일반의 관람에 공(供)한다고.

조선 24.04.28 (4) 〈광고〉
4월 26일자 우미관 광고와 동일

동아 24.04.29 (3) 〈광고〉
사월 입(廿)구일(화요)부터 사일간
독일 모 회사
실사 **세계의 출래사(出來事)** 전일권
미국 호-루무-샌이스 회사 특작
희극 **변해서 하야 보가** 전이권
독일 우오링 회사 특작품
서부대활희극 **쌔루다의 소녀** 전오권
미국 데이스토리비유토아 회사
대모험대활극대연속 **호의 조(虎의 爪)** 종(終) 육권 상장
미국 고-몽 회사
희극 **경마? 녀?** 전일권
＝예고＝
내월(來月)에 상장
미국 쌔데 회사
대연속 군사대활극 **육군의 쌔-루** 십오편 삼십권
미국 퍽스 회사 영화대비극 **오버쎅힐** 십일권
일활특약 **우미관**
전화 광(光) 삼구오번

4월 27일자 단성사 광고와 동일

동아 24.04.30 (3) 〈광고〉
4월 27일자 단성사 광고와 동일
4월 29일자 우미관 광고와 동일

매일 24.04.30 (3) 조선 명배우를 망라한 무대예술연구회 극단 / 모든 설비를 완전히 하고 불원간 경성에 올라올 터
진정한 의미로 보아 됴선에 하나박게 업는 명비우(名俳優) 리상필(李相弼) 씨의 주관 아릭

에셔 오리동안 동리 범어ᄉ(東萊 梵魚寺)에셔 준비에 골몰하던 무대예술연구회 극단(舞臺藝術研究會 劇團)은 져간에 됴션극단(朝鮮劇團)을 버서ᄂ셔 량산 통도ᄉ(梁山 通度寺)의 경영 아리에 잇는 사립보통학교에셔 교편을 잡고 잇던 리치뎐(李彩田) 부인과 그의 남편 박승호(朴勝浩) 씨의 두 명우(名優)를 어더 단례의 내용이 비로소 완젼히 되얏슴으로 각본 션틱과 도구와 의상과 기타 모든 준비를 맛치고 얼마 안이되야 부산(釜山) 국제관(國際舘)에셔 초일(初日)을 늬이고 대구를 것치여 경셩으로 드러오리ᄂ 바 이 극단은 빅후에 유력한 후원자를 어더 긔본금이 츙분하고 단원 이십여 명이 모다 죠션극단에 셩예가 졍졍한 일홈 놉흔 빅우를 망라하얏슬 ᄲᆫ 아니라 더욱히 경셩에셔 일홈 잇ᄂ 신진화가(新進畵家) 모씨가 빅경을 젼담하고 일기월 젼브터 그곳에 나려가셔 도구계작에 죵사하ᄂ 즁이라ᄂ대 지금브터 각쳐의 인ᄉ긔가 비등하야 경향의 익극가들은 이 극단이 나오기를 손을 곱아 기대리ᄂ 즁이라더라.

동아 24.05.01 (3) [중앙판] 흥행장의 물가 / 일뎡하게 작뎡

경성부내 각 연극당과 흥행터에서 파는 맥주, 「사이다」 가튼 음료는 시내 각 음식뎜에 비하야 월등히 빗쌈으로 본명 경찰서에서는 얼마 전부터 이에 대한 조사를 하더니 이번에는 다음과 가치 뎡가를 매어서 각 처에 통지하얏다고.

▲ 맥주 육십 전 ▲ 시토론, 사이다, 평야수(平野水)[46] 삼십 전 ▲ 라무비 십 전

▲ 밀감 오 전 ▲ 가파치 십 전 ▲ 화로와 방석 오 전

동아 24.05.01 (4) 〈광고〉

당 사월 삽(卅)일(수요)부터 사일간 송죽 날

문예 명화 특별 대공개

미국 산후호도사 특작품

쾌한 비도모리손 씨 대역연

야구 대로맨쓰

학창연화 **맹구무적(猛球無敵)** 전오권

미국 후아쓰도냐쇼솔사 대작품

명우 아니다스치와도 양 주연

문예명화 **명예의 문제** 전칠권

독일 메토로사 공전의 대작품

맹우 하리쎄루 씨 대역연

연속탐정 **무두기수(無頭騎手)**

전입(卅)편 사십권 중 제일, 제이편 오권 상장

유사 송죽 특약 **단성사**

전(電) 광(光) 구오구

---

46) 탄산수.

4월 29일자 우미관 광고와 동일

매일 24.05.01 (3) 「바사」회 주악과 영화 / 이, 삼 량일간 쳥년회에셔

됴선즁앙긔독교쳥년회(朝鮮基督教 靑年會)와 경성 녀즈 긔독교 쳥년회(京城 女子基督教 靑年會)의 쥬최로 오는 이일, 삼일 량일 사이에 낫에는 경성악대(京城樂隊)의 연주와 밤에는 활동ᄉ진회(活動寫眞會)가 잇슬터이라는대 특히 「바사」회의 입쟝자에게는 무료로 관람케 흘 터이며 입장료는 보통 이십 젼, 소아 십 젼이라더라.

매일 24.05.01 (3), 24.05.03 (4) 〈광고〉

동아일보 5월 1일자 단성사 광고와 동일

동아 24.05.02 (3) 〈광고〉

오월 이일(금요일)부터 삼일간

미국 콜트나시요날 회사

실사 **목동의 경기(牧童의 競技)** 전일권

독일 에멜카 영화

인정활극 **사의 벌(死의 筏)** 전칠권

미국 라스키 회사

비극 **감추어둔 진주** 전오권

미국 쌔데— 지사

연속군사대활극 **육군의 쌔—루** 전십오편 삼십권

제일편 매국노 제이편 무기도형(無期徒刑)

＝예고＝

오월 중순 상영

미국 퍽스 회사 초특작품대비극 **오버쎅힐** 십일권

일활특약 **우미관**

전화 광(光) 삼구오번

5월 1일자 단성사 광고와 동일

매일 24.05.02 (3) 전란 활동 어람(御覽) / 김시윤 씨에게 알현을 허하셔

젼 로셔아 륙군 참령(前 露西亞 陸軍 參領) 김시윤(金時允) 씨가 유명훈 구쥬대전란(歐洲大

戰亂)의 실사(實寫)를 가지고 귀국흔 후 이릭 김시윤 씨 당즌는 고수하고 대전란의 스진 그 것만도 넘치는 환영으로 만도의 인스를 열광케 하야 왓슴은 일반이 다—아는 바인대 대작 일에는 창덕궁(昌德宮) 리왕 동비 량 면하와 리강공(李堈公) 면하끠압셔 김시윤 씨에게 알 현의 광영을 느리신 외 오후 두시브터 네시신지 두 시간 동안에 인정면 동힝각(仁政殿 東 行閣)에서 리왕직 안의 고등관 일동을 거나리시고 구주전란 스진을 어람하압셧는바 면하 끠셔 어람하압신 동 스진의 긔게를 놀니는 광영을 입은 이는 단셩스 감독 박정현 기사(朴 晶鉉 技師)이엇더라.

매일 24.05.02 (4) 조선 부식(扶植)농원 선전

대구 동촌(東村)의 조선부식농원은 소실되얏는대 기숙사 재축과 소아 양육 金基[47]에 충 (充)하기 위하야 자선 활동사진회를 각지에 개최하는 중이니, 신의주에도 금월 칠일경에 방문하게 되야 기(其) 준비 교섭으로 입(廿)육일 동원(同園) 이사 가도민랑(加島敏郎), 참사 고천*길(古川*吉) 양씨가 내신(來新)하야 도청(都廳)과 부청(府廳)의 요해(了解)응원을 득 (得)하야 목하 안의(安義) 양지(兩地)에서 성대히 사업 선전을 행하는 중이더라.

조선 24.05.02 (4) 신라고적 영사회 / 언양(彦陽) 각 단체의 후원으로

경북 경주는 원래 신라의 고도로셔 모든 문명의 고적이 역사의 페이지를 빗나게 하는 동 시에 오히려 우리의게 만은 자극을 주게됨은 세인의 공지(共知)하는 바 경주 사립 계남(啓 南)학교의 주최로 조직된 신라고적환등영사대는 전선(全鮮)을 순회 중 거월(去月) 입(廿)육 일은 경남 언양에 도착하야 동일(同日) 하오 팔시부터 언양 각 남녀 단체의 후원으로 언양 보교(普校) 내에셔 개막한 바 사방으로 운집한 관중은 칠, 팔백 명에 달하야 대성황을 정 (呈)하얏스며 동일 유지자(有志者)의 동정금이 다수에 달하얏고 해(該) 일행은 익(翌) 칠일 에 양산 통도사로 발향(發向)하얏더라. (언양)

조선 24.05.02 (4) 〈광고〉

오월 이일(금요일)부터 삼일간
미국 콜트나시요날 회사
실사 목동의 경기(牧童의 競技) 전일권
독일 에메르카 영화
오트셰율— 씨 아우트에케데닛셰르 양 공연

---

47) '基金'의 오식으로 보임.

인정활극 **사의 벌(死의 筏)** 전칠권

미국 라스키 회사

조천설주(早川雪洲) 씨 주연 미카레스트루미스 양 조연

비극 **감추어둔 진주** 전오권

미국 쌔데—지사

명여우 쌜호와이트 양 맹연(猛演)

연속군사활극 **육군의—쌔루** 전십오편 삼십권

제일편 매국노 제이편 무기도형(無期徒刑)

예고

오월 중순 상영

미국 대(大) 페ㄱ스 회사 초특작품

메—리에—카— 부인 주연

대비극 **오—버듸휠** 전십일권(원명 구(丘)을 월(越)하야)

일활특약 우미관

전화 광화문 삼구오번

조선 24.05.02 (4), 24.05.03 (4) 〈광고〉

동아일보 5월 1일자 단성사 광고와 동일

동아 24.05.03 (4) 〈광고〉

5월 1일자 단성사 광고와 동일

5월 2일자 우미관 광고와 동일

매일 24.05.03 (3) 인천 소년의 가극대회 / 인보교 동창회 쥬최로 십일 밤 가무기좌에서

인천 공립보통학교 동창회(仁川 公立普通學校 同窓會)에셔는 운동부(運動部) 경비에 보태여 쓸 목뎍으로 오는 십일 오후 여달시브터 인천 빈뎡(濱町) 가무기좌(歌舞妓座)에셔 본사 인천지국(仁川支局) 외 셰 신문ㅅ 지국의 후원으로 소년 가극대회(少年歌劇大會)를 성대히 거힝할 터이라는대 방금 준비와 련습에 골몰 즁이라더라. (인천)

매일 24.05.03 (4) 공주 경서(警署) 위생 활사(活寫)

공주 경찰서에셔는 이십구일 오후 칠시브터 금강관(錦江舘)에셔 위생활동사진을 개최하얏

더라. (공주)

조선 24.05.03 (4) 본보(本報) 독자위안회
조선극계 중 취성좌(聚星座) 연쇄극 김소랑 일행이 강경(江景)에 내도(來到)함을 기회하야 본보 독자위안회를 개최하고 당지(當地) 대정좌(大正座)에서 본월 일일부터 삼일간 연쇄극을 흥행하는 바 본보 독자 할인권을 지래(持來)한 인사에 한하야는 반할인이라더라. (강경)

조선 24.05.03 (4), 24.05.08 (4), 24.05.09 (2), 24.05.10 (1) 〈광고〉
5월 2일자 우미관 광고와 동일

동아 24.05.04 (3) 극장 좌석 구분 / 오월 일일부터 시행
대구 각 극장에서는 종래에 남녀의 석차(席次)가 너무 엄중하거나 혹은 너무 무난(無難)하야 풍기상 불미(不美)한 점도 잇스며 관객의 불편도 불소(不少)함으로 금반 대구 경찰서에서는 차(此)를 통일적으로 남자석, 여자석, 가족석의 삼구(三區)로 분치(分置)하기로 작정하고 오월 일일부터 극장, 활동사진관 급(及) 기타 흥행장을 물론하고 일제히 시행하기로 하엿다고. (대구)

동아 24.05.04 (4) 〈광고〉
당 오월 사일(일요)부터 유사 날
신사진 전부 차환
유사 작품 실사 독와사(毒瓦斯)[48]와 포화 전일권
유사 작품 희극 원숭이 쏫이 전이권
유사 작품 제루 영화
비극 행복의 궁전 전육권
유사 작품 연속삼회 비밀의 4
전십오편 삼십권 중 제육, 제칠, 제팔편 육권 상장
＝예고＝
근일 상장되는
대명화 세계의 심(心) 전십삼권
유사 송죽 특약 단성사

---

48) 독가스.

전(電) 광(光) 구오구

5월 2일자 우미관 광고와 동일

매일 24.05.04 (3) [영화계]
상연시일 오월 사일
상연장소 시내 단성사

『비밀의 4』 (오권)
뎨륙편 증오의 도(憎惡의 道). 바다 째진 「침」은 긔민하게 비를 좇차가 올낫다. 「욧트」는 비우에 「침」이 잇는 줄 모르고 항구에 다엿다. 「레놀쓰」 등은 「침」에게셔 들은 디도를 감추어 두엇다는 셕고옥(石膏屋)으로 가는대 「침」도 갓치 갓셧스나 감츄어 두엇든 셕고는 이미 팔이엿는대 짐표를 보고 그것의 간 곳을 안 져편 스람들은 화물차(貨物車)로 가게되야 화물차 우에서 밍렬한 격투가 시작되얏는 바 즁간에 자동챠가 고장이 싱기여 가지 못하게 되얏슨 즉 「헤렌」의 운명은 엇지 되얏는지?
뎨칠편 핍박된 운명(逼迫된 運命). 긔차 우에셔 위험에 째진 「침」은 불션(佛線)에 손을 넛코 쉬여 내렷스나 그가 온 대에는 필요한 디도가 업셧다. 그것은 「나데인」의 손에 드러간 것인대 츄적흔 「레놀쓰」들 째문에 져 녀즈도 위험에 핍박되얏다. 「침」도 「나데인」에게 죠차와셔 져편과 다시 징탈젼이 밍렬하얏는대 술밀죠(酒密造)를 됴사하는 셰무 관리로 잘못알고 다시 두려온 위험이 급히 핍박되얏다.
뎨팔편 렴의 삼(焰의 森). 비밀 속에서 도망하야 폭탁의 위는을 면한 「침」과 「나데인」은 짐표로 *셋지 번의 셕고상(石膏像)의 보닌 곳을 향하얏다. 「레놀쓰」도 「팔구라모」을 졔쳐놋코 갓흔 목덕디로 향하얏셧는대 겻헤 잇는 스람의 죠력으로 디도는 드대여 「침」의 손에 드러가게되얏다. 이것을 안 탐호한 「레놀쓰」는 이것을 쎅앗고자 하야 다시 밍렬흔 징탈젼이 긔시되얏다. 쪼겨간 「침」을 차지랴고 수풀 속으로 다니던 「나데인」은 곰(熊)의 덧에 치여 꼼작못하는대 맛참 산불이 이러나셔 수풀을 둘너싸고 불바다 되얏다.

원급사(猿給仕) (전이권)
「쪼ㅡ」라 하는 원숭이가 즉엄을 일코 눈이 움푹 들어갓셧던 바, 다힝이 엇던 호텔의 급사(給仕)로 고용되얏는대 원슝이 급스라 함은 희귀하다 하야 어엽분 부인 손님들에게 미우 스량을 밧엇셧다. 그런데 어느날 아참에 친구되는 긔(犬)들을 호텔에 쓰러들여셔 큰 소동을 이리키고 져도 호랑이 가죽을 쓰고 묵고 잇는 손님을 놀내엿다.

행복의 궁전

「츄엘」아버지는 원리 방탕하야 천한 녀주와 결혼하얏다 하야 조롱이 만엇다. 그러느 그 녀주와 결혼한 후에는 그젼의 힝실을 곳치고 「츄엘」과 갓흔 미남주를 낫케되얏다. 힝실을 곳친 그는 그의 아버지 즉 「츄엘」의 조부에게 용셔하기를 쳥하얏다. 그의 아바지는 젹젹흔 싱활을 하며 쏘 완고이얏스느 그 젹젹한 것을 이기지 못하야 「맛치」라는 소녀를 그의 가봉녀 「에로이쓰」와 함게 다려다가 슬그머니 결혼하고 그 로인은 너무 깃버하얏다. 그런고로 그 아들은 지내간 일을 긔과하고 장스차로 내외가 함씌 구라파에 가게된 「츄엘」을 맛겨두게 되얏다. 그집 가졍부(家政婦)「화쌕쓰」부인은 「맛치」모자와 「츄엘」이가 잇는 것을 조와 아니하고 쏘 그 쌀은 「리파ー트」라는 의사에게 맛기고 그 집 직산을 욕심내는 「맛치」는 「츄엘」이가 온 것을 미우 실혀하얏다. 아해에게 동졍이 업는 가졍부와 쏘 그 가졍부를 귀치 안어하는 「맛치」로 인하야 그틈에서 「츄엘」은 비참흔 눌을 보닛다. 「츄엘」은 린[49] 아해라도 그 조부가 여자에게 쥐여 지닌는 것을 짐작하고 잇셧다. 그러나 「에로이쓰」는 「파라ー트」외에 졍말 련인(戀人)이 잇셧스며 그의 어머니 「맛치」의 예산과 계획을 부정하게 싱각하고 미우 고심하얏다. 「츄엘」의 텬진란만흔 것은 차차로 그 조부의 마음을 감동하게하고 쏘 「에로이쓰」와 죠흔 스이가 되야 드대여 가졍부 「화쌕쓰」신지 회기하게 되얏고 「에로이쓰」가 졍말 련인 「파라ー트」와 손을 잡게하는 결심을 강하게 함에도 「츄엘」의 힘이 은은연히 만엇다. 그리하야 「맛치」의 거문 흉게는 낭픽되고 「츄엘」의 순실한 마음과 힝동은 그 불힝한 집으로 하야곰 필경 힝복의 궁뎐이 되게 하얏다.

매일 24.05.04 (4) 희극이란?(하)[50] / 삼총사를 보고 / 이홍원(李紅園) (작(作))

이 점에 잇셔 「데부」「짜쌕링」희극이나 「로이드」희극을 「도크라쓰」희극에 혼돈일 수 업는 것이다.

갓흔 「짜쌕링」희극 중에도 시대를 싸라 소극과 희극의 구별이 잇는 것이다. 비젼 쏫차다니고 쏫기여 오든 시대의 작업과 최근 위목사(偉牧師)나 최근의 작품 백만불 영화라 일컷는, 「작기, 쑤간」 소년과 공연한 「컷트」 갓흔 사진을 비교해보면 짐작할 것이다. 불행이도 이 백만불 영화 「컷트」극이 경성신지 왓쓰면셔 우리 조선 스람 측에셔는 상장치 안엇씀을 큰 유감으로 역이는 바이다. 「로이드」의 『악심무용(惡心無用)』도 최근 희극계의 우수작품의 한아라 일컷는디

---

49) '어린'의 오식으로 보임.

50) 동아일보에서는 이 시기 일요일마다 면을 늘려 4면이나 5면을 문학이나 문화 특집란으로 마련했다. 이 비평문 역시 일요일인 5월 4일 4면에 특별히 실린 것이다. 일주일 전인 4월 28일에도 일요일이므로 6면으로 신문을 발행하면서 이 비평문의 '상'에 해당하는 '연극이란(상)'을 실었을 것으로 추측되는데 4월 28일자 5면 전체가 소실되어 남아있지 않아서 '연극이란(상)'의 전문은 어떤 내용이었는지 알 수 없다.

「작기꾸간」 소년이 출연흔 『마이샌이』이나 『용감한 고아』가 한번 우리네 눈압헤 낫하날 그째 우리의 심*(心*)을 극단에서 극단으로, 우슴이 변하야 울음에 안기게 할 제, 과연 제군은 정말의 희극을 본 것이얏다. 춤된 희극의 진미를 씌다라쓸 것이 잇겟다. 「비오라짜나」 양이 출연한 정희극 (인어의 무리) (원명 *진 신부) (벙어리와 절눔바리) 쏘는 (백파(白波)를 헛치면서) 이외 수다흔 작품을 볼 째, 무사기(無邪氣)흔 처녀일망정 우슴 즁에 주인공이 된다. 세상을 피육(皮肉)함을 씌다라 쓸터이지. 「D. W. 그리피스」 명감독의 비장 여우(女優)의 일인인, 「코린무아」 양 주연극인 『그대로 싱각하면……(원명 바다를 건너오라)』 영화를 보앗는가? 열렬흔 연애극으로 씃싯지 우슴에서 헤여나오지 못하게 하면서, 그 가운데 진순무욕(眞純無慾)한 인간성의 유*(流*)됨을 씌다럿셧는가? 동(同) 감독의 품에 출세한 「리써드, 파실메쓰」의 주연이 된 『승합마차』의 전반의 희극적 씨ー 장면을 보앗는가? 누가 우스면셔 마암을 달큼한 유년시대를 회상하면서 늣기지 안앗다 하겟는가!

삼총사 하면 먼져 주인공 「쌀짜니안」 (쏘크리쓰, 푸에팡쓰)의 피(彼) 일류의 낙천적 인생관을 맛보지 안은 사람을 업쓸 것이다. 세계적으로 그의 희극은 유명한 것일다. 그의 작품은 전부가 희극이다!

「푸린쓰」 작가 「쮸ー마」 씨의 작품인 삼총사를 「쏘크리쓰」는 그의 독특한 출연법으로 말미음아 열혈이 쓸는 애국자이면서 씃싯지 내용까지 희극화시킨 수완에 대하야는 아즉도 현재 조선 영화계에서 내용 공허흔 서부활극에 심취하야, 아니, 이유업시 희극보다 비극을 존중히 아는 「기네마 푸리에」의 머리에 시로운 자극을 주엇씀을 확신하면서 만*(滿*)의 감사를 현재 세계 만유(漫遊)의 도(途)에 잇는 「쏘」 군에게 보내고져 흔다. 동군(同君)은 금하(今夏) 팔월경 서백리아(西伯利亞)[51]를 답파(踏破)하고 (조선을 경유할는지?) 일본으로 향하랴 하니 가업시 나는 깃부다.

최후로 아모 이유와 주장도 업시 되지 못한 인정비극보다는 우수한 희극 영화가 얼마나 조흠을 말해둔다. 다만 문제는 우수한 희극이 비극 이상으로 어려운 것이다. 「위셴칸쓰」나, 「쌔나드, 쏘」 갓흔 대가의 손을 비러서 만흔 희극영화가 출현되어야 흔다.

비노니! 각 상설관에서는 째째 고급적 희극 대회를 개최하라. 무엇보다도 우리의 마음을 우슴으로 울너줄 희극의 이해자가 만이 나 주기를. 씃

삼총사 주인 「쏘크리쓰 푸에팡쓰」 군 약력

희극계의 쾌남아 동씨(同氏)는 서력(西曆) 一八八三년 미합즁국 「골릿드」주 「뎅쌔」지방에서 낫다.

---

51) '시베리아'의 한자 표기임.

중앙학사원과 「하―바드」에 잇는 「민쓰」의 「쏠릿드」 학교에셔 빈왓쓰며 一九〇一년에 처음으로 무대생활에 투신하게 되얏다. 처음으로 「월」 동리(洞里)에셔 희가극단에 출연타가 얼마되지 못하야 「뉴욕 만핫탄」좌에셔 유명한 극중에 출연하게 되얏다. 쯧갓지 아는 무대생활을 버셔 던지고 생활계에 드르스기는 일구일오년경이얏다. 그 사회는 「파인이트」사 이엿나니 소양(小羊) 무거운 고통, 행복의 관습, 반(半)종류 등의 영화극을 제작 후 「아드그라후드」사에 입사 후 수십 부류 작품을 만드럿셧나 기후(其後) 각 회사* 전근(轉勤)터가 세계 활동 여우의 제일류로 세계적 미인인 「메리 픽포드」 양 결혼 후 최근에는 부부 합력하야 경영회사를 이르키고 그의 작품은 「유나이딋트 아스트」사를 통하야 세계 시장에 판매흔다. 최근에는 「바크딧크 도적」을 촬영중이라고.

조선 24.05.04 (2), 24.05.05 (4), 24.05.06 (4) 〈광고〉
5월 2일자 우미관 광고와 동일
동아일보 5월 4일자 단성사 광고와 동일

조선 24.05.04 (3) 함흥에서는 자동차로 선전 / 소년 소녀의 가극도 잇섯다
함흥소년회(咸興少年會)에서는 자긔네의 날을 긔념키 위하야 오월 일일 정오경에 선뎐「비라」 일천여 매를 자동차로 함흥 시내에 쑤렷스며 짜라셔 오후 네시부터 동명극장에셔 긔념식을 개최하고 텬진란만한 소년소녀의 자미스러운 가극과 동화가 잇슨 후 동 여섯시경에 대성황에셔 폐회하얏스며 텬도교 함흥소년회에셔도 이날 긔념식은 동 오후 네시부터 텬도교 종리원 안에 열고 백여 명의 소년 소녀가 한자리에 모히여 비라를 노누면셔 취미진진한 노래와 질거운 춤으로 동 일곱시까지 즐거운 가운데에셔 날을 보내엿다더라. (함흥)

조선 24.05.04 (4) 임명(臨溟)사진대 순회
성진 임명청년회 연예부에셔는 학자(學資) 곤난으로 통학하기 불능한 청년 아동배를 위하야 강습소를 경영하는 바 경비를 충당코져 활동사진대를 조직하야 작년 추기(秋期)에 각 지방을 순회하야 천여 원의 수입을 득(得)하얏스나 유위부족(猶爲不足)[52]하야 원산에셔 사 일간 흥행한 바 입장 수입금이 이백 오, 육십 원이며 손조금(捐助金)[53]이 팔십 원 가량에 달하얏는대 본월 일일에 함흥으로 출발하얏다더라. (원산)

---

52) 오히려 부족함.
53) 헌금.

동아 24.05.05 (4), 24.05.06 (3) 〈광고〉

5월 2일자 우미관 광고와 동일
5월 4일자 단성사 광고와 동일

매일 24.05.05 (2) 조선 사정 선전 / 제이일

조선 사정의 주지(周知) 철저를 도(圖)함은 조선 개발상 최(最)히 긴요한 사항에 속함으로 써 조선총독부는 금회 경도(京都)에 재(在)한 박람회에 조선관을 특설하고 각 생산품을 진 렬흠과 공(共)히 인쇄물을 배부하고 고성(高聲) 축음기에 의한 선전 접대소에 재(在)한 설 명, 활동사진의 영사 등을 상시 행하고 지단(祇團) 가무연장에 재(在)흔 조선 무답(舞踏)와 연락을 보(保)하야 사정의 소개에 노력하나 상(尙) 일층 차(此)의 주지 철저에 유감이 무 (無)케 하기 위하야 조선관에셔 사월 십오일 제일회 조선 「데—」를 개최하고 각종 시설을 시(試)하야 다대한 성공을 수(受)흠에 감(鑑)하야 오월 삼, 사일 제이회 조선 「데—」를 개최 하고 사정의 주지와 내지인의 조선에 대한 주의를 환기홀 예정이라더라.

매일 24.05.05 (3), 24.05.06 (3) 〈광고〉

동아일보 5월 4일자 단성사 광고와 동일

동아 24.05.07 (3) 〈광고〉

5월 2일자 우미관 광고와 동일
매일신보 5월 7일자 단성사 광고와 동일(단, 출연진 누락)

매일 24.05.07 (3) 〈광고〉

당 오월 칠일(수요)브터 사일간 송죽 날
신사진 전부 차환
미국 산휘드사 작품
희극 그날!그날! 전이권
미국 후아쓰도나소날사 특작품
세계적 모험 비행가 케네쓰하랑 씨 대역연
조인(鳥人)로믠쓰 **천공정복(天空征服)** 전육권
불국(佛國) 파—테 본사 특작품
대비극 **여심(女心)** 전오권
독일 메도로사 대작 명화

131

쾌한 하리—비루 씨 대명연
연속탐정 **무두기수(無頭騎手)**
전팔편 십사권 중 제이회 제일편 중 최종 사권 상장
송죽 유사 특약 **단성사**
전화 광화문 구오구번

시대 24.05.07 (4) 원산 / 대전(大戰) 활동 영사
노국(露國)에서 오래동안 육군생활을 하든 김시윤(金時允) 씨가 고국 방문 시에 가저온 구주대전 활동사진은 원산에 도착하야 당시 청년회와 본사지국의 후원으로 오, 육 양일간 영사회를 개최햇다고.

조선 24.05.07 (4) 〈광고〉
5월 2일자 우미관 광고와 동일
매일신보 5월 7일자 단성사 광고와 동일

동아 24.05.08 (3), 24.05.09 (2) 〈광고〉
매일신보 5월 7일자 단성사 광고와 동일(단, 출연진 누락)

매일 24.05.08 (3), 24.05.10 (4), 24.05.12 (1) 〈광고〉
5월 7일자 단성사 광고와 동일

조선 24.05.08 (1), 24.05.09 (1), 24.05.10 (2) 〈광고〉
매일신보 5월 7일자 단성사 광고와 동일

조선 24.05.08 (3) [연극과 활동]
천승단(天承團)에서는 명 구일부터 종로 사명묵에 잇는 권상장(勸商場)에서 흥행하리더라.

조선 24.05.08 (4) 고국 방문 사진대
본보에 누보(屢報)한 바와 여(如)히 김시윤(金時允) 씨는 본시 우리 조선인으로 로서아에셔 출생하야 로서아 교육을 수(受)하야 노국 육군 참령까지 승진되야 고국을 영원이 모로던 중 금반 고국 방문 활동사진대를 조직하고 거(去) 오일 오전 육시 삼십분 원산역에 도착하야 오, 육 양일을 동락좌(同樂座)에서 세계대전쟁 사실(寫實)한 사진으로 영사대회를 개최하얏는대 전기(前記) 김시윤 씨의 고국 방문 강연이 잇섯고 기타 여흥으로 일반 관중의게 무한 감상을 여(興)한 후 폐회하고 일행은 행선지인 함흥으로 출발하얏더라. (원산)

매일 24.05.09 (3) 이기연(李基演) 씨 광고비행 / 활동사진 광고지 삼만미를 쑤리여

비슷 일기가 아즉도 음침한 작팔일 정오브터 비힝가 리긔연(李基演) 씨는 대정관(大正舘)의 명영화(名映畵) 『에지스베스』를 광고키 위하야 경성이의 상공을 약 이십분간이나 비힝하얏더라.

조선 24.05.09 (3) [연극과 활동]

인천부 외리(仁川府 外里) 애관(愛舘)에는 략 이주일 전부터 일본사람의 경영으로 활동사진을 흥행하다가 일반의 환영을 밧지 못하고 이삼일 전에 폐지하얏는데 이 긔회를 타서 그곳 청년 강성렬(康成烈) 씨는 일반 애극가(愛劇家)를 위할 쑨만 안이라 우리 죠선인 축에 오락긔관(娛樂機關)이 업는 것을 유감으로 생각하야 모든 것을 일신히 하고 팔일 오전 팔시부터 동 애관에서 「황금의 눈물」(黃金의 淚)이라는 연애활극(戀愛活劇)과 연의 산언(戀의 山彦)이라는 신파연애비극(新派戀愛悲劇)인 활동사진과 쏘는 기타 활극을 흥행한다더라. (인천)

동아 24.05.10 (2) 〈광고〉

오월 십일부터 사일간 공개
특선 명화 공개
미국 나소날 회사
인정사회극 **인세(人世)의 십자가** 전육권
절세비극 **에리사베스 여왕** 전십일권
＝예고＝
오월 십육일경 상영
미국 퍽스 회사 초특작품인도적 대비극 **오버썩힐** 십일권
모성애 모(母)의 희생적 정신
모(母)의 이해하는 이상적 권화(權化)
일활특약 우미관
전화 광(光) 삼구오번

매일신보 5월 7일자 단성사 광고와 동일(단, 출연진 누락)

동아 24.05.10 (2) [여인 학대] 공창 폐지는 매소부 자신이

아산 둔포(牙山 屯浦)에 콩 복는 소리가 들닌지도 이제는 삼십년이 지낫다. 병명의 쏭무니를 싸라서 현해탄(玄海灘)을 건너온 「니혼무스메」의 력사도 어느덧 삼십년이 되얏는가 보다.

조선이라구, 녯적앤들 기생이 업섯스리오만은, 창기(娼妓)니 작부(酌婦)니 하는, 새 일홈을 가진 녀자가, 분 냄새와 함께 명조를 팔고, 술잔에 헛웃음을 실어, 남자의 등스골을 쌔게 되기는, 역시 갑오년(甲午年) 이후의 일인가 한다.

이와가치 당구한 내력을 가진, 예기 창기 작부의 수효가, 지금에 이르러 몃 명이나 되는가. 최근 조사라하는, 관텽의 숫자를 보면, 전 조선 안에 잇는 그들의 수효가 조선인 일본인을 합하야, 팔천삼백네 명의 다수이라 한다.

『은근자』라 하는 별호로, 이들과 가튼 행동을 하는 녀자는, 임의 일홈부터 『은근자』이라, 과연 몃 천 명, 몃 만 명이 되는지 알 수 업거니와, 관텽이 증명하는 영업장을 가진, 팔천삼백 명의 엇더한 생활을 하는 것인다.[54]

이들은, 남자의 손에 이리저리 쓰들려다니다가, 필경은 창루에 팔닌 몸이 되얏고, 나종에는 남자의 성욕을 만족케 하기 위하야, 실혼 우슴, 거짓 정을 몃 푼 돈에 팔게 되는 것이다. 이것을 가르쳐, 쎈쎈스런 남자들은, 『매소부는 사회의 해독이라』고 하는 것이다.

『사회운동』을 『무산자』가 이르킨다 하면, 『공창 폐지 운동』은 『매소부』 자신이나 녀자가 이르켜야 할 것이다. 자본가는 로동자를 학대하얏고, 남자는 여인을 학대하여 왓다. 하물며, 남자 중심의 재래 정치가들을, 이제 새삼스럽게 공격할 필요도 업슬 것이다.

시대 24.05.10 (2) 방송무전 규칙 제정 / 체신국 당국 담(談)

본년 명월(明月) 일일부터 일본에서는 방송무선전화 규칙이 발포 실시되어서 이미 대판(大阪) ** 등은 이를 이용하는 터이다. 우리 조선 체신국에서는 *자(*者)에 그 시험을 행하고자 아미리가(亞米利加)[55]에

기계 주문을 하얏스니 느저도 오월 중순경에는 실험할 예정이엇스나 기계가 아즉 도착치 아니함으로 연기하야 언제든지 기계가 도착하는 대로 곳 시험해보랴 하는 터이다. 또 일방으로는 이와 상응하야 방송무선전화 규칙도 목하 준비중인데 거의 기초자의 손을 써나 장차 심의에 부치기로 되어 잇다. 우(右)에 관하야 체신 당국은 말하되 시방 행코자 하는 시험도 그 결과에 대하야 일반민중이 이를 얼마나 환영할는지 그 정도를 딸하 규칙제정 발포의 기(期)에도 다소의 **이 잇는 것이니 잘 생각해볼 여지가 잇스나 체신 당국으로서

---

54) '것인지'의 오식으로 보임.
55) 아메리카. 미국.

는 주로는 일본의 규칙에 준거하야 기초하고자

목하 연구 중임으로 사회의 요구만 잇고 보면 언제든지 발포할 수 잇도록 준비하야 두엇다가 그 실현을 될 수 잇는 대로 속히 하기를 희망하는 바이다. 그러나 조선 체신국으로서는 아즉 이를 관영으로 할가 쏘는 민간의 사영회사에 위임할가 하는 대방침도 아즉 결정되어 잇지 안함으로 실현되기까지는 적지안한 연구와 시일을 요하리라고 생각한다. 그러나 다만 이 방송무선전화의 사업은 일종의 공공적 사업임으로 영리 본위의 기초 박약한 민간의 일부에는 허가하지 안할 방침이라 함은 *언(*言)하야두겟다.

시대 24.05.10 (4) 함흥 / 대전 활동영사 / 특히 본사 독자를 위하야 편의와 입장료금을 할인
경성에서 다대한 환영을 밧앗든 김시윤(金時允) 씨 고국방문의 **인 구주대전 활동사진을 각 지방에서도 역시 만흔 환영을 바드며 순회중이든 바 작(昨) 구일 밤부터 십일까지 양일간에 함흥 본사지국의 간*(幹*)으로 당지(當地) 동명극장에서 영사케 되얏는데 금번에는 특히 시대일보 독자를 위하야 여러 가지의 관람상 편의와 입장료의 할인이 잇슬 터이라고.

조선 24.05.10 (4) 원산 예신회(藝新會) / 간도 고학생 동정(同情)
금반 원산 예신회 극단 일행은 간도 각지에 순회 홍행인 바 거월(去月) 삼십일은 용정 고학생갈돕회를 위하야 홍행하얏는대 입장료 급(及) 동정금 오십 원 오십 전을 전부 갈돕회에 기부한 바 동정자 제씨는 동흥(東興)학우회 육 원, 은진(恩眞)학교장, 은진학우회, 영동(嶺東)친목회 각 오 원, 박노영(朴魯泳), 고기영(高基英) 각 삼 원, 김정공(金正珙), 김*옥(金*玉) 각 이 원. (간도)

동아 24.05.11 (2) 토월회의 의연 출연 / 수입은 전부 영동 녀학원에 긔부
충청북도 영동(永同) 청년회에서 경영하는 영동녀학원이 곤경에 쌔젓다는 소식을 드른 서울 토월회(土月會)에서는 오는 십이, 십삼 량일간 매일 밤마다 시내 종로 중앙긔독교 청년회에서 자선 홍행을 하야 수입 전부를 동 교에 긔부한다는데 상연할 각본은 『오로라』와 『사랑과 죽엄』 등 호평을 밧든 것이요, 입장료는 일 원, 오십 전, 삼십 전이라더라.

동아 24.05.11 (3), 24.05.12 (3), 24.05.13 (4) 〈광고〉
5월 10일자 우미관 광고와 동일
조선일보 5월 11일자 단성사 광고와 동일(단, 출연진 누락)

매일 24.05.11 (3) [영화계]

상연시일 오월 십일일

상연장소 시내 단성사

『비밀의 4』

뎨구편 암즁의 싸홈(暗中의 鬪). 불붓는 수풀 속의 곰의 덧에서 버서는 「나데인」과 「침」은 쎅앗긴 디도를 도로 쎅스랴고 다시 「레놀쓰」 등을 쪼차갓다. 「레놀쓰」는 디도를 속히 본부에 보내랴고 진힝하는 기차에 부탁흔 것을 안 「침」은 긔관차에 쮜여올라 디도를 쎅아섯다.

뎨십편 불붓는 내락(燃하는 奈落). 지나인의 소굴로 드러간 「침」과 「나데인」은 적당들이 디도가 타 바린 줄로 밋는 노름에 도망하얏다. 그러나 그들은 디도가 아직 「침」에게 잇는 것을 알고 다시 츄격하얏다. 그리하야 도망하는 「침」은 「쌕랏크스톤」 농장의 석유 움물에 쌔져 내락(奈落)의 불이 「침」의 생명을 위태하게 하얏다.

뎨십일 사의 궤쥬(死의 潰走). 석유 움물에 쌔진 「침」은 목장 사람들의 구원을 입엇스며 농장 주인 「헤렌」은 「나데인」을 구하랴고 「침」을 차젓다. 겨우 「나데인」과 만난 「침」은 두 사람이 모다 밍렬흔 짐싱들에게 장차 발피랴 하얏다.

뎨십이편 격로의 홍수(激怒의 洪水). 「침」과 「나데인」은 간신히 짐싱을 피하얏다. 인도 사람이 ᄌᆞ긔의 집으로 오라하기에 「침」은 련인 「나데인」과 함쯰 갓더니 인도사람이라 하든 것은 「마-테인」 교수의 아우이얏다. 릭일이 긔한이 되는 석유뎐(石油田) 권리를 계속하랴고 지불할 돈을 폐광(廢鑛)으로 가지라 간 「침」은 「레놀쓰」에게 음습되어 함정에 쌔졋을 쌔에 「짜이나마이트」가 폭발되얏고 「마-테인」은 「말크로-푸」에게 권리서를 내라고 강경이 요구하얏다.

자전차 경주 전이권

선수 「씨-오-테-」 선싱은 일만불 현상의 경기장에 츌장하게 되야 그 전날 밤브터 팔을 쌉닉고 ᄌᆞ다가 잠을 지내쳐 자셔 경기에 참례하지 못ᄒᆞ얏다.

맹투(猛鬪) 전이권

「스테푸」와 「에미리」는 셔로 정다윗스나 그는 「렛트라센」이라는 련적(戀敵)이 잇섯다. 「렛트라센」은 자긔의 욕심을 채랴고 「에미리」에게 「스테푸」를 즁상하얏고 그후 우편국을 습격한 죄를 「스테푸」에게 뒤집어씨랴 하얏스나 결국 톄포되고 「스테푸」는 련이의 승리자가 되얏다.

독립독보(獨立獨步) 전오권

「스클케」 목장의 쌘이 「라라미 랏트」는 근쳐 광산주인 「탄 시에리탄」이 광산을 쎅앗기게 된 것을 그의 싱명과 광산을 구해준 공로로 「시에리탄」은 그 쌀 「치엔」으로 「라라미」를 사위 삼고 금광* 분을 *********

조선 24.05.11 (1) 〈광고〉

당 오월 십일일(일요)부터 삼일간

신사진 전부 차환

유사날

실사 **국제시보** 전일권

대희극 **자전차 경주** 전이권

미국 유사 특별 제공

명화(名花) 토로디달토ㄴ 양 주연

악애극(惡愛劇) **열국(熱國)의 장미** 전칠권

유사 대작품

연속사회 **비밀의 4** 제십, 십일, 십이편 육권

예고

근일 대공개 명화

대명화 세계의 심(心) 전십삼권

내주 유사 날 대공개

유사 공전의 대명화

문예극 **을녀심(乙女心)** 전팔권

유사 송죽 특약 **단성사**

전화 광화문 구오구번

오월 십일부터 사일간 공개

특선 명화 공개

미국 나소날 회사

헤느리이비-우올솔 씨 주연

인정사회극 **인세(人世)의 십자가** 전육권

독일 도란스오샤 양 회사 공전의 역편

명감독 베다쏜ㄹ후에ㄹ나 씨 대걸작

명화(名花) 아크네스트랏푸 양

명우 오-케ㄴ케로에ㄱ푸후에ㄹ 씨 주연

절세비극 **에리사베스 여왕** 전십일권

예고

오월 십육, 칠일경 상영

미국 대(大) 페ㄱ스 회사 초특 작품

메리-카- 부인 대역연

인도적대비극 **오-버쎅힐** 전십일권

『모성애』『모의 희생적 정신』『모의 이해(理解)하는 이상적 권화(權化)』

일활특약 우미관

전화 광화문 삼구오번

조선 24.05.11 (3) 토월회의 동정(同情) 출연 / 영동계산(永同稽山)여학원을 위하야 / 명 십일일부터 이틀 동안을 / 즁앙긔독교 청연회관에서

영동(永同)읍에 잇는 계산녀자원(稽山女子院)은 최근에 학생이 백여 명이나 되는데 경비에 곤난이 막심한 중에 잇는 중 이 소식을 들은 토월회(土月會)에서는 쓸어오르는 동정을 금치 못하야 다만 얼마라도 도워주겟다는 취지로 오는 십이일, 십삼일 량일간 시내 종로 중앙긔독교 청년회관에셔 오후 일곱시 반부터 동정연극을 흥행하리라는데 당일 흥행할 각본과 입장료는 다음과 갓다 하며 쉬는 시간마다 음악과 무도가 잇슬 터이라더라.

각본

「새나드, 소-」

하우히라이드투허, 어스쎄ㄴ드

사록생(史錄生) 작

사랑과 죽음

입장료 일 원 오십 전 삼십 전

매일 24.05.12 (3) 토월회 극단 의연 흥행 / 십이, 십삼 량일 청년회관에셔

됴션극계(朝鮮劇界)를 위하야 헌신덕 활동을 하야 스회에셔 열광덕 환영을 밧는 토월회(土月會)에셔는 작년 십월에 창립된 츙쳥북도 영동군 영동녀학원(永同郡 永同女學院)에셔 현지 싱도가 칠십여 명에 달하는 상태이나 경비가 곤난하야 도뎌히 유지할 방침이 업슴으로 이에 동졍하야 그 경비를 보츙하겟다는 아름다운 쯧으로 오는 십이, 십삼 량일간에 『그 남즈가 그 녀자의 남편에게 엇더케 거짓말을 ㅎ얏나』하는 한 막즈리 연극과 『스랑과 쥭엄』이라는 연극을 시니 종로 중앙긔독교 청년회관(中央基督敎 靑年會舘)에서 상연할 터이라는대 이번에는 특히 두 가지 극외에 정슌텰(鄭順哲), 박셰면(朴世免) 량씨의 독창이 잇다는대 이번에는 더욱이 녀자게 육교[56]를 위하야 츌연하는 것인 즉 일반의 동정을 바란다더라.

매일 24.05.12 (4) 자선 활동사진회 / 본월 십, 십일일 개연

대구 조선부식(扶植)농원 주최의 자선 활동사진회는 평양 애부위원부(愛婦委員部), 평양 불교회, 실업 청년회의 후원으로 거(去) 십일브터 양일간 개최되얏는대 십일 주간은 해락관(偕樂舘)에서 오후 칠시브터는 평양 공회당에서 우(又) 십일일은 야간쑨 공회당에서 개최하얏는대 각 관청, 학교와 일반의 후원이 다(多)하얏스며 싸라 성황을 정(呈)하더라. (평양)

시대 24.05.12 (4) 김해 / 활동사진 구입

김해청년회에서는 사립 금성(金城)학교 유지비를 모집 보충키 위하야 활동사진 일*를 구입하야 전선(全鮮) 각지에 순회할 예정인 바 불원간 발행될 터이라고.

조선 24.05.12 (4) 동흥교(東興校) 기부 흥행 / 본사 강경지국 주최와 강경청년회 후원으로

북간도 용정촌 동흥중학교에서 전 조선에 십만 원의 기부허가 *수(*受)하야 모집위원을 전선(全鮮) 각지에 파송 모집한다 함은 본보에 누차 보도된 바어니와 거(去) 오일에 기부모집위원 김수연(金壽然) 씨가 강경에 도착함을 기회하야 취성좌 김소랑 일행과 본사 강경지국원과 상*(相*)한 후 우리 형제를 위하야 동흥중학교에 만분지 일이라도 동정할가 하고 일일간 기부흥행하기로 결의하야 강경청년간친회 후원으로 당지(當地) 대정좌에서 현대적 사회극『피생우아활(彼生後我活)』속칭『아생후타활(我生後他活)의 반면(反面)』이라는 연제(演題)로 흥행하는 중 정각 전부터 운집하는 관람객은 입추의 여지가 무(無)히 만장이 되얏는대 정각이 되매 주최자인 본사 강경지국장 박석규(朴錫圭) 씨의 개회사로 위시하야 제일부에 금강산 전경과 경성시가 전경과 동경박람회 전경을 활동사진으로 영사한 후 연극이막은 흥행하고 북간도 동흥중학교 기부금 모집위원 김수연 선생의『간도 육십만 동포의 생활상태와 교육기관의 설치 급(及) 동흥중학교의 현상을 약 삼십분간이나 눈물을 먹음고 애쓴 목소래로『우리는 비록 간도에 나고 간도에셔 자라고 마즈막으로 육신까지 간도 광야에 뭇칠 것이나 우리의 외로운 혼은 오직 고국밧게는 다시 지탱할 곳이 업다』는 피쓸는 부르짓즘에 일반청중은 동감의 루(淚)를 금치 못하게 되는 동시에 개인마다 각기 수중에 잇

---

56) '교육'의 오식으로 보임.

는 대로 십 전이나 오전금식(金式) 기부한 총액이 이십삼 원 오십삼 전이며 최후 제이부 연극 이막으로 大盤況[57]裡에셔 폐회하엿는대 당일 기부금액과 씨명은 여좌하더라. (이하 기사 생략) (강경)

조선 24.05.12 (4), 24.05.13 (4) 〈광고〉
5월 11일자 단성사 광고와 동일
5월 11일자 우미관 광고와 동일

조선 24.05.13 (3) [연극과 활동]
근자에 새로 나온 신파연극 텬승단(天承團) 박승호(朴承鎬) 일행은 교육에 관한 연극을 위주로 하는 바 재작일부터 두다리목(再橋) 권상장(勤商場)에 출연하는데 매일 밤마다 만원이 되는 즁 금일에는 활극의 유명한 각본을 상장할 터임으로 일즉이 안이 가면 입장치 못할 모양이라더라.

조선 24.05.13 (4) 활동사진대 내하(來河)
경상남도 주최인 지방개량에 관한 활동사진대 일행은 거(去) 육일 오후 칠시에 하동에 도착하야 당지(當地) 공립보통학교에서 개막하고 교육보급 々 산업*발사(*發事)의 활동사진을 맛쳣는대 관람자가 팔백여 인에 달하얏다더라. (하동)

조선 24.05.13 (4) 위생선전사진
전남 광양경찰서 주최로 전남 경찰부 위생선전 활동사진을 청하야 거(去) 사일 오후 팔시에 광양 공립보통학교 운동장에셔 위생선전회를 개최하얏다더라. (광양)

동아 24.05.14 (2) [휴지통]
요사이 평남 안주(安州)에서는 창기보다 기생이 류행하야 그래서 무슨 연회, 무슨 집회할 째마다 기생이 풍성한데, 경찰서에서 파리잡이 선면 「비라」를 쑤릴 째에도 자동차에 기생을 싯고 호긔잇게 시내를 다니며 기생이 선전 「비라」를 쑤리엿다고. 이러한 일은 참 자미잇는 일이야. 경관은 자동차에서 노래나 부르고 기생이 그 섬섬옥수로 「비라」를 쑤린다면 그야말로 문화 경찰이지. 그러나 선전 「비라」에도 기생의 손이 유효하고 경관의 손은 무효한가. 그러치 안으면 세력 만흔 나으리들이 한바탕 호사를 함인가. 안주 경찰서 경관들의 신

---

57) '대성황(大盛況)'의 오식으로 보임.

수 조타. 이 다음에는 강도잡이에도 기생을 싯고 가면 엇덜는지 하는 말은 안주 소식.

동아 24.05.14 (4) 〈광고〉
오월 십사일(수요)부터 명화 공개

미국 쌔데— 지사

희극계 거성 하롤트 로이트 씨 주연

희극 **시긔를 일치마라** 전삼권(원명 로이도)

미국 대(大) 퍽스 회사 초특작품

메리— 카— 부인 주연

동양 최초의 대공개

인도적모성애 대비극 **오버쎅힐** 전십일권(원명 구(丘)를 월(越)하야)

모성애, 모의 희생적 정신, 모의 이해(理解)하는 이상적 권화(權化)

개인주의적 물질만능주의인

미국에 진기한 명화

동양적 부모 효행을 주제로 한 대영화

여러분 시긔를 물견락(勿見落)하시요

일활특약 **우미관**

전화 광(光) 삼구오번

조선일보 5월 14일자 단성사 광고와 동일(단, 출연진이 누락)

조선 24.05.14 (4) 〈광고〉
당 오월 십사일(수요)부터 사일간

신사진 전부 차환 송죽 날

실사 **파나마 운하** 전일권

가정극 **뷔니쓰의 일야(一夜)** 전육권

미국 메도로사 특작품

연애극 **조건잇는 색씨** 전육권

독일 메도로사 특작품

명우 하리쎄루 씨 대역작

대연속대탐정 **무두기수(無頭騎手)**

전이십편 사십권 중 제삼회 사권 상장

예고

근일 대공개 명화

세계적대작품 **세계의 심(心)** 전십삼권

근일 공개 대연속 명화

세계적대연속 **십팔일간 세계일주** 전십이편 이십사권

내주 문예극 유사 날 공개

대명화 **처녀심(處女心)** 전팔권

유사 송죽 특약 **단성사**

전화 광화문 구오구번

동아 24.05.15 (1) 위생 사상 보급 시설

조선에서는 종래 위생에 관한 지식의 보급 시설에 상당히 노력한 바, 기(其) 효과는 전통적으로 각종의 미신이 잇고 더욱 위험 불합리한 치료법 등이 성행되야 위생의 사상계발, 지식보급은 의연히 급무(急務)로 인정됨으로 각 도가 서로 경쟁하야 이 방도를 강(講)하야 포스타의 배포, 위생에 관한 강화 급(及) 전람회의 개최, 활동사진 병(並) 환등의 영사 등 제반 방법에 의하야 각종의 기회를 이용하야 기(其) 목적의 달성에 노력한다고.

동아 24.05.15 (3), 24.05.16 (4), 24.05.17 (3) 〈광고〉

5월 14일자 우미관 광고와 동일

조선일보 5월 14일자 단성사 광고와 동일(단, 출연진이 누락)

매일 24.05.15 (3) 작년 중의 위생 선전 / 각 도에서 셔로 다토와가며 노력

됴션에셔는 종리 위싱에 대한 지식(智識)을 보급하기 위하야 여러 방면으로 노력하야 왓스나 원리 뎐통뎍(傳統的)으로 각종 미신(迷信)이 류힝하야 불합리한 위험한 치료법을 하야 의외의 불힝에 싸지게 되는 일이 종종 잇슴으로 여러 가지로 시셜을 하야 위싱사상(衛生思想)을 계발식히고 이에 대한 지식을 보급식힐 일이 급무라하야 각 도(各 道)에셔는 서로 다토아 그 션뎐 방법을 연구하야 포스타를 비부하며 혹은 위싱 강화(衛生 講話), 위싱 뎐람회(衛生 展覽會)를 기최하며 쏘는 활동사진(活動寫眞), 환등(幻燈) 등을 영수하야 목뎍을 달하고즈 노력 즁인대 작년 즁에 실시된 상황은

◇ 위생 강화 二, 一九二五회

◇ 전람회 一五八회

◇ 활동사진 二九五회

◇ 환등영사 一一八회

인대 이에 대한 관람자의 총 수는 이빅구십육만 오천이빅십팔 인이더라.

매일 24.05.15 (4), 24.05.16 (3) 〈광고〉

조선일보 5월 14일자 단성사 광고와 동일

시대 24.05.15 (4) [집회와 강연]

(여수) 위생선전활사

전남 려수에서는 해도(該道) **부(**部)로서 도착한 위생선전 활동사진을 거(去) 십일일 오후 구시에 공보교 내에서 영사하얏는데 관람자가 무려 칠천 명에 달하는 성황이엿다고.

조선 24.05.15 (2), 24.05.16 (2) 〈광고〉

5월 14일자 단성사 광고와 동일

조선 24.05.15 (2), 24.05.17 (1), 24.05.19 (4), 24.05.20 (1) 〈광고〉

동아일보 5월 14일자 우미관 광고와 동일

조선 24.05.15 (3) [연극과 활동]

시내 관텰동(貫鐵洞) 활동사진상설관 우미관(優美舘)에 새로 도착한 셰계뎍 대비극 「오-버 씌힐」 십일권의 장척 사진은 미국 「푸옥스」 회사에서 거액의 자금을 던져서 제작한 것인데 그 각본의 자미잇는 사실과 배우의 민활한 활동은 한번 구경할 만하다더라.

동아 24.05.17 (1) 위생 사상 보급 상황

조선에서는 종래 위생에 관한 지식의 보급 시설에 상당히 노력한 바, 기(其) 효과는 상금 (尙今) 만족한 역(域)에 달(達)치 못하얏다. 더욱히 전통적으로 각종의 미신이 잇고 더욱 위험 불합리한 치료법 등이 성행되야 위생상 사상의 계발, 지식보급은 의연히 급무로 인정되여 각도(各道) 상경(相競)하야 이에 대한 방책을 강구하며 포스타-의 배포, 강화 급(及) 전람회 개최, 활동사진 급(及) 환등 영사 등 모든 방법에 의하야 각종의 기회를 이용하야 기 (其) 목적을 달성코자 노력하고 잇는 바, 작년 중 실시의 상황은 좌(左)와 여(如)하다.

위생강화 二一九, 二五四

전람회 一五八四

활동영사 二九五四

조선 24.05.17 (3) [연극과 활동]

시내 우미관(優美舘)에서는 한남권번(漢南券番) 주최로 오는 이십삼일부터 오일간 연주회(演奏會)를 개최할 터인데 보통 연주회에서 하는 것은 물론이오, 그 외에도 여러가지가 잇스리라더라.

조선 24.05.17 (4) 활사(活寫)와 소인극 / 임명(臨溟) 고산(高山) 양 청년회에서

안변(安邊) 석왕사(釋王寺) 불탄(佛誕) 기념을 이용하야 함북(咸北) 임명청년회의 영사대와 안변 고산청년회의 소인극이 십일, 십일일 석왕사 동구(洞口) 사기리(沙器里)에서 매야(每夜) 하오 팔시부터 양대(兩隊)가 막을 합하야 불탄 기념의 여흥으로 대흥행을 하야 관중의 갈채를 득(得)하얏스며 유지(有志)의 찬성도 만히 포시(布施)하얏스며 익(翌) 십이일부터 사기리 주최 불탄 기념의 여흥을 돕기 위하야 각희(脚戱)대회를 개최하고 심판부원(審判部員) 강창용(康昌容) 김지준(金知俊) 양군(兩君)의 심판 하에 용전호투(龍戰虎鬪)의 호경황(好景況)을 일우엇스며 당일 상품은 일등 백미 일표(一俵), 이등 아*(兒*) 일두(一頭), 삼등 백목(白木) 이필(二疋)로써 우승자의게 수여하고 무사히 폐회하얏다더라. (안변)

동아 24.05.18 (4) 〈광고〉

당 오월 십팔일(일요)부터

신사진 전부 차환 유사 날

실사 **국제시보** 전일권

대희극 **자동목욕탕** 전이권

연애극 **폭풍이 지난 뒤** 전칠권

명화(名花) 메리망구라—덩 주연

유사 공전의 대작품

연속활극 **비밀의 4**

전십오편 삼십권 중 종편 제십삼, 십사, 십오편 육권

=예고=

근일 공개 대명화

세계적대명화 **세계의 심(心)** 전십삼권

내주 유사 날 공개 대연속극

세계적대연속 **십팔일간 세계일주** 전십이편 이십사권

유사 송죽 특약 **단성사**

전(電) 광(光) 구오구

5월 14일자 우미관 광고와 동일

매일 24.05.18 (3) 문예명화 『처녀의 심(心)』은 / 오늘 낫부터 단성사에

세계뎍 문예극(世界的 文藝劇)으로 일홈 놉흔 처녀의 마음(處女의 心)이란 여덜권자리 명화(名畵)는 그동안 일본 각디에서 공젼의 대환영을 밧고 다시 우리 됴션의 「키네마 팡」을 녈광(熱狂)케 하고자 건너왓는대 금 십팔일 일요 낫부터 동구안 단성사(團成社)에서 상연케 되얏다 한다. 그 주연 비우는 「아니린파―시」라는 여비우로 그 명셩이 임의 세간에 훗날니는 터인 바, 스진의 경기(梗槪)는 싀골 처자라는 양 갓흔 어린 쳐녀(處女)가 허영(虛榮)의 마수(魔手)에 걸녀 온갓 파란을 일으키는 것이라 홈 즉, 청년 남녀가 뜻 깁히 볼만한 스진인 동시에 이 갓흔 명화가 쌔를 싸라 우리 「키네마」게에 나타남은 실로 깃버할 바이라 하깃더라.

(사진은 아이린파―씌)

매일 24.05.18 (3) 한남권번 연주

시니 한남권번(漢南券番)에셔는 오난 이십삼일부터 일주일 동안 관털동(貫鐵洞) 우미관(優美舘)에셔 대연쥬회(大演奏會)를 긔최흔다난대 젼례를 *강화하야 모도가 참신 긔발한 과뎡 쑨이라고.

매일 24.05.18 (3), 24.05.20 (3) 〈광고〉

동아일보 5월 18일자 단성사 광고와 동일

조선 24.05.18 (1), 24.05.19 (4), 24.05.20 (1) 〈광고〉

동아일보 5월 18일자 단성사 광고와 동일

동아 24.05.19 (3), 24.05.20 (4) 〈광고〉

5월 14일자 우미관 광고와 동일
5월 18일자 단성사 광고와 동일

동아 24.05.21 (2) 우미관 전(前)에 대활극 / 순사 두 명과 천여 명 군중이 일장의 풍파를 이르이르키엿다 / 순사는 발검(拔劍), 본서(本署)는 응원 출동

재작 십구일 밤 열시경에 종로통에서도 번화한 우미관 압 큰 길에는 천여 명의 군중과 탑 골공원 압 파출소 순사 두 명을 포위하고 함성을 지르며 제각기 달려들어 발길로 차고 손 으로 싸리는 등 긔세가 자못 험악한 일장의 풍파가 생기엇는데 점점 위급한 경우를 당한 순사는 칼까지 쌔여들고 한참 휘두르다가 간신히 본서로 쮜여와서 후원을 청하야 본서에 서는 즉시 숙직하든 하구(河口) 부당 이하 십여 명의 순사가 달려와서 겨우 진압하얏는데 량편에 부상자도 업고 군중은 모다 헛터졋슴으로 붓잡힌 사람도 업섯더라.

원인은 주정군 관계 / 주명군을 동행타가

이제 그 원인의 대강을 듯건대 부내 사직동(社稷洞) 일백칠십 번디에 사는 김호성(金昊成) (二七)은 술이 잔득 취한 후에 등불도 업는 자뎐차를 쓰을고 우미관 압흐로 지나가다가 공 연히 행인에게 폭행을 함으로 그 순사들은 즉시 만류하야 파출소에 다리고 갓스나 원악 힘도 세일쑨 아니라 술 먹은 김에 파출소를 쎄트릴 긔세임으로 다시 본서로 동행하는 중도 에서 쏘다시 앙탈을 하얏는데 갓득이나 야시에 모혓든 군중은 이 광경을 보고『술 먹은 사 람을 쓰을고 갈 것이 무엇이냐』고 그가치 순사에게 달려들어 활극을 이르킨 것이라더라.

동아 24.05.21 (3) 〈광고〉

오월 입(卄)일일부터 입(卄)오일까지

오일간 전부 상영

오래동안 기대하시든

연속 대명화는 자(玆)의 제공함

연속모험활극 **비밀의 십삼** 전십오편 삼십권

제일편부터 제육편까지 십이권 상영

입(卄)삼일부터 일회 제칠편부터 제십이편까지 십이권 상영

입(卄)오일부터 이회 제십삼편부터 제십오편까지 육권 상영

기타 특선 명화 공개

미국 쌔데-지사 작

연속활극 **육군의 쌔루** 전십오편 삼십권

입(卄)일일부터 삼회 오, 육편 사권 상영

입(卄)삼일부터 사회 칠, 팔편 사권 상영

신연속을 삼회에 분(分)하야 상영하겟사오니

꼭 한번 보아주시오

일활특약 우미관

전화 광(光) 삼구오번

당 오월 입(卄)일일(수요)부터 사일간 송죽 날

신사진 전부 차환

실사 **명우생활** 전일권

연화(戀話) **완고정대(頑固征代)** 전오권

대탐정 **브라운 대탐정** 전오권

대연속대탐정 **무두기수(無頭騎手)** 제사회 전사권

세계적대작품 **세계의 심(心)** 전십삼권

내주 유사 날 공개의 대연속

세계적대연속 **십팔일간 세계일주** 전십이편 이십사권

유사 송죽 특약 **단성사**

전(電) 광(光) 구오구

조선 24.05.21 (2) 〈광고〉

동아일보 5월 21일자 단성사 광고와 동일

동아일보 5월 21일자 우미관 광고와 동일(단, "육군의 쎄ㅡ루" 주연자로 쌜호와이트 양이 추가)

시대 24.05.21 (4) 인천 / 성황의 노동연주 / 삼일간을 공전의 성황 / 답지하는 동정의 기부

인천 노동동맹의 주최와 본사 인천지국의 후원으로 거(去) 십칠일부터 동 십구일까지 삼일간 빈정(濱町) 가무기좌(歌舞伎座)에서 노동연주대회를 개(開)하얏는데 삼일간을 **하야 공전의 성황을 정(呈)하얏스며 경성 예술학원생의 무도(舞蹈)와 인천 여학생의 합창, 제물포청년회의 『누의 광(淚의 光)』과 민중극단의 희극 등은 만장의 관중으로 **한 흥취와 **을 다하게 하얏고 당일에 기부한 제씨(諸氏)는 여좌(如左)하다. (이하 기사 생략)

조선 24.05.21 (4) 명승(名勝) 촬영 활사(活寫)

개성연예단에서 금반에 개성 명승지 촬영 활동사진 연쇄극을 거(去) 십팔일 오후 팔시부터 개성좌에서 흥행하얏는데 기수(技手)의 담(談)을 문(聞)한즉 촬영은 비전(比前) 배승(倍勝)

할 샌 아니라 출연자 역시 예술의 미관(美觀)이 잇스며 관람자는 개막 전부터 만원되얏섯다더라. (개성)

동아 24.05.22 (2) 관철동에 화해(火海) / 우미관, 털남 지물상뎜 / 두남 리발관 등에 연소 / 방금 계속 연소중

작일 오후 두시 반경에 활동사진 상설관인 우미관에서 불이 나서 나무로 지은 그 집 전부를 동 두시 오십분싸지에 전부 다 태워버리고 혹혹 하는 불길은 맛츰 불어오는 남풍에 날리어 그 남쪽에 잇는 털남(鐵南) 지물전에 옴겨 부터 그 집을 역시 거의 태워버리고 다시 불길은 그 동쪽에 잇는 두남(斗南) 리발관에 옴겨 붓기 시작하얏는데 몽몽한 연긔는 맑은 하눌을 덥헛스며 흠씰흠씰하는 붉은 불길은 바람을 짤아 종로 일대의 넓은 길에는 얼굴을 내여 놀 수가 업섯스며 불이 제일 맹렬하기는 세시경이엇는데 함부로 문허지는 우미관의 참혹한 모양과 털남 지물뎜에서 타는 조희 쏘각이 공중으로 날리는 광경은 처참하기 짝이 업섯다. 불길은 세시 이십분경이 되야 조금식 잠잠하게 되얏스나 벽돌집 속에서 타는 두남 리발관은 짓칠 줄을 모르고 세시 반싸지 불길이 늠실늠실하얏다.

전화 전차 불통 / 교통 차단 / 용산 헌병대도 출동

이 소식을 들은 시내 각 상비소방대와 의용소방대며 용산소방대싸지 총출동을 하야 교통을 차단하고 소화에 로력하얏스며 톄신국에서는 삼십여 명의 뎐신 공부가 출동하야 뎐신 뎐화선을 보호하얏스나 두시 이십분경부터 관털동 일대의 뎐화선은 절단되얏고 뎐차는 수십대가 일시는 줄줄이 늘어서 근래에 업는 혼잡을 일우웟스며 시내 각 경찰서에서는 전원이 출동하야 엄중 경계하얏고 경성 헌병대에서는 분대댱 이하 기마 헌병 등 삼십여 명이 출동하야 질서 유지에 로력하얏더라.

관철동 불이 봉익동(鳳翼洞)에 / 필사의 로력으로 큰 일은 업서

우미관과 철남 지물뎜이 맹렬히 탈 째에 불 부튼 조희 조각 등은 이곳저곳으로 날리어 드디어 초가집이 만흔 봉익동(鳳翼洞)으로 나붓기여 오후 삼시 반부터 봉익동 오십이 번디 김영수[58](吉永壽), 륙십이 번디 뎐봉순(田鳳淳), 백구 번디 길원식(吉元植) 백십이 번디 신섭균(申爕均)의 집과 백십 번디의 뷔인 집웅이 붓기 시작하는 것을 소방차 자동차가 몰려와서 써버렷스며 쏘 봉익동 엇던 혼인집에도 불이 붓터 큰 소동이 생겻더라.

---

58) 괄호 안의 한자 표기에 의하면 '길영수'의 오식으로 보임.

원인은 필림 폭발 / 손해 이십만 원

불난 원인은 아직 자세치는 못하나 우미관에서 사진 필름의 시사(試寫)를 할 쌔에 불을 피워노앗든 것을 이저버리고 그대로 두어둔 것이 필림에 당기여 폭발되자 나무 판장에 옴겨붓흔 것이라 하며 경찰서에서는 책임자를 엄중 취조 중인데 우미관 북쪽에 잇는 관철동 팔십구 번디와 구십일 번디 집도 타버리엿스되 털남 지덤 엽헤 성안당이라는 상뎜이 무사함을 엇은 것은 방화벽(防火壁)의 덕이라 하며 인축의 사상도 아직은 업는 듯하고 손해 가액은 아직 분명치 못하나 약 이십여만 원의 예명이라는 바, 뎐차는 네시 이십분경까지 통치 못하엿더라. (이십일 오후 네시 이십분 긔)

동아 24.05.22 (3) 〈광고〉

5월 21일자 단성사 광고와 동일
5월 21일자 우미관 광고와 동일

매일 24.05.22 (3) 관철동에서 대화(大火) / 우미관 전소 / 화염이 사방에 확대하야 목하 맹렬히 연소하는 중

이십일일 오후 두시 삼십분에 부늬 관텰동(貫鐵洞) 긔게실로브터 불이 나와서 오후 세시에 우미관이 전소되고 늠늠한 불길은 사면으로 퍼지여 린근으로 성히 연소되는 중인듸, 소방듸에서는 죽을 힘을 다하야 진화에 로력하는 중이며 소관 종로셔에서는 경관을 다수히 현쟝에 보늬여 경계를 엄밀히 하는 중인듸 츌화 원인은 작야에 영사할 샤진을 시사하다가 잘못되야 불이 나온 것이라더라. (오후 삼시 긔(記))

조선 24.05.22 (3) 우미관 전소 / 두남(斗南) 리발관과 철남(鐵南) 지물포도 전소 / 날너가는 불동은 봉익동선지 가서 / 네 집이나 화재가 쏘 일어 더욱 혼잡

작일 오후 두시 사십분경에 시내 관텰동(貫鐵洞) 활동사진 상설관인 우미관(優美舘)에서 불이 나셔 맹렬한 불길이 삽시간에 충련하고 검은 연긔가 관텰동 일대를 덥헛는데 각쳐 소방대의 노력한 효과도 업시 우미관은 불과 슈십분 동안에 전소되고 불길은 졈졈 이웃집까지 범하게 되야 그 이웃에 근접한 두남 리발관(斗南 理髮舘)과 텰남 지물포(鐵南 紙物舖)까지 전소되얏는데 불난 원인은 긔관실에셔 사진 시험을 하다가 뎐긔불에셔 발화되얏다 하며 그 우미관을 지은 지는 열두 해가 되얏다 하며 그 쌔 죵로로부터 탑골공원 압까지 대혼잡을 일우어 뎐차까지 불통이 된 바 그 불동이 봉익동 방면에까지 날나가셔 수은동(授恩洞) 삼십삼 번디 한영덕(韓永德)의 집과 봉익동(鳳翼洞) 일백십이 번디, 일백십 번디, 일백구 번디 등 네 집에 화재가 잇셔 소방대가 갈파○질파○ 하는 통에 도로는 더욱 복잡하

149

얏고 그 후 즉시 뎨일 양복뎜(第一 洋服店)에도 불이 낫는데 이것은 우미관 화제통에 던긔가 루면되얏는지 몰으겟다는 소문도 잇셔 일시는 큰 소동이 되얏셧는데 손해는 방금 묘사 중이오, 우미관은 보험회사에 보험한 일도 업다더라.

동아 24.05.23 (2) 우미관의 소실과 종업원의 대곤경 / 집 지을 째를 언제나 기다려?

재작일 오후 두시 반부터 관철동 우미관에서 큰 불이 나서 그 집을 다 태워버리고 그 북쪽에 잇든 두남(斗南) 리발관과 철남(鐵南) 지물전까지 태워버리고 네시까지 계속 연소 중이라 함은 작일 보도한 바어니와 불은 네시 반에야 진화되얏고 원인에 대하야는 작일에 보도한 바와 가치 그 날 오후 한시부터 맛츰 우미관 안에서 『십삼의 비밀』이라는 사진을 견습 기사 리뢰용(李賴容)과 일본 사람 조수 횡미수웅(橫尾秀雄)이 가시사할 째에 『스위치』를 쓴써 안엇슴으로 거긔서 불이 필림에 옮겨 붓흔 것인데 숙련한 기사일 것 가트면 즉시 써버렷겟스되 아직 견습 기사임으로 불을 보고 쮜여나와 버렷슴으로 그 엽헤 두엇든 약 이십여관의 필림까지 폭발되고 말엇다는데 그 집의 손해는 약 륙만 원 가량이며 화재보험에 들기는 하엿셧지만 긔한이 지나 효력이 업다하는데 그 집 주인 시뎐(柴田) 씨는 다시 그 긔디에 신축코자 한다하며 시뎐 씨와 흥행 계약을 하고 매일 흥행하든 박형근(朴亨根) 씨의 손해는 갓다 두엇든 필림 십오관의 가격 약 오천 원이라 하며 기타 털남지물은 일만삼천 원의 보험금을 밧으면 손실은 이만 원 가량이라는데 이번 불로 그 중에서도 뎨일 비참한 것은 우미관에 부터살든 변사 이하 사용인 삼십여 명인데 그들은 다른 직업을 구하고자 하되 그리 쉽게 직업이 나서지도 안을 모양임으로 그들에게 달린 가족 백여 명은 엇지 할 줄을 모르고 한숨만 쉬고 잇는 형편인데 변사 중 한 사람은 말하되 『우리의 생활을 위하야 종업하든 사람이 모히여 엇더한 방법으로든지 주인과 교섭하야 무슨 구제를 밧어야 되겟습니다』라고 말하더라.

동아 24.05.23 (2) 중국의 세계적 명우(名優) 매란방(梅蘭芳) / 도일(渡日) 결정

중국의 세계뎍 남배우 매란방(梅蘭芳)은 이십일 일본 대창 남작(大倉 男爵)의 대표와 회견하고 대창 씨의 축수연(祝壽宴)에 참석키 위하야 일본에 가기로 결명하얏다는데 계약금은 오만삼천 원이라하며 일본 톄재 중에는 동경 뎨국극장(帝劇)과 기타 경판 디방에서 출연할 터이라더라.

동아 24.05.23 (2) 〈사진〉

종로의 불바다! 사람바다! (작일 긔사 참조)

동아 24.05.23 (4) 〈광고〉
5월 21일자 단성사 광고와 동일

매일 24.05.23 (1) 〈광고〉
작일(昨日) 폐관(弊舘) 실화(失火)의 제(際)난 조속 어래임(御來臨) 진력(盡力)하야쥬심을 봉사(奉謝)하오며 일일(一一) 배진(拜進)하옴이 가하오나 홀망(忽忙) 중이옴으로 약례(略禮)이오나 지상(紙上)으로써 사례하옵나이다.
경성부 관철동 우미관

매일 24.05.23 (3) 고압전기의 인화로 활동「필림」 폭발 / 뎐긔를 가리우는 운모를 이져바리고 영사하다가
직작 이십일일 오후 두시 반경에 부내 관텰동(貫鐵洞) 팔십구 번디 활동ㅅ진 상셜관 우미관(優美舘) 긔계실로브터 불이 일어나셔 순간에 그 집 한 칸가 젼소되고 늠늠흔 불길은 스면으로 퍼져셔 린가로 셩히 련소되는 즁이라흠은 작지에 임의 보도흔 바어니와 이졔 자셰한 ㅅ실을 드른 즉, 그 쌔 우미관 기ㅅ 횡미수웅(橫尾秀雄)(二三)과 동 기ㅅ 견습 리뢰용(李瀨容)(二四) 두 명이 활동ㅅ진을
시사하는 즁에 뎐긔를 늬여보늬는 「렌스」의 운모(雲母)로 만든 쭈껑을 이져바리고 덥지 못흔 째문에 고압뎐긔(高壓電氣)가 「필림」에 직졉 빗치여 불이는 것인대 활동사진에 사용하는 고압 뎐긔는 둑겁기가 륙푼 가량되는 목판이라도 이분 동안이면 젼부 틔여 업시할만한 열도가 잇고 「필림」을 만든 「셰로이도」[59]는 불이 당기면 스면으로 그 원톄의 오비 가량 되는 불뎡어리로 되야 밍렬흔 화력을 굿세게 발휘하는 셩질이 잇는 째문에 일대 폭셩이 나는 동시에 몽롱흔 연긔와 흉흉흔 불길이
뎐경으로 붓해 올으기 시작하야 동 오후 세시에 우미관 셔양식 목조 이층 와가 건평 일빅 삼평되는 집 한 칸를 젼소하고 그 엽헤잇는 두남(斗南) 리발소와 태셕균(太錫均) 씨의 치과의원과 텰남(鐵南) 지물상뎜을 젼소하고 그 외 죠병창(曺秉昌)의 만년필 상뎜과 홍범섭(洪範燮)의 자긔 상뎜의 약간 식을 태우고 소방대의 필사뎍 진력으로 동 오후 셰시 수십분에 겨우 진화하얏더라.

불쏭으로 각처에 발화 / 즉시 진화
우미관으로부터 붓기 시작한 불이 불과 흔 시간 동안에 이층 집 세 칸를 젼소하고 불길이

---

59) 셀룰로이드.

스면으로 퍼지어 죵로통 이뎡목 일대에는 낫츨 내여노을 수 업스리만큼 불바다가 되얏고 이층 집에셔 붓허오르는 불쏭은 셩히 불어오르는 셔남풍에 나붓기여 그곳에셔 약 스, 오 뎡 가량되는 부늬

▲ 수은동 三三 함영덕(咸永德) ▲ *四 이창진(李昌鎭) ▲ 봉익동(鳳翼洞) 一一二 신승균 (申乘均) ▲ 동(同) 二二五 공가(空家), 동 一〇九 길원식(吉元植) 등 여러 스람의 초가 집웅 에 불틔가 썰어지여 한쩌번에 불이 나셔 흔참 야단을 하고 소방대의 민활흔 활동으로 즉 시 진화하얏다.

소년군도 출동 / 방화와 구조에 노력

빅쥬에 가쟝 번화흔 죵로통 이뎡목에 그와갓치 큰 불이 붓허오름으로 구경군은 스면팔방 으로 모혀드러셔 무려 수만 명에 달하야 대혼잡을 일으킴으로 소관 죵로셔를 위시하야 시 내 각 경찰셔와 헌병대에셔꾀지 츌동하야 비상션을 스면에 버리고 경계를 엄즁히 하얏스 며 소방대는 경셩과 룡산의 상비 소방대와 의용 소방대가 총 출동하고 보병대에셔 오십 여 명의 군대를 파병하야 진화에 로력ᄒ얏스며 더욱이 긔독교 소년군(基督敎 少年軍), 대 화(大華) 소년군, 협셩(協成) 소년군, 됴션 소년군에셔도 각히 구죠단을 죠직하야 츌동하고 됴텰호(趙喆鎬) 씨의 인솔한 즁앙(中央) 고등보통학교 오학년싱 젼부도 현쟝에 달녀와셔 진화와 구죠에 로력하얏더라.

명화(名畵) 소실 / 오바, 듸, 힐도 소실이 되얏다.

우미관 화지에 그 젼날 밤꾀지 그곳에셔 영사하야 공젼의 대환영을 밧던 셰계명화(名畵) 『오바—듸, 힐』의 「쮤림」을 위시하야 유명한 「쮤림」 다수가 소실되얏다더라.

관계자 취조즁 / 죵로셔에셔

우미관 화지의 실화된 칙임자로 젼긔 우미관 기사 횡미수웅과 리뢰용 두 명은 죵로셔에셔 취됴하는 즁이며 그밧게 관계자 다슈를 불너다가 사실을 됴스하는 즁이라더라.

손해액 십오만 원 / 자상한 건은 목하 됴사 즁

우미관 화지의 원인은 별항과 긔지와 갓치 실화로 판명되얏스느 손해 뎡도는 아직 됴스하 는 즁이므로 자셰히 알 수 업스나 대략 십오만 원 이상은 지늘 것이 확실한 즁 젼긔와 갓 치 유명한 「쮤림」이 타젓슴으로 그 대금을 지불케 되면 그것도 젹지 안은 금익에 달하리라 하며 더욱이 이번에 타진 집 즁에는 화지 보험에 든 것이 하나도 업다더라.

매일 24.05.23 (3) 학자마(學者馬) 출연 / 이십삼일브터 단셩사 안에셔

학즈마(學者馬)가 한번 경셩에 온 후 인긔라는 인긔가 모다 쓸키 시작하야 누구던지 이를 보고져 하는* 시니 단셩사(團成社)에셔는 본스의 후원(後援)으로 이 학즈마의 묘긔(妙技)를 이십삼일브터 스흘동안 낫에는 학싱(學生)에 한하야 관람을 허락하고 야간(夜間)에만 일반에게 공긔하기로 하얏는대 이 말을 보히는 동시에 미국(米國)에 잇셔 활동빅우(活動俳優)로 유명한 「퀸」이라는 말이 출연하는 명화(名畵)『명마의 눈물(名馬의 涙)』과 희극(喜劇)『즈동목욕탕(自動沐浴湯)』까지 영스하야 명마(名馬) 판이 될 터이며 밤에는 보통과 갓치 다른 영화(映畵)도 상연홀 터이라는 바, 입장료(入場料)는 보통 째보다 각 등에 십 젼 식을 올녓스니 본지 란외(欄外)의 우대권(優待券)을 가지고 가는 이에게는 보통 입쟝료를 밧기로 하얏더라.

매일 24.05.23 (3) 〈광고〉

이십이일 오후 이왕(李王) 전하 대람(臺覽)

섭정궁(攝政宮) 전하, 각 황족 전하의 대람을 몽(蒙)하옵고 제국대학, 학습원, 육해군, 기타 각 학교로부터 다대한 어상찬(御賞讚)의 영광을 유(有)한

세계 중의 유일 필(匹)인

「일본호(號)」 당년 오세 학자마(學者馬) 내(來)함

▲ 능히 영자(英字)를 해(觧)하며 ▲ 세계 각국의 국가(國歌)를 지(知)한다

▲ 각국의 기(旗)를 식별하여 ▲ 각종의 색을 식별함

▲ 연, 월, 주, 일, 시를 지(知)하며 ▲ 세계 각국의 명사의 성명을 기억함

▲ 세계의 도시명을 지하며 ▲ 영문 다이푸라이다로 자기의 일홈을 인쇄한다

▲ 악기 쟈임스로 국가군지대(國歌君之代)를 주(奏)함

▲ 능히 세계 각국의 인종을 식별하고 ▲ 수학은 가, 감, 승, 제를 능히 함

▲ 우(右) 모다 관객 혹은 학생제군의 질문에 답함

이십삼일부터 황금관

이십삼일부터 삼일간 황금관 외에 야간에 한하야 시내 단셩사에셔도 공개함

주최 일본교육자료연구회

후원 경성일보사 매일신보사

조선 24.05.23 (2) 〈광고〉 근사(謹謝) 화재시 위문

화재시에 원근을 불구하시고 다수 내*(來*)하야 주심은 그 **함을 감히 지상(紙上)으로 써 표(表)하옵나이다

시내 관철동
우미관 근고(謹告)

조선 24.05.23 (3) 재작(再昨) 경성에 주야 화재로 / 관철동과 화천정(和泉町)에 육십만 원 손해 / 관텰동에는 우미관 외의 세 채를 태이고 / 화천뎡에는 정미소 두 집을 전부 태웟다

시내 관텰동(貫鐵洞)에 잇는 활동사진 상설관(常設舘)인 우미관(優美舘)이 전소를 당하얏다 함은 작일에 보도한 바어니와 이제 그 자세한 내용을 들은즉 작일 정오부터 십삼의 비밀(十三의 秘密)이라는 「필릐ㅁ」을 시험코자 하야 기슈는 업는 중에 죠기수(助技手) 리달용(李㺚容)과 횡미수웅(橫尾秀雄)이라는 두 사람이 시험하든 중 오후 셰시 삼십분경에 일으러 필릐ㅁ 한 장을 시험하고 「시위치」를 써야할 터인데 시위치를

쓰지안코 그대로 두엇슴으로 불이 필릐ㅁ에 붓기 시작하얏는데 그러할 경우에는 얼는 필릐ㅁ의 한 편을 손으로 잡어가지고 써야 할 것인데 원래 서투른 기수들임으로 엇절 줄을 모르고 왓다갓다할 제음에 불은 벌서 텬정에 부터 마츰내 그와 가티 되얏스며 계속하야 맹렬한 불길은 우미관을 전부 태이고 솔솔 부는 남풍을 싸라서 두남 리발관(斗南 理髮舘)과 철남 지뎜(鐵南 紙店)을 태엿는데 세 집에 대한 손해액은 대개 이십오만 원가량이라더라.

필림만 오천 원 / 일천오백척 소실 / 십삼의 비밀 다섯권 전소

전긔한 바와 가티 당일에 시험하든 사진은 「십삼의 비밀」이라는 유명한 사진인데 이 사진은 련숙사진으로[60] 총슈 다섯권에 일천오백척이나 되는 것인데 이 다섯권 대금은 대개 오천 원 가량이라더라.

위험한 비행(飛火) / 불타든 조희가 날녀 / 다섯 집을 놀닉엿다

우미관이 타고 계속하야 철남 지물포가 탈 째에 불부튼 죠희가 공중에 써셔 바람결을 싸라 간다는 것이 수은동(授恩洞)과 봉익동(鳳翼洞) 방면으로 가 마침 초가집에 가서 써러저서 다섯 집을 태이다가 곳 진화되야 다행히 큰일은 업스나 극히 복잡하얏든 째임으로 시민은 매우 흉흉하게 지내엿더라.

갱축(更築)은 문제 / 당국에서 고려 중 /그러케 복잡한 곳에 연극장을 둠은 위험

이에 대하야 전긔 우미관의 주인 시뎐삼대치(柴田三代治) 씨는 말하되 아즉 다른 데셔 계

---

60) '련속사진으로'의 오식으로 보임.

△ 13년간 시민의 구경장이었던 우미관이 화재로 탈 때

속할는지도 의문이오, 다시 건축을 하기는 곳 할 터이라고 하는데, 이에 대하야 죵로셔 금뢰(今瀨) 사법계 주임은 말하되 현재 거긔다가 연극장 둔다는 것은 죠곰 의문이외다. 원래는 십삼년간이나 유지하든 것임으로 그대로 두엇스나 이계부터는 다시 건축하는 것을 허가하여야 할는지 의문이라고 하더라.

(이하 기사 생략)

조선 24.05.23 (3) 소년군(少年君)의 노력 / 화재 중에 출동하야 로유를 구원하얏다

재작일 오후 셰시 삼십분경에 관텰동에 잇는 우미관이 전소되얏다 함은 전긔한 바와 갓거니와 당시에 시내에 잇는 각 소년군단톄에서는 이십 명이 출동하야 로인과 어린이 구원에 노력하얏다더라.

조선 24.05.23 (3) [잔소리]

▲ 재작일에는 종로 우미관에셔 불이 나고 쏘 그날 져녁에는 셔대문 밧 정미소에셔 불이 나서 두 군대의 손해가 륙십만 원이나 된다고 ▲ 과천 관악산에 잇는 불귀신(火鬼)이 새로 지은 경복궁에 탐을 내여서 경성에 불이 자죠 난다 하야 「해태」를 해 셰웟는데 그것을 다른 데로 옴기ㅅ 째문에 불이 자죠 난다고 쏙 졍말로 밋는 사람이 이 셰상에도 잇다 ▲ 묘디 규측의 개정과 무당이 경성 바닥에서 장구를 치며 푸닥거리를 하게 하야 인심엇기에

골몰하는 문화총독이 「해태」를 다시 쓰러다가 세윗스면 묘할 듯 ▲ 반찬통에 모래를 너허 팔어먹고 큰 부자가 되야 남작까지 된 일본의 대창(大倉) 씨는 이번 팔십(八十) 잔채를 하라고 오만삼천 원을 들이여 중국배우 매란방(梅蘭芳)을 다려다가 써ㅇ까거리며 놀 터이라는가. 벌기도 못되게 벌고 쓰기도 못되게 쓴다.

조선 24.05.23 (4) 위생선전 활사(活寫)

충남도청 경찰부 위생과원이 거(去) 십팔일 당진에 출장하야 동일(同日) 오후 칠시부터 공립보통학교 교실 내에서 위생선전의 활동사진을 영사한 바 장소가 협착하야 관람자의 불편이 잇섯슴으로 기(其) 익일은 동 학교 전(前) 광장에서 설막(設幕) 영사한 바 남녀노소 천여 명의 관람자가 잇셔 공전의 성황을 성(成)하얏더라. (당진)

조선 24.05.23 (4) 〈광고〉

동아일보 5월 21일자 단성사 광고와 동일

동아 24.05.24 (3) 〈광고〉

당 오월 입(卄)오일(일요)부터 (삼일간) 유사 날
신사진 전부 차환
유사 특작
대활극 **독립독보(獨立獨步)** 전오권
유사 특별 제공
연화(戀話) **청춘의 혈석(血汐)** 전오권
파나마운트사 대작 명화
문예극 **명일(明日)의 운명** 전칠권
＝예고＝
근일 공개 명화
세계적대명화 **세계의 심(心)** 전십삼권
륙월 일일 낫부터 공개 대연속
대연속 **십팔일간 세계일주** 전십이편 이십사권
오월 이십팔일부터 공개 대연속
대연속 **절해의 낭(狼)** 전십오편 삼십권
유사 송죽 특약 **단성사**
전(電) 광(光) 구오구

조선 24.05.24 (2), 24.05.25 (1), 24.05.27 (1) 〈광고〉
동아일보 5월 24일자 단성사 광고와 동일

조선 24.05.24 (3) [연극과 활동]
이번 경성에 온 학자마(學者馬)는 작일부터 시내 단성사(團成社)에 와서 모든 재죠를 일반 관람객에게 보히여 줄 터이라는데 그 말은 아래와 가튼 기능이 잇다더라. (一) 능히 영어를 아는 것 (二) 셰계 각국 국가를 아는 것 (三) 각국 국긔를 아는 것 (四) 년월일시를 아는 것 (五) 셰계 각국 명사의 씨명을 아는 것 외에 여러 가지 재죠가 잇고 관객의 말을 대답하는 것 등 자미스러운 일이 만타더라.

조선 24.05.24 (4) 예술연구회
예술의 취미를 가진 엄주태(嚴柱泰) 군 외 일반 간부가 동인회를 조직하고 동래 범어사에서 무대 배경을 연구하던 중 거(去) 십칠일부터 부산 국제관에서 흥행을 시작하얏는데 일반의 환영이 유(有)하얏다더라. (부산)

조선 24.05.24 (4) 독자위안회
경성 신극좌 일행은 거(去) 십일일부터 함남(咸南) 단천읍(端川邑) 내 임득엽(林得葉) 씨의 정원에셔 극을 흥행하야 대환영을 득(得)한 바 제삼일은 신문지국 당국자들과 타합한 결과 조선일보 독자와 시대일보 독자를 위하야 『독자위안회』를 개하고 극을 흥행하얏는대 관중은 육백여 명에 달하야 대성황리에 폐회하얏더라. (단천)

동아 24.05.25 (3), 24.05.27 (3) 〈광고〉
5월 24일자 단성사 광고와 동일

동아 24.05.26 (3) 예술 현상(懸賞) 무답(舞踏) / 명일 청년회관에서
경성에 잇는 예술학원(藝術學院)에서는 명 이십칠일 오후 여덜뎜부터 서울구락부와 조선일보 후원으로 종로 중앙긔독교 청년회관에서 뎨일회 현상무도대회(懸賞舞踏[61] 大會)를 연다는데 입장료는 일 원, 오십 전, 삼십 전, 세 가지라고.

---

61) '무도'라고 한글로 읽고 한자 표기는 무답(舞踏)으로 표기되어 있음. 일본식 표기임.

조선 24.05.26 (3) 대구 부민의 오락장 / 만경관(萬鏡館)에서 본보 독자 우대 / 할인권에 경품을 부처 / 조선일보 독자를 우대

대구(大邱)에서 죠선 사람의 유일한 오락긔관(娛樂機關)으로 건설된 만경관(萬鏡館)의 극장은 그동안 여러 가지 난관을 돌파하야 대구 유지의 직력으로 지금은 상당한 디반에셔 비상한 활동을 하여 오는 바 요사이는 특별히 경품권을 발행하야 입장권을 가지고 들어가는 사람에게 일々히 션물로 여러 가지 물품을 증명하며 쏘한 영사하는 사진도 륙군 쌜이란 모험활극(冒險活劇)을 특별히 선택하야 일반 관중의 환심을 어더 밤마다 성황을 이루는데 본사 대구지국에서는 금번에 크게 확장하야 새로히 다수한 독자를 어덧슴으로 이 긔회를 타셔 본지 애독자에게 죠금이라도 위안을 주기 위하야 만경관과 교섭한 결과 오는 이십륙일부터 이틀 동안 경품권을 첨부하야 우대 할인권을 내여셔 죠선일보 독자에게 한하야 일졔히 배부하기로 되얏는데 그 할인권은 이십륙일과 이십칠일의 본지 가온대에 너허셔 독자에게 증여한다더라. (대구)

매일 24.05.27 (3) 단셩사의 학자마(學者馬) 흥행 연기

지난 이십삼일브터 시내 단셩사에 츌연 중인 학ᅐ마 일본호(日本號)는 츌연 전의 예측에 버셔나지 아니하고 인스긔가 굉장하야 날마다 비가 왓슴에 불구하고 련일 만장의 성황을 일우엇는대 쳐음에는 삼일간의 예뎡이엿스나 이 말이 이번의 츌연을 맛치면 다시 됴션에 나올 긔회가 업깃슴으로 다수한 관람 지원ᅐ의 요구를 무시하고 이대로 돌녀보님은 자못 유감이라하야 예뎡 일ᅐ에 잇틀을 연긔하야 금 이십칠일ᄭ지 공개하기로 결뎡하얏는 바, 료금은 젼과 갓고 본지 란외에 박아너흔 활인권을 버여가지고 오는 관긱에게 흔하야 특히 각등을 할인한다더라.

동아 24.05.28 (3) 「로쓰 - 까덴」 개원

조선호텔 「로쓰-까덴」은 래 륙월 일일부터 일반에게 개방하고 여흥으로는 례년과 갓치 활동사진을 영사하기 위하야 목하 필름 회사와 교섭 중이라고.

동아 24.05.28 (4) 〈광고〉

당 오월 입(廿)팔일(수요)부터 사일간 송죽 날

신사진 전부 차환

아로 영화

세계적대연속 **절해의 낭(狼)**

전십오편 삼십권 중 제일회 제일, 이, 삼편 육권

메도로 대영화

인생애화(哀話) **청춘아 영원히** 전육권

독일 메도로 대작품

탐정연속 **무두기수(無頭騎手)** 전이십편 사십권 중 제오회 전오권

＝예고＝

근일 공개 명화

세계적대명화 **세계의 심(心)** 전십삼권

륙월 일일 공개 대연속

대연속 **십팔일간 세계일주** 전십이편 이십사권

유사 송죽 특약 단성사

전(電) 광(光) 구오구

매일 24.05.28 (3) 세계적 명화 『절해의 낭(狼)』 / 이십팔일브터 시닉 단셩사에

학자마(學者馬)를 보닉인 단성사(團成社)에셔는 유명한 「후린시쓰 휘─드」(후레데릭크) 씨가 쥬연(主演)인 희양 대련속(海洋大連續)의 명화(名畵) 졀희의 낭(絶海의 狼)을 금 이십팔일 밤브터 상연(上演)하기로 하얏다는대 녯날의 명금(名金) 시대와 갓치 동씨의 장쾌한 활동을 보게 된 일반 「　」[62]의 인긔는 지금브터 자못 비등하는 즁이라더라.

조선 24.05.28 (1), 24.05.30 (1) 〈광고〉

동아일보 5월 28일자 단성사 광고와 동일

동아 24.05.29 (2), 24.05.30 (4) 〈광고〉

5월 28일자 단성사 광고와 동일

동아 24.05.29 (3) 파리 구제(駆除) 여행(勵行) / 륙월부터 넉 달 동안 한 달에 두 번식 선전

시내 동대문 경찰서에셔는 작년 녀름에 파리 구제를 여행한 결과 소화긔 전염병 환자(消化器 傳染病 患者)의 발생 수가 그전 해보다 반감이나 되얏다하야 금년 녀름에는 일층 더 여행할 방침으로 본월 이십삼일에 동서 관내 각 위생 조합장을 소집하야 여러 가지로 협의할 결과 아래와 가치 철저히 실행할 것을 결정하얏다는데

---

62) 「　」은 오식으로 들어간 것으로 보임.

파리 잡는 긔간은 륙, 칠, 팔, 구 사 개월 동안으로 파리를 잡는 선전일(宣傳日)은 매월 일일, 십오일 두번으로 한다하며 래 륙월 일일 밤에는 어의동(於義洞) 보통학교에서, 이일 밤에는 창신동(昌信洞) 보통학교에서 위생 활동사진을 개최한다고.

시대 24.05.29 (1) 민중극단 행연(行演)

우리 극계에 공헌이 만흔 민중극단(民衆劇團)은 오래동안 침묵을 직혀오다가 금 이십팔일 야부터 광무대(光武臺)를 빌어 흥행한다는데 그 각본은 근래 우리 화류계에 일어난 어선 참극을 각색한 것이라 한다.

시대 24.05.29 (4) 김해 / 청년 활사(活寫) 순회

김해청년회 활동사진부에서는 기보(旣報)함과 여(如)히 전선(全鮮) 각지에 순회 영사를 할 터이라는데 제일회 순회* 일정은 금 입(卅)오일에 김해예배당 내에서 영사를 시(始)하야 내월 십일까지 각지를 순회한다고.

동아 24.05.30 (2) 경의(京醫) 유린회(有隣會) / 위생활동 강연 / 륙월 칠일 / 경운동 텬도교당에서

경성 의학전문학교(京城醫學專門學校)의 졸업생과 재학생을 중심으로 조직된 유린회(有隣會)에서는 요사히 면염병도 류행하야 위생에 주의할 시긔임으로 그 회 강연부(講演部)의 사업으로 오는 륙월 칠일 시내 경운동 텬도교당(天道敎堂)에서 위생 강연(衛生 講演)을 하야 일반 위생 사상의 보급을 도모할 터이라는데 특히 위생에 관한 자미잇고 실익잇는 활동사진도 영사할 터이라 하며 그 회 음악부의 출연도 있어 여러 방면으로 일반의 취미와 실익에 만족하도록 할 터이라는데 연사와 연예는 아래와 가트며 좌석을 명돈하기 위하야 십 전의 입장료를 바들 모양이라더라.
의학과 법률과의 관계 박창훈(朴昌薰)
의학의 대세 이재택(李載澤)
결혼의 대결함 허참(許燦)
문명과 위생 김전식(金銓植)

시대 24.05.30 (4) [집회와 강연]

(단천(端川)) 연수회(硏修會) 총회

함남(咸南) 단천군에는 연수회가 창립 이래로 **낙막(落寞)한 단천사회에 직접 간접으로 *소(*少)한 *익(*益)을 끼첫는 바 거(去) 입(卅)일일 오후 오시에 제일회 정기총회를 동 회관 내에서 개(開)하고 임원 개선(改善)[63] 급(及) 회칙 개정이 잇슨 후 별(別) 사항에 입(入)하야 원유회, 음악대회, 정구, 축구, 야구대회, 환등회, 강연회, *회(*會) 등은 **개최하기로 결의하엿다고.

조선 24.05.30 (4) 연예협회 총회

해주(海州) 연예협회에서는 본월 이십오일 오후 팔시 반에 본회 사무소에서 제일회 정기총회를 개최하고 임시회장 최병한(崔丙漢) 씨 사회 하에 임원개선(改選)과 결의사항이 잇섯는대 결의사항 급(及) 임원 씨명은 여좌(如左)하더라.

一, 문예잡지 『효성』 발간의 건

一, 운동부 신설의 건

一, 회칙 개정의 건

회장 김달식(金達植), 연예부 간사 이명수(李明洙), 문예부 간사 여덕현(呂德鉉), 운동부 간사 김재현(金在賢), 회계 겸 서기 김덕기(金德基). (해주)

동아 24.05.31 (4) 〈광고〉

당 륙월 일일(일요)부터 유사 날

특별 대공개

유사 작품

실사 **국제시보** 전일권

유사 작품

대활극 **삼림의 왕자**(王者) 전이권

유사 특작품

애화(哀話) **금색의 교수대** 전오권

유사 특별 제공

연화(戀話) **청춘의 혈석**(血汐) 전오권

유사 공전의 대작품

세계적대연속 **십팔일간 세계일주** 전십이편 이십사권

제일회 제일, 제이편 사권 상장

=예고=

근일 공개 명화

---

63) 문맥상 '개선(改選)'의 오식으로 보임.

세계적대명화 **세계의 심(心)** 전십삼권

근일 공개 대명화

대명화 **사의 맹수수(死의 猛獸狩)** 전구권

유사 송죽 특약 **단성사**

전(電) 광(光) 구오구

매일 24.05.31 (4) 전염병 예방 영화

절기의 변함에 싸라 전염병 유행 시기가 다시 도라옴으로 차(此)를 예방 선전의 목적으로 충청남도 위생과에서는 위생 활동사진을 좌(左)의 일할(日割)로 대전에셔 영사홀 터이라더라. (대전)

칠월 칠일 대전, 팔일 산내면(山內面), 구일 신탄진, 십일일 유성(儒城)

시대 24.05.31 (1) 근화단(槿花團)의 연극 / 단오노리를 긔회로 / 우리 독자의 위안회

(인천) 그동안 약 일개월을 두고 밤낮으로 맹렬한 련습 중이던 인천 룡동권번(龍洞券番) 기생으로 조직된 근화극단(槿花劇團)은 오는 륙월 륙일 즉 음력 오월 단오를 긔회로 출연코 자한다는 바 음 오월 삼일부터 약 일주일간을 시내 빈정(濱町) 가무기좌에서 상연할 터인데 쓰트로 이삼일간은 특히 본보 독자(本報 讀者)를 위하야 위안회(慰安會)까지 여러주겟다는데. (이하 원문 파손)

조선 24.05.31 (1) 〈광고〉

동아일보 5월 31일자 단성사 광고와 동일

6월

동아 24.06.01 (4), 24.06.02 (3), 24.06.03 (4) 〈광고〉
5월 31일자 단성사 광고와 동일

매일 24.06.01 (8) 부록기일(其一) 〈광고〉[64]
축 신축 낙성
경성부 무교정 구삼번지
한성권번
전화 광화문 이○삼번

경성부 관철동
활동사진 상설 우미관
전화 (광) 삼오구번

경성 창덕궁 입구
활동사진 영사 단성사
조선 구극 광무대

매일 24.06.02 (3) 인천에 학자마(學者馬) / 본사 지국(支局) 후원으로
본보 지상에 일즉이 소기한 바이며 창덕궁(昌德宮)에서 뎨일 먼져 리왕 뎐하(李王 殿下)와
동비뎐하(同妃 殿下)와 리강공 뎐하(李堈公 殿下) 동비 뎐하의 태람(台覽)의 영광을 어덧스
며 경성 일반 시민의 렬광덕 환영을 밧은 학자말(學者馬)은 삼일브터 수흘동안 인천 신뎡
(仁川 新町) 표관(瓢舘)에서 본사 인천 지국(本社 仁川 支局)의 후원으로 일반에게 공기흘
터인대 낫과 밤으로 눈호아 낫에는 각 학교 싱도에게만 흔하야 공기할 터이며 밤에는 일

---

64) 바로 아래 광고 원문에 '축 신축 낙성'이라고 표기되어 있음. 매일신보 건물 신축을 축하하는 것으로 보임.

반을 위하야 공기할 터인 바, 영리한 즘싱이 얼마나 인쳔 시민의 눈을 놀너일는지 지금부터 일반의 인스긔는 크게 비등한다더라.

매일 24.06.03 (3) 일일 입장 만 명 / 위생전 대성황
부닌 종로 오명목 권상쟝(勸商場) 안에 열린 위싱뎜람회(衛生展覽會)는 륙월 삼일브터 일반에게 공기 관람케 홀 작뎡이얏셧스나 일뎡을 변경하야 일일부터 일반의 관람을 허하얏는대, 이늘 오후 네시신지 하로 동안에 스쳔여 명의 입장자가 잇셧고 밤에는 어의동(於義洞) 공립보통학교에셔 위싱에 덕당한 활동샤진을 하얏는대 팔쳔오백 명의 관즁이 모히여 공전에 대성황을 이루엇더라.

시대 24.06.03 (1) 허가하고 제지 / 강명화의 사실극을
(대구) 강명화(康明花)의 자살한 사실은 아직까지 세상 사람의 긔억이 남어잇는 바, 부민극단(富民劇團) 일행이 이에 대한 실사극을 지난 삼십일 밤에 경졍 만경관(京町 萬鏡舘)이란 극장에서 흥행하게 되엇는데 대구로 말하면 이 사실의 주인공되는 장병쳔(張炳天) 씨의 고향인 고로 일반관람객은 더욱이 흥미를 가지고 정각 전부터 만 원을 일우웟는데 제일막(幕)을 무사히 마치고 제이막을 흥행하랴 할 째에 림장하얏든 경관은 불연히 중지명령을 내린 바 일반은 먼저 허가하야주고 내종에 다시 중지함이 무슨 다른 리유가 잇지 아닌가 의심한다고.

동아 24.06.04 (3) 파리 전람 성황 / 한 번 볼만하다
임의 보도한 경기도텽과 밋 경셩부텽의 공동 사업인 파리 전람회는 예정과 가치 지난 일일부터 종로 권상쟝에서 열엇는대 첫 날 입장자가 사쳔여 명이엿고 밤에는 어의동 공립보통학교에서 위생 활동사진회가 잇섯는대 관람자가 약 팔쳔여 명에 이르러 시절의 관계상 대성황을 이루엇스며 이후에도 아모조록 만히 관람하러 오기를 바란다고.
(사진은 뎐람회의 광졍)

동아 24.06.04 (3) 〈광고〉
당 륙월 사일(수요)부터 송죽 날
특별 대공개
독일 메도로사 대작품
대연속대탐정 **무두기수(無頭騎手)** 전편 중 최종편 사권 상장
마스톤사 대작 영화

맹우(猛優) 챠루쓰크라리- 씨 대역연

대탐정극 **최후의 일순(一瞬)** 전칠권

아로사 특작품

해양대연속 **절해의 낭(狼)**

전십오편 삽(卅)권 중 제이회 제사, 오, 육편 육권 상장

=예고=

근일 공개 대명화

대명화 **세계의 심(心)** 전십삼권

근일 유사 날 대명화

대명화 **사의 맹수수(死의 猛獸狩)** 전구권

유사 송죽 특약 **단성사**

전(電) 광(光) 구오구

매일 24.06.04 (3) 한남권번 연주 / 오늘부터 명치뎡에셔

시내 한남권번(漢南券番)에셔는 지난 달에 관텰동(貫鐵洞) 우미관(優美舘)에셔 연쥬회(演奏會)를 하랴 하얏셧스나 불의의 화지로 우미관이 전소한 후 지금신지 연긔되여왓는대, 다시 시내 명치뎡(明治町) 동쳑회사(東拓會社) 웁 가셜 흥힝장(興行場)에셔 금 사일 오후부터 일 쥬일 동안 계속 연쥬할 터이라더라.

시대 24.06.04 (1) 벌금 백 원에 / 우미관 화재 책임자에게 대한 판결

시내 관철동(貫鐵洞)에 잇는 우미관(優美舘) 화재의 책임자 리뢰용(李瀨容)의 공판이 재작 이일 경성지방법원 제＊호 법정에서 백(白)판사의 손에 열리엇다는 것은 임의 보도하엿거니와 직석에서 벌금 백 원의 판결언도가 잇섯다고 한다.

동아 24.06.05 (3), 24.06.06 (3), 24.06.07 (4) 〈광고〉

6월 4일자 단성사 광고와 동일

시대 24.06.05 (4) 평양 / 대전(大戰) 활사(活寫) 성황

평양장학회의 주최로 거(去) 이일부터 양일간 제일관(第一舘)에서 김시윤(金時允) 씨의 고국방문 ＊＊품인 구주대전(歐洲大戰) 실황 활사회를 개최한다 함은 기보(旣報)와 여(如)하거니와 이일 오후 이시부터는 신학교, 정진여학교, 숭의여학교, 삼성의숙(三聖義塾), 신흥학원, 숭실대학, 숭인(崇仁)학교, 동명학관, 숭덕학교, 숭실중학교 등 각 학교에서 일천삼백

의 학생이 입장하얏고 오후 팔시부터는 일반인사가 다수 관람하엿스며 삼일 오전 구시부터는 각 공립보통학교 학생 천여 명과 오후 이시부터는 광성(光成)고등보통학교, 광성보통학교, 숭실여학교 학생 천여 명이 입장하얏고 오후 팔시에는 또한 보통 관람자가 다수에 달하야 매우 성황을 일우엇다고.

매일 24.06.06 (3) 선극(鮮劇) 분규 화해 / 명의 환서(換書)에 조인 / 현금 오천 원을 황 씨에게 주고 극장과 흥힝권의 명의를 환셔

시내 인스동(仁寺洞) 됴션극쟝(朝鮮劇場)은 자본쥬 시퇴은츠랑(矢澤銀次郎) 씨와 영업쥬 황원균(黃元均) 씨 사이에 분쥥이 이러나셔 지는 삼월 이릭로 극쟝문을 다다 흥힝을 폐지하고 쌍방이 셔로 소송의 뎨긔하야왓셧는대 경성 시내의 유수한 극장을 이와갓치 오릭동안 놀니는 것도 젹지안이 유감되는 일이요, 또 쌍방이 셔로 양보치 안이하고 어대신지 분쥥만 이르키면 져간에 흥힝 폐지로 인하야 싱기는 손힉도 막대흘 것임으로 흥힝계의 몃 스람과 시퇴 씨 측의 소송 대리인 고교쟝지조(高橋章之助) 씨의 알선으로 지는 수일에 현금 오천 원을 황군에게 지불하고 삼 종로셔쟝(森 鐘路署長) 립회로 극쟝 명의와 및 흥힝권 등 일졀 명의를 시퇴 씨의 명의로 환셔하고 스건은 무스히 락착되얏다더라.

일개월 간을 무료로 대여(貸與) / 륙월 사일브터 칠월 오일신지

됴션극쟝이 분쥥이 이러는 것은 그 당시에 보도한 바와 갓치 극장 건축에 대흔 젼반 자본을 모다 시퇴 씨가 츌즈하고 허가를 맛튼 황 씨에게는 수익 즁 일부분의 리익을 쥬게하고 극장이 락성 후에는 일졀의 명의를 시퇴 씨의 명의로 환셔하기로 계약흔 것인대 그후 황군은 계약을 응종치 안이할 뿐 아니라 시퇴 씨를 속이고 다대한 금전을 스스로히 먹어바렷다 하야 시퇴 씨 측에셔는 소송을 뎨긔하얏스나 그 극장에 대한 흥힝권이 황군에게 잇슴으로 뎨일심에 픽소하고 분규만 거듭 이여온 것인대, 현직 황 씨도 사실상 부칙가 젹지 안이함으로 흥힝권에 대하야 얼마간 지불하는 것이 스리에 당연타하야 견긔와 갓치 현금 오천 원을 지불케하고 오는 칠월 오일신지 황 씨에게 무료로 극장을 빌니여 약 일긔월 동안 자유로 흥힝하게 한 것이라더라.

동아문화협회가 영구 인수 / 칠월 륙일브터 흥힝하랴 준비

황군과 됴션극쟝의 관계는 별항 보도흔 바와 갓치 오는 칠월 오일신지에 긔한이 신치깃슴으로 그 뒤는 시내 원남동(苑南洞) 동아문화협회(東亞文化協會)의 죠천중태랑(早川增太郎) 씨가 영원히 인수하야 가지고 오는 칠월 륙일브터 대대덕으로 흥힝을 긔시흘 예명으로 목하 졔반 준비에 분망 즁이라더라.

동아 24.06.07 (3) 토월회의 일주(一週) 기념 개연 / 십삼일부터 이십일간 / 인사동 조선극장에서

조선 연극계에 외로운 긔쌀을 들고 작년 이맘때 생겨난 토월회(土月會)는 극계(劇界)의 신진(新進)을 망라하야 종래 조선에서 흔히 보지 못하든 여러 가지 문예극(文藝劇)을 흥행하야 적막한 조선 극계에 이채를 내이엇스나 원래 엇던 부분 관중에게서는 지나치는 문예극을 하기 째문에 전후 륙, 칠회에 팔천여 원의 손해를 입엇스나 금년에는 일주년 긔념으로 오는 십삼일부터 이십일 동안 개연할 터인바, 오래 동안 문을 닷치엇든 조선극장(朝鮮劇場)을 열고 상연할 터인데, 각본은 서양 번역과 조선 것을 합하야 수십 가지를 흥행할 터이오, 그 중에 유명한 것은 『싼발짠』과 『칼멘』 등이며 좌석도 가족석(家族席)을 특별히 설비하고 관람권을 예매한다더라.

동아 24.06.07 (3) 여행 전람 개최 / 오일부터 구일까지 / 상품진열관 내에서

조선, 만주, 일본 급(及) 기타 해외 사정을 일반에 소개하야 해외 발전사상과 여행의 취미를 보급시킬 목적 하에 부산일보 경성지사의 주최와 경성상업회의소, 만철(滿鐵) 경성철도국, 조선해업회(海業會), 조선철도협회의 후원으로 총독부의 찬조를 어더서 여행 전람회를 개최하는데 회장은 시내 영락정(永樂町)에 잇는 상품진열관이오, 기일(期日)은 거(去) 오일부터 내(來) 구일까지라 하며 출품물의 내용은 기선, 철도, 전차, 화양(和洋)여관, 여행에 관계잇는 회사, 상품, 단체 등의 출품으로 회화, 사진 기형(機型) 내지 선자(扇子), 수건에까지 전부 총라한 것이라고.

매일 24.06.07 (3) 아동 교육을 위하야 / 순회 활동사진반을 조직 계획 / 필림 세젼을 썩기 위하야 미 명 관람료 오 전식으로

경성부(京城府) 스회과(社會課)에서는 부내의 아동 학싱(學生)을 위하야 소학아동 전문영화(映畵) 상설관(常設館)을 설립코져 계획하야 십삼년도 예산에 계상하얏다가 부결되얏슴으로 그후 부내 각 소학교장회에서도 각 도시에 잇는 아동관(兒童舘)의 시설 경영 방면에 대하야 연구 됴스한 결과 순회 활동스진반(巡廻 活動寫眞班)을 됴직하게 되야 목하 구톄안에 대하야 연구중이라 흔다. 그러나 이의 실현이 조금 곤란한 것은 상영 활동영화의 비급(配給)과 관람료(觀覽料)의 문톄인대, 리상안(理想案)으로는 교육을 보익할 우량한 영화를 션틱하야 무료로써 관람케 함인대, 이는 직원이 업슴으로 영화를 비는 료금의 실비를 징슈하야 흔 사람에게 오 젼 가량을 관람료로 밧게 될 것 갓다는대, 동경(東京)에셔 벌셔브터 영업관으로 아동 젼문의 영화를 상영하는 곳이 잇스며 대판(大阪)에셔는 소학교 영화 련밍(小學校 映畵聯盟)이 잇셔 상당한 효과를 엇더다고 하더라.

167

매일 24.06.07 (3) 토월회의 기념 흥행 / 십삼일부터

신극운동(新劇運動)의 션구(先驅) 토월회(土月會)에셔는 창립 일쥬년 긔념(創立 一周年 紀念)을 겸하야 오는 십삼일 밤브터 이십일 동안 시내 인사동(仁寺洞) 됴션극장(朝鮮劇場)에셔 대대덕으로 흥힝(興行)홀 터이라는대, 이번에는 일층 각본(脚本)의 션퇵(選擇)과 빅경(背景), 기릉(技能) 등에 힘을 드려 공젼(空前)의 긔록(記錄)을 짓고자한다 하며 각본은『짠발짠』,『칼멘』등의 명작(名作)만 삼십여 죵으로 이틀에 한가지식 교환홀 터인 바, 특히 긱셕(客席) 등에도 힘을 드려 가족셕(家族席)을 특셜하는 외에 예민권(豫賣券)싯지 발민할 터이라 하며 동회에셔는 더욱이 오릿동안 분규 즁에 잇던 됴션극장을 즁지 알션(仲裁 幹旋)하야 이졔 닷토는 쌍방으로 타협케흔 동시 폐쇄의 비운에 잠겨잇든 동 극장으로 다시 부활케 하얏다더라.

시대 24.06.07 (1) 독자 위안회 / 근화(槿花)극단 출연 / 자못 대성황을 일울 듯

(인천) 본보 인천지국(本報 仁川支局)에서 일반독자를 위하야 무엇이든지 긔회 잇는 대로 편의를 도모하는 동시에 다소간이라도 본보 사랑하시는 마음을 보답하고져 항상 마음에 새겨두고 잇든 바 금번 인천 기생으로 조직된 인천 근화극단(仁川 槿花劇團)이 오월 단오를 리용하야 부내 가무기좌(歌舞伎座)에서 신파연극을 하는 긔회를 어더 여러 독자에게 일시의 위안이나 들일가 하고 특히 독자위안회(讀者慰安會)를 열 터인 바 동 근화극단은 처음으로 생겻스나 그 기술이 실로 감탄할 만하며 특히 본보 독자를 위하야 특별한 활인으로 여러분에 공개하겟다는데 독자 여러분은 만이 찬성하기를 바라며 쏘한 신문지상에 잇는 시대독자(時代讀者) 우대권(優待券)을 비여 가지고 가면 특별한 대우를 한다고 한다.

시대 24.06.07 (1) 토월회 창립기념 흥행 / 오는 십삼일부터 / 새 예제를 가지고

시내 관수동 토월회(觀水洞 土月會)는 창립한지 일주년이 되얏는 고로 이것을 긔념하기 위하야 오는 십삼일부터 오래동안 닷어두엇든 조선극장(朝鮮劇場)을 열고 이십일 동안을 이틀에 한 번식 예제를 갈기로 조선 예제와 서양 예제 삼십여 가지를 준비하고 요사히 전심 전력하야 무대장치며 배우연습을 하는 중인 바 예제 중에는 새로운 것도 만흘 터이며 관람자들의 편의를 도모하기 위하야 가족석과 예약석을 준비할 터이라 한다.

동아 24.06.08 (4) 〈광고〉

당 륙월 팔일(일요)부터 유사 날
신사진 전부 차환
유사 대작품

대활극 **협골(俠骨)남아** 전육권

유사 특작 취엘 대명화

인생애화(哀話) **육(肉)에 주린 야수** 전육권

유사 공전의 대명화

세계적대연속 **십팔일간 세계일주**

전십이편 이십사권 중 제이회 제삼편, 제사편 사권

당 륙월 이십일일 공개 대명화

세계적대명화 **세계의 심(心)** 전십삼권

근일 공개 대명화

대명화 **사의 맹수수(死의 猛獸狩)** 전구권

유사 송죽 특약 **단성사**

전(電) 광(光) 구오구

매일 24.06.08 (3) [영화계]

상연시일 육월 팔일

상연장소 시내 단성사

『십팔일간 세계일주』

데삼편 파리의 무뢰한(巴里의 無賴漢). 쏘−도를 들에 내인 「휘−리아쓰」 일힝은 잠수뎡의 구조를 밧어 불국의 파리에 무스히 도착하야 파리의 주주 「탈셰−」의 위임상을 웃엇스나 디하(地下)에 큰 홍슈가 분류(噴流)하는 째문에 위경에 쌔젓스며 출발한 후 이일 사시간 오십분이더라.

데스편 「몬테카−로」에셔 은힝에 타격을 쥬엇다. 파리에셔 큰 수지를 간신히 피한 「휘리아쓰」 일힝은 다음 주주 「셰쌱링」이 스는 「몬테카−로」로 향하얏스나 「데쓰레페−야」는 그를 추적하야 여러 가지 박해를 시험하얏다.

『협골(俠骨)남아』 전육권

「시에−부쓰, 하린톤, 코−트」라 하는 악흔은 어느늘 엇던 집에 드러갓다가 그곳에서 잡히엇스나 그 증인은 도로혀 「푸엘마」라는 쳐녀와 결혼하기를 강청하얏는대 그 쳐녀는 원리 주인과 결혼하랴 하얏느느 다른 련인의 남자가 잇다 하기로 그와 결혼시키랴 하던 것이 잘못되여 「코−트」와 결혼하게 되얏스며 그후 「코−트」는 회기하야 원만한 싱활을 하는 중에 쏘 호사다마로 「테키테쓰」 쟝님 악한 「런*로」 하야 두 사람 스이에 큰 파란을 일으키였다.

『추방』 전육권

「켓탓키—」라는 깁슨 산골에 슐을 밀죠하는 「토리라—」의 집이 잇섯는대 그 집에 고용하는 「엣씨—」라는 쳐녀 하나를 가지고 형뎨가 셔로 결혼하랴고 닷호는대 그 부친은 형의 편이 되고 그 모친은 아오의 편이 되야 셔로 원조하다가 그 모친은 슐 밀죠하는 것을 셰무 관리에게 밀고하야 그 형 편의 악한 일을 일소케 하고 아오의 편이 승리하야 광영흔 싱활을 계속하얏다.

동아 24.06.09 (2) 위생 강연 성황

경성의학전문학교 졸업생과 재학생을 중심으로 조직된 유린회(有隣會) 주최의 위생 강연회는 재작일 밤 여덜시 반경부터 경운동 텬도교당 안에서 반도(飯島) 교수의 개회사로 시작되야 순서대로 차례차례 각 연사의 강연이 잇슨 후 류창한 독창과 「바이올린」 연주 등으로 흥치를 도웁고 나죵에는 활동사진이 열리엇는데 숭엄한 금강산의 실경과 우아한 일본의 일광 경치를 빗최여 관중의

△ 위생전람회

흥치를 이르키고 열한시 반경에 폐회하얏다. 위생 강연 가튼 것은 조선에 드문 일이며 싸라 그리 일반의 흥미를 쓸지 안을 줄 알엇스나 의외에 륙백 명 가량의 청중이 물밀듯 모혀드러 자못 성황을 이루엇스며 녀자 청중이 이백 명이 된 것을 보면 조선 사람이 얼마나 위생에 대한 자각이 늘어가는지를 알 수 잇다.

동아 24.06.09 (3) 〈광고〉

6월 8일자 단성사 광고와 동일

매일 24.06.09 (3) 인천에 위생전 / 십수일브터 삼일간

경성에 열니엇던 위싱뎐람회(衛生展覽會)를 인천에 옴기어서 위싱에 대하야 대대뎍으로 션뎐코자 인천부와 인천경찰셔에서 교섭*이던 바, 십사일브터 삼일 동안에 긔최키로 결뎡되얏슴으로 방금 준비 즁인대, 쟝소는 아즉 결뎡치 못하얏스나 공회당(公會堂)이 될듯하며 밤에는 동공원(東公園)에셔 위싱뎐람 활동사진과 연극도 할 터이라더라. (인천)

시대 24.06.09 (4) 대구 / 활동사진 흥행
대구부 남산정(南山町) 진흥회에서는 고통생활에 싸저잇는 동 정민을 위안키 위하야 금 구일 하오 팔시부터 동 사무실 전교(前郊)에서 활동사진을 흥행한다고.

동아 24.06.10 (1) 적화극(赤化劇) 흥행을 금지 / 수향(受饗) 경관 오 명 면직
재만(在滿) 적파(赤派)가 중국 관헌 영합책(迎合策)에 부심(腐心)한 것은 기보(旣報)한 바와 가트나 오월 이십사일 야(夜) 만주리(里) 구락부에서 「꼴모프」 각본 적화극을 흥행하야 노선인(露鮮人) 다수의 입장이 잇섯다. 임검의 중국 경관은 오 명이엿는데 적화 「메스트콤」 간부는 밀(密)히 경관을 향응하야 기(其) 환심을 매(買)하엿는데 중국 호로군(護露軍) 파견의 밀정 이 명이 차(此)를 발견하고 직(直)히 연극을 중지식히고 간부 사 명을 체포하야 합시(哈市)로 호송하고 오 명의 경관은 면직되엿더라. (합이빈(哈爾賓)⁶⁵⁾ 전(電))

시대 24.06.10 (1) 배일! 배미! / 오는 게 잇슴에 가는 것 / 피차에 자미롭지 못해
미국에서는 일본사람 이민을 드리지 안키로 하야 칠월 일일브터는 법률로써 시행하게 된 것은 일본으로 보아서 그처럼 랑패되는 일이 업슬 것이다. 말하면 붓그러운 일이오, 또 분하기도 할 일이다. 그리하야 일본으로 도라와 잇든 미국에 사는 일본 사람들은 이 달 안으로 미국에까지 도착하기로 아우성을 처가며 급히 급히 미국으로 가노라고 법석이 이러나는 한편에 미국 배일을 분히 녁여 자살하는 사람도 작구 작구 생기는 판이다. 이런 것을 볼 째에 요지음 일본 사람의 일반 심정이 어써해지는 것을 가만히 짐작하게 되는 동시에 사실로 미국을 배척하는 긔분이 점점 자라가는 형편이다. 애픔 대픔 장차 어써케 될는지 지금 일본에서 생기는 미국 배척은 이러하다.

미국물건 배척 / 귀금속 장사가 대랑패
일본의 미국 배척은 날로 심하야 가서 「미국 물건은 사쓰지 말자」는 동맹까지 이러나서 도처에서 야단인 모양인데 이왕부터 조타 조타하든 미국의 「무엘삼」시계까지도 사는 사람이 업서서 「서서」시계가 그 대신으로 되는 형편이오. 이 까닭에 귀금속 장사들은 대랑패이라 한다.

장정패의 야료 / 제국호텔 「무도회」에서 / 부어라! 쳐라! 아메리카를!
일은 지나간 7일 밤에 생긴 일이다. 동경 「제국호텔」에는 일본 사람과 외국 사람이 모히어

---

65) 하얼빈.

「무도회」가 열니인 판에 별안간 고함을 질너 ─ 「이─ *착하고 더러운 짓으로 우리 무사도(武士道)를 업수히 녁이지 마러라. 그만 두어라」 꾸지즈며 장사패 삼십여 명이 쒸어드러 「부워라, 쳐라, 아메리카를!」하고 군가처럼 소레를 질으고 장내를 소란케 하야 일시는 비상히 소동이 이러낫섯는데 어썬 일본 사람으로부터 간신히 좌우에게 말하야 그 자들은 개선가를 부르고 도라갓다.

▲ 이 일은 곳 구미 각국에 전보가 가게되어 발서 소문이 랑자하게 되엇는데, 미국에서는 이 일에 대하야 크게 분개하는 터임으로 그 곳에 잇는 일본 사람들은 혹시 저의에게 어썬 일이 생기지나 안흘가 하야 심히 념려하는 중이며 일본에 대하야 「결코 그러한 폭행을 하여서 큰일에 그릇침이 업게 하라」고 청원까지 한다고 하는 터이다.

▲ 이 일 생긴 후 이 뒤로는 일본 사람이나 외국 사람이나 물론하고 제국호텔에서는 「짠스」를 하지 못하게 금지하기로 하엿다.

활동사진 배척 / 미국 「필림」을 사오지 안키는 물론 / 놀리지도 못해

일본의 미국 배척은 점점 느러나가는데 인제는 미국의 활동사진까지 배척하기로 하야 활동사진회사들은 팔월에 총회를 여러 가지고 「미국의 활동사진을 사드리거나 비러오지 못하고 또 놀니지도 말자」는 결의를 하엿는데 이것은 미국에서 일본 이민을 밧지 안키를 시작할 칠월 일일부터 시행하기로 하엿다.

시대 24.06.10 (1) 성황인 인천 독자 위안 / 공전의 대환영을 바더

(인천) 긔보와 가티 지난 칠, 팔 량일을 두고 본사 인천지국 독자위안회(仁川支局 讀者慰安會)는 인천 가무기좌(歌舞伎座)에서 근화극단(槿花劇團) 일동의 특별흥행으로 성대히 열리엇슨는데 정각부터 일반 독자와 기타 관객은 우, 아래층에 입추의 여지가 업시 만원의 성황을 날우엇슨는 바 예제는 류행극의 하나로 유명한 장한몽(長恨夢)을 상연하엿는데 단원의 열심로력으로 최근의 드문 성황을 닐우운 후 본사 특파원 정수일(鄭秀日) 군의 본사 내용과 및 지국 내용 소개가 잇섯스며 창가 한 마대로 여흥의 씃을 마친 후 동흥루에서 근화극단과 지국 일동의 간친회가 잇섯다.

시대 24.06.10 (1) 조선극장 개관 / 한 달 동안만 황 씨가 경영

시내 인사동 조선극장(仁寺洞 朝鮮劇場)은 그의 창설자인 일본사람 시택(矢澤) 씨와 황원균(黃元均) 씨 등 두 사람의 권리에 대한 분쟁으로 말미암아 오래동안 문을 닷어든 바 재작 팔일 밤부터 량방의 화해로 다시 개관되엇는데 그 화해한 내용을 듯건대 이로부터 더욱 소송을 하는 동시에는 쏘다시 오륙 개월 동안은 열지 못하야 량방의 손해는 더욱 만허

날 모양이며 사람도 공연히 시달닐 지경이라 량방의 변호사가 중간에 들어서 시택 씨는 황원균 씨에게 현금 오천 원과 한 달 동안 무료로 빌려주기로 한 후 화해되엇슴으로 래월 칠일까지는 황원균 씨가 전권을 맛허 처리하게 되엇스며 그 후로는 시택 씨에게로 량도하게 된 것이라 한다.

시대 24.06.10 (4) [집회와 강연]

(강계) 자혜병원 낙성식

평안북도 강계 자혜병원은 오천삼백여 평의 기지 우에 이십일만 구천여 원의 거액을 투(投)하야 기공한지 일년 육개월에 *려(*麗)한 *석(*石) 사층옥이 근일에 *공되어 거(去)이일 오전에 성대한 낙성식을 거행하고 연(連) 삼일간은 당원(當院) 간호부의 무도대회와 강계 기생권번의 가극과 위생상 필요한 활동사진을 영사하야 대성황을 닐우엇다고.

동아 24.06.10 (1) 미제 영화 / 불매 동맹

배일안(排日案)에 분개한 금일에 각 활동사진 촬영소와 활동사진관으로써 미국제 영화 배척의 투서가 빈빈(頻頻)히 들어와서 영업자들도 고려하는 중인데 제국호텔로 들어온 대행사(大行社) 일파가 금야(今夜) 송죽, 일활 양 회사에서 미국 영화의 상영 금지의 강(强) 담판을 한 사(事)가 동기가 되야 팔일 정오부터 송죽 본사로 근안(根岸) 일활, 제(堤) 송죽, 광전(廣田) 제국키네마 등 각 활영회사의 중역이 집합하야 의견을 교환한 결과 좌와 여(如)한 결의를 하엿다.

一, 미국 영화의 매입 쏘는 차입을 하지 안을 것

一, 미국 영화를 상영치 안을 것

차(此) 결의는 배일법의 실시되는 칠월 일일로 기하야 관동키네마계가 일제히 단행할 예정인 바, 내 십일 대판(大阪)에서 활동연합회를 개하고 근안, 제 양씨가 출석하야 관서 방면에서 미국물 상영 금지의 찬동을 구(求)케 되엿는데 차(此)에 취(就)하야 제(堤) 지배인은 어(語)하되,

흥행사계(社界)가 일제히 각 일치한 것은 제일 흥분에 의한 것이나 대정 십년경부터 일년의 수입액 사백만 원에 급(及)하야 일본 영화의 발전을 저지하는 것이다. 금번 불매 동맹에 가입한 이상 외국물 전문의 흥행가라도 일체을 포기하고 여사(如斯)한 태도를 취한 것이라 운운. (동경 전)

매일 24.06.10 (5) 각 회사가 결속하야 미국 영화를 배척 / 칠월 일일부터 실시키로 결의

최근 빈미(排米) 긔분이 졈차로 농후하야 감을 짤아 내디 각쳐에셔는 미국제 영화(米國製映畵)를 비쳑하는 소리가 놉하옴으로 활동스진에 관계잇는 각 회스는 직작 팔일에 송쥭합명회사(松竹合名會社) 안에 총회를 열고

一, 미국셔 만든 활동스진 필림은 사드리거나 비러드리지 못할 일

一, 미국셔 만든 활동스진은 일졀 상연치 아니할 일

등을 뎨의하야 오는 칠월 일일브터 관동디방(關東地方)에셔 일졔히 실시하기로 결뎡하고 금십일에 대판(大阪)에셔 긔최되는 관셔렵합협회(關西聯合協會)의 찬셩을 구홀 작뎡이라더라. (동경 뎐)

동아 24.06.11 (2) 기생과 부랑자가 부호 자제 유인 / 필경 경찰서에

시내 청진동(淸進洞) 백이십 번디 일류 명창 심정순(沈正淳)의 짤 대정권번 기생 심매향(沈梅香)(一八)이란 기생과 훈정동(薰井洞) 구십구 번디 황린성(黃麟性)(二四) 두 사람은 수일 전부터 종로경찰서 사법계에서 취조를 밧는 중인데 그 내용을 들은 즉, 황린성은 본래 부랑자로 기생 심매향과 공모하여 가지고 시내 송현동(松峴洞) 오십칠 번디 엇던 부자의 아들 리상봉(一八)이를 쇠여셔 그 아버지의 돈 이천 원을 쓸어내가지고 심매향이와 관계를 맷게하고 매향에게 구십팔 원짜리나 되는 팔둑 금시계를 사서 주고 자긔도 보석 반지를 사며 료리를 먹는 등 벌서 오백 원이나 써버렷든 바, 이 일을 종로경찰서 형사가 탐지하고 이와가치 세 사람을 취조하는 것이라더라.

동아 24.06.11 (4) 〈광고〉

당 륙월 십일일(수요)브터 송쥭 날

신사진 특별 대공개

미국 뷔아루도사 대작품

국제적 미인 모리킹 양 대역연

연화(戀話) **산중처녀** 전오권

미국 메도로사 대명화

세계적 명우 론쨔-니 씨 역연

인생애화(哀話) **쾌남아 소야** 전팔권

미국 아로사 대명화

명우 총출연

해양대연속 **절해의 낭(狼)**

전십오편 삼십권 중 제칠, 팔, 구편 육권 상장

불일간 공개 대명화

세계적대명화 **세계의 심(心)** 전십삼권

송죽 유사 특약 **단성사**

전화 광화문 구오구번

매일 24.06.11 (4) 〈광고〉

동아일보 6월 8일자 단성사 광고와 동일

시대 24.06.11 (1) 영화를 배척하면 폐점할 다름 / 「파」사 지점 지배인 담

(신호[66]전보) 미국에서 일본을 배척함에 대하야 일본 사람도 미국 사람을 배척하는 의미로 일본에 수입되는 미국 활동사진을 쓰지 안키로 결의하엿다 함은 작보에 보도한 바와 갓거니와 만일 그것이 실행되는 째에는 막대한 자본을 던져서 미국 활동사진 수입을 전문으로 하는 신호의 「파라마운트」 「유나이테드」 「횟스타」 등 여러 회사의 일본 지사와 밋 일본 영화회사들은 문을 닷지 안으면 안될 터임으로 각 사에서는 각 비밀히 그 선후책을 강구 중인데 그에 대하야 「파라마운트」 동양지배인 「풍크렌」 씨는 그에 대하야 다음과 가티 말하엿다.

배일문제로 일본의 활동사진 영업자가 미국 영화를 쓰지 안켓는 것은 동정합니다. 그리고 활동사진 배척이 오래 계속된다면 하는 수 업시 일본의 지점은 전부 문을 닷치고 미국으로 도라갈 예산으로 우리도 벌서 각오하고 잇습니다.

동아 24.06.12 (2) [휴지통]

▲ 재작일 밤 대정권반 기생들이 조선극장에서 온습회를 하엿는데 ▲ 전례대로 여러 가지를 해 가다가 가야금 차례가 되여 기생이 쑥 나와 안저서 가야금을 하기 시작하더니 조선의 명물인 붉은 테 두른 친구가 나와 번적하고 드러가더니 가야금 타든 기생들은 슬금슬금 드러가고 주인 편에서 『가야금은 순서에 안 든 것을 하여서 경찰이 금지식혓다고』 ▲ 관중 편에서 『야— 가야금도 치안 방해래서 금지를 식히느냐 관중을 무시하는 경찰의 횡포』라고 한참 야단 법석이 낫드라나. ▲ 이짜위 사소한 일에까지 경찰의 호기를 못 부리고는 직성이 못 풀리겟든가.

---

66) 일본의 고베.

동아 24.06.12 (4), 24.06.13 (4), 24.06.14 (4) 〈광고〉

6월 11일자 단성사 광고와 동일

매일 24.06.12 (3) [붓방아]

지작일 밤 됴션극쟝 대정권번 연주회에셔 관긱들이 가야금 병창을 지쳥하얏더니 쥬최자 측에셔는 당초 오늘 과정에 가야금을 허가맛지 못하얏다고 거절하며 림쟝한 경관도 손을 졀네ᄂ 허가맛지 못한 과정은 한 번은 하야도 관게치 안코 두 번은 못흔단 말인가. 그 즁 엇던 험구는 가야금 치안 방해냐고. 이약이가 낫스니 말이지 그 다음 희극 모양으로 신극 인지 짠극인지 하는 것은 참 망측괴악. 물나* 쥐나 물지 잡탕픠나 하는 기싱들이 극(劇) 이란 무엇이야 숑충이가 *닙을 먹으면 죽는 법인 쥴 몰으나. 일젼에 「시간」을 긔념한다고 여러 가지 션뎐이 잇셧슴은 조흔 일이나 션뎐만 하지 말고 실힝하기를 힘쎠셔 쳔금 갓흔 셰월을 허*치 마는 것이 조흘 듯.

매일 24.06.12 (3), 24.06.13 (4), 매일 24.06.14 (3) 〈광고〉

동아일보 6월 11일자 단성사 광고와 동일

시대 24.06.12 (4) 보령 / 위생선전 활사(活寫)

절기의 변함에 쌀하 전염병 유행 시기가 되어옴으로 충청남도 위생과에서는 위생주의 촉진에 대한 활동사진을 도내 각 군에 선전하는 중 칠일 본군에 도착하야 대천(大川)공립보통학교 운동장에서 대대적으로 영사한 바 관중이 무려 수천 인에 달하얏다고.

조선 24.06.12 (4) 〈광고〉

동아일보 6월 11일자 단성사 광고와 동일

동아 24.06.13 (3) 토월회 기념극 금일부터 개연 / 조선극장에서 개연

토월회 일주년 긔념 연극(土月會 一週年 紀念 演劇)은 금 십삼일부터 일개월 간 조선극장 (朝鮮劇場)에서 개연할 터인데 특히 보통 료금으로 첫날 개연을 아래와 가튼 연예로 개연 할터이라더라.
비극 이막
최후의 일순간 이막
사랑과 죽엄 일막
사랑과 죽엄은 일즉이 한 번 개연하야 매우 호평을 밧든 것이라더라.

동아 24.06.13 (3) 인천 위생 전람

경기도 위생과에서는 인천서(署) 급(及) 부(府)와 합동하야 위생전람회를 십사일부터 삼일간 산수정(山手町) 공회당에서 개(開)하고 일반에게 무료 관람케한다 하며 밤에는 팔판(八坂)공원에서 위생 활동사진을 영사한다고. (인천)

시대 24.06.13 (1) 토월회 기념 흥행 / 금야(今夜)부터 개연 / 조선극장에서 일개월 동안을 흥행키로

긔보한 바와 가티 토월회에(土月會)서는 동회 일주년 긔념 흥행으로 금 십삼일 밤부터 일개월 동안을 조선극장에서 여러 가지 자미스러운 예제로 흥행할터인 바 료금은 전과 갓흐며 첫날 예제는 비극 두 막과 최후의 일순간(最後 一瞬間)이라는 것 두 막과 일반 관남자에게 큰 호평으로 환영을 밧는 사랑과 죽엄이라는 것 한 막이라는데 관객의 편의를 도모하고자 좌석도 정돈되엇스며 무대와 출연자들도 일신하게 되엇다 한다.

시대 24.06.13 (4) [집회와 강연]

(대구) 활동사진 호황

대구 남산정(南山町) 진흥회에서 거(去) 구일에 동회(同會) 사무실 전(前) 교외(郊外)에서 활동사진을 흥행한다 함은 기보(既報)한 바어니와 당일은 강우로 인하야 거(去) 십일 야(夜)에 흥행하게 되엇는데 관중이 무려 이천여의 다수에 달하엿섯다고.

조선 24.06.13 (3) 토월 개막은 금일 / 죠선극장에셔

토월회(土月會)에서는 그 회의 창립일주년을 긔념키 위하야 금월 십삼일부터 일개월 동안 시내 인사동 죠선극장(朝鮮劇場)에셔 긔념흥행을 한다 함은 이미 보도한 바어니와 애극가 졔씨의 손을 곱아 기다리든 십삼일은 어느덧 당도하야 당일에 성황을 이루울 것도 물론이려니와 상장할 연예는 비극 두 막과 최후의 일순간(最後의 一瞬間)이라는 것 두 막과 『사랑과 죽엄』이라는 것 한 막이라는데 입장료금은 보통이라더라.

조선 24.06.13 (4) 교육 활동사진

경북 김천 금릉(金陵)청년회에셔 경영하는 김천유치원은 종래 물질의 고통을 수(受)하면셔 역전고투로 금일까지 계속하야오던 바 본월 칠일 오후 팔시에 김천좌에서 경상북도청 사회과에 **할 활동사진기를 차(借)하야 자선회를 개최하고 유치원 아동의 각종 유희와 고부(高富) 사회주사의 긴절한 설명으로 만장 갈채중에셔 폐회하얏는대 당일 입장인수는 사백여 인에 달하얏는대 차(此) 수입으로 유치원 기구 설비에 충용한다더라. (김천)

동아 24.06.14 (3) 인천 위생 전람

경기도 위생과, 인천경찰서, 인천부 주최로 위생전람회를 륙월 십사, 오, 육의 삼일간 공개하기로 결정한 동시에 위생과에서는 활동사진회를 개최하고 개기(開期) 중 오후 팔시부터 대신궁(大神宮) 경내에 무료로 영사할 터이라고. (인천 전화(電話))

조선 24.06.14 (4) 위생 선전 순회극

희천군(熙川郡)에서는 거(去) 오월 삼십일일 하오 구시부터 동 십이시까지 동 군 경찰서 주최로 당지(當地) 공립보통학교 정원에서 도청 위생선전 순회 활동사진극을 개(開)하얏는대 관람자가 천여 명에 달하얏다더라. (희천)

조선 24.06.14 (4) 저금선전 사진대

체신국 저금선전 활동사진대는 본월 사일 본군에 도착하야 오일 야(夜)에는 초대상에 응하는 인사로 육일에는 무료 관람을 허하얏는대 관람자가 천여 명에 달하얏스며 본군 평안자동차상회에서 지선(支線)이 잇는 곳에 다대(多大)한 편리를 주어 선전케 하얏다더라. (희천)

조선 24.06.14 (4) 저금 선전 활동사진

영변(寧邊)우편국에서는 저금* 선전하기 위하야 영변공립보통학교 강당 내에서 거(去) 삼일 오후 칠시에 활동사진을 개막하얏는대 티스*글 모와 태산되고 분전(分錢) 모와 쾌스돈 되고 하는 막이 열니자 관객수 천여 명의 환영리에* 폐회하얏다더라. (영변)

동아 24.06.15 (3) 〈사진 설명〉

극다운 극이 업는 조선 사회에서 모든 곤난을 무릅쓰고 당돌하게 나슨 토월회(土月會)는 과거 일년 동안 여러 가지 방면으로 수입 업는 위험을 바더왓슴을 불구하고 최후의 로력으로써 창설 일주년 긔념일을 당하야 쏘 다시 예륙 회의 공연을 조선극장에서 열게되니 사진은 재작일 밤부터 시작한 세 가지 연예 중 『최후일 일순간』 데일 막의 장면이다. 쑤준히 로력한 그들의 성의는 맛츰내 헛되지 안어 여러 가지로 모다 준비가 정돈되엿고 관중은 만원이 되어 대성황을 이루엇더라.

동아 24.06.15 (3) 〈광고〉

당 육월 십오일부터 유사 날
신사진 전부 차환
실사 **국제시보** 전일권

유사 특작품

활극 환희의 조(朝) 전이권

유사 특별 제공

연화(戀話) **황금의 농(籠)** 전칠권

유사 특작 대명화

세계적대연속 **십팔일간의 세계일주**

전십이편 이십사권 중 제삼회 제오, 제육편 사권 상장

예고

기다리고 기다리시든……

세계적대명화 **세계의 심(心)** 전십삼권

는 육월 이십일일브터 대공개하나이다.

송죽 유사 특약 **단성사**

전(電) 광(光) 구오구

매일 24.06.15 (5) 대전 위생 활사(活寫) 연기

육월 칠일브터 대전서(署) 관내에셔 개최홀 예정인 위생활동사진은 충남도 위생과의 사기(事機)에 의하야 연기되며 개최기(期)은 내 결정(來決定)이라더라.

매일 24.06.15 (7) 조선에도 배미열(排米熱)이 치열 / 미국 물품은 ᄉ지 말나고 션젼지를 젼신쥬에 붓쳐

빈일법안(排日法案)이 실시된 이후로 이에 대한 일본인의 반감은 급뇨로 식렬되야 미국에셔 민든 귀금속품(貴金屬品)과 활동ᄉ진(活動寫眞) 「필림」 등을 위시하야 심지어 화장품ᄭ지 비쳑하게 되야 전국뎐으로 빈미 긔분이 롱후하야 가는 터임으로 경셩(京城)에셔도 자못 쥬목하고 잇던 츠에 직작 십이일 밤에 경셩역을 즁심으로 삼아 시내 각쳐 뎐신쥬(電信柱)에 빈미 션뎐지(排米 宣傳紙)를 부친 자가 잇슴으로 시내 각 경찰셔에셔는 장ᄎ 이에 대한 션후칙을 목하 연구즁이라는대 이 션뎐지는 기리가 셋치 닷분, 넓히가 한치 닷분 가량되는 붉흔 조희에다 흰 글발로『미국 물품 사지 말나』고 기리[67]

매일 24.06.15 (7), 24.06.16 (3), 24.06.17 (4) 〈광고〉

동아일보 6월 15일자 단성사 광고와 동일

---

67) 그 다음 내용은 신문에 실리지 않음. 신문 편집 오류로 뒤의 내용이 잘린 것으로 보임.

시대 24.06.15 (1) 곡예단의 폭행(曲藝團의 暴行) / 광고 군악으로 인하야

(평양) 지난 십삼일 오후 세시경 평양부 본정(平壤府 本町)에서 목* 흥행 중인 일본인 곡예단(曲藝團) 단원 십오 명은 부내 수옥리(水玉里)에서 조선인의 경영인 제일관(第一舘)에 혼업하야 제일관원들과 말다툼을 하다가 결국 대결투가 생기어 량편에서 몽동이 바람이 닐어나고 피사비가 나리는 동시에 평양경찰서로부터 다수 경관이 출동하야 겨우 진압하엿는데 내용을 듯건대 전긔 제일관에서는 동일에 일주년 긔념으로

활동사진(活動寫眞)의 광고를 하기 위하야 자동차(自動車)에 악대(樂隊)를 실고 시내를 돌다가 곡예단의 흥행장소 압헤 니르러 일층 군악을 크게 불며 몃분간 머물럿든 *이얏다고 ** 곡예단에서는 자긔들을 무시한 것이라고 전긔와 가티 조치 못한 행동을 하다가 돌이어 제일관 관원들에게 창피한 꼴을 당하고 다라난 것이라 한다.

조선 24.06.15 (4) 〈광고〉

동아일보 6월 15일자 단성사 광고와 동일

동아 24.06.16 (3) [모임]

◇ 활동사진 대회 ◇ 중앙긔독교 청년회에서는 금번에 학술적(學術的) 사회 교육을 목덕하고 다음과 가튼 종목(種目)과 일시(日時)로 그 회관 내에서 활동사진 대회를 개최하리라는 대 입장료는 오십 전, 삼십 전, 학생에게는 이십 전이라고.

종목 사의 맹수수(死의 猛獸狩) (전구권)

희극 (이권) 실사 (일권)

일시 륙월 십육, 칠, 팔 삼일간

동아 24.06.16 (3), 24.06.17 (3) 〈광고〉

6월 15일자 단성사 광고와 동일

매일 24.06.16 (3) 봉축 영화 헌상(獻上) / 십오일에 슈옥 씨가 휴대 동상

황태자 전하 어성혼 대향연(大饗宴)에 대하야는 됴선 각디에서 성대히 봉축하얏는 바, 특히 오월 삼십일일에 경성에서 봉축한 광경을 활동사진 「필림」에 영사하야 궁너셩에 헌상하기로 하얏는대 작 십오일에 지등총독이 동상하는 편에 수옥(守屋) 셔무부장이 휴대하고 동상하얏더라.

동아 24.06.17 (1) 무도장 대공황 / 중지 위협 빈빈(頻頻)

제국 「호텔」의 검무(劍舞) 사건 이래 어느 「샌스홀」에서던지 전전긍긍할 차시(此時)에 십삼일 야(夜) 대판(大阪) 난파(難波) 신지(新地)에 재(在)한 「샌스홀」에 장사풍(壯士風)의 일 남자가 내방하야 주인에게 면회를 강요하야 배일 문제가 격렬한 차제에 「샌스」를 하는 것은 불가하니 명일부터 「홀」을 폐색(閉塞)고 「샌스」를 중지하라, 약(若) 계속하면 비상 수단으로써 방해하리라 위협하고 퇴거하엿는데 동업자는 대(大)히 공황중이라더라. (대판 전(電))

동아 24.06.17 (1) 일인(日人) 입장 거절 / 각 무도장에서

신호(神戶)에서는 대미 문제에 대하야 시민의 신경이 극도로 예민하야젓슴으로 매 토요일 야(夜) 무답회(舞踏會)로 개최하는 「오리엔타루 호텔」에서는 동경 제국「호텔」의 대행사원(大行社員) 난입사건에 감(鑑)하야 당분(當分) 「샌스」장에 일본인 입장을 사절하기로 하엿는데 동아「호텔」에서도 역시 일본인의 입장을 거절할 모양이더라. (대판 전)

매일 24.06.17 (3) 양극장 무료 공개 / 경성극장과 한남권번 연주회

본사에서는 성대한 락성 축하식이 잇는 한편으로 시내 수명(壽町)에 잇는 경성극장(京城劇場)과 명치명(明治町) 가설극장(假設劇場)의 한남권번(漢南券番) 기싱연쥬회(演奏會)를 시니의 본지 애독자에게 무료로 공기하야 깃붐잇는 이늘을 독자와 함쯰 질기기로 하얏는대 명치명 가설극장을 향하야 모혀든 관긱은 명각 열두시 전에 장내로 하여금 립추의 여디가 업시 하야 막(幕)이 열니고 과뎡이 갈닐 쌔마다 어엽분 기싱의 청가묘무(淸歌妙舞)에 심취흔 관즁은 오즉 열광의 박수와 갈치로 쟝내를 흔드러닉여 공젼한 대성황을 이루엇스며 이윽고 다시 흔남권번에서는 본샤 샤옥의 락성을 긔념키 위하야 십오일 밤부터 십칠일 밤식지 사일 동안 각등 반익으로 일반에게 공기하기로 하얏더라.

활동사진 촬영 / 오날 깃의을 영구 긔념키 위하야

본사에서는 이번 락성식(落成式)을 영구히 긔념하기 위하야 수옥(社屋) 부근의 당일의 광경과 식쟝(式場)의 성황의 모의뎜(模擬店)의 광경 등을 일일히 활동수진 필림에 영수하얏더라.

매일 24.06.17 (3) 토월회극 예제(藝題) 환차(換差) / 오날은 료금도 특히 보통으로

토월회(土月會)에서는 오늘 져녁브터 예뎨(藝題)를 가려셔 상연(上演)키로 하얏는대 뎨 이회 공연 째부터 만도 인수에게 열광의 환영을 밧든 『카츄샤』 세 막과 활극(活劇) 최후의 일순간(最後의 一瞬間) 두 막이라 하며 료금도 오늘만은 특히 보통 료금으로 일반에게 공기하리라고 하얏다더라.

청년회관에 활동사진회 / 십륙일부터 삼일간 개최

종로 청년회관(鐘路 靑年會舘)에서는 학술덕 스회교육(學術的 社會教育)을 선뎐하기 위하야 십륙, 십칠, 십팔 삼일간 미일 오후 여덜시브터 『사의 밍금수(死의 猛獸狩)』란 젼 아홉권의 쟝편 사진과 희극(喜劇) 두권 외 실스(實寫) 한권의 활동스진을 상쟝흔다는대 입장료는 오십 젼, 삼십 젼, 이십 젼이라더라.

시대 24.06.17 (1) 토월회 『부활』 상연 / 금일은 할인날이다

조선극장에서 흥행 중인 토월회(土月會)에서 금일부터 사일간은 그 회의 독특한 부활(復活)을 상연할 터이라는데 첫날은 할인날로 보통 료금으로 흥행하고 다음날은 특별 료금이라 한다.

조선 24.06.17 (3) 〈광고〉 온습회(溫習會)

대저 우리 조선에서 언으 권번을 물론하고 온습회를 흥행한다 하면 누구나 고대의 유습인 가무 가곡쑌으로만 연상된다, 그럼으로 싸라서 일차 관람하면 여개(餘皆) 오차(傲此)라고 사유되야 재차 관람할 필요가 과무(果無)하게 된다, 이 결점을 각오하온 우리 조선권번에서는 온습회 과정을 다수 변경 연구하얏슴으로 금반에는 좌기(左記)와 여(如)하온 참신한 과목으로 상장하겟사오니 내외국 애극가(愛劇家) 첨위(僉位)는 일차 내림(來臨)하시옵소서

고대 **가무 가곡**

신극 **희극 정극**

신극	효자열녀	영겁의 처(妻)
	야앵(夜鶯)	장한몽
	양심	등대직(直)
	탕자의 회심	병의 병(病의 病)

육월 십팔일부터 오일간

시내 본정 삼정목 경성극장 (젼(前) 수좌(壽座))

조선권번 근고(謹告)

동아 24.06.18 (1) 〈광고〉

조선권번 예기 온습회

본 권번에서 본월 십팔일부터 입(卄)이일까지 오일간의 하기 특별 온습회를 개(開)하고 제

반 가무는 물론이요, 기간(其間) 수삭을 두고 고심 연습하든 신파 시대극을 행연할 터이온 바, 장소는 경성에서 제일위를 점하는 시내 본정 삼정목 경성극장(전 수좌(壽座)) 무대에서 상연할 터이온대 신파의 출연할 기생만 삼십여 명임으로 그 날은 미증유의 성왕(盛旺)을 이루것이올시다.

경성부 다옥정(茶屋町) 조선권번 백

동아 24.06.18 (3) 〈광고〉

당 육월 십팔일브터 대공개 송죽 날

신사진 전부 차환

미국 후웍드쓰사 특작품

쾌한 토무믹크쓰 씨 맹연(猛演)

대모험대활극 **삼개(三個)의 금화** 오권

미국 후아쓰토냐소날사 대명화

명우 챠레쓰레이 씨 역연

정희극 **답은 약하호(若何乎)** 전육권

미국 아-로사 최근 대작품

명우 총출연

세계적대연속 **절해의 낭(狼)**

전십오편 삽(卅)권 중 제사회 제십편, 제십일편, 제십이편 육권 상장

예고

근(近) 내주 공개되는 대명화

당 육월 이십일일부터 특별 대공개

세계적대작품 **세계의 심(心)** 전십삼권

송죽 유사 특약 **단성사**

전(電) 광(光) 구오구

매일 24.06.18 (3) 조선권번 온습 / 십팔일부터 경성극장에

됴션권번(朝鮮券番)에서는 금 십팔일브터 오일간 계속하야 본명 삼명목 경성극장(本町 三丁目 京城劇場)에서 하긔 특별 온습회(夏期 特別 溫習會)를 긔최한다는 바, 됴선 내에서 류힝되는 제반 가무(歌舞)는 물론이오, 오삼수 삭을 계속하야 연습한 여러 가지 시대에 뎍당한 시로운 극을 상장한다는대, 일반의 인긔가 매우 됴흔 모양이더라.

매일 24.06.18 (4) 수도와 위생 선전 / 강경에서 활동사진으로

충남 강경면에서는 본월 십칠일브터 삼일간 상수도 급(及) 일반 위생선전 활동사진대회를 대정좌(大正座)에서 개최하얏는대 양일간에는 각 오후 팔시브터 일일(一日)에 조선어 활동사진, 이일에 내지어 활동사진, 삼일에 일반 전람을 오전 구시브터 오후 사시씬지 겸하야 위생 모형도 전람회가 잇고 본도(本道) 위생과장 기타에 자미잇는 강연이 잇슬 터인대, 입장은 무료라더라. (강경)

조선 24.06.18 (1), 24.06.19 (1) ⟨광고⟩

동아일보 6월 18일자 단성사 광고와 동일

조선 24.06.18 (2), 24.06.19 (2) ⟨광고⟩

6월 17일자 조선권번 온습회 광고와 동일

동아 24.06.19 (2) ⟨광고⟩

6월 18일자 조선권번 온습회 광고와 동일

동아 24.06.19 (4), 24.06.20 (4) ⟨광고⟩

6월 18일자 단성사 광고와 동일

매일 24.06.19 (3), 24.06.20 (1) ⟨광고⟩

동아일보 6월 18일자 단성사 광고와 동일

동아 24.06.20 (3) 숭대(崇大) 활동사진

평양 숭실대학 기독교청년회 사교부에서는 서중(暑中) 휴가를 이용하야 멀리 남만주 등지에 가서 전도를 할 터이라는데 먼저 그 전도비를 득(得)하기 위하여 내(來) 이십, 이십일 양일간 취미잇는 활동사진회를 평양 숭실중학교 상층에서 개최할 터이라는바, 입장료는 보통 오십 전, 학생 삼십 전이라고. (평양)

동아 24.06.21 (4) ⟨광고⟩

당 육월 이십이일(토요)브터
특별 대공개
애활가(愛活家) 제위(諸位)에 기다리고 기다리시든!

세계적 대명편은 기여히 오날부터
미국 유사 공전의 대작품
명우 윌이암 데스몬드 씨 역연
세계적대연속 18일간 세계일주
전십이편 이십사권 중 제사회 제칠편(상해) 제팔편(상해로부터 일본에) 사권 상장
미국 유나이닛트 세계적 대작품
거성 D W 크리피―쓰 씨 대걸작
명화(名畵) 리리안 키쉬 자매 주연
세계대전극(劇) 세계의 심(心) 전십삼권
백만의 유혼을 읍(泣)케 한!
민족적 대명화! 보라! 재견(再見)키 어려운! 이 대명화를!
송죽 유사 특약 단성사
전(電) 광(光) 구오구

매일 24.06.21 (3) 세계적 명화 세계의 심(心) / 오날 밤브터 단성사에셔

동구안 단성사에셔는 다시 세계덕 명화 셰계의 심(世界의 心) 열셰권을 상장케 되얏는대 내용은 구주견란(歐洲戰亂)을 비경으로 하야 이러는 익국덕(愛國的) 젊은 남녀의 반영(反映)을 그려노은 스진이니 실로 영화게에 잇셔 권위일쑨 아니라 인상의 오미를 털두털미 낫하내인 것이며 쥬연 비우는 동도(東道)와 기타 명화에 츌연하야 영광덕 환영을 밧든『리리안 킷쉬』양이라 하더라.
(사진은 리리안 킷쉬 양)

매일 24.06.21 (3), 24.06.22 (5), 24.06.23 (1), 24.06.26 (4) 〈광고〉

동아일보 6월 21일자 단성사 광고와 동일

조선 24.06.21 (1), 24.06.23 (1), 24.06.24 (4) 〈광고〉

동아일보 6월 21일자 단성사 광고와 동일

동아 24.06.22 (3) 토월회 예제 교환 / 금일은 사회봉사일로

조선극장(朝鮮劇場)에서 창립 일주년 긔념(創立 一週年 紀念)으로 개연 중인 토월회(土月會) 연극은 만흔 환영을 밧든 부활(復活)극은 그동안 맛치고 작 이십일 밤부터는 서양에 유명한『클레멘』과『곡간(谷間)의 그늘(곡간의 그늘)』이라는 예뎨로 가랏는데 무대 장식은

서양 것을 모방하야 무대에는 이층집을 지을 터인데 무대에 이층집 짓기는 조선에서는 이번이 처음이며 개연 이래 이째까지는 다른 극장과 가치 바다서 일반 빈한한 사람은 구경을 할 수 업슴으로 민중 예술을 수입하는 의의로 금 이십이일을 사회봉사일(仕會⁶⁸⁾奉仕日)로 명하야 오후 한시부터는 웃층은 삼십 전 균일, 아래층은 십오 전 균일로 일반 관중을 다수 수용할 터이라더라.

동아 24.06.22 (4), 24.06.23 (3), 24.06.24 (4), 24.06.25 (3) 〈광고〉
6월 21일자 단성사 광고와 동일

매일 24.06.22 (3) [영화계]
상연시일 륙월 입(廿)이일
상연장소 시내 단성사
『십팔일간 세계일주』
전십이편 이십사권
뎨칠편 상해(上海) 이권
뎨팔편 상히로브터 동경(自上海 至東京) 이권
『세계의 심(心)』 전십삼권
견 세계의 절대 반향(反響)을 일으킨 명화로 전 영국 수상(英國首相) 「로이드 죠-지」 자신이 출장하고 미국 뎨이십팔 련대(第二十八 聯隊)가 총출동하야 빅만의 유혼을 울닌 민족덕 사진!

조선 24.06.23 (3) [연극과 활동]
시내 단성사에셔는 재작일부터 세계지심(世界之心)이라는 전 십이권에 난우어 잇는 사진을 상장하얏다는데 그 사진으로 말하면 십이권 중 팔할 이상은 요전 구주대전의 실전(實戰)을 영사한 것임으로 관람객으로 하야금 구주대전 당시에 실디로 종군(從軍)한 듯한 늣김(感)이 업지 안이하다는데 이 사진을 상장하는 극장에셔는 어듸를 물론하고 고등한 입장료를 증수하야 왓스나 금번 단성사에셔는 평일의 고객을 위하야 보통료금이나 다름업는 입장료를 바듬으로 상장 당일부터 공전의 대성황을 이루는 중이라더라.

---

68) '社會'의 오식으로 보임.

조선 24.06.23 (3) 인보(仁普)전람회 / 교육활동사진까지

인천(仁川) 공립보통학교 신축 락성식은 금 이십삼일 오전 열시부터 거행할 터인데 이번을 긔회하야 그 학교와 밋 각 디방 아동 성적품 면람회(展覽會)를 개최한다 함은 이미 보도하 엿거니와 최초에 이십사일 하로만 하고져 하든 것을 이십오일까지 연긔하고 또 이십사일 밤에는 그 학교 운동장에서 교육(教育)에 관한 활동사진을 영사하야 일반 학부형에게 뵈 인다는데 다수 참관함을 희망한다더라. (인천)

동아 24.06.24 (1) 사진기 엄(嚴) 취체(取締)

해항(海港) 관헌의 사진업자에 대한 취체 방침은 종래는 별로 엄중하지 안엇스나 전월(前月) 하순부터 사진 취체를 중요시하며 국가보안부에서 일주간 일회식 사진영업 감시를 하야 촬영 급(及) 판매는 보안부의 허가를 수(受)케 되엿다. 사진기 휴대자는 관헌에게 계출 (屆出) 허가증을 휴대한 자가 아니면 몰수한 뒤 벌금에 처한다. 현재 본월 상순 나남환(羅南丸)이 출범할 제(際)에 선객(船客) 일본인 장지길실(長枝吉實) 급(及) 산본승태(山本勝太) 의 양명(兩名)은 무계(無屆) 사진기를 휴대하엿든 것이 발견되야 몰수되얏더라. (해항(海港)[69] 이십이일 발)

매일 24.06.24 (3) 포염(浦鹽) 관헌의 사진기 취체 / 허가증이 업스면 일일히 몰수한다

종릭 포염 로국 관헌(浦鹽 露國 官憲)의 사진업자(寫眞業者)에게 대흔 취톄는 그다지 엄중 치 안이 하얏섯는대 오월 하슌부터 스진 취톄(寫眞 取締)를 중요시하고 국가보안부(國家保安部)에셔 일쥬일에 한번식 사진관의 영업상태를 검스하고 촬영(撮影)과 판미에는 반다시 보안부의 허가를 요케하여 스진긔계를 가진 자 즁 관헌의 허가증이 업는 것은 몰수한 우 에 벌금에 쳐케 한다는 바, 현지 륙월 상슌에 라남환(羅南丸)이 츌범할 쌔에 션긱 즁 쟝지 고실(長枝古實)과 밋 산본승태(山本勝太)의 두 명은 허가증 업시 사진긔를 가졋다하야 몰 슈를 당하얏다더라. (포염 전보(電報))

매일 24.06.24 (3) 요색지를 촬영 공개한 일활회사 처벌? / 금지한 곳을 촬영하 야 두번식 공기하얏다고

일본 활동사진회스(日本 活動寫眞會社)에셔난 지난 륙월 십오일 활동스진에 「필림」을 제작 하기 위하야 당국의 허가를 어더가지고 무학요싃디대(舞鶴要塞地帶)에 드러가 부근 전경

---

69) 중국 하북성에 있는 구(區)로 중국 발음으로는 '하이강'이라 함.

187

을 촬영하얏는 바, 그후 헌병대(憲兵隊)에셔 검렬흔 결과 군긔보호(軍機保護)에 쩌릴 덤이 잇난 것을 발견하고 그 부분만 베여닌 후에 일반에게 공개(公開)하라고 허가하얏슴에 불구하고 십칠일에 베여내라고 한 부분ㅅ지 전부 영사 공개한 ㅅ실이 발견되야 그 ㅅ진 전부를 몰수하얏는 바, 그 사진회사에셔는 그 후에 민든 「필림」에도 다시 금지한 장소를 영ㅅ한 ㅅ실이 판명되야 군긔보호법(軍機保護法) 뎨사됴(第四條)에 의하야 쳐벌홀 터이라 하며 동시에 이후브터는 군대 내부(軍隊 內部)의 긔방(開放) 혹은 군대를 대여(貸與)할 째에는 소속 부쟝(所屬 部長)의 허가를 엇기 젼에 먼져 륙군 본셩(陸軍 本省)의 지령(指令)을 밧지 아니하면 아니 되리라더라. (대판 전(電))

매일 24.06.24 (4) 충남 위생 활사(活寫) 성황

기보(旣報)와 여(如)히 충청남도 경찰부 위생과의 순회 활동사진은 이십일 오후 팔시브터 시장에셔 일반 조선인을 위하야 특히 조선어로써 설명하고 이십일일 동(同) 시각에 대전역 전 광장에서 내지인을 위하야 개최하얏는대 양야(兩夜) 공히 다대(多大)한 효과를 여(與)하얏스며 당야(當夜)의 중요 영화는 두창(痘瘡) 예방 심득(心得), 적리(赤痢)[70]의 위험, 수(水)의 분탁(分柝)[71] 등이얏더라. (대전)

동아 24.06.26 (4) 〈광고〉

당 육월 이십육일(목요)브터 송죽 날
신사진 전부 차환
미국 획-쓰사 대작품
대활극 **대양(大洋)의 笑** 전육권
미국 메도로사 대작품
연화(戀話) **영계의 사자(靈界의 使者)** 전육권
미국 후아스도냐소날사 대명화
사회극 **문명의 가면** 전칠권
예고
내주 유사 날 상장되는 대명화는?
대활극 권투극? 전?권
송죽 유사 특약 **단성사**

---

70) 급성 전염병인 이질(痢疾)의 한 종류.
71) 분석의 동의어.

전(電) 광(光) 구오구

매일 24.06.26 (3) 미국 영화 상영 중지 / 대정관과 중앙관

일본이 미국의 비척하는 형셰는 늘로 고됴되야 최근에 이르러셔는 전국에서 각종 물품을 비척하는 동시에 일반 화긱(華客)의 환심을 사고즈 부심하는 민쳡흔 상인들은 벌셔브터 간판(看板)의 미국이라 글발을 삭졔하며 혹은 미국품을 팔지안는다는 광고를 널리하야 즈연히 비미 긔분이 농후하야 가는 터인바 경셩 활동스진 상셜관(活動寫眞 常設舘)에셔는 내디 각 디방에서 미국 「필림」을 비척하는 영향을 바다 관긱들도 미국 사진을 죠와하지 안는 경향이 잇슴으로 대졍관(大正舘)에셔는 솔션하야 불일간 미국영화(米國映畵)를 즁지하고 시대물(時代物)로써 보충하고즈 계획한다하며 쏘한 동업즈 즁앙관(中央舘)에셔 이에 공명하야 미국 스진 대신에 목야(牧野)의 독특한 시대극(時代劇)으로써 보충하고자 계획중이라는대 대졍관에셔는 벌셔브터 문압을 장식하야 잇는 만국긔에서 미국긔를 쎄여바렷드라.

매일 24.06.26 (3) 토월회의 장한몽 상장 / 인스긔가 비등

토월회(土月會)에셔는 작 이십오일브터 예뎨(藝題)를 갈어 상연하기로 하얏다는대 박귀인 예뎨는 쟝흔몽(長恨夢) 극으로 죵릭의 쟝한몽극과는 모든 것이 판이하야 일층 흥미를 쓰는 동시에 쳥춘남녀의 가슴을 읻타게 할만하다더라.

시대 24.06.26 (2) 지연되는 무전방송 시험 / 목하 공중선(空中線) 가설중

무선진화 방송시험은 외국에 주문품의 도착이 매우 느젓스며 쏘 체신셩에서 긔계실험 등에 의외의 일수가 걸리기 째문에 긔보(旣報)와 가티 무긔(無期)로 연긔된 상태이엇스나 오월말에 적하(積荷)한 긔계가 육월 십일에 겨우 도착하얏슴으로 체신국에셔는 목하 갑작이 준비에 분주하다고 공무과(工務課)에서 말한다. 목하 공중선의 가셜공사를 하는 터인데 그것이 다 되기까지에는 아즉도 일주간 가량 걸린다. 긔계도 일부분을 제(除)하고 팔구분(分) 가량은 도착하얏슴으로 이, 삼일 중에는 거치(据置)에 착수할 예정이요. 미국에 주문한 긔계가 금후 다시 육개월이 지나셔야 도착할 것이 잇슴으로 전문적으로 완젼한 방송시험은 아즉 곤란하나 그러나 이것이 도착하기를 일일히 기대릴 수가 업슴으로 체신국에서는 될 수 잇는 범위에서 행하고자 하나 그러나 아즉 거치 등에도 상당한 일수를 요하게 될 것이니 대체로 칠월 중순까지에는 준비도 다 될 듯하야 방송시험도 그 후에 행케 되리라.

동아 24.06.27 (3), 24.06.28 (3) 〈광고〉

6월 26일자 단성사 광고와 동일

매일 24.06.27 (3), 24.06.28 (1) 〈광고〉

동아일보 6월 26일자 단성사 광고와 동일

동아 24.06.28 (2) [휴지통]

▲ 재작일 토월회 연극장에 엇던 양복 입으신 친구가 두말업시 썩 들어서다가 ▲ 『여보 댁이 누구요』하고 밧삭 덤비는 것을 벽두에 서막으로 일장의 연극이 시작 ▲ 양복 친구는 후원을 어더온다, 구경군은 모혀든다, 토월회 전무가 나오신다, 한참들 복가대이다가 막이 다 치자 그 친구는 코만 쩨이고… ▲ 리유를 들어보니 다른 게 아니라 그 친구는 ○○신문 긔자랍시고 공구경을 하시려하고 이쪽에서는 그런 신문은 금시초문이라고 ▲ 『창간된 지 삼십년인데 왜?』 하고 양복 친구는 대로하시고 『내 나히 수물 여섯이지만 그런 신문은 못 보앗소』 하고 토월회 면무가 육박.

조선 24.06.28 (3) 간도 사정 환등 / 동흥(東興)교 주최와 본사 후원으로 / 전 조선 각도를 순회영사할 터인 바 / 대원 삼 명은 금일에 경성에서 출발

북간도 룡정촌(龍井村)에 잇는 동흥중학교(東興中學校) 주최와 본사 후원으로 간도사정환등회(間島事情幻燈會)를 죠직하야 전 죠선을 순회영사할 터인데 우리 죠선사람으로 간도라는 말만 들어도 우리 죠선과 엇더한 관계가 잇는 곳이오. 짜라셔 무시로 닥쳐오는 비풍참우에 하날을 우러러 부르짓고 쌍을 두다리며 쓰거운 눈물을 흘니는

우리 동포가 얼마나 잇는 것을 가히 알 것이며 쏘한 그들은 남의 나라 디역 안에 아모 보호긔관이 업시 생활하는 중 횡포한 학대와 고독의 설음을 바들 째에 나의 힘이 약한 것만 탄식하며 복잡한 시가와 황량한 들에서 그날그날을 지내는 광경은 엇더할 것을 가히 짐작할 터인데 금번 환등은 간도 룡정촌(龍井村) 일대와 국자가(局子街)와 두도구(頭道溝) 등디의 광경과

즁국 정부의 소재디 북경(北京)까지 실사한 것으로 우리는 그 사진을 한번 볼 째에 과연 엇더한 늣김이 잇슬 것은 실디로 본 뒤가 안이면 알 슈가 업스려니와 환등대원 최명호(崔明昊) 강성일(姜誠一) 정중섭(鄭重燮) 삼씨는 금 이십팔일에 경성에서 출발하야 경상남북도(慶尙南北道)를 선두로 전 죠선 각도를 순회할 터인데 순회일뎡과 디명은 중간 형편상 변경될 넘려도 업지 안이함으로 미리 발표치 안이하다더라.

동아 24.06.29 (3) 강화서(江華署) 위생 전람

강화 경찰서에서는 거(去) 이십사, 오 양일간 경기도 경찰부 주최인 위생전람회를 연무장(演武場)에 개최하고 낫이면 실지 표본을 관람식히고 밤에는 활동사진을 영사하야 매우 성

황을 이루엇다고. (강화)

동아 24.06.29 (3) 독자 위안 / 토월회 관극(觀劇)
육월 삽(卅)일 칠월 일일 양일간 우대
일등 팔십 전을 사십십 전에
이등 육십 전을 삼십 전에
삼등 삼십 전을 이십 전에

◇ 요사이 가치 구십도가 넘는 더위에 피곤한 독자 여러분의 심신을 위로하기 위하야 본
사에서는 적은 성의이오나 조선 극게에 새로운 빗을 던지어 만흔 경험을 가진 토월회와 의
론한 결과 특히 본사의 지명으로 극 중에서도 명극, 부활 『갓주사』와 『카르멘』을 상장케
하야 한째의 위로삼을가 합니다.
◇ 여러분은 임의 아실 줄 암니다만은 『부활』은 세계뎍 문호 「톨스토이」의 걸작으로 여러
번 출연에 만흔 갈채를 밧든 것이며 『카르멘』이라는 것은 유명한 「메리메」의 소설을 각색한
것으로 한 적은 게집으로 말미암아 수염 난 남아들이 얼마나 롱락되며 나라를 기우리든
미인의 최후를 보* 것이니 이것을 특히 지명함은 한갓 위안거리가 아니라 좁흔 장면에 흐
르는 위대한 암시(暗示)를 독자 제씨와 가치 하려 함이외다.
(할인권은 래일과 모래의 본지 란외에)

동아 24.06.29 (3) 〈광고〉
당 육월 이십구일(일요)브터 유사 날
특별 사진 대공개
유사 작품
실사 **국제시보** 전일권
송죽 최근 특작품
실사 **불기(佛機)**[72] **일본 방문견(見)** 전이권
미국 유사 특작품
대희극 **베리의 작란** 전이권
미국 유사 취월 특작품
권투왕 레지놀도데–니 씨 대역연

---

72) 프랑스 비행기인 듯 함.

대맹투권투극 **권투왕** 전팔권
미국 유사 공전의 대특작품
세계적대연속 **18일간 세계일주** 전십이편 이십사권 중
제오회 제구편 동경에서 제십편 장기(長崎)[73]에서 사권 상장
송죽 유사 특약 **단성사**
전(電) 광(光) 구오구

매일 24.06.29 (3) [영화계]
상연시일 육월 입(廿)구일
상연장소 시내 단성사

『십팔일간 세계일주』 전십이편 이십사권
뎨구편 운중에 진퇴유곡(雲中에 進退維谷). 「샥렝쏜」의 독슈로 빈는 부득이 연착하얏스나 「휘이리아쓰」는 이쳔(伊川) 씨의 위임쟝을 어더 맛는을 무릅쓰고 경긔구(輕氣球)로 「호놀눌루」로 향하얏는대 해상의 폭풍이 심하얏다.
뎨십편 영원의 뇌호제(永遠의 瀨戶際). 폭풍에게 곤난을 밧든 「휘이리아쓰」 일힝은 군함에게 구죠되야 「호놀눌루」에 상륙하야 그 곳 쥬쥬(株主)의 위임쟝을 밧엇스나 변변치 아니한 일로 「칫쿠쓰」는 그곳 스람에게 쏘씨여 가다가 분화구 가온대에 각구로 써러젓다.

『아수라로 알고』 전팔권
권투계에 유명한 션수로 어느날 해안에서 운동하다가 우연히 「모-쏘」라 하는 부인이 물에 쌔지랴하는 것을 구조하야 준 신닭으로 피츳에 스랑이 되야 결혼코즈 하얏든 바, 「모-쏘」는 신문에셔 그는 「아슈라왕」으로 셩명이 놉다는 긔스를 보고 크게 놀내여 그에게 스랑은 단념하고 다른 남즈에게로 향하고즈 하얏스ᄂ 필경 최후에 승리는 권투계의 영웅 「쿠렌쏜」의 손에 도라가고 말엇다.

『애(愛)의 영광』 전오권
「뉴엘」의 미망인은 「오리파-」라는 아달 하나를 다리고 쓸쓸한 셰월을 보니는 즁 이웃에 스는 「메-손」이란 의스의 족하쌀 「펜로-푸」가 「오리파-」의 동모로 셔로 정답게 지내다가 차ᄼ 쟝셩흠을 싸라 필렁 련애를 미졋든 바, 「오리파-」는 그의 모친이 피졉하고 잇는 곳에

---

73) 나가사키.

싸라가 잇섯스나 항상 「펜로-푸」를 이질 수 업셔하얏다. 그의 모친은 아달의 향복을 싱각하고 「펜로-푸」와의 련애를 셩공식이엿다.

매일 24.06.29 (6) 위생선전 활사(活寫) / 경북 위생과에셔

경북 경찰서 위생과에셔는 내 칠월 일일브터 동 육일ᄭ지 영천, 경주, 영일, 영덕의 사군(四郡) 관내 각 보통학교에서 위생선전 활동사진을 순회 영사한다는대 기(其) 일할 급(及) 장소는 여좌(如左)하더라. (대구)
칠월 일일 영천공립보통학교 이일 경주군 산내(山內)공립보교
삼일 영일군 동해(東海)공립보교 사일 동군(同郡) 청하(淸河)공보
오일 영덕군 남정(南亭)공보 육일 동군(同郡) 강일항(江日港)

동아 24.06.30 (2) 금후 활동사진은 경성 검열로 통일 / 시행 일자는 불일간 발표할 듯 / 경성 외 두 곳에서 검열하기로

활동사진 「필름」 검열을 조선 전국에 통일하고자함에 대하야 당국자 간에 항상 문뎨가 되여 오더니 거번 경찰부당 회의에서 필경 실행하기로 협뎡되얏다는데 이에 대하야 등원(藤原) 경기도 경찰부당은 말하되
검열 장소는 원측으로 영화(映畵)가 수입되는 곳에서 이것을 하기로 되여 당분간 부산(釜山), 경성(京城), 신의주(新義州) 세 곳에서 검열을 한 후 금열[74]이 긋난 것은 조선 전도에서 영사하게 되엿는대 만약 영사 금지로 인하야 슨어낸 부분이 잇스면 조선 내의 흥업(興業)이 긋나기까지 이것을 검열소(檢閱所)에 보관하야 두고 그동안은 절대로 흥행주에게 내여주지 아니하게 되엿소. 그런데 부산과 신의주는 아직 설비가 되지 못하엿슴으로 위선 경성에서 모다 검열할 터이고 시행 긔일은 불원간 통텹할 터인대 이로써 흥행주도 편리하겟고 관텽에서도 사무가 간편하게 된 줄로 생각하노라 더하라.[75]

동아 24.06.30 (3) 독자 위안 / 토월회 관극

금야(今夜)!! 조선극장으로
일등 팔십 전을 사십 전에
이등 육십 전을 삼십 전에
삼등 삼십 전을 이십 전에

---

74) '검열'의 오식으로 보임.
75) '하더라'의 오식으로 보임.

(할인권은 오늘 본지 란외에)
이하 문구 6월 29일자 안내와 동일

동아 24.06.30 (3), 24.07.01 (3) 〈광고〉
6월 29일자 단성사 광고와 동일

매일 24.06.30 (3) 조선에셔도 영화 검열 통일 / 경찰부장 회의로 결정 / 한 곳에셔 검열을 바든 것은 어대셔 영사하던지 무방히
활동스진 필림의 검열(檢閱)을 젼 됴션덕으로 동일코즈 함에 대하야는 이미 보도한 바와 갓치 당국즈 사이에 루*히 문뎨가 되야 잇든 바 거반 경찰부장 회의에셔 심의흔 결과 각 도가 모다 이의 업시 협명하얏다는대 이에 대하야 등원(藤原) 경긔도 경찰부장은 말하되 검열 쟝소는 원측으로 영화(映畵)의 수입 쳐소로 하게하야 아즉 부산(釜山), 경셩(京城), 신의주(新義州) 등 삼기 소에셔 검열흔 후 그곳에셔 검열을 밧은 것은 됴션 젼도 어느 곳에셔 영수하든지 관계업게 되얏스며 영수 금지를 당한 부분은 됴션 안에셔 흥힝을 맛칠 쌔 신지는 젼긔 검열소에셔 보관하기로 하고 그 긔간에는 절대로 흥힝자 측에 내여쥬지 안키로 결명하얏스나 그러나 부산, 신의주 등에는 현지의 형편으로 셜비가 업는 고로 아즉은 경셩에셔 검열흘 터이며 그 시힝 긔일은 미구에 통지하게 되깃슨 즉, 이후에는 흥힝주(興行主)의 수속도 매우 덜니고 관텽에셔도 스무가 간첩하게 되야 극히 됴흔 결과를 엇을 줄로 싱각하노라 운운.

매일 24.06.30 (4), 24.07.01 (3) 〈광고〉
동아일보 6월 29일자 단성사 광고와 동일

조선 24.06.30 (1) [사설] 재외동포와 생(生)의 슬음 / 동흥(東興)중학의 간도사정 / 환등대를 지방에 보냄
다시 돌아보니 어늬듯 십사 성상(星霜) 젼의 녯일이다. 건곤이 회명(晦冥)하고 강산이 명*(鳴*)하던 대변동이 우리에게 일어나자 다대수(多大數)의 민중은 극도의 팽창하야온 무력 아래에셔 침묵을 직히며 빗업는 향국(鄕國) 산천에셔 남 몰으는 고통을 신음하얏고 그 중의 지사(志士)들은 최후의 눈물을 먹음고 분묘를 바리고 친척을 작별하고 정처업시 만리객토(萬里客土)를 향하야 나가기 시작하얏다. 혹은 자유의 대륙을 동경하야 태평대양(太平大洋)에 배를 씌우기도 하고 혹은 황막한 인토(隣土)를 목표삼어 강북평원(江北平原)에 몸을 던지기도 하얏다. 개중에는 자발적으로 자기의 신생명을 개척하기 위하야 자진적 발젼을 도모하는 계획 중에서 간 이도 잇겟지만 하여간 그 피동적 자극으로부터 싸ㅅ뜻한 고토(故土)를 바리고 낫설은 이역에 몸을 붓친 그것이 재외동포가 졸지에 생긴 시초가 되얏고 지금와셔는 제삼단적(第三段的)으로 경제적 *축(*逐)을 당하는 생활난으로 인하야 써나고져 아니하야도 써나지 아니할 슈 업는 막달은 길에 다다럿다.

재외동포를 대개 이와 갓치 삼단으로 볼 수가 잇다. 왼 세계의 모든 강산은 우리의 활무대(活舞臺) 아닌 곳이 업다 하야 자발적 진전을 목적한 제일단의[76] 그이덜은 우리가 다 갓치 경하할 일이나 그는 극소수에 지나지 못하며 쓰린 가슴을 안고 바리기 실은 곳으로부터 *축(*逐)되는 제일단의 그이덜과 어이업는 생명을 유지하랴 할일 업시 써나가는 제삼단의 그이덜이야말로 그의 운명과 정상(情狀)이 싹 업는 무참(無慘)의 최고정(頂)에 일으지 아니하얏느냐. 갓치 부여된 기박(奇薄)한 운명에 음읍장탄(飮泣長歎)하는 것이야 내외의 국경은 달으고 원근의 산하는 막혈슬지언정 피와 눈물이 잇는 우리로셔 누구나 통절치 아니하랴마는 더구나 생명의 보장이 업고 활동의 자유가 업는 재외동포로야 냉혹한 환경 고독한 세월 속에셔 얼마나 피가 쓸엇스며 눈물이 쏘다젓스랴. 게다가 횡폭한 학대, 궤사(詭詐)한 기만으로 인하야 아침에 져녁을 쇠할 수 업는 비경(悲境)이야 보지 아니하야도 넉〃이 상상할 수가 잇다. 우리는 언졔까지고 이와 갓고 말 것인가. 우리는 그리 낙망할 것이 아니다. 오즉 힘쓰기에 잇다.

우리의 재외동포로 말하면 소수(小數)로는 해외 각지에 업는 곳이 별로 업겟지만 그 다수의 이주한 곳으로 말하면 광주(光州), 노령(露領), 일본내지, 남북만주, 이 네 곳일 것이나 그 중에도 아마 북만에 거주하는 이가 제일 다수일 것이요 북만 중에도 북간도가 제일위에 잇다 한다. 최근의 어늬 보도에 의하면 북만에 우리 동포의 이주한 인구가 실로 백만의 다수에 달한 중 북간도의 인구가 칠십만이라 하는 것을 보더래도 이곳이 우리에게 얼마나 중대한 관계가 잇스며 쏘는 우리가 과거의 사적(史蹟)을 회상하더래도 등한이 보지 못할 곳이다. 이 쌍이 임의 조약상 정계(定界)까지 한 곳인즉 우리는 다만 정복이나 침략적 수단으로 할 것이 아니라 인류의 공영과 인보(隣保)의 상조(相助)를 **삼어 가장 문화적으로 이 황막무*한 토지를 개척하고 사업을 영위하야 세계적 활동을 하게 된 면, 금일 미개(未開)의 만토(滿土)로 세계적 문화 중심의 지대를 맨드는 데에ㄴ들 무엇이 어려움이 잇스리요. 그 곳에 게신 동포로는 맛당이 심흉(心胸)을 광개(廣開)하야 발전을 노력할 것이요, 재내동포로는 힘써ㅅ 원조협동하여야 할 것이다.

현재 북만(北滿)은 백만의 동포가 생명을 언고 홀늉치는 못한 생활이나마 영위하는 곳이요, 쏘는 장래 우리의 활무대(活舞臺)도 될 만한 곳인즉 우리 재내동포로는 그 곳의 상세

---

76) 문맥상 제이단의 오식으로 보임.

한 사정을 알고 또는 그 몃십만의 동족이 가련한 생활을 하는 현상을 조사하며 관찰하는 것이 어늬 곳으로나 우리에게 또한 심각한 의미가 잇는가 하며 일반의 인사로도 매우 희망하던 바인가 한다. 금번에 맛침 간도에 잇는 동흥중학의 주최로 간도 용정촌 부근과 국자가(局子街) 두도구(頭道溝)의 광경이며 북경 일대의 형세를 실사한 환등회를 전 조선지방에 순회 소개케되야 지난 이십팔일로 길을 써나게 되얏다 한다. 말하자면 박약한 소규모의 사업이라 할는지 몰으겟지만 우리의 힘은 내외를 물론하고 그와 갓흔 경우에 막달엇슴즉 다만 그것으로만 *관(*觀)과 한탄을 영속(永續)치 말고 그 실지 영사를 보는 동시에 만한 늣김과 도움이 잇슬 줄 미드며 다대(多大)한 힘을 어듬이 만키를 바라고 아울너 염천서열(炎天暑熱)에 일행의 건강을 근축(謹祝)한다.

조선 24.06.30 (4) 〈광고〉
동아일보 6월 29일자 단성사 광고와 동일

동아 24.07.01 (3) 독자 위안 / 토월회 관극(觀劇)

금야(今夜)!! 조선극장으로

막수(幕數)의 증가로 개연은 정각 오후 팔시

특별 위안으로 지루한 막간은 음악과 무도(舞蹈)

이하 문구 6월 29일자 안내와 동일

매일 24.07.01 (4) 김포 위생전람 상황

김포군에셔는 입(卄)칠일 위생전람회를 김포보통공립학교 내에 개최하고 위생상에 관한 강화가 유(有)하얏스며 도경찰서에셔는 활동사진을 휴대하야 위생선전에 관한 이삼막의 사진으로 동군(同郡) 주민의 관람을 식히엿는대 이십구일은 양동면(陽東面)에셔 개최하고 일반에 관람케 한다더라.

동아 24.07.02 (2) 금야(今夜) 활동사진으로 출현할 여자정구회 / 이일 밤부터 이틀 동안 / 단성사에서 영사할 터 / 독자우대권은 란외에

본사 주최의 제이회 녀자 정구대회(第二回 女子 庭球大會)는 공전의 승황[77] 중에 마치엇슴은 독자의 긔억이 상신한 바어니와 본사에서는 조선녀자 운동게의 새 긔록을 남긴 이 실황을 영구히 보존하고 널리 각 지방까지 이 광경을 보이여 녀자 운동렬을 고취코자 게획 중이던 바, 단성사(團成社)에셔 새로히 둔 촬영부(撮影部)에서는 그의

첫 사업으로 이 게획을 찬동하야 금번 정구대회의 전경을 촬영하고 그동안 공개코자 준비 중이던 바, 작일에야 전부 정돈되엿슴으로 금 이일 밤부터 이틀 동안 일반에게 공개(公開)를 할 터인데 사진면으로 낫하나는 녀선수들의 「라켓트」를 휘둘으는 것과 용감히 싸우는 광경은 실상보다도 더 한층 흥미가 잇스리라 하며 이 날은 특별히 다른 사진도 대단히 자미스러운 것을 상장한다는데 입장료(入場料)는 특별히 주최자 측과 협의한 결과 일등에

---

77) '성황'의 오식으로 보임.

사십 전, 이등에 삼십 전, 삼등에 이십 전으로 활인한다하며 이십 인 이상 단톄에 대하야
는

매인 십 젼식이라는데 단톄 진입자는 단성사에 미리 교섭하야 자리를 정하는 것이 편리하
다하며 특히 참가하엿든 학교의 학생이나 학부형이 다수히 관람하기를 바란다는데 활인권
(割引券)은 이, 삼 양일간 본지 란외에 긔입케 되얏더라.

동아 24.07.02 (3) 〈광고〉
당 칠월 이일(수요)브터 송죽 날
신사진 전부 차환
단성사 최근 촬영부 특작품
실사 **전선(全鮮) 여자오림픽대회 실황** 전일권
송죽 특작품
만화모험 **쟉기의 모험** 전이권
메도로사 대작품
세계적 미인 바이오라-다-나 양 주연
인생애화(哀話) **열정의 그대여** 전육권
연화(戀話) **감화원의 낭(娘)** 전오권
예고
기다리고 기다리시던 연속사진……
최종편 『절해의 낭(狼)』은
근근래(近近來) 송죽 날 상장되옵니다
송죽 유사 특약 **단성사**
전(電) 광(光) 구오구

매일 24.07.02 (3) 〈광고〉
당 칠월 이일(수요)브터 송죽 날
신사진 전부 차환
단성사 최근 촬영부 특작품
실사 **전선(全鮮) 여자오림픽대회 실황** 전일권
송죽 특작품
만화모험 **쟉기의 모험** 전이권
메도로사 대작품

세계적 미인 바이오라다나 양 주연

인생애화(哀話) **열정의 그대여** 전육권

파라마우드사 대작품

토로키쉬 양 주연

연화 **감화원의 낭(娘)** 전오권

예고

기다리고 기다리시던 연속사진……

최종편 절해의 낭(狼)은 최근래 송죽 날 상장되옵니다.

유사 송죽 특약 **단성사**

전화 광화문 구오구번

동아 24.07.03 (3) **토월회 최종극 / 마조막 긔념으로 / 각 등을 일톄 반액**

분사[78]의 요구에 의지하야 지난 달 삼십일과 재작 일일 이틀 동안 본지 독자를 위하야 각 등 반액으로 세계덕 명극 『카르멘』과 『캇주사』를 상장하야 만흔 갈채를 밧든 토월회(土月會)에서는 이번에 시작한 일주년 긔념 흥행(一週年 紀念 興行)의 예명한 긔한도 거의 다 되야 일반 관중과 한동안 인연을 씬케 됨으로 그 회 동인들은 최후의 고별삼아 그동안 일반의 만흔 찬성을 사례한다는 쯧으로 금 삼일부터 오일까지 각 등 반액으로 아래와 가치 새로운 예뎨로 흥행한다는데 활인권은 각종 시내 신문에 씨어 일반에게 배부한다하며 그 회 사무실에 직접 청구하야도 좃타더라.

예제

비극 이내 말슴을 들어보시요

희극 지장교(地藏敎)의 유래

동아 24.07.03 (3) 〈사진 설명〉 독자 우대 토월회 관극(觀劇) 당야(當夜)의 성황

사진은 지난 달 삼십일과 재작일 이틀 동안 시내 인사동 조선극장에서 독자 제씨의 위안 삼아 열닌 토월회(土月會)의 연극 중 『카르멘』의 둘재 막 「투우장」의 문 압과 「카르멘」이라는 악독한 녀자의 악독한 솜씨에 흥분되다 못하야 긴장하여진 만장 관중의 모양

△ 토월회 공연장면

---

78) '본사(本社)'의 오식으로 보임.

동아 24.07.03 (3) 〈광고〉
7월 2일자 단성사 광고와 동일

동아 24.07.03 (3) 예술협회 분망
진남포 무대예술협회에서는 삭월(朔月) 전에 창립 이래 일반 회원들은 무대예술에 대한 학리(學理)는 물론 세계 예술계의 명작을 증입(贈入)하야 실제 시연에 열심 중이던 바, 근일은 매야(每夜) 오후 칠시부터 십이시까지 비석리(碑石里) 동회(同會) 사무실에서 열심 연습에 분망 중이라하며 노저도[79] 금월 중순경에는 일반 시민에게 예술의 진미를 공개하리라고. (진남포)

매일 24.07.03 (3) 토월회극 / 각등 반액 / 의고한 일반에 성의를 표키 위하야
됴션 신극(新劇) 운동의 선구로 쟉년 칠월에 뎨일회 공연을 시쟉한 이리 일기년간을 가지ㅅ의 간난과 쟝벽을 뚤코 건젼히 지라온 토월회(土月會)에서는 지는 륙월 삼십일브터 계속하야 됴션극쟝에서 일쥬년 긔념 흥힝을 하야오던 터로 오는 오일신지에 막을 닷게 되얏는대 토월회에서는 토월회 주신이 쟝긔 흥힝을 하야오는 동안 일반 관긱의 위즁흔 호의로 원만히 계속되얏슴을 일반에게 감ᄉ하며 자츅키 위하야 오늘 밤브터 순수한 됴션극으로 희극(喜劇)에 디쟝교의 유릭(地藏敎의 由來)와 비극에 「이내 말씀 드러보시요」를 쟈환하야 상연하는 동시에 오임의 공연이 맛치기신지 각 등을 반익(半額)＊ 일반 인ᄉ에게 뎨공홀 터이라더라.

매일 24.07.03 (4), 24.07.04 (4) 〈광고〉
7월 2일자 단성사 광고와 동일

매일 24.07.04 (3) 동경시에 이채를 방(放)하는 오층 거루(巨樓)의 일선(日鮮)회관 / 부속극장에는 조선극을 상연 / 관민 유지 삼천여 명의 신사숙녀를 초대하야 사흘 동안 성대하게 발회식을 거힝하얏다
일선긔업쥬식회사(日鮮企業株式會社)의 경영으로 동경의 즁심디인 인형뎡(人形町)에 건축 즁이던 오층의 일선회관(日鮮會館)은 발셔 준공되야 칠월 일일에 성대흔 긔관식을 거힝하얏는대 미리 각 방면에 삼천여쟝의 초대쟝을 보내고 사흘 동안을 두고 피로연을 하고자 하얏든바, 뎨일일은 공교히 의회(議會)가 긔최 즁임으로 관변(官邊)의 즁요한 이들은 참렬치

못하얏스느 민간 측에서는 리빈이 만앗슴으로 당일 정오신지에 관내는 발셔 립츄의 여디가 업섯스며 령시 십오분에 식(式)을 거힝하자 동사 취톄역 사장(取締役社長) 츄산(秋山) 씨의 『본 회관의 목뎍은 일션 융화를 구톄덕으로 실현하고 겸하야 예슐(藝術)의 발달을 도모하고자 하는 것이라』는 식스(式辭)가 잇슨 후 다음에 취톄역 상익회 부회쟝(相愛會 副會長) 박춘금(朴春琴)의 『아세아 민족의 결흡의 뎨일 보로 일션 량 민족이 결합함이 필요한 의미에서 이 사업이 구톄덕으로 모범됨을 자긔한다』는 말과 리빈 측에서 고목대의스(高木代議士)의 축사(祝辭)로써 식을 마치고 무사히 폐회하얏스며 그후 여흥으로는 동경 일류 청년비우들의 출연이 잇섯고 식당에서는 다슈흔 리빈이 홍군(紅裙)[80]의 교태와 대빅(大白)[81]의 긔운에 취흥이 도도하야 십분의 환희를 다하고 산회하얏스며 쏘 동 회관의 상셜(常設)인 일본교극쟝(日本橋劇場)에셔는 한 달에 두 번식 됴션연극을 상쟝하기로 하얏다더라.

동아 24.07.05 (3) 「싼스」 강습회
시내 죽첨명 일뎡목(竹添町 一丁目) 사십 번디에 잇는 예술학원(藝術學院)에서 하긔 동안 「싼스」를 연구코자 하는 녀자들을 위하야 속성과(速成科)와 특별과(特別科), 두 과를 두고 이 달 십일부터 팔월 삼십일까지 교수하리라는대 특별과에는 각 녀자학교 톄조 혹은 유희 녀교원만 무료로 강습케하며 속성과에서는 일반 녀자들을 수용하리라하며 뎡원은 오십인이라더라.

동아 24.07.05 (3), 24.07.06 (4), 24.07.07 (3), 24.07.08 (3) 〈광고〉
조선일보 7월 5일자 단성사 광고와 동일(단, 일부 출연진이 누락)

조선 24.07.05 (4) 〈광고〉
당 칠월 오일(토요)부터 사일간
신사진 전부 차환
푸로그람
미국 유사 작품
실사 **국제시보** 전일권
미국 유사 셰ㄴ추리 작품
소(小)명여우 베버-베기- 양 주연

---

80) 기생.
81) 큰 술잔.

대희극 **어엽운 작는군** 전이권
미국 유사 특작품
맹우 토무삼치ー 씨 주연
인정활극 **재단(裁斷)날** 전이권
미국 유사 특작품
명우 하바ー드로리손 씨 대역연
인정활극 **철권의 인(人)** 전오권
미국 유사 공전의 대작품
명우 월이압데스몬도 씨 대역연
세계적대연속 **세계 십팔일간 일주** 전십이편 이십사권 중
최종편 제십일편 상항(桑港)[82]에셔 제십이편 뉴육[83]에셔
예고
유사 날 공개되는 대연속과 대명화는 과연 무엇?
송죽 유사 특약 **단성사**
전화 광화문 구오구번

매일 24.07.06 (5), 24.07.08 (4) 〈광고〉
조선일보 7월 5일자 단성사 광고와 동일

조선 24.07.06 (1), 24.07.08 (4) 〈광고〉
7월 5일자 단성사 광고와 동일

동아 24.07.07 (3) 순회중의 경주 고적 환등 / 강경에서 개최
경남 사립 계남(啓南)학교 부형회 발기로 해교(該校) 유지비를 보충하기 위하야 신라 고적
의 환등 영사로 각지를 순회하든 바, 거(去) 사일 강경에 도착하야 각 단체와 각 신문 지국
의 후원으로 당지(當地) 보통학교 내에서 창연(蒼然)한 고적을 영사하엿는데 관객이 백여
인이오, 약 천의 동정금은 좌(左)와 여(如)하다고. (이하 동정금 명부는 생략) (강경)

---

82) 샌프란시스코.
83) 뉴욕.

동아 24.07.07 (3) 동흥교(東興校) 환등대 / 김천에서 활동

간도 용정촌에 재(在)한 동흥중학교에서 다년간 물질의 구속 하(下) 근근히 유지하야 오던 바, 금번 해교(該校) 간부 일동은 일층 교운(校運)을 확장키 위하야 백＊으로 동정을 구하며 또 기부금 모집 후원 환등대를 조직하야 선내 각 지방으로 순회하든 바, 거(去) 이일에 해(該) 환등대는 김천에 도착하야 본사 지국, 금릉청년회, 복음전도포(鋪), 조선일보 지국의 후원으로 익일(翌日) 오후 팔시 반에 금릉청년회관 누상(樓上)에서 간도 실사 급(及) 강연회를 개최하엿는데 정기모(鄭機模) 씨의 열렬한 간도 실사 상담과 최명호(崔明昊), 강순(姜純) 양씨(兩氏)의 쓰리고 압흔 열변에 다수 청중은 무한한 늣김을 이르켯스며 당석(當席)에서 의연한 씨명 금액은 좌(左)와 여(如)하다고. (이하 의연금 명부는 생략) (김천)

매일 24.07.08 (4) 지방개량 선전 / 전북도 사회과 주최로 / 고창 선운(禪雲) 홍덕 공보(興德公普)에셔

전라북도 사회과 주최 지방개량 취지선전 강연 급(及) 활동사진 순회영사반 정＊탁(鄭＊託) 외 이 명은 거(去) 육월 삼십일에 고창에 도착하야 칠월 일일 오후 육시에는 선운사에서, 칠월 삼일에는 홍덕공립보통학교에셔 영사를 하얏는대 관중은 선운사와 홍덕 초유의 대성황을 정(呈)하야 인산인해를 성(成)하얏다더라. (고창)

도청 활동사진 순회

함경북도청 사회과에셔는 황태자 어성혼(御成婚)의 성전(盛典)을 일반 인민의계 관람키 위하야 과장 김시권(金時權) 씨가 활동사진 급(及) 기사 이인을 대동하고 웅기, 회녕, 성진, 청진 방면으로 왕복 칠, 팔일 예정으로 칠월 이일 출발, 순회중이더라. (함북)

조선 24.07.08 (3) 명고옥(名古屋)[84]의 불경(不敬) 사건 / 어성혼 사진 영사 후에 음탕한 사진을 돌녓다

지난 삼일에 일본 명고옥(名古屋)에셔 면포상(綿布商)들이 주최한 어성혼(御成婚) 봉축회에는 현텽(縣廳)과 시텽(市廳)의 역원들도 참렬한 셕상에서 어성혼에 관한 활동사진을 영사한 뒤에 극히 음탕(淫蕩)한 사진을 비티엿든 것이 예기의 입으로부터 루설되야 검사국에셔는 취죠를 개시하얏다더라. (명고옥 면보)

---

84) 나고야(Nagoya).

조선 24.07.08 (4) 환등회의 대성황

간도 동흥중학교 기부금 모집으로 김천에 내도(來到)한 환등단은 당지(當地) 복음전도관, 금릉청년회, 동아일보 김천지국, 본보 김천지국 후원으로 거(去) 삼일 오후 팔시부터 금릉청년회관에서 사진을 영사하얏는대 정각 전부터 쇄도하는 관중은 수백에 달하야 만장의 성황을 정(呈)하얏슴으로 정각부터 개막하야 사진을 영사하고 단원 중 정기모(鄭機謨) 씨의 열렬한 웅변으로 간도 실정을 소개하야 일반 청중에게 무한한 감상을 주어 만장의 박수성은 *중을 진동하고 유지(有志)의 동정금이 답지하얏스며 계속하야 사진을 영사하고 폐회하얏는데 동정으로 연출한 씨명과 금액은 좌(左)와 여(如)하더라. (이하 기사 생략) (김천)

조선 24.07.08 (4) 함흥교풍회(矯風會) 속보

함흥교풍회에서는 상무집행위원회를 거(去) 사일 상오 일시(一時)에 중하리(中荷里) ↗무실(務室)에서 개최하고 구체적으로 집행방법을 결의하야 내 팔월 일일부터 *행하기로 하고 기간(其間) 선전방법으로는 강연회와 강좌를 개(開)하며 활동사진을 순영(巡暎)하고 선전비라를 각처에 살포하며 시행 전일에는 대↗적으로 선전행렬을 행할 등사(等事)를 결*하얏다더라. (함흥)

조선 24.07.08 (4) 신라고적환등회 / 경주 계남(啓南)학교 주최 / 본사 강경지국 외 사개 단체의 후원으로 성황

충남 강경에서는 거(去) 사일 午校[85] 팔시부터 시내 공립보통학교 이계상(二階上)에서 경주 사립 계남학교 후원 부형회 주최와 본사 강경지국, 동아지국, 시대분국, 의법(懿法)청년회, 강경상애회(相愛會) 오개 단체의 후원으로 신라고적 환등사진대회를 개최하얏는대 관람객은 다수에 지(至)하얏고 경주 사립 계남학교 대표자 최종근(崔宗根) 씨의 개회사와 경주의 내력과 신라의 찬란한 문화와 정치(精緻)한 예술의 유적을 설명하매 수백의 박수성으로 장내가 진동하얏고 기후(其後) 계남학교 십칠 성상(星霜)의 경력과 현재상태와 환등사진대를 조직한 취지를 설명하고 유일무이한 신라시대 박혁거세의 사업이며 굉장한 첨성대, 석귀(石龜), 봉덕종(奉德鍾), 다보탑, 석굴암의 신라 오대미술로 시(始)하야 사, 오십종의 고적을 영사함에 짜라서 박수성은 연속하얏스며 최종근 씨의 설명에 짜라서 일반 관객은 불선(不尠)한 감상이 유(有)하얏고 강경 미증유의 대성황으로 동 십이시경에 폐회하얏는대 현장에 동정금액과 씨명은 여좌(如左)하다더라. (이하 기사 생략) (강경)

---

85) 문맥을 볼 때 '午後'의 오식으로 보임.

동아 24.07.09 (1) 〈광고〉

시계와 사진기

귀금속 보옥석 은기(銀器) 동기(銅器) 석기(錫器)

활동사진기 환등기 각종 재료

주식회사 대택(大澤)상회 경성지점

경성 본정 일정목

전화 이륙이번 삼삼구번 사팔○번

진체(振替) 저금 구좌 경성 이삼이

동아 24.07.09 (3), 24.07.10 (3), 24.07.11 (3), 24.07.12 (3) 〈광고〉

매일신보 7월 9일자 단성사 광고와 동일(단, 〈불신자〉의 출연자가 누락)

매일 24.07.09 (3) 〈광고〉

당 칠월 구일(수요)브터

푸로그람

미국 파라마운드사 작품

연화 **최후의 승자** 오권

미국 포스도나시요나루사 작품

명우 가스린 마구도느루 씨 주연

인정애화 **불신자** 전육권

미국 아로-사 특작

해양대연속 **절해의 낭(狼)**

삽(卅)권 최종편 제십삼, 십사, 십오편 육권 상장

예고

내주 유사 늘 상장되는 신연속 과연? 제?권

명화는 그 엇던 것? 전?권

유사 송죽 특약 **단성사**

전화 광(光) 구오구

조선 24.07.09 (1) 24.07.10 (4), 24.07.11 (4), 24.07.12 (1) 〈광고〉

매일신보 7월 9일자 단성사 광고와 동일

동아 24.07.10 (3) 신라 고적 환등 / 성황리에 영사

경남 계남학교 학부형 주최의 신라 고적 환등을 순사(巡寫)하든 최종근(崔宗根) 씨는 거(去) 칠일 이리에 도착하야 각 단체와 각 신문 지국 후원으로 당지(當地) 예배당에서 경주의 삼기팔괴(三奇八怪)와 신라의 찬란한 오대 미술을 영사하고 겸하야 의미 깁흔 역사의 설명은 녯 신라를 새로이 늣기는 듯하여 수백의 관중은 열성으로 환영하엿고 당석(當席)의 동정금은 여좌(如左)하엿다고. (이하 동정금 명부는 생략) (이리)

동아 24.07.10 (3) 독자 위로 환등 / 성황리에 거행

본보 공주 지국에서는 거(去) 칠일 오후 팔시 반부터 예정과 여(如)히 당지(當地) 영명(永明)학교 내에서 교육상 필요한 활동사진 수종과 금강산의 풍경, 미국 문화에 관한 백여종의 환등을 필(畢)하고 근대 문명에 대한 이익모(李益模) 목사의 강연과 신문의 필요에 대한 임창수(林昌洙) 변호사의 강연과 영명교 여교원의 음악이 잇서 성황을 정(呈)하고 동 십일시에 폐회하엿다고. (공주)

매일 24.07.10 (3), 24.07.11 (3), 24.07.12 (4) 〈광고〉

7월 9일자 단성사 광고와 동일

동아 24.07.11 (3) 시장 납량(納凉) 구체 방법 결정 / 이십일일부터 십일간

구일 오후 사시부터 경성 상업회의소에서 회의소 측 상공연합회 측으로 십일 명의 위원이 회합하야 이십일일부터 십일간 장곡천정(長谷川町)을 중심으로 전(全) 시(市)에 긍(亘)하야 개최할 상업회의소 주최 납량 시장(市場)의 실행 방법을 협의하엿는데 원래 불경황(不景況)인 이 째임으로 성공키 어렵다는 반대 의견도 잇섯스며 특히 상공연합회 측은 일즉부터 반대한 일이 잇서 연기설, 철회설, 단행설 등 의론이 구구하다가 맛참내 단행하기로 하고 계원(係員) 급(及) 각 시설, 예산, 기타 구체적 방법을 결정하고 오후 팔시 반에 폐회하엿는데 시설 중 주요한 것은

▲ 노점 장곡천정을 중심으로 회에서 가가(假家)를 건설, 대여함
▲ 창식경기회(窓飾競技會) 전(全) 시(市)에 긍(亘)하야 참가케 함
▲ 공회당 내 여흥 회기 십일간 중 팔일간 각종 흥행을 할 터이며 이일간은 각 학교의 동요대회를 개최할 터인데 입장은 무료
▲ 공회당 옥외 여흥 일본 『씨름』, 활동사진
▲ 연화(煙火) 매야(每夜) 오십발식(式)
▲ 각정(各町) 내 여흥 기타

매일 24.07.11 (3) 우미관 전(前)에 통행주의 / 불량소년이 만으니 쥬의하라고

원릭 관텰동(貫鐵洞) 우미관(優美舘) 압헤는 불량한 소년의 무리가 밤이 으슥도록 모혀잇셔 의례히 나단이는 스람을 비웃졍거려 싸홈을 걸거나 욕설을 퍼부어 그 길을 밤 늦게 걷는 사람들로 하여금 미우 불안을 씨쳐오던 터인대 시내 련지동(蓮池洞) 삼번디 리희준(李熙俊)(二六)이란 사람도 자긔의 친구 두 스람과 관텰동 엇던 음식점에셔 슐을 먹은 후 칠일 식벽 한시경에 우미관의 불 탄 자리 압흘 지나는 즁 관텰동 구십 번디 김모(金某)의 집에 잇는 아이스크림 쟝스 려규보(呂奎普)라는 자 이외에 여러 명에게 욕을 당한 외에 두루막이를 전부 씨끼고 외인편[86] 허리와 면상 기타 두어 곳에 타박상까지 당하얏스나 그즈들은 다라나고 마럿슴으로 할슈업시 십일 원 구십수 젼이 든 돈지갑까지 일코 도라갓셧는대, 팔일 오후 세시경에 길에셔 견긔 려규보를 맛침 맛느 붓잡고 종로셔에 와셔 그 연유로 고소하야 동 셔는 이 즈를 검속하고 엄중히 취됴즁이며 돈지갑도 이 무리가 한참 닷토는 틈을 타셔 졀취하야 갓는지도 모른다는대 하여간 그 길을 겄는 스람은 일층 쥬의할 일이며 경찰에셔도 이후 엄즁히 단속할 터이라더라.

매일 24.07.11 (4) 전북 위생 활사(活寫)

전북 경찰부 위생과에셔는 거(去) 일일브터 동(同) 십일일식지 전주, 익산, 옥구(沃溝) 삼군(三郡) 내 각쳐에셔 위생선젼 활사(活寫) 병(並) 전람회를 전개하는 중인대, 전주군 고산(高山)에는 이일에, 익산군 여산(礪山)에는 오일에 각 당지(當地) 공보(公普)에셔 전개하얏셧는대 관객이 고산에셔는 오천여 인의 성황을 졍(呈)하얏셧고 장차 전개흘 일할(日割)은 칠일에 익산군 함유(咸維), 구일 옥구군 임*(臨*), 십일 십일일 군산이더라. (강경)

동아 24.07.12 (2) [휴지통]

▲ 시내 모 경찰서에서 내근 순사의 시험(試驗)이 재작 십일에 잇섯는데 그 답안이 한번 그럴 쯧한 것이 잇섯다 ▲ 문뎨는 『조선 사회의 계급(階級)이 무엇무엇이냐』하는 것인데 엇던 순사는 조선 사회의 계급은 군인(軍人), 학생(學生) 기타 무엇무엇 하고 느러노앗다 ▲ 그 순사는 연극장으로만 단이면서 『군인 학생 반액』이라는 문패만 보고 조선에는 군인과 학생이 우대(優待)를 밧는 계급이라고 늣긴 모양이다 ▲ 그 중 좀 낫다는 답안에 조선 사회의 계급에는 왕족(王族), 귀족, 화족(華族), 량반, 평민, 상놈 여섯 계급이 잇다고 하엿다 ▲ 조선에 화족이 잇다는 말은 금시초문이로군 ▲ 계급에는 착취 계급과 피착취 계급 두 계급쑨이 잇다는 답안은 다행히 하나도 업서서 그 경찰서에서는 매우 안심한 모양.

---

86) 왼편.

매일 24.07.12 (3) [고급영화와 소녀가극단] 새 희망에 씌운 조선극장 / 모든 환난에셔 버셔나와 새로운 희망에 잠겨잇다

오릭동안 문을 닷치고 소유쥬(所有主)와 경영자(經營者) 스이에 갈등이 싱겨 분규에 분규를 거듭하던 시내 인스동에 잇는 됴션의 대표뎍 연극쟝

됴션극쟝(朝鮮劇場)은 과거 일년 동안의 허다한 비는과 공격에 싸여잇던 모든 환는을 버셔 바리고 엄졍한 의미로 자긔를 리히하는 식로운 쥬인을 마져 오는 십삼일의 기관 긔일을 압헤두고 삼층 고루의 거대흔 몸에 찬란흔 의장을 입고 영화에 씌여잇다.

이 극장의 식로운 쥬인은 만션에 유일한 흥힝스(興行師)요, 극작가(劇作家)인 동아문화협회(東亞文化協會)의 죠쳔증틔랑(早川增太郎) 씨임은 일반이 아는 바이요, 또 씨가 슌수한 됴션영화(朝鮮映畵)의 창시즈로 됴션 고대소셜(古代小說)의 첫머리에 세우는 츈향뎐(春香傳)을 영화극으로

제작하야 세상에 공기하얏슴도 긔억에 식로울 것이다. 이졔 씨의 극장 경영에 대한 포부의 일단을 들을진대,

이번에 경셩에 잇는 됴션 사람 유지 여러분의 물질과 졍신의 량방면으로 원죠를 어더 나의 평소에 뜻하던 바, 나의 됴션의 영화계와 슌실흔 무대예술(舞臺藝術)의 향상 발뎐을 도모케 된 것은 가장 유쾌한 일이외다. 사진은 오는 십삼일의 기관 첫날브터 계속하야

고급영화(高級映畵)만을 닐 결심으로 이미 내디에 잇는 동셔양의 오대회샤(五大會社)와 계약을 톄결하고 스진 세금도 됴션에 잇는 다른 상설관보다도 빗느 내게 하얏슴니다. 처음에는 금견 상실 픠가 잇슬는지도 몰으겟스느 하여간 고급영화를 보랴면 됴션극쟝으로 가야 흔다고 일반이 밋게할 결심임니다. 이번에

처음으로 소긔할 『로빈풋트』 갓흔 스진도 동경 뎨국극장에셔 입장료로 민인 십 원식을 바든 고급영화임니다. 이외에 슌슈한 됴션영화를 제작하야 일반에 공기할 작뎡임니다. 그리고 내가 이번에 졔일 힘을 써 보랴하는 것은 됴션의 소녀가극(少女歌劇)이외다. 이에 대해셔는 발셔 됴션의 소년 즁 가장 뎍당흔 즈

다셧 명을 션발하야 작년에 대련(大連)에 보내여 내가 조직흔 가극단에셔 련습을 식히고 잇는 즁이외다. 처음에 사진으로 기관을 하고 차차 모든 것이 졍돈되기를 기다리여 그 다셧 명 외에 식로운 소녀를 모집하야 가지고 가극단을 조직흘 작뎡임니다. 가극단을 완셩하랴면 됴션의 음악을 연구하여야 하겟슴으로 위션 동경의

뎨국극쟝과 대판(大阪) 『다싸라쓰가』 가극단에 잇든 악쟝(樂長)을 고빙하야 됴션에셔는 듯기 듬은 관현악(管絃樂)을 조직하얏슴니다. 그리하고 종차 됴션 악가를 고빙하야 됴션 가곡을 모다 상쟝(上場)할 작뎡임니다. 우션 첫늘브터 시험으로 와 보와 주십시요요. 무엇이고 다른 뎜이 잇슬 줄로 밋슴니다.

조선 24.07.12 (3) 조선극장 개관 / 십삼일 저녁부터 / 미국 력사 사진을

문제 중에 잇든 죠선극장(朝鮮劇場)은 동방문화협회(東方文化協會)[87]에서 인수하야 가지고 내용을 전부 수리한 후 오는 십삼일부터 개관할 터이라는데 개관 첫날의 상연 사진은 미국의 력사 사진 『로징후트』를 상연하리라더라.

조선 24.07.12 (4) 간도사정환등회 / 각 단체에서 후원

북간사정(北間事情)환등단은 북간도 동흥중학교에서 주최한 바 해교(該校)의 유지를 위하야 방금 기부금을 모집중인대 차(此)를 후원하기 위하야 위선 간도 각지의 실황을 촬영하야 환등으로써 각지 동포에게 소개한다 함은 기(己)히 보도한 바어니와 해단(該團)은 거(去) 육일 상주에 내도(來到)하야 상주청년회 체육단, 본보지국, 시대일보 지국 등 각 단체의 후원으로 당지(當地) 불교포교당 내에서 환등회를 개최하게된 바 특히 체육단에서는 자동차를 승(乘)한 음악대로 시내에 선전문을 반포하는 등 열성 후원하얏슴으로 당야(當夜)는 대성황리에서 십이시경에 폐회하고 후원 각 단체에서는 단원 일동에게 위로연까지 잇섯다더라. (상주)

조선 24.07.12 (4) 사상선전대 귀청

황해도청의 사상선전대는 참여관 유진명(兪鎭明) 씨 인솔 하에 지방과 유마일생(有馬一生) 씨와 사진반 기사 이 명과 갓치 거(去) 육월 이십오일에 출발하얏다가 본월 칠일에 귀청하얏다더라. (해주)

동아 24.07.13 (3) 조극(朝劇) 활동사진 부활

흥행주와 집주인 사이에 싸홈이 생기여 반년 동안이나 문을 다더두엇다가 얼마 전부터 토월회의 공연이 잇든 인사동 조선극당(朝鮮劇場)은 일본인 주관인 동아문화협회(東亞文化協會)에서 경영하게 되야 얼마 전부터 여러 가지 수선을 시작하얏든 바, 거의 준공되엿슴으로 금 십삼일부터 상설덕으로 활동사진을 공개하리라는데 특별히 촬영부(撮影部)를 두고 조선 고래의 가극을 각색 촬영코자하야 임의 촬영 기사까지 고빙하얏다하며 십삼일에 처음 공개할 사진은 세계덕으로 유명한 미국력 사진 『로진푸드』 전 십일권짜리로 미국의 일류 남녀 배우가 출연한 것이라더라.

---

87) '동아문화협회'의 오식으로 보임.

동아 24.07.13 (4) 〈광고〉

당 칠월 십삼일(일요)브터

푸로그람

유사 활극 명화 대회

실사 **국제시보** 전일권

희극 **뻣기의 재난** 전이권

서부활극 **방랑의 인(人)** 전이권

활극 **황색 손수건** 전이권

맹투활극 **산묘(山猫) 쨀탄** 전오권

연속활극 **아불리가(亞弗利加)**[88] **탐험**

십팔편 삼십육권 중 제일, 제이편 사권 상장

경성 수은동

유사 송죽 특약 **단성사**

전(電) 광(光) 구오구

매일 24.07.13 (3) [영화계]

상영장소 시내 단성사

　　시일 칠월 육일

『아불리가 탐험』 전십팔편 삽(卅)육권

뎨일편 「아푸리가(亞弗利加)에 유명한 「아푸리가」 탐험가 「리빙쓰톤」이 거처 불명된 지 수년 후 「뉴욕」 「헤랄트」 신문긔자 「스탄레ー」가 수식대를 죠직하야 가지고 「아푸리가」로 갈 쌔에 「카메론」이란 박물학자(博物學者)가 동힝하얏섯는대 어느늘 「카메론」이 묵고 잇는 공동주틱에 불이 일어낫슬 쌔에 「뉴욕」 「크라리온」 신문 녀긔자 「나데아」가 탐방을 왓다가 화렴 즁에 든 것을 「카메론」이 구조하얏섯다. 「크라리온」 신문 샤장은 노예 미미를 하고 잇섯는대 이것을 박멸하고자하는 「스탄레ー」의 힝동을 「나데아」로 하야금 탐방케 하는 고로 「ᄂ데아」는 깃버하야 「카머론톤」을 짜라 「싼데쌔」란 셤에 갓다가 불힝히 「아라비아」 노예 미미하는 ᄌ의 흉수(凶手)에 걸니엿다.

---

88) 아프리카.

『산묘(山猫) 쏠탄』 전오권

산고양이 「쏠탄」이라는 별명을 가진 쾌활한 「테크쏠탄」은 그의 토디를 「로자렌」의 경영하는 재단(財團)에 팔랴할 쌔에 그 토디에서 석유가 나는 줄 안 「켈」은 즈긔 긔인이 독담하야 스기 위하야 「아쓰데크」란 구락부에 입회하게 하고 발회식을 할 쌔에 「크란트」란 미인을 식이여 무리히 팔게 하얏스나 「쏠탄」은 이것을 쎄닷고 그의 계획을 실힝치 못하게 하는 동시에 미인 「크란트」 양과 정의가 상합하얏다.

기타 실수 = 국제시보(國際時報) 일권, 활극 = 방랑흔 사람(放浪의 人) 이권, 희극 = 빅기의 지는 (빅기의 災難) 이권 등

매일 24.07.13 (6), 24.07.14 (5), 24.07.16 (3) 〈광고〉
동아일보 7월 13일자 단성사 광고와 동일

조선 24.07.13 (4), 조선 24.07.14 (4) 〈광고〉
동아일보 7월 13일자 단성사 광고와 동일

동아 24.07.14 (3), 24.07.15 (3) 〈광고〉
7월 13일자 단성사 광고와 동일

매일 24.07.14 (5) 〈광고〉
칠월 십삼일부터 개관(제일회 공개)

사극 **로빙후드** 전십일권

인정극 **후문(後門)에서** 전칠권

동아문화협회 직영

고급영화 전문상영

조선극장 전화 광화문 이○오번

조선 소녀 가극생 모집

(연령 십세브터 십삼세꼬지 미모의 여아에 한흠)

조선 24.07.14 (4) 환등단 일행 내예(來醴)
간도 동흥중학교 주최인 환등단 일행은 거(去) 팔일 오후 칠시 예천에 도착하야 일박 후 긔(其) 익일 오후 팔시에 예천청년회, 예천노동회, 동아일보 예천분국, 본보 예천지국 후원으로 예천 불교포교당 내에서 환등을 영사하얏는대 정각 전부터 회집하는 군중은 무려

수백 명에 달하야 만장의 성황을 정(呈)하얏고 청년회 부회장 이대일(李大一) 씨 사회 하에 단원 강순(姜純) 씨의 취지 설명으로부터 사진을 영사하야 일반 관중에게 무한한 자극을 여(與)한 후 폐회하얏는대 현장에서 동정(同情)인 씨명 급(及) 금액은 여좌(如左)하더라. (이하 기사 생략) (예천)

조선 24.07.15 (3) [연극과 활동]

인천(仁川) 외리(外里) 애관(愛舘)에서 작 십사일부터 녀자신극(女子新劇) 금강단(錦江團)이 신파극을 하는데 일행은 십팔 명이오. 금번 이 극을 흥행케 됨은 일반 걸인(乞人)을 위하야 그 가긍한 경상을 십분지 일이라도 도와주기 위하야 걸인에게 의복(衣服)을 하야주기로 목덕함이라더라. (인천)

동아 24.07.16 (3) [시내 통신]

▲ 조선극장에 명화

조선극장에서는 부활 벽두에 세계적 명사진 『로빈푸드』를 지난 십삼*부터 공개하엿는데 사진은 전 십이권으로 영국 「리챠드」왕 시대의 역사적 사진인데 희유(稀有)의 걸작품이다. 입장권은 특히 개관 피로(披露)로 보통료이라고.

동아 24.07.16 (3) 〈광고〉

당 칠월 십육일(수요)부터 송죽 날
신사진 전부 차환
미국 컬드윙사 대작품
정희극 **춤은 셧툴지만** 전육권
불국 파-데 본사 대작품
대탐정대활극 **괴인의 여자** 육권
미국 후아쓰도냐소날사 대작품
연화(戀話) **연문무용(戀文無用)** 전오권
예고
내주 공개되는 대명화
독일명화 기다리시든 대명화
대모험 **사(死)의 모험** 전팔천척
기다리서요 이 대명화를 쏙……
경성 수은동

유사 송죽 특약 **단성사**

전(電) 광(光) 구오구

조선 24.07.16 (2) 24.07.17 (1), 24.07.19 (1) 〈광고〉

동아일보 7월 16일자 단성사 광고와 동일

동아 24.07.17 (2) 연예 영화 잡지 / 애조사(愛潮社) 출현 / 사무소는 필운동

조선의 잡지 종류가 여러 가지이나 오즉 연예와 영화에 대한 잡지가 업슴을 매우 유감으로 생각하는 몃몃 동지(同志)가 모히여 여러 방면의 만흔 후원과 견고한 긔초 아래서 연예와 영화를 전문으로 할 월간 잡지 애조(愛潮)사를 조직하야 그 사무소를 시내 필운동(弼雲洞) 일백륙십칠 번디에 두고 동사 사원들은 애조 창간호(創刊號)를 래월 하순경부터 발간코자 편집에 분망중이라더라.

동아 24.07.17 (4), 24.07.19 (3) 〈광고〉

7월 16일자 단성사 광고와 동일

매일 24.07.17 (3), 24.07.18 (3) 〈광고〉

동아일보 7월 16일자 단성사 광고와 동일

조선 24.07.17 (3) 연예, 영화 잡지 / 『애조(愛潮)』사 조직 / 창간호를 편집 중

죠션의 잡지 종류가 그다지 적다할 수 업스나 오직 연예와 영화에 대한 잡지가 업슴을 매우 유감으로 생각하는 몃 동지(同志)가 모듸여 여러 방면의 만흔 후원과 견고한 긔초 아래셔 연예와 영화를 전문으로 할 월간 잡지의 애죠사(愛潮社)를 죠직하야 그 사무소를 시내 필운동(弼雲洞) 일백륙십칠 번디에 두고 동사 사원들은 『애죠』 창간호(創刊號)를 래월 하순경 안으로 발간코자 편집하기에 매우 분망중이라더라.

동아 24.07.18 (2) 〈광고〉

7월 9일자 주식회사 대택상회 경성지점 광고와 동일

매일 24.07.18 (3) [영화계의 희소식] 「씨쓰」에 낫타날 장화홍련전 / 작일(昨日)부터 촬영에 착수 / 됴선 촬영계의 명기사 리필우 씨를 초빙하야 작 십칠일브터 영도사에셔 박이기 시작힛다

시내 동구안 단셩수(團成社)가 우리 됴션의 흥힝계(興行界)에 만흔 공헌이 잇서왓슴은 다—갓치 인명하는 바로, 동사에셔는 다시 됴션의 촬영계(撮影界)에 뜻을 두어 영화예술(映畵藝術) 그것을 보급식히고자 다년간 대판(大阪)에 건너가셔 촬영을 연구하야 방금 됴션 촬영계에 독보(獨步)하는 기사(技師) 리필우(李弼雨) 씨를 고빙한 후 얼마 젼부터 촬영부를 시로 셜치하고 혹은 젼션녀자뎡구대회(全鮮女子庭球大會)의 실수(實寫) 혹은 젼션녀자육상 경긔대회(全鮮女子陸上競技大會)의 실수 등을 박혀 만흔 「쌍」에계 공기하얏슴은 아즉도 일반의 긔억에 시로운 바인대, 이제 다시 처음으로 슌*한 됴션 영화극(映畵劇)을 만들고자 작 십칠일브터 시외 영도스(永導寺)에셔 넷으로브터 슌슈한 됴션 비극소셜(悲劇小說)로 유명흔 장화홍련뎐(墻花紅蓮傳)을 박히기 시작하야 약 닷시 동안에 맛칠*이랴는 바, 권수는 대략 다섯 권 예명으로 그 사진의 기리는 수쳔쳑 가량이나 되리라더라.

매일 24.07.18 (3) 연예, 영화 잡지, 『애조(愛潮)』 간행 / 릭월에 발간하기로 목하 편즙에 분망즁

됴션의 잡지 종류가 그다지 젹다할 슈 업스나 오즉 연예와 영화에 대흔 잡지가 업슴을 매우 유감으로 싱각하는 몃몃 동지(同志)가 모듸여 여러 방면의 만흔 후원과 견고한 긔초 아릭셔 연예와 영화를 젼문으로 홀 월간 잡지 애조(愛潮)스를 조직하야 그 스무소를 경셩부 필운동(弼雲洞) 일빅륙십칠 번디에 두고 동스 스원들은 애죠 창간호(創刊號)를 릭월 하슌경으로 발간코자 편집에 분망 즁이라더라.

조선 24.07.19 (4) 간도사정 환등 소식

간도 동흥중학교의 장래 유지책이 업슴으로 환등단을 조직하야 조선 각지로 순회 영사하면셔 기부금을 모집한다 함은 본지에 누보(累報)하얏거니와 거(去) 십삼일에는 경북 안동 읍내에 도착하야 안동청년회, 안동면려(勉勵)청년회, 안동불교청년회, 조선일보 안동지국, 동아일보 안동분국, 안동실업단 등 제 단체의 후원으로 그 취지의 광고를 선전하고 동 하오 팔시 반에 금남여관(錦南旅館)에셔 환등을 영사하는대 간도 지방의 사정과 교육참고에 유익한 사진으로 최명호(崔明昊), 강순(姜純) 양씨의 자미잇는 셜명중에 만장 관중의 갈채 환영을 밧고 동 십이시경에 폐회하얏는대 동정금은 오십 원에 지(至)하얏다더라. (안동)

조선 24.07.20 (4) 간도사정환등회 / 각 단체의 열성 후원 하에

간도사정환등단은 간도에 재한 사립 동흥중학교에서 해교(該校)의 기부금 모집을 후원하며 간도 현상을 선전하기 위하야 조직된 바 단원 중 최명호, 강순(姜純) 양씨는 거(去) 팔일 상주로부터 예천에 내(來)하야 본보지국, 예천청년회, 동아일보 예천지국, 예천노동회 등 사개 단체의 후원 하에 불교포교당 내에서 구일 오후 팔시 반부터 간도사정환등회를 개최한 바 당일 오후 사시부터 예천청년회에서는 선전문을 시내외에 선전한 바 관중은 무려 사백여 명에 달하얏고 동정금도 답지하얏더라. (예천)

조선 24.07.20 (4) 정주(定州)악대 교육 활사(活寫)

정주악대교육활동사진반 일행은 기간(其間) 도내 각지로 순회하야 교육의 최급선무임을 선전하야 대호평을 박득(傳得)하더니 근일 동 일행은 무사귀향하야 이십육일 오후 팔시부터 당지(當地) 예배당 전정(前庭)에서 영사하얏는대 수백의 관람인사가 유(有)하얏섯다더라. (정주)

조선 24.07.20 (4) 정주(定州) 활사(活寫) 남순(南巡)

정주악대교육활사대 일행은 거(去) 십칠일 오후 차(車)로 교육을 선전키 위하야 평남 황해 방면으로 출발하얏다더라. (정주)

동아 24.07.21 (1) [자유종] 지방 순회 단체에게

금반 하기에도 예년과 가치 모모 단체의 지방 순회가 성행중인 모양이다. 평소 적막한 우리 사회에 시기를 싸라 이와 가튼 활동이 잇는 것은 병자에 의약가치 일반의 시드러져가는 사상계에 활기를 고취하는 효과가 불소(不少)함은 물론이라 지방 인사는 자아를 위하는 동시, 혹서(酷暑)를 무릅쓰고 원로(遠路)에 차저오는 단체의 노고를 만족히 위안할 환영에 힘쓸지요, 그리하여야 주객의 예의상 당연한 의무라 할 수 잇다. 그런데 금년은 천(天)이 무심하야 우리 운명도 이쌍인지 삼남(三南) 지방의 한재(旱災)는 수십년 내 희유(稀有)의 참상으로 『언제나 비가 올지 모르겟다』는 봉인첩어(逢人輒語)도 지금에는 『별 수 업시 굴머 죽겟다』는 비애(悲哀)로 변함을 싸라 장래를 위하야는 지식향상 무엇무엇보다 위선(爲先) 『조밥이라도 한 술』을 부르지지게된 이 째라 바로 말하면 내가 굴머 죽게 되는 오는 손님도 귀치 안타는 것이 사실이니 엇지할까요?

각 단체는 아는 바 심촉(深燭)할 바라 사(思)하며 필자의 심히 유감으로 사하는 바는 경성 모 순회 강연단(기(其) 단체의 체면을 보중하기 위하야 익명한다)이 금월 십사일 천안에서 전주청년회로 『금월 십칠일 전주에서 강연하겟다고』 준비를 의뢰하는 통지가 잇서서 전주

청년회에서는 사정상 부득이 사절회답을 하고자하나 기소행처(其所行處)를 부지(不知)요, 일자의 박두로 홀연 내객(來客)에 유감될가 하야 통지를 접견한 십오일 모(暮)에 간부의 협의로 강연준비를 하는 일방 십육일 강연지가 될 쯧한 이리까지 내부(來否)를 확지(確知)키 위하야 表代[89]를 파송하엿스나 동일(同日) 석양까지 강연단의 영자(影子)가 보이지 안흘 쑨 외라, 이리 인사는 전연 부지(不知)한 상태임을 보고 헛도이 도라온 후 준비를 중지하엿는대 십칠일이 지낸 십팔일까지 내부(來否)에 대한 하등 재신(再信)이 업는 고로 동단의 무신(無信)을 매우 비난하는 중이다. 동단은 생각이 잇슬터이니 더 말치 안코자 한다.

지방에서 각 단체를 마지할 째는 일정의 수삼일 전부터 장소의 예정과 광고 기타 준비에 불소(不少)한 수고로써 분망함을 아는 이상 중도에 일정을 변경하거나 혹은 중지되는 사정이 잇슬 째는 행선지에 속히 통지하여야 공연한 수고를 아니할 것이니 이 점에 대하야 각 순회단은 극히 주의할 것으로 사(思)한다. 그리고 금반 모 단체쑨외라 연래에 그런 일이 종종 잇서서 적지 아니한 곤난이라 하며 금년에 한하야 타지방은 엇재쓴지 전주에는 목하(目下)의 참상을 보아 부득이 내단(來團)을 사절할 수밧게 업다고 한다. (전주 일 청년)

동아 24.07.21 (3) 〈광고〉

당 칠월 이십일(일요)부터 유사 날

푸로그람

유사 특작품

희극 **트집군** 전이권

연화(戀話) **괴상한 여자** 전오권

연화 **표박(漂泊)의 고아** 전오권

유사 대작품

연속활극 **아불리가(亞弗利加) 탐험**

제이회 제삼편, 제사편 사권 상장

예고

내주 공개 대모험극

독일영화

독일 산소니아사 대작품

대모험대탐정 **사(死)의 모험** 전팔천척

경성 수은동

---

89) '代表'의 오식으로 보임.

유사 송죽 특약 **단성사**

전(電) 광(光) 구오구

매일 24.07.21 (2), 24.07.22 (1), 24.07.23 (3) 〈광고〉

동아일보 7월 21일자 단성사 광고와 동일

조선 24.07.21 (1), 24.07.22 (4) 〈광고〉

동아일보 7월 21일자 단성사 광고와 동일

조선 24.07.21 (3) 김포학생친목회 / 고향방문 순강(巡講) / 환등과 음악도 잇다고

경성에 잇는 김포(金浦)학생친목회에서는 이번 하긔방학을 리용하야 그 회 문예부의 주최로 하긔 순강대를 죠직하야 고향인 김포에 나려가셔 각쳐를 순회 방문한다는데 강연에 환등과 음악도 잇다 하며 순회 일자는 아래와 갓다더라.

▲ 칠월 이십이일 구(舊) 양천(陽川)읍내 ▲ 이십삼일 김포읍내

▲ 이십오일 양촌면(陽村面) 오라리(吾羅里) ▲ 이십육일 구(舊) 통진(通津)읍내

▲ 이십칠일 하성면(霞城面) 마곡리(麻谷里)

동아 24.07.22 (4), 24.07.23 (3) 〈광고〉

7월 21일자 단성사 광고와 동일

조선 24.07.22 (4) 간도사정환등회 / 각 단체의 열성 후원으로 / 동정금도 다수 답지

북간도 내 사정 환등단 일행은 거(去) 십사일 안동군 하회에 내착(來着)하야 안동 하회유학생구락부, 우리청년회, 조선일보 하회출장소의 후원 하에 거(去) 십오일 풍남(豊南)공립보통학교에서 간도사정 환등회를 개최한 바 입장은 만원을 이루엿스며 동정은 여좌(如左)하더라. (이하 기사 생략) (하회)

동아 24.07.23 (3) 납량(納凉) 시장 연기 / 강우로 인하야

이십일일부터 개최할 상업회의소 주최인 납량 시장은 당일 강우로 인하야 개시치 못하고 청천(晴天)이 됨을 기다려 십일간 연(連)하여 개(開)하기로 변경되엿는데 이십이일에는 대개 개시가 될 터임으로 전등장식 등 준비에 분망중이라고.

동아 24.07.24 (3) 경북 위생 활사(活寫)

경북 경찰부 위생과에서는 좌기(左記) 일할로써 위생 활동사진을 순회 개최한다고

▲ 칠월 이십일 익산군 구미 ▲ 동(同) 이십일일 김천군 대신(大新)

▲ 동 이십이일 동군(同郡) 주양(住良) ▲ 동 이십삼일 동군 김천

▲ 동 이십사일 상주군 공성면(功城面) ▲ 동 이십오일 동군 상주면

▲ 동 이십육일 동군 북서면(北西面) ▲ 동 이십칠일 동군 모동면(牟東面) (대구)

동아 24.07.24 (4) 〈광고〉

당 칠월 이십사일(목요)부터 송죽 날

명화 공개

미국 후아쓰도냐소날사 대작품

국제적 미인 미리아 무구버— 양 주연

인정연화 **활로의 휘광(活路의 輝光)** 전육권

미국 파라마운트사 걸작품

명우 총출연

문예명화 **고향의 집** 전구권

예고

근일 유사 날 공개 대연속 명화

세계적 권투가 레지놀—도데—니 씨 대역연

세계적대연속 **신(新) 권투왕** 전육편 십이권

경성 수은동

유사 송죽 특약 **단성사**

전(電) 광(光) 구오구

매일 24.07.24 (4) 경북 위생 순회 활사(活寫)

경북 경찰부 위생과에서는 좌기(左記) 일할로 선산(善山), 김천, 상주 각군에 위생선전 활동사진을 순회 영사한다더라.

칠월 이십일 선산군 용미(龍尾) 이십일일 김천군 대신(大新)

이십이일 동군(同郡) 위양면(位良面) 이십삼일 김천면

이십사일 상주군 공성면(功城面) 이십오일 상주면 이십육일 북서면(化西面)

이십칠일 모동면(牟東面) (대구)

조선 24.07.24 (1) 〈광고〉
동아일보 7월 24일자 단성사 광고와 동일

동아 24.07.25 (3) 교풍회(矯風會)의 활동
함흥 교풍회에서는 그동안 여러 방법으로 활동하여 오든 바, 지난 이십일일부터 이십사일 짜지 매일 하오 팔시부터 장소를 변하여 가면서 선전 활동사진을 영사하엿다고. (함흥)

동아 24.07.25 (4), 24.07.26 (3) 〈광고〉
7월 24일자 단성사 광고와 동일

매일 24.07.25 (3), 24.07.26 (4), 24.07.27 (4) 〈광고〉
동아일보 7월 24일자 단성사 광고와 동일

조선 24.07.26 (3) 활동사진대회 / 이화학당 내에서 / 하긔 아동성경학교 주최로
시내 명동(貞洞) 야소교당 안에 잇는 하긔 아동성경학교(夏期 兒童聖經學校)에서 경비 곤난으로 일반의 동정을 엇기 위하야 작일 져녁 여덜시 삼십분에 명동 리화학당(梨花學堂) 안에셔 활동사진 대회를 개최하는데 매우 성황임을 예긔한다더라.

동아 24.07.27 (1) 〈광고〉
당 칠월 입(卄)칠일(일요)부터 유사 날
푸로크람
유사 작품 실사 스크링 마카칭 전일권
유사 작품 활극 심야의 기수 전이권
유사 작품 활극 죄의 길 전이권
유사 작품 희극 맘겻 놀-자 전이권
유사 작품 연속삼회 아불리가(亞弗利加) 탐험
전십팔편 삼십육권 중 제오편 제육편 사권 상장
유사 공전의 위작품(偉作品)
권투가 레지놀도데-니 씨 대역연
맹투연속 신(新) 권투왕 전육편 십이권 중
제일회 제일편, 제이편 사권 상장
유사 송죽 특약 단성사

전(電) 광(光) 구오구

동아 24.07.28 (3), 24.07.29 (1) 〈광고〉
7월 27일자 단성사 광고와 동일

매일 24.07.28 (3), 24.07.29 (3), 24.07.30 (3) 〈광고〉
동아일보 7월 27일자 단성사 광고와 동일

조선 24.07.28 (2), 24.07.30 (2) 〈광고〉
동아일보 7월 27일자 단성사 광고와 동일

조선 24.07.28 (4) 신파극 교육 장려
철원지방은 여자 야학이 업습을 유감으로 사(思)하던 바 금춘(今春) 유지(有志)의 발기로
일개소를 설(設)하고 왕종순(王宗順) 양, 박근희(朴瑾熙) 여사가 열성 교수중이나 경비가
곤난하던 바 신파극단 현성완(玄聖完) 일행은 거(去) 십구일 당지(當地)에 도착하야 여자
야학의 경비를 보조코자 **흥행하얏는데 해(該) 지방 제씨의 동정금이 불소(不少)하얏다
더라. (철원)

조선 24.07.30 (4) 간도환등단의 소식 / 연일 강우로 부득이 / 개인방문만 하엿다
▲ 간도 사립 동흥중학교 주최 간도사정환등단은 수년 전부터 해교(該校)의 유지를 위하
야 당국으로부터 기부금 허가를 득(得)하야 가지고 *래 기부금 모집중이라함은 누〻히 보
도한 바어니와 환등단 일행은 해(該) 기부금 모집 급(及) 간도사정을 선전키 위하야 거(去)
십구일 단원 최명호, 강순 양씨는 의성(義城)에 내착(來着)하야 각 단체의 후원 하에 환등
회를 의성청년회관에서 개최하기로 하얏스나 연일 강우임으로 부득이 중지하고 개인을 방
문하야 기부금을 모집하얏는데 동정금액 급(及) 씨명은 좌기(左記)와 여(如)하더라. (이하
기사 생략)
▲ 거(去) 이십사일은 군위(軍威)에 도착하야 간도사정환등회를 개최하려 하엿스나 역시
강우임으로 부득이 차(此)를 중지하고 유지기인(有志幾人)만 방문한 바 추영구(秋永求) 씨
오십 원, 김영성(金永成) 씨 이 원. (이하 약(畧)) (군위)

매일 24.07.31 (3) 해양활비극 『남해의 정화(情火)』 / 이십구일 밤브터 됴션극쟝에 상쟝

시니 인사동(仁寺洞)에 잇는 됴션극쟝(朝鮮劇場)에셔난 긔관 이릭로 『로빙홋트』 『스로메』 등의 명화를 상쟝하야 일반 「키네마 쌍」으로 하야금 열광케 하야 오던 터인대 이번에는 다시 지는 이십구일 밤브터 미국(米國) 「쏠도윙」의 특작품(特作品)인 『남히의 졍화(南海의 情火)』라는 일곱권자리 해양활비극(海洋活悲劇)을 상쟝하얏다. 이 사진은 남해의 외로운 섬을 비경으로 이러나는 활비극이나 그 속에는 가쟝 아름다운 인졍미(人情味)의 발로도 잇스며 그윽한 향긔도에라는 사랑의 불길도 엿볼 슈 잇는 스진으로 임의 됴션 이외의 각디에셔는 무한한 환영을 바더왓다는 명화(名畫)이다.

조선 24.07.31 (1) 〈광고〉

당 칠월 삼십일일부터 송죽날

활극대회

아메리캉사 특작

활극 완력의 천지(腕力의 天地) 전오권

비낙클사 대작품

맹투활극 맹호일성(一聲) 전오권

휘ㄱ쓰사 공전의 걸작

모험활극 작열의 사막 전오권

예고

근일 봉절의 조선 영화

단성사 촬영부 현금 촬영중

대비극 장화홍련전 최대 장척

공개 시일을 고대하셔요!

송죽 유사 특약 **단성사**

전화 광화문 구오구번

동아 24.08.01 (2) 여자 청년 주최 납량 활동사진 / 부인에 유익할 / 선전 비라도 백여 돌린'다고

시내 인사동(仁寺洞) 조선녀자청년회(朝鮮女子靑年會)에서는 일반 가뎡의 부인들을 위안하며 동시에 여러 가지 조혼 사상을 보급식히기 위하야 오는 팔월 이일(토요일)에 부인 납량 활동사진대회(婦人 納凉 活動寫眞大會)를 열고 활동사진과 류성긔(留聲機)를 놀니며 쏘 근금저축(勤儉貯蓄)하고 위생(衛生)에 주의하자는 의미의 선뎐 「비라」를 돌릴 터이라는데 일반 가뎡의 부인이 만히 오기를 바란다하며 활동사진 대회를 개최할 처소와 시간은 일간 결뎡하여 발표하리라더라.

동아 24.08.01 (4), 24.08.02 (3) 〈광고〉

조선일보 7월 31일자 단성사 광고와 동일

매일 24.08.01 (3) 일본 소녀가극단의 조종(祖宗) 동경소녀가극단 / 칠십여 명의 큰 단톄로 팔일브터 개막해

하긔(夏期)에 드러스며 경성(京城)의 극계(劇界)는 아조 침톄하야 극단이 상당하고 상당치 못한 것은 고사 막론하고, 경성에 드러오는 극단의 수가 아조 쓴어져서 시내 애극가에게 적지아니 적막한 늣김을 주어왓섯는대, 이즈음 경성극쟝(京城劇場)의 경영쟈(經營者) 측에셔는 이 침톄흔 극계를 만회키 위하야 적지 안은 희싱을 앗기지 아니하고 도션셔는 보기 듬은 일본 가극의 죠종(祖宗)인 동경소녀가극단(東京少女歌劇團)을 불너, 오는 삼일브터 경성극쟝에서 초일을 열 터이라는대 이 동경가극단은 대판(大阪) 『다싀라쓰싀』 쇼녀가극단에 비교하야 소소한 손싴이 업슬 쑨 안이라 그보다도 먼져 조직이 되야 오릐인 력사를 가진 이만치 내용이 충실하다는 평판으로 오기도 젼부터 만도의 인긔를 도드고 잇는 모양인대, 이 극단은 단원 총 삼십륙 명 녀빈우 줌에는 동경가극계를 풍미하고 관동 애극가의 만흔 총애를 받고 잇는 명우도 만히 셕기엿다는대, 이 일힝은 오는 이일에 경성에 드러와셔 삼일 밤브터 막을 열 예명인 바, 오늘의 인긔를 미루어보아도 공전한 성황을 일우울 모양이라더라.

사진은 이 단톄의 스타-인 뎐촌풍자(田村豊子)(상), 아릿는 곡긔셰자(谷崎世子)(하)

매일 24.08.01 (3), 24.08.02 (4) 〈광고〉

조선일보 7월 31일자 단성사 광고와 동일

동아 24.08.02 (2) 납량 활동사진 / 시일 장소 결정 / 녀자 청년회 주최

조선녀자청년회(朝鮮女子靑年會) 주최의 부인 납량 활동사진대회(婦人 納凉 活動寫眞大會) 와 류성긔회(留聲機會)가 금 이일부터 열리리라 함은 작지에 보도한 바와 가튼 바, 그 회에 서는 그 시일과 장소와 기타 사항을 아래와 가치 결뎡하엿는데 일반 가뎡의 부인이 만히 오기를 바란다더라.

팔월 이일 수송동 활동사진회 동 사일 수하졍(水下町) 츅음(蓄音)연주회

동 육일 매동(梅洞) 츅음 동 구일 청운동 활동 동 십일일 죽첨졍(竹添町) 츅음

동 십삼일 마포 츅음 동 십육일 교동 활동 동 십팔일 재동 츅음

동 이십일 주교(舟橋) 츅음 동 이십삼일 어의동(於義洞) 활동 동 이십오일 용산 츅음

동 이십칠일 효창 츅음 동 이십구일 창신동 츅음

각처 공립보통학교 교정에서 오후 팔시부터

동아 24.08.02 (2) 납량 활동사진과 근검 장려 선전 / 조선녀자청년회의 선전지 내용

시내 인사동(仁寺洞)에 잇는 조선녀자청년회(朝鮮女子靑年會)에서 작 이일 저녁부터 시내 수송동 공립보통학교(壽松洞 公立普通學校)에서 부인 납량 활동사진회(婦人 納凉 活動寫眞 會)를 열기를 시작하야 오는 십구일까지 시내 십이처에서 츅음긔 회사와 납량 활동사진을 번가라 놀리어 가뎡 부인을 위하는 동시에 가뎡에 유릭한 말을 선전지에 백여 돌린다함은 임의 보도한 바어니와 그 선면지에는

하긔 위생에 대한 것 세 가지와

사치를 금하자는 일과

표어로

쌈 흘리고 일한 후가 뎨일 싀원하오

고생하고 돈 모흔 후가 뎨일 편하오

등이 근검을 장려하는 의미가 잇서 가뎡 부인의 한 번 볼만한 것이라더라.

동아 24.08.02 (3) 부인 관객 우다(尤多) / 수원 교회주보사 주최 / 소인극 대회

수원 교회주보사(水原 教會週報社) 주최로 지난 이십팔, 구 이틀 동안 예술구락부 후원으로 소인극 대회를 수원극장에서 개최하얏다는데 수원에서는 종교 단톄로서 이와 가튼 연극의 주최는 처음되는 일이라 일반 인사는 만흔 흥미를 가지고 입장을 다투어 관람자는 매일 무려 삼사백 명에 이르럿섯다 하며 더욱 부인이 남자보다 만히 입장한 것은 전에 업든 일이엿다고. (수원)

동아 24.08.02 (3) 평남 위생 선전

평안남도청 사회과에서는 본월 삼일부터 구일까지 일주일간 위생선전 활동사진 영사를 행한다는데 시간은 매일 오후 팔시부터 이오, 일할(日割) 급(及) 장소는 아래와 같다고.
삼일 암정(岩町)파출소 부근, 사일 연광정(練光亭), 오일 고보(高普)부속보교장,
육일 약송(若松)보교장, 칠일 앵정(櫻町) 묘심사장(妙心寺場),
팔일 선교리(船橋里) 기념비 전(前), 구일 산수정(山手町) 소학교장

매일 24.08.02 (3) 여자 청년회 주최로 납량 연주회 개최 / 더위에 복개는 녀성을 위하야 오날부터 연주회를 계속 개최

시내 인스동(仁寺洞) 경성도셔관(京城圖書館) 안에 잇는 됴션녀즈청년회관(朝鮮女子靑年會舘)에셔는 동 회관 안에 잇는 부인강좌(婦人講座) 주최로 더위에 보기는 녀성(女性)들을 위하야 금 이일브터 이십구일신지 미일 밤 여덜시브터 다음에 긔록한 각 보통학교에서 부인 랍량 활동스진대회(婦人 納凉 活動寫眞大會)와 축음긔 연주대회(蓄音機 演奏大會)를 긔최홀 터인대 스진은 특히 현 됴션 스회의

일반 가뎡 부인에게 가장 뎍당한 것을 션퇴하야 영스홀 터이며 쏘한 진리로 됴션 가뎡 부인들은 대톄로 경계스상에 대한 소양이 젹음으로 이번 긔회를 리용하야 근검 뎌축(勤儉貯蓄)의 션뎐 「쎄라」를 인쇄하야 일반에 비부한다는 바, 만일 비가 오는 째는 슌셔에 의하야 그 다음 늘로 연긔한다더라.

연주 일순(日順)

월	일	장소	종(種)
팔월	이일	수송동	활동사진회
동(同)	사일	수하정(水下町)	축음기 연주회
동	육일	매동(梅洞)	축음기 연주회
동	구일	청운동	활동사진회
동	십일일	죽첨동(竹添洞)	축음기 연주회

동	십삼일	*포(*浦)	축음기 연주회
동	십육일	교동	활동사진회
동	십팔일	재동	축음기 연주회
동	입(卄)일	주교(舟橋)	축음기 연주회
동	입삼일	방의동(於義洞)	활동사진회
동	입오일	용산	축음기 연주회
동	입칠일	효창	축음기 연주회
동	입구일	창신동	축음기 연주회

동아 24.08.03 (3) 〈광고〉

당 팔월 삼일부터 유사 날

푸로그람

유사 특작품

연속이회 **신(新) 권투왕**

전육편 십이권 중 제삼편, 제사편 사권 상장

연속사회 **아불리가(亞弗利加) 탐험**

십팔편 삼십육권 중 제칠편, 제팔편 사권 상장

유사 특별 제공

탐정복수활극 **백만불의 복수** 전칠권

예고

근일 봉절되는 조선명화

대비극 **장화홍련전** 일만척

봉절 일자를 고대하서요!

유사 송죽 특약 **단성사**

전(電) 광(光) 구오구

매일 24.08.03 (5) 금일의 경성극장에 동경가극 상연 / 칠십여 명의 큰 단테로 유명한 녀우가 삼십 명

오리동안 흥힝이 슨치여 거의 황량한 늣김이 잇던 여름의 됴션 극단(劇壇)에 청량졔(淸凉劑)를 드리기 위하야 일본가극계의 픠왕으로 일홈을 쩔치는 동경소녀가극단(東京少女歌劇團)이 경성에 드러온다 함은 긔보한 바와 갓거니와 동 극단은 지는 삼십일일과 팔월 일일의 량일간 안동극장(安東劇場)에서 상연을 맛치고 금 삼일 오젼 여섯시 오십오분에 경성역

에 도착하야 동일 오후 여섯시 반부터

경성극장(京城劇場)에서 상연하게 되얏는대 그들의 단원은 임의 소기흔 바와 갓치 젼원이 칠십여 명의 다수로 일본에서 유명한 녀비우가 삼십여 명에 일으는 터인바, 경셩극쟝에셔는 젼력을 다하야 그들을 마질 준비에 분망즁인대 첫늘에 상연흘 「푸로그람」은 령목강의(鈴木康義) 씨가 작곡흔 동요가극(童謠歌劇) 『립춘』(立春) 두 막과 ᄉ가극(史歌劇) 『대희광란』(大姬狂亂) 두 막 외 악극(樂劇) 『아루데쓰의 왕비』(王妃)라는 일 막과 희가극(喜歌劇) 『등륙의 인형』(藤六의 人形)이라는 이 막인대

무티감독과 관현악(管絃樂)은 일본 악단(樂壇)의 신진 인물인 젼긔 령목 씨가 지휘한다 한 즉, 음악을 조화하는 이와 연극을 애호하는 익극가들은 손을 곱고 이 연극의 상연되기를 기대려오던 즁인 즉, 첫날의 성황은 족히 써 예측홀 수 잇다더라.

매일 24.08.03 (5), 24.08.05 (1), 24.08.06 (3) ⟨광고⟩
동아일보 8월 3일자 단성사 광고와 동일

동아 24.08.04 (2) 납량 활동사진에 관즁 삼천 / 조선녀자청년회 주최 활동사진회
시내 인사동(仁寺洞)에 잇는 조선녀자청년회(朝鮮女子靑年會) 주최의 부인 납량 활동사진회(婦人 納涼 活動寫眞會)가 재작 이일 저녁에 수송동 공립보통학교(壽松洞 公立普通學校) 운동장에서 열니엇섯는대 출석한 부인이 삼천여 명이나 되고 장내의 혼잡을 정리하기 위하야 소관 경찰서에서 순사까지 출동하는 등 근래에 업는 대성황을 이루엇스며 부인네들도 처음부터 끗까지 매우 흥미잇게 관람하얏는데 금 사일 오후 여덜시 반에는 시내 수하명(水下町) 수하동 공립보통학교 운동장에서 부인네들을 위하야 류성긔(留聲機) 연주회가 열리리라더라.

동아 24.08.04 (2) 작난(作亂) 전문자들 / 극장에서 작란하고 경찰서로 잡혀갓다
일정한 주소가 업시 음식뎜으로 다니며 무전음식 잘하는 려긔준(呂基俊)(一九), 최룡운(崔龍雲)(二一), 리긔남(李奇南)(二一), 송구득(宋九得)(一七) 등 네 명은 재작일 오후 열두시 반경에 어대서 술잔이나 먹은 김에 한 번 긔운을 쏨내여 인사동(仁寺洞) 조선극장(朝鮮劇場)으로 몰려가서 폭행을 하다가 종로경찰서에 잡혀갓다더라.

동아 24.08.04 (3), 24.08.05 (4), 24.08.06 (2) ⟨광고⟩
8월 3일자 단성사 광고와 동일

조선 24.08.04 (1) 24.08.05 (2), 24.08.06 (4) 〈광고〉

동아일보 8월 3일자 단성사 광고와 동일

조선 24.08.04 (3) 〈광고〉

조선호텔

장미화원

수요 토요 급(及) 일요일 하오 팔시 삼십분

내(來)하시오!

서늘한 조선호텔 로스싀뎬으로

잇지 마시오!

로스싀뎬 납량활동사진회를 견(見)하시오!

향긔로은 장미화 중(中) 고급영화를 주의(注意)하시오!

수요 일요난 조선인 변사 해설

토요난 일본인 변사 해설

영락정(永樂町) 알렌상회

동아 24.08.05 (3) 경주 고적 환등 / 인천 내리(內里) 예배당에서

이래(以來) 각지를 순회하던 경주 고적영사대는 금반 인천에 나려와 당지(當地) 각 신문지국과 청년회 기타 여러 단체의 후원으로 오는 팔일 밤에 내리예배당에서 영사한다는데 이는 역사 잇는 고적이라 누구나 한 번 볼만하거니와 특별히 학생의게는 더욱 필요할 것이라 하며 당일 입장료는 이십 전 균일에 학생의게는 십 전으로 한다고. (인천)

매일 24.08.05 (3) 조선극장에 명화(名畵) 상장 / 지난 이일부터

시내 인사동(仁寺洞)에 잇는 됴션극장(朝鮮劇場)에서는 지는 이일브터 문예연애극(文藝戀愛劇) 『늬가 스랑하는 녀셩』이라는 젼 여멸권자리 스진을 상연한다는대 이 사진은 「유나이뎃트 아짓스」스(社)의 걸작으로 「치-레스레이」라는 유명흔 비우의 쥬연흔 스진인대 스랑에 고민을 맛는 청년 남녀는 물론이요 일활가 누구는 한번 반다시 보아둘 만하다더라.

매일 24.08.05 (4) 납량 활사(活寫) 대회 / 역전(驛前)과 선교리(船橋里)셔 / 본월 십일경브터

평양부에셔는 전차 수입(收入)을 증가하기 위하야 승객 증가의 방법을 연구중이든 바, 위선(爲先) 야외 활동사진대회를 개(開)하야 승객을 증가할 목적으로 납량 활동사진대회를 내(來) 십일경브터 선교리에셔 이일, 역전 광장에셔 일야간(一夜間) 무료 활동사진회를 개최한다는대 사진은 아조 지미잇는 고로 일반 다수 관객을 망(望)하며 상세는 축후(逐後) 발포(發布)흔다더라. (평양)

조선 24.08.05 (1), 24.08.08 (3), 24.08.09 (3), 24.08.10 (3), 24.08.11 (1), 24.08.14 (3) 〈광고〉
8월 4일자 조선호텔 장미화원 광고와 동일

조선 24.08.05 (3) 인천에서 신라고적 환등 / 오는 팔일 밤에
경주(慶州) 사립 계남학교(私立啓南學校)의 긔부금을 만들고져 죠직한 신라고젹(新羅古蹟) 환등단(幻燈團) 일행은 금번 인천(仁川)에 와셔 오는 팔일 오후 여덜시 반부터 내리(內里) 례배당에서 환등회를 열기로 되엿는데 입장료는 보통 이십오 전이오, 학생은 십 전이라 하며 사진은 약 삼십여종인데 우리가 항상 사모 동정하는 신라고젹을 인천에 안져셔 자셰이 볼 슈 잇다 하야 일반의 인긔는 매우 죠흐며 더욱이 학생과 교육가에는 큰 참고자료가 된다더라. (인천)

동아 24.08.06 (3) 비기(飛機), 비선(飛船), 환등회 / 금일 오후 한시 어의동에서
조선녀자청년회 부인강좌(朝鮮女子靑年會 婦人講座) 주최로 오늘 오후 한시에 어의동 공립 보통학교(於義洞 公立普通學校) 안에서 비행기(飛行機), 비행선(飛行船), 미국 상항(桑港)[90]의 환등회를 개최한다더라.

매일 24.08.06 (4) 인천에셔 신라 고적 환등 / 경주 계남학교에 의연(義捐)할 목적
경주 계남학교에서 동교(同校) 기본금을 조성할 목적으로 각지로 순회하야 다대(多大)한 환호를 수(受)하던 경주 고적 환등영사부는 인천 각 신문사 지국과 각 단체의 후원으로 팔일 오후 팔시 반브터 인천 내리 예수교당에셔 영사할 터인 바, 문물을 **하던 신라조의 고적임으로 일반의 환영을 수(受)할 터이라 추측하는 터이며 입장료는 보통 이십 전, 학생 십 전이라더라.

매일 24.08.06 (4) 평양 위생 활사(活寫) 성황
평양 도청에셔는 일반의 위생을 위하야 거(去) 삼일 하오 팔시에 위생 활동사진회를 평양

---

90) '샌프란시스코'의 한자 음역.

부 신양리(新陽里) 경찰관 파출소 전(前) 광장에서 개회하얏는대, 일반 관람인은 무려 이만여 명에 달하야 자미잇게 관람하는 중에 엇던 불량 청년의 소위로 관중 중에 투석하여 부인 이 명(二名)의 부상이 유(有)하얏다는대, 여차(如此) 불량 청년은 엄중히 처벌치 아니하면 불가하다고 평론이 유(有)하며 쏘 사일 야(夜)에는 소광정(練光亭) 전(前) 광장에 개회하얏더라. (평양)

조선 24.08.06 (3) [연극과 활동]
인천(仁川)에서 흥행 중이든 녀자신파 리상호(李尙浩) 일행은 인천 흥행 중에 일반 걸인에게 동정하야 의복 수십벌을 만들어준 후 장마를 맛나 오래동안 흥행치 못하다가 금반 룡산(龍山)에 가서 흥행한다더라.

조선 24.08.06 (4) 독자위안회 개최
본보 신상(新上)지국에셔는 당지(當地)에 해평(海坪)청년회의 활동사진대가 내(來)함을 기회삼아 일반 독자를 위안코져 당지 신상관 정원에셔 본월 일일 하오 칠시경에 본보 지국장 이현태(李鉉台) 씨의 사회 하에 막을 개(開)하고 유창한 군악소리와 활동사진으로 일반 독자의 뇌를 상쾌케 하고 하오 이시경에 지(至)하야 독자의 신체건강을 축(祝)하노라는 영사로쎠 막을 폐하얏다더라. (신상)

동아 24.08.07 (3) 〈광고〉
당 팔월 칠일(목요)부터 삼일간 송죽 날
푸로그람
미국 휙쓰사 작품
활극 **최강자** 전오권
미국 도라이앙클사 작품
맹투활극 **지옥의 못** 전오권
미국 후아스도냐소날사 작품
사회극 **용기** 전육권
예고
불일간 봉절 조선 명화
대비극 **장화홍련전** 전일만척
기다리서요 공개 일자를!!
유사 송죽 특약 **단성사**

전(電) 광(光) 구오구

조선 24.08.07 (4) 위생사상 고취
강원도청 위생과에서는 위생사상을 보급할 목적으로 본월 오일부터 이주간 예정으로 홍천, 인제, 양양 삼군의 중요지로 출장하야 활동사진회를 개최한다는데 일정과 처소는 좌(左)와 여(如)하다더라.

장소	일정	장소	일정
홍천읍	팔월 육일	홍천군 자은(自隱)	십일
홍천 양덕원(陽德院)	칠일	홍천관대(冠垈)	십일일
홍천군 성산(城山)	구일	인제읍	십삼일
인제군 원통	십사일	양양 광정(光丁)	십칠일
동(同) 용대(龍垈)	십오일	동인구(同仁邱)	십팔일
동 천진(天津)	십삼일	주문진	십구일
동 대보(大甫)	십사일	양양읍	십육일
(춘천)			

조선 24.08.07 (4) 인천 신라고적환등
팔월 팔일 하오 팔시 반부터
인천 내리(內里)예배당에셔
(입장료 보통 이십 전 학생 십 전)
주최 경주 사립계남학교
후원 인천 각 단체

조선 24.08.07 (4), 24.08.08 (1) 〈광고〉
동아일보 8월 7일자 단성사 광고와 동일

동아 24.08.08 (4), 24.08.09 (3) 〈광고〉
8월 7일자 단성사 광고와 동일

매일 24.08.08 (3) 애독자 위안 데이 경극(京劇)의 동경가극단 반액 / 재작 륙일부터 롭량데이로 뎡하고 반익권을 배포힛다
지는 삼일에 경성극장(京城劇場)에서 기막한 이후로 늘마다 만원의 성황으로 만도의 인스긔를 모두우고 잇는 동경소녀가극단(東京少女歌劇團)은 남여지 놀이 불과 몃칠이 못되는 대 본사에서는 이 긔회를 리용하야 본지 이독쟈 여러분에게 위안(慰安)을 드릴 계획으로 직작 륙일 밤부터 본지 이독자에 한하야 특히 입쟝료금을 반익으로 감하게하고 시내 각 판매뎜으로부터 반익 우대권을 본지 독자에게 비포하게 하얏는대 이 가극단은 칠십여 명의 큰 단톄로 동경셔 일홈이 썰치는 녀비우가 삼십여 명이 셕기여 환슉한 기예와 찬란흔 무대면이 실로 됴션셔는 보기 힘드는 단톄인즉 본지 애독쟈는 반익권을 리용하야 반다시 한번 구경하기를 바란다.

매일 24.08.08 (3) 독일명화 납량흥행 / 칠일부터 됴션극장에서
긔관 이리로 계속하야 태셔의 걸작품을 상쟝하야 됴션 키네마계에 흔 이치를 낫타내고 잇는 시니 인스동(仁寺洞) 됴션극쟝(朝鮮劇場)에셔는 이번에 독일(獨逸)의 고급명화(高級名畵)로 세계뎍으로 일홈이 놉흔 운명의 지환(運命의 指環)을 션퇵하야 작 칠일 밤브터 랍량특별흥힝(納凉特別興行)을 시작하얏다는대 이 스진은 젼부 십이권 쟝편으로 쟝졀쾌졀흔 닉용에 청춘남녀의 가삼을 태우는 련애(戀愛)의 불꼿이 씨쓰⁹¹⁾에 넘치여 반다시 만도 이 활가를 열광케 하리라더라.

매일 24.08.08 (3), 24.08.09 (3) 〈광고〉
동아일보 8월 7일자 단성사 광고와 동일

조선 24.08.08 (3) [연극과 활동]
죠션극쟝(朝鮮劇場)에셔는 작일브터 운명의 지환(運命의 指環)이라는 사진을 영사한다는데 이 사진은 독일 명배우(獨逸 名俳優)의 출연으로 매우 취미잇는 작품이라 이것을 자미듸려 구경할 쌔에는 과연 더위를 이져 버릴 만하다더라.

조선 24.08.08 (4) 함흥교풍회(矯風會) 활동
함흥교풍회에셔는 활동사진으로 읍내 중요처 사개소에서 교풍회 취지를 선전하얏다 함은 기보한 바어니와 금번에는 함흥군 하 중요시(市)인 서호(西湖), 연포(連浦), 지경(地境), 오로리(五老里), *장(*場) 등지에도 활동사진을 시행하야 취지 선전에 노력할 예정이라는데 이 교풍회의 취지에 공명하는 연포의 농우회와 각 촌 노동청년회, 신명(新明)청년회, 양삼(養三)소년단, 적성단(赤星團) 오개 단체는 풍속교정의 상설기관으로 연포교풍동맹을 조직

---

91) '씬(scene)' 혹은 '스크린(screen)'을 의미하는 당대 표기로 보임.

하야 착々 실현에 노력하는 바 거(去) 일일에는 면내(面內)에 선전쎄라 수천 매를 살포하야 대선전을 행하얏다더라. (함흥)

조선 24.08.08 (4) 성진(城津)사진반 내영(來永)
성진 해평(海坪)청년회에서는 사립학교를 설립하고 교육비를 보충하기 위하야 활동사진으로 각 군을 순회하다가 영흥(永興)에 내도(來到)하야 본월 이, 삼 양일간 영사하얏는데 칠백여 명 관람자에게 감상을 주엇다더라. (영흥)

동아 24.08.10 (2) [휴지통]
▲ 지난 삼일에 해주에서 일선 융화 활동사진을 상뎡 수비대 자리(上町 守備隊 跡)에서에서[92] 영사하엿는데 ▲ 해주 뎨일보통학교에서는 특별히 녀자만 가서 보게되여 그날 밤 아모 철모르는 녀자부 학생들은 교댱 굴모에게 인솔되야 구경을 가서 적은 학생을 압헤 안치고 큰 학생을 뒤에 안치고 교댱은 뎨일 큰 학생 엽헤 안젓다 ▲ 사진을 빗최기 시작하는 동시에 환하게 빗최이든 뎐등은 써버리고 겨우 영사하는 불빗만 희미하게 빗최일 째에 ▲ 교댱은 자긔 압헤 안자서 천진란만하게 교댱이라는 자를 자긔 부모 이상으로 신앙하고 ▲ 든든하게 밋고 그 사진을 구경하는 동교 오학년생 김설자(金雪子)(一六)의 팔과 젓(乳房)을 주무르기 시작하엿다 ▲ 김설자는 무서운 생각이 나서 감히 아모 소리도 못하고 엽헤 안젓든 동교 륙학년생 홍숙녀(洪淑女)(一八)를 ▲ 자긔 안젓든 자리에 쓰러 안치고 김설자는 엽흐로 피하엿는데 금수에 갓가운 악마 굴모는 홍숙녀를 쎄여안고 젓과 복부(乳房 腹部)를 주물르고 ▲ 말하기도 붓그러운 곳까지 만저 처녀의 자랑거리인 정조를 유린코자 하엿다고 전하는 말이 잇다 ▲ 이것이 사실이라면 감독의 책임을 가진 당국자는 이 색마 교댱을 엇지하려는가

동아 24.08.10 (2) 〈광고〉
당 팔월 십일(일요)부터 유사 날
푸로크람
유사 특작품
활극 **목적관행(目的貫行)** 전이권
유사 특작품
연화 **대륙의 여(女)** 전칠권

---

92) '에서'가 두 번 반복된 것으로 오식.

유사 대작품

연속활극 아불리가 탐험

전십팔편 삼십육권 중 제사회 제구편, 제십편 사권 상장

유사 공전의 대작품

연속맹투 신 권투왕

전육편 십이권 중 최종편 제오편, 제육편 사권 상장

예고

불일간 공개될 조선 명화

단성사 고심 역작품

대비극 장화홍련전 전십권

기다리서요 상장 일자를!

유사 송죽 특약 **단성사**

전(電) 광(光) 구오구

동아 24.08.10 (3) 고적 영사 후보(後報)

경주 계남학교 후원회 주최와 인천의 각 신문지국, 청년회 기타 단체의 연합 후원으로 경주 고적 영사대회를 개최한다 함은 기보(旣報)한 바어니와 예정과 가치 지난 팔일 하오 팔시 반부터 내리예배당에 개회하고 조선 고대문화의 결정이라 할만한 신라 고적 삼십여종 사진을 영사하는 동시 주최자측의 최종근(崔宗根) 씨의 사진 설명은 신라 역사 강연을 드름 가터 일반 관중으로 하여금 형용키 어려운 늣김을 주엇스며 당일은 금년 최고 열도(熱度)의 더운 날이엇슴으로 만원에 니르지는 못하엿스나 비교적 만흔 관중이엇스며 영사를 다 마친 째는 십일시경이엇다고. (인천)

매일 24.08.10 (3) [영화계]

상연장소 시내 단성사

　　　일시 팔월 십일

『아불리가 탐험』 전십팔편 삼(卅)육권

메구편 수림의 공위(藪林의 恐威). 폭포에셔 쩌러져 죽게된 「나데아」는 「카메론」에게 구조되고 한편으로 예미매의 수령 「핸리이 싸―크」는 「카메론」과 「나데아」와 갓치 셕벽시(石壁市) 사람에게 잡혀스나 도망하다가 말탄 치로 불에 쮜여 들어갓다

메십편 스즈의 독아(獅子의 毒牙). 물에 쌔진 「카메론」과 「나데아」는 필경 도망하지 못하고

다시 붓잡히여가셔 「나데아」는 스는온 사자(獅子)굴에 집어느졋는대 장차 사즈에게 참수되랴하얏다.

『신 권투왕』

데십일편 부자성공(父子成功). 「킷투로비-쓰」는 못된 수단으로 상대즈를 죽인 흉악한 「엔라이트」의 도전에 응하야 여섯번 안에 승부 십오만불(弗)을 늬기하얏다. 그러나 「킷트」는 일곱번지 겨우 승부를 *하야 션슈권은 유지하얏스나 여섯번 안이란 약조인 고로 십오만불은 쌔앗기게 되얏고 그동안 그의 부친은 지비인에게 맛흔 돈으로 오십만 원을 민드러 도로혀 졸부가 되얏다.

데십이편 「누와크」의 「쪼」. 주식으로 졸부된 「킷트」는 급히 집을 시로 짓는다. 쏘 이인 「토로테쓰」와 렬정이 밍렬하얏스며 기타 어느 부인 신문 긔자의 관계로 인연하야 죠금도 련습을 못하기 쌔문에 대피하야 권투가의 싱활은 이로 일싱을 맛첫더라

『대륙의 명녀(鳴女)』 전칠권

어느 귀족원 의원의 쌀과 모정치가 스이의 경마(競馬)로 인연하야 결혼흔 인정활극.

매일 24.08.10 (5) 형무소에 영화 상영 / 륙빅 명 수용할 장소를 만들어

이젼브터 문뎨가 잇셔온 형무소(刑務所)의 죄수에게 활동사진(活動寫眞)을 뵈이는 것이 됴흐냐 글으냐 하는 것은 근일 여러 가지로 토의흔 결과 교훈상에 가장 유의할 만한 스진이면 뵈이는 것이 좃케다는 의견이 일치되야 위선 셔대문 형무소(西大門 刑務所)에셔는 목하 건축 중인 교회소(敎誨所)의 루상에 륙빅 인을 수용할만한 셜비를 하고 공스가 완셩하는 동시 활동사진을 영스하야 일반 수도에게 관람케 흔다더라.

조선 24.08.10 (2), 24.08.11 (2), 24.08.12 (4), 24.08.13 (2) 〈광고〉

동아일보 8월 10일자 단성사 광고와 동일

동아 24.08.11 (2) [휴지통]

▲ 백 도를 올으는 더위에 쌈 씻기도 귀찬치마는 하도 수작이 얄미우닛가 한 놈 붓잡어 보자 ▲ 인사동 조선극장은 이름만이라도 얼마 젼까지는 조선 사람의 경영으로 잇다가 ▲ 일조에 일본 친구의 손으로 들어가자 적은 리(利)에 눈알이 밝은 친구들이라 ▲ 위선 각 신문에 광고를 업새고 한번에 일주일 씩이나 계속 하다가 손님이 업스닛가 그졔야 뒤통수를 툭툭 (이하 생략)

동아 24.08.11 (3) 극락(極樂) 시장 설치 / 장래가 매우 유망

광주군(光州郡) 비아면(飛鵝面) 청년실업장려회 주최로 동면(同面) 극락역전(極樂驛前)에 거(去) 십일부터 시장을 설치한다는데 당지(當地) 소유 산(産) 곡물, 승입(繩叺) 기타 소산이 풍부할 뿐더러 교통이 편리하고 역시 광주 급(及) 송정(松汀)시장 거리가 초원(超遠)함으로 해(該) 시장은 실로 유망하다 하며 시일은 매월 오일, 십일이라 하며 차(此)를 번창식히기 위하야 이개월간 매시(每市)마다 각종 유희, 각희(脚戲), 활동사진, 협률(協律), 무도 등이 잇다는데 각희 상품은 여좌(如左)하다고. (송정리)

일등 농우(農牛) 일두 이등 우(牛) 일두 삼등 백목(白木) 마포(麻布) 이필

삼, 사, 오등은 의급(依級) 시상

동아 24.08.11 (3) 〈광고〉

8월 10일자 단성사 광고와 동일

매일 24.08.11 (3) 성황리에 개연한 동경가극단 / 작야에 씃을 막고 장차 대구로 갈 터

지는 삼일에 경성에 들어와셔 경성극장에서 기연 중이던 동경소녀가극단(東京少女歌劇團)은 초일 이리로 련야 만원의 대성황을 일우고 작 십일로써 예명의 흥힝을 맛치엿는대 이 뒤는 대구, 부산을 것치여 동경으로 돌아갈 예명이라더라.

매일 24.08.11 (4), 24.08.12 (3) 〈광고〉

동아일보 8월 10일자 단성사 광고와 동일

조선 24.08.11 (4) 간도사정환등회 성황

북간도 사립 동흥중학교에서는 해교(該校)의 장래 유지를 위하야 간부 *여 명이 수년 전부터 귀국하야 당국에서 기부금 허가를 득한 후 이래 각처에서 만흔 동정을 밧는다 함은 기보(旣報)한 바어니와 금반 해교에서는 간도사정환등단까지 조직하야 가지고 방금 경북 일대를 순회하던 차에 단원 최명호(崔明昊), 강순(姜純) 양씨는 거(去) 일일 영천(永川)에 도착하야 영양(永陽)청년회의 후원 하에 거 사일 오후 팔시 반부터 당지(當地) 이광숙(李光淑) 가(家)에셔 간도사정환등회를 개최한 바 정각 전부터 만원의 성황을 정(呈)한 후 동 십이시경에 폐회한 바 동정자 씨명 급(及) 금액은 여좌(如左)하더라. (이하 기사 생략) (영천)

조선 24.08.11 (4) 인천에 영사회 / 경주 계남학교 주최로

세계적 서광인 고대조선미술을 소개키 위하며 싸라셔 우리 교육기관의 하나인 경주 계남학교 진흥을 위하는 대지(大志)로 거(去) 팔일 오후 팔시부터 시내 야소교당(耶蘇敎堂)에서 신라고적 영사대회를 경주 계남학교 후원회 주최와 인천 각 신문지국 각 단체 후원 하에 개회되얏는데 후원측으로 이범진(李汎鎭) 씨의 개회사가 잇슨 후 주최측으로 최종근(崔宗根) 씨의 사진설명 하에 영사회는 순서에 의하야 진행되야 계남교, 첨성대, 월성지(月城址), 석굴암, 포석정 등 사십여종이 잇섯다는 바 당일은 혹서로 인하야 입장자가 만치는 못하얏다더라. (인천)

매일 24.08.12 (3) 〈광고〉 [연예안내]

팔월 십이일브터 특별흥행
보-구 회사 특작
벤다빈 씨 독특 희극 **위(僞)변호사** 전일권
파데- 회사 특작
연속활극 **스피-드 핫지** 제칠, 팔편 사권 상장
활극배우 제일인자 스피-드 핫지 씨 역연
유-나이뎃트, 아-지슷 회사 초노력작
중등학교 교과서로브터 아시는
세계적명영화 **소공자** 전십권
명여우 메이리 빅호-드 양 주연 일인 이역
예고
내주의 명화
불국 파-데 회사 특작
매일신보 연속소설 - 기기괴괴
천일야물어(千一夜物語) **만고기담** 전십일편(원명 아바리안, 나이트)
조선극장

동아 24.08.13 (2) 여자 靑子[93] 환등회 / 금일 밤 마포 공보에서

조선녀자청년회에서는 금 십삼일 오후 여덜시에 마포 공립보통학교에서 환등회(幻燈會)를 열리라더라.

---

93) 문맥상 '청년'의 오식으로 보임.

매일 24.08.13 (3) 도처 성황인 납량 환등회 / 오날은 마포 공보

됴선녀자청년회 쥬최로 부내 각 보통학교에셔 납량 환등 류셩긔대회(納凉幻燈蓄音機 大會)를 기최하고 푹푹 씨는 더위에 부대스기는 부민에게 위안을 주고즈 함은 예명과 갓치 진힝되야 지는 십일일 밤에는 부닉 쥭쳠 공립보통학교에서 기최하얏는대, 관람자가 명각 전부터 모혀드러 장닉에는 립츄의 여디가 업슬만큼 대셩황을 일으키엿고 금 십삼일에는 마포(麻浦) 공립보통학교에서 기최홀 터인대, 다슈히 관람하기를 바란다더라.

매일 24.08.13 (3) 〈광고〉

동아일보 8월 10일 단성사 광고와 동일
8월 12일자 조선극장 광고와 동일

매일 24.08.14 (3) 〈광고〉 [연예안내]

당 팔월 십사일(목요)브터 송죽 날
명화 공개
미국 메도로사 작품
활극 그를 위하야 이권
미국 아-로사 작품
인생애화(哀話) **악마의 섭언(攝言)** 전육권
미국 메도로 공전의 대작품
국제적 미인 베시 라-뷔 양 주연
문예극 **졈-든 날에** 전칠권
예고
근일 공개 조선 명화
단성사 고심 역작
대비극 **장화홍련전** 전십권
단성사

8월 12일자 조선극장 광고와 동일

조선 24.08.14 (2), 24.08.16 (2) 〈광고〉

매일신보 8월 14일자 단성사 광고와 동일

동아 24.08.15 (4), 24.08.16 (3) 〈광고〉

매일신보 8월 14일자 단성사 광고와 동일

매일 24.08.15 (3), 24.08.16 (3) 〈광고〉 [연예안내]

8월 12일자 조선극장 광고와 동일
8월 14일자 단성사 광고와 동일

조선 24.08.15 (4) 예산 위생 활사(活寫)

충남 예산 경찰서에서는 일반 민중에게 위생관념을 흥기코자 거(去) 팔, 구 양일간 오후 팔시부터 당지(當地) 공립보통학교 운동장에서 활동사진을 영사하얏다더라. (예산)

매일 24.08.16 (3) 본지 연재소설 『만고기담』 / 환묘신비한 명화 / 요염한 절식의 붉은 입살에서 흘러나오는 이상한 긔담괴화 / 명일부터 조선극장에서

시내 인스동 됴선극장(朝鮮劇場)에서는 지나간 여름 동안의 침톄하얏던 영화계의 긔운을 회복하기 위하야 불국(佛國) 파데- 회사의 특작영화(特作映畵) 고뎐스극 (古典史劇) 『아라비안나이트』 전 십일권을 특선하야 명 십칠일(日曜日) 낫부터 샹쟝하기로 하얏는대, 이 『아라비안 나이트』는 셰계뎍 걸작품으로 널니 인구(人口)에 오루나림은 일반이 다 아는 바어니와 이것이 역명(譯名) 만고긔담(萬古奇譚)으로 본지에 련직되얏슴도 일반

이독자의 긔억에 남아잇슬 것이다. 이제 이 영화의 경긔(梗槪)를 기록할진딘

고대 토이기 황뎨(古代 土耳其 皇帝) 『카라프』는 극도로 영화를 누리인 사나운 인군으로 자긔의 스랑하는 궁녀에게 모반을 당하고 그 후로브터 온 텬하의 계집을 져쥬하기 시작하야 미일 밤 시로운 미식을 궁즁에 쓰러드려 모든 능욕을 쥬고는 그 잇흔날 아참에는 송쟝을 만드러 돌녀 보내엿다. 그러흔대 최후에 션발된 『씨헬라싸-』라는 요염흔 미인은 변환 자직하고 자미잇고 이상한 녯날 이야기로 포군[94] 『카라프』 황뎨를 질겁게 하얏다. 그 이야기로 사진에 낫타나는 경긔는 여엽분 황녀 『힐나-』는 극도로 호스(豪奢)흔 해상려힝(海上旅行)을 *속할 시 이에 디즁해(地中海)에서 풍랑을 맛나 『아라비야』에 표착하얏다. 『아라비야』의 왕은 그 왕녀를 죽이랴 하얏다. 그러나 그 왕의 아달 『프레만』은 『힐나』를 다리고 국경까지에 이르러 드대여 두 스람은 련이에 싸지엿다. 『아라비야』 왕은 이 소식을 듯고 크게 로하여 왕자를 죽이랴 하얏스나 그 쯧을 이루지 못하고 맛츰내 일대 징투가 이러나 『힐나-』는 왕의 부하에게 쎗앗기고 황자 『프레만』은 로예가 되얏다. 그후 두 스람은 텬신만고

---

94) '폭군'의 오식으로 보임.

위험을 버셔느셔 둘이 손목을 잇끌고 「힐나—」왕녀의 고국으로 돌아가 자미잇게 여년을 맛치엿다.

이상의 쟝편은 불국(佛國)의 특싴인 장중(壯重)한 긔분을 한층 더 깁히하는 특작 명편인대 그중에는 쟝쾌한 투징과 쓸갓흔 련애와 변환 자저한 진긔한 이야기가 셔로 얼키어 보는 자로 하여금 진진한 흥미를 이르키는 바, 됴선극쟝에셔는 명 십륙일에 이 희의 걸작을 상영함에 대하야 특히 본지 애독자에게 본지에 싸로히 인쇄한 할인권과 갓치 각등의 관람료를 특감한다더라.

매일 24.08.16 (3) 〈할인권〉
조선극장
본지 애독자 우대 할인
고전사극 만고기담 전십권

보통 요금	일 원,	七〇전,	五〇전
할인 요금	七〇전,	五〇전,	三〇전
소인	*〇전,	三〇전,	二〇전

매일신보

조선 24.08.16 (3) [집회]
▲ 시내 인사동(仁寺洞)에 잇는 죠선녀자학원(朝鮮女子學園) 안 부인강좌(婦人講座)의 주최인 납량활동사진회(納凉活動寫眞會)를 금일 오후 여덜시 반에 시내 교동(校洞)공립보통학교(公普校)에셔 개최하는데 입장자의 복잡을 면하고 좌석을 정리하기 위하야 대인은 이전, 소아는 일 전의 입장료를 밧는다더라.

조선 24.08.16 (4) 예술부 일행의 노력
성진(城津) 해평(海坪)청년회에셔는 사립 해성(海城)학교를 유지하기 위하야 활동사진으로써 각지에 순회중 신상(新上)에 도착하야 본보 신상지국 후원으로 이일간 신상관에셔 영사하얏는데 관람자가 다수에 달하얏스며 싸라셔 수입금도 구십구 원에 달하얏는데 기중(其中) 동정자의 씨명 급(及) 금액은 여좌(如左)하더라. (이하 기사 생략) (신상)

동아 24.08.17 (3) 〈광고〉
당 팔월 십칠일부터 유사 날
푸로크람

실사 **국제시보** 전일권

희극 **챠-리-의 성공** 전이권

활극 **열혈아** 전이권

명화 무리사라데잉 양 주연

인생애화(哀話) **생의 염(生의 焰)** 전칠권

연속활극 **아불리가(亞弗利加) 탐험**

전십팔편 삼십육권 중 제육회 제십일, 제십이편 사권 상장

예고

불일(不日) 완성되는

대비극 **장화홍련전** 전팔권

유사 송죽 특약 **단성사**

전(電) 광(光) 구오구

매일 24.08.17 (5) 〈광고〉

8월 12일자 조선극장 광고와 동일

동아일보 8월 17일자 단성사 광고와 동일

매일 24.08.17 (5), 24.08.21 (3) 〈할인권〉

8월 16일자 조선극장 할인권과 동일

동아 24.08.18 (2) 납량 축음기회 / 금일 밤 재동 공보에서

가명 부인에게 문화사상 보급을 목덕으로 하는 조선녀자청년회 주최의 환등과 축음긔회 (幻燈 及 蓄音機會)는 금 십팔일 밤 여덜시에 재동 공립보통학교 안에서 열릴 터인데 좌석을 정리하기 위하아 역시 부인 이 전, 소아 일 전의 입장료를 밧는다더라.

동아 24.08.18 (3) 〈광고〉

팔월 십팔일부터

푸로그람

불국 파데- 회사 특작

연속활극 **스피-드 핫지** 제구편 이권

불국 파데- 회사 특작

대희극 **원공염물어(猿公艶物語)** 이권

매일신보 연속소설

불국 파데- 회사 특작

천일야물어(千一夜物語) **만고기담** 전십일권(원명 아바리안나이트)

예고

내주의 대영화

미국 유-나이텟드 회사 특작

입지미담(立志美譚) 인정활극

노자협조(勞資協調) **나일관(裸一貫)**[95] 전구권

미국 파라마운트 회사 특작

문호 레오·톨스토이 원작

대비극 **가주샤** 전편

외국 육대 회사 고급 영화

조선 만주 제일 봉절 공개장(公開場)

조선극장

8월 17일자 단성사 광고와 동일

매일 24.08.18 (2), 24.08.19 (3) 〈광고〉

동아일보 8월 17일자 단성사 광고와 동일

동아일보 8월 18일자 조선극장 광고와 동일

매일 24.08.18 (3) 작야(昨晝)부터 상영(上映)한 선극(鮮劇)의 『만고기담(萬古奇譚)』 / 일반의 긔대가 만앗든만치 박수 소래가 계속해 울럿다

본보에 련지 소설로 애독자의 대환영을 밧던 원명 『아라비안 나잇트』 역명 만고긔담이란 소설은 불국(佛國) 「파데-」 회사에서 특작 영화(特作映畵)로 오천여 명의 등장자로 세계뎍 유명한 활동ᄉ진을 부내 됴선극쟝(朝鮮劇場)에서 작 십칠 낫브터 상장하얏는대 이 사진은 원릭브터 만은 인긔를 집중하야 하로밧비 영사하기를 손꼽아 기대리던 터임으로 일반은 닷호아 구경코져 하는 모양인대 이번에 본사에셔 특히 본보 익독즈를 위하야 할인권(割引券)을 발힝하얏는 바, 이러한 명화는 근릭에 보기 드문 사진이요, 겸하야 홀인권의 리용이 잇슨 즉, 이 긔회를 일치 말고 반드시 한번 구경하기를 바란다더라.

---

95) 아무 것도 가진 것 없는 몸뚱이 하나. 적수공권.

조선 24.08.18 (2), 24.08.19 (2) 〈광고〉

동아일보 8월 17일자 단성사 광고와 동일

동아일보 8월 18일자 조선극장 광고와 동일

조선 24.08.18 (3) [집회]

시내 인사동(仁寺洞)에 잇는 죠선녀자쳥년회 부인강좌 주최의 부인 납량 활동사진대회(婦人 納凉 活動寫眞大會)와 축음긔 연주대회(蓄音機 演奏大會)는 금 십팔일 오후 여덜시에 시내 재동공립보통학교(齋洞公立普通學校)에셔 개최할 터이라더라.

조선 24.08.18 (4) 해주 연예협회 총회

해주연예협회에서는 본월 십칠일 오후 팔시 반에 본회 사무소에서 임시총회를 개최하고 좌긔(左記) 사항을 결의한다더라.

一, 회장 보결의 건 一, 의연금 수납의 건

一, 제이회 시연(試演)에 관한 건 一, 기타 사항

(해주)

동아 24.08.19 (3), 24.08.20 (3) 〈광고〉

8월 17일자 단성사 광고와 동일

8월 18일자 조선극장 광고와 동일

조선 24.08.19 (3) 극도로 비등흔 상주(尙州) 사회의 여론 / 극장에 출현한 판사와 순사 / 사소한 일로 학생을 구타하다가 / 증재한 신문긔자까지 류치장에

경상북도(慶北) 상주(尙州)에서는 요사이 경관의 횡포한 사건으로 인하야 읍내 각 단톄에셔는 장차 중대한 문뎨를 이르켜 관계당국에 실문하는 동시에 셩토(聲討)까지라도 하야 보랴고 의론이 분분하며 일반 민간에서도 이구동셩으로 경관의 횡포가 심하야 살 수 업다고 하는 것은 상주의 잇는 사람은 삼척동자라도 분로한 태도로 부르짓는 바인데 원래도 상주경찰셔에 대하야는 비난이 만히 잇셧스나 요사이 와셔 더욱 심하야진 원인을 들은즉 지나간 십삼일 오후 열한시 삼십분경에

상주 읍내 인봉리(仁鳳里) 기생죠합에서 활동사진을 하는데 원래 그곳으로 말하면 활동사진의 상설관(常設舘)이 업슴으로 기생죠합 마루에셔 하게 되야 남녀자리의 분별도 업스며 겸하야 일, 이등의 차별도 업는 터인데 읍내에 사는 박원셕(朴元石)이라는 학생이 사진 압헤 들어가 일본 사람과 기타 여러 사람이 안젓더니 그 후 기생들이 들어와셔 압을

점령하고 기생죠합 취례역 전윤일(全潤一)은 돌연히 압헤 안젓든 객을 뒤로 가라고 하얏는데 전긔 박원셕은 미처 듯지 못하고 그대로 안젓더니 전윤일은 쏘다시 뒤로 가라고 함으로 자연히 구론이 되얏셧는데 경관이 퇴장명령을 함으로 밧갓흐로 나갈 째에 소위 봉란(鳳蘭)이라는 기생이 박원셕을 보고 욕설을 하나 그 째는 전윤일과 시비를 하든 터임으로 미쳐 상대도 못하고

밧게 나와셔 셔로 말을 마친 후 다시 자리에 들어가 전긔 봉란을 보고 무슨 리유로 욕설을 하느냐고 하매 봉란의 입에서는 욕설이 졈々 심하야짐으로 학생은 분함을 참지 못하야 일시 손을 대엿는데 그 자리에 안젓든 기생 일동은 물론이오, 졍복도 안이오, 사복으로 그 자리에 안젓든 상주경찰셔에 근무하는 소위 순사부장 우상셔(禹象瑞)가 달려들어 싸리며

림장경관을 불너셔 경찰셔로 다리고 가라고 함으로 박 씨는 갈 필요가 업다거니 가라하거니 장내가 매우 산란하게 됨으로 본보 상주지국에 근무하는 긔자 지경재(池璟宰) 군은 순사부장을 대하야 말하기를 『그 자리에 참예하야 아모리 경관이라 하드래도 학생을 이러케 구타할 것이야 무엇이 잇느냐고 중재의 태도로 피차 분을 참고 학생을 돌려보내이자고 하얏더니 전긔

순사부장은 더욱 소리를 지르며 언론긔관에 잇는 사람으로셔 책임으로 보든지 당시 여론으로 보든지 중재덕의 행동을 한 것이 당연함을 불구하고 긔자가 무슨 상관이냐고 긔자 역시 다리고 가라고 함으로 갈 필요가 업다고 거절하얏더니 전긔 순사부장은 경관의 명령을 밧지 안이한다고 함부로 구타하야 강제로 쓸고 경찰셔에다가 구인하얏더라.

『판사 뒤단하구나』 / 무리한 경관의 편이 되야서 / 구인하라고 텬동갓티 호령
별황과 같이 수라장이 되얏쓸 째에 다른 사람은 모다 방관을 하는 터인데 상주지청(尙州支廳)에 근무하는 리판사(李春斗)는 순사부장이 학생을 구타할 째에 일어나셔 들엇든 부채로 학생의 등을 치며 싸리고 가라고 연방 명령을 하더니 본사지국 긔자와 구론이 되얏을 째에 는 다시 덤비여 공판으로 넘기라고 텬동가티 호령을 함으로 이 소리를 들은 군중들은 긔가 맥혀 『판사 대단하구나!』 하는 소리까지 닛셧더라.

가소(可笑)할 처치(處置) / 방석 후 다시 구류 / 사실대로 말한 것이 다시 감졍이 난 모양
민간의 억울한 일을 밝힌다는 소위 경관으로셔 횡포가 별항과 가티 심하며 전긔 학생 박원셕과 지경재 두 명은 그 날 밤에 리유도 알지 못하고 경찰셔 류치장에서 하루밤을 보내이게 되얏는데 그 이튼날 이 소리가 읍내에 전포되매 그 곳에 잇는 긔자단에서 일본인 긔자가 셔장을 면회하고 방셕을 요구하얏스며 그 외에 그 곳 청년회와 류학생으로 죠직된 문우회(文友會)에셔 림시대회를 개최하고 협의한 후 교섭위원을 파견하야 두 사람의 방셕을

요구한 결과에 경찰셔장도 두 청년의 무죄한 것을 알엇든지 무죠건으로 잘못하얏스나 다시 그리하지 안이하겟다는 셔약셔를 긔록하야 오라고 한 후에 방셕하얏는데 두 청년은 나와셔 셔약셔를 썻는데 지경재 군으로 말하면 잘못이 업슴으로 셔약셔에도 역시 경관의 무리한 구타를 중재한 것이 잘못이라 하면 다시 안이하겟다 하는 쯧으로 뎨출하얏더니 쳐음에는 아모 소리가 업다가 전긔 우부장이라는 자가 이것을 보고 다시 불러다가 쏘다시 구타한 후에 쳐음에는 집무방해(執務妨害)라고 하더니 나죵에는 경찰범죄법 규측 위반이라고 십일간 구류에 쳐하얏다더라.

경찰서장의 답변 / 민중여론도 불구하고 / 부하의 죄상만 덥는다
이에 대하야 졍상(井上) 상주경찰셔장은 말하되 사건인즉 극히 간단한 바이외다. 본사에셔까지 오실 필요가 업는 줄 암니다. 귀 지국 긔자 지경재로 말하면 금번 쌘 안이라 여러 가지 죳치 못한 사건이 잇슴으로 금번에 쳐벌코자 하다가 긔자와 기타 쳥년회의 알션으로 일시 방셕하얏더니 이것을 불구하고 불영청년(不逞靑年)들과 단합하야 개쥰할 여망이 업슴으로 할 수 업시 경찰범 쳐벌규측에 의지하야 십일간 구류에 쳐하얏다고 하며 자긔의 부하의 잘못은 죠끔도 말하지 안이하더라.

노력하는 판사 / 말도 하기 전부터 / 얼골이 붉어지며
그 다음에 다시 상주지청으로 가져 판사(判事) 리춘두(李春斗) 씨를 방문하고 선생은 재판소의 사무도 밧부실 터인데 연극장에까지 가져 사무를 보시느라고 얼마나 밧부시겟느냐고 물엇더니 공연히 말하기도 전부터 얼골이 붉어지며 나는 그 날 싸홈을 말니기만 하얏는데 공연히 말하기 죠하하는 사람들이 부채로 싸리엿느니 엇지 하얏느니 하나 나는 사실 그 날 부채도 가진 일이 업슴니다』 하며 변명에 대하야 경찰셔장 이상으로 자긔에게 상관업는 말까지 변명하느라고 노력하더라.

조선 24.08.19 (4) 위생선전 영사
평남도청 사회과 주최로 거(去) 십사일 오후 팔시에 안주(安州) 공립보통학교에셔 위생선전 활동사진을 영사하얏다더라. (안주)

동아 24.08.20 (2) 부인 납량 활동사진 / 금일 밤 주교뎡에서
문화사상을 보급하기 위하야 조선녀자청년회 주최인 부인 납량 활동사진회(婦人 納凉 活動寫眞會)은 금일 밤 여덜시에 주교뎡(舟橋町) 공립보통학교 안에셔 열고 좌석을 뎡리하기 위하야 부인 이 전, 아이 일 전의 입장료를 바드리라더라.

조선 24.08.20 (2), 24.08.21 (1) 〈광고〉

동아일보 8월 18일자 조선극장 광고와 동일

조선 24.08.20 (3) [집회]

▲ 죠선녀자청년회 부인강좌(婦人講座) 주최의 납량(納凉) 활동사진대회는 순셔대로 금일 밤 여덜시에는 주교(舟橋) 공립보통학교에셔 개최할 터이라더라.

동아 24.08.21 (2) 〈광고〉

당 팔월 이십일일(목요)부터 송죽 날

푸로크람

미국 메도로사 특작품

정희극 야의 괴조(夜의 怪鳥) 전육권

미국 우에쓰다사 대작품

항공로맨쓰 천공의 한마(天空의 悍馬) 전오권

미국 메도로사 영화

애화(愛話) 애(愛)의 여명 전육권

예고

근일 봉절 조선 명화

TS 촬영부 고심 역작

애화(哀話) 장화홍련전 전팔권

공개 일자를 기다리서요!

유사 송죽 특약 단성사

전(電) 광(光) 구오구

8월 18일자 조선극장 광고와 동일

동아 24.08.21 (3) 전북도세(全北道勢) 전람 / 이리에서 개최

전라북도 주최로 내(來) 이십오일부터 삼일간에 도세 전람회를 이리소학교에서 개최한다는데 여흥으로 활동사진과 기타 유흥이 만히 잇스리라하며 목하 익산군에서 준비에 분망 중이라고. (이리)

조선 24.08.21 (2) 〈광고〉

동아일보 8월 21일자 단성사 광고와 동일

조선 24.08.21 (4) [사령탑(辭令塔)]

▲ 녀자청년회의 주최로 지나간 십팔일 오후 여덜시부터 시내 재동(齋洞)공입보통학교에서 환등사진회를 열엇다. ▲ 그러한대 남자는 거절하기로 한 바 학교문 압길에는 관람코자 하는 자가 복잡한지라 그 파출소 순사는 이것을 취체하기에 열이 난 모양이다. ▲ 일본인 순사가 열오륙세되야 보이는 학생 한 명을 쯔을고 파출소 숙직실노 다리고 들어가셔는 구타를 하더란 말이다. 그래셔 방관자에게 그 리유를 물은즉 일본 순사가 그 학생을 써다밀면셔 가라한즉 그 학생이 이러케 써다밀면셔 가라고 안이하야도 가겟다 함으로 겨리하는 모양이라 한다. ▲ 관남자가 비평하기를 *담에 만장 가운 째에 후레자식 하나 업겟느냐 라는 것가치 이런 사람도 잇고 져런 사람도 잇슬*이오, 또 그 학생으로 말하면 별노히 잘못한 것도 업는대 이와 갓치 취체할 것이 무엇이냐 한다. ▲ 경관이라는 것은 아모쪼록 친절정영이 하는 것인데 져와 갓치 인민의 감졍을 살 것이 무엇이냐. 잘덜한다. 그것이 문화명치를 표방하는 재등총독의 부속품이야. (목도생)

동아 24.08.22 (2) 〈광고〉

팔월 이십이일부터

특별 대제공

금회브터 특별히 보통요금으로 제공합니다.

푸로그람

문호 레오 톨스토이 불후대저(大著)

미국 파라마운트 회사 특작

내비극 **가주샤** 전편

명우 보−린 후레데리그 양 주연

불국 파데−미국 지사 특작

연속활극 **스피−드 핫지** 전십오편 내 제십편 상장

미국 유−나이텟드 회사 특작

입지미담(立志美譚) 인정대활극

노자협조(勞資協調) **나일관(裸一貫)** 전구편

명우 챠레스 레이 씨 역연

조선극장

8월 21일자 단성사 광고와 동일

매일 24.08.22 (3) 『카쥬샤』 상영 / 이십이일브터 됴션극쟝에셔

영화 만고긔담(萬古奇譚)을 맛친 됴션극쟝(朝劇)에셔는 이십이일 밤브터 유명한 『카쥬샤』를 상쟝하게 되얏는대, 이번에 영수하는 카쥬샤는 이전에 각 극쟝에셔 상쟝하던 수진과는 다르다고. 미국 「파라마운트」 회사의 특작인 동시에 유명흔 여비우 「보-린, 후레데리크」 양의 주연(主演)으로 된 것인대, 『카쥬스』는 지금신지 연극과 활동수진으로 여러번 구경하얏을 것이느 작자(作者) 두옹(杜翁)의 뎌작한 뜻과 갓치된 각본은 이번 사진이 쳐음이라하며 그 밧게도 립지미담(立志美談) 인정대활극 과일관(*一貫)[96]이란 사진 젼 아홉권도 카추샤와 한가지로 상쟝할 터이더라.

조선 24.08.22 (1), 24.08.23 (4) 〈광고〉

동아일보 8월 21일자 단성사 광고와 동일
동아일보 8월 22일자 조선극장 광고와 동일

조선 24.08.22 (3) [연극과 활동]

▲ 시내 인사동(仁寺洞) 죠선극장(朝鮮劇場)에셔는 근자에 나일관(裸一貫)이라는 인정극과 『가추샤』라는 박명녀자의 비극을 상쟝하얏다더라.

조선 24.08.22 (4) 무대예술협회

평양과 순치(脣齒)의 관계가 잇는 진남포에셔는 우리 사회에셔 극예술에 대하야 너머 몰교 *(沒交*)하고 무이해함을 신탄(愼嘆)이 사(思)하는 *명(*名)의 청년 활동으로 거(去) 사월 초순에 무대예술협회를 조직하고 이래 사, 오삭(朔) 동안 연습한 결정(結晶)을 사회에 공개하랴고 거(去) 칠월 하순에 진남포에셔 제일회 시연(試演)을 만장 갈채중에 종료하고 이십일일 금번 평양에 도착하야 양일간 시내 설암리(薛岩里) 천도교당에셔 공*(公*)하얏는데 각본으로 유명한 『사랑의 힘』 『악마의 저주』 『김옥균의 중상(重傷)』 『신가*(新家*)』 등이라는데 동회(同會)의 목적은 극예술사상을 보급 향상식히는 동시에 수입은 장래 동회(同會) ⁁관건축비에 충용한다 하며 특히 본보 애독(愛讀) 제씨에게는 요금을 반감하야 우대한다더라. (평양)

---

96) '나일관(裸一貫)'의 오식으로 보임.

조선 24.08.22 (4) 성진(城津) 임명(臨溟) 활사대(活寫隊)

함북(咸北) 성진군 임명청년회 주최로 조직된 활동사진대에서는 금반 경성(鏡城)에 개최될 전북선(全北鮮)축구대회에 참가차로 경성에 래도할 도중 길주(吉州), 명천(明川), 주을온(朱乙溫) 등 각지에서 영사하야 비상한 호황을 득하엿는데 거(去) 팔일에는 경성 남문 외에서 사일간 흥행한 바 매일 만원에 지(至)하얏다 하며 축구대회 씃난 후로는 위선(爲先) * *, 청진(淸津) 기타 각 지방으로 순회하리라더라. (청진)

동아 24.08.23 (2) 〈광고〉

8월 21일자 단성사 광고와 동일
8월 22일자 조선극장 광고와 동일

매일 24.08.23 (3) 〈광고〉 [연예안내]

동아일보 8월 21일자 단성사 광고와 동일
동아일보 8월 22일자 조선극장 광고와 동일

조선 24.08.23 (4) 연예협회 총회

해주(海州)연예협회에서는 본월 십팔일 오후 팔시 반에 본회 사무소에서 임시총회를 개최하고 임시회장 최병한(崔丙漢) 씨 사회로 규칙개정과 회장제를 간사제로 개정하고 좌기(左記)와 여(如)히 임원개선과 결의사항이 잇섯다더라.

一, 직원개선(改選)의 건 一, 의연금 수납의 건, 一, 제이회 시연(試演)에 관한 건
一, 여자회원 입회의 건 一, 기타 사항
총간사 최병한, 연예부 간사 김덕기(金德基), 문예부 간사 송광옥(宋光玉),
운동부 간사 안덕근(安德根), 회계 겸 서기 간정복(簡正福) (해주)

동아 24.08.24 (4) 〈광고〉

당 팔월 이십사일부터 유사 날
푸로크람
실사 **국제시보** 일권
활극 **해상의 용자(勇者)** 이권
희극 **숨을 못 쉬게** 이권
유사 특별 제공
연화(戀話) **세계의 갈채** 전칠권

유사 공전의 대작품

연속활극 **아불리가(亞弗利加) 탐험**

전십팔편 삼십육권 중 제칠회 제십삼, 제십사편 사권 상장

예고

근일 공개 조선 명화

애화(哀話) **장화홍련전** 전팔권

기다리서요— 봉절 일자를……

유사 송죽 특약 **단성사**

전(電) 광(光) 구오구

8월 22일자 조선극장 광고와 동일

매일 24.08.24 (3) 미국 「로쓰안젤쓰」의 위대한 영화 사업 (하)[97] / 이로 생활하는 쟈가 룩만 명 / 믹년의 보수가 사억만여 원

육만 명 사람 / 사억 원 보수

덕당흔 긔후와 아름다운 산수를 가추어 활동스진 박기에 가장 덕당한 로스안젤쓰시는 만흔 영화 계작즈로 하여금 이 짜에 모혀들게 하엿다. 말흘 나위도 업시 촬영 회수가 증가할스록 쏘한 빅우들도 증가하야갓다.

항차 세계 각국의 활동스진 회사가 이 쌍에 잇슴이랴. 그럼으로 세계에 유명하다는 빅우들도 이 쌍으로 오게 되얏다. 지금에는 난다긴다하는 빅우들이 수만 명의 쎄를 지어 잇게 되얏다. 크리피쓰 씨의 『인도례란쓰』 대영화에 이만 명의 대군즁을 박든 쌔라든지 최근에 『유모레스크』 대영화 중에 삼천인의 유＊국 스람을 사용흔 일이 잇섯다. 그러나 이갓흔 **만흔 사람**을 고용하기는 그다지 어려운 일이 아니다. 이 삼천 명을 모집한다면 하로 동안에 모집할 수 잇다. 즉 이 스람들은 활동스진에 츌연하야 싱활하는 사람들이기 째문이다. 최근에는 활동스진 회수가 백이십여개이며 촬영소가 칠십여개 이상이다. 그 즁에는 한 회수가 십여긔의 촬영소를 가진 데가 잇다. 그리하야 이 여러 곳에 즉졉으로 고용되는 스람과 회수에 **사무 보는** 사람들은 약 이만여 명, 임시나 간졉으로 뢰동하는 스람은 약 사만 명 가량이다. 회수에서 지불하는 일주일간에 급료는 칠십오만불, 일개년 약 삼억불 이상으로 계산

---

97) 매일신보 24년 8월 17일(일요) 3면에 이와 같은 제목의 글 상(上)편이 게재되었을 것으로 보인다. 그러나 현재 8월 17일자 3면이 손실되어 보존되어 있지 않으므로 이 글의 전반 부분을 확인할 수 없다.

되얏다. 그 중에는 일쥬일간 이천불의 보수를 밧는 명배우가 잇스며 명비우가 안일지라도 상당히 일홈잇는 비우들은 손쉬웁게 삼백불 이상 오백불의 주급을 밧는다. 일급 뢰동하는 사름일지라도 최저 오불이다. 보통 사진에 보면

여러 군즁들이 모히여 써드는 쟝면을 볼 수 잇다. 그 사람들 즁에도 보통 십불, 십오불의 일급을 밧는 스람들이 푹-하다. 비우 이외로 대촬영소에셔는 한 회수에 칠백 이상 일천인의 견속 뢰동쑨이 써늘 식이가 업다. 지금 가령 한 회수의 역할계(役割係) 쟝부를 됴사해 보면 오천 명의 비우의 성명과 스진이 보존해 잇고 그 회사 사무소로셔 비우를 고용하랴고 **사용하는**[98] 전화의 회수를 계산해보면 일일 삼천구백육십회라 한다. 이는 전화회수에셔 공포흔 수자이다. 보통으로 흔 회사에서 일주간 이천오백 인을 사용홈은 확실한 통계인 것 갓다. 그리셔 이 만흔 비우를 사진 박으랴고 태워주는 것과 회수 일노 해서 운전하는 자동차는 하로 평균 이천리를 질주한다 한다. 보통 한 회수에서 일주간 수용하는 의상은 평균 사백점이라 일컷는다.

영화 제작비 일년 이억 원

우에 긔록흔 바와 갓치 만흔 스람들을 사용하야 박는 스진은 일년 이천팔백편, 한 스진에 평균 이만오천불을 허비흔다하면 일년간 구천팔백만불를 소비하는 셰음이다. 이갓치 만흔 스진을 박는데 짜라셔 스진 현상실에셔는 하로 밤낫 이십사시간 안에 평균 이십만척의 필님을 현상한다고 전한다.

세계 명작은 모다 이 회샤

일년간 이천팔빅편의 영화극을 쓰는 사람은 누구이겟느냐? 난 의문이 업지 안타. 과연 이다 오날에는 셰계에셔 유명하다는 소셜작가의 대부분이 이 활동스진계에 투죡하야 영화각본을 쓰노라고 주야로 몰두흠에는 놀나지 안을 슈 업다. 졔군은

이 이래에 쓰는 작가의 씨명을 읽을 째 그 즁에셔는 짐작하는 소셜가도 잇슬께다. 쌔나도 소-, 렉커쓰비츠, 로바드피유쓰, 벳식킹, 모리쓰 메테르링, 엘마-라이쓰 메리-, 리바드, 하링 하드, 가드루-드, 아스톤, 쇠너버, 모리쓰, 레로이스겟트, 쌕-스, 짜킨톤, 필님, 오펨항, 신시아, 스틱구레, 졔-지, 혹쓰톱손, 보카는, 짜두쓰, 게이온,

그리부쓰, 깅기도, 게니온, 쓰, 시웡, 그레톤, 파밀톤, 이에이쎙함, 졔이낫시유, 졔리루트, 짜뷔, 아-샤스닷-드, 졔에파리, 에도와드, 노불어즈, 에취지우엘쓰, 릿트애르, 깃쌕링, 에리노어그린, 지케쪠쓰타론, 스-길쌔-드, 쌔-카-.

---

98) '사용하는'의 오식으로 보임.

일류 회사는 어느 것인가

그러면 이와갓흔 막대흔 자본을 허비하야 박는 촬영소 즉 ㅅ진 박는 집은 엇더한가. 또한 그 촬영쇼의 건물은 얼마나 크며 건축비는 얼마느 드렷느가? 위션 제*유 회사로셔 대소 삼개의 건물이 잇스며

사무실이 칠십오, 화장실 이백개를 셰우라면 일만불 이상 오십만불의 건축비가 든다 한다. 이는 일유[99] 회사에셔 보통으로 셰우는 예정 수(數)이다. 그곳의 대촬영소는 어느 회ㅅ의 것이 제일 크냐 하면, 먼져 세계 제일 큰 「쏠드윈」 회사를 말할지며 넓기도 유명한 「유니바살 회사 촬영정(町)」 「메드로」, 「폭쓰」, 「후에아쓰 샥레아」, 「릭스키」, 「하리웃트」, 「쎄스휙크」, 「부아이다구라너, 도바드손, 꼴」 회사의 촬영소이다.

기타 이류, 삼류 혹은 소규모의 적은 촬영소가 칠십여긔이다. 이 만흔 촬영소의 건축비를 계산하야 볼진대, 실노히 거대한 금읷일 것이다. 이는 一九一二년경의 조사에 의한 것이나 그후 싀로히 이러나는 대소의 회사는 지금 과연 얼마나 늘엇슬가. 「파라마운드」, 「유나뎃트 아지스트」, 「와나형제 회사」, 갓흔 대회ㅅ도 싀로히 흥하야 나아가는 회ㅅ이다. 해마다 만어가고 발달되며 설비는

졈졈 완젼해가고 규모는 커져가는 활동ㅅ진계를 싱각할 재 한 긔소의 완젼한 활동ㅅ진 상셜관이 업는 됴션은— 우리네는 다만 「로쓰안젤쓰」만의 영화 사업이 실노히 미국 삼대 사업의 한아라 말흠에 쥬져치 안켓다. 아아 위대하다. 세계영화 제작계의 셔울 「로쓰안젤쓰」가!

매일 24.08.24 (3) 영화담총(談叢) / 해설자로셔 / 조극(朝劇) 김조성(金肇盛)

전번 일요 부록호 지상에셔 간단히 몃마듸 쓴 일이 잇셧다. 그리고 이번에 다시 나의 해설상의 지론을 피력하랴 한다. 나는 언졔던지 기회만 잇스면 일본인 측 상셜관에 가셔 그들의 해설을 연구흔다. 무엇이던지 그네는 진보하얏슴으로 언어학상으로 현대

가장 진보된 그네의 해설을 드를 재 엇지 힛스면 져러케 간단한 말로서 나도 해설을 할 슈가 잇슬가. 그러나 불행히도 우리에게는 이만한 늣김을 관긱에게 보닐만한 간단한 수사(修辭)로써 말할 수 잇는 덕졀한 말이 업다 하면셔 늣길 재가 가장 만타. 과연이다. 그네의 말로는 능히 우리의 미묘한 심*를 흔들 수 잇셔도 우리의 말로셔 역술(譯述)할 재에는 아모런 늣김을 못 보는 재가 만타. 이러홀 재마다 왜 우리의

언어학이 좀 더 발달되지 못하엿는가? 하면셔 오로지 탄식할 재가 만타. 느의게는 감상파적 해설이니, 묘사파이니, 문답 해설이니 하는 것은 문제로 녁이지 안는다. 나에게는 「스테지」에 셧을 재 그 작품의 전체의 대한 이해를 엇은 뒤 도라가는 「썬」(장면)의 기분을 조챠

---

99) 일류.

셔 문답 해설이노 감상파 해설이나 내면묘사적 해설을 *적(*蹟)치 안는 것이다. 해설자노 모름직이 흔 소위 판에 박은 듯한 해설을 절대 금물로 아노라. 적어도

여러 종류의 작품을 쏘한 기분이 번개갓치 전환하노 장면에 도(到)하야노 해설자 역시 그와 일반이어야 할 것이다. 이것이 내가 「타이돌」만 해설하랴노 제일 조건이다. 이러한 실례를 들자. 어머니 압흘 쎠는 자식이 잇고 그 장면은 비극적 「씬」이라 하자. 모친이 『나의 자식아』 하고 자막에 낫타놀 쌔 여긔셔 해설자가 심적 묘사를 가지고 비극적 이 광경을 그대로 지늬가는 묘사술적 해설이 올타하랴. 그릐가지고

그 장면은 임의 변하엿는대 지내간 장면 해설을 가지고 화면의 기분을 씌타려야 가하다 하겟노가. 이러흔 장면에노 썰니고 슯흔 목소릐로 『나의 자식아 – 』 부르지져야 홀 것이다. 이것을 감상파적 해설이라 말하랴? 그럼으로 장합(場合)[100]이 변할 쌔마다 낫하나는 「타이돌」이나 쌰라가며 그 자막을 가지고 화면과 일치식혀야 할 것이다. 이것이 나의 「타이돌」에만 의하랴노 제이 조건이다.

요(要)건하되 문제노 해설의 노력과 두뇌 잇노 해설자의 문제가 잇슬 쑨이다. 다시 후일 기회를 보아 말을 하겟다. 영화계의 언론기관이 잇셔야 하겟다. 그릐야만 순전한 언론의 힘에 의하야 순정한 여론을 엇을 줄 안다.

해설자인 나난 / 단성사 이병조(李丙祚)

해설자인 나노 조선 해설계의 잇슨지 임의 오릐다. 나노 해설의 대한 연구도 잇셧고 늣김도 맛엇스며 포부도 잇셧다. 나노 지금의 영화해설의 대한 이론을 쓸 여가를 엇지 못하얏다. 그리고…. 뭇지마러라. 나의 해설 – 을. 「타이돌」만 가지고 말하고자 현재에도 노력중이요, 장래에도 그러할 것이다. 나노 밋는다.

어계든지 내가 해설계에 셧슬 것 갓흐면 나의 욕심하노 바의 소론(所論)을 양성할 것이다. 어느 쌔가 되랴? 지금은 긔약지 못할 것이다. 먼? 갓가운? – 모르겟다. 나노 욕심한다. 나의 해설의 공명자(共鳴者)가 잇다하면, 나의 늣김만은 모든 것을 그에게 가라지고져 하며, 의론하랴 한다. 아마도 먼, 긔약못할 그 쌔가 될 것이랴?……

매일 24.08.24 (3) [영화계]

상연장소 시내 단성사

    시일 팔월 입(卄)사일

---

100) 사정, 형편.

아불리가 탐험 전십팔편 삽(卅)육권

뎨십삼편 싱미한 녀(生埋한 女). 간신히 삼림 불속에서 버셔는 「카메론」과 「ㄴ데아」는 뜻밧게 빅인(白人)의 일단을 만나셔 코기리 산양을 간 사이에 산이 문허져서 「나데아」는 싱매되얏다.

뎨십사편 싱인가 스인가(生人가 死人가). 산이 문허져 죽게된 「나데아」는 이상하게 목숨을 구하얏다. 그러나 「하-덴」은 「나데아」를 욕심내여 「카메론」을 죽이랴 하얏는대 「나데아」는 「카메론」을 차즈 가다가 독와스가 분출하는 곳에 넘어져 혼도하얏다.

세계의 갈채

「코린누 타리」라는 녀비우는 상당히 인긔를 끌고 잇는 즁 「쪼 에리옷트」의 감독의 매부(妹夫), 당시 명화가 「로쌔트 타운쏀밤[101]」는 「타리」에게 혹하야 그의 초상화를 그리여 여러 스람에 보이고자하든 밤에 「타운쏀트」의 안히는 질투하는 긋헤 견긔 초상화를 칼로 찌져바리고 잘못되야 그의 남편을 죽엿다. 그리하야 살인 혐의는 「에리옷트」가 밧엇슴으로 「타리」는 그젼의 허영심을 씌닷고 다시 상당흔 녀비우가 되얏스며 「에리옷트」의 누이는 자수(自首)하야 외국으로 가버린 후 「에리옷트」와 「타리」와는 경사로히 결혼하얏다.

긔외 도션쟝의 랑(渡船場의 狼) 젼 이권과 희극 이권.

매일 24.08.24 (5), 24.08.25 (3) 〈광고〉 [연예안내]
동아일보 8월 22일자 조선극장 광고와 동일
동아일보 8월 24일자 단성사 광고와 동일

조선 24.08.24 (2), 24.08.25 (1) 〈광고〉
동아일보 8월 22일자 조선극장 광고와 동일

조선 24.08.24 (1), 24.08.25 (4), 24.08.27 (2), 24.08.28 (2) 〈광고〉
동아일보 8월 24일자 단성사 광고와 동일

동아 24.08.25 (1) 〈광고〉
8월 22일자 조선극장 광고와 동일
8월 24일자 단성사 광고와 동일

---

101) '타운쎈트'의 오식으로 보임.

매일 24.08.25 (3) 회중(會衆)교회의 납량 연예 대회 / 이십륙일 밤에

부내 청진동(淸進洞)에 잇는 회중교회 성악대(會衆教會 聖樂隊)에셔는 오는 이십륙일(火曜) 오후 여덜시 반부터 청진동 중앙긔독교 회관에서 납량 연예 대회(納涼演藝大會)를 기최할 터이라는대 연예 종목은 관현악(管絃樂)과 소녀의 무도(舞蹈), 희극(喜劇), 활동사진 등을 상장하고 관람즈에게는 청량 음료수와 다과를 뎨공하야 향응케하며 입쟝표는 일 인에 삼십 전식이라더라.

매일 24.08.25 (4) 지방개량 활사회(活寫會) / 평양 수양단(修養團) 지부에셔

수양단 평양지부에서는 지방개량을 도(圖)하기 위하야 제일보로 활동사진을 무료로 일반의게 관람 케하는대 기(其) 일할(日割) 급(及) 장소는 여좌(如左).

▲ 팔월 이십사일 오후 팔시 평양역전(前) 전차과(課) 내
▲ 동 이십오일 오후 팔시 선교리(船橋里) 공원 내

에셔 개회하는대, 영사는 평양 수해의 참상과 부업의 장려와 내지 사정의 선전, 기타 수종이라더라. (평양)

동아 24.08.26 (1) [횡설수설]

일본 배우 좌단차(左團次)가 중국 배우 매란방(梅蘭芳)과, 제휴하야, 북경 제일극장에서, 합동극을 개연하리라 한다, 일본의 중국 제휴책이, 연극에 불과한 것을, 사실대로 증명하랴는 것인가.

동아 24.08.26 (3) [청년 기타 집회]

장단(長湍) 납량 활동회(活動會)

장단군 군내면(郡內面) 읍내리(邑內里) 장단청년회에서는 금월 이십일 경기도 사회과 사진관을 빙래(聘來)하야 장단공립보통학교 교정에서 오후 팔시 삽(卅)분에 금강산 경치 외 오권의 영사를 행하야 천여 관중의 성황을 정(呈)하엿는데 당일 의연(義捐) 제씨는 좌(左)와 갓다고. (의연금 명부는 생략)

동아 24.08.26 (3) 〈광고〉

프로그람
팔월 입(卅)오일부터 삼일간 특선대영화
폭스 회사 특작
인정극 **보헤미아의 여(女)** 전오권

파-데 회사 특작

연속활극 **스피-드 핫지** 제십일, 십이편 사권

골-드위인 영화

인정대활극 **남자 노(怒)하면** 전칠권

명여우 고-린, 무-아 양 주연

예고

팔월 입(卅)팔일부터 삼일간

세계적 대마기술(大魔奇術) 송욱제천화(松旭齋天華) 일행

특별출연

인사동 **조선극장**

동아 24.08.26 (4), 24.08.27 (3) 〈광고〉

8월 24일자 단성사 광고와 동일

매일 24.08.26 (3) 〈광고〉 [연예안내]

동아일보 8월 24일자 단성사 광고와 동일

동아일보 8월 26일자 조선극장 광고와 동일

매일 24.08.26 (4) 위생선전 활동사진

평안남도 경찰부 위생과와 사회과의 주최로 위생선전 순회 활동사진은 점차 실행하야 도처에 환영을 바든 바, 내(來) 이십팔일에는 중화읍내(中和邑內)에셔, 삼십일일, 구월 일, 이일의 삼일간은 평원군(平原郡) 석암(石岩)에셔 거행할 터인대, 다수 관람하기를 희망한다더라.

조선 24.08.26 (1) 〈광고〉

동아일보 8월 24일자 단성사 광고와 동일

동아일보 8월 26일자 조선극장 광고와 동일

동아 24.08.27 (2) [휴지통]

▲ 황해도 댱연(長淵)에는 얼마 전에 졸아진 활동사진을 가지고 빌어먹는 일본인들이 왓섯는데 ▲ 그 곳 군텽과 경찰서에셔는 큰 손님이나 마즌듯이 보통학교를 빌려준다, 서댱의 집을 빌려준다, 여공불급하게 대령하야 사흘 동안을 놀앗는데 ▲ 입장한 사람이 업셔셔 주머니가 부이게 되니까 군텽과 경찰서에셔는 서로 의론하고 그 곳 「홍풍회」비로써 그들의

숙박비를 보조하야 주엇다고 ▲ 요사이 한재로 일반은 모도 다 죽느니 사느니 하는 째 그래도 료리뎜들은 풍셩풍셩한 모양 (이하 생략)

동아 24.08.27 (3) 납량 활동사진 / 금일 밤 효창공보에서
조선녀자청년회 주최의 납량 활동사진회는 금 이십칠일 오후 여덜시에 효창 공립보통학교에서 열 터이고 입장료는 부인에게 이 전, 어린 아이에게 일 전식 밧는다더라.

동아 24.08.27 (4) 〈광고〉
8월 26일자 조선극장 광고와 동일

매일 24.08.27 (3) 부인 납량 활사(活寫) 무료 공개 / 금 이십칠일은 효창 공보교에
됴션 녀자 청년회의 부인 강좌(婦人 講座) 주최인 부인납량활동사진 대회는 이리 시니 각 처에서 다대흔 환영을 밧든 바, 금 이십칠일 오후 여덜시브터는 효창원 효창(孝昌) 공립보통학교에서 활동사진회를 기최할 터이며 입장은 무료이더라.

조선 24.08.27 (1) 〈광고〉
동아일보 8월 26일자 조선극장 광고와 동일

조선 24.08.27 (3) [집회]
▲ 시내 인사동(仁寺洞) 죠션녀자청년회 안에 잇는 부인강좌의 주최로 계속하야 개최하는 납량 활동사진대회(活動寫眞大會)는 금일 오후 여덜시에 효창공립보보통학교[102](孝昌公普)에서 개최하는데 입장은 전부 무료로 한다더라.

조선 24.08.27 (4) 납량 활동사진 / 장단(長湍)청년회 주최로
경기도 장단군에서는 읍내리(邑內里) 장단청년회 주최로 일반시민을 서중(暑中) 위문키 하야[103] 경기도 사회과의 활동사진을 청유(請遊)하야 거(去) 이십일 오후 팔시에 장단공립보통학교 운동장에서 시민납량활동사진을 거행하얏는대 관중은 무려 칠팔백 명에 달하야 대성황을 성(成)한 후 동 오전 십일시경에 장단청년회의 만찬회가 잇슨 후 산회하얏다더

---

102) '보통학교'의 오식으로 보임.
103) '위문키 위하야'의 오식으로 보임.

라. (장단)

동아 24.08.28 (3) 온돌개량 선전

개성군 송도면(松都面)에서는 과반(過般) 대홍수로 약 삼천오백호의 침수 가옥이 잇서 온돌이 파손된 것이 다수함을 기회로 하야 온돌개량의 보급을 철저히 할 목적으로 악대를 선두로 하고 선전문 오천매를 배포하며 우(又) 남대문 내에는 모형을 진렬하고 갱(更)히 온돌개량 활동사진을 영사하야 다대(多大)의 효과를 엇고저 한다고. (개성)

동아 24.08.28 (4) 〈광고〉

조선극장
팔월 이십팔일부터 삼일간 한
송욱제천화(松旭齋天華) 대마기술(大魔奇術)
프로그람
一, 합주
二, 서반아용(踊)
三, 희가극 낭자군(娘子軍) 일장(一場)
四, 평민적기술(奇術)
五, 신령감응(神靈感應) 호라호라 싼스
六, 원격감응술
七, 미인동체＊단(美人胴體＊斷)[104]
八, 변장대마술
九, 마술악극 맹호와 미인
대흥행 중 종래 발행 입장권 일절 사절
대예고
팔월 삼십일일부터 활극대회
연속대활극 **스피一트 핫지** 제십삼, 십사편 사권 상영
대전극 **다구라스 대왕** 팔권
인정대활극 **마상(馬上)의 러메오** 전오권

8월 24일자 단성사 광고와 동일

---

104) 관련 기사를 참고할 美人胴體兩斷으로 추정됨.

매일 24.08.28 (3) 천화(天華)의 마술 / 이십팔일부터 됴션극쟝에셔

초가을 벽두에 경성에 드러와셔 침례한 흥힝계에 활긔를 쥬랴하는 송욱직텬화(松旭齋天華) 일힝은 금 이십팔일 밤브터 시내 인사동 됴션극장에셔 변화한 첫 막을 열 터인대, 이 일힝은 단장 텬화 양을 비롯하야 특별 츌연하는 하합징자(河合澄子)와 밋 준자(俊子), 경자(慶子), 염자(艶子), 화지(花枝) 등 묘령의 미인을 망라한 삼십여 명 일단인대, 이십여돈(*)에 넘는 마긔술 도구(魔奇術 道具)를 사용하야 이 일힝의 특싁인 화려한 무대면을 낫타내리라는대, 그 즁에도 텬화의 원격감응슐(遠隔感應術)과 미인동톄량단(美人胴體兩斷)은 텬화의 독특한 긔술로 도쳐에셔 녈광덕 환영을 밧든 것이라는대, 이 긔회를 일치말고 누구든지 한번 시험뎍으로 구경해주기를 바란다더라.

매일 24.08.28 (4) 산미(産米)개량 활사(活寫) / 충북 농회(農會) 쥬최로

충청북도 농회 주최로 내(來) 구월 일일브터 산미개량 선전 활동사진회를 개최흔다는대 기(其) 일할(日割)과 장소는 좌(左)와 여(如)하다더라. (청주)

▲ 구월 일일 청주군 북일면(北一面) 사무소 ▲ 이일 내수(內秀)공립보통학교

▲ 삼일 오창(梧倉)공립보통학교 ▲ 사일 오창면(梧倉面) 기리(機里)

▲ 오일 청주공립보통학교 여자부 ▲ 육일 괴산군 증평면(曾坪面) 사무소

▲ 칠일 증평면 미암리(彌岩里) ▲ 팔일 증평면 남하리(南下里)

▲ 구일 도안면(道安面) 화성리(花城里) ▲ 십일 도안면 사무소

▲ 십일일 충주군 이류면(利柳面) 대소원리(大召院里) 공립보통학교

▲ 십이일 신니면(薪尼面) 요원리(龍院里) 공립보통학교 ▲ 십삼일 충주공립보통학교

▲ 십사일 엄정면(嚴政面) 용산리(龍山里) 공립보통학교

동아 24.08.29 (1), 24.08.30 (1) 〈광고〉

8월 28일자 조선극장 광고와 동일

동아 24.08.29 (3) 부인 활동사진 / 금일 밤 창신공보에서

조선녀자청년회(朝鮮女子靑年會) 주최로 금 이십구일 오후 여덜시에 동대문 밧 창신(昌信)공립보통학교에서 가뎡 부인 지식 보급을 위하야 활동사진회를 열 터인데 입장은 무료이라더라.

동아 24.08.29 (3) 〈광고〉

당 팔월 이십팔일부터 송죽 날

푸로크람

실사 **어업(魚業)** 전일권

대희극 **챠푸링 권투** 전이권

미국 메도로사 대작품

명화(名花) 아리쓰레크 양 주연

인생애화(哀話) **오자의 침안(吾子의 寢顔)** 전오권

미국 메도로사 대작 명화

명화 크라라 킹부루 양 주연

문예극 **어엽분 노래** 전칠권

예고

근일 공개되는

애화 **장화홍련전** 전팔권

기다리서요 봉절 일자를

유사 송죽 특약 **단성사**

전(電) 광(光) 구오구

매일 24.08.29 (4) 식은(殖銀) 활동사진회 황(況)

북청(北靑) 식산은행 지점에서는 본월 이십오일 하오 칠시로브터 동군(同郡) 재향군인분회 광정(廣庭)에셔 활동사진 영사를 하얏는대 정각 전브터 관민 남녀노소가 운집하야 장내는 입추의 여지가 무(無)하얏다. 정각이 됨에 풍복(豊服) 지점장으로브터 관람객 일동에 대하야 예사(禮辭)에 겸하야 동 사진 각본의 설명에 작년 구월 일일 대진재 이후 재*(材*)의 공황 급(及) 인류 생존 저금의 필요임을 역설하야 저축심에 만은 감상을 여(與)하고 사진 영사하야 성하(盛夏) 혹염(酷炎)에 고통을 수(受)하던 관람객 일반은 일석(一夕) 납량에 저금사상ᄭ지 각득(覺得)함은 가위(可謂) 일거양득이라 이구동음으로 식산은행을 감사히 칭찬하면서 동 십이시 대성황리에셔 산회하얏다더라. (북청)

조선 24.08.29 (3) [집회]

▲ 시내 인사동(仁寺洞) 녀자청년회 주최로 계속 개최하야 오는 납량활동사진대회(納凉 活動寫眞大會)는 지나간 이십칠일에 효창공립보통학교(孝昌公普)에셔 개회한다 함은 이미 보도하얏거니와 수천 명의 부인들이 모히여 대성황을 일우엇스며 금일 오후 여덜시에는 동대문 밧 창신동(昌信洞) 공립보통학교(公普校)에셔 예명과 가티 메십삼회의 납량활동사진대회를 거행하는데 이번으로써 긋을 막는다 하며 입장은 무료라더라.

조선 24.08.29 (4) 〈광고〉

동아일보 8월 26일자 조선극장 광고와 동일

동아일보 8월 29일자 단성사 광고와 동일

동아 24.08.30 (1) 〈광고〉

8월 29일자 단성사 광고와 동일

조선 24.08.30 (2) 〈광고〉

동아일보 8월 29일자 단성사 광고와 동일

동아 24.08.31 (3) 활동사진 / 팔월중에만 이백팔십여리 / 경기도에서 검열한 필림

팔월중 경기도에서 검열한 활동영화는 사백구십사권 연장 삼십칠만이천척에 달하야 리수(里數)로 환산하면 이백팔십여 리나 되는데 이것을 종별로 보면 신파가 구십육권 칠만오천척, 구극 팔십칠권 칠백이천척, 서양극 이백오십칠권 십팔만팔천척, 희극 삼십삼권 이만오천척, 실사물 이십일권 일만이천척으로 기중(其中) 오락용 사백육십권 삼십사만구천척, 선전용 십구권 일만이천척, 교육용 십오권 일만천척인데 공안, 풍속문란으로 절단된 것이 양극(洋劇)으로 이건(二件)이 잇섯다고.

동아 24.08.31 (4) 〈광고〉

당 팔월 삼십일일부터 유사 날

특별 공개

미국 유사 작품

실사 **국제시보** 전일권

미국 유사 특작품

동양인 챠-리 군 주연

대희극 **활동소동(活動騷動)** 전이권

미국 유사 특별 제공

미국 파-사 공전의 대작 명화

명화 **거암의 피방(巨巖의 彼方)** 전팔권

유사 작품

연속활극 **아불리가(亞弗利加) 탐험**

전십팔편 삼십육권 중 제팔회 제십오편, 제십육편 사권 상장

예고

오래동안 기다려오시든

조선명화

대비극 **장화홍련전** 전팔권

은 불일간 공개됩니다

유사 송죽 특약 **단성사**

전(電) 광(光) 구오구

매일 24.08.31 (3) [영화게]

상연장소 시내 단성사

　　　시일 팔월 삽(卅)일일

「아불리가 탐험」 전십팔편 삽(卅)육권

뎨십오편 환호의 셩(歡呼의 聲). 독와스에 죽게된 「나데아」는 「카메론」에 구죠되얏스며 한 편으로 곤는을 거듭한 「쓰탄레ー」는 겨우 「리빙스톤」을 발견하게 되얏다. 「카메론」 등은 다 힝히 「쓰탄레ー」와 합력하게 되얏섯는대 어느 밤에 「나데아」가 거쳐 불명이 되얏다.

뎨십륙편 노예의 비밀(奴隸의 秘密). 「카메론」과 「하ー데」는 거쳐 불명된 「나데아」의 뒤를 쏘츠 수쇽하다가 셔로 징투하얏섯는대 즉시 「카메론」은 「나데아」를 츠져가지고 도망하다가 도즁에셔 큰 강에 쌔졋다.

「거암의 피방(巨岩의 彼方)」 전팔권

영국 미인「셰오트라」는 이복(異腹) 동싱의 힝복을 위하야 년로한 「쏘샤 쌕라운」에게 싀집을 갓셧스나 이상한 긔회로 「쌕란코ー르」 빅작의 아달 「헤크디타ー」에게 두 번이나 싱명의 구조를 밧엇는대 「헤크타ー」는 「셰오트라」에게 야심을 두고 루차 애소하얏스나 「셰오트라」는 모다 거절하얏다. 그후 쏘 「헤크라ー」가 편지를 보닌 것이 잘못하야 「쌕라운」의 본빈되야 그의 안히를 의심하고 급히 「아푸리카」에 려힝하게 되얏다. 「헤크타ー」와 「셰오트라」는 「쌕라운」을 만류하랴고 뒤를 쏘차가다가 스막에셔 츌몰하는 도적에게 습격을 당하얏다.

매일 24.08.31 (4) 애활가(愛活家)의 시 이편(二篇)

짝사랑

　　　　○○生

그대가 幻影 속에셔
스라질 줄도 나는 알건만
오늘도 쏘다시 그대를 찻다
컴컴한 속에셔 그대를 보고
나의 작은 가삼 몹시도 쒸놀며
이 늬 몸이 늬 맘을 모―다 밧쳐도
말 업는 그대가 삼 쌀쌀도 히라.
열냐는 열쇠조츠 츠즐 수업셔
아아! 너의 마음 느구라셔
여러주려 주겟느?
내가 만일 들 가운데 풀이드라면
한 번만이라도
너의 어엽분 발을 업엇슬 것을
외로운 슯흠아! 스랑아!
그것만이 비우스며 나를 보앗다
어둠 속에 그대가 스라진 그 뒤
힝여나 이즐가 스라질가……
가만히 손에 든 그대에 사진
눈물에 져즌 쎔에다 대고
쓰거운 키쓰를 그 멧 번이지……
목 밋친 우름을 그 멧 번인지……

비인 지갑

○○生

금슌이 붉은 쌤이
통통히와요
달듸단 구슬 스탕
먹을 째마다
XXXX
끼구리의 동근 빅가
통통히와요
외롭고 슯퍼셔

우름 울건만

XXX

나의 가진 비단 지갑

왜 주러드느

보기 조화하는 스진

보고나면은

XXX

나의 살진 두 썀은

왜 말너가나

그리워셔 그를 보면

우름 나오고

**매일 24.0□□31 (5) 조선의 영화계(일) / 장화홍련전□□ 단성사의 시사회를 보고/
젼 편을 통하□ 조금도 무리한 뎜이 업고 우수한 수완에□□구든지 감탄 불이해**

됴션 고대 소설의 □ 가지 비극 즁 하나로 가쟝 일홈이 놉흔 쟝화홍□뎐(薔花紅蓮傳)이 단
셩스 촬영부(團成社 □□部)의 심상치 안이한

고심 력작(苦心 力作)에 □하야 슌수한 됴션 영힝극(映畵劇)으로 불원간 □셩사 「씨쓰」에
낫타나게 되얏다 흠은 긔보□ 바어니와 단셩스 촬영부에서는 이것을 일반□게 공기하기
젼에 먼져 일부 애활가의 표리□□ 비판을 듯기 위하야 됴션 영화계에 깁흔 □계를 가지
고 잇는 유지 몃 스람과 시니 각 신□□ 긔자 오십여 명을

초대하고 직작 이십구일 오후 네시부터 □□사 안에셔 시사회(試寫會)를 긔최하얏□. 스진은
젼후 여덜권의 쟝편으로 영스하기에 약 두□간이나 걸리엿스나 쳐음부터 긋싯□ 보는 자
의 긴쟝한 마음을 해이하게 안이하고 모다 입을□아 감탄하는 말을 발하게 □얏다. 사진
즁 약간의 험졀이 업는 비는 안이요, 등쟝한 인물의 □□□ 갓갑히 불만을

늣기는 뎜이 업는 비는 안이로되 비록 영화의 「스케일」이 웅대하지는 못하다 할지라도 사
진 젼편을 통하야 조금도 무리한 뎜이 업슬 쑨 안이라 간간히 즈연의 실수를 덤털하야 교
묘한 됴합으로 보는 자로 하여금 비극이라는 그 관념을 한층 강하게 한 대에 작자의 고심
이 느타나고 셔투른 촬영술로는 쌋닥하면 자연을

일키 쉬운 「튜릭크」 식을 만히 스용하얏스나 그것이 하나도 구석이 보이지 안이하고 원작
자의 공상을 여실히 표현한 대에 촬영자의 우슈한 수완이 늬보엿다. 이것을 셔양의 유명
한 작품에 비교하면 물론 다소간 손식이 잇다 할지라도 됴션에셔 이만치 완전한 영화 「필
림」이 싱길 줄은 그날 모힌 졔씨 즁 누구나 쯧하지 못한 비인 듯하얏다.

이 촬영에 감독자 박정현(朴晶鉉) 군은 내디 일활회ㅅ의 직속 기샤(直屬 技師)로 됴선에 는 다만 하나박게 업는 수완을 가지엿고 촬영자 리필우(李弼雨) 군은 그의 뎨자로 다년간 내디에 들어가셔 실디로 활동 촬영술을 연구하야 내디 촬영게에셔도 셩예가 잇든 터인즉 그들이 촬영한 사진이라 어늬 명도ㅅ지는 볼만한 뎜이

△ 이별이 갓가워 오든 날 밤의 장화 홍련

잇슬 것을 예긔하얏스나 그리하야도 이갓치 우수한 「필림」을 작셩할 줄은 실로 쯧하지 못하얏다. (일 긔자)

매일 24.08.31 (6) 〈광고〉
동아일보 8월 31일자 단성사 광고와 동일

조선 24.08.31 (4) 〈광고〉
동아일보 8월 31일자 단성사 광고와 동일(단, 〈거암의 피방〉 관련 '世界的 名優 두도로후바 —런틔노— 氏 主演'이 추가)

9월

동아 24.09.01 (3) [시내 통신] 광활(光活) 청년 활동사진

시내 청엽정(靑葉町) 광활(光活)청년회에서는 회원 위안으로 효창공립보교 내에서 재작(再昨) 삼십일과 작 삼십일일 양일간 오후 팔시부터 활동사진회를 개최하엿다고.

동아 24.09.01 (3) 〈광고〉

팔월 삼십일일부터 활극대회
제현(諸賢)의 경이에 경(鏡)이 될 대명화!!
미국 폭스 회사 명작
희활극 마상(馬上)의 러메오 오권
명우(名優) 짐-믹크스 씨 역연
불국 파데 미국 지사 대작품
연속활극 스피-트 핫지 제십삼, 십사편 사권 상영
맹우(猛優) 찰스 핫지송 씨 주연
미국 유나이뎃트사 공전의 역작
대전극(大戰劇) **다구라스 대왕** 팔권
다구라스 후에야방크스 씨 맹연
이- 유의유심(有意有心)한 명화는-
누구나 다 가치 보십시다
예고
내(來) 구월 오일부터 특우초월(特優超越)한 대명화 공개
출연할 명화는?
손곱아 기대하세요
외국 육대회사 봉절
동아문화협회 직영
조선극장

8월 31일자 단성사 광고와 동일

동아 24.09.02 (3), 24.09.03 (3) 〈광고〉
9월 1일자 조선극장 광고와 동일

동아 24.09.02 (4) 〈광고〉
8월 31일자 단성사 광고와 동일

**매일 24.09.02 (3) 조선의 영화계(이) / 장화홍련전 / 단성사의 시사회를 보고 /
전 편을 통하야 조금도 무리한 뎜이 업고 우수한 수완에는 누구든지 감탄 불이해**
(삼십일일 본지 삼면에셔 계속)
폐일언하고 장화홍련뎐(薔花紅蓮傳)이 흔 영화극(映畵劇)으로의 가치가

잇고 업슴을 론평하기에는 여러 가지 결뎜과 불만이 젹지 안이하나 하여간 이것이 됴션에셔 싱긴 활동「필림」중에 가장 우슈한 것임은 누구던지 용이히 수긍홀 줄 밋는다. 첫지에 이 스진을 보고 뎨일 깃부게 싱각한 것은 됴션에 련쇄극(連鎖劇)이 싱기여 비로소 활동「필림」에 됴션 인물이 드러가기 시작하던

오륙년 젼의 그것에 비교하야 모던 기슐의 발달 진보에 거의 격셰의 감이 잇는 것이요, 그 다음에는 됴션에셔도 상당한 셜비 아릐에셔 활동 비우를 양셩하야 슌수흔 됴션 영화를 제작하면 어늬 정도신지는 우수한 작품을 내겟다는 자신을 바던 것이다. 통더러놋코 말하면 이 스진이 이만치

셩공한 것은 이 장화홍련뎐이 츈향뎐(春香傳)이나 심챵뎐(沈淸傳)과 대등할만한 일홈 놉흔 고대비극인 중 그 중에 가장 현대셩(現代性)을 만히 가진 신닭이라 하겟스나 그리하야도 화면에 약동하는 각 부분 뎨작자의 슈완과 로력을 부인할 수 업다. 하물며 이 영화의 각식자가 현직 단성사(團成社)의 해셜자(解說者)인

김영환 군으로 비록 오릐동안 상셜관에 잇셔셔 늘마다 동셔양 영화의 모든 걸작에 친히 졉하얏다 할지라도 그리도 경험이 얏튼 첫 시험으로 이만치 셩공한 데에는 자못 경탄할 가치가 잇는 줄 밋는다. 사진의 주인공인 쟝화로 분장한 김옥희(金玉姬) 양과 홍련으로 분쟝한 김운자(金雲子) 양은 근본히 슌젼한

첫 무듸로 비우로는 하등의 기예가 업셧다 할지라도 소위 경험잇는 비우의 마치 옥둑이(獨立子) 모양으로 원슝이 갓치 쒸오는 일종 괴괴한 인물을 낫타내는 것보다는 도리혀 진즁한 맛이 잇셔셔 보는 자의 마음을 쾌하게 하얏고 몸을 움즉이는대 조금도 쑤민 것이 업시 한갓 슌진홀 다름이엿슴이 이 스진 전례에 젹지 안은 묵어운 맛을 준 듯하다. (쯧) (일 긔자)

매일 24.09.02 (4) 〈광고〉 [연예안내]

동아일보 8월 31일자 단성사 광고와 동일

동아일보 9월 1일자 조선극장 광고와 동일

동아 24.09.03 (4) 〈광고〉

당 구월 오일(금요) 공개

조선 명화 봉절

고대 고대하시든 조선 명화

그여히 봉절되엿습니다!

푸로크람

미국 후아쓰도나소날사 대작품

명우 미루톤시루쓰 씨 대역연

문예극 **혼귀(魂歸)** 전칠권

단성사 박승필 연예부 고심 역작

각색 김영환 감독 박정현

촬영 이필우 자막 김학근(金學根)

대비극 **장화홍련전** 전팔권

기회를 일치마서요!

유사 송죽 특약 **단성사**

전(電) 광(光) 구오구

매일 24.09.03 (3), 24.09.04 (1) 〈광고〉 [연예안내]

동아일보 9월 1일자 조선극장 광고와 동일

동아일보 9월 3일자 단성사 광고와 동일

동아 24.09.04 (3), 24.09.05 (3) 〈광고〉

9월 1일자 조선극장 광고와 동일

9월 3일자 단성사 광고와 동일

매일 24.09.04 (3) 단성사 특제(特製) / 장화홍련전 / 명일 밤부터 상연

단성수(團成社) 촬영부(撮影部)에셔 메일 첫 시험으로 고심 력작(苦心力作)한 됴선 고대의
비극 소설인 장화홍련던(薔花紅蓮傳)의 여덜권은 그 동안 완성되야 얼마＊에 시ㅅ신지 하

얏다 함은 임의 본지에 상세 보도한 바로 이것이 한번 소문이 나즈 일반「꽝」은 할우라도 일즉이 상연되기를 고대하던 즁 드듸여 오일 밤부터 동소에셔 봉졀(封切) 상연하기로 하얏다하며 이번에는 특히 보통 료금에셔 각 등에 십 젼식 올녀 밧는다더라.

동아 24.09.05 (3) 온돌개조 선전

안성군에서는 온돌개량을 철저적으로 실행코저 도청으로부터 활동사진반을 파송하야 차(此)를 영사선전한다고. (안성)

매일 24.09.05 (3) 금일의 단성사 / 기대리고 기대리던 쟝화홍련뎐을 상영

경성 턴디의「키네마 꽝」이 흔갈갓치 손곱아 기다이던 단성사(團成社)의 특작 쟝화홍련뎐(薔花紅蓮傳)은 금 오일 밤브터 드듸여 상연한다는 바, 이외에도 미국「퍼-스트늬소늴」사의 명화인 혼귀(魂歸)라는 일곱권짜리 문예극신지 흠씌 상연한다더라.

조선 24.09.05 (2) 〈광고〉

동아일보 9월 1일자 조선극장 광고와 동일

조선 24.09.05 (4) 〈광고〉

동아일보 9월 3일자 단성사 광고와 동일

조선 24.09.05 (4) 순회사진대

경남도청 주최인 활동사진대 일행은 변사 박근묵(朴謹黙) 씨 인솔 하에 거월(去月) 이십사일 밀양에 도착한 바 본 군수 민인호(閔隣鎬) 씨의 간선으로 산내(山內), 산외(山外), 단양(丹場), 하서(下西), 청도(淸道), 밀양, 상동(上東) 등 칠면(七面)에 인차(鱗次)[105] 영사하얏는 바 매야(每夜) 개회시에 식사는 해(該) 면장이 간술(簡述)하고 취지 설명은 민군수가 산업장려책과 지방행정방침에 대하야 장시간 도ᄹ한 열변에는 만장 청중으로 하야금 파(頗)히 흥미를 조장케 하얏스며 사진사가 등장에 반(伴)하야는 도(道) 촉탁(囑托) 박근묵 씨가 상세히 설명함으로 일반이 박수 찬도(贊道)하얏스며 매면(每面)마다 관람객은 다수에 지(至)하얏셧다더라. (밀양)

---

105) 비늘이 잇닿은 것처럼 차례로 잇닿음.

동아 24.09.06 (4) 〈광고〉

자(自) 구월 오일

지(至) 동(同) 칠일 삼일간 특별 대영화 공개

(요금 보통)

프로그람

동아문화협회 노심(勞心) 대작품

조천고주(早川孤舟) 씨 각색

조선 유일의 문예 대명편

만고열녀 **춘향전** 전구권

스다─필늼 회사 특작

희활극 **동으로 서에** 전오권

쌔데─ 회사 특작

대활극 **스피─드 핫지** 완결편

예고

구월 팔일부터 공개

세계 희소의 명화 봉절

위리암 혹스 회사 특작

명우 위리암, 후아─남 씨 주연

유년노동 보호 사회교화 대영화 **침묵의 가치** 전오권

대 유─나이텟트아─지쓰사 작

명우 메─벨노─만트 양 주연

희활극 **모리─오** 전팔권

조선극장 전(電) 광(光) 이○오

9월 3일자 단성사 광고와 동일

매일 24.09.06 (1), 24.09.07 (5) 〈광고〉 [연예안내]
동아일보 9월 3일자 단성사 광고와 동일
동아일보 9월 6일자 조선극장 광고와 동일(단, '예고'가 누락)

조선 24.09.06 (4) 인덕친화회(仁德親和會) 활동
함남(咸南) 영흥군(永興郡) 덕흥면(德興面) 마장역(馬場驛) 부근 촌락은 매년 홍수에 피해

가 불소(不少)하되 피난할 장소와 구제할 기관이 무(無)하야 일반인민의 곤난이 극심하던 바 대정(大正) 십이년 일월경에 본군 인흥(仁興), 덕흥 양면(兩面) 유지(有志)의 발기로 인덕 친화회를 조직한 바 수재시에 인민을 피난키 위하야 마장(馬場) 후록(後麓) 최고지(最高地)에 공회당을 건축하고 거월(去月) 삼십일일 오전 십시에 낙성식을 거행하얏는데 도지사 이규완(李圭完), 이사관(理事官) 유홍순(劉鴻珣), 본군수 강계항(姜啓恒) 씨 외 관공리(官公吏) 급(及) 유지 제씨가 임석한 후 이지사의 실업과 교육을 장려하는 훈사가 유(有)하야 다수한 청중을 *성(*醒)케 하얏고 강군수의 축사로 폐회한 후 다과의 향*이 유(有)하얏스며 동일 오후 팔시부터 도청 사회과의 주최로 활동사진을 영사하야 만장 성황을 정(呈)하얏고 공회당 건축비로 기부한 금액은 여좌(如左)하더라. (이하 기사 생략) (영흥)

조선 24.09.06 (4) 민풍(民風) 진흥 활사(活寫)

함남도청 사회과에서는 지방민풍을 진흥코자 본월 일일 신상(新上)에 도착하야 당지(當地) 공립보통학교 운동장에서 활동사진으로써 *업 급(及) 위생 등에 관한 건을 영사하는 동시에 싸라서 사회과장 유홍순(劉鴻珣) 씨의 간단 설명하야 다수 회중에게 막대한 감상과 무한한 취미를 여(與)한 후 폐회하얏다더라. (신상)

조선 24.09.06 (4), 24.09.07 (4), 24.09.08 (4) 〈광고〉

동아일보 9월 3일자 단성사 광고와 동일
동아일보 9월 6일자 조선극장 광고와 동일

동아 24.09.07 (3) 〈광고〉

9월 3일자 단성사 광고와 동일
9월 6일자 조선극장 광고와 동일

매일 24.09.07 (3) [영화계]

상연장소 시내 단성사
　　　시일 구월 칠일

『장화홍련전』 팔권

됴선의 고대소셜을 각식하야 촬영한 것인대 여러 가지가 모다 완전히 구비하얏고는 헐슈 업스나 현금 됴션 영화계에 더구나 됴션인의 영화로는 쳐음 볼만한 걸작이며 남녀 비우의 표정과 촬영의 기술이 더욱 상당하야 그 악독한 계모의 힝동과 고단한 장화 홍련 형뎨의 경우를 현금 실수회에서 보는 듯한 늣김이 넘쳐잇슴으로 관람자로 ᄒ야금 ᄌ연히 탄상하는 소리가 ᄭ니지 아니하게 하더라

지는 오일부터 시작하야 오는 구일ᄭ지 닷쇄 동안을 상영하는대 매일 만원.

매일 24.09.07 (5) 조선 사정의 활동사진 / 필림의 연쟝이 십사만척 이상

총독부에셔 조선 사정을 션뎐하기 위하야 활동ᄉ진반을 조직흔 이릭로 본년 팔월ᄭ지 졔작흔 「필림」이 약 십삼만 칠천척에 이르럿다는대 이에 대하야 박뎐(薄田) 조ᄉ과장은 말하되, 활동ᄉ진반이 싱기기는 지는 대졍 구년 사월이엇는대 그동안 조선 내에셔 만빅륙십오회의 영ᄉ를 계속하야 실로히 십륙만 사천여 명에게 구경을 식히엇스며 닉디에셔도 빅회를 영사하야 삼만 명에게 보히엇스며 특히 외국으로 보내기 위하야 자막을 영ᄌ로 쓴 것도 잇는대, 그 기리는 약 만척 가량이나 되는 것으로 범틱평양협회(汎太平洋協會)의 「후드」 씨에게 한 벌 보닌 것이 잇스며 목하 기최 즁인 영국 대박람회(英國大博覽會)에도 출품을 하얏스며 그 외 다른 나라에도 몃가지 빌닌 것이 잇스며 다시 총독부가 각쳐에 빌려 쥰 수는 십이년도에 빅오십삼권이오, 금년에 일으러셔는 빅구십권에 다다럿는대 그즁에도 쟝편으로는 됴션 ᄉ졍 션뎐의 갑종품(甲種品)으로 약 구천척 가량 되는 것도 잇는대 금년즁에 졔작한 영화는 아릭와 ᄀᆺ고 죵릭의 영ᄉ는 대개 풍경이 맛엇스나 압흐로는 희극을 만히 박일터인대, 물론 사실물(事實物)보다 흥미도 쓸고 션뎐도 잘 된다고 하더라.

◇ 「필림」의 종별

▲ 길야의 삼림(吉野의 森林) ▲ 즐거운 조선에셔 ▲ 전원생활 ▲ 해상생활

▲ 여자 올림픽 대회 ▲ 향토는 빗는다 ▲ 어린 친고 ▲ 기타 수종(數種)

동아 24.09.08 (1) 〈광고〉

9월 6일자 조선극장 광고와 동일

동아 24.09.08 (2) 관극(觀劇)하다 토혈(吐血) 즉사 / 대졍관에셔 구경하든 일본인 / ᄭ닭업시 넘어지며 토혈 즉사 / 병명도 불명한 괴병!!

재작 륙일 오후 열한시 이십분경에 시내 앵정명(櫻井町) 일명목에 잇는 활동사진관 대졍관 (大正舘)의 이등 관람석에서 활동사진 구경하든 일본 사람 하나이 별안간 안졋든 자리에서 잡버저 피를 토하고 인사불성이 되여 졸도(卒倒)하엿슴으로 구경하든 사람들은 영문을 모르고 모혀들어 대정관 안에는 일장풍파가 이러낫섯는데 졸도한 일본 사람은 일본 대분현(大分縣)에 원적을 두고 시내 고시명(古市町) 텬리교회 관리소(天理敎會 管理所) 안에 사는 염월손태랑(鹽月孫太郎)(四九)이라는 사람으로 판명되엿는 바, 지상(池上) 의사의 진단

271

에 의하야 위괴양 토혈(胃潰瘍 吐血)이라는 병이라 하야 주사를 하엿스나 그 효험도 업시 오후 열두시경에 절명하엿다는데 아즉도 적확한 병명은 모른다하며 구경군 중에는 자다가 죽는 병이나 아닌가 하고 의심한 사람도 잇는 등 비희극은 이러낫섯는데 시례는 사망자와 가치 구경왓든 성변아태랑(城邊芽太郞)에게로 넘기고 현장은 소관 본뎡(本町) 경찰서 순사가 림검하엿섯다더라.

동아 24.09.08 (3), 24.09.12 (3) 〈광고〉
9월 3일자 단성사 광고와 동일

매일 24.09.08 (3) 인기의 극도에 달한 양관(兩舘)의 조선영화 / 단성사는 상설관이 생긴 후 처음으로 보는 굉쟝한 인긔
여름 한철에 오직 소조한 길을 거려오던 시내 단셩수(團成社)와 됴션극쟝(朝鮮劇場)의 두 상설관은 싱량머리[106]브터 다시 관긱이 늘기 시작하야 흥힝주의 얼굴에는 한업는 깃붐이 넘치기 시작하얏던 바, 더구느 양극(洋劇)에만 포만흔 일반「팡」에게 우리의 손으로 된 우리의 극을 올니게되ᄌ 실로 그 환영과 갈치는 쯧하얏던 몃 비 이상으로 열광덕이엿다. 이게 단셩수에셔는 쟝화홍련뎐(薔花紅蓮傳), 됴션극쟝에셔는 츈향뎐(春香傳), 이 두 극이 한 날 한시에 각긔 상연된 이릭 이, 삼일 동안

견일 만원으로 명각에셔 한시간이 지나지 못하야 각등 만원의 픽가 붓는 형편이며 한충 단성사 쟝화홍련뎐의 인긔는 됴션의 활동수진이 싱긴 이릭 초유의 셩황이라흔 즉, 이는 일편으로 우리가 얼마나 우리의 것에 굼쥬려 그립어 하야오던 나머지 이갓흔 현상을 보이게 된 것을 웅변으로 증명하는 것이라 할 수 잇스며 또흔 쟝차 이러나고자 하는 우리「키네마」계로 하야금 져윽이 미듬과 안심과 환희를 쥬어 일대 신긔축을 지엇다 할 것이다.

조선 24.09.08 (3) [연극과 활동]
시내 광무대는 금 팔일이 개업 십륙주년에 상당함으로 자축 겸 긔념하기 위하야 업무를 일신하게 준비하는 동시에 일반관객의 은덕을 긔분이라도 보답하는 의미로 불소한 비용을 들이여 죠션 전도의 산재하야 잇는 신구파의 명셩이 잇는 배우로만 망라하얏다는데 그 중 구파에는 명창 리동백 군과 박준재 군도 출연한다고.

---

106) 상량머리 – 가을 초입, 서늘하여 질 무렵.

조선 24.09.08 (4) 축산장려 환등

아산군 축산조합에서는 각 면에 축산을 장려키 위하야 월전(月前)부터 계원(係員) 일동이 각 면에 순회하야 환등 우(又)는 강연으로 축산을 선전하얏다더라. (아산)

매일 24.09.09 (3) 광무대의 기념흥행 / 과목을 일신하야 대대덕으로 흥힝

시내 황금명 사명목 황금유원(黃金遊園) 안에 잇는 광무대(光武臺)는 금 팔일이 창립 십륙년 긔념일임으로 모든 과명(科程)을 일신하야 침신긔발흔 것과 취미가 진진한 것만을 상장하야써 일반 관긱의 십륙년 동안 스랑하야 오던 바에 갑흠이 잇고즈하야 여러 가지로 준비에 밧분 즁이라더라.

동아 24.09.09 (3) 〈광고〉

9월 3일자 단성사 광고와 동일
9월 6일자 조선극장 광고와 동일

매일 24.09.09 (3) 〈광고〉 [연예안내]

자(自) 당(當) 구월 팔일
지(至) 동(同) 십이일 오일간 특별 공개
프로그람
흑스 회사 주보 **흑스 뉴-스** 전일권
위리음, 흑스 회사 특작
유년노동 사회교화 대영화 **침묵의 가치** 전오권
명우 위리음, 후아남 씨 주연
대 유나이테토 회사 걸작
대희활극 **모리-오** 전일만척
명우 메-베루, 노-만트 양 주연
자(自) 구월 십삼일 불국 파데 회사 걸작
연속대탐정극 **베루벳드** 전십오편 삼십일권
본 탐정극은 세간의 허다흔 평범한 그것이 안이오, 신출귀몰한 탐정의 활동은 관객 제위의 정신을 쌕슬만한 것이외다
조선극장

동아일보 9월 3일자 단성사 광고와 동일

273

시대 24.09.09 (2) 조선의 공중에 무선전화의 음향 / 파동될 날이 머지 안엇다

방송용 사설 무선전화 규칙이 발포되어 육일부터 실시된 것은 기보(旣報)한 바어니와 체신당국은 말하기를

유선전화가 무선전화로 밧구여 사람의 사는 목소리를 그대로 어디서든지 드를 수 잇는 참으로 가공할 화학의 발달을 보게되엿슴으로 일본에서는 작년 십이월 해(該) 규칙이 공포되고 방송회사도 동경, 대판에 설립될 모양이다.

조선에는 점점 규칙이 생겻슬 쑨이오 실현까지는 상당의 일시(日時) 필요할 터이나 일반 방송 무선전화란 엇던 것이냐 하면 예컨대 경성공회당에서 방송용 전화기에 향하고 연설, 강연, *화(*話), 동화, 창가 등을 하면 그 소리가 그대로 일정한 거리에 잇는 *취용(*取用) 수화기를 통하야 다수 *자(*者)에게 들니우는 것인데 구미

특히 미국에는 이미 실용화 ***하야 정치, 교육, 음악, 경제, 군사에도 일본의 축음기에 비교되리리만치 발달 보급되고 다시 가정화하야 식사에서 일가**로 듯고 병원의 「쎄드」에 누어서도 국회 연설과 목사의 설교 등을 드르며 감옥에서도 수인(囚人)의 오락 기관에 공(供)한다. 체신국에도 목하 *히 이것이 실험중에 잇는데 근근(近近) 장래에는 차차 경성의 공중에도 라지오의 파가 올 날이 잇슬터이라고.

조선 24.09.09 (2), 24.09.11 (4) 〈광고〉

동아일보 9월 3일자 단성사 광고와 동일
매일신보 9월 9일자 조선극장 광고와 동일

동아 24.09.10 (3), 24.09.11 (3) 〈광고〉

9월 3일자 단성사 광고와 동일
매일신보 9월 9일자 조선극장 광고와 동일

매일 24.09.10 (3) 조선영화 무료 공개 / 오는 십일일 공회당에서

됴션영화협회(朝鮮映畵協會)에서는 오는 십일일 오후 여덜시브터 시내 장곡청명 경성공회당에서 최근에 됴션총독부에서 촬영흔 봉절 영화 『어린 진고』, 『됴선의 년즁 힝사』라는 수진 외 몃가지를 더하야 공개할 터인대 관람료는 밧지 아니혼다더라.

매일 24.09.10 (3) [붓방아]

▲ 수일 젼부터 쟝화홍련뎐을 상영하는 단성샤에는 매일 만원인 셩황 즁에도 남자보다 부인이 더 만앗다. ▲ 그리고 항상 부인석에셔는 훗훗 늣기는 소리가 이 구석 저 구석에셔

쓰느지 아니하야 샤진 보기보다 눈물 씻긔가 밧분 모양이드라고 ▲ 이것으로 보드라도 그 부인네의 감각이 예민한 것도 물론이요. 또 쟝화홍련과 갓흔 경우에 잇는 이가 얼마나 만은 것도 미루어 알 듯. (이하 생략)

매일 24.09.10 (3) 〈광고〉 [연예안내]

동아일보 9월 3일자 단성사 광고와 동일
9월 9일자 조선극장 광고와 동일

조선 24.09.10 (3) [연극과 활동]

신파계의 명성이 혁〃한 김소랑 일행은 그동안 만은 시일을 지방에서 보내며 각디에셔 다대한 환영을 밧든 바 재작일에 비로소 귀경하얏는데 금번에는 순전한 사진으로만 여러가지 각본을 촬영하야 불일내에 시내에 잇는 모 극장에서 상장하기로 각 당사자 간에 계약이 성입 되얏슴로 미구에 일반의 긔대함을 맛추리라더라.

조선 24.09.11 (3) [연극과 활동]

시내 단성사에셔는 그동안 죠션의 고*소설 중 유일의 비극인 장화홍연전을 순전한 활동사진으로만 촬영하야 상장중임은 본란에 소개한 바 상장일로부터 매일 시간 전부터 만원되야 공전의 대성황을 이루는 중인데 그 사진으로 말하자면 촬령비용이 륙, 칠천 원 이상이 들엇슬 쑨만 안이라 아즉까지도 관람치 못한 인사가 하는 것이 엇던야고 하는 편지와 쏘는 즉졉 전화도 업지 안이함으로 여러가지 사정상 부득이 금 십일일까지 연긔된 것이라는데 그 사진을 일차관람한 분은 누구나 그 사진의 제작자인 김영환(金永煥) 군과 감독자인 박정현(朴晶鉉) 군과 촬령자인 리필우(李弼雨) 삼 씨의 민활 교묘한 수단은 탄복 아니할 수가 업다고 층송이 자〃하더라.

조선 24.09.11 (4) 교풍회(矯風會) 사무 진행

함흥교풍회에셔는 각 면에 지회를 설치하기 위하야 출장원을 파견한다 함은 긔보(既報)와 여(如)하거니와 출장원이 전부 순회하야 소기의 목적을 달하얏기로 거(去) 육일 하오 삼시에 임시총회를 중하리(中荷里) 사무실 내에셔 개최하고 지회 설치에 대한 경과보고가 잇슨 후에 신사건(新事件)을 계속 수행할 방침을 강구한 결과 각 면에 대한 사항은 해(該) 면 지회가 담당하야 차(此)를 결행하게 하고 읍내에 대한 사항은 당(當) 리(里)에셔 선출된 집행위원이 책임적으로 여행(勵行)하게 하고 본부에셔는 활동사진반을 편성하야 가지고 군내 중요처로 순회하면셔 선전에 노력하기로 결의한 후 동 육시경에 폐회하얏다더라. (함흥)

동아 24.09.12 (2) 〈광고〉

희생적 제공의 삼대 특작 영화

구월 십일일부터 임시 특별 공개

프로그람

이태리 파스구와리 회사 걸작

라마대전사극(羅馬大戰史劇) **에스파루다고** 전팔권

불국 파−데 회사 특작

신연속탐정대활극 **베루벳드** 전십오편 삼십일권

제일편 도적을 체포하려고 삼권, 제이편 가−덴 뒤의 얼골 이권 상영

미국 인스 대영화

인정대활극 **인생의 쟁투** 전칠천척

예고

스타− 후이룸 특별 공개

인정대활극 **아미리가(亞米利加) 투우사** 전팔천척

인정대활극 **일망타진** 전칠천척

연속탐정대활극 **베루벳도** 전십오편 삼십일권 내

제삼편 문 뒤에서, 나오는 수(手) 제사편 독안경의 남(毒眼鏡의 男)

조선극장 전(電) 광(光) 이○오

조선 24.09.12 (4) 〈광고〉

동아일보 9월 3일자 단성사 광고와 동일

동아일보 9월 12일자 조선극장 광고와 동일

동아 24.09.13 (3) 위생전람회

경기도 위생과에서는 본월 이십일일부터 구일간의 예정으로 관내 각지에 위생전람회 급
(及) 활동사진회를 개최하야 위생사상의 향상을 도(圖)한다고.

동아 24.09.13 (3) 〈광고〉

구월 십이일부터 동 십삼일까지

이일간 특별 연기

조선 명화 봉절

박승필 연예부 고심 역작

각색 김영환 감독 박정현

촬영 이필우 자막 김학근

대비극 **장화홍련전** 전팔권

기회를 일치마서요!

송죽날

미국 와–나브라자–스사 작품

풍자극 **여자는 괴물** 전칠권

매리–브레보–스트 양 주연

유사 송죽 특약 **단성사**

전(電) 광(光) 구오구

9월 12일자 조선극장 광고와 동일

매일 24.09.13 (3) 장화홍련전과 본지 애독자 우대 / 만도 인사의 널광뎍 환영을 밧는 됴션 영화난 본지 이독자를 위하야 량일간을 연긔하얏다

일반이 손쏩아 기다리던 됴션 고대소셜 쟝화홍련뎐(薔花紅蓮傳)의 영화극은 단성사에셔 초일을 내이즉 만도의 인긔는 이에 비등하야 됴션에 상셜관이 싱긴 후로 처음 보는 대셩황을 이루엇다. 최초의 예뎡은 십일일ᄭᆞ지 상영홀 작뎡이엇스나 근본이 인긔가 굉장하야 매일 밤 표를 사가지고도 입장치 못한 관긱이 만앗셧고 ᄯᅩ는 일부 애활가 즁에는 ᄉᆞ정에 의하야 시기를 놋친 이도 젹지 안

△ 〈장화홍련전〉 상영장면

이하야 몃칠간 연긔하야 유감이 업시하야 달나는 투셔가 비밤치듯 드러옴으로 동관에셔는 다년간 애고하던 일반 이활가의 요구를 무시할 수 업다 하야 임의 결뎡하얏든 다음 흥힝을 연긔하고 십이일브터 십삼일 밤ᄭᅡ지 량일간을 연긔하게 되얏는대 이번에는 특히 본지 이독ᄌᆞ를 우대하야 본지 란외에 인쇄한 할인권을 베여가지고 들어가는 이에게는 각 등을 보통 료금으로 한다하며 다음 흥힝 관계로 이번에는 절대로 연긔홀 수 업다한 즉 누구던지 이 일홈 놉흔 사진을 구경하지 못한 이는 긔회를 일치말 것이라더라.

277

매일 24.09.13 (3) 〈광고〉 [연예안내]

희생적 제공의 삼대 특작 영화

구월 십일일브터 임시 특별 공개

프로그람

이태리 파스구와리 회사 걸작

라마대전사극(羅馬大戰史劇) **에스파루다고** 팔권

불국 파데— 회사 특작

신연속대탐정 **베루벳드**

전십오편 삼십일권 제일편 이권, 제이편 이권 상영

미국 인스 대영화

인정대활극 **인생의 쟁투** 전칠천척

예고

스타 후이룸 특별 공개

인정대활극 **아미리가**(亞米利加) **투우사** 전팔천척

인정대활극 **일망타진** 전칠천척

조선극장

동아일보 9월 3일자 단성사 광고와 동일

조선 24.09.13 (4) 〈광고〉

당 구월 십이일부터 영화 차환

송죽날

특별 연기

조선 명화 **장화홍련전** 전팔권

구월 십이일부터 동 십삼일까지 이일간

미국 와—나브라자—스 회사 특작품

풍자극 **여자는 괴물** 전칠권

매리—브레보—스트 양 주연

(기회를 일치 마셔요!)

송죽 유사 특약 **단성사**

전화 광화문 구오구번

동아일보 9월 12일자 조선극장 광고와 동일

동아 24.09.14 (3) 〈광고〉

당 구월 십사일(일)부터 신영화

유사 날

유사 특작품

서부대활극 **아름다운 복수** 전이권

유사 특작품

희극 **휴가** 전이권

남성극 **역의 도(力의 導)** 전이권

대활극 **낭의 정(狼의 掟)** 전오권

신연속 대활극

윌니암 데쓰몬드 씨 주연

제일회 **유령재보(幽靈財寶)**

십이편 입(卄)사권 제일, 이편 사권 상장

예고

오는 송죽 날 공개될 것

유나이딧드 회사 일대 명작

짭프린 선생의 대역연

대희극 **서울은 무서워** 육권

근일 공개될 연속 대회

불국 파데- 회사 고심 대작

연속대활극 **전광석화**

미국 유사 고심 대작

연속대활극 **라지움의 비밀**

유사 송죽 특약 **단성사**

전(電) 광(光) 구오구

9월 12일자 조선극장 광고와 동일

매일 24.09.14 (3) [영화계]

상연장소 시내 단성사

시일 구월 십사일

『유령의 재보(財寶)』 전입(卅)사권

뎨일편 정신일도에 하사불성가(精神一到 何事不成) 뎐이권

화가 「라리—쌔크레—」는 주긔 부친이 사망하얏슴으로 그 부친이 경영하든 회스를 상속하얏스나 원리 경험이 업슴으로 미우 곤난하얏고 또 「다이야」 상회의 경징으로 위틱하게 되든 차에 충실한 비셔 「메리—로자쓰」와 쏜이 「스펏크」의 힘을 빌어 「다이야」상회를 능가코자 하야 한 번 승락한 계약을 해제하고 주동차를 모라가다가 즁도에서 쓰너진 고압션에 부듸쳐 「라리—」는 불의에 쓰러졋다.

뎨이편 뎐이권. 그리도 굴하지 안코 가서 계약셔를 츠졋다. 그러나 「라리—」의 회사 지빈인 직공을 선동하야 급료 안 준다는 이유로 동밍 파업을 일으켯슴으로 이것을 들은 「라리—」는 지산을 젼부로써 돈을 민드러 공장으로 달녀갓스나 가방에 너은 돈이 언졔인지 업셔졋슴으로 직공과 대격투를 시작하얏다.

기외 휴가(休暇)라는 희극, 력의 인도(力의 引導)라는 남성극 등.

매일 24.09.14 (4) 〈광고〉 [연예안내]

동아일보 9월 14일자 단성사 광고와 동일(단, '예고'에서 제작사와 출연진이 누락)

매일 24.09.14 (6) 온돌개량 활사회(活寫會)

인천부에셔는 온돌개량을 장려하기 위하야 십팔, 구일 양일간 매일 오후 십시브터 우각리(牛角里) 공립보통학교 교정에서 온돌개량 선전 활동사진 강연회를 개최하야 일반에게 공개할 터인대 다수의 관람을 희망한다더라.

시대 24.09.14 (1) 신여성사 주최 「레코드」음악회 / 금일 하오 칠시 반에 숙명녀고 강당에서

금일 하오 칠시 삼십분에 신녀성사(新女性社) 주최로 수송동(壽松洞) 숙명녀학교(淑明女學校) 강당에서 축음긔음악회(蓄音機音樂會)를 개최할 터이라는데 「례코드」는 김영환(金永煥) 씨가 모하둔 것으로 모두가 세계에 유명한 음악가들의 독창이며 긔계는 최근에 가지고 온 것이라는데 당일은 녀자에게만 입장을 허락하고 남자는 초대장을 가젓드래도 입장을 사절한다고 한다.

시대 24.09.14 (2) 독일 무선전화를 경성서 방수(傍受)

경성 무선전신국에서는 십이일 조(朝) 독일 「노우엔」무선전신국에서 방송하는 중인 신*전보를 방수하얏는데 그 통신에 다음과 가튼 것이 잇다.

▲ 백림(白林)[107] 정부는 「도우스」안(案)에 관하야 본일(本日) 이천만금 「맑크」를 지불하얏다

▲ 독백(獨白)통상조약은 내주부터 백림에서 개최된다 등 외에 ＊＊문제가 잇다

조선 24.09.14 (4), 24.09.16 (2) 〈광고〉

동아일보 9월 12일자 조선극장 광고와 동일

동아일보 9월 14일자 단성사 광고와 동일

동아 24.09.15 (3), 24.09.16 (3) 〈광고〉

9월 12일자 조선극장 광고와 동일

9월 14일자 단성사 광고와 동일

매일 24.09.16 (3) 극동신문사 취지 선전 연예 / 이십일브터 광무대에셔

시내 황금뎡(黃金町)에 잇는 극동신문ᄉ(極東新聞社)에서는 동사 발간 신문의 취지를 션뎐홀 목뎍으로 오는 이십일브터 어 십삼일ᄭ지 나흘동안 황금뎡 광무대(光武臺)에셔 무대협회연예부(舞臺協會演藝部)의 신파극(新派劇)과 시ᄂᆡ 사권번(四券番) 기싱의 가무 등을 상연케 하야 대대뎍으로 인긔를 ᄭᅳᆯ터이라더라.

매일 24.09.16 (3) 장화홍련전 지방 순연 / 작일에 경셩을 써나 대구에서 쳐음으로 영ᄉ

경성 수십만 『키네마 꽹』을 칠, 팔일 동안이나 마음대로 울니고 웃키든 장화홍련뎐(薔花紅蓮傳)이 단성사(團成社) 무대의 「씨ㅡ스」에셔 그림자를 감츄ᄌ 너나 할 것 업시 셥셥한 마음이 가슴에 써돌든 터이엇는대 동사에셔는 경셩뿐만 안이라 디방에 잇는 일반 「꽹」의 손 곱아 기다리는 호의를 져바리지 못하고 장화홍련뎐의 「필림」을 가지고 작 십오일에 디방 순회의 길에 올랏다는 바, 금야에는 대구(大邱) 만경관(萬鏡舘)에셔 디방 뎨일회의 봉졀을 할 터이라더라.

---

107) '베를린'의 한자 표기.

시대 24.09.16 (4) 온돌개량 선전 / 내(來) 십팔, 구 양일간

인천부에서는 금반 온돌개량 선전으로 활동사진 대회를 내(來) 십팔, 구 양일간을 두고 인천 우각리(牛角里) 공립보통학교에서 개최할 터이라는 바, 일반 시민에게 만흔 참고의 유익이 될 터이라하며 입장은 무료로, 만히 내청(來聽)을 환영한다고.

조선 24.09.16 (3) 명고옥(名古屋) 화재 / 연극장의 루뎐으로

십사일 오후 십시 명고옥 중구 고도뎡(名古屋 中區 古渡町)에 잇는 연극장 삼영좌(三榮座)에셔 불이 나서 마츰 활동사진을 영사중이엇슴으로 대소동을 이루어 부상자가 만히 낫스며 부근 민가도 수호를 태이고 열한시경에 진화하엿는데 원인은 루뎐인 듯하다더라. (명고옥 뎐보)

동아 24.09.17 (3) 〈광고〉

당 구월 십오일부터

특선 대영화 제공

스타-후일무 회사 걸작

희활극 **아미리가**(亞米利加) **투우사** 전편

명우 윌리암 밧돈 씨 바지냐와-우익크* 양 공연(共演)

미국 부링시바루 영화

연애활극 **장미의 가지**[108] 전육권

명여우 도로시-휘립쌱 양 주연

청춘의 가삼에 얼크러지난 연애의

결정(結晶)을 보시라 극중극『로메오와 줄리엣도』의

애련……? 관자(觀者)로 하여곰 황홀케

할만한 예술적「힘」은 위대할 것이다

불국 바-데 회사 연속 영화

신연속탐정대활극 **베루벳도** 전십오편 삼십일권 내

제삼편 문 뒤에서 나오는 수(手) 제사편 독안경의 남(毒眼鏡의 男) 사권 제공

대 유나이뎻트 아-짓스사 특작

대희활극 **삼소사**(三笑士) 전오천척

세계적 명우 막쿠리신다- 씨 주연예고

---

108) 다른 광고를 참고할 때 '장미의 가시'의 오식으로 보임.

차회 상장될 세계적 명 대영화

대 유나이뎃드사 공전 대작품 공개

부진열화(不盡熱火) 전편

(손곱아 기다려주십시요)

조선극장 전(電) 광(光) 이〇오

당 구월 십칠일부터 특별 공개

유사 날

프로그람

미국 쎌쓰닉그사 대작품

명우 바—도라이텔 씨 맹연

명화 **풍운의 젠다성(城)** 전구권

유나이딧트 아—지쓰트사 특작품

막크 셋넷트 씨 감독

거성 차푸링 선생의 대활약 명화 메베루도만드 양 공연(共演)

백만불 대영화

대희활극 **서울은 무서워** 전육권

기회를 일치 마서요

유사 송죽 특약 **단성사**

전(電) 광(光) 구오구

조선 24.09.17 (3), 24.09.18 (2) 〈광고〉
동아일보 9월 17일자 단성사 광고와 동일
동아일보 9월 17일자 조선극장 광고와 동일

동아 24.09.18 (3), 24.09.19 (1) 〈광고〉
9월 17일자 단성사 광고와 동일
9월 17일자 조선극장 광고와 동일

조선 24.09.18 (3) 동물학대 방지 / 령사단 부인의 활동
경성에 잇는 외교단 부인(外交團 夫人)의 손으로 되는 동물학대방지회(動物虐待防止會)는
래 십구일 영국 총령사관(英國 總領事舘) 내에서 발회식(發會式)을 행하는 바 동 회에서는
임의 경성역전에 우마음수장(牛馬飮水場)을 만들엇는데 일간 급수를 시작할 터이며 영국

령사부인의 의향은 이런 수음장을 시내 십여 곳에 설치하야 가축의 학대 혹사를 금지하기 위하야 인쇄물을 배포하며 활동사진회도 개최하야 대대덕 션뎐을 하리라고.

조선 24.09.18 (4) 황해도에 축산공진회

황해도 봉산군(鳳山郡) 사리원에서는 축산의 개량발달에 자(資)할 목적으로 황해도 축산 동업조합연합회의 주최로 축산공진회를 내(來) 이십일일부터 동월(同月) 이십오일까지 개최할 터인데 기(其) 시*(計*)을 문(聞)하즉 국고보조 급(及) 지방비 보조금 등 예산 일만일천 원으로, 출품구역은 황해도 일원으로 참고품은 널리 일본 만주까지 출품을 권장하고 특히 축산공예품은 제조의 순서 방법 진열하야 일반의 참고에 공(供)할 터이오. 출품은

제일 가축 급(及) 가금(家禽)

제이 축산물

제삼 가축 사료

제사 축산통계 급(及) 도서

제오 참고서

로 분(分)하고 동회(同會)의 사무소는 봉산군청에 치(置)하고 방금 준비에 착々 진행중인대 현재 출품의 신입 수는 도내 축우(畜牛) 팔십두를 비롯하야 계돈(鷄豚) 기타 총수 일천점에 달하고 도외로부터 조선축산협회의 축산가공품 수백점 외 총 육백점의 성황을 예기(豫期)한다 하며 사리원 유력자는 물론이오, 각 군에도 이에 상응하야 경비 약 일만 원의 협찬회를 조직하고 공진회 당일에는 수렵대회 기타 각종의 장관이 유(有)할지며 기타에도 경비 일천 원을 투(投)하야 축산식당을 개설하고 여흥으로는 개최 중 백일장, 각희, 연주회, 활동사진, 연화(煙火) 등이 잇슬 터인대 당시에 평양항공비행기 이대(二臺)가 사리원 벽공(碧空)에 수만매의 축산 선전 『비라』를 산포할 터이오. 공진회 출품심사 급(及) 포상은 일등 내지 사등으로 하고 포상 수여식은 동월(同月) 이십오일에 거행할 터이며 동 심사관은 총독부 식산국에 파송을 청하엿다더라. (사리원)

동아 24.09.20 (1) 〈광고〉

9월 17일자 단성사 광고와 동일

동아 24.09.20 (3) 〈광고〉

9월 17일자 조선극장 광고와 동일

시대 24.09.20 (1) 사진을 무선전송 / 무전계(界)의 신기록

(뉴욕) 미국 전신전화 회사는 물들인 사진(寫眞)을 무선전신(無線電信)으로 「뉴욕」과 「치카코」 사이에 성공하엿는데 「치카코」에 잇는 발신긔에 걸어노흔 사진이 한 시간이 다 되지 안하서 원 바탕과 죡음도 틀림 엄는 빗으로 「뉴욕」시에 나타낫다한다.

조선 24.09.20 (4) 〈광고〉

동아일보 9월 17일자 단성사 광고와 동일

조선 24.09.20 (4) 춘천 코바듸스 활사(活寫)

강원도 춘천군 야소교회(耶蘇教會) 주최와 본보 춘천지국 후원으로 내(來) 이십이, 삼 양일간 춘천 중앙기독관에서 역사적 활비극 『코바듸스』 활동사진대회를 개최한다는데 입장료는 대인 오십 전, 부인 삼십 전, 소아 학생 이십 전이라더라. (춘천)

동아 24.09.21 (3) 〈광고〉

당 구월 이십일일(일요)부터

푸로크람

특별공개 유사 날

유사 작품

실사 **국제시보** 전일권

인정＊극 **무실의 죄(無實의 罪)** 전이권

유사 특별제공 (명우망라)

문예극 **소란(燒爛)한 소래** 전팔권

유사 특작품

제이회 **유령재보(財寶)** 십이편 입(卄)사권 사권 상장

예고

근일 공개되는

세계적 이대 연속 대회

불국 파데– 본사 특작품

대연속대탐정 **전광석화** 십오편 삼십권

미국 유사 공전의 대작품

대연속대활극대모험 **라지움의 비밀** 전십팔편 삼십육권

기다리서요 공개 일자를!

유사 송죽 특약 **단성사**

전(電) 광(光) 구오구

9월 17일자 조선극장 광고와 동일

매일 24.09.21 (6) 부산의 활동사진

부산부 주최와 총독부 후원 하에 십구일 오후 구시부터 부산소학교 내에서 활동사진회를 개(開)하얏는대 사면팔방으로 내선인(內鮮人) 관람자가 운집하야 광활한 운동장도 입추의 여지가 무(無)하얏스며 대성황리에 *시(*時)에 산회하얏더라. (부산)

동아 24.09.22 (3) 〈광고〉

당 구월 이십일일부터 특선 대영화

스다후이루무 회사 제공

희활극 **일망타진** 전일권

명우 후랑구링화남 씨 주연

대 유나이뎃드 회사 역작 제공

사회극 **부진열화(不盡熱火)** 전칠권

인간은 놀고저 세상을 삶인가, 근로를

하기 위함인가 현재 경쟁이 극렬한 시대에

승리를 섭취하려는 남자는 그여히

한 번 보세야만 될 사진임니다

불국 바-데 회사 연속영화

유유가경(愈愈佳境)에 돌입하는

탐정대활극 **베루벳도** 전십오편 삼십일권 내

제삼회 제오편 공가(空家) 제육편 노현(露顯) 사권 상영

조선극장 전(電) 광(光) 이○오

9월 21일자 단성사 광고와 동일

매일 24.09.22 (3) 소녀 가극의 삼성(三星) / 쟝차 됴션극장에 낫타날터

어엿분 노리와 고흔 춤으로써 인간의 락원을 꿈꾸게 하는 대련(大連)의 소녀가극단이 지 는 삼월 곳빗을 조츳 경성에 이르러 만도의 총이를 어린 낫에 실고셔 드라갈 째에 그 일힝

에는 무궁흔 압길을 긔약하는 됴선 소녀 세
명이 싀로히 참가하야셔 어린 한 몸을 예술
계에 밧치고자 고단흔 타힝의 나그네의 길
을 써나간 일이 잇섯다. 그 세 사람인 즉 권
익남(權益男)(十三), 숑명숙(宋貞淑)(十), 박수
영(朴壽永)(七) 등 꼿갓치 어엽분 됴선 소녀이
니 그들이 낫하나는 무대마다 텬승(天勝) 일
힝의 비구자(裵龜子)와 지지안는 사랑을 밧
게 된 것인대, 다힝히 그 일힝은 오는 이십구
일 밤브터 시내 됴선극장에셔 고국에 돌아

△ 대련소녀가극단 = 됴선 소녀가 세 명이 셕기여 오는 이십
구일부터 잇틀동안 됴선극장에셔 출연할 터이라는대 스진은
동 극단의 지나가극의 무대면

온 첫 무대를 발쎄되얏다하니 그리든 고국! 꿈쑤든 예술의 나라에셔 텬수와 갓치 쒸고 노
릭하는 미관이 눈압헤 열닐 것도 몃칠 뒤의 일이겟스며 세 명 중에 제일 나희가 만흔 권익
남은 긔셩(開城) 출싱의 지원으로「호스톤」녀학교 지학 당시에는 항상 우수한 셩적을 엇어
오든 중 특히 창가에는 특출한 텬품이 낫하낫셧다 한다.

매일 24.09.22 (4) 춘천공회당에 활동사진 공개 / 입장료로써 경비에 보충
종래 춘천은 도청의 소재지임에도 불구하고 상금(尙今)토록 공회당의 건축이 무(無)하야
집회, 강연 등을 위할만흔 장소가 무(無)하얏든 것은 일반 유지이 개탄함을 금치 못하얏셧
다. 춘천교회에셔는 차(此)에 감(鑑)하야 거액의 경비로써 읍내 허문리(許文里)에 공회당을
건축흔 바 준공하기에 급하야 약 오백 원의 부족을 감(感)하게 되얏는대, 상당흔 출도(出
途)가 무(無)흠을 고심하던 바, 금반 조선 민중교회로브터 활동사진을 영사하야 차(此)로써
본월 이십이, 이십삼 양일간을 긔하야 춘천공회당 내에 공개할 터인바, 차(此) 입장료로써
경비의 만일(萬一)을 보(補)코저하는 터인즉, 일반 유지(有志)의 다대(多大)한 동정(同情)을
영(迎)한다더라. (춘천)

시대 24.09.22 (1) 청주지국의 독자 위안 성황 / 신파 연극 흥행으로
(청주) 본사 청주지국(本社 淸州支局)에셔는 지난 십칠일 오후 일곱시에 신파예술단(新派藝
術團) 일행이 그 지방에 간 것을 긔회로 독자 위안회를 주최하야 본지 독자에게는 사십 전
식의 입장료를 무료로 하고 기타는 반 할인으로 입장케 하야 대환영리에서 하로를 재미잇
게 지냇다.

시대 24.09.22 (1) 극동신문사 주최 / 연극연주대회 / 이십일부터 광무대에서

지난 이십일부터 삼일간을 시내 황금정 광무대(黃金町 光武臺)에서 극동신문사(極東新聞社) 주최로 신파무대협회 연예부의 연극과 및 조선, 한남, 대정, 대동 등 네 권번 기생들의 연주가 잇다한다.

조선 24.09.22 (4) 학생연예 / 취체(取締)방침 결정

함경남도에는 최근에 학생들이 휴가를 이용하야 각종의 흥행을 출원하는 자가 다(多)한 바 차(此)를 취체함에 대하야 각 서(署)가 일치한 방침을 수립함이 필요하다 하야 과반(過般) 서장회의에서 함흥경찰서의 취체방침에 준거하야 함남도 내의 방침을 좌(左)와 가티 결정하얏다더라.

一, 학생의 연예에 관한 청원으로 연극 혹은 차와 유사한 것과 배우, 예창기(藝娼妓) 등의 행하는 무도(舞蹈)는 절대 불허하되 다만 예기가 온습회 등을 행할 경우에 연구적의 의미로 친권자가 자진하야 출연케 하는 경우에는 무방함.

二, 보통 가정에서 행하는 음악 혹은 탄금(彈琴) 등의 연예도 연구할 목적으로 개최하든지 혹은 이익을 목적으로 하지 안흔 학생의 각희(脚戱)와 가튼 것은 허가할 것과 장소는 아모죠록 학교 혹은 교회당을 사용케 하되 부득이한 경우에는 극장 우(又)는 판제옥(板製屋) 등도 무방함.

조선 24.09.22 (4) 〈광고〉

구월 이십일일부터 특선 대영화
스다후이루무 회사 제공
희활극 **일망타진** 전오권
(명우) 후랑구링화남 씨 주연
대 유나이데ㅅ드 회사 역작 제공
사회극 **부진의 열화**(不盡의 熱火) 전칠권
불국 쌔데 회사 연속 대영화,
유ㄷ가경(愈ㄷ佳境)에 돌입하는
탐정대활극 **베루쌧도** 전십오편 삽(卅)일권 지(之) 내(內)
제삼회 제오편『공가(空家)』, 제육편『노현(露顯)』 사권 상영
인사동 전(電) 광(光) 이○오 **조선극장**

동아일보 9월 21일자 단성사 광고와 동일

동아 24.09.23 (3) 〈광고〉
9월 21일자 단성사 광고와 동일
9월 22일자 조선극장 광고와 동일

매일 24.09.23 (3) 극동신문사의 선전극 성황
극동신문사(極東新聞社)의 션뎐극(宣傳劇)은 나흘동안의 예뎡으로 지는 이십일 밤브터 시
내 황금뎡 광무대에 열니엿는대 무대협회극단(舞臺協會劇團)과 시내 각 권번(券番)이 출연
하야 미일 만장의 대성황을 일우엇더라.

매일 24.09.23 (4) 야외 활동사진 *
평양부청에셔는 구월 이십일 오후 칠시 삼십분에 평양 산*(山*)소학교 교정 내에서, 우천
(雨天)이면 공회당에서 야외 활동사진회를 개최한다는대 관람료는 물론 무료*즉 일반은
다수 관람하기를 희망한다더라. (평양)

시대 24.09.23 (1) 화족(華族) 자식이 활동사진 배우 / 친형은 황후궁 장시
(동경) 동경 화족자작 동방성(東坊城)의 집 셋재 아들로 황후 폐하를 모시고 잇는 동방성
장시(掌侍)의 아우인 공장(恭長)(二一)은 단연히 결심하고 활동사진 배우가 되엇는데 금월
말에 동경을 출발하야 경도로 가서 경도 일활촬영소(日活撮影所) 제이부 소속이 되어 신
파 방면에 관계하야 별명은 쓰지 안코 하급 배우로부터 차차 수완을 단련시킬 모양이라고
한다.

조선 24.09.23 (2) 〈광고〉
동아일보 9월 21일자 단성사 광고와 동일
9월 22일자 조선극장 광고와 동일

동아 24.09.24 (3) 〈광고〉
당 구월 이십사일부터 송죽 날
신추(新秋) 문예 명화 대회
영국 크라하―무사 특작 명화
국제적 미인 메―마―쉬 양 역연
연화(戀話) **정열의 연(戀)** 전십권
미국 로―바―드사 최근 대명화

무용가로 세계의 일인자!

세계적 미인 메-마-레 양 주연

문예극 **무희(舞姫)** 전팔권

영화극의 진가!!

사계(斯界)의 용장이며!! 연애극의 권위

＝예고＝

근일 공개될 연속 대회

불국 파데- 본사 특작품

주연 배우는 과연?

군사탐정연속 **전광석화** 십오편 삼십권

미국 유사 공전의 대작품(신판)

대연속대탐정 **라지움의 비밀** 전십팔편 삼십육권

기다리서요 공개 일자를!!

유사 송죽 특약 **단성사**

전(電) 광(光) 구오구

9월 22일자 조선극장 광고와 동일

시대 24.09.24 (4) 선천(宣川) / 교육선전 활사(活寫)

평북 정주악대 교육활동사진부에서는 교육선전적으로 본월 이십일에 김천에 도착하야 본사 김천지국 후원으로 김천읍내 구락부에서 영사하얏는데 당일 우천으로 인하야 관람객이 소수이엇슴으로 입장＊ 급(及) 동정금 수입으로 시비(施費)도 부족되게 된 것은 일반이 대단(大端) 유감으로 생각한다고.

조선 24.09.24 (4), 24.09.25 (1) 〈광고〉

9월 22일자 조선극장 광고와 동일

동아일보 9월 24일자 단성사 광고와 동일

동아 24.09.25 (3) 〈광고〉

9월 22일자 조선극장 광고와 동일

동아 24.09.25 (4), 24.09.26 (4) 〈광고〉
9월 24일자 단성사 광고와 동일

동아 24.09.26 (4) 〈광고〉
구월 이십오일부터 특별 대흥행
윌리암 폭스 회사 특작
대희활극 **명의 염매(命의 廉賣)** 전이권
파라마운트 회사 특작
대희극 **여자는 귀문(鬼門)** 전오권
대 유나이뎃드 회사 최대 노력작
애국열녀대전사극(大戰史劇) **벳쓰리아 여왕** 전육권
(세계적 명화 총출연)
불국 바—데 회사 연속 영화
탐정대활극 **베루벳드** 전십오편 삼십일권
내 제사회 제칠편 수(數)만은 가데이 진[109] 제팔편 참 인간이 되려고
구월 입(卄)구일 삼십일 대련(大連)
소녀 가극 대회
조선극장 전(電) 광(光) 이〇오

매일 24.09.26 (1) 〈광고〉[연예안내]
당 구월 이십일일(일요)브터
푸로크람
유사 날 특별공개
유사 작품
실사 **국제시보** 전일권
인정활극 **무실(無實)의 죄** 전삼권
유사 특별제공 (명우망라)
문예극 **소란(燒爛)한 소래** 팔권
유사 특작품
제이회 **유령재보(財寶)** 십이편 입(卄)사권 사권 상장

---

109) '커튼이 처진'이라는 의미의 표기로 보임.

예고

근일 공개 세계적 이대 연속 대회

불국 파-데 본사 특작품

대연속대활극 **전광석화** 십오편 삼십권

미국 유사 공전의 대작품

대연속대활극대모험 **라지움의 비밀** 전십팔편 삼십육권

단성사

구월 십오일브터 특선 대영화 제공

미국 스다-후일무 회사 걸작

희활극 아메리카 투우사 전편

미국 부링시바루 영화

연예활극 장미의 가시 육권

불국 파데- 회사 특작

신연속탐정대활극 **베루벳드** 전십오편 삼십일권

제이회 제삼, 사편 사권 상장

대희활극 **삼소사**(三笑士) 전오천척

예고

차회 상장될 세계적 대영화

대 유나이테트 공전의 대작품 공개

부진의 열화(不盡의 熱火) 전편

조선극장

조선 24.09.26 (2) 〈광고〉

구월 이십오일부터 이십팔일까지

초특별 대흥행

윌리암폭스 회사 특작

대희활극 **명의 염매**(命의 廉賣) 전이권

희극계 명성(名星) 로이도히미루농 씨 주연

파라마운드 회사 특작

대희극 **여자는 귀문**(鬼門) 전오권

명우 자레-스레이 씨 주연

대 유나이데스트 회사 최대노력작

애국열녀 대전사극(大戰史劇) **벳스리아 여왕** 전육권

세계적 名畵[110] 총출연

리리안킷수 양 도로시킷수 양 마이-빗수 양 부란지스이-도 양 공연(共演)

불국 파데-사 대작

연속탐정대활극 제사회 **베루벳도** 전사권

제칠편 수(數)만은 가데이 걸닌 집 제팔편 참 인간이 되려고

대예고

구월 이십구, 삼십일

대련(大連) 소녀가극대회

십월 일일부터

명화 메리빅그포드 양 주연

명화 **보리안나** 전팔천척 출현

인사동 전(電) 광(光) 이〇오 **조선극장**

조선 24.09.26 (4) 〈광고〉

동아일보 9월 24일자 단성사 광고와 동일

동아 24.09.27 (3) 평남 도로 촬영

평안남도에서는 도로 경진회(競進會)에 참렬(參列)한 도로의 형편을 활동사진에 촬영키 위하야 거(去) 이십이일에 도 사회과에서 활동사진반을 *천(*川) 방면에 출장식혓다고. (평양)

동아 24.09.27 (4), 24.09.28 (4), 24.09.29 (3) 〈광고〉

9월 26일자 조선극장 광고와 동일

9월 24일자 단성사 광고와 동일

매일 24.09.27 (1) 〈광고〉 [연예안내]

9월 26일자 단성사 광고와 동일

동아일보 9월 26일자 조선극장 광고와 동일

---

110) '명화(名花)'의 오식으로 보임.

매일 24.09.27 (3) 영화 검열 통일 / 한 번 검열을 맛흔 사진은 만 일개년간 임의로 영샤

활동스진「필림」의 검열에 대하야는 금년 류월에 전션덕으로 통일케 하기로 결의를 하얏셧
는대 이번에 이것을 실시하기로 하고 경성(京城), 부산(釜山), 신의쥬(新義州)의 세 곳에서
검열하게 되얏는대 검열을 맛친 사진은 만 일개년간 됴션 안 각 디방에서 임의로 영수하게
되얏다더라.

조선 24.09.27 (4) 산업 선전 활사(活寫)

충남 홍성군청에서는 내(來) 십월 초순부터 활동사진을 가지고 각 면으로 순회하야 산업
에 대한 선전을 하리라더라. (홍성)

조선 23.09.27 (4) 〈광고〉

동아일보 9월 24일자 단성사 광고와 동일
9월 26일자 조선극장 광고와 동일

동아 24.09.28 (2) 희락관에 화재 / 사진갑만 수백 원

시내 본명(本町) 일명목에 잇는 활동사진관 희락관(喜樂舘)에서 재작 이십륙일 오후 세시
십오분경에 불이 나서 일시 혼잡을 일우엇섯다는데 불이 난 원인은 그 긔계실(器械室)에서
사진을 놀리든 조수(助手) 최종국(崔鐘國)(二三)이가 사진 긔계문을 닷지 아니하여 그곳으
로 강렬한 광선이 그 엽헤잇든「필림」에 집중되여 그「필림」에서 불이 일러나 칠팔백척 되
는「필림」을 다─ 태워버리고 그곳에 잇든 소화긔(消火器)로 겨우 진화하엿다는데 이백여
명 관객은 일시 매우 놀랏스나 관객에게는 아모 피해가 업스며 손해 명도는 방금 조사 중
인데 사진갑만 하여도 수백 원어치가 되리라더라.

동아 24.09.28 (4) 〈광고〉

당 구월 이십팔일부터 유사 날
맹투(猛鬪)활극 **대현애(大懸崖)** 전이권
대희극 **서장과 화소(署長과 火消)** 전이권
대활극 **권투왕의 애(愛)** 전이권
이태리 명승(名勝)을 배경으로 한 명화
연화(戀話) **이제(里祭)** 전오권
제이회 **유령재보(財寶)**

십이편 입(卄)사권 제삼회 제오, 육편 사권 상장

예고

기다리시든 연속 기여히

당 십월 일일부터 대공개

유사 모험 명우 총출연

대연속대탐정 **라지옴의 비밀** 전십팔편 삼십육권

연속 기타 『**전광석화**』는 근일 공개됨

유사 송죽 특약 **단성사**

전(電) 광(光) 구오구

9월 26일자 조선극장 광고와 동일

매일 24.09.28 (1), 24.09.29 (3) 〈광고〉 [연예안내]

동아일보 9월 26일자 조선극장 광고와 동일

동아일보 9월 28일자 단성사 광고와 동일

매일 24.09.28 (5) 희락관에 「필림」 소실 / 죠수의 실수로

시내 본뎡(本町) 일명목 삼십팔 번디 희락관(喜樂館) 긔관실에셔 직작 이십륙일 하오 셰시 십오분경에 불이 나셔 필림 칠십쳑이 소실되얏는대 긔관실 죠수 최종국(崔鍾國)(二三)이가 실수를 한 까닭이라더라.

조선 24.09.28 (2) 〈광고〉

당 구월 이십팔일 공개 유사 날

유사 작품

맹우 데데크리탱탱 씨 주연

맹투활극 **대현애(大懸崖)** 전이권

유사 작품

희극왕 하-무군 대역연

대희극 **서장과 화소(署長과 火消)** 전이권

유사 특작품

활극왕 후드컵손 씨 대역연

대활극 **권투왕의 애(愛)** 전이권

유사 특별제공

이태리 명승(名勝)을 배경으로 한 명화(名畵)

연화(戀話) 이제(里祭) 전오권

유사 공전의 대작품

맹우 월이암데쓰몬도 씨 주연

연속활극 유령재보(財寶)

전십이편 입(卄)사권 중 제삼회 제오편 제육편 사권 상장

예고

기다리시든 연속대회 기여히

당 십월 일일부터 대공개

유사 특작품

유사 모험명우 총출연

대탐정대연속 **라지움의 비밀** 전십팔편 삼십육권

매회 십이권식 공개

기타 연속 **전광석화**는 근일 공개됨니다

송죽 유사 특약 **단성사**

전화 광화문 구오구번

9월 26일자 조선극장 광고와 동일

조선 24.09.28 (3) 희락관에 소화(小火)

시내 본명 일명목 삼십팔번디(本町 一丁目 三八) 상설활동사진 희락관(喜樂舘)에는 재작 이십륙일 오후 삼시경에 긔계실(機械室)에서 불이 나셔 『필름』 약 칠백척이 소실되엿다는데 그 원인은 긔계 사용하는 사람이 숙련치 못한 까닭이라고.

동아 24.09.29 (3) 〈광고〉

9월 26일자 조선극장 광고와 동일

9월 28일자 단성사 광고와 동일

매일 24.09.29 (3) 고대하든 대련(大連) 소녀 가극 / 오날 저녁브터 됴션극장에셔

시니 경성극쟝(京城劇場)에서 련일 만원의 대환영과 열광의 갈치를 바더오든 대련 소녀가극단(大連 少女 歌劇團)은 루츠 보도한 바와 가치 금 이십구일 오후 일곱시 반부터 인스동

(仁寺洞) 됴선극장(朝鮮劇場)에셔 츌연할 터이라더라.

조선 24.09.29 (2), 24.09.30 (1) 〈광고〉

9월 26일자 조선극장 광고와 동일

9월 28일자 단성사 광고와 동일

동아 24.09.30 (3) 〈광고〉

9월 28일자 단성사 광고와 동일

동아 24.09.30 (4) 〈광고〉

당 구월 이십구, 삼십일 이일간 한(限)

프로크람

초일 순번

一 동요 A…저녁해 B…일쌍의 호접(一雙의 胡蝶)

二 희가극 평화 일장

三 만도린 합주 호이스도 링구후스

四 지나(支那)가극 추공(秋公)등산 이장

五 동요 가나리야

六 동화가극 보패의 임금(寶貝의 林檎) 일장

이일 순번

一 동요 A…흘느는 별 유성(流星) B…데루*보스

二 희극 춤추난 호궁(胡弓)

三 만도린 합주 조국의 향(響)

四 지나가극 우공(愚公) 이장

五 동요 A…아버지는 낫잠 B…가는 난즈링이

六 동화가극 백옥의 야원(白玉의 野原)

특별대여흥 잡푸링 고견(高見) 씨 출연

=예고=

십월 일일부터

대 유나이넷트사 공전의 대걸작

대명화 **보리안나** 전팔천척

명화 메리 빅코포-트 양 주연

계상(階上) (균일) 대인 금 일 원 학생 금 육십 전

계하(階下) (균일) 대인 금 칠십 전 학생 금 사십 전

조선극장 전(電) 광(光) 이○오

매일 29.09.30 (1) 〈광고〉 [연예안내]

동아일보 9월 28일자 단성사 광고와 동일

동아일보 9월 30일자 조선극장 광고와 동일(단, 예고가 누락)

조선 24.09.30 (1) 〈광고〉

9월 26일자 조선극장 광고와 동일

조선 24.09.30 (2) 〈광고〉

9월 28일자 단성사 광고와 동일

조선 24.09.30 (4) [사령탑]

▲ 경성 단성사(團成社) 연예부(演藝部) 디방순업대(地方巡業隊) 김영환(金永煥) 일행은 지난 이십오일부터 통영(統營)극장에서 활동사진을 영사하얏는데 그 일행 중 ▲ 문 보는 사람과 양복 져고리는 벗고 『와이샷스』만 입은 그자들은 손님에게 대하야 불친절하기가 짝이 업더구면요. 엇던 손님이 신을 벗지 안코 극장에 들어간다고 여간 패행을 아니 하니 그 싸위 버릇을 셔올셔도 하는지 시골사람이라고 만만히 보고 그리하는지 ▲ 참 보기에 죠치 못합듸다. 친절 명녕이[111] 영업의 비결이라는데 그러고도 영업이 잘 될는지오. 그 사진은 장화홍련뎐인데 구경하든 기생 하나가 담장에서 울엇다든가요. 그 기생이 량심이 잇든 모양이지오. 그런데 그 기생은 나흔 지 넉달도 못되는 자식을 엇다가 갓다 두고도 희희락락하게 지나면서 그 사진을 보고서 우는 것을 보면 량심이 들낙날낙 하는 모양인가 보아요. (목도생)

---

111) '경녕'의 오식으로 보임.

동아 24.10.01 (3) 〈광고〉
당 십월 일일부터 송죽 날
연속 대회
이태리 안푸로쓰사 대(大) 위(偉)작품
모험 명우 총출연
대활극대탐정 **운명의 삼십** 전오권
미국 유니버-살 회사 공전 작품
(유사 모험 명우 망라)
대연속대탐정 **라지움의 비밀**
전십팔편 삼십육권 중 전편(全篇) 중 매회 십이권식 공개
보라! 세계적 쾌한의 대맹투극
=예고=
내주 송죽날 공개되는
세계적대명화? 전?권
근일 공개되는 대연속
불국 파데- 본사 대작품
연속탐정모험 **전광석화** 십오편 삼십권
…기다리서요 공개 일자를…
유사 송죽 특약 **단성사**
전(電) 광(光) 구오구

9월 30일자 조선극장 광고와 동일

매일 24.10.01 (1) 〈광고〉 [연예안내]
당 십월 일일(수요)브터 송죽 날

(연속 대회)

이태리 안푸로쓰사 대(大) 위(偉)작품

모험 명우 총출연

대활극대탐정 **운명의 삼십** 오권

미국 유사 공전의 대작품

유사 모험 명우 망라

연속탐정모험활극 **라지움의 비밀**

전십팔편 삼십육권 전편 중 매회 십이권식 공개

예고

근일 공개 세계적 대연속

불국 파-데 본사 특작품

대연속대탐정대모험 **전광석화** 십오편 삼십권

단성사

동아일보 9월 30일자 조선극장 광고와 동일(단, 예고가 누락)

시대 24.10.01 (4) 송화(松禾) / 교육품 전람회 / 삼교(三校)가 연합하야

황해도교육회 주최로 내(來) 십일월 십사일부터 십육일까지 삼일 송사화(松私禾) 공립보통학교 내에서 은율(殷栗), 장연(長淵), 송화 삼군(三郡) 연합 교육품 전람회를 개최한다는데 출품물은 교육품 외에 참고품으로 지방 특산물의 출품이 유(有)하며 야간에는 교육 활동 사진회가 잇스리라는데 일반 임원들은 방금 준비에 분망중이며 전람회 개기(開期)중에는 일반 관람객에 한하야 자동차 임금(賃金)과 숙박료의 할인도 잇슬터이라고.

조선 24.10.01 (3) 본사 인천지국 / 독자위안 / 삼십일 밤 연예회 / 신극좌를 청하야

째는 치웁도 더웁도 아니한 가을철이다. 몹시도 사람을 괴롭게 굴든 더위는 절셔의 순환을 싸러 물러가고 어언간 금풍이 불어 더위와 감움에 병든 인생을 소생케 한다. 이 째를 리용하야 죠션일보 인천지국(仁川支局)에셔 죠선 연극계에 명성이 혁혁한 신극좌(新劇座) 일행이 북션디방을 순회하다가 당디에 도착함을 긔회하야 빈명 가무기좌(歌舞伎座)에셔 삼십일 밤 일곱시 반부터 본보 독자위안연예회(讀者慰安演藝會)를 열게 되엿다. 신극좌는 실로 죠션에셔 굴지하는 배우를 망라한 단톄로셔 가*과 사회에 만흔 비익을 주는 활비극을 흥행하는 터인즉 독자제위는 이 긔회를 일치 말고 정각 전에 입장하기를 바라며 특별히 독자에게는 무료로 공개하는 터인데 다만 하족료(下足料)로 십 전을 밧게 되엿스며 입장권은 죠션일보 지상에 게재된 독자위안회권(讀者慰安會券)을 비어가지고 입장을 하든지 쏘는 본보 인천지국에서 인쇄한 할인권을 청구하기를 바라는 바인데 참으로 이 신극좌는 작년 이 째 당디에 와셔 만흔 찬셩을 밧든 일행임으로 이번에도 대만원의 셩황을 일우겟더라. (인천)

조선 24.10.01 (4) 위생선전 활사(活寫)

함남(咸南) 단천(端川) 경찰서에셔는 거(去) 구월 이십삼일 오후 팔시부터 당지(當地) 조(朝)시장에서 동서(同署) 주최 위생선전 활동사진을 무료로 하얏다는데 관중은 오, 육천 명에 달하야 일반에게 위생에 대한 관념을 심감(深感)케 하엿다더라. (단천)

조선 24.10.01 (4) 양평 위생 활사(活寫)

경기도 위생과에셔는 거(去) 구월 이십칠, 팔 양일에 양평 공립보통학교 내에 위생 활동사진을 개최하고 일반에게 무료로 종람(縱覽)[112]케 하야 위생사상을 선전하얏는데 양일(兩日)에 관중이 오천여 명에 달하얏다더라. (양평)

매일 24.10.02 (3) 조극(鮮劇)의 소녀가극과 동양의 잡후린!(雜猴獜) / 일반의 인긔가 굉장히 비등하야 / 이틀 동안을 보통 료금으로 연긔

구월 이십구일브터 이일간 예뎡으로 시내 인수동 됴션극쟝(朝鮮劇場)에셔 화려한 무대면을 공개한 대련 소녀가극단(大連 少女歌劇團)은 개막 전부터 굉장히 비등한 일반의 인긔와 긔대가 헛되지 안이하고 만도의 관긱을 열광케 하야 각 방면으로브터 연긔하야 달나는 글발이 비사발갓치 드러옴으로 일반의 요구를 져바리기 어려움으로 작 일일브터 량일간을 다시 연긔하기로 하고 입쟝료를 특히 보통 료금으로 밧기로 하얏다는대 동 단은 근본히 륙, 칠셰로브터 열숨, 스셰 이늬의 텬진란만흔 소녀들로 그 속에는 됴션 여자가 셰 명이 셕기여 일힝의 이치를 더함이 됴션 관긱을 끗업시 열광케 하는 듯하며 특히 이번의 흥힝을 한층의 번화하게 하기 위하야 동 극

△ 동양의 「짜푸린」 고견 군

---

112) 마음대로 봄.

쟝에셔 다대한 희싱을 도라보지 안이하고 내디에서 쵸빙하여 온 동양의 「짜푸린」고견 군의 긔긔묘묘한 기예는 일반 관긱으로 하야금 허리를 펴지 못하게 한다는대 이것도 오날(이일) 밤이 마즈막인즉 긔회를 놋치지 말고 반다시 흔번 구경하야 쥬시기를 바란다더라.

매일 24.10.02 (4) 전북의 활사(活寫) 개연(開演)
전북도 주최로 십월 일일 야(夜) 사범학교 기숙사에서 총독부에서 제작한 내선융화로 여좌(如左)한 활동사진을 무료로 영사할 터이라더라.
내선융화극 조선의 친우(親友)
조선 연중행사의 권(卷)
기타 수종(數卷)이오, 기사는 본부에서 내전(來全)하리라더라. (전주)

매일 24.10.02 (4), 24.10.04 (1) 〈광고〉 [연예안내]
동아일보 9월 30일자 조선극장 광고와 동일(단, 예고가 누락)
10월 1일자 단성사 광고와 동일

시대 24.10.02 (1) 매란방(梅蘭芳) 도일(渡日) / 십월 구일에
(북경) 중국의 유명한 배우 매란방(俳優 梅蘭芳)의 일행 오십여 명은 중국 연극연구가(中國演劇研究家) 전야(田野) 씨 등과 같이 텬진(天津)에서 출발하야 남령환(南嶺丸)으로 십월 구일경에 일본으로 향하리라 한다.

시대 24.10.02 (4) 서천(舒川) / 부업품 전람회
충청남도 농회(農會) 주최인 부업품 순회 전람회는 내(來) 십일월 이십일일 이십이일 양일간을 서천공보교에서 개최한다는데 **품 오백점 보통용품 삼백점 또는 본군에서 특히 보통용품 이백이점을 진열한다 하며 개회중에는 팔*(叭*) 경기회 급(及) 상품 수여식과 우(又)는 활동사진 급(及) 여흥으로 각희회(脚戱會) 등이 유(有)할 터이라고.

조선 24.10.02 (1), 24.10.03 (2) 〈광고〉
동아일보 10월 1일자 단성사 광고와 동일

동아 24.10.03 (2) 공구경(空求景)하려다 경찰서 구경
재작일 오후 열시경에 시내 관훈동(寬勳洞) 삼십 번디 석흥조(石興祚)(二三) 외 삼 명은 인사동(仁寺洞) 조선극장에 와서 공구경을 식히라고 말성을 부리다가 다른 세 명은 도라갓스나 셕흥조만은 그냥 쎼를 쓰며 극장 주인과 싸홈까지 하다가 종로(鐘路) 경찰서에 검속되 엿섯다더라.

동아 24.10.03 (4) 〈광고〉
9월 30일자 조선극장 광고와 동일
10월 1일자 단성사 광고와 동일

매일 24.10.03 (3) 대련(大連) 소녀가극 인천에셔 개연 / 금 삼일 밤부터
시내 인스동 됴선극장에셔 공젼의 호평을 밧든 대련소녀가극단(大連 少女 歌劇團) 이십팔 명은 작 이일 밤지 연긔할 예뎡이엿스나 동 단의 슌연할 일뎡의 관게로 부득이 경셩 흥 힝을 지는 일일 밤으로 씉어바리고 작 이일 오젼 아홉시 인쳔역 챡 렬차로 릭인하야 삼일 브터 삼일간 매야 일곱시브터 빈뎡(濱町) 가무긔자(歌舞伎座)에셔 힝연할 터이라는대 일힝 즁에는 귀여운 소녀 세 명이 춤가하야 더욱 이치를 도드리라더라.

매일 24.10.03 (4) 경북의 위생 활사(活寫)
경북 경찰부 위생과에셔는 전염병 예방 급(及) 일반 위생사상을 *급키 위하야 좌기(左記) 일할(日割) 쟝소에셔 위생 활동사진회를 개최한다더라. (대구)
▲ 십월 일일 고령군 셩산면(星山面) ▲ 이일 동(同) 고령면 ▲ 삼일 동 덕곡면(德谷面)
▲ 오일 셩주군 가쳔면(伽泉面) ▲ 육일 동 벽진면(碧珍面) ▲ 칠일 동 셩주면
▲ 팔일 달셩군 하빈면(河濱面) ▲ 십이일 경주군 사면(四面) ▲ 십사일 동 외동면(外東面)
▲ 십육일 동 양남면(陽南面) ▲ 십팔일 영일군 장수면(長壽面)
▲ 이십일 동 연일면(延日面) ▲ 이십이일 동 기계면(杞溪面)

조선 24.10.03 (2) 셩황의 위안극 / 인쳔지국 쥬최로 / 삼일간을 대셩황
긔보한 본사 인쳔지국(本社仁川支局) 쥬최의 본보 독자위안연극은 예정과 가티 빈뎡 신극 좌(新劇座)에셔 열렷섯는데[113] 삼일간을 계속하야 만원의 대셩황을 니루웟섯는 바 극장의 관게로 더 흥행치 못한 것은 일반독자에게 매우 미안한 일이더라. (인천)

---

113) 신극좌는 극단의 이름이고 독자위안연극이 열린 장소는 가무기좌이다. 조선일보 1924년 10월 1일 3면 기사 〈본사 인천지국 / 독자위안 / 삼십일 밤 연예회 / 신극좌를 청하야〉 참고.

조선 24.10.03 (3) 간도환등대 / 각지에서 동정

간도 동흥중학교 주최의 간도 동포사정 환등대는 거(去) 구월 십구일 오후 팔시에 경북 포항예배당에서 환등 강연회를 개최하얏는데 영일청년회장 정학선(鄭學先) 씨의 개회사와 동흥중학교 학감(學監) 최명호(崔明昊) 씨의 간도사정의 강연이 유(有)한 바 수백의 청중은 동정의 누(淚)를 흘렷스며 현장에서 좌기(左記)와 여(如)한 동정금이 잇섯다 한다. (동정금 및 기부자 명부 생략)

거(去) 구월 이십오일 오후 팔시에는 경주군 강서면(江西面) 안강시(安康市) 환천운송부(丸天運送部) 전정(前庭)에서 동지(同地) 혁신청년단의 후원으로 개최하얏는데 동(同) 청년단장 김갑수(金甲洙) 씨 사회로 최명호 씨의 강연이 유(有)한 바 청중은 만강(滿腔)의 동정으로 좌기(左記)와 여(如)한 동정금이 잇섯다더라. (이하 기사 생략) (포항)

동아 24.10.04 (1) 〈광고〉

십월 이일(목요)부터 제공

우수 명화 대공개

대 유나이뎃트사

명화 메리 빅크포드 양 주연

입지미담(立志美談)교육명화 **보리안나** 전팔천척

최근 대명화를 그여히 보시라

스다-휘림 회사 특작품

맹우 니-루하-도 씨 대역연

서부활극 **의협일철(義俠一徹)** 전오권

파데- 회사 일대 걸작품

점점 가경(佳境)으로 돌입하는

연속탐정대활극 **베루벳드** 전십오편 삼십일권 중

제오회 제구편 숨기인 목도리 제십편 위기일발 사권 상장

=예고=

차회 상영되는 명화는

스산나 전팔천척

베르벳도 제육회

근(近) … 상영될 세계적 명화

샤룩구 홀무스 전구권

암굴왕 전일만척(일명 해왕성(海王星))

속곱아[114] 기대하여 주서요!

조선극장 전(電) 광(光) 이○오

10월 1일자 단성사 광고와 동일

동아 24.10.04 (3) 악대 태인 자동차 / 파손하고 검거

재작일 오후 한시경 모 자동차부 자동차 뎨사십사호 자동차에 조선극댱(朝鮮劇場) 음악대가 타고 야주개 길을 지나가던 중 당주동(唐珠洞) 백일 번디 김영배(金永培)의 집 장남 순성(順成)(一三)이가 자동차를 싸라가며 뒤에 단 광고판을 찌저버리는 것을 악대원 최영완(崔泳完), 정상옥(鄭相玉) 두 명이 그 애를 잡어 자동차에 싯고 수창동(需昌洞) 백오십사 번디 부근까지 가면서 쑤다려고 자동차 밧그로 집어내여 버린 것을 그 동리 사람들이 보고 분개하야 자동차를 둘러싸고 유리창을 쌔트리며 폭행하다가 박종대(朴鍾大)라는 사람 하나가 폭행죄로 종로(鐘路)서에 검속되엿다더라.

동아 24.10.04 (3) 온돌개량 선전

경성부에서는 기보(旣報)와 가치 부내 각 공립보통학교에서 온돌개량 활동사진 강연회를 개최하엿는데 관람자가 다수하야 다대(多大)한 효과를 어들 듯하다하며 금후에도 계속하야 부내 각 소학교에서 매일 오후 칠시부터 개시한다고.

동아 24.10.04 (3) 경성 위생 전람

경기도 위생과에서는 십월 십삼일부터 십일일간 예정과 가치 관내 각처에서 위생전람회 급(及) 폐 지스토마 활동사진회를 개최하야 지방민의 위생사상을 고취코저 한다고.

동아 24.10.04 (3) [판외(版外)소식] 학예품 전람회 / 삼군 연합으로 십일월 팔일에

황해도 교육품 전람회에 관한 도 지령에 의하야 신천(信川), 안악(安岳), 재령(載寧) 삼군(三郡) 공사립 학교를 연합한 학예품 전람회는 내(來) 십일월 팔일부터 십일까지 삼일간 신천공립보통학교 내에서 회장인 군수 이의풍(李宜豊) 씨 주관 하에 개최될 예정인데 기일(期日)이 점박(漸迫)하엿슴을 싸라 필승을 기(期)하는 각 학교생들은 출품 준비에 매우 분망한 모양이라 하며 신천군에서는 협찬회를 조직하야 시내의 가로(街路)장식, 화화(花火) 급(及) 학생의 제등행렬, 음악회 등을 거행할 터이며 특히 야간에는 활동사진, 임간(林間)

---

114) '손곱아'의 오식으로 보임.

원유회 등으로써 매우 성황을 정(呈)할 모양이라고. (신천)

매일 24.10.04 (3) 지방 인기의 초점인 장화홍련전 / 이갓치 환영밧기는 이번이 처음이라고

됴선 사람의 손으로 됴선에 처음으로 싱기여 됴선영화계에 시로운 긔록을 드리운 단성사 촬영부(團成社 撮影部)의 고심 력작 장화홍련뎐(薔花紅蓮傳)은 지는 달 초싱에 동관에서 봉졀 영사를 힝하야 팔일간 만원인, 전에 듯지 못하던 성황을 이루운 후 동관에셔는 이 됴선에 처음되는 영화를 디방에까지 널니 션뎐하기 위하야 동 영화의 각식자로 반도 변사게에 엄연한 두각을 낫태내여 일반 애활가에게 다대한 촉망을 밧고 잇는 김영환(金永煥)군을 중심으로 디방 순연대를 조직하고 구월 십오일 경셩을 츌발하야 그후 대구(大邱), 부산(釜山), 마산(馬山), 통영(統營) 등 각디로 이르는 곳마다 열광덕 환영을 밧고 목하 목포(木浦)에서 흥힝즁이라는대 됴선에 활동사진이 싱긴 후로 이와갓치 경향의 분별이 업시 보편덕으로 대환영을 바다보기는 이번이 처음이라더라.

매일 24.10.04 (4) 한해지(旱害地) 순회 활사(活寫)

경상북도에서는 한해 피해지의 민심 작흥(作興), 소비절약, 근검저축의 관념을 선전키 위하야 도 사회과 주최로 좌긔(左記) 일할(日割) 장소에 활동사진회를 순회 개최한다더라. (대구)
▲ 십월 이일 칠곡군 지천면(枝川面) ▲ 삼일 동(同) 왜관면
▲ 사일 선산군(善山郡) 선산면 ▲ 오일 동 옥성면(玉城面)
▲ 육일 상주군 낙동면(洛東面) ▲ 칠일 동 중동면(中東面)
▲ 팔일 예천군 풍양면(豊壤面) ▲ 구일 동 지보면(知保面)
▲ 십일 동 호명면(虎鳴面) ▲ 십이일 영주군 풍기면 ▲ 십삼일 동 영주면

시대 24.10.04 (1) 극장 악대원의 폭행 / 광고하다가 아이를 란타하여

조선극장(朝鮮劇場) 악대가 지난 이일 오후 한시 반경에 자동차를 타고 광고 선전을 하러 단이든 중 시내 당주동(唐珠洞)으로 부려 수창동(壽昌洞)을 향하고 진행 중 당주동 일백일번지 김상배(金相培)의 장남 순성(順成)(一二)이가 작난으로 자동차 뒤에 달린 광고지를 만지다가 찌저젓는 바, 이것을 분개하야 그 자동차에 탓든 악대 중 최영완(崔泳完), 정상옥(鄭相玉) 두 사람이 그 아이를 자동차 우로 쓸어올리어 가지고 실컷 짜리고 진행중의 자동차에서 내동댕이를 첫는데 이것을 보든 동리 사람들과 밋 지나든
사람들이 그 악대의 *악을 크게 분개하야 다소한 사람들이 대어들어서 악대원을 란타하며 자동차 압 류리창을 쌔털이는 등 큰 소동이 닐어나서 한동안은 법석하엿는데 그로 인

하야 시내 루하동(樓下洞) 일백칠 번지 박종대(朴鍾大)는 악대를 싸리엇다고 종로서로 인치, 취조 중인 바, 그 당시에 그 광경을 보든 사람들은 경찰서가 악대에게는 처벌을 하지 안코 돌이어 행악한 자를 싸린 사람을 잡어가는 것은 무슨 연고인지 몰르겟다고 한다.

조선 24.10.04 (1) 〈광고〉
동아일보 10월 4일자 조선극장 광고와 동일

동아 24.10.05 (3) 교육사업의 활동사진 대회 / 마포청년회관에서 금일부터 삼일 계속
시외 도화동(桃花洞)에서는 무산촌임을 불구하고 자제를 교육할 맘만 가지고 오년 전 본동(本洞) 유지(有志)들이 도화동구락부를 조직하야 야학으로 낮에 배우지 못하는 아동 칠, 팔십 명을 가라처 오든 바, 근일에 이르러 경비 곤란으로 매우 고통중이더니 청엽정(靑葉町) 광활(光活)청년회에서 이 말을 듯고 일부분의 도움이 될가 하야 그 회에 잇는 활동사진 순회부를 파송하게 되엿슴으로 동 구락부에서는 그 감사함을 이기지 못하는 동시에 마포청년회관을 빌어서 금 오일 오후부터 연(連) 삼일간 활동사진회를 개최할 터인데 그 수입의 전부는 물론 동 구락부에 기부하는 것임으로 일반 인사는 동 구락부 교육사업을 위하야 다수 관람하야 주기를 희망한다고. (고양(高陽))

동아 24.10.05 (3) 〈광고〉
추기 활동사진 대회
교육실사 비극
시일 십월 오일부터 삼일간
장소 마포청년회관
회원권 대인 이십 전 소아 학생 십오 전
주최 광활청년회 도화동구락부
　　　시대일보 고양지국 동아일보 고양지국

동아 24.10.05 (3) 〈광고〉
당 십월 오일부터 유사 날
이대 연속 대회
미국 유사 공전의 대작품
연속활극 유령재보(財寶) 전십이편 이십사권

제사회 제칠편 사지(死地)에서 제팔편 분투 사권 상장

미국 유사 대작품

연속탐정활극 **라지움의 비밀** 전십팔편 삼십육권

제이회 제칠편 제팔편 제구편 제십편 제십일편 제십이편 사권[115] 상장

＝예고＝

근일 공개될 세계적 대명화

지나(支那) 상해(上海)전쟁 실황 제일보

당 십월 팔일 공개 대명화

대활극 **명마일편(名馬一鞭)** 전칠권

당 십월 십이일 공개 세계적 명화

명화 **우이리암 텔** 전칠권

근일 공개될 대연속

불국 파데– 본사 초특작품

대연속대탐정 **전광석화** 십오편 삼십권

불일간 공개되는 세계적 대명화

『우이리암텔』을 꼭 보서요

유사 송죽 특약 **단성사**

전(電) 광(光) 구오구

10월 4일자 조선극장 광고와 동일

매일 24.10.05 (1) 〈광고〉 [연예안내]

십월 이일(목요)브터 제공

우수 명화 대공개

대 유나이테트사

입지미담(立志美談)교육명화 **보리안나** 전팔천척

스다–휘림 회사 특작품

서부활극 **의협일철(義俠一徹)** 전오권

불국 파–데 회사 제일 대걸작품

신연속탐정대활극 **베루벳드**

---

115) '십이권'의 오기로 보임.

전십오편 삼십일권 제오회 제구, 십편 사권 상장

예고

차회 상영되는 명화는

스산나 전팔천척

샤록구 홀무스 전구권

암굴왕 전일만척(일명 해천왕(海王星))

조선극장

동아일보 10월 5일자 단성사 광고와 동일

매일 24.10.05 (5) 지나(支那) 동란의 실전 활사(活寫) / 명 륙일브터 단성사에셔

동구안 단성사(團成社)에셔는 명 륙일 밤브터 동양 뎐디는 물론 세계의 이목을 소연케 하는 지나(支那)의 내란 실황 뎨일보(內亂 實況 第一報)의 활동스진을 공개할 터이라는 바 그 내용은 일영미불(日英米佛)의 각국 련합 쥬력 함대가 출동하는 것으로브터 시가(市街)의 계엄령과 경비 상황과 밋 류하(瀏河)의 격전 등으로 실전을 봄과 조금도 다름이 업다더라.

시대 24.10.05 (1) 활동사진 대회 / 야학부 유지비를 엇고자

(고양) 시외의 도화동 구락부(桃花洞 俱樂部)에서는 창립된지 오주년이라 구차한 집 아동을 위하야 야학부를 설립하고 부원들이 의무교수를 하나 항상 경비가 부족하여 곤난하든 중 이번 평파에 잇는 광활청년회(光活靑年會)에서 이 소식을 듯고 본사 고양지국 후원(本社 高陽支局 後援)으로 동정 의연을 하기 위하야 금 오일부터 마포청년회관(麻浦靑年會舘)에서 활동사진 대회를 열고 그 수입으로 긔부하야 충용케 한다는데 사진은 전부 재미가 진진하고 실익이 다대한 것만이라한다.

시대 24.10.05 (1) [앤테나]

일전에 조선극장 악대가 광고를 돌리다가 어린애를 달아나는 자동차 우에서 동댕이를 첫다지 ▲ 세상에 고런 악독한 짓이 어대 잇슬 것인가 지나치는 군중이 흥분한 남아지에 자동차를 에워싸고 그 악대원을 싸린 것은 용혹무괴[116] ▲ 구태어 법을 찾는다면 악대원과 악대원을 친 사람을 다 잡아 갈 일이지 폭행한 사람만 잡아가는 것은 무슨 심정 ▲ 오올치 조선극장은 이름이 조하서 조선이란 두 글자를 일본 량반이 주인이시니까 그 악대원까

---

116) '容或無怪' – 혹시 그럴수도 있으므로 이상할 것이 없다.

지 은덕을 입은 모양이로군.

조선 24.10.05 (3) 해주(海州) 연예협회 / 여자회원 모집

해주(海州) 연예협회 연예부에서는 제반 준비를 충실히 하고 금 추기(秋期)에 제이회 시연을 대대적으로 할 계획인데 전에는 여자회원이 업서서 항상 유감으로 생각하더니 금번에 여자회원을 모집하야 대공연을 금월 내로 예정이라는데 지원자는 해주 남본정(南本町) 동회(同會) 사무소로 구두나 우편으로 신입(申込)하면 죠켓다더라. (해주)

조선 24.10.05 (3) 〈광고〉

십월 오일부터 유사날

이대 연속대회

미국 유사 공전의 대작품

연속활극 **유령재보(財寶)** 전십이편 입(廿)사권 내(內)

제사회 제칠편 (사지(死地)에서) 제팔편 (분투) 사권 상장

미국 유사 대작품

연속탐정활극 **라지움의 비밀** 전십팔편 삼십육권 중

제이회 제칠편 제팔편 제구편 제십편 제십일편 제십이편 (중편) 십이권 상장

예고

근일 공개될 세계적 대명화

지나상해(上海)전쟁 실황 제일보

당 십월 팔일 공개 대명화

미국 훼ㄱ쓰사 초대작품

대활극 **명마일편(名馬一鞭)** 전칠권

당 십월 십일일 공개 세계적 대명화

독을(獨乙) 차렁크사 불후의 대작품

불국 문호 시두레ㄹ경 원작

명화 **우이리암 텔** 전칠권

근일 공개될 대연속

불국 파-데 본사 초특작품

대연속대탐정대모험 **전광석화** 전십오편 삼십권

불일간 공개되는 세계적 대명화

「우이리암 텔」 쏙 보셔요!!

송죽 유사 특약 **단성사**

전화 광화문 구오구번

동아일보 10월 4일자 조선극장 광고와 동일

동아 24.10.06 (3) 〈광고〉

10월 4일자 조선극장 광고와 동일

10월 5일자 단성사 광고와 동일(단, 예고된 영화에 대한 첨언은 생략됨)

시대 24.10.06 (4) 〈특별광고〉

추계 활동사진 대회

일시 십월 오일부터 매일 오후 칠시 반 개*(開*) 우즉(雨卽) **

회장 어(於) 마포청년회관

회비 대인 금 이십 전 소아 학생 금 십오 전

주최 도화동구락부 광활(光活)청년회

후원 동아일보 고양지국

　　　시대일보 고양지국

조선 24.10.06 (2) 인천지국에서 쏘 위안극 / 본보 독자쑌 아니라 / 일반시민에게까지

본샤 인천지국(本社 仁川支局)에서 경성 신극좌(新劇座) 일행을 청하야 지난달 삼십일 밤부터 사흘 밤을 두고 빈명 가무기좌에서 본보 독자위안회(本報 讀者慰安會)를 열고 무료로 공개한 바이 잇섯스나 모든 준비가 불완전하야 일반독자에게 편의와 만족을 주지 못하엿슴으로 유감으로 생각하고 금 륙일 밤부터 전긔 신극좌 일행을 다시 청하야 약 일주간을 두고 동 가무기좌에서 대대덕으로 독자위안회를 개최할 예명인데 이번에는 일반시민에게까지 무료공개하게 되엿스며 연극의 종류는 부패한 우리샤회에 만흔 각오와 늣김을 주는 사실극(事實劇)인데 신극좌 일행은 그동안 극장의 사정으로 쉬는 틈을 타서 연습이 맹렬한 중인 바 참으로 이 사실극의 막이 열리는 째에는 대만원의 성황을 룰[117] 터이며 극장준비의 관계로 하족료(下足料)를 밧기로 하엿더라. (인천)

---

117) '이룰'의 오식으로 보임.

조선 24.10.06 (4) 편리한 무선전화 / 긔계 하나만 설비하여 두면 / 음악, 연설, 강연, 무엇이던지 / 가만히 집에 안저서 들을 수 잇다

우리나라 우슴거리 이약이에 이러한 말이 잇슴니다. 엇던 시골 양반 한분이 면보 면화는 면션으로 왓다갓다 한다는 말을 듯고 한번은 셔울로 급히 보낼 물건이 잇셧는대 그것을 엇더케 할가 궁리하다가 필경은 면션에다 매달엇다고 합니다. 이것은 물론 한 우슴거리에 지나지 못하나 엇재든 물질문명이 시대에 뒤진 우리나라 사람에게 얼마나 신긔하게 보엿는 가를 어느 뎡도까지 표시한 것이다. 면션이 잇셔야 반다시 면보나 면화가 가는 줄 아는 사람들을 더욱 놀래게 할 것은 근래에 다른 나라에서 류행되는

무션면신면화외다. 말하자면 줄이 업셔도 면보가 가고 면화가 되는 것이외다. 이것이 무슨 리치로 그러케 되는 것을 자세히 말하랴면 큰 책으로 하나를 쓰드래도 다 쓰지 못할 념려 가 잇스나 간단히 말하면 면파(電波)라는 면긔 물질이 사면팔방으로 퍼지는 셩질이 잇는 것을 응용하야 만든 것임니다. 큰 련못 가운대에 돌을 던지면 물에 파동이 이러나셔 사면 팔방으로 물결이 퍼지는 것이나 맛찬가지로 면긔도 방면이 되면 공중에 이와 가튼 파동이 이러나게 됨니다.

이 파동을 복잡한 긔계의 장치로 바더셔 줄이 엄드래도 보통 면화나 면보가티 모든 작용 을 하게 됨니다. 이 리치를 응용하여 가지고 우리 인생 생활상에 가장 유용하게 사용하랴 는 것이 곳 방송무션면화(放送無線電話)임니다.

이 방송무션면화는(放送無線電話)는 멀리 구미 각국이며 갓가히는 일본에 근래 대단 류행 이 되엿슴니다. 우리가 강연회에나 음악회에 가보면 거긔에서 강연이나 노래를 하는 사람 은 한 사람이지마는 그 가운대에 잇는 백 사람이나 쳔 사람은 말 듯는 귀를 가즌 이면 누 구든지 들을 수 잇는 것과 가티 방송무션면화도 말들을 긔계가 잇는 니는 누구던지 들을 수 잇슴니다. 이 방송무션면화는 먼져 말한 것과 가티 면파가 사면팔방으로 퍼지는 셩질 을 리용하야 엇더한 곳에셔 말을 보내게 되면 그 말이 전하여 갈 수 잇는 거리 안에셔는 그 슈신긔(受信機)를 가진 이는

쳔 사람이고 만 사람이고 일졔히 가튼 시간에 들을 수 잇슴니다. 그리하야 말 보내는 곳 을 방송국(放送局)이라 하고 말 듯는 자를 쳥취자(聽取者)라 함니다. 가령 경성에서 비교하 여 말하면 수표교에 잇는 우리 됴션일보사를 말 보내는 쳐소─곳 방송국이라 합시다. 그리 고 독자여러분은 이 말을 바더 듯는 사람─즉 쳥취자라 하고 쏘 우리 사에셔 방송하는 무 션면화는 사방 백리 안에셔는 들을 수 잇다고 합시다. 이 째에 우리 신문사에는 말을 방송 할 장치가 잇셔야 할 것이며 독자 여러분에게는 말을 바들 긔계가 잇셔야 할 것은 물론 말 할 것도 업슴니다. 이 째에 셔양셔 유명한 음악가 한 분이 왓다고 합시다. 그러면 우리 사 에셔는 독자 여러분에게 죠흔 음악을 들려 드리기 위하야 그 음악가를 우리 신문사로 쳥

10부

하여다가

노래를 무선뎐화로 방송하면 만이나 쳔 되는 독자여러분은 일부러 우리 신문사로 올 것 업시 집에 편이 안져 여러 가족과 함쯰 들을 수 잇는 것임니다. 이것은 비단 음악이라 여러 가지 방면에 응용할 수 잇슴니다.

그리하야 미국 가튼 나라에셔는 이 방송무션뎐화의 방송국(放送局)이 오백칠십오개소오, 쳥취자가 백여만 명이나 된다고 함니다.

영국, 불란셔, 독일에도 상당히 만타 함니다. 그러면 여긔에 의심되는 것은 경셩에 방송국 오개소가 잇다고 하면 오개소에셔 방송하는 말을 다만 한개밧게 업는 수신긔를 가진 쳥취자가 다 들을 수 잇느냐 하면 이것은 그러케 되지 못함니다. 다 가튼 귀를 가젓드래도 졔 나라 말이 아니면 무슨 소리인지 알어듯지 못하는 것과 맛찬가지로 방송국에셔 방송하는 **그 뎐파의 기럭이를** 싸라셔 다 달음니다. 파장(波長)이 백미돌 되는 뎐파를 방송하는 방송국의 수신긔를 가진 쳥취자는 백오십미돌 되는 방송국에셔 방송한 말을 들을 수 업슴니다. 그럼으로 경셩에셔 발생하는 신문은 다 가튼 신문이나 죠션일보 독자가 잇고 시대일보나 매일신보의 독자가 잇는 것처럼 A방송국의 쳥취자와 B방송국의 쳥취자가 다 각긔 잇슴니다. 그러나 한 집에라도 오개소의 수신긔를 다 가추어두면 오개소의 방송하는 말을 물론 다 들을 수 잇슴니다. 이 방송무션뎐신은 오늘 구미 각국에셔 날로 발달하여감으로 정부에셔는 이것에 대하아 범률로 뎐파(電波)의 기럭이며

방송하는 시간이며 방송하는 사항이며 방송에 죵사하는 사람이며 그밧게 모든 것을 귀정하엿슴니다. 방송하는 시간 가튼 것도 미국에셔는 아직 아무 졔한이 업스나 셔로 갓가운 방송국끼리 파장(波長)이 셔로 얼* 틀림이 업는데 방송하는 시간이 가트면 셔로 뎐파가 갈려셔 혼신(混信)되기가 쉬운고로 국에 싸라셔 방송하는 시간을 특별히 명하는 일도 잇슴니다. 방송하는 사항도 어느 것에 대하여는 엄금하는 일도 잇슴니다. 미국에셔 신문, 오락, 강연, 설교, 긔상, 시황 가튼 것은 허락하나 광고 가튼 것은 엄금함니다. 이와 가티 편리한 것이 날마다 발달되야 오늘에는 수신긔만 가지면 자긔의 방송국에셔 방송하는 모든 것

음악이며 연설이며 신문이며 설교 가튼 것을 어듸 가든지 들을 수 잇슴니다. 혹은 자동차 우에 수신긔를 달고 달어가는 차 안에셔도 들을 수 잇스며 혹은 산보하러 나갈 째 양산에다 슈신긔를 달고 걸어가면셔도 음악가의 노래와 목사님의 설교를 들을 수 잇슴니다.

혹은 들에 나가 밧을 갈 째에든지 산에 들어가 나무를 베일 째에라도 그 졋혜다 슈신긔만 하나 노흐면 방송국에셔 방송하는 모든 것을 꾕이로 쌍을 파며 톱으로 나무를 켜면셔 자미스럽게 들을 수 잇슴니다. 하로 밤에 십여 원의 입장료를 내고 들어야할 음악이라도 먼 디방에 잇는 여러 백만 명의 쳥취자에게 일시에

용이하게 들려줄 수 잇습니다 이것으로 보면 이 방송무션면화란 것은 근대과학적 문명의 소산 가운대에 가장 걸작인 것의 하나라고 합니다.

조선 24.10.06 (4) 〈광고〉
동아일보 10월 4일자 조선극장 광고와 동일
10월 5일자 단성사 광고와 동일

동아 24.10.07 (3) 익남좌(益南座)는 해산 / 일반은 견기(見欺)하지 말라고
익산군 오산면(五山面) 남전리(南田里) 기독면려(勉勵)청년회에서는 금춘(今春)에 동지(同地)에 잇는 사립 신성(信聖)학교의 유지 곤란을 다소 보조할가 하는 본의로써 익남좌라는 순회 자선극단을 조직하야 가지고 전남, 경상 각지로 순회하여 다대(多大)한 동정을 밧고 하간(夏間)에 이미 도라왓든 바, 해단(該團)에 참여하엿든 전주인(全州人) 모모들은 익남좌의 명의를 대여하면 각지에 흥행하야 그 소득의 의연금은 청년회에 송납(送納)하겟다는 조건으로써 오히려 계속을 허하게 되엿섯는데 기후(其後) 순회 상황은 매우 자미롭지 못하야 불명예로운 사건이 다출(多出)하야 해(該) 청년회의 면목이 오손(汚損)되얏슴으로 거(去) 륙월 일일로써 극단의 해산을 선언하엿는데 상금(尙今) 각지에서 익남좌를 매명하고 흥행한다는 소문이 잇슴으로 남전청년회쏜 안이라 동 지방 일반 인사들은 분개를 이기지 못하며 각지 인사는 여차(如此)한 위선단(僞善團)의게 견기치 말기를 바란다고. (이리)

동아 24.10.07 (4) 〈광고〉
십월 칠일브터 특별대공개
대 유나이뎃트사 비장의 진보(珍寶)
대인기 명화 메벨노만드 양 주연
공전의 대희활극 **스산나** 전육권
에후-오- 회사 특작 영화
인정대활극 **위험신호** 전칠권
명우 리차-도 모리스 주연
지나 대동란의 실황
보라!! 지나의 대전화(大戰禍), 세계인의 이목을 놀래고
동아(東亞) 지반의 평화를 유린하려 한다,
동지(東支) 용장의 괴기한 무전(武戰), 유의유심(有意有心)한 이
공전절후의 사진은 우리 민족의게 엇더한

감각을 줄 것인가, 일반은 귀를 기우리고

눈을 쓸지어다

파—데사 대연속

제육회 **베루벳드** 삼십일권 내

제십일 암중의 사격, 제십이 坤伏 [118]

=대예고=

차회 상장될 명화는

절세연애대명편 **사랑의 꽃** 전편

샤록구 홀무스 전구권

암굴왕 전일만척

조선극장 전(電) 광(光) 이○오

10월 5일자 단성사 광고와 동일(단, 예고된 영화에 대한 첨언은 생략됨)

조선 24.10.07 (2) 〈광고〉

10월 5일자 단성사 광고와 동일

동아 24.10.08 (3) 〈광고〉

당 십월 팔일부터 송죽 날

활극대회

미국 대 휙쓰사 초특작품

세계적 호한 조니하잉쓰 씨 대역연

대맹투대활극 **명마일편(名馬一鞭)** 전칠권

보라!

혈용육약(血湧肉躍)의 경마 대희활극

미국 유사 대작품

모험 여우 아이링세지윅크 양 대역연

대연속대탐정 **라지움의 비밀** 전십팔편 삼십육권 중

최종편 제십삼편 제십사편 제십오편 제십육편 제십칠편 제십팔편 십이권 상장

유사 송죽 특약 **단성사**

---

118) '埋伏'의 오식으로 보임.

전(電) 광(光) 구오구

10월 7일자 조선극장 광고와 동일

조선 24.10.08 (2) 성황을 극(極)한 인천 위안극 / 첫날 밤에 쳔여 명 / 대성황을 이루어

본사 인천지국(本社 仁川支局)에서 경성 신극좌(新劇座) 일행을 청하야 지나간 륙일 밤부터 시내 빈명 가무기좌에서 시민위안 연예대회(市民慰安 演藝大會)를 개최한다 함은 임의 보도한 바어니와 당일 밤 관중은 무려 일천수백 명에 달한 공전의 대성황을 일우엇섯다. 예술계의 성명이 혁혁한 신극좌 일행은 삼인의 우의(三人의 友誼)라는 연예로 막을 열고 활발한 동작과 능난한 수완으로 전 오막을 흥행하엿는데 최후 일 막에 이르러 금석가튼 우의와 용서치 안는 경찰의 책임으로 서로 항거하다가 결국 우의를 위하야 생명을 희생하며 경찰도 법률도 책임을 리행치 못하고 눈물을 쑤려 말하는 그 광경은 일반에게 비상한 자극을 주어 장내의 공긔가 자못 긴장하여지며 박수소리는 우박이 쏘다지는 듯하엿고 그 다음에는 우슴거리 두 막으로 관중의 흥미를 도은 후 폐회하엿는데 쌔는 열한시 반경이더라. (인천)

조선 24.10.08 (2) 영화잡지 「애조(愛潮)」 / 이달 하순에 창간

순전한 영화 연예(映畵 演藝)를 목적으로 한 애죠(愛潮) 잡지는 창간호의 준비가 다되얏슴으로 사무소를 종로 중앙청년회관 아래 골목 인사동(仁寺洞) 일백십구 번디로 옴기고 금월 하순경에 창간호를 발행하리라더라.

조선 24.10.08 (3) 〈광고〉

10월 5일자 단성사 광고와 동일
동아일보 10월 7일자 조선극장 광고와 동일(단, 예고가 누락)

동아 24.10.09 (3) 〈광고〉

10월 7일자 조선극장 광고와 동일
10월 8일자 단성사 광고와 동일

매일 24.10.09 (3) 〈광고〉 [연예안내]

당 십월 팔일브터 송쥭 날

활극대회

미국 대 혹스사 초특작품

세계적 호한 조니하잉쓰 씨 대역연

대맹투대활극 **명마일편(名馬一鞭)** 전칠권

미국 유사 대작품

연속탐정활극 **라지움의 비밀** 전십팔편 삼십육권

최종편 제십삼, 제십사, 제십오, 제십육, 제십칠, 제십팔편 십이권 상장

예고

당 십월 십이일브터 세계적 영화계의

일세기를 획(劃)케 흔

고전극 세계적 대명화

우이리암 텔 전구권

불국 파-데 본사 특작품

대연속대탐정 **전광석화** 십오편 삼십권

단성사

십월 칠일브터 특별대공개

대 유나이테트사 비장의 진보(珍寶)

세계적 대인기 명화 … 메베로만드 양 주연

공전의 대활극 **스산나** 전육권

원작 급(及) 감독에 후리차-트 촌스 씨

에후-오- 회사 특작 영화

인정대활극 **위험신호** 전칠권

명우 리차-도, 모리스 주연

지나(支那) 대동란의 실황

불국 파-데 회사 제일 대걸작품

신연속탐정대활극 **베루벳드** 전십오편 삼십일권

제육회 제십일, 십이편

예고

차회 상장되는 명화는

절세연애대명화 **사랑의 꼿** 전편

샤록구 홀무스 전구권

암굴왕 전일만척(일명 해왕성(海王星))
조선극장

시대 24.10.09 (1) 애조지(愛潮誌) 발행

시내 인사동(仁寺洞) 백구십 번지 애조사(愛潮社)에서는 관극가의 도움이 되는 동시에 순영화연예(映畵演藝)의 지식을 보급시킬 목적으로 사계에 대한 도서를 출판코자 하든 중 그간 모든 것이 다 완성되어 잡지 애조(愛潮)를 출판하기로 하엿는 바, 방금 동인들은 편중에 분망하다는데 창간호(創刊號)는 느저도 금월 하순에는 발행되리라고 한다.

조선 24.10.09 (3) 용강(龍岡) 위생 전람

평안남도 사회과와 위생과에셔는 일반의 위생사상을 함양키 위하야 본월 십일부터 삼일간 위생전람회를 용강군에 개최한다는데 주간은 모형과 통계표를 진열하고 야간에는 위생에 관한 영사를 할 터이라더라. (평양)

조선 24.10.09 (3) 〈광고〉

(예고 외 광고의 앞부분은 동아일보 10월 8일자 단성사 광고와 동일)
예고
당 십월 십이일부터 세계적 영화계의 일세기를 획(劃)케 한……
고전극 세계적대명화 『우이리암 텔』 전구권
근일 공개 연속극!
불국 파- 사 대작품
세계적대연속 **전광석화** 전십오편 삼십권-
송죽 유사 특약 **단성사**
전화 광화문 구오구번

동아일보 10월 7일자 조선극장 광고와 동일(단, 예고가 누락)

동아 24.10.10 (3) [시내통신] 천로역정 환등회

중앙기독교청년회 소년부에서는 금 십일 하오 칠시 반에 동 회관에서 환등회를 개최할 터인대 기독교 성경 *음이라 할만한 『천로역정』을 영사한다 하며 입장은 무료라고.

동아 24.10.10 (3) 〈광고〉
(예고 외 광고의 앞부분은 동아일보 10월 8일자 단성사 광고와 동일)
＝예고＝
당 십월 십이일브터 세계적 영화계의 일세기를 획케 한
명화 **우이리암 텔** 전구권
근일 공개 연정극(連偵劇)
불국 파–데 본사 대작품
대연속대탐정 **전광석화** 십오편 삼십권
고대하서요 공개 기일을!!
일직 오서야합니다
오후 칠시부터 개연합니다
유사 송죽 특약 **단성사**
전(電) 광(光) 구오구

10월 7일자 조선극장 광고와 동일

매일 24.10.10 (3), 24.10.11 (3) 〈광고〉[연예안내]
10월 9일자 단성사 광고와 동일
10월 9일자 조선극장 광고와 동일

시대 24.10.10 (1) [회합]
중앙긔독교청년회 소년부(靑年會 少年部)에서는 금 십일 하오 칠시에 그 회관에서 천로력정(天路歷程)을 박인 환등회(幻燈會)를 연다고.

시대 24.10.10 (4) 용강(龍岡) 위생 활동사진
용강경찰서에서는 일반 군민에게 위생사상을 보급하기 위하야 금 십일 하오 팔시에 당지(當地) 공보교 내에서 위생활동사진회를 개최할 터이라는데 입장은 무료인 바, 다수 관람을 희망한다고.

조선 24.10.10 (2) 독자 위안 / 대구에서도 / 이틀 동안 무료로 / 만경관을 공개해
죠션일보가 개혁된 이후로 세상의 인긔를 쓰러 각 방면의 비상한 환영을 바다오는 중 대구에서도 본사 지국의 활동으로 예상 이외의 다수한 애독자가 늘어서 지난 칠일에는 겨우 하로 동안에 이백부 이상이 늘엇는데 대구 지국에서는 감사한 뜻을 표하야 독자에게 위안을 드리고져 구일과 십일의 이틀 밤을 련속하야 대구 경뎡(京町)에 잇는 만경관(萬鏡舘)을 개방하고 죠션일보 독자에 한하야 입장료를 밧지 아니하고 우대권(優待券)을 일일히 배부하얏더라. (대구)

조선 24.10.10 (2) [집회]
◇ 종로청년회 환등회 금 십일 하오 칠시 반 텬로력뎡(天路歷程) 영사. 입장은 무료.

조선 24.10.10 (4) 〈광고〉
동아일보 10월 7일자 조선극장 광고와 동일(단, 예고가 누락)
10월 9일자 단성사 광고와 동일

동아 24.10.11 (3) 〈광고〉
10월 7일자 조선극장 광고와 동일
10월 10일자 단성사 광고와 동일

매일 24.10.11 (3) 효진(孝進)청년회 자선 활사회(活寫會) / 명일 오후 칠시에
시내 효즈동(孝子洞) 일빅 십* 번디에 잇는 효진청년단(孝進靑年團)에셔는 위싱(衛生), 방화(防火), 도난예방(盜難豫防) 긔관 등을 셜치하는 대대한 동경을 엇기 위하야 명 십이일 오후 일곱시에 청운동(淸雲洞) 공립보통학교 안에셔 자선 활동사진대회(慈善活動寫眞大會)를 긔최한다는대 입쟝은 무료라더라.

시대 24.10.11 (1) 자선 활사(活寫) 대회
경성 효자동에 잇는 효진청년회(孝*靑年會)에서는 오는 십일 하오 칠시 청운공립보통학교에서 자선 활동사진대회(慈善 活動寫眞大會)를 연다고 한다.

동아 24.10.12 (3) 〈광고〉
십월 십일 야(夜)부터 제공
대 유나이뎃아짓도사
연애명화 **사랑의** 꽃 전칠권
스다-필님 공전의 대작
서부대활극 **괴력 목사**(牧師) 전오권

세계적 명우 …니루하-도 씨

불국 파데-사 대명작 대연속

오래인 동안 괴기한 문제로 신비적

탐정극을 제현(諸賢)에게 연속 공개하여

다대(多大)한 환영을 밧던 『베루벳도』도

금회가 완결편임니다

최종편 **베루벳드** 전십오편 삼십일권

제십삼편 은가(隱家), 제십사편 함정

제십오편 지주망(蜘蛛網)에서 도망하야 육권 상장

대예고

세계적 대영화 불원간 공개됨니다

샤록구 홀무스 전구권

암굴왕 전일만척(일명 해왕성(海王星))

손곱아 기다리서요

조선극장 전(電) 광(光) 이○오

10월 10일자 단성사 광고와 동일

매일 24.10.12 (3) [영화계]

상연장소 시내 단성사

　　시일 십월 십이일

『우이리암 텔』 전구권

독일 련방(獨逸 聯邦) 「스미쓰」 빅성들은 유명한 압졔 정치가 「하만-, 케쓰라」란 대관(大官) 아릭에서 항상 격앙하야 악화되는 즁 「우이리암 텔」이란 스람은 의협심이 만은 터인 고로 대관은 더욱 쥬목하던 즁 어느 쌔 시쟝에 국왕의 모쟈를 걸어놋코 『이것에 경례하는 자는 사형에 처한다』는 법령을 「텔」이가 위반하얏다 하야 대관은 「텔」의 부ㅈ를 잡아다놋코 아달의 머리 우에 림금(林檎) 한 기를 올려논 후 「텔」다려 말하기를 이것을 활로 쏘아 써러트리면 무죄방면 하겟다 하얏다. 그러나 「텔」은 그 림금을 보기조케 쏘아 써러지게 하얏스나 대관은 대번에 못 마친 것을 리유로 하고 투옥하라 명령하얏다. 그리하야 감옥으로 가는 길에 해상의 폭풍을 맛나 분쥬흔 즁에 「텔」은 다힝히 도망하다가 대관 일힝을 맛나 「케쓰라」를 사살하얏다. 이 긔회에 일반 빅성은 일졔히 이러나 포악한 대관의 정치를 물니치고 조선 면리의 자유를 회복하얏다.

기타 련속 스진 『유령의 지보』 메오회, 희극 『들키엿다』 전 일권과 『명경의 활락』 전 이권 등.

매일 24.10.12 (5) [개방란(開放欄)](투고환영) / 오락과 민족성 / 관계가 긴절하다

이것을 보는 외국 스람의 눈에는 반다시 가련히 녁이는 눈물을 먹음플터!

◇ *늬나라는 물론하고 그 나라 민족의 인정풍태를 알랴하면 먼져 그들의 모혀 노는 료리뎜이나 연극장 갓흔 곳을 엿보는 것이 가장 첩경임니다. 그것은 료리뎜의 음식을 먹으며 헛흐로 짓거리고 노는 것이 하느도 우연히 낫타는 것이 업고 모다 민족 면리의 민족성이 그 속에 표현되며 더구나 무대에 낫타나는 모든 것은 예술뎍 가치의 유무를 막론하고 그 민족의 민족성과 밀접흔 관계를 가지게 되는 소닭임니다.

◇ 그러함으로 외국 스람이 됴션에 오면 뎨일 먼져 됴션 스람의 인정 풍속을 시찰하기 위하야 됴션 사람이 경영하는 연극장에를 안늬함니다. 그리하야 그 안내를 바든 스람은 홀슈 업시 됴션에 유일한 광무대(光武臺)로 쓸고가셔 박춘지의 무당소릭나 광대 악아씨의 육조박이를 들녀쥬고 이것이 됴션에 하느 밧게 업는 연극장이라고 쓸데업는 설명소지 붓치여 줌니다.

◇ 이것을 본 셔양 사람의 락심이 얼마나 크겟슴닛가. 됴션 스람의 문화 명도가 얼마느 뎌렬한 것은 츠치하고라도 그 협착하고 불완전한 극쟝 속에셔 그 천착한 노름 노리를 보고 깃붐에 넘치여 소리를 쌕쌕 질느고셔 잇는 흔옷 입은 무리를 볼 째에 그들의 눈에는 멸시하는 빗보다도 찰아리 가이업셔하는 눈물을 먹음을 것이외다.

◇ 다른 나라에셔는 황실극쟝이니 국립극쟝이니 기타 민간에도 각 방면 유지가 거금하야 될 수 잇는딕로 완전한 극쟝을 건설하야 그것으로 한 국슈(國粹)를 슴는 것은 다른 의미보다도 민족의 톄면을 뎟뎟이 함에 가장 필요흔 죠건이 되는 소닭이외다. 만반 시셜이 하나도 완젼히 못 된 우리 됴션이지만 그리하야도 이쳔만 명이 스라간다는 이곳에 상당한 극장이 하나도 업는 것은 춤으로 유감임니다.

(동숭동 개탄생)

매일 24.10.12 (6) 사리원의 공진회 중 행사 / 각죵 경기도 유(有)

경의션(京義線) 사리원에셔 개최되는 황해도 축산공진회의 개회 중 행사는 여좌(如左)하더라. (사리원)

십월 이십일일

공진회 개회 (자(自) 본일로 오일간)

애국부인회 수예품 진열회 (동)

저공비행 (비행기)

연화(煙火)대회 (자 본일로 오일간)

활동사진 (동) 식당개설 (동) 매점개설 (동) 경마대회

심사 (자 본일로 삼일간)

입상 예상 투표 (자 본일 삼일간)

연예 개시 (자 본일로 오일간)

십월 이십이일

각희(脚戱) 경마대회 백일장

십월 이십삼일

교육품 전람회 (자 본일 삼일간)

자전차경주 농업학교 낙성식 축견(畜犬)대회 경리(競犁)대회

우(牛)의 경력(競力)대회 조선군 수의(獸醫)분단 야외강화 각희

백일장 포상 수여식 신천(信川) 축산「데이」

십월 이십사일

조선축산회총회 수렵대회 자전차경쟁 각희 심사성적발표

남천(南川) 축산「데이」

십월 이십오일

공진회 포상수여식 정구대회 연백(延白) 축산「데이」

시대 24.10.12 (1) 조선 기근 구제회에서 / 실행방침을 결정 / 전 조선 삼천여 단체에 통첩 / 각 극장과 권번의 의연 흥행

조선 긔근구제회(朝鮮饑饉救濟會)에서 그간 모든 사무를 착착 진행 중이라 함은 본보에 루차 보도한 바어니와 재작 십일 오후 칠시 반부터 집행위원회를 열고 진행사항을 협의한 결과 그 취지를 선전키 위하야 전조선 각지에 잇는 청년, 로동 각 단체와 종교단체 급 각군, 각 면을 합하야 총 삼천여개 소에 인쇄물을 발송하는 동시에 위선 경성 시내에는 각 학교와 교회에 교섭하야 특별 연보를 청하기로 하고 쏘는 각 연극장과 및 각 권번에 교섭하야 구제 연주, 무도 등도 흥행하기로 하며 각 관계 단체에 정식 공함을 발송하고 교섭위원이 직접 활동을 개시하기로 하얏는데 경성에 잇는 동아(東亞), 조선(朝鮮), 시대(時代) 세 신문은 련합하야 이 사업을 후원하기로 하얏는 바, 사업이 진행함을 *히 삼 신문에 일일이 보도되리라고 한다.

조선 24.10.12 (2) 양야(兩夜) 성황 / 대구지국의 / 독자위안 연극회

본사 대구지국에서 주최한 죠선일보 독자우대회(讀者優待會)는 예정과 가티 지난 구일 오후 칠시부터 대구 만경관(萬鏡舘)에서 개최하얏는데 정각 전부터 모혀드는 관중은 경뎡(京町) 일대에 사람의 물결을 이루어 일시는 매우 혼잡한 상태로 물미듯이 드러와서 장내는 명각 전에 만원의 성황을 이루엇는데 벽두에 본사 대구지국장 김승묵(金昇黙) 씨의 개회사가 잇슨 후에 여명의 애(黎明의 愛)라는 인정극을 비롯하야 활동사진의 막을 개시하고 그 다음 십분간 휴게할 째에는 대구청년회 위원(大邱靑年會 委員) 중으로부터 신철수(申哲洙) 씨가 등단하야 죠선일보의 개혁을 축하하는 소감 연설이 잇셧스며 활동사진을 영사하는 중에는 여러번 장내를 흔드는 박수소래로 상하층에 갓득 찬 관중의 인긔는 더욱 긴장하야 시종 성황중에 열두시나 되야 무사히 폐회하얏는데 그 이튼날 밤에도 계속하야 독자우대회를 개최하고 이날 밤에는 특별히 죠선일보를 위하는 마음으로 문예구락부(文藝俱樂部)에서 출연한 서병식(徐丙植), 류회우(柳檜佑), 리석남(李錫南) 삼씨의 양금,[119] 단소 합주와 류회우 씨의 바이올링 독주로 더욱 관중의 흥미를 도아 일층 성황을 이루엇더라. (대구)

조선 24.10.12 (3), 24.10.14 (4) 〈광고〉

동아일보 10월 12일자 조선극장 광고와 동일

동아 24.10.13 (5) 〈광고〉

당 십월 십이일부터 유사 날

세계적 명화 공개

미국 유사 작품

명맹우 조-지랑킹 씨 주연

대육탄활극 **역의 휘(力의 輝)** 전오권

미국 유사 공전의 대작품

연속활극 **유령재보(財寶)** 전십이편 입(卄)사권

제오회 제구편 제십편 사권 상장

독일 챠링크사 대작품

성격 배우로 세계의 일인자 한쓰마-루 씨 주연

불국 문호 시투렐경 원작

---

119) '피아노'를 달리 이르는 말.

고전극 **우이리암 텔** 전구권
보라! 세계적 영화계의 일세기를 획(劃)케한
명화는 그여히 공개되엿습니다
＝예고＝
근일 공개될 이대 연속
불국 파－데사 원작
연속탐정활극 **전광석화** 전십오편 삼십권
미국 유사 대작
연속활극 **다니엘 풍** 전십오편 삼십일권
고대하서요 공개 일자을!
유사 송죽 특약 **단성사**
전(電) 광(光) 구오구

10월 12일자 조선극장 광고와 동일

매일 24.10.13 (3) 〈광고〉 [연예안내]
당 십월 십일일브터 유사 날
세계적 명화 공개
미국 유사 작품
대육탄활극 **역의 휘(力의 輝)** 전오권
미국 유사 공전의 대작품
제삼회 **유령재보(財寶)** 십이편 입(卄)사권
제오회 제구, 십편 사권 상장
독일 차린크사 대작품
불국 문호 시루데루＊ 원작
고전극 **우이리암 텔** 전구권
예고
근일 공개될 이대 연속
불국 파－데 본사 특작품
대연속대탐정 **전광석화** 십오편 삼십권
미국 유사 대작
연속활극 **다니엘 풍** 전십오편 삼십권

단성사

십월 십일일브터 제공
절세 대연애극 공기
대 유나이테트 야짓도사 세계적 명작 진품(珍品)
연애명화 **사랑의 꽃** 전칠권
스다−휘림 회사 공전 대작품
서부대활극 **괴력 목사(牧師)** 전오권
불국 파−데 회사 제일 대걸작품
신연속탐정대활극 **베루벳드** 전십오편 삼십일권
최종편 제십삼, 십사, 십오편 육권 상장
예고
세계적 대영화 불원간 공개
샤록구 홀무스 전구권
암굴왕 전일만척(일명 해왕성(海王星))
조선극장

매일 24.10.13 (4) 한해(旱害) 지방의 환희 / 활동사진과 강연

경상북도 사회과에서는 금년에 대한해를 수(受)흔 칠곡, 익산, 상주, 예천, 영주의 각군(各郡) 추요지(樞要地)에서 거(去) 구월 이십일일브터 십월 오일에 긍(亘)하야 소비절약, 근검역행(力行), 치산치수, *보호 조안(助案)을 일괄하야 주로 민풍작흥을 선전하기 위하야 활동사진과 강연회를 개최하고 순회중인대, 도처마다 비상한 감흥을 여(與)하야 소(少)하면 사, 오백 명, 다(多)하면 천 명 이상의 관람 청중자가 유(有)하야 충분히 기(其) 공과(功果)를 거(擧)하는 중이라더라. (대구)

매일 24.10.13 (4) 부여 산업선전 / 강화와 영사로

충남 부여군에서 산업을 선전키 위하야 거월(去月)브터 권업과 총동원으로 각면 각리에 출장하야 야간 강화를 시(施)하며 산업에 상당한 영사와 각종 물품으로 추첨도 행하야 대대적 활동함으로 환영을 박(博)하는 동시에 부지중 영향이 유(有)하야 장래에 다대(多大)한 발전이 유(有)하리라더라. (강경)

조선 24.10.13 (3) 〈광고〉

동아일보 10월 12일자 조선극장 광고와 동일

동아일보 10월 13일자 단성사 광고와 동일

동아 24.10.14 (3) 〈광고〉

10월 12일자 조선극장 광고와 동일

10월 13일자 단성사 광고와 동일

시대 24.10.14 (1) 조선예술원 / 십오일부터 흥행

로서아와 구라파 각지로 이십팔개 년이나 돌아다니며 연예(演藝)와 긔술(奇術)을 연구하여 가지고 고국에 돌아온 김문필(金文弼) 씨는 조선예술단(朝鮮藝術團)을 조직하야 오는 십오일부터 삼일간 조선극장에서 여러 가지 긔술과 연예를 할 터인데 소년 소녀의 이십여 명의 가극과 짠스도 잇스리라고 한다.

조선 24.10.14 (3) 대구지국 주최 / 독자위안 / 대성황리에 종료

대구에 재(在)한 조선일보 독자를 위하야 본사 대구지국에서 독자위안회를 개최하얏다 함은 기보(旣報)한 바어니와 거(去) 십일 야(夜)에는 기(其) 전야(前夜)에 비하야 일층의 성황을 정(呈)하얏는데 조선일보를 환영하는 인기는 도처에 보편되야 대구 시외에 잇는 달성군 수성면(壽城面), 성북면(城北面), 성서면(城西面) 등지의 근동 주민까지 다수히 내도(來到)하얏스며 정각 전부터 쇄도한 남녀관중은 천여 명에 달하야 후래(後來)한 관객은 대부분 수용치 못하게 된 공전의 대성황을 이루어 장내는 입추의 여지가 무(無)하게 되엿스며, 활동사진의 일막을 마친 뒤에 천재 음악가의 명(名)이 유(有)한 유회우(柳檜佑) 군의 바이올링 독주가 잇섯스며 십분간 휴게할 재에는 본사 대구지국장 김승묵(金昇黙) 씨로부터 조선일보의 개혁 경과에 대한 연설이 유(有)한 후에 문예연구회 음악부에서 특히 조선일보를 위하야 출연한 서병식(徐丙植), 이석남(李錫南) 양씨의 양금(洋琴), 단소와 유회우 군의 바이올링을 겸한 관현합주의 묘음(妙音)으로 조선정악(正樂)을 시연(試演)하야 만장의 관중을 취케 하고 다시 장내가 진*하는 박수의 재청으로 이차나 거듭 출연하야 일층 흥미를 도아 시종 성황리에 무사히 종료하얏더라. (대구)

동아 24.10.15 (2) 조선예술단 출연과 동아일보 독자 우대 할인 / 이칭 이 원은 일 원, 아레칭 일 원을 오십 전

이십여년 동안을 서양 각국으로 순유하면서 각국의 긔묘한 기술과 신비한 마술을 배호며 한편으로 우미한 가극을 연구하야 구미 인
새의 열렬한 환영을 바덧스며 전 로국 황실
에서 명예로 훈장을 바든 김문필(金文弼) 씨
가 사모하든 고국으로 도라와 그립든 동포
를 만나보고저 지난 칠월에 「합이빈」으로서
부터 귀국하엿다 함은 그 당시에 임의 보도
한 바어니와 씨는 여러 사람의 후원으로 이
십여 명의 소년 소녀를 모집하야 재조를 가
르치어 최근에는 여러 가지 준비가 완성되야
금 십오일 밤 일곱시부터 인사동(仁寺洞) 조

△ 조선예술단

선극당에서 열어 만도 인사의 쓰거운 환영을 밧고자하는 바, 그의 재조는 유명하다는 일
본의 뎐승(天勝)이나 뎐화(天華)단에 비길 바가 아니라 하야 벌서 일반의 인긔가 놉하감으
로 본사에서는 우리 독자의 관극에 다소간이라도 편리함 덤이 잇슬가 하야 이를 찬조하는
동시에 관계자와 협의한 결과 오늘 밤부터 계속 하는 쌔까지 상하층(上下層) 반액으로 하
고 학생이라도 동아일보 독자가 아니면 반액을 하지안케 되엿는데 입장료는 우층 이 원을
일 원으로, 아레 층을 일 원을 오십 전으로 하엿는데 첫 날인 금일 밤에는 유지들을 초대
하는 관계로 우층만은 누구든지 들어갈 수 업게 되엿슴으로 싸라서 반액을 하기로 한 동
아일보 독자도 오늘 밤에는 밋층만 밧게되엿더라. (할인권은 란외에)

동아 24.10.15 (4) 〈광고〉

당 십월 십오일부터 송죽 날
돌연 명화 대공개
미국 대 메도로사 특작 대명화
명우 미루톤 시루쓰 씨 역연
문예극 **애아(愛兒)를 쌕기고** 칠권
자애에 어머님의 품을 모르고 쌀쌀한
사회의서 헤매이는 가련한 어린니의
운명은 과연 엇지나…
명우 레노아아루릭크 대표 작품
미국 대 호옥구쓰 특별 대작품
명 모험 배우 레노아 아루릭크 대표적 작품
대맹투대모험 **록기의 장미** 팔권

록기산중에 한 덜기 장미!

급한 그의 생명을 구하야준 남아

그는 처음으로 사랑의 애달품을

부르짓게되엿다 그러나 모—든 악은

그에게 운명을 재롱한다 두 사람 사이에

이러나는 대로맨쓰는 엇써한 맹투로……

＝예고＝

근일 공개 삼대 연속

대탐정대연속 **백림의 낭(伯林의 狼)** 전십오편 삽(卅)일권

연속활극 **전광석화** 전십오편 삼십일권

연속활극 **다니엘 풍** 전십오편 삼십일권

유사 송죽 특약 **단성사**

전(電) 광(光) 구오구

10월 12일자 조선극장 광고와 동일

시대 24.10.15 (1) 여우(女優) 싸닭으로 / 자살하랴다 들켜

시내 서대문정(西大門町) 이 정목 일백삼십일 번지 리용구(李用求)란 사람은 지난 십삼일 오후 네시경에 쥐잡는 약을 먹고 자살코자 하는 것을 집사람이 발견하고 즉시 광화문통 호천병원(光化門通 戶川病院)에 다려다가 응급치료를 한 바, 생명에는 관계가 업다는데 원인은 광무대 녀우 송련화(光武臺 女優 宋蓮花)에게 실연을 당하고 그리한 것이라 한다.

조선 24.10.15 (4), 24.10.17 (4) 〈광고〉

동아일보 10월 12일자 조선극장 광고와 동일

동아일보 10월 15일자 단성사 광고와 동일

동아 24.10.16 (3) 예단(藝團) 출연과 인기 집중 / 왕전하쎄서도 어람(御覽)

조선예술단 김문필(金文弼) 씨 일행이 만도 인사의 환영 속에 작일부터 인사동 조선극장에서 흥행 첫 막을 연다함은 긔보한 바어니와 작일은 시내 각 단톄, 실업긔관, 공리, 신문긔자 등 오백여 명을 웃층에 초대하야 관람케하엿는데 이번 조선예술단의 흥행은 조선 사람으로써 처음 잇는 일임으로 창덕궁 량 뎐하쎄서는 가상히 녁이시사 일간 그 일행을 궁중으로 불러 어람하신더더라.

동아 24.10.16 (3) 〈광고〉

당 십월 십오일부터 대마술(大魔術)

조선예술단 출연

프로크램 (제일부)

독창 고향생각 신일선(申一仙) 양

짠스 로서아 짠스 세가지 일동(一同)

소기술(小奇術) 잔재조 네가지식 박달래(朴蓬萊) 양, 김태기(金泰奇) 군

가극 배암이와 말굴이 일동

기술 돈 비 오게하는 외 여러 가지 삼군(參君) 조수

휴게 십분간

짠스 로서아 짠스 네가지 일동

골계 긔술 숭내 이창호(李昌浩) 군

가극 여호의 재판 일동

최면술 쓰거운 쇠 무러 쓴키, 팔둑에 못 박기 일동

배우에 돌 쌔치기 단장 김문필(金文弼)

오는 이십이일부터는 전부 다른 것이 나옴니다

제일부를 보시고는 제이부를 마자 보와주십시요!!

조선극장 전(電) 광(光) 이○오

10월 15일자 단성사 광고와 동일

동아 24.10.17 (2) [휴지통]

▲ 재작일 밤의 조선극장은 전에 못 보든 성황이엇서 ▲ 대학목약[120]이 광고판을 번들거리고 대갈대감이 대가리를 휘두르고 리실룩이가 무엇이 그리 조흔지 맨압헤서 실룩실룩 그리구 재리[121]도 한 목 ▲ 이쑬 저쏠 다 제 멋에 노는 것이니 참간할거야 업지만 대갈대감이 련해련방 부인석으로만 긴 니마가 번적거리는 판에 눈이 시여서…… ▲ 념불에는 쯧이 업고 재밥에만 맘이 잇다는 격인가 ▲ 좌우간 두구 볼거야 어느 미인이 쏘 아방궁 함정에 쌔지는지

---

120) 大學目藥–이 시기 매일신보와 동아일보 등 여러 신문에 등장하는 약 광고 중 가장 대표적인 상표이다. 무용가 최승희가 모델로 활약하여 더욱 유명해졌다.
121) '좀스럽고 얄궂은 손장난'을 의미하는 표준어 '손짭손'의 비어적 표현이다.

동아 24.10.17 (3) 애조사(愛潮社) 주최 활동사진 대회 / 이십사일 경성일보 웃층에서

시내 인사동 일백십구 번디에 잇는 애조사에서는 창간호를 발행케되엿슴으로 이것을 축하하기 위하야 일본 각처에서 큰 환영을 밧든 유명한 서양 사진의 십오권을 오는 이십사일 오후 일곱시부터 경성일보사 웃층에서 상장할 터이며 당일의 관람권은 보통은 칠십 전, 오십 전, 사십 전이오 학생은 오십 전, 사십 전, 삼십 전의 종류로 당일의 혼잡을 피하기 위하야 미리 동사 사무소에서 팔 터이라고.

동아 24.10.17 (3), 24.10.18 (3) 〈광고〉

10월 15일자 단성사 광고와 동일
10월 16일자 조선극장 광고와 동일

매일 24.10.17 (3) 애조사(愛潮社) 주최 활동사진대회 / 오난 이십사일 밤 본사 린청각에서

시내 인사동 일빅십구 번디에 잇는 이조ᄉ(愛潮社)에서는 창간호(創刊號)를 금월 하순경에 발힝케 되엿슴을 축하코ᄌ 일본 각쳐에서 큰 환영을 밧던 유명흔 서양ᄉ진의 십오권(十五卷)을 갓다가 오는 이십사일 오후 일곱시부터 믹일신보사 웃층 린청각(來靑閣)에서 상영홀 터이며 당일 관람권은 보통권(普通券)에는 칠십 전, 오십 전, ᄉ십 전이오 학싱권(學生券)에는 오십 전, ᄉ십 전, 삼십 전의 종류로 당일의 혼잡을 피키 위하야 미리 동ᄉ ᄉ무소에서 표를 팔 터이라더라.

매일 24.10.17 (3) 매란방 부처

대창남(大倉男)의 팔십팔세 미슈연(米壽宴)에 초대를 바든 지나 명비우 매란방 부쳐가 일힝 ᄉ십구 명을 다리고 십삼일 어션호에 입하하얏다.

매일 24.10.17 (4) 산업 활동 영사회

제주도에서는 산업을 일층 확장하기 위하야 제주농회와 동 축산동업조합 동 계란이출조합 동 부인양계조합의 주최와 동 도청의 후원으로 산업활동 대사진회를 공개하고 당지(當地) 산업 계발에 열망이 유(有)한 조합 각위(各位)의게 위안을 겸하야 선진지(先進地)의 모범 성황(盛況) 기계화, 실용화되는 현상을 영사하야 종람(縱覽)을 허하얏는데 장소 급(及) 시일은 여좌(如左)하얏더라. (제주)

一, 장소 제주공립보통학교

一, 기일 대정 십삼년 십월 십일일노 동 십이일까지

매일 24.10.17 (4) 〈광고〉 [연예안내]

청추(淸秋)의 일야(一夜)를 기술(奇術)과 가극 구경에

조선예술단

푸로그람

독창 고향싱각 신일선 양

단스 로셔아 단스 셰 가지 일동

소기술(小奇術) 잔지조 네 가지식 박달래(朴蓬萊) 양, 김태기(金泰奇) 군

가극 배암이와 말쏭굴이 일동

기술 돈 비 오게하는 외 여러 가지 삼군(參君) 조수

단스 로셔아 단스 네 가지 일동

골계 긔슐 숭늬 이창호(李昌浩) 군

가극 여호의 지판 일동

최면술 쓰거운 쇠 무러 쓴키, 팔둑에 못 박기,

비우에 돌 쎅치기 단장 김문필(金文弼)

조선극장

당 십월 십오일브터 송죽 날

돌연 명화 대공개

미국 대 메도로사 특작 대명화

명우 미루톤 시루쓰 씨 역연

문예극 애아(愛兒)를 셕끼고 칠권

미국 대 호옥구쓰 특별 대작품

명 모험 배우 레노아 아루릭크 대표적 작품

대맹투대활극대모험 **록키의 장미** 전팔권

예고

근일 공개 삼대 연속

불국 파-데 본사 대작품

대탐정대연속 **백림의 낭(伯林의 狼)** 전십오편 삼십일권

불국 파-데 본사 특작품

대연속대탐정 **전광석화** 십오편 삽(卅)일권

미국 유사 대작

연속활극 **다니엘 풍** 전십오편 삼십일권

단성사

매일 24.10.18 (3) 〈광고〉 [연예안내]

10월 17일자 단성사 광고와 동일

10월 17일자 조선극장 광고와 동일

매일 24.10.18 (4) 순회 강연 급(及) 활사(活寫)

도 사회계 선전대는 거(去) 십일일브터 칠일간 예정으로 금천(金川), 신계(新溪), 수안(遂安), 곡산(谷山) 등 각군에 유(兪) 참여관이 사진 기수 이 명을 대동 출장하야 강연 급(及) 활동사진 영화를 행한다더라. (해주)

조선 24.10.18 (1) 〈광고〉

조선예술단

프로그람 제일부

독창 고향 생각……

짠스 로서아 짠스 세가지……

소기술 잔재죠 네가지식……

가극 매암이와 말똥굴이……

기술 돈비 오게 하는 외 여러가지

휴게 십분간

짠스 로서아 짠스 네가지…

골계 긔술 숭내……

가극 여호의 재판……

최면술 쓰거운 쇠 무러 슨키……

　　　　팔둑에 못 박기

　　　　배우에 돌 깨치기

세계 육대회사 특약 봉절장 **조선극장**

전화 광) 이○오번

조선 24.10.18 (3) 〈광고〉

동아일보 10월 15일자 단성사 광고와 동일

동아 24.10.19 (3) 예술단 매일 대성황 / 오늘은 낮에 공개

본사에서 독자를 우대하는 방금 인사동(仁寺洞) 조선극장에서 흥행 중인 김문필(金文弼) 씨를 단댱으로 한 조선예술단(朝鮮藝術團)의 가극과 기술, 최면술 등은 만도 인사의 환영을 밧아 련일 만원의 성황임으로 특히 금일은 일요일임으로 오전 한시부터 일반에게 공개하리라하며 작일 밤부터는 흥행하는 연예를 모조리 밧구어 새 재조를 연행하리라는데 창덕궁 량 면하께서는 오는 이십일일 낮에 이 일행을 부르시사 어람하시리라더라.

동아 24.10.19 (3) 〈광고〉

연일 대만원 사례
본일부터 예제 체환(替換)
=프로크램 (제일부)=
독창 **고향생각** 서운학(徐雲鶴) 양
짠스 로서아 짠스 세 가지 일동
소기술 잔재조 네 가지식 박달래(朴蓬萊) 양, 김태기(金泰奇) 군
가극 살고양이와 토긔 일동
기술 부지거쳐 삼군(參君) 조수
－휴게 십분간－
짠스 로서아 짠스 네 가지 일동
골계 긔술 응용 이창호(李昌浩) 군
가극 배암이와 말쏭구리 일동
최면술 쓰거운 쇠 무러 씬키, 팔둑에 못 박기,
배우에 돌 쌔치기 김문필(金文弼) 군
일요일 주야 이회 개연
조선예술단
조선극장 전(電) 광(光) 이○오

당 십월 십구일부터 유사 날
이대 연속 대회
미국 유사 특작

대활극 **행운아** 전이권

연속활극 **유령재보(財寶)** 전십이편 입(卄)사권 중

(최종편) 제십일편, 제십이편 사권 상장

불국 파—데사 대표적 명작

모험왕 차르쓰햇치손 씨 대역연

대탐정대연속 **백림의 낭(伯林의 狼)** 십오편 삽(卅)일권

고대하시든 문제의

세계적 대연속 그여히 공개

＝예고＝

남(嵐)의 고아(孤兒)을 후편 돌연 출연!!

문제명화 **쾌걸 단돈** 전팔권

연속활극 **전광석화** 전십오편 삼십일권

연속활극 **철화(鐵火)의 부라이쓰**

연속활극 **다니엘 풍** 전십오편 삼십일권

유사 송죽 특약 **단성사**

전(電) 광(光) 구오구

매일 24.10.19 (1) 〈광고〉 [연예안내]

당 십월 십구일브터 유사 날

이대 연속 대회

미국 유사 특작품

대활극 **행운아** 전이권

미국 유사 공전의 대작품

제삼회 **유령재보(財寶)** 십이편 이십사권

최종편 제십일, 십이편 사권 상장

불국 파—데 본사 대작품

대탐정대연속 **백림의 낭(伯林의 狼)** 전십오편 삼십일권

예고

근일 공개 세계적 대명화

문제명화 **쾌걸 단돈** 전팔권

불국 파—데 본사 특작품

대연속대탐정 **전광석화** 십오편 삽(卅)일권

미국 아로사 특작품

연속활극 **철화(鐵火)의 부라이쓰** 전십오편 삼십일권

미국 유사 특작품

연속활극 **다니엘 풍** 전십오편 삼십일권

단성사

동아일보 10월 19일자 조선극장 광고와 동일

매일 24.10.19 (4) 위생 활사(活寫) 선전

경북 경찰부 위생과에서는 전염병 예방 급(及) 일반 위생사상을 보급키 위하야 십월 십오일에 내착(來着)하야 오후 칠시에 활동사진회를 개(開)하고 동(同) 십일시에 폐회하얏는데 관람자는 이천여 명에 달하야 회장은 입추의 여지가 업셧다더라. (안동)

조선 24.10.19 (4) 〈광고〉

10월 18일자 조선극장 광고와 동일

동아일보 10월 19일자 단성사 광고와 동일(단, **쾌걸 단돈**에 '現 東京 帝國劇場 封切 中!!'이라는 설명이 붙음)

동아 24.10.20 (5) 〈광고〉

10월 19일자 조선극장 광고와 동일

10월 19일자 단성사 광고와 동일(단, 예고가 누락)

매일 24.10.20 (4) 〈광고〉 [연예안내]

동아일보 10월 19일자 조선극장 광고와 동일

조선 24.10.20 (2) 애조사(愛潮社) 활동사진 / 이십사일부터 영사

시내 인사동(仁寺洞) 일백십구 번디에 잇는 애죠사(愛潮社)에서는 창간호를 금월 하순경에 발행케 되얏슴으로 이를 축하하기 위하야 애죠사 주최로 이미 일본 각디에서 대대덕 환영을 밧든 유명한 서양사진 십오권을 준비하여 가지고 오는 이십사일 오후 일곱시부터 경성일보사 웃층에서 상장할 터이라는데 입장료는 보통 칠십 전, 오십 전, 사십 전이오, 학생권은 오십 전, 사십 전이라더라.

조선 24.10.20 (3) 군산 순극(巡劇) 계획

경성 조선신파연쇄극단에서는 사진을 가지고 당지(當地)에 도착하야 군산청년회 조직의 공동 주택기성회를 위하야 삼일간 흥행하얏다 함은 기보(旣報)한 바어니와 신파극단의 김광섭(金光燮) 씨는 사진 급(及) 기타 부속품 전부를 군산청년회에 무상대부하얏슴으로 동청년회에서는 조선일보 지국 후원으로 이것을 가지고 남북도 지방을 순회할 예정이라는데 기타 상세는 추후 발표할 터이며 수시(隨時)하야 해(該) 지방단체에 통지한다더라. (군산)

동아 24.10.21 (3) 고공(高工), 경공(京工), 중시(中試) 성적품 전람회 / 내(來) 이십육일에

경성고등공업학교, 경성공업학교 급(及) 중앙시험소는 내(來) 이십육일 일요일 오전 구시부터 오후 오시까지 예년과 여(如)히 연합 전람회를 개최하야 *도(*徒) 실습의 상태와 기타 설비를 관람식힐 터인데 단, 귀중품쁜은 매약(賣約)하고 우(又) 조가과(造家科) 생도의 실습으로 맨든 일본 건가옥(建家屋) 골조 일속(一棟)은 매가(賣價)가 일정하나 일건에 십 원의 투표보증금을 밧고 투표케 하야 당일 오후 삼시에 추첨으로 매수자를 정할 터이며 당일 여흥에는 광학실험, 활동사진, 각력(角力), 격검 등이 잇슬 터이라고.

동아 24.10.21 (3) 〈광고〉

연일 대만원 사례

입(廿)일일 예제 체환

프로크램

독창 추억 신일선 양

짠스 로서아 짠스 세 가지 일동

소기술 잔재조 네 가지식 조화설(趙華雪) 양, 박달래(朴蓬萊) *

가극 살고양이와 토기 일동

기술 부지거처 여러 가지 참배조수(參拜助手)

=휴게 십분간=

짠스 로서아 짠스 네 가지 일동

골계 신사(紳士)의 가정 안세민(安世民) 군

가극 선과 당랑(蟬[122]과 蟷螂[123]) 일동

---

122) 매미.
123) 사마귀.

최면술 선의 열탕 탄하(鉛의 熱湯 呑下)[124] 이종(二種) 김문필(金文弼) 군

조선예술단

조선극장 전(電) 광(光) 이○오

동아 24.10.21 (4) 〈광고〉

10월 19일자 단성사 광고와 동일(단, 예고가 누락)

시대 24.10.21 (1) 애조사(愛潮社) 활사회(活寫會)

연예와 영화에 대한 지식을 보급시키는 잡지를 발행하는 애조사(愛潮社)에서는 그 긔관지 창간을 긔념코저 활동사진(活動寫眞) 대회를 연다는데 그 사진은 각처에서 환영을 바든 바 십오권이나 되는데 오는 이십사일 오후 일곱시부터 경성일보사 우층에서 상장한다는데 특히 입장료는 칠십 전, 오십 전, 사십 전의 세 가지 종류가 잇는 바, 단체와 학생에게는 할인이 잇슬 터이며 관람권은 동사에서 미리 판다고 한다.

조선 24.10.21 (4) 〈광고〉

동아일보 10월 19일자 단성사 광고와 동일(단, 쾌걸 단돈에 '現 東京 帝國劇場 封切 中!!'이라는 설명이 붙음)

동아일보 10월 21일자 조선극장 광고와 동일

동아 24.10.22 (3) 예술단은 금야(今夜)에 종료 / 창덕궁에서 어람

만도의 큰 환영을 밧고 인사동(仁寺洞) 조선극장에서 흥행 중이든 조선예술단 천극(天劇) 일행은 오는 이십사일까지 출연할 예정이든 바, 이십사일에 창덕궁(昌德宮)에서 어람의 광영을 입게되엿슴으로 부득이 금 이십이일까지 흥행하기로 되엿는데 보기 드문 김문필(金文弼) 씨의 재조는 경성에서는 오늘만 지나면 다시 보기 어려우리라하며 이것을 맛치고 각 디방으로 순회하리라더라.

동아 24.10.22 (3) 〈광고〉

당 십월 이십이일부터 송죽 날

연속대회

돌연! 칼-멘극 출현!!

---

124) 삼켜서 넘김.

미국 호루마-크사 대작

안보쭈 양 대역연

연화(戀話) 북국(北國)의 칼-멘 전오권

불국 파-데사 대작품

대탐정대연속 백림의 낭(伯林의 狼) 십오편 삽(卅)일권

제이회 제육편, 제칠편, 제팔편, 제구편, 제십편 십권 상장

=예고=

현 제국극장 봉절중

문제명화 『쾌걸 단돈』 전팔권

남의 고아(嵐의 孤兒)의 후편 돌연 출현!!

연속활극 전광석화 전십오편 삼십일권

연속활극 철화(鐵火)의 부라이쓰

연속활극 다니엘 풍 삼십일권

고대하시요 공개 시일을!!

유사 송죽 특약 단성사

전(電) 광(光) 구오구

10월 21일자 조선극장 광고와 동일

매일 24.10.22 (2) 사리원 축산 공진(共進) / 입(卅)일일 개회

축산공진회는 이십일일 오전 십시에 개회하고 회장의 식사(式辭)와 시야(矢野) 협찬회장의 축사가 잇슨 후 총독부 활동사진반에서 예정과 여(如)히 「푸로그람」에 의하야 영사하얏는대 관중은 무려 삼만여 명에 달하얏고 각종 여흥장에도 대혼잡을 이루엇더라. (사리원 특전(特電))

매일 24.10.22 (4) 위생 활사대(活寫隊) 내안(來安)

본부 위생과 활동사진반 일행은 봉화를 거쳐 십사일에 내안(來安)하야 오후 팔시브터 안동 여자공립보통학교 구내에서 영사와 강연이 유(有)하야 관람자가 수천여 명에 달하야 대성황을 치(致)하얏다더라. (안동)

조선 24.10.22 (3) 남시(南市)에 독자 위안 / 형제좌(兄弟座) 일행 극(劇)

용천군(龍川郡) 남시(南市) 고려청년회 주최와 본사 남시지국 후원으로 형제좌 일행의 신

극을 흥행하는데 당지(當地) 본보 애독자를 위안키 위하야 내(來) 이십삼일 야(夜)에는 무료로 공개한다더라. (남시 전(電))

조선 24.10.22 (3) 〈광고〉

당 이월 이십이일부터 송죽날
연속대회
돌연! 칼멘극 출현!
미국 호루마-크사 대작
안-보쑤 양 대역연
연화(戀話) **북국(北國)의 칼-멘** 전오권
불국 파-데사 대작품
모험왕 챠루쓰햇치손 씨 대역연
연속군사탐정활극 **백림의 낭**(伯林의 狼) 전십오편 삼십일권 중
제이회 제육편 제칠편 제팔편 제구편 제십편 중편 십권 상장
예고
근일 공개 문제 명화!
현 제국극장 봉절중!
문제명화 **쾌걸 단돈** 전팔권
남의 고아(嵐의 孤兒)의 후편 돌연 출현!
근일 공개될 삼대 연속
불국 파-데 본사 대작
연속활극 **전광석화** 전삼십일권
미국 아-로사 대작
연속활극 **철화**(鐵火)**의 부라이쓰** 전삼십권
미국 유사 대작
연속활극 **다니엘풍** 전삼십일권
고대하서요
송죽 유사 특약 **단성사**
전화 광화문 구오구번

동아일보 10월 21일자 조선극장 광고와 동일

동아 24.10.23 (3) 예술단 함흥으로 / 이십오일에 출발 / 원산에서도 흥행

방금 시내 인사동(仁寺洞) 조선극당에서 흥행하든 조선예술단 일행은 금일로서 맛치고 명이십사일에 창덕궁에 드러가 어람의 광영을 입은 후 이십오일 아츰에 함흥(咸興)을 향하야 순회 흥행의 길을 써날 터이라는데 함흥에서 나흘 동안 흥행하고 도라오는 길에 원산(元山)에 들러 이틀 동안 흥행하고 도라와서 다시 서도로 써나리라더라.

동아 24.10.23 (3) 〈광고〉

십월 이십삼일부터
미려 찬란한 천연색 활동사진 제공
불국 파—데사 대걸작품
동아(東亞)를 통하야 세계 경탄의 혈용육약(血湧肉躍)
대맹투대연속 **황색의 완(腕)** 전십오편 삼십일권
백인종과 황인종 사이에 일어나는 대맹투의 승리는?
제일편 이상한 집 제이편 황색인의 복수 오권 상장
미국 메도로사 세계 무비(無比) 대작품
세계 영화계에 아연 경종을 울닌
천연색 특선 명화
나(那)—[125] 명여우 안나 메—왕 양 주연
연애대비극 **연의 수련(戀의 睡蓮)** 전편
실연을 당한 처녀의 애수……
청춘의 가슴에 쓸는 피……
소래 업는 부르지즘……
이, 연애 명편을 꼭 보서요……
미국 메도로사 명작품
사회극 **하나님의 아달** 전칠권
주연 쟉크—메바 씨 대역연
조선극장 전(電) 광(光) 이〇오

10월 22일자 단성사 광고와 동일

---

125) 다른 광고를 참고할 때 '支那 —'의 단축 표현 혹은 오식으로 보임.

매일 24.10.23 (1) 〈광고〉 [연예안내]

동아일보 10월 21일자 조선극장 광고와 동일

조선일보 10월 22일자 단성사 광고와 동일

조선 24.10.23 (2), 24.10.24 (3), 24.10.25 (3), 24.10.26 (3), 24.10.27 (2), 24.10.28 (3) 〈광고〉

동아일보 10월 23일자 조선극장 광고와 동일

동아 24.10.24 (3) 강화에 활동사진

경기도청 주최로 士疾[126] 예방키 위하야 순회하는 활동사진을 거(去) 이십일 오후 팔시부터 강화공보교 운동장에 개최되엿는데 내축자(來祝者)의 성황으로 오후 십일시에 무사 폐회하엿다고. (강화)

동아 24.10.24 (3) 금일은 활사(活寫)대회

임의 보도한 바와 가치 시내 인사동에 잇는 애조사(愛潮社)에서는 애조 창간호 발행을 축하하기 위하야 고급 명화의 활동사진회를 오날 오후 일곱시 반부터 경성일보사 웃층 래청각(來靑閣)에서 연다는데 당일은 혼잡을 일울 모양으로 정각 전에 와서 표 사기를 바란다고.

동아 24.10.24 (3), 24.10.25 (3) 〈광고〉

10월 22일자 단성사 광고와 동일

10월 23일자 조선극장 광고와 동일

매일 24.10.24 (3) 애조사(愛潮社)의 활사(活寫)대회 / 오날 밤 칠시 반에 본사 리청각에셔

임의 보도함과 갓치 인수동에 잇는 애죠스(愛潮社)에셔는 창간호 발힝을 축하키 위하야 고급 명화의 활동사진대회를 금일 오후 일곱시 반브터 본스 리청각에셔 연다는대 당일은 분집할 모양임으로 정각 전에 와셔 표를 스기를 바란다고.

매일 24.10.24 (3) 〈광고〉 [연예안내]

십월 이십삼일브터

---

126) '邪疾'의 오식으로 보임.

미려 찬란한 천연색

활동사진 제공

불국 파—데사 대걸작품

동아(東亞)를 통하야 세계 경탄의

혈용육약(血湧肉躍) 대맹투대연속 **황색의 완(腕)** 십오편 삽(卅)일권

백인종과 황인종 ㅅ이에 일어나는 대맹투의 승리는?

제일, 이편 오권 상장

미국 메도로사 세계 무비(無比)의 대작품

세계 영화계에 아연 경종을 울니인

천연색 특선 명화

지나(支那)의 명여우 안나, 메—왕 양 주연

연애대비극 **연의 수련(戀의 睡蓮)** 전편

미국 메도로사 명작품

사회극 **하나님의 아달** 칠권

조선극장

조선일보 10월 22일자 단성사 광고와 동일

조선 24.10.24 (2) [운동경기] 연예야구대회 / 초일(初日)의 경과
근래 희귀한 제일회 연예야구대회는 십구일 동경 미구구장(尾久球場)에서 열리엇는데 초일의 경기 경과는 여하(如下)

가무기좌(歌舞伎座) 5−3 동양기네마

일활본회(日活本會) 11A−8 만활(萬活)구락부

만국(萬國)영화 10−6 길전(吉田)흥행부

(이하 기사 생략)

조선 24.10.24 (2) [운동경기] 『오페라』 기권 / 여배우근 활동
동경에 개최된 연예야구대회 제이일(이십일)의 경과는 여하(如下)

송죽박전(松竹蒲田) 승−『오페라』 기권

근안(根岸)흥행 승−횡빈우락(橫濱又樂) 기권

송죽기네마 6A−5 설명표영화(說明表映畵)

(이하 기사 생략)

조선 24.10.24 (3) 부산에 독자위안 / 동아극 흥행 / 매일(每日) 대성황

연쇄극으로 삼남(三南) 각 지방에 명성이 잇는 동아극단이 금번에 부산에 내(來)함을 기회로 하야 본보 부산지국에서는 본보 애독자 제씨를 위안하기 위하야 거(去) 이십이일부터 오일간 당지(當地) 국제관에셔 흥행중인데 매일 대성황을 정(呈)한다 하며 본보 난외(欄外)에 게재된 할인권을 가지고 오기를 바란다더라. (부산)

동아 24.10.26 (4) 〈광고〉

당 십월 이십육일부터 유사 날

이대 연속 특별 공개

고대하시든 세계적 연속 공개

미국 유사 최근 대작품

명우 작크 마-와 씨 명화 아이링세지워크 양 공연(共演)

대연속대활극 **다니엘 풍** 십오편 삽(卅)일권

제일회 제일, 제이, 제삼편 칠권 상장

불국 파-데 본사 대작품

모험왕 차르쓰햇지송 씨 대역연

대탐정대연속 **백림의 낭(伯林의 狼)** 십오편 삽(卅)일권

최종편 제십일, 제십이, 제십삼, 제십사, 제십오편 십권 상장

＝예고＝

남의 고아(嵐의 孤兒)의 후편 돌연 출연!!

문제 명화 **쾌걸 단돈** 전팔권

유사 송죽 특약 **단성사**

전(電) 광(光) 구오구

10월 23일자 조선극장 광고와 동일

조선 24.10.26 (6) 〈광고〉

당 십월 이십육일부터 유사날

이대 연속 특별공개

고대하시든 세계적 연속 공개

미국 유사 최근 대작품

명우 작크 마-와 씨 명화 아일링세지워크 양 공연(共演)

대연속대활극 **다니엘풍** 전십오편 삼십일권 중

제일회 제일편 제이편 제삼편 칠권 상장

불국 파테 본사 대작품

모험왕 챠루쓰해치손 씨 대활약

연속군사탐정활극 **백림의 낭**(伯林의 狼) 전십오편 삼십일권 중

최종편 제십일, 제십이, 제십삼, 제십사, 제십오편 십권 상장

예고

근일 공개될 세계적 명화

현 동경 제국극장 봉절중

남의 고아(嵐의 孤兒)의 후편 돌연 출현

문제영화 **쾌걸 단돈** 전팔권

근일 공개될 이대 연속

불국 파—데 본사 대작품

연속활극 **전광석화** 전십오편 삼십권

미국 아—로사 대작품

활극왕 작크호키씨 씨 역연

연속활극 **철화**(鐵火)**의 부라이쓰** 전십오편 삼십일권

고대하서요 공개시일을

송죽 유사 특약 **단성사**

전화 광화문 구오구번

동아 24.10.27 (5), 24.10.28 (4) 〈광고〉

10월 23일자 조선극장 광고와 동일

10월 26일자 단성사 광고와 동일

동아 24.10.27 (5) 산업 장려 강화(講話)

안성군청에서는 도량형기(度量衡器) 보급, 축산개량, 산미증식에 관한 강화 급(及) 활동사
진회를 개(開)한다는데 그 일시 급 장소는 좌(左)와 갓다고.

십월 이십팔일 오전 십일시 안성공보교에서 강화회

동일 오후 육시 안성공원에서 활동사진회

안성군 삼죽면(三竹面) 덕산리(德山里) 덕산학원에서 거(去) 이십이일 추계 대운동회를 성
대히 개최하엿다고. (안성)

시대 24.10.27 (1) 진남포 독자 위안

(진남포) 신파련쇄극(新派連鎖劇) 김소랑(金小浪) 일행이 지난 이십삼일부터 진남포 항좌 (港座)에서 개연하게 되엇는데 본사 진남포 지국에서는 본지 독자의 위안을 목적으로 하야 금 이십칠일부터 삼십일까지 사일간 독자 우대권을 사용하게 되엇는데 특히 이십칠일은 평 양 모란봉 일대(牧丹峰 一帶)와 대동강(大同江)을 배경으로 한 장한몽(長恨夢)을 상연하는 바 당지 독자 제위는 금일 본지 란외에 삽입된 우대권을 사용함이 조타한다.

동아 24.10.29 (3) 예기(藝妓)조합 연주 / 기근구제 목적으로

마산 예기조합 남선(南鮮)권번에서는 기근 동포를 구제하기 위하야 당지(當地) 각 신문사의 후원으로 거(去) 이십육일 야(夜)부터 삼일간 수좌(壽座)에서 가극회를 개최하엿는데 수입 금을 기근구제회를 경유하야 이재민에 전달한다고. (마산)

동아 24.10.29 (4) 〈광고〉

당 십월 이십구일부터 송죽 날
미국 아이렛심드사 대작품
명화 지라징훼-라 양 대역연
명화 **미의 여(謎의 女)** 전육권
오래 동안 고대하시든 「지라징훼-라」 양은
금회에 반가히 여러분 압헤 낫타나게 되엿습니다
그에 독특의 대영화 『미의 여』을 쏙 보서오!
그리고 그를 반가히 마저주서오
미국 뷔카사 대작품
쾌한 도모리손 씨 맹연
맹투활극 **철권무자(鐵拳武者)** 전오권
미국 부리훠드사 대작 명화
거성(巨星) 하우쓰비-다 씨 역연
모성극 **어머니여! 사랑홉다!** 전칠권
＝예고＝
십이월 초순 봉절
문제명화 **남의 고아(嵐의 孤兒)** 후편 출현!!
문제명화 **쾌걸 단돈** 전팔권
◎ 이대 연속극

연속활극 **전광석화** 전십오편 삼십권
유사 대작품
연속활극 **부라이쓰 철화(鐵火)** 전십오편 삼십권
유사 송죽 특약 **단성사**
전(電) 광(光) 구오구

10월 26일자 단성사 광고와 동일

매일 24.10.29 (4) 〈광고〉 [연예안내]

당 십월 이십구일브터 송죽 날
미국 아이리례쉬틕사 대작품
＊화 **미의 여(謎의 女)** 전육권
미국 베크사 대작품
맹투활극 **철권무자(鐵拳武者)** 전오권
미국 부리훼드사 대작 명화
모성극 **어머니여! 사랑홉다!** 전칠권
예고
십이월 초 봉절
문제 명화 남의 고아(嵐의 孤兒) ＊편 돌연 출연
문제명화 **쾌걸 단돈** 전팔권
대탐정대모험 **전광석화** 십오편 삽(卅)일권
미국 아로사 특작품
연속활극 **철화(鐵火)의 부라이쓰** 전십오편 삼십일권
단성사

10월 24일자 조선극장 광고와 동일

조선 24.10.29 (1) 〈광고〉

동아일보 10월 23일자 조선극장 광고와 동일
매일신보 10월 29일자 단성사 광고와 동일

동아 24.10.30 (2) [휴지통]

▲ 재작일 밤까지 맛친 조선극장의 연애극 『연의 수편』[127]이란 사진으로 남자석에서까지 코 푸는 소리가 들렷는데 ▲ 부인석의 태반을 차지할 기생쩨 속에서는 해! 해! 하는 우슴 소리가 들렷다고 밋도 모르는 엇던 친구가 한탄……

동아 24.10.30 (3) 〈광고〉

십월 이십구일부터 대공개

독일 에메루가 회사 작품

인정활극 **무희의 환영** 전칠권

불국 파데-지사

연속대활극 **황색의 완(腕)** 제이회 사권

제삼편 이상한 손의 잡히여 제사편 진퇴유곡의 함(陷)하야

=(특별 번외 대제공)=

동아문화협회 노심(勞心) 대작품

조천고주(早川孤舟) 씨 각색

조선 유일의 문예 대명편

만고열녀 **춘향전** 전구권

춘향전, 춘향전 듯기에도 반가운 춘향전

반다시 「조선극장」으로 오서아 보심니다

득(得)키 어려운 우리의 문예영화를 보시러

물 밀어드듯 오십시요 부대 일즉이

=예고=

동아문화협회 제공

조천고주 씨 각색 촬영감독

사회비활극(悲活劇) **비련의 곡(曲)** 전편(全編)

기생 ○○○의 생애를 영화화한

조선 천지를 경동(驚動)식히는 신사실(新事實)

현재 촬영중 기대하서요 상영 일자

조선극장 전(電) 광(光) 이○오

---

127) '연의 수련'의 오식으로 보임.

10월 29일자 단성사 광고와 동일

매일 24.10.30 (3) 동경 축지(築地)소극장의 조선 청년 홍해성(洪海星) 군 / 첫 무대부터 호평을 어더

황량하게 훗터진 됴션 사람의 마음을 극예슐로써 얼으만저 주겟다고 자부

지금의 됴션 형편에 잇셔셔 가쟝 긴급하고 가쟝 필요한 것은 민즁과 뎨일 갓가운 교화의 긔관을 이르키는 것이라고 늣기는 사람이 만히 싱기게 되고 싸라셔

그 교화의 긔관으로는 연극보다 나흔 것이 업다 하야 그동안 몃해 동안에도 여러 사람이 여러 가지 극단을 이르키여 가지고 잘하얏든 잘못하얏든간에 연극을 하야왓셧스나 그 즁에셔 한 사람도 진심전력으로 그 길을 밟어나아가는 사람은 업셧다. 이졔 소기하고즈 하는 홍해셩(洪海星) 군은 동경 축디 소극쟝(東京 築地 小劇場)에셔

불란셔 극 『이리(狼)』라는 것을 상연하얏슬 째브터 등장(登場)하야 오다가 몃칠 전신지 상연하든 「로셔아」의 「맑기시스트」 작가(作家)인 「꼬리키」 씨의 작품 『밤즁의 긱쥬집』이라는 연극 속에서 달달인(韃靼인)[128]으로 분장하고 츌연하야셔 대호평을 어든 금년 이십륙세의 유망한 청년이다. 대기 축디소극쟝은

일본 극단(日本 劇壇)의 개쳑자인 소산내훈(小山內薰) 씨와 토방여지(土方與志) 씨 등이 셩실한 마음과 연구뎍 태도로 전심전력하야 나아가는 곳임으로 신극대학교(新劇大學校)라 하야도 결코 과언이 안일 것이다. 이러한 곳에셔 극단의 즁진이 되야 양양한 젼도에 만흔 촉망을 밧고 잇는 것은 우리 됴션 사람의 한낫 자랑거리가 한다.

이졔 군의 이력(履歷)을 드를진된 군은 대졍 륙년에 경셩에셔 즁학교를 졸업하고 바로 동경으로 건너가셔 일본대학 문과(日本大學 文科)에 다니며 연극을 연구하야 오다가 금년 륙월에 우면공지죠(友田恭之助) 씨의 소기로 「로만로란」 씨의 작품 『이리』에 쳐음으로 츌연하얏다 한다. 홍군의 말을 듹건된 자긔는 오린동안 그곳에서 연극을 연구하고는

됴션에 도라와셔 『진정(眞正)한 의의(意義)의 시로운 극예슐(劇藝術)로써 흠집 만흔 됴션 사람의 마음을 쓰다듬겟다』 한다. 그는 전라남도 목포(全羅南道 木浦)에 나와잇는 조대문과 출신(早大文科 出身) 김우진(金祐鎭) 씨와 협력하야 신극운동(新劇運動)을 이리키랴 한다.

(사진은 달달인으로 분한 홍해셩 군)

---

128) 몽고의 한 부족.

매일 24.10.30 (3) 〈광고〉 [연예안내]

10월 24일자 조선극장 광고와 동일

10월 29일자 단성사 광고와 동일

조선 24.10.30 (2) 〈광고〉

매일신보 10월 29일자 단성사 광고와 동일

조선 24.10.30 (3) 지방 순회 활사대(活寫隊) 내안(來安)

평양 제일관의 지방순회 활동사진대 일행은 최창렴(崔昌濂) 씨 인솔 하에 안주(安州)극장에서 거(去) 이십칠일부터 이삼일간 『평화? 전쟁?』 영사를 개최한다는데 안주 면려(勉勵)청년회에서 후원한다더라. (안주)

조선 24.10.30 (3) [청년기타집회] 독자위로 영사회

안주 조선일보 지국에셔는 독자를 위로하기 위하야 거(去) 이십팔일 평양 제일관 지방순회 활사대에 교섭하야 관람 할인권을 분포(分布)하엿는데 당야(當夜) 대성황을 정(呈)하엿더라. (안주)

동아 24.10.31 (2) [불평(不平)] 투고 환영 / 불평은 실례에 한함 / 거짓말은 왜 하오?

조선극장에서는 『암굴왕』을 상연하겟다고 여러 날을 두고 예고를 하더니 지금은 사영[129]도 안 하고 예고도 희지부지 내지를 안으니 엇지된 세음이요. (어서 보고 싶은 생)

래년 일월에나

그 사진은 원래 폭쓰 회사에서 박인 것인데 지사에 계약으로 한 뒤에 내올녀고 하닛가 그 회사 본사에서 하는 말이 자긔 회사의 사진을 전부 특약을 하지 안으면 그 사진 하나만은 내보낼 수 업다 하며 『암굴왕』은 일본에 나온 것이 업다함으로 할 수 업시 래년 일월에나 무대에 올닌 예뎡이요. 저녁마다 극장에 오시는 손님쎄는 말슴을 드립니다. (조선극장 김조성 씨 담)

---

129) '상영'의 오식.

동아 24.10.31 (3), 24.11.01 (4) 〈광고〉
10월 29일자 단성사 광고와 동일
10월 30일자 조선극장 광고와 동일

매일 24.10.31 (1) 〈광고〉 [연예안내]
십월 이십구일브터 대공개
독일 에메루가 회사 작품
인정활극 **무희의 환영**(幻影) 칠권
불국 파-데사 대걸작품
동아(東亞)를 통하야 세계 경탄의 혈용육약(血湧肉躍)
대맹투대연속 **황색의 완**(腕) 십오편 삽(卅)일권
제이회 제삼, 사편 사권 상장
특별 번외 대제공
동아문화협회 노심(勞心) 대작품
조천고주(早川孤丹) 씨 각색
조선 유일의 문예 대명편
만고열녀 **춘향전** 전구권
대예고
동아문화협회 제공
조천고주 씨 각색, 촬영감독
사회비활극(悲活劇) **비련의 곡**(曲) 전편(全編)
기생 ○○○의 생애를 영화화하려는 조선 천지를 경동식히는 신사실(新事實)
현재 촬영중
조선극장

10월 29일자 단성사 광고와 동일

조선 24.10.31 (1) 〈광고〉
십월 이십구일부터 대공개
독일 에메루가 회사 작품
인정활극 **무희의 환영**(幻影) 전칠권
파데-지사

연속대활극 **황색의 완(腕)** 제이회 사권

제삼편 이상한 손에 잡히여 제사편 진퇴곡(進退谷)에 함(陷)하야

(특별 번외 대제공)

동아문화협회 노심(勞心) 대작품

조천고주(早川孤舟) 씨 각색

조선 유일의 문예 대명편

만고열녀 **춘향전** 구권

대예고

동아문화협회 제공

사회비활극(悲活劇) **비련의 곡(曲)** 전편

조선극장

전화 광화문 이○오번

매일신보 10월 29일자 단성사 광고와 동일

11월

조선 24.11.01 (7) 〈광고〉 축 조선일보 혁신
경성부내
단성사
광무대
주(主) 박승필

동아 24.11.02 (4) 〈광고〉
당 십일월 이일부터 공개 유사 날
푸로크람
유사 제공 실사 **파-데 지사 주보(週報)** 전일권
유사 특작품 희극 **백과 흑** 전이권
유사 대작품 활극 **법과 사(法과 私)** 전이권
유사 대명화
거성 몬로소루스베리 씨 역연
인정활극 **잠자는 사자** 전육권
유사 대표적 대작
연속활극 **다니엘풍** 전십오편 삼십일권 중
제이회 제사편, 제오편, 제육편 육권 상장
=예고=
십이월 초순 문제 대명화 공개
남의 고아(嵐의 孤兒) 후편 공개
문제명화 **쾌걸 단돈** 전팔권
근일 공개 이대 연속
연속활극 **전광석화** 전십오편 삼십권
연속활극 **철화(鐵火) 부라이쓰** 전십오편 삽(卅)일권

고대하서요

유사 송죽 특약 **단성사**

전(電) 광(光) 구오구

10월 30일자 조선극장 광고와 동일

매일 24.11.02 (5), 24.11.03 (2), 24.11.04 (1), 24.11.05 (4) 〈광고〉 [연예안내]

10월 31일자 조선극장 광고와 동일

동아일보 11월 2일자 단성사 광고와 동일

조선 24.11.02 (1) 〈광고〉

10월 31일자 조선극장 광고와 동일

동아일보 11월 2일자 단성사 광고와 동일

동아 24.11.03 (6) 〈광고〉

10월 30일자 조선극장 광고와 동일

11월 2일자 단성사 광고와 동일(단, 예고가 생략됨)

조선 24.11.03 (3) 〈광고〉

십일월 삼일부터 대공개

파데—지사

제삼회 **황색의 완(腕)** 전십오편 삽(卅)일권

제오편 대위험 제육편 악한의 소굴 사권 상장

윌리암푹스 회사 일대 걸작품

인정활극 **무언(無言)의 심판** 전오권

파라마운트 회사 대걸작

대전(大戰)활극 **무중의 안(霧中의 顔)** 전칠권

동아문화협회 제공

사회비활극(悲活劇) **비련의 곡(曲)** 전편

조선극장

전화 광화문 이○오번

동아일보 11월 2일자 단성사 광고와 동일

동아 24.11.04 (3) 〈광고〉
십일월 삼일부터
혈용육약(血湧肉躍)의 활극 공개
불국 파데-사 대역작 연속
점입가경하는
제삼회 **황색의 완(腕)** 전십오편 삼십일권
제오편 대위험 제육편 악한의 소굴 사권 상장
파라마운트 회사 대걸작
로서아 대혁명을 배경으로 하야 모험적 촬영
대전활극(大戰活劇) **무중의 안(霧中의 顏)** 전칠권
윌리암 폭스 회사 일대 걸작품
인정활극 **무언(無言)의 심판** 전오권
＝대예고＝
동아문화협회 제공
조천고주(早川孤舟) 씨 각색 급(及) 촬영감독
사회비활극(悲活劇) **비련의 곡(曲)** 전편(全篇)
기생 〇〇〇의 생애를 영화화하려는
조선 천지를 경동식히는 신사실(新事實)
현재 촬영중 기대하서오 映[130] 일자를
조선극장 전(電) 광(光) 이〇오

11월 2일자 단성사 광고와 동일(단, 예고가 생략됨)

조선 24.11.04 (1) 〈광고〉
동아일보 11월 2일자 단성사 광고와 동일
11월 3일자 조선극장 광고와 동일

---

130) '上映'의 오식으로 보임.

동아 24.11.05 (4) 〈광고〉

당 십일월 오일 공개 송죽 날

미국 휙쓰사 작품

활극 **여경관(女警官)** 전이권

미국 부레휘-아드사 특작

애화(哀話) **낙원의 독초(毒草)** 전칠권

미국 부레휘-아드사 대작

활극 **가면의 용사** 전칠권

=예고=

본월 중순 공개될 세계적 명화

육탄활극 **최대급행(最大急行)** 전권(全卷)

십이월 초순 봉절

남의 고아(嵐의 孤兒) 후편

명화 **쾌걸 단돈** 전팔권

근근(近近) 공개 이대 연속

연속활극 **전광석화** 전삼십권

연속활극 **철화(鐵火)의 부라이쓰**

유사 송죽 특약 **단성사**

전(電) 광(光) 구오구

11월 4일자 조선극장 광고와 동일

조선 24.11.05 (3) 예술학원 확장 / 위원회를 조직 / 각 과를 두고 교수

시내 죽첨명 일명목 사십번디에 잇는 예술학원(藝術學院)은 창립 이래 김동한(金東漢) 씨 개인으로 경영하여 오든 중 금번 모모 유지의 발긔로 일전에 동 학원 내에서 예술학원 위원회(委員會)를 죠직하고 동 학원의 모든 경영은 이로부터 위원회에서 하기로 되야 그 내용을 일층 확장하고 남녀학생을 모집하야 당분간 음악과(音樂科)와 쌘쓰과(舞踊科)를 두기로 하얏다더라.

조선 24.11.05 (3), 24.11.06 (1), 24.11.07 (1) 〈광고〉

11월 3일자 조선극장 광고와 동일

동아일보 11월 5일자 단성사 광고와 동일

동아 24.11.06 (3) 부내(府內) 활동영화 / 십월중 이십삼리(里) 여(餘)

십월중 부내의 활동영화는

신파	九十권 六九,	三六〇척
구극	六三 四九,	九二四
양극(洋劇)	二二二 一五七,	七八三
희극	一五 一一,	一八六
실사	一六 一〇,	二四一
합계	四〇六 二九八,	四九四

인데 차(此)를 리정(里町)으로 환산하면 이십삼리 일정(一町) 구간(九間)인데 공안풍속을 문란한다고 절단식힌 것과 금지한 것이 팔건이라고.

동아 24.11.06 (4), 24.11.07 (3) 〈광고〉

11월 4일자 조선극장 광고와 동일

11월 5일자 단성사 광고와 동일

매일 24.11.06 (2), 24.11.07 (3) 〈광고〉 [연예안내]

동아일보 11월 4일자 조선극장 광고와 동일

11월 5일자 단성사 광고와 동일

조선 24.11.06 (3) 시대극 출연

신파 시대극단(時代劇團) 일행은 작 오일부터 인천 가무기좌(仁川 歌舞伎座)에서 인천 시내에서 이러난 사실극(事實劇) 세 가지를 흥행하야 세상에 모든 죠치 못한 일을 함부로 하는 이들에게 권선징악의 표본을 삼게 한다고. (인천)

동아 24.11.07 (3) 이화교(梨花校) 자선회 / 팔일에 개최

명동 리화학당 동창회에서는 모교의 가사실(家事室) 증축에 힘을 보태기 위하야 오는 팔일 토요 상오 십시부터 그 학당 부라관과 밋 본관 내에서 자선시(慈善市)를 열고 학생의 수예품과 동창생의 미술제작품을 진렬하야 일반 유지의게 판매한다는데 당일을 유아 유희, 음악회, 활동사진 등 여러 가지 여흥으로 오시는 손님을 위로하겟스며 또 긔숙사 안에 겸심,[131] 전역, 다과를 판매하겟슴으로 유지 제씨가 다수히 와주기를 희망한다더라.

---

131) '점심'의 오식으로 보임.

매일 24.11.07 (3) 학생 연극 엄금 / 학생 연주에도 감찰이 필요 / 됴선셔도 조만간 엄금할 터

젼번에 강연 문부대신(岡田 文部大臣)은 젼국의 각 학교에 통첩을 발하야 학싱들이 분을 발느고 연극(演劇) 혹은 그와 비슷한 힝위를 하는 것을 엄금하라고 명하얏슴으로 각 학교 당무쟈들은 당국과 협력하야 학싱 연극을 엄중히 취톄하기로 하고 일반 경시텽에서는 학싱들은 연극에도 비우(俳優)의 감찰(鑑札)이 업스면 졀대로 등장을 허락하지 안이하는 방침을 취하야써 학싱들이 스스로 그런 힝위를 피하게 한다는대 이에 대하야 모 경무 당국쟈는 말하되,

이 문뎨는 됴선에 잇셔셔도 상당히 머리가 압흔 문뎨이다. 근릭에는 통긔하나 긔 방학 때이라든지 혹은 디방에 무슨 사건이 발싱한다든지 하면 긔부 혹은 연조라는 명목으로 학싱의 연극이 셩히 류힝되고 그 즁에는 것으로는 일시뎍 연조의 힝위임을 표방하고 속으로는 젼혀 영업을 목뎍으로하는 보통 흥힝물과 하등의 차별이 업는 학싱 연극 단톄도 잇는대 이러한 것은 단슌히 교육계에서 문뎨가 될 뿐 안이라 일반 사회뎍으로 보아도 됴흔 현상이라고는 할 슈가 업다. 불원간 됴선에서도 경시텽 방침을 본바다 털뎌한 취톄 방침을 셰워야 할 줄로 밋는다 운운.

동아 24.11.08 (3) 활동사진 공개

경셩면긔회사에서는 아례와 가치 활동사진회와 동경면긔회사의 북옥 기사 뎐긔 죠명에 관한 강연회를 열터인데 입장은 무료로 한다고.

칠일　오후 육시　낭화좌(浪花座) (본정 오(五))
팔일　동(同)　　개성좌(용산)
구일　동　　　천도교회관
십일　동　　　정동청년회

동아 24.11.08 (4) 〈광고〉

십일월 팔일(토요)부터
불국 엘모리후에—사 대작품
인정활극 **생사의 일(日)** 전육권
이태리 암부로지오사 특작 명화
연애비극 **마라우에스도** 전육권
불국 파데—사 대작품
연속활극 **황색의 완(腕)** 전십오편 삼십일권 제칠, 팔편 사권 상장

=대예고=

동아문화협회 제공

조천고주(早川孤舟) 씨 각색, 촬영 감독

사회비활극(悲活劇) **비련의 곡(曲)** 전편

고대하서요 상영 일자를

경성 인사동

조선극장 전(電) 광(光) 이○오

11월 5일자 단성사 광고와 동일

조선 24.11.08 (3) [집회] 전기강연 급(及) 영화회

경성 전기회사에서는 좌기(左記)와 여(如)히 활동사진회와 동경 전기회사의 복옥(福屋) 기사(技師)를 청하야 전기조명에 관한 강연회를 한다는데 입장은 무료.

칠일 오후 육시 낭화좌(浪花座) (본정 오(五))

팔일 동(同)   개성좌(용산)

구일 동   천도교회관

십일 동   정동청년회

팔일 오후 이시 경일(京日) 내청각(來靑閣) 초대자에 한함

(이하 기사 생략)

조선 24.11.08 (4) 〈광고〉

십일월 팔일(토요)부터 제공

불국 엘모리후에ー사 대작품

인정활극 **생사의 일(日)** 전육권

이태리 암부로지오 회사 특작 명화

명여우 마리아로아지오 양 대역연

연애비극 **마라우에스도** 전육권

불국 파데사 대작품

연속활극 **황색의 완(腕)** 전십오편 삼십일권

제칠, 팔편 사권 상장

대예고

동아문화협회 촬영 제공

조천고주(早川孤舟) 씨 각색 급(及) 감독
사회비활극(悲活劇) **비련의 곡(曲)** 전편(全篇)
고대하서요 상영 일자를
경성 인사동 **조선극장**
전화 광화문 이○오번

십일월 오일 공개 송죽 날
미국 훠스사 작품
활극 **여경관(女警官)** 전이권
미국 부레휘아-드사 특작
애화(哀話) **낙원의 독초** 전칠권
미국 부레휘아-드사 대작
활극 **가면의 용사** 전칠권
전(電) 광(光) 구오구
송죽 유사 특약 **단성사**

동아 24.11.09 (4) 〈광고〉
당 십일월 구일부터 유사 날
미국 유사 작품
실사 **스크링마-카칭** 전일권
미국 유사 특작품
활극 **기수의 정(騎手의 情)** 전이권
미국 파라마운트사 대작
모성애가정극 **백견의 여(白絹의 女)** 전팔권
유사 대표적 작품
연속활극 **다니엘 풍** 전십오편 삽(卅)일권 중
제삼회 제칠, 팔, 구편 육권 상장
＝예고＝
활극 **최대급행(最大急行)** 전권
명화 **쾌걸 단돈** 전팔권
연속활극 **전광석화** 전삼십권
연속활극 **철화(鐵火)의 부라이쓰** 삽(卅)권

유사 송죽 특약 **단성사**
전(電) 광(光) 구오구

11월 8일자 조선극장 광고와 동일

조선 24.11.09 (1) 〈광고〉
11월 8일자 조선극장 광고와 동일
동아일보 11월 9일자 단성사 광고와 동일

동아 24.11.10 (3) 24.11.11 (4) 〈광고〉
11월 8일자 조선극장 광고와 동일
11월 9일자 단성사 광고와 동일

매일 24.11.10 (3) 경전(京電) 회사의 선전활사 강연 / 오늘은 청년회관에
경성면긔주식회사(京城電氣株式會社)에서는 면긔에 대한 선면(宣傳)을 하기 위하야 지는 칠일 밤에는 본명 랑화좌(浪花座)에셔 구일 밤에는 면도교회관(天道敎會舘)에서 십일 밤에는 종료 긔독교청년회관(基督敎 靑年會舘)에셔 활동사진(活動寫眞) 여섯 가지 종류와 동경면긔회사(東京電氣會社)의 복옥(福屋) 씨를 청하야 가뎡 면긔 강연회(家庭 電氣 講演會)를 무료로 공기하고 면긔의 실익과 면긔에 대한 취미를 션뎐하야 일반에게 젹디 안은 흥미를 쥬어 대환영을 바닷는대 십일일브터는 다시 인쳔(仁川)을 비롯하야 진희관(鎭海關), 마산(馬山)에까지 슌회 흥힝할 터이라더라.

매일 24.11.10 (4) 〈광고〉 [연예안내]
당 십일월 구일브터 유사 날
푸로크람
미국 유사 작품
실사 **스크링마카칭** 전일권
미국 유사 특작품
활극 **기수의 졍(騎手의 情)** 전이권
미국 파라마운트사 대작
모성애가정극 **백견의 여(白絹의 女)** 전이권
미국 유사 대표적 작품

연속활극 **다니엘 풍** 전십오편 삼십일권

제삼회 제칠, 팔, 구편 육권 상장

예고

본월 중순 공개될 세계적 명화

육탄활극 **최대급행(最大急行)** 전권(全卷)

십이월 초순 봉절

문제 명화 남의 고아(嵐의 孤兒) 후편 돌연 출현

문제명화 **쾌걸 단돈** 전팔권

대모험미연속 **전광석화** 십오편 삽(卅)일권

미국 아로사 특작품

연속활극 **철화(鐵火)의 부라이쓰** 전십오편 삼십일권

단성사

조선일보 11월 8일자 조선극장 광고와 동일

조선 24.11.10 (2) 〈광고〉

금월(今月) 십일부터 개연

신파 연속극 취성좌 김소랑 일행

특색(特色) 예제(활동연쇄극)

一, **충의도(忠義道)** 전칠막 십이장

一, **이역(異域)** 전오막 십사장

一, **야성(夜聲)** 전육막 십삼장

一, **편시춘(片時春)** 전육막 십오장

一, **두견화(杜鵑花)** 전팔막 십삼장

一, 윤백남 작 **해조곡(海鳥曲)** 전팔막 십팔장

一, 윤백남 작 **사랑의 싹** 전사막 십칠장

一, 조일제(趙一齊) 선생 저작 윤백남 선생 각색

장한몽 전십팔막 삼십이장

광무대 극장

11월 8일자 조선극장 광고와 동일

동아일보 11월 9일자 단성사 광고와 동일

매일 24.11.11 (4) 위생 전람회와 활동사진회

금천에셔 긔최한다는 품평회와 공진회를 리용하야 경북 경찰부 위싱과(慶北 警察部 衛生課)에셔는 대대덕으로 위싱련람회와 및 활동ᄉ진회를 긔최하기로 결뎡되야 음촌 경부보(岩村 警部補)는 준비에 믹오 분망하얏다 한다.

조선 24.11.11 (2) 〈광고〉

11월 8일자 조선극장 광고와 동일
동아일보 11월 9일자 단성사 광고와 동일
11월 10일자 광무대 광고와 동일

조선 24.11.11 (3) [집회] 인천 전기 영화회

경전 인천지점에서는 금 십일일부터 이일간 인천 공회당에서 전기선전 활동사진을 무료 공개한다고. (이하 기사 생략)

동아 24.11.12 (3) 〈광고〉

당 십일월 십이일부터
고대하시든 조선 명화 봉절
미국 후아쓰도 냐소날사 대작품
고도애화(孤島哀話) **파무친 황금** 육권
미국 후아쓰도 냐소날사 대명화
명우 노−망커리 씨 대역연
활극 **낙뢰(落雷)할 째** 전칠권
조선기네마 회사 제일회 대작품
각색감독 왕필렬(王必烈) 씨 명화(名花) 이월화 양 명우 안종화 씨 공연
조선명화애화(名花哀話) **해의 비곡(海의 秘曲)** 오권
오래동안 만천하 영화 애호가 제씨에 갈망하시든 순 조선영화극!!
제주도를 배경한 청춘남녀에 이러나는 아름다운 애화(哀話)는 일어나랴 한다……
기회를 일치 마시고! 쏙……
유사 송죽 특약 **단성사**
전(電) 광(光) 구오구

11월 8일자 조선극장 광고와 동일

조선 24.11.12 (3) 〈광고〉

11월 10일자 광무대 광고와 동일

동아 24.11.13 (3) 〈광고〉

11월 8일자 조선극장 광고와 동일

11월 12일자 단성사 광고와 동일

매일 24.11.13 (1) 〈광고〉 [연예안내]

조선일보 11월 8일자 조선극장 광고와 동일

동아일보 11월 12일자 단성사 광고와 동일

매일 24.11.13 (3) [연예란] 바다의 비곡(秘曲) / 단셩사에셔

됴션에셔 처음 싱긴 부산(釜山)의 「됴션키네마」에셔 최초의 고심력작인 련비극(戀悲劇) 『바다의 비곡(秘曲)』은 그동안 부산에셔 봉절 상연 즁이던 바, 경성 애활가의 긔어코 보고자 하는 쓰거운 바람으로 싯싯늬 시늬 단셩ᄉ(團成社)에셔 작 십이일 밤브터 상연하기로 되얏다. 원릭 이 영화의 원작이 훌용한 것일 쑨 안이라 극계의 일홈이 놉흔 윤빅남(尹白南) 씨의 각식 감독이요 리월화(李月華) 양과 리치면(李彩田) 녀ᄉ 등이 쥬역으로 출연함만 보드라도 그것이 얼마나 갑잇는 것을 알 것이며 부산 상연 즁에 련야 만원과 열광의 갈치를 밧엇다 함을 들을지라도 쏘한 그것이 엇더한 작품인 것을 알 것이다. 더구나 운인 천리의 제쥬 절도(濟州 絶島)에 이러나는 아슬아슬한 이 ᄉ랑 비극이 혹은 천장 만인의 험산 절벽과 광가 로호의 망망한 해양을 비경 삼어 「필림」이 도라감을 짜라 변환뎐긔 될 째에는 사랑을 속살거리는 청춘남녀로 하여금 한번 우키고 한번 울게 할 것이다.

조선 24.11.13 (3) 〈광고〉

당 십일월 십이일부터

조선 명화 봉절

미국 후아쓰도나소날사 대작품

고도애화(孤島哀話) **파뭇친 황금** 전육권

미국 후아쓰도나소날사 대작 명화

명우 노-망케리 씨 대역연

활극 **낙뢰(落雷)할 째** 전칠권

조선키네마 회사 제일회 대작품

조선명화(名畵) 애화(哀話) **해의 비곡(海의 秘曲)** 전오권

영화 애호가 제씨의 갈망하시든 순 조선 영화극

전(電) 광(光) 구오구

송죽 유사 특약 **단성사**

11월 8일자 조선극장 광고와 동일

11월 10일자 광무대 광고와 동일

동아 24.11.14 (4) 〈광고〉

십일월 십삼일(목요)부터

이태리 간쏠가리아니사 최근작

세계적대모험대활극 **광산의 여왕** 육권

(원명 광산의 귀부인)

원작자 쏠로 씨 급(及) 간쏠가리아니 씨 감독자 가루로 간쏠가리아니 씨

미국 파라마운드사 특작품

주연 에루시 휘가손 양 대역연

인정풍자극 **가정이 정돈되여서** 전오권

원작자 아-사우잉구쎄네로경 각색 급 감독 히라후오도 씨

불국 파데-사 작품

연속활극 **황색의 완(黃色의 腕)** 전십오편 삼십일권

제오회 제구, 십편 사권 상장

＝대예고＝

동아문화협회 제공

조천고주(早川孤舟) 씨 각색, 촬영 감독

사회비활극(悲活劇) **비련의 곡(曲)** 전편(全編)

경성 인사동

조선극장 전(電) 광(光) 이○오

11월 12일자 단성사 광고와 동일

매일 24.11.14 (3) 〈광고〉 [연예안내]

동아일보 11월 12일자 단성사 광고와 동일

동아일보 11월 14일자 조선극장 광고와 동일(단, 출연진과 제작진이 누락)

동아 24.11.15 (3) 온돌개량 선전 / 활동사진으로

경기도 양주군에서는 온돌 개량(溫突 改良)에 대하야 장려를 게을* *****바 더욱 철저히 하기 위하야 아래에 쓴 일자와 장소에서 선전 활동사진을 개최한다는데 입장은 무료이며 일반이 만히 와서 보기를 바란다고. (양주(楊州))

십일월 십칠일(음(陰) 십월 이십이일)[132] 오후 육시부터 의정부소학교에서

동월 십팔일(음 십월 이십이일) 오후 육시부터 금오리(金梧里) 청년회장에서

동아 24.11.15 (4) 〈광고〉

11월 12일자 단성사 광고와 동일

11월 14일자 조선극장 광고와 동일

조선 24.11.15 (3) 〈광고〉

11월 10일자 광무대 광고와 동일

11월 13일자 단성사 광고와 동일

동아일보 11월 14일자 조선극장 광고와 동일(단, 출연진과 제작진이 누락)

동아 24.11.16 (4) 〈광고〉

당 십일월 십칠일부터 유사 날

이대 연속 대회

미국 유사 작품

실사 **유사 주보(週報)** 전일권

미국 아-로 대작품

연속활극 **복면기수(覆面騎手)** 전십오편 삼십권 중

제일회 (전편(前編)) 십권 상장

미국 유사 작품

연속활극 **다니엘풍** 전십오편 삽(卅)일권 중 제사회 육권 상장

=예고=

(본월 말일경 대명화 공개)

---

132) 이 날은 음력 이십일(21)일인데 이십이일로 잘못 표기되어 있음.

현재 제국호텔에서 오주간 연기(延期) 봉절

명화 그여히 본관에 낫타나게 되엿습니다

고대하서요 이 절세 대명화를

대전극(大戰劇) **전쟁** 전팔권

유사 송죽 특약 **단성사**

전(電) 광(光) 구오구

11월 14일자 조선극장 광고와 동일

매일 24.11.16 (1) 〈광고〉 [연예안내]

당 십일월 십칠일 유사 날

미국 유사 작품

실사 **유사 주보** 전일권

미국 아—로 대작품

연속활극 **복면기수** 전십오편 삽(卅)일권 중

제일회 전편(前編) 십권 상장

미국 유사 작품

연속활극 **다니에루풍** 전십오편 삼십일권 제사회 육권 상장

예고

대전극(大戰劇) **전쟁** 전팔권

단성사

동아일보 11월 14일자 조선극장 광고와 동일(단, 출연진과 제작진이 누락)

조선 24.11.16 (2) 중국 명우 매란방(梅蘭芳) / 경도(京都)에서 병중(病中) / 예뎡을 변경하야 / 래 십칠일에 귀국

중국의 유명한 배우 매란방(梅蘭芳)은 십삼일 오후 여섯시부터 경도시(京都市)[133] 공회당에서 독특한 묘기를 뵈엇다는데 출연 후에 엇던 중국 료리뎜에서 쉬이다가 여러 날 피곤함으로 인하야 위(胃)의 경련(痙攣)을 이르켜서 너머젓다 하며 금정(今井) 박사의 진찰을 밧고 십사일 이래로 일절 면회를 사절하고 정양 중이라는데 이로 말미아마 예명을 변경하야 십

---

133) 교토.

367

칠일 대판(大阪)[134]에서 출범하는 배로 귀국한다더라. (대판 연보)

동아 24.11.17 (5) 『해의 비곡(海의 秘曲)』은 명일(明日) 만경관(萬鏡館)에

한번 지상(紙上)에 발표되매 만시(滿市)의 인기는 집중되야 어느날 영사하느냐는 전화가 긋칠 사이없는 본사 대구지국 주최 조선에 귀(貴)엽은 영화극 『해의 비곡』 영사대회는 다른 유명한 실사, 희극, 비극, 활극의 사진과 함께 내 십팔일부터 만경관에서 자릿자릿한 막을 열기도 하얏는데 해설자는 사계에 명성이 잇는 이로써 할 터인바, 그들의 입에서 흘러나오는 유창한 해설은 사진과의 필림이 도라감을 싸라 만장의 희비를 줄 것이라고. (대구)

동아 24.11.17 (5) 〈광고〉

11월 16일자 단성사 광고와 동일

동아 24.11.17 (6) 〈광고〉

11월 14일자 조선극장 광고와 동일

매일 24.11.17 (3) 매란방 위독 / 십오일에 병이 덧쳐 / 심히 복개이는 모양

일지친선협회(日支親善協會)의 초빙을 바다 경도 공회당(京都 公會堂)에서 힝연하다가 지는 십삼일에 돌연히 위경련(胃痙攣)을 이르키여 졸도한 지나 명비우(支那 名俳優) 민란방(梅蘭芳) 씨는 그후 경도 「아야스」 호텔에서 일절의 면회를 사절하고 정양 중이얏는대 십오일 밤 여섯시브터 돌연히 병세가 덧치여 업치락뒤치락하며 몸을 복개는 모양임으로 그곳에서 간호하고 잇든 시회의원(市會議員) 대구보작이랑(大邱保作二郞) 씨는 크게 놀라 즉시 의스를 마져 응급 수단을 하는 등 대소동을 일으키엿는대 병세가 매우 우중한 모양이나 대구보 씨의 말을 듯건대, 예덩한 바 십칠일에 출범하는 빅을 타기까지는 진정될 쯧하다더라.

매일 24.11.17 (4) 한해지(旱害地) 위문 활사(活寫)

경상북도에서는 관내 한해 지방의 민심을 위안키 위하야 좌기(左記) 일할(日割)로 한해 지방 위문 순회 활동사진을 영사한다더라. (대구)
▲ 십일월 십칠일 의성군 비안면(比安面) ▲ 십팔일 동(同) 안계면(安溪面)
▲ 십구일 동 안평면(安平面) ▲ 이십일일 안동군 풍사면(豊四面)
▲ 이십이일 동 풍남면(豊南面) ▲ 이십삼일 동 안동면

---

134) 오사카.

▲ 이십오일 달성군 하빈면(河濱面) ▲ 이십육일 성주군 선남면(船南面)
▲ 이십칠일 동 성주면 ▲ 이십구일 달성군 현풍면(玄風面)
▲ 삼십일 경산군 경산면 ▲ 십이월 일일 동 자인면(慈仁面)

조선 24.11.17 (2) 매란방 위중
경도(京都)에서 급한 병이 낫다 하는 중국의 유명한 배우 매란방(梅蘭芳)은 경도『호텔』에서 정양 중인데 병세가 매우 위태하다더라. (경도 면보)

조선 24.11.17 (3), 24.11.18 (1) 〈광고〉
동아일보 11월 14일자 조선극장 광고와 동일(단, 출연진과 제작진이 누락)
동아일보 11월 16일자 단성사 광고와 동일

동아 24.11.18 (3) 예술단의 상찬(賞讚)
예술계의 대왕인 조선예술단 일행은 거(去) 십삼, 십사, 십오 연 삼일간 당지(當地) 욱좌(旭座)에서 개연한 바 대상찬을 박(博)하엿다고. (사리원)

동아 24.11.18 (3) 〈광고〉
11월 14일자 조선극장 광고와 동일
11월 16일자 단성사 광고와 동일

동아 24.11.19 (3) 〈광고〉
당 십일월 십구일부터
푸로크람
미국 콜드웽사 대작
대활극 **어리석은 남자** 오권
미국 후아쓰도 냐소날사 특작품
정희연활(正喜戀活) **귀공자** 전오권
세계적 연인 도무무아 씨 대역연
미국 유나이듸사 최근 대걸작품
명우 총출연
문예극 **여성을 위하야** 전팔권
꼭 보서요 이 절세 명화?

=예고=

금월 말일 봉절된 문제 명화 공개

현 제국 호텔 오주간 …… 만원 봉절중

문제명화 **전쟁** 전팔권

금 삼십일 공개될 세계적 대연속극

대연속대활극 **철로맹자**(鐵路猛子) 십오편 삼십권

유사 송죽 특약 **단성사**

전(電) 광(光) 구오구

11월 14일자 조선극장 광고와 동일

조선 24.11.19 (4) 〈광고〉

십일월 십구일(수요)부터 제공

미국 필님 회사 제공

희극 **사자**(獅子)**의 소동** 전이권

희극 **견과 소아**(犬과 小兒) 전이권

미국 바가듸쓰 영화회사 특작품

주연 두이스구로무망 양 대역연

사회극 **사랑보다 위대**(偉大) 전칠권

이태리 고루도안드넷스 회사 대작품

주연 세바스데이앙네비 씨 대역연

대활극 **신암굴왕** 전오권

예고

동아문화협회 고심 대작

조천고주(早川孤舟) 씨 각색 급(及) 감독

사회비활극(悲活劇) **비련의 곡**(曲) 전편(全篇)

경성 인사동 전화 광화문 이〇오번

조선극장

동아일보 11월 19일자 단성사 광고와 동일

동아 24.11.20 (3) 〈광고〉

십일월 십구일(수요)부터

미국 영화 필님 회사 제공

희극 사자(獅子)의 소동 전이권

희극 견과 소아(犬과 小兒) 전이권

미국 바가듸쓰 영화회사 특작품

주연 루이스 구로무망 양 대역연

사회극 사랑보다 위대 칠권

이태리 고루도안드뎃스사 대작

주연 세바스데이앙네비 씨 역연

대활극 신암굴왕 전오권

본 극장에서 오래동안 예고하얏삽든 암굴왕 전편(全篇)이

상장되기 전에 위선 이 신암굴왕을 꼭 보서요

=대예고=

동아문화협회 제공

조천고주(早川孤舟) 씨 각색 급(及) 촬영감독

사회비활극(悲活劇) 비련의 곡(曲) 전편

불일간 상장됨니다 기대하서요

경성 인사동 **조선극장**

전(電) 광(光) 이〇오

11월 19일자 단성사 광고와 동일

매일 24.11.20 (1) 24.11.21 (4) 24.11.23 (6) 〈광고〉 [연예안내]

동아일보 11월 19일자 단성사 광고와 동일

동아일보 11월 20일자 조선극장 광고와 동일

매일 24.11.20 (4) 평원(平原)의 위생 활사(活寫)

평남도(平南道) 경찰부 위생과에서는 내(來) 이십일일 평원 경찰서에서 동 이십사일은 동서(同署) 관하(管下) 서천(肅川) 주재소에서 주(畫)에는 위생전람, 야간에는 위생 활동사진회를 개(開)한다더라. (평양)

조선 24.11.20 (1), 24.11.22 (3) 〈광고〉

동아일보 11월 19일자 단성사 광고와 동일

동아 24.11.21 (3) 온돌개량 설명 / 소비절약 륙만 원

양주군(楊州郡) 온돌개량 활동사진은 기보(既報)와 여(如)히 지난 십칠, 십팔 양일 야(夜) 당지(當地)에서 개최되엿는데 다수 관중은 입추의 여지업시 대성황을 이루엇고 매전(梅田) 서무과장은 말하되 확신할 조사에 의하건데 본군 내 재래식 온돌의 연료 소비고(消費高) 오백만관(貫)에 대하야 약 사할이 절약되엿스며 이것을 일관 대가 삼 전식 환산하면 사만 원을 이득하엿고 벌채에 대한 삼림수목은 산 일정보에 오만관 가량으로 약 사십정보인 바, 벌채 후 반드시 요구될 조림비용은 일정보에 오십 원 할(割)로 이만 원이 되는 바, 이를 차인(差引) 계산하면 개량에 대한 순이익이 육만 원에 달하는 것이라고. (양주)

동아 24.11.21 (4), 24.11.22 (4) 〈광고〉

11월 19일자 단성사 광고와 동일
11월 20일자 조선극장 광고와 동일(단, 예고가 누락)

매일 24.11.21 (4) 근검저축 선전 / 강동(江東)에셔 활사(活寫)

평남도(平南道) 사회과에셔는 내 이십오일브터 오일간 강동군 열파(閱波) 강동읍내 창호면(昌湖面) 산동면(山東面) 만도면(晩道面)의 오개 면에셔 근검저축 급(及) 위생사상의 선전영화 급(及) 수양단(修養團)의 행사 실사(實寫)를 촬영한다더라. (평양)

매일 24.11.21 (4) 위생 전람회 황(況)

거(去) 십일부터 십육일신지 일주간 김천군 외 삼군 연합 중요 물산 품평회 기간 중 김천고등, 심상(尋常)소학교당에셔 개최한 경북 경찰부 위생전람회의 관람인원은 초일부터 종일까지 총합 삼만 오천삼백사십사 명에 달하얏고 차(且) 십사일부터 이일간 동소(同所)에셔 개최ᄒᆞᆫ 위생 활동사진회의 관람인원은 일천육백 명에 달하야 공전의 성황을 정(呈)하얏더라. (대구)

조선 24.11.21 (4) 〈광고〉

11월 19일자 조선극장 광고와 동일
동아일보 11월 19일자 단성사 광고와 동일

조선 24.11.22 (2) 매란방 귀국

병세가 중하다고 전하든 매란방(梅蘭芳)은 점차 회복되야 이십이일 아츰에 신호(神戸)를 써나 중국으로 도라가게 되얏다더라. (경도 면보)

조선 24.11.22 (3) 부인강좌 속개 / 금야 그 회관에서

납양활동사진(納凉活動寫眞)과 부인견학단(婦人見學團)을 조직하여 가지고 각 방면으로 드러안진 부인네들의 지식을 열어주든 조선녀자청년회(朝鮮女子靑年會)에서는 그동안 중지하엿든 부인강좌(婦人講座)를 금 이십이일(土) 오후 칠시부터 인사동(仁寺洞) 본 회관에서 다시 계속하야 개시할 터이라는데 연사와 연제는 다음과 갓다더라.

연사 노정일(盧正一)

연제(演題) 사교(社交) 도덕에 대하야

동아 24.11.23 (3) 조선예술 공연 / 진남포 항좌(港座)에서

다년간 구주(歐洲) 예술계에 일대 이채(異彩)를 정(呈)하고 잇든 최면술 급(及) 기술(奇術) 대가 김문필(金文弼) 씨를 단장으로 한 경성 조선예술단 일행 남녀 삼십여 인은 지난 이십이일에 내남(來南)하야 즉일(卽日)부터 항좌에서 소녀가극 급(及) 마기술(魔奇術)을 공연하엿는 바, 동단(同團)은 순(純) 조선인 소년소녀로 조직된 우에다 이인(二人)의 노서아 기술가도 동반되엿슴으로 인기가 매우 비등(沸騰)되엿는데 공연 기일은 삼일간이라고. (진남포)

동아 24.11.23 (3) 〈광고〉

십일월 이십삼일부터

동아문화협회 특작 대영화

사회비활극(悲活劇) **비련의 곡(曲)** 전칠권

전속 여우(女優) 문용자(文龍子) 양 주연

각색가의 교묘한 필채는 어나 째인가

조선의 천지를 흔들든 기생 ○○○의

비절한 반(半)생애를 기탄업시 해부를 하야

패륜 잔상(殘常)된 시대상을 사진가치 박엇스며

모든 부조리한 제도를 것침업시 매도하야

입으로 옴길 수 업고 붓으로 기록할 수 업는

대홍루(大紅淚) 비곡(悲曲)의 이 애화(哀話)를 영화화하엿습니다

보라!! 사랑에 울고 개성(個性)에 눈 쓰려는 청춘의 무엇이여

혈루지(血淚池)의 애탄(哀嘆) 금루혈(金淚血)의 죽엄

소위 강권(强權)주의다, 황금주의다 하여도

사랑 압헤는 절대 무력할 것이다

연(戀)의 극치가 죽엄이냐 사랑이냐

경성 인사동 **조선극장**

전(電) (광(光)) 이○오

당 십일월 이십삼일부터 유사 날

유사 작품

실사 **국제시보** 전일권

미국 유사 특작품

활극 **인? 귀?(人? 鬼?)** 전이권

미국 유나이듸트사 특별 제공

문예극 **여성을 위하야** 전팔권

문제에 잇든 여성을 위하야 명편(名篇)

금일에 기여히 공개되엿습니다

미국 유사 대작품

연속활극 **다니엘풍** 전십오편 삽(卅)일권 최종편 육권 상장

유사 송죽 특약 **단성사**

전(電) 광(光) 구오구

동아 24.11.24 (3) 미국의 음악 연설을 일본서 좌청(座聽) / 태평양을 사이에 거리는 사천오백 마일

것잡을 형세를 모르고 나날이 발달되어가는 과학(科學)의 힘은 갈사록 위대한 힘을 발휘한다. 넷적 사람들으로는 꿈에도 생각을 하여보지 못하는 수천수만리를 격한 타국과 서로 음악과 이야기를 자긔 나라에 마조 안저서 듯고 알며 웃고 울게되엿다. 지난 이십이일 오후 여섯시부터 일본에 잇는 평긔(平磯) 무선전신국에서는 모든 준비를 정돈하야가지고 사천삼백마일이나 격하야 잇는 태평양(太平洋) 건너「칼늬포니아」『케, 지, 오』무선면화국으로 방송하는 영어(英語) 연설과 음악 연주회(演奏會)의 음악을 듯게되엿다. 마침 여섯시 이십분에 이르자 실험실 안에는 영어 연설의 말소리가 들니움으로 둘너안젓든 일동은 모다 너무도 신긔하다는 듯이 서로 얼골을 치어다보고 귀를 긔우리고 연설을 듯는 중에 쏘 다시 연주회가 시작되여 먼저 사회(司會)로부터 연주 목록의 설명이 잇슨 후에「피아노」의

독주, 음악대의 합창 등 여러 가지가 잇섯고 천부(川副) 긔사가 조절(調節)을 맛치어 오천 메틀의 「루스」를 돌닌 즉, 더욱 소래는 명확히 들니엇스며 최후로는 여러번이나 거듭하야 큰 목소리로 「오크란드 칼늬포니아」 「케, 지, 오」를 부르고 끗을 막엇스며 이로써 무선방송의 수화 실험은 대성공을 하엿다는데 이와 갓흔 실험은 뒤로 평긔(平磯), 대긔(大岐), 부강(富岡), 반성(盤城) 사국에 대하야서도 실시되리라 한다.

동아 24.11.24 (6), 24.11.25 (3), 24.11.26 (4), 24.11.27 (2) 〈광고〉
11월 23일자 단성사 광고와 동일
11월 23일자 조선극장 광고와 동일

조선 24.11.24 (석2) 〈광고〉
당 십일월 이십삼일부터 유사 날
특별 대공개
유사 작품 실사 **국제시보** 전일권
유사 특작품 활극 **인? 귀?(人? 鬼?)** 전이권
미국 유나이딋트사 특별 제공
문예극 **여성을 위하야** 전팔권
유사 특작품
연속활극 **다니엘풍** 전십오편 삼십일권 중 최종편 육권 상장
예고
당 이십오일부터 공개될 세계 경이의 대명화
대전애화(大戰哀話) **전쟁** 전팔권
전(電) 광(光) 구오구
송죽 유사 특약 **단성사**

십일월 이십삼일부터
동아문화협회 특작 대영화
각색 촬영 감독 조천고주(早川孤舟) 씨
사회활비극(悲活劇) **비련의 곡(曲)** 전칠권
전속 여우(女優) 문용자(文龍子) 양 주연
각색가의 교묘한 필채는 어나 째인가 조선의 천지를 흔들든 기생 ○○
○의 비절참절한 전 생애를 기탄업시 해부를 하야 패윤 잔상된 시대상

을 사진 갓치 박엇스며 모든 부조리한 제도를 것침엄시 매도하야 입으
로 옴길 수 업고 붓으로 기록할 수 업는 대홍루(大紅淚) 비곡의 이
애화(哀話)를 영화화하엿슴니다
보라! 사랑에 울고 개성에 눈 쓰저는 청춘의 벗이여 혈루지(血淚池)의 애탄
금혈루(金淚血)의 죽엄 소위 강권(强權)주의다 황금주의다 하여도 사랑 압헤는
절대 무력할 것이다. 연(戀)의 극치가 죽엄이냐 사랑이냐
자살이냐 참살이냐 보기에도 지긋ㅅ한 이 사실극을 다 갓치 보시고
울어봅시다 안이 울내도 스스로 눈물이 흘러지는 대비극
경성 인사동 전화 광화문 이○오번
조선극장

조선 24.11.24 (석2) 상항(桑港)에서 일본 각 국(局)에 / 무전으로 음악 방송 / 공중에 들니는 음악연주가 / 한방 안에 듯는 것 갓탓다고

이십이일 오후 여섯시부터 여덜시까지 두시간 동안 『쌴푸란시스크』『케, 지, 오』 무선뎐신국으로부터 일본의 평긔(平磯) 대긔(大崎) 부강(富岡) 반성(磐城) 사국(四局)을 향하야 무선뎐신의 특별방송(放送)을 행하엿는데 평긔 톄신성(遞信省) 뎐긔시험출장소에서는 환모(丸毛) 소장 이하가 동소에서 만든 『스파페레로싸인』수신긔(受信機)로써 이백십간 가량의 거리에서 용이히 바덧다 하며 처음에 영국(英國)에서 『푸로구람』에 대한 간단한 설명이 잇섯고 계속하야 일본 해군의 일지출(日之出) 진행곡과 가튼 곡됴가 방송되엇다는데 공뎐(空電)과 선교(船橋)의 방해를 짜라 방송을 계속하는 대로 『바이올닌 쏠노』와 『피아노』의 병주보다도 훨신 명료하게 들니고 『넥스트 푸로구람』(다음 곡목)이라는 소리는 한방에 마조 안저 말하는 것가티 더욱히 쏙쏙히 들니며 『케, 지, 오』 무선 뎐신국이라고 길게 쏩는 소리가 들렷다. 일곱시 사십분경부터 『테나』의 독창이 시작되야 최후로 여덜시에 『삿쌔이』라는 말을 남기고 사천삼백 마일의 무선뎐은 대성공을 하엿다. 이십삼일에도 오전 구시부터 십시 반까지 그 무선뎐신국으로부터 뎐긔방송을 하고 연구를 계속한다더라. (동경 뎐보)

조선 24.11.24 (석3) 녀자청년회에 애쓰는 두 처녀 / 일년을 하루가티 / 부인들을 위하야

이십 내외 어린 처녀들의 여약한[135] 몸으로 것츠른 바람과 사나운 비를 무릅쓰고 조선녀자청년회를 위하야 자다가도 벌덕 안젓다가도 벌덕 마치 소방대(消防隊)가 화종(火鍾) 소

---

135) '연약한'의 오식으로 보임.

리를 드른 듯이 본 회의 일이라면 물불을 헤아리지 안코 일년 동안이나 애를 써 온 두 처녀가 잇다. 그들은 문순록(文順錄)(一九), 리순악(李順岳(二四)이라는 두 처녀인데 아즉도 회관이 업고 사업이 굿세히 서지 못한 조선녀자청년회의 장래를 위하[136] 과연 그들은 수업는 눈물을 흘리엿슬 것이다.

부인강좌(婦人講座)를 조직하고 여러 부인에게 보통 상식을 너혀주겟다고 시내 시외에 도라다니며 개인 개인의 손목을 붓들고 친절하게 오라고 말하는 그들에게 오히려 세상은 『천주학쟁인가 보다』하고 비웃는 이가 만헛슬 것이요. 쏘는 소위 량반집 마나님네들에게 곱지 못한 인사와 갸륵한 쏠도 응당 만히 보앗슬 것이다. 아즉 사회에 쓰고 단 맛을 경험치 못하고 그늘 속에 자라난 풀과 가티 자라난 그들이

이 사회의 무정함을 얼마나 늣기엿스며 절망의 탄식을 몃 번이나 부르지젓슬 것이다. 그는 부인강좌에 참석하는 부인들로 하야금 한 가지 지식이라도 더 알게 하고 연사의 강연이 긋난 후에는 의례히 자긔들이 미리 박어두엇든─가뎡 위생(家庭 衛生)에 대한 간략한 강의(講義)와 살림사리에 필요하고 부인들이 반드시 알어두어야 할 것 몃 가지식을 박어서 한장식 돌리는 것이다. 그리고 그들은 오, 류월 염련에 비지쌈을 흘리며 열세 곳 보통학교에 부인들을 모하놋코 환등과 활동사진으로 실제의 이목(耳目)을 널펴 주엇다 한다.

◇ **사진설명** 조선녀자청년회 주최로 부인강좌와 그 회의 공로자 리순악(상) 문순록(하) 두 양=긔사 참조

조선 24.11.25 (석2), 24.11.26 (석4) 〈광고〉

11월 24일자 (석2) 단성사 광고와 동일
11월 24일자 (석2) 조선극장 광고와 동일

매일 24.11.26 (3) [조선키네마 활동 배우] / 촬영 중에 알력 / 구소(舊巢)로 도라온 월화 양 / 촬영감독의 무리해로 / 극단 속에 암투가 생겨

됴션에 쳐음으로 싱기여 뎨일회 시작품(試作品)『바다의 비곡(海의 秘曲)』을 세상에 공개하야 반도의 키네 판[137]에게 됴흔 평판을 어든 부산 됴션 키네마 쥬식회수의

남녀 빅우 이십여 명은 촬영감독(撮影監督) 윤빅남(尹白南) 군에게 인솔되야 슈일 전에 경성에 올나와셔 동 회수의 뎨이회 작품인 됴션 고대소설 운영뎐(雲英傳)을 촬영키 위하야 북한산을 중심으로 하고 시외 각쳐에서 믹일갓치 활동 중인대, 이 촬영이 반도 맛치지 못

---

136) '위해'의 오식으로 보임.
137) 영화 팬.

하야 윤 군과 배우들 스이에 반목이 싱기고 알륵이 이러나 맛참내

이 단톄의 「스타」로 뎨일회 『해의 비곡』에 졔쥬도의 셤 쳐녀로 분장하야 경향 각쳐의 「키네마 판」에게 만흔 갈치를 밧든 리월화 양(李月華孃)은 촬영 중도에 츌연을 즁지하고 영화 극단의 쟝리에 암영(暗影)을 던지게 되얏다. 근본 알륵의 원인은 소위 촬영감독인 윤 군이 너모도 영화 촬영에 대한 리히가 업셔셔 일반 비우에게 신망을 엇지 못하는 까닭이라 하나 이번에 문뎨의 즁요한 조건에

△ 보금자리로 도라온 리월화 양

올은 것은 윤 군이 감독으로 회스에 드러온 후로 이젼 신극좌 김도산 일힝에 쓰을니여 디방으로 다니며 슌업하든 김우련(金雨蓮)(一八)이란 녀자를 쓰러드리고 그 녀자와 심상치 아니한 관계를 미져, 촬영에는 뜻이 업고 밤낫으로부터 안말로[138] 활동사진 갓져 참흔[139] 쟝면을 보여 쥬는 것이, 쌋닥하면 싀긔에 불 붓기 쉬운 졂은 남녀의 숨어 엿보는 눈살에 왼간이 것친 자극을 쥬엇을 쌘 안이라 아모리 싁계(色界)에는 리지(利智)가 업다할지라도 만인이

허락하는 단톄의 즁심 인물을 무시하고셔 싱판 싱쇼한 녀자에게 쥬인공 역을 맛기여 작품 전톄를 그릇치게 한다는 것인대, 이번 촬영의 셩젹 여하에 대하야 동 회스의 싱명이 달니니만치 일반 비우의 근심과 배쳑이 심한 모양이다. 엇더한 자는 미일 촬영장에 나아가는 비우가 것기도 하고 혹은 자동차 한 치로 스, 오 차에 눈호아

운반되난 것을 보아도 회스의 지산이 얼마나 넉넉한 것을 알겟다고 비웃는 자도 잇스나 그러한 방면의 스졍은 비밀 즁에 비밀이겟슴으로 이러한 소문은 회스 측과 윤 군의 계산셔 면을 보지 안코는 타인의 억측을 허락지 안이할 것이여니와 하여간 불경긔의 바람을 남의 일갓치 보고 청춘남녀의 허영심을 끌고 잇는 뎐등이 휘황한

진고개의 귀금속 상뎜 읍에는 됴션의 명감독과 됴션 키네마의 유일한 스타의 자태가 낫타나셔 금시계, 보석 반지 등을 르어만지고[140] 잇는 것을 본 스람이 잇다 한다……

---

138) '참말로'의 오식으로 보임.
139) '갓치 안흔'의 오식으로 보임.
140) '어르만지고'의 오식으로 보임.

조선 24.11.27 (석3) 〈광고〉

당 십일월 이십육일 송죽 날

미국 센취리 喜劉[141]

대희극 **위명(危命)** 전이권

미국 무데휘드사 대작품

정희극 **남혐여혐(男嫌女嫌)** 전오권

미국 훡쓰사 대작

헤렝호루무쓰 양 대역연

대활극 **산정맹습(山頂猛襲)** 全五劇[142]

미국 아-로사 특작품

명우 케-네쓰하-랑 씨 대활약

대권투대활극 **승패의 피방(彼方)** 전육권

예고

예고이엿든 전쟁영화는

사정으로 말미아마 상장치

못하게 되엿습니다

당 십이월 초 삼일 봉절될 대명화

남의 고아(嵐의 孤兒)의 후편 출현

문제영화 **쾌걸 단돈** 전팔권

당 금월 삼십일 공개 대연속

세계적대연속 **철도의 맹자(猛者)** 십오편 삼십권

전(電) 광(光) 구오구

송죽 유사 특약 **단성사**

11월 24일자 (석2) 조선극장 광고와 동일

조선 24.11.27 (조2) 집성(集成)학원을 위하여 활동사진 / 밀양 각 면에 순회할 터

밀양군 밀양면 교동(密陽郡 密陽面 校洞)에 잇는 집성학원(集成學院)은 삼, 사년 전에 당디
유림에서 설립하야 현재 륙십여 명의 생도를 교육시키는 중인데 금년 여름부터는 학교 재

---

141) '喜劇'의 오식으로 보임.
142) '全五卷'의 오식으로 보임.

정이 극히 곤난하야 도저히 유림 측에서는 경영할 능력이 업는 고로 당디 유지 손면식(孫冕植) 리정수(李正洙) 김래봉(金來鳳) 김병환(金倂煥) 제씨가 마터 가지고 봉급을 밧지 안코 교수를 시키는 중인데 이번에 그 학교 긔본금을 엇기 위하야 통영청년회에 교섭한 결과 활동사진 긔계를 무료로 빌어가지고 이십칠일 밤에는 교동 그 학교에서 영사하고 곳 밀양 각면을 순회한 후 월말에 밀양읍에서 영사할 터인데 본사 밀양지국 이외 다섯 단톄에서 만흔 동정으로 후원을 하리라더라. (밀양)

매일 24.11.28 (3) 소인(素人) 사진회 / 히쥬 동호자들이

해쥬에서는 목하 뉘션인을 통하야 소인[143] 스진가(素人寫眞家)가 약 사십 인이나 되는 바, 대정 십일년신지는 셔로 경기회(競技會) 갓흔 것을 하야 온 일이 잇셧스나 이리에는 이것을 쥬션하는 사람이 업슴으로 전연 즁지케되엿든 즁 작금으로 새로히 여러 사람이 느러셔 이에 대한 열심히 다시 느게 되얏슴으로 지는 이십삼일 오후 한시부터 다셧시신지 금융조합련합회 계상(金融組合聯合會 階上)에서 사진 진렬회(陳列會)를 긔최하게 되야 츌품 슈는 빅사십여 뎜으로 관즁은 쳔여 명에 달하얏셧는대 일반 관람즈에게 등급을 자유로 투표를 하게 한 결과

일등 유마(有馬) 씨, 이등 시원(市原) 씨, 삼등 도부(渡部) 씨, 사등 김 씨, 오등 소림(小林) 씨

등이 당션되얏스나 전긔 결과는 츌품자 동지의 의스와 다른 뎜이 잇슴으로 다시 참고로 션비 제씨와 밋 츌품자 일동이 투표를 힝한 결과

일등 유마 씨, 이등 도부 씨, 삼등 대하내(大河內) 씨, 사등 소도(小島) 씨

등으로 되얏다. 그리흔 뒤에 일반 투표의 결과를 싸라셔 상품을 슈여하고 사진을 전부 스진 직료 판미뎜인 축자약포(築紫藥舖)의 진렬상에 상품과 갓치하야 일반 관람에 공하얏고 이 다음 번에는 더욱 시로 참가하는 사람도 만을 터임으로 일층 더 성황이 되리라더라.

매일 24.11.28 (4) 〈광고〉 [연예안내]

조선일보 11월 27일자 단성사 광고와 동일

조선 24.11.28 (석1) 방송무전 시험

방송 사설(私設) 무선전화제도는 본년 구월부터 조선에 실시하게 되야 기(旣)히 본 규정에 의한 방송사업을 출원한 경향이 잇서서 근근(近近) 기(其) 실현을 견(見)할 터인데 체신국

---

143) '아마츄어'를 의미.

에서도 방송취체(取締) 기계의 검사 기타의 필요로 동국(同局) 내에 시험용 방송 무선전화를 시설하기로 하야 증(曾)히 공사중이던 바 금회(今回) 차(此)가 완성되얏슴으로 체신국 출입기자단을 초대하야 방송의 실험을 행할 터이라더라.

조선 24.11.28 (석2) 〈광고〉
11월 24일자 (석2) 조선극장 광고와 동일
11월 27일자 (석3) 단성사 광고와 동일

동아 24.11.29 (3) 기근 구제 개연(開演) / 금야(今夜)부터 금강(錦江)관에서
누누 본보에 보도해온 본사 공주지국과 소년예술협회의 주최, 청년수양회와 유지(有志) 일동의 후원인 기근구제 개연은 저간에 부득이한 사정에 인하야 수차 연기중이엇든 바, 금 이십구일부터 이일간 당지(當地) 금강관에서 오후 칠시 반부터 개연할 터인데 본사 공주지국장 배상두(裵相斗) 씨의 취지 설명과 휴연시에 당지(當地) 변호사 박춘서(朴春緖) 씨 강연도 유(有)할 터이라고. (공주)

동아 24.11.29 (4) 〈광고〉
십일월 이십팔일(금요)부터
대 우-후아 회사 대걸작품
사회극 **증거의 연(鏈)** 전칠권
대 세리고푸로데유싱크 회사 특작품
명우 아-링푸레데이- 양 역연
신연속대모험대활극 **회색의 신녀(神女)** 십오편 삽(卅)일권
제일편 이상한 집 제이편 사의 단검(死의 短劍) 오권 상장
특별 번외 대제공
대호평 연일 연야 만원
동아문화협회 특작 대영화
각색 촬영 감독 조천고주(早川孤舟) 씨
사회비활극(悲活劇) **비련의 곡(曲)** 전칠권
전속 여우 문용자(文龍子) 양 주연
인사동 **조선극장**
전(電) (광(光)) 이○오

381

조선일보 11월 27일 단성사 광고와 동일

조선 24.11.29 (석1) 〈광고〉
십일월 이십팔일(금요)부터
특별 명화 제공
대 우-후아 특별 대걸작품
사회극 **증거의 연(鏈)** 전칠권
세리고푸로데유-싱크 회사 특작품
신연속대모험대활극 **회색의 신녀(神女)** 전십오편 삼십일권
제일편 이상한 집 제이편 사의 단검(死의 短劍) 오권 상장
동아문화협회 제이회 특작영화
각색, 촬영, 감독, 조천고주(早川孤舟) 씨
사회비활극(悲活劇) **비련의 곡(曲)** 全篇
전속 여우 문용자(文龍子) 양 주연
각색가의 교묘한 필채는 어나 째인가 조선의 천지를 흔들든 기생
○○○의 비절참절한 전생애를 기탄엄시 해부를 하야 패륜 잔상된
시대상을 사진 갓치 박엇스며 모든 부조리한 제도를 것침엄시
매도하야 입으로 옴길 수 업고 붓으로 기록할 수 업는
대홍루 비곡(悲曲)의 이 애화(哀話)를 영화화 하엿습니다
보라! 사랑에 울고 개성(個性)의 눈 쓴 저는 청춘의 벗이여
혈루지(血淚池)의 애탄(哀嘆) 금혈루(金淚血)의 죽엄
소위 강권(强權)주의다 황금주의다 하여도 사랑 압해는 절대
무력할 것이다 연(戀)의 극치가 죽엄이냐 사랑이냐
자살이냐 참살이냐 보기에도 지긋ㅅ 한 이 사실극을 다갓치 보시고
울어봅시다 안이 울내도 스스로 눈물이 흘너지는 대비극
경성 인사동 전화 광화문 이○오번
조선극장

11월 27일자 (석3) 단성사 광고와 동일

동아 24.11.30 (1) 〈광고〉
당 십일월 삼십일부터 유사 날

유사 작품 실사 **국제시보** 전일권

대희활극 **최대급행**(最大急行) 전이권

에데보로 씨 주연

대활극 **사이크롱쓰미쓰** 전이권

조인(鳥人) 리차-드 다루마치 씨 대활약

대모험대활극 **모험왕** 전칠권

윌니암 당칸 씨 대활연(大活演)

대연속대활극 **철로의 맹자(猛者)** 십오편 삽(卅)권

제일회 제일, 제이 사권 상장

송죽 유사 조선키네마 특약

단성사 전(電) (광(光)) 구오구

11월 29일자 조선극장 광고와 동일

조선 24.11.30 (석2) 〈광고〉

(예고 외 광고의 앞부분은 동아일보 11월 30일자 단성사 광고와 동일)

예고

문제영화 **쾌걸 단돈** 전팔권

당(當) 금(今) 십이월 삼일 공개 대연속

전(電) 광(光) 구오구

송죽 유사 특약 **단성사**

11월 29일자 조선극장 광고와 동일

조선 24.11.30 (조2) 무선전화를 공개 / 톄신국에서 긔회를 보아

톄신국(遞信局)에서는 이십구일 오후 세시부터 톄신국 출입긔자단 광화구락부원(光化俱樂部員)을 그 국 안에 초대하고 방송무선뎐화(放送無線電話)를 실험하야 들려주엇다는데 방송 무선뎐화를 밧개 사람에게 공개하기는 이번이 처음이라는 바 긔회를 보아서 일반에게 공개도 할 계획이라더라.

12월

동아 24.12.01 (2) [휴지통]

▲ 조선극장의 주인공 조천인가하는 대예술가의 각색과 촬영감독 하에 기생을 중심 삼고 동 극장의 해설자 부스럭지들과 표 파는 자 같은 일등 배우들이 총출연을 하야 강명화의 실사를 촬영하엿다는 소위 『비련의 곡』이라는 것을 련야 상영하엿다 ▲ 예술이란 일흠을 씨여 마취를 식혀놋코 돈 한푼이라도 박박 글거가기에 눈깔이 뒤집힌 자에게 예술의 량심을 물을 여다가 잇스랴만은 ▲ 아모리 이매 망령이 백주에 날쮜는 세상이기로 조선 고유의 미풍을 흠칠하고 변환 사긔술로 예술을 모독하며 가난한 조선 사람의 돈을 쌔러드려서 사복을 채우려하는 흡혈귀 가튼 그 자들의 죄악은 도뎌히 용서할 수 업다 ▲ 그러나 남을 쑤짓기 전에 그래도 무슨 위안이나 엇을가 하고 조선극장으로 몰려들어가는 민중이 한업시 가엽고 불상하다할 것이다.

동아 24.12.01 (3) 긔근 구제로 활동사진 영사 / 자하청년회 주최로

시내 궁정동(宮井洞) 자하청년회(紫霞靑年會)에서는 긔근 구제의 목뎍으로 활동사진 영사회(活動寫眞映寫會)를 개최한다는데 자세는 다음과 갓다고.

일시 십이월 오, 육, 칠 삼일간 매야(每夜) 칠시부터

사진 제명 金[144] 사십사권

       (매야 십사권식)

장소 천도교회당

입장료 보통권 사십 전 학생 이십 전

동아 24.12.01 (3), 24.12.02 (3) 〈광고〉

11월 29일자 조선극장 광고와 동일

11월 30일자 단성사 광고와 동일

---

144) '名金'인데 잘못 표기됨.

매일 24.12.01 (2) 이리 납세 강활회(講活會)

총독부 재무국 주최로 금회 각지를 순회하며 납세 강화회와 활동사진을 개최하는 중 거(去) 이십구일과 삼십일에는 이리에서 주간에는 납세 강화회를 개(開)하고 면리원(面吏員) 일동, 각 학교 생도, 기타 일반 민중을 청강케하고 차(此) 기회를 이용하야 면 협의원회를 개(開)케 하며 야간에는 활동사진을 영사하고 익일(翌日)에는 세무 상담회를 개하는 바, 도로부터 횡전(橫田) 재무부장이 납세과 직원 등을 대동하고 출장하리라더라.

매일 24.12.01 (3) 천도교당에 『명금』 상영 / 자하청년회 주최

십이월 오, 육, 칠일 삼일간 시뇌 경운동(慶雲洞) 텬도교당(天道敎堂)에서 자하청년회(紫賀靑年會) 쥬최로 긔근 구제 활동사진대회(飢饉救濟 活動寫眞大會)를 개최할 예뎡이라는대, 스진은 사십오권의 련속활극인 『명금(名金)』을 하로에 십오권식 삼일간 계속할 터인대, 입장료는 보통 스십 젼, 학싱 이십 젼이라더라.

매일 24.12.01 (4) 주세(酒稅)선전 활사(活寫) / 평남(平南) 사회과 계획

평안남도 사회과에서는 납세를 선전하기 위하야 활동사진 『세금권(稅金卷)』 급(及) 지방개량 영화를 휴대하고 지방을 순회할 예정인대, 기(其) 지방 급(及) 일할은 십이월 오일 안주군(安州郡) 용화면(龍花面), 육일 동군(同郡) 연호면(燕湖面), 팔일 평원군(平原郡) 영유면(永柔面), 구일 동군 해소면(海蘇面), 십일일 중화군(中和郡) 중화면, 십이일 용강군(龍岡郡) 지운면(池雲面), 십삼일 동군 오신면(吾新面), 십칠일 성천군(成川郡) 성천면(成川面), 십팔일 동군 통선면(通仙面)이라더라. (평양)

조선 24.12.01 (석2) 방송무전 개방될 듯 / 민간에도 허가할 방침으로 / 톄신국에서도 방금 쥰비 중

톄신국(遞信局)에서 방송무선뎐화(放送無線電話)를 긔회 잇는 대로 일반에게 공개할 터이라함은 금일 조간에 보도한 바와 갓거니와 톄신국에서는 이 방송무선뎐화를 일반에게 허가하야 사용하도록 할 터이라는데 이것이 조선에 실현된 지가

얼마되지 못할 쑨 아니라 여러 가지 규측 제뎡과 기타 설비에 만흔 시일을 요하게 되는 고로 아즉까지 톄신당국에서도 확실한 방침을 세우지 못하고 다만 톄신성(遞信省)에 대개의 의견을 보고 하엿슬 쑨인 바, 하여간 불원한 장래에 모든 것을 구톄뎍으로 발표하게 될 터이라는데 만일 이것을 일반에 허가하야 사설을 하도록 하게 되면 물론 개인에게는 그다지 필요도 업슬 쑨 아니라 허가도 하여줄 수 업는 고로 단톄에만 허가하게 될 터인데 단톄에 허가하기로 말하면

세력단톄에 허가하여야 할는지 공익단톄에 허가하여야 할는지 아직 강구 중이라는데 지금의 방침으로 공익단톄에 허가하게 될 듯하다 하며 그 료금은 되도록 저렴하게 할 터이라더라.

공익단체에 허가 / 톄신성 결재만 되면 / 포원(蒲原) 체신국장 담(談)

이에 대하야 톄신국장은 다음과 가티 말하더라

방송무선전화가 톄신국에 설치된 지가 원악 얼마되지 못함으로 아즉까지 구톄덕 규명을 제뎡치 못하엿습니다. 이에 대한 모든 것을 총독(總督) 정무총감(政務摠監)과 의론하여 가지고 며칠 전에 톄신성에 보고하엿슴으로 그것이 결재되어 나오면 곳 발포하랴 하는 바 될 수 잇는 범위 안에서는 일반을 위하야 저렴한 료금으로 사설을 허락하랴 합니다. 허락하면 물론 단톄에나 허락할 터인데 단톄 중에도 공익단톄에나 허락할 방침입니다. 아직 결뎡되지 못하엿슴으로 단언하기는 어려우나 대개 예뎡한 방침대로 실현되리라고 생각합니다.

조선 24.12.01 (석2) 긔근구제 영화 / 자하청년 주최 / 오일부터 삼일간

시내 궁정동(宮井洞)에 잇는 자하청년회(紫霞靑年會)에서는 조선 긔근구졔 활동사진대회(朝鮮 饑饉救濟 活動寫眞大會)를 주최하고 오는 오일부터 사흘 동안 시내 경운동 텬도교당에서 매일 오후 일곱시부터 대활극 명금(名金)의 사십사권을 매일 십오권식 난호아 영사한다는데 입장료는 보통에 사십 전이요, 학생과 어린이는 이십 전이라더라.

조선 24.12.01 (석2) [자명종]

▲ 시내 인사동(仁寺洞) 조선극장(朝鮮劇場)에서 상영(上映)된 『비련의 곡』(悲戀의 曲)이라는 활동사진은 ▲ 동양문화협회(東洋文化協會)인지[145] 무슨 협회회인지에서 제 짠은 고심참담하여 박역다고 풍을 쩌는 사진인데 실상 그 사진은 어써하냐 하면 ▲ 그 각색(脚色)에 잇서서* 촬영기교(撮影技巧)에 잇서 근년 영화계(映畵界)에서 드물게 보는 『걸네 가튼 작품』으로 조선의 『키네마 편』을 속여먹은 것이라고 일반이 분개하여 문뎨가 된 모양인데 ▲ 하여간 보통사람의 눈으로 보아도 조선의 인정풍속을 무시한 추악한 『씨인』(塲面)과 어린 아희들 작난 가튼 그 자막(字幕)과 또는 그 영화를 일관하는 긔분(氣分)이 예술품으로의 가치를 인뎡할 수 업슬 뿐만 아니라 이 싸위 사진을 상연한 조선극장의 낫바다기가 썬썬스럽더라고 ▲ 엇던 구경하고 도라온 사람의 이야기.

---

145) '동아문화협회'를 착각한 것으로 보임.

조선 24.12.01 (석2) 〈광고〉

11월 29일자 조선극장 광고와 동일

매일 24.12.02 (1) 〈광고〉 [연예안내]

십일월 이십팔일(금요)부터

특별 명화 제공

대 우후-아 회사 대걸작품

사회극 **증거의 연(鏈)** 칠권

대 세리고푸로데-유싱크 회사 특작품

명우 아-링푸레데이- 양 대역연

신연속대모험대활극 **회색의 신녀(神女)** 전십오편 삼십일권

제일편 이상한 집 제이편 사의 단검(死의 短劍) 오권 상장

특별 번외 대제공

대호평 연일 연야 만원

동아문화협회 제이회 특작 영화

각색, 촬영감독 조천고주(早川孤舟) 씨

사회비활극(悲活劇) **비련의 곡(曲)** 전편(全編)

조선극장

조선일보 11월 30일 단성사 광고와 동일

동아 24.12.03 (1) 〈광고〉

당 십이월 삼일 공개

특별 대공개

미국 뷔러뷔-워-드사 대작

명화(名花) 베데이휘랭씨-쓰 양 역연

절세비련애화(哀話) **허영지옥(虛榮地獄)** 전칠권

독일 데이미도리 씨 촬영 급(及) 제공

바이오네루사 대표적 대작

독일 명우 총출연

에미아-낭크 씨 대출연

남의 고아(嵐의 孤兒)의 후편

문예영화 비련 대쟁투 사극(史劇)
문제명화 **쾌걸 단돈** 전팔권
꼭 보셔요!
기회을 놋치지 마서요!!
부득재견(不得再見)의 대명화!
송죽 유사 조선키네마 특약
단성사 전(電) (광(光)) 구오구

11월 29일자 조선극장 광고와 동일

동아 24.12.03 (2) 사진 전송 / 태평양을 횡단 완전히 성공

사진을 뎐송(電送)하는 방법이 발명된 이래로 당족의 진보가 되야 지난 삼십일에는 마츰내 대서양(大西洋) 횡단을 성공하얏다는데 이날 실험에는 놉흔 곳에 잇는 사람의 사진을 「론돈」에서 대서양을 거처서 「뉴욕」을 향하여 무뎐으로 방송하야 수분간에 전부를 뎐송하엿다는데 이와가치 뎐송된 사진은 아조 두렷하게 선명하야 그 이튼날 신문 지상에 게재될 모양이엇다더라. (론돈 삼십일 밤)

매일 24.12.03 (1) 〈광고〉 [연예안내]

조선일보 11월 30일 단성사 광고와 동일
12월 2일자 조선극장 광고와 동일

매일 24.12.03 (3) [개방란 투고환영] 눈 쓰고 못 볼 『비련의 곡(曲)』! / 됴선극장에셔 하는 비련의 곡이라는 스진을 침을 빗고 파무더 바리여라!

◇ 됴션극쟝이라는 활동스진관에셔 몃 쥬일치 상영하는 소위 문화협회의 영화 『비련의 곡』이라는 스진만콤 더러운 스진을 나는 이째것 보지를 못힛다.

◇ 닉가 지금 슈만은 그 사진의 결뎜을 엇더케 모다 일일히 드러셔 졔군에게 호소할 슈가 잇스랴? 다만 몃몃 가지만을 드러 예술뎍 영화라고 선뎐하야가며 구경군의 알알한 돈을 스긔히 먹는 츄루한 무리를 공격하겟다.

◇ 첫지, 그 스진이 원통 스토리가 아닌 것은 문뎨도 삼지 말고 다른 것만 집어가지고 말하즈. 봉뎐 시가의 료리뎜이라고 빅인 것이 셔울 수표교 골목 대관원쳥 료리집이니 웬일이냐? 속여먹어도 능청스럽게 속여야 한다. 『대관원』이라는 문픽만 감츄고 빅엿셔도 좀 나을 게 아니냐? 만쥬에 잇는 경부는 슌슈 복장에 경부 모자만 쓰면 되느냐?

◇ 봉천 시가디 구경 간 사람은 톄신도 보히지 안코 실ㅅ수만 ㄴ오는 것은 웬일이냐? 동경 류학 갓다는 스람은 보히지 안코 뎨국대학 슈명면 갓흔 실ㅅ수만 나오는 것도 욕ㅆ거리가 ㄴ다. 사랑하는 녀자가 머리를 잘나도 감안 잇고 팔둑을 쓴어도 감안 잇고 단지를 하야도 감안 잇다가 피만 닥거주는 자는 등신이드냐, 졔웅이드냐, 그 녀자와 원슈드냐?

◇ 슈현금 하는 녀자는 「도레미」는 집지 안코 활만 가지고 쓱쓱 그니 그것은 어느 나라 곡됴냐? 도대체 그 사진이 스진이냐, 막걸니냐? 표졍이 되엿느냐, 「셋트」가 되엿느냐? 이것을 썩 조흔 사진이라고 속여 구경군의 돈만 먹는 그대들은 사긔한이다.

◇ 다른 신문에는 이에 대흔 말이 잇셧는대 미일신보에만 엇지 이 말이 업소? 당신들 눈에 는 그것이 스진으로 뵈오? (인사동 스팔쓰기 역(役))

동아 24.12.04 (4) 〈광고〉

12월 3일자 단성사 광고와 동일

조선 24.12.04 (조2) 연쇄극대(隊) / 물금(勿禁)에서 성황 / 관람객이 다수

전북 군산청년회(群山靑年會)에서는 금년의 한재로 인하야 남부녀대하고 각처로부터 군산 시내에 몰려들어와 걸식하는 사람들을 위하야 다소간 힘 잇는 대로 구제하자는 목덕으로 군산시외 둔률 이리(屯栗 二里)에 공동주택을 건축하야 풍설을 폐하게 하고자 하는 동시에 일편으로는 순회 련쇄극대(連鎖劇隊)를 조직하야 각 디방 인사의 동정을 구하고자 지난 달 삼십일경에 경남 물금(勿禁)에 래도하얏는데 당디 물금청년회와 본사지국의 후원으로 지난 이일 하오 칠시에 량룡업(梁龍業)의 집 압 넓은 마당에서 개막한 바 관중이 수백 명 이나 되야 대성황을 이루엇다더라. (물금)

동아 24.12.05 (4) 〈광고〉

십이월 삼일(수요)부터 공개

대모험 거탄(巨彈)의 연속 활극 대회

미국 우아람이리ー 회사 특작품

맹우(猛優) 호랑구링화남 씨 대역연

세계경탄 비활(飛活)육탄 모험활극

미로의 비밀 전십오편 삼십권 전십이권 상장

미국 세리고푸로데유싱그사 작

명우 아ー링푸레데ー이 양 역연

신비적대연속 **회색의 신녀(神女)** 십오편 삽(卅)일권

제이회 제삼편 동철(銅鐵)의 * 제사편 닥처오는 귀근(鬼根) 사권 상장

＝예고＝

근일 공개

빙글빙글 앙천대소(仰天大笑) 로이드 대회

조선극장

전(電) (광(光)) 이〇오

12월 3일자 단성사 광고와 동일

조선 24.12.05 (석2) 〈광고〉

십이월 삼일(수요)부터 특별공개

대모험 거탄(巨彈)의 연속활극대회

미국 우이람이리— 회사 특작품

맹우(猛優) 후랑구링화남 씨 대역연

세계경탄 비활(飛活)육탄 모험활극

미로의 비밀 전십오편 삼십권 내

제일편 심야의 비밀 제이편 대위험 제삼편 위기일발 제사편 복수

제오편 사(死)의 추적 제육편 사의 소인(死의 燒印) 십이권 상장

미국 세리고푸로데유—싱크 회사 특작품

공포전율 신비적대연속 **회색의 신녀(神女)** 전십오편 삼십일권

제이회 제삼편 동철의 민(銅鐵의 罠) 제사편 닥처오는 귀근(鬼根) 사권 상장

예고 근일 공개

빙글빙글 앙천대소(仰天大笑) 로이도 대회

경성 인사동 전화 광화문 이〇오번

조선극장

동아일보 12월 3일자 단성사 광고와 동일

동아 24.12.06 (3) 기근구제 활동사진 / 예뎨는 『명금』

시내 자하청년회(紫霞靑年會)에서는 긔근 구제의 목뎍으로 작 오일부터 륙일 칠일 사흘 동
안 시내 텬도교 긔념관에서 활동사진 대회를 개최한다는데 입장료는 보통 사십 전, 학생
이십 전이라 하며 예뎨는 『명금』(名金)이라더라.

동아 24.12.06 (3) 성황(盛況)의 「바사」회 / 금일ㅆ지

시내 조선녀자교육협회(朝鮮女子教育協會)에서는 작일 오전 열시로 하오 열시까지 「바사」회를 중앙청년회관에서 개최하엿는데 시내 각 상뎜의 출품과 근화학원(槿花學院) 학생의 제품을 진렬하고 음악, 무도, 활동사진으로 금일까지 할 터이라는데 그 외에도 여흥으로 악대 주악과 리동백(李東伯) 군의 독창이 잇슬 터이오 식당에서는 서양 료리, 조선 료리와 각종 다과를 준비하얏다더라.

동아 24.12.06 (3) 〈광고〉

12월 3일자 단성사 광고와 동일
12월 5일자 조선극장 광고와 동일

매일 24.12.06 (1) 〈광고〉 [연예안내]

십이월 삼일(수요부터 특별 공개)
대모험 거탄(巨彈)의 연속 활극 대회
미국 우아람이리＊ 회사 특작품
맹우(猛優) 호랑구랑화남 씨 대역연
세계경탄 비활(飛活)육탄 모험활극
미로의 비밀 전십오편 삼십권 내
제일편 제이편 제삼편 제사편 제오편, 제육편 십이권 상장
미국 세리고푸로레—유싱크 회사 대걸작
명우(名優) 아—링푸레데이— 양 대역연
공포 전율 신비적 대연속
회색의 신녀(神女) 전십오편 삼십일권 제이회 제삼편, 제사편 사권 상장
예고
근일 공개
벙글벙글 앙천대소(仰天大笑) 로이도 대회
조선극장

동아일보 12월 3일자 단성사 광고와 동일

동아 24.12.07 (4) 〈광고〉

당 십이월 칠일 유사 날

미국 유사 작품

실사 **국제시보** 전일권

활극 **심야의 해적** 이권

정희극 **여자이엿드면** 오권

명화 **바다 건너** 전오권

미국 유사 대표적 작품

맹우 월니암 당칸 씨 주연

연속활극 **철로맹자(鐵路猛者)** 전십오편 삽(卅)권 중

제이회 제삼, 사편 사권 상장

송죽 유사 조선키네마 특약

단성사 전(電) (광(光)) 구오구

12월 5일자 조선극장 광고와 동일

매일 24.12.07 (5) 〈광고〉 [연예안내]

동아일보 12월 3일자 단성사 광고와 동일

12월 6일자 조선극장 광고와 동일

동아 24.12.08 (1) 〈광고〉

십이월 팔일(일요)부터

세리고푸＊데유싱그 회사 작품

신비활극 **회색의 신녀(神女)** 전십오편 삽(卅)일권 중

제삼회 제오, 제육 사권 상장

미국 우이람이리― 회사 특작품

세계경탄 비활육탄(飛活肉彈) 모험활극

미로의 비밀 전십오편 삼십권

제이회 육권 상장

이태리 알망도쉐 회사 대특작품

대모험대활극 **사의 곡마(死의 曲馬)** 전육권

=대예고=

내주 공개

빙글빙글 앙천대소(仰天大笑) 로이드 대회

조선극장

전(電) (광(光)) 이○오

12월 7일자 단성사 광고와 동일

동아 24.12.08 (3) 야학을 위하야 활동사진대회 / 청년회관에서
조선 중앙기독교청년회 노동야학 주최로 금 팔일 오후 칠시 반에 동 회관 내에서 활동사진대회를 개(開)할 터인데 사진은 현대 서반아 대문호로 노ー벨 상금을 수령한 「이바네스」 씨의 최대 명저(名著)인 『묵시록의 사기사(四騎士)』(일명 세계대전의 참화)라는 사극(史劇)이라 하며 입장료는 오십 전(보통), 삼십 전(학생)이오, 수입은 동 노동야학 경비에 보충할 터이라고.

매일 24.12.08 (3) 금야(今夜) 청년회에 명화 상영 / 유명한 걸작으로 내용이 장절쾌절
시니 종로 중앙긔독교 청년회(中央基督敎 靑年會) 주최로 금 팔일(월요일) 일곱시 반에 동 회관 안에서 활동ᄉ진대회(活動寫眞大會)를 개최한다ᄂᆞᆫ대 ᄉ진은 향ᄌᆞ에 「노ー벨」 상금을 영슈한 셔반아(西班牙)의 대문호 「이바네스」 씨의 대걸작 『묵시록의 사긔사(黙示錄의 四騎士)』 전 십일권 일만여 척의 장편인 바, 그 장졀쾌졀ᄒᆞᆫ ᄂᆡ용은 보ᄂᆞᆫ 자로 하야금 감탄함을 마지안케 할터이라 하며 입장료ᄂᆞᆫ 보통 오십 젼, 학싱은 삼십 젼이요, 슈입 젼부ᄂᆞᆫ 로동야학 경비에 보츙흘 터이라더라.

시대 24.12.08 (1) 묵시록의 사기사(四騎士) / 금야 청년회에 활동사진 영사
종로 중앙긔독교 청년회(鐘路 中央基督敎 靑年會)에서는 동회 야학 주최로 금 팔일 오후 일곱시 반에 동 회관 대강당 안에서 활동사진대회를 개최할 터인데 사진은 현대 서반아 대문호로 노벨 상금까지 탄 「이바네스」 씨의 대걸작인 『묵시록의 사기사(黙示錄의 四騎士)』를 촬영한 것인데 사진은 십일권이라 하며 입장료는 보통 오십 전, 학생 삼십 전이라는데 수입된 돈은 로동야학의 경비로 쓸 터이라고 한다.

조선 24.12.08 (석2) 〈광고〉
당 십이월 칠일 유사 날
미국 유사 작품 실사 **국제시보** 전일권
미국 유사 작품 활극 **심야의 해적** 전이권

미국 유사 작품 정희극 **여자이엿드면** 전오권

미국 유사 특별 제공 명화 **바다 건너** 전오권

미국 유사 대표적 작품

맹우 월이암당칸 씨 주연

연속활극 **철도의 맹자(猛者)** 전십오편 二十卷[146] 중

제이회 제삼, 제사편 사권 상장

예고

당 십이월 십일 공개 대명화

세계적 대명화

불영(佛英) 양국 사이에 이러나는 대명화

(절세비련 대쟁투극)

무사도 빗날 째 전십이권

전(電) 광(光) 구오구

송죽 유사 특약 **단성사**

십이월 구일부터 신축 낙성 대흥행

미국 월니암 푸옥스 회사 경성 切封場[147]

월니암 푸옥스사 대작

톰믹크 씨 주연

대활극 **황무자일기(荒武者一騎)** 전오권

월니암, 푸옥스사

메-카 부인 주연

인정활극 **빈인의 군(貧人의 群)** 전칠권

모험활극 **돌격** 이권

희극 **도망하자** 일권

우미관

전(電) 광(光) 삼구오번

12월 5일자 조선극장 광고와 동일

---

146) 기타 광고를 참고할 때 삼십권의 오식으로 보임.
147) '封切場'의 오식으로 보임.

동아 24.12.09 (3) [시내통신]

활동사진회 금일 화요 하오 칠시 반에 중앙기독교청년회 소년부 주최로 좌기(左記)와 여
(如)히 활동사진회를 개최한다고.

一, 장소 종로 중앙기독교청년회관

一, 입장료 보통 삼십 전 학생 이십 전 이상

동아 24.12.09 (3) 〈광고〉

12월 7일자 단성사 광고와 동일

12월 8일자 조선극장 광고와 동일

**매일 24.12.09 (3) 소년부 주최 활동사진대회 / 금야 칠시 반에 / 중로 청년회관
에서**

중앙긔독교 청년회 소년부(少年部) 주최로 금 구일(火曜) 하오 일곱시 반부터 종로 청년회
관에셔 활동사진대회(活動寫眞大會)를 연다는대, 입쟝표는 보통 삼십 전, 학싱 이십 전이
며 수진은 아리와 갓더라.

젹은 천사(天使) (젼오권)

진보의 화(進步의 靴) (희극) (젼일권)

구명자(求命者) (활희극) (일권)

뉴욕동물원 (실사) (일권)

매일 24.12.09 (3) 〈광고〉 [연예안내]

12월 6일자 조선극장 광고와 동일

조선일보 12월 8일자 단성사 광고와 동일

시대 24.12.09 (1) 소년부의 활사(活寫)

금구일 오후 칠시 반에 중앙청년회 소년부(中央靑年會 少年部)에 활동사진 영사회(活動寫
眞 映寫會)를 동회관에서 개최하고 작은 천사 기타 삼종의 재미잇는 영화가 잇다는데 입장
료(入場料) 보통권(普通券) 삼십 전, 학생권(學生券) 이십 전이라 한다.

조선 24.12.09 (석3) 〈광고〉

십이월 팔(월요)부터 특별 대제공

미국 세리고푸로데유-싱크 회사 특작품

공포 전율 신비적 대연속

회색의 신녀(神女) 전십오편 삼십일권

제삼회 제오편 낙화(洛花) 미진(微塵) 제육편 운명의 마수 사권 상장

미국 우이리람이리- 회사 특작품

맹우 후랑구링화남 씨 대역연

모험활극 **미로의 비밀** 전십오편 三十卷第[148]

제이회 제칠편 사의 영(死의 影) 제팔편 부지생명(不知生命)

제구편 운명의 수(手) 육권 상장

이태리 알망도-뵈 회사 대특작품

대모험대활극 **사의 곡마(死의 曲馬)** 전육권

명화(名花) 에뷰-링 양 역연

예고

내주 공개 빙글빙글 앙천대소(仰天大笑) 로이도 대회

경성 인사동 **조선극장**

전화 광화문 이○오번

12월 8일자 단성사 광고와 동일

12월 8일자 우미관 광고와 동일

동아 24.12.10 (3) 우미관 개관

지난 봄에 화재로 인하야 폐관하엿던 활동사진 상설관 우미관(優美舘)은 그간 신축 중이더니 이번에 락성하엿슴으로 작일 밤부터 개관하엿다는데 건축도 전보다 훌늉할분더러 사진도 선택하야 상연한다고.

동아 24.12.10 (3), 24.12.11 (1) 〈광고〉

12월 8일자 조선극장 광고와 동일

동아 24.12.10 (4) 〈광고〉

당 십이월 십일부터 특별대공개

미국 콜드윙사 대작품

---

148) '三十卷'의 오식으로 보임.

정희극계의 거성 봐이칭바이앙 씨 대활약

정희활극 **불란서식(式)** 전육권

미국 파라마운드사 대걸작품

국제적 미인 마리온 데뷔-쓰 양

불영(佛英) 양국(兩國) 사이에 일어나는 아릿짜운

사랑의 대 로맨쓰 그리고 대쟁투

영국 중세기의 대모험,

성십자군(聖十字軍)의 원정을 배경으로 하고,

천공(天空)을 쭈를 듯한 대왕성(大王城)

운하(雲霞)와 여(如)한 대군(大軍), 영웅, 협인(俠人)

보라! 세계의 대로맨쓰를

유감 업시 그려내인 이 대명편을!!

무사도 빗날 째 전십이권

기회를 놋치지 마서요

세계 무비(無比)의 일천만불 대사진!!

송죽 유사 조선키네마 특약

단성사 전(電) (광(光)) 구오구

시대 24.12.10 (1) 파산 경(境)에 든 조선극장 / 명년에는 경영주가 갈릴 모양이라고 해

시내 인사동 조선극장(仁寺洞 朝鮮劇場)은 요사이 경영이 매우 곤난한 중이라는데 그 극장 주인되는 시택(矢澤) 씨의 말을 듯건대 본래 허가를 어든 황원균(黃元均) 씨가 오래동안 권리문제로 다토다가 지난 팔월에 두 사람의 타협으로 명의까지 시택 씨에게로 넘어온 후 지금 동 극장은 오대 회사와 계약을 해가지고 헛된 선전을 해가며 활동사진 상설관을 경영하는 조천고주(早川孤舟)와 매삭 일백오십 원식에 삼개년 계약으로 빌은 것인데 개관 이래로 수입이 업든 까닭으로 세금이라고는 첫 달 한 달치밧게 못내고 이제껏 쓸어오는 중 조천의 정상이 싹해서 그대로 두는 중이나 금년까지만 그대로 두엇다가 명년에는 다른 사람에게 빌닐 터인 바, 될 수 잇는대로는 본래 그 극장이 조선 사람을 위해 된 극장이니싸 조선 사람에게 빌리고자 한다고 한다.

시대 24.12.10 (1) 우미관 개관 / 신축 낙성식을 마치고 / 작야부터 개관하얏다

시내 관철동 우미관(貫鐵洞 優美舘)은 화재로 인하야 전부 소실되엇던 바, 그 주인 시전(*

田) 씨는 다시 거액의 경비를 드려 *** 양식으로 새로히 건축 중이든 바, 작 구일 한시부터 동관 안에서 락성식을 거행하고 당일 밤부터 락성 피로 활동사진을 영사할 터인바 장차는 될 수 잇는대로 명화를 골라서 영사할 터이요 **** 모다 우수한 사람들을 **한다고 한다.

조선 24.12.10 (석2) 〈광고〉
12월 8일자 우미관 광고와 동일
동아일보 12월 10일자 단성사 광고와 동일

조선 24.12.10 (석3) 우미관 신축 개관
화재로 인하야 전소된 시내 관털동(貫鐵洞) 활동사진 상설관 우미관(優美舘)은 그간 신축 중이더니 이미 락성이 되야 구일 밤부터 개관한다는대 정한설(鄭翰設) (李秉浩)[149] 김창영(金昌影) 등 여러 변사가 망라되얏다고.

조선 24.12.10 (석4) 〈광고〉
12월 9일자 조선극장 광고와 동일

동아 24.12.11 (3) 〈광고〉
당 십이월 십일부터 특별대공개
미국 코-몬사 작품
실사 **시보(時報)** 전일권
미국 뷔레휘-드사 대작
활극 시련을 밧고 이권
미국 마-메-도사 대작
공중희극 **쮜고 쩌러지고** 전이권
미국 파라마운드사 대걸작품
국제적 미인 마리온 데뷔-쓰 양
불영(佛英) 양국 사이에 일어나는 아릿짜운
사랑의 대 로맨쓰 그리고 대쟁투
영국 중세기의 대모험, 성십자군의 원정을 배경으로 하고,

---

149) '이병호(李秉浩)'의 오식으로 보임.

천공을 쑤를 듯한 대왕성(大王城)

운하(雲霞)와 여(如)한 대군(大軍), 영웅, 협인(俠人)

보라! 세계의 대로맨쓰를

유감 업시 그려내인 이 대명편을!!

무사도 빗날 째 전십이권

기회를 놋치지 마서요

세계 무비(無比)의 일천만불 대사진!!

송죽 유사 조선키네마 특약

단성사 전(電) (광(光)) 구오구

매일 24.12.11 (3) [연예] 『무사도의 빗날 쌔』 / 작일부터 단성사에셔

시닉 단성사(團成社)에는 작 십일 밤부터 「파라마운트」 불후의 걸작인 『무사도의 빗날 쌔』라는 열두권짜리 명화(名畵)를 상장한다는대 이 스진은 약 이빅년 젼의 영국 궁뎡(英宮庭) 불국 궁뎡(佛宮庭)을 비경으로 하고 요염한 미인의 왕녀(王女)와 기셰의 용약이 잇는 졂은 장슈가 셔로 사랑흠으로브터 이러나는 로만스로 영화와 부귀를 바리며 오로지 그 스랑에 산다는 피 쓸코 고기가 쮜노는 명화인 동시에 출연 빅우도 유명한 미인 「마리온데뷔스」 양과 명우 「퍼—레스트 스탄리—」 씨라더라.

조선 24.12.11 (석4) 〈광고〉

동아일보 12월 11일자 단성사 광고와 동일

동아 24.12.12 (3), 24.12.13 (2) 〈광고〉

12월 8일자 조선극장 광고와 동일

12월 11일자 단성사 광고와 동일

조선 24.12.12 (석2) 조선말로 처음인 무선전화 시험 / 최신문명의 리긔를 소개코자 / 이십일경에 본사 주최로 거행

현대의 과학문명이 나아노흔 여러 가지 놀라운 발명 중에도 가장 놀라운 것이며 쏘한 데일 최근에 급속히 발달된 것은 무선뎐화이다. 무선뎐화라는 것은 보통 우리가 일상에 쓰는 뎐화처럼 줄이 잇는 것이 아니오, 아모 련락이 업시 다만 공중의 뎐긔를 통하야 원격한 디방에 음성을 전하는 것인데 미국이나 기타 서양 각국에서는 근년에 이 무선뎐화의 기술이 매우 발달되야 여러 가지로 리용되는 것은 자조 신문으로 소개된 바이지마는 동양 방면에서는 그 발달이 극히 유치할 뿐 아니라 우리 조선에 잇서서는 십여일 전에야 간신히 총독부 톄신국(總督府 遞信局)으로부터 최초의 시험이 잇섯스며 십일에 일본 면보통신사 지국의 주최로 진고개 어느 상뎜에서 방송시험을 행하얏슬 쑨이오. 아즉도 순전한 조선 말로써 이 세계덕 류행인 무선뎐화를 리용치 못함은 적지 아니한 유감이며 싸라서 무선뎐 화에 관한 지식의 보급을 도모함이 긴절한 일이라 생각한 본사에서는 조선 안에서 최초의 대규모로 무선뎐화의 방송시험을 행하고저 지난 십월 하순부터 준비를 시작하야 오는 이 십일일경부터 뎨일회의 공개를 행하게 되얏습니다.

고대되는 일주간 / 일화무션뎐신회사에서 / 최신식 긔계를 가저온다

이 무선뎐화의 방송시험을 행하는 기술은 일본에서 무선뎐신의 시설에 다년 경험이 풍부 한 일화무선뎐신긔제작소(日華無線電信機製作所)에서 담당하게 되야 모든 긔계와 재료를 휴대하고 그 회사의 사장 가도빈(加島斌) 씨가 전문기사 두 사람을 다리고 경성에 건너오 게 되엿습니다. 이번 경성에 가지고 오는 긔계는 그동안 동경 대판 기타 각 디방에서 여러 번 시험을 행하야 극히 량호한 성적을 어덧슬 쑨 아니라 조선의 무선뎐화 발달하는 우에 중대한 관계가 잇는 이번의 시험에 성공을 엇고저 열심으로 노력 중임으로 상당한 성적을 어들 것은 거의 의심이 업슬 것이라. 긔계 도착 후에는 톄신국의 검사를 밧고 정식의 허가 가 잇슬 것임으로 그 째까지 자세한 내용은 발표키 어려우나 아리따운 음악과 흥미잇는 연설이 무선뎐화로 경성의 공중을 건너서 수천 텽중의 귀를 놀래일 날도 압흐로 일주간을 넘지 아니할 것이다.

조선 24.12.12 (석3) 노동야학을 위하야 활동사진

경상남도 밀양군 하남면 수산청년회(下南面 守山靑年會)에서 경영하는 로동야학교의 기본 금을 작만하기 위하야 지난 칠일과 팔일 이틀 동안에 통영청년회 활동사진대를 청하야 사 진을 영사하얏는데 즉석에서 거친 동정금이 구십오 원 오십 전에 달하얏다더라. (밀양)

조선 24.12.12 (석3) 〈광고〉

12월 8일자 우미관 광고와 동일
동아일보 12월 11일자 단성사 광고와 동일

조선 24.12.12 (조1) 정주(定州)악대 내비(來枇)

거(去) 육일 정주악대 일행 오인(五人)은 비현(枇峴)에 도착하야 비현악대의 후원으로 이일 간 백동석(白東錫) 씨 창고에서 『누구의 죄?』『애국의 소년』 등 십여 종의 활사(活寫)를 영

사한 바 매야(每夜) 관객이 수백 명에 달하야 성황을 이루엇다더라. (용천(龍川))

조선 24.12.12 (조2) 무선전화 이약이 / 일화(日華)무선전신 사장 가도빈(加島斌)

본고(本稿)는 금번 본사의 주최인 무선전화방송 공개시험의 기술을 담당한 일화무선전신 기제작소의 사장 가도빈 씨의 소기(所寄)인데 가도 씨는 일본 무선전신계에서 학술 경험이 공(共)히 탁월한 인사이며 특히 금번 공개시험을 기회로 본사의 초청에 응하야 내경(來京)하야 수차의 무선전화에 관한 강연을 행할 예정이다. (일 기자(一記者))

서언

엇던 일개소에서 달은 곳에 이조(二條)의 동선(銅線)을 전기가 새지 안토록 마조 매여노코 그 동선에 전지를 연결하야 전기를 통한 후 일개소에서 무슨 장치로써 동선에 흘으는 전기의 양을 줄엿다 늘엿다 하며 타방에서는 그 증감에 의하야 철제(鐵製)의 박판(薄板)을 흡착하고 잇는 자석의 인력에 변화를 주면 철판은 자동으로 우리 귀에 들리는 것 가튼 소리를 내는 것은 종래에 사용되던 유선전화의 이치를 설명한 것으로서 전류에 변화를 주는 장치는 전화의 『송화구(口)』이며 『마이구로촌』의 박철판(薄鐵板)을 흡착하는 자석은 『수화기』『헷드촌』이다.

무선전화와 유선전화의 차(差)

무선전화는 『유선전화』에서 동선을 제거하고 그 대신으로 대기 중에 충만되여 잇는 『에텔』의 파동(전파)을 쓰는 것이다.

에텔 파동의 성질과 속도

에텔은 우리 인간의 이목구비 등 오관에는 하등의 감각도 주지 아니하나 우주간에 충만하야 광열(光熱) 전파를 일방에서 타방에 전달하는 매개물 즉 동선의 구실을 하는 것이다.
에텔 파동은 사면팔방에 널리 파급되며 그 속력은 일초간에 십팔만 육천리 즉 우리 지구를 칠주(七周) 반(半)할 만한 속력이 잇는 것이다.

무선전화의 송신부와 그 가격

무선전화는 무슨 장치에 의하야 에텔 파동을 일으키고 이에 유선전화와 가튼 『송화구』로 파동에 변화를 주면 그 변화가 대기를 거처가서 수신부 『수화기』에 장치되여 잇는 자력에 변화를 일으키여 진동판을 움직여 가지고 우리 귀에 들리는 음성을 발하는 것이다.
그럼으로 유선전화와 달은 점은 에텔의 파동을 일으키기 위하야

△ 무선전화로 하모니카 연주를 보내는 광경

◇ 고전압 전기를 일으키는 기계
◇ 진동을 발생케 하는 고가의 전구
◇ 진동을 에텔 중에 일으키는 놉흔 공중선

을 요하는 일이며 그 가격은 일으키는 에텔 파의 강도(전력)에 의하야 부동(不同)하니 이 삼리에 달하는 전등 오촉광 가량의 전력기계이면 삼백 원 전후로 만들 수 잇스나 몃천해 리나 통화를 할 수 잇는 이삼천 촉광의 전력기계이고 보면 수천 원으로부터 이, 삼만 원도 지출치 아니하면 살 수 업는 것이다.

수신기는 간단하고 갑도 싸다

수신기는 간단하야 혼자 들을 것이며 십 원가량으로부터 백 원가량까지 십 인까지 들을 수 잇는 것이며 이백오, 육십 원 가량, 백 인, 천 인, 오천 인이라도 들을 수 잇는 기계는 음성을 확대하는 기계가 만히 드는 고로 사백 원 이상 천 원가량까지 여러 가지가 잇다. 송신하는 전력이 강하면 갑 적은 기계로도 충분히 쓸 수가 잇스나 그 전력이 약하면 약할 사록의 확대기가 만히 드는 고로 그 가격이 비싸게 된다.

수신부 공중선의 높히

공중에 늘이는 수신부의 공중선도 송신의 전력과 수신기의 확대기 *를 싸러서 그 높히가 달은 것이니 송신전력이 약하고 수신기도 광석식(鑛石式)이나 구(球)가 하나쯤 되는 것이면 옥상 이십척이나 삼십척의 고도가 필요하나 송신전력도 강하고 수신기도 진공구(眞空球)가 셋이나 다섯 내지 일곱식부터 잇는 것이면 공중선을 옥상에 올리지 안코 천정에 일조선(一條線)을 느리거나 또 재형(梓形)의 공중선을 사용할지라도 자유로 몃 천리 밧게 하는 송신을 청취할 수 잇다. (*)

동아 24.12.13 (2) 배우 학교 출현 / 래월 오일에 개학

극계에 이름이 있는 현털(玄哲), 리구영(李龜永) 씨 등의 발긔로 시내 와룡동 칠십일 번디에 조선배우학교(朝鮮俳優學校)를 설립코자 준비 중인 바, 그 목덕은 무대극과 영화극(映畵劇) 등의 배우를 양성하야 조선 예술계에 한 광채를 내고자 함이라는데 래월 오일부터 보통과(普通科)와 고등과(高等科)로 난호아 개학할 터인 바, 약간의 입학금 외에 월사금은 무료로 남녀를 물론하고 입학을 허한다하며 상세한 사항은 그 사무소에 문의함이 조켓다더라.

동아 24.12.13 (3) 조선예술 개연(開演) / 본보 독자는 위대(慰待)

이십여년간 구주(歐洲) 각지에서 최면술을 연구하야 그 오의를 해독한 김문필(金文弼) 씨를 중심으로 조직한 조선예술학원을 시설할 자금을 구하기 위하야 전선(全鮮) 각지 순회 중 지난 팔일 발(發) 일행은 원산에 도착하야 원산청년회 후원으로 십일일 밤부터 십이일 밤까지 이일간 일인촌(日人村) 원산극장에서 개연하게 되야 본보 독자에게는 할인 우대를 하엿는바, 김문필 씨의 최면술은 실로 현묘 불가사의엿스며 소년소녀배(輩)의 가극도 자못 볼만하엿다. (원산)

매일 24.12.13 (3)[150] 고대 비사(秘史)『운영전(雲英傳)』 / 입(廿)일일 단성사에 상영 / 됴선키네마 회사의 력작으로 내용의 장려함은 누구나 수긍

전번에 해의 비곡(海의 秘曲)이란 순수한 됴선영화를 늬이여 반도 영화계에 호평을 엇은 부산(釜山) 됴선키네마 회사에서는 이번에 데이회 작품으로 됴선시대극(朝鮮時代劇) 슈성궁 비사(壽聖宮 秘史) 운영뎐(雲英傳)을 『총희의 련(寵姬의 戀)』이라 일홈을 곳치고 상하 륙

---

150) 매일신보 영인본에는 이 기사가 1924년 12월 13일 3면으로 표기되어 있으나 한국언론재단이 운영하는 카인즈(www.kinds.or.kr) 매일신보 PDF 상에는 1924년 12월 13일 5면으로 표기되어 있다. 그러나 13일, 토요일 신문에는 5면이 없고, 통상 일요일에 5면이 있는 관행을 감안하여 영인본에 따라 3면으로 표기한다.

권의 영화극으로 제작하야 오는 이십일일브
터 시닉 단성사에셔 봉절 공기할 터이라는
대 이 영화는 사빅년 전 셰종됴(世宗朝) 시
대에 권셰가 일국에 썰치던 안평대군(安平大
君)을 즁심으로하고 불 붓듯하는 련애의 싸
홈을 그려닉인 웅편인 바, 됴션 극단의 명셩
으로 애극가의 총익를 밧는 리치뎐(李彩田)
부인을 비롯하야 김우연(金雨燕) 양, 안죵화
(安鍾和) 군 등의 쥬연으로 하물며 화려한
의상(衣裳)과 장대한 건물(建物)과 졀가한

△ 올은 편으로브터 소옥(小玉)으로 분장한 리치뎐 부인, 운영(雲英)으로 분장한 김우연 양, 김련(金蓮)으로 분장한 최덕션(崔德先) 양

풍광을 덤텰하야 닉용의 쟝려함과 「스케일」의 웅대함은 족히 사빅여년 전의 녯날을 완연
히 회상케하며 그 우에 됴션 극계에 일홈이 잇는 윤빅남(尹白南) 씨의 감독 하에 완성되야
어느 뎜으로 보던지 동 회사의 대력작(大力作)임을 누구나 수긍할이라더라.

매일 24.12.13 (3) 〈광고〉 [연예안내]
당 십이월 십일부터 특별대공개
미국 코몬사 작품
실사 **시보** 전일권
미국 뷔레휘−드사 대작
활극 **시련을 밧고** 전이권
미국 마매−도사 대작
공중희극 **쮜고 쩌러지고** 전이권
불영(佛英) 양국 사이에 일어나는 아릿싸운 스랑의 대 로민쓰 대쟁투
*국 중세기의 대모험
셩십자군의 원정을 배경으로 하고 천공(天空)을 쑤를 듯한 대왕성(大王城)
운무(雲霧)와 여(如)한 대군(大軍), 영웅, 협인(俠人)
보라! 세계의 대로민쓰을 유감업시 그려닉인 이 대명편을
무사도 빗날 쪄 전십이권
기회를 놋치지 마셔요
세계 무비(無比)의 일천만불 대사진
단성사

12월 6일자 조선극장 광고와 동일

조선 24.12.13 (석2) 〈광고〉
당월(當月) 십사일부터 개관 제이회 봉절(封切)
실사 **푸옥스 시보** 전일권
신극(新劇) **위기일발** 전이권
미국 윌니암, 푸옥스사
활극 **사선돌파(死線突破)** 전칠권
미국 푸옥스사
애화(哀話) **고아의 패(唄)** 전오권
(예고)
내(來) 십구일부터 상영
일천만불 대영화
사극 **시-쌔의 여왕** 전십권
『심각한 표현으로써 정평 잇는 대명화. 만천하에 격(激)함!
푸옥스사 봉절장 **우미관**
전(電) 광(光) 삼구오번

동아일보 12월 11일자 단성사 광고와 동일

조선 24.12.13 (조2) 무선전화 이약이 (속(續)) / 일화(日華)무선전신사장 **가도빈(加島斌)**

무선전화의 혼신(混信)과 피하는 법

전기(前記)한 바와 가티 무선전신에 사용하는 『에텔파』는 사방팔방으로 일제히 퍼지는 것임으로 유선전화와 가티 달은 사람은 아지 못하도록 한 사람 한 사람끼리만 이약이할 수는 업는 것이다. 일개소에서 이약이를 하면 그 전파의 도달하는 범위 내에 잇는 수화기는 다 그것을 들을 수가 잇다. 그러나 그러한 경우에 수신기는 다 송화부의 사용하는 전파장에 마추지 아니하면 들리지 아니한다. 송신부에서 사백미돌(米突)의 전파장을 쓰는데 수신기를 삼백오십미돌에 마추어두면 아조 갓가운 경우 이외에는 들리지 아니한다.

그럼으로 무선전화는 다 들리는 보통적(普通的)의 것이지만은 사용하는 바의 전파장만 밧구게 되면 동시에 얼마를 발송하던지 서로 혼신되는 일이 업다. 그 전파장의 차는 사, 오백미돌까지는 이십미돌 가량의 차만 잇서도 혼선을 피할 수가 잇는 것인즉, 가령 삼백미돌 내지 육백미돌 간의 전파장을 사용한다 하면 그 중간에서만도 십오개소의 통화는 서로 혼신되지 안코 이론상으로는 교환할 수 잇슬 것이다. 그러나 실제상으로는 파장은 여러 가지 관계로 다소 길어졋다 짤러졋다 하는 고로 너무 근소한 차로는 혼신을 피하기 어려울 것이다.

무선전화의 주요한 용도

무선전화는 지금 여러 가지 일에 사용되는 터이나 구미에서 가장 사회적으로 사용되어 잇는 사용법은 * 일개소에 송화부를 설(設)하고 매일 시간을 정하야 『시*(時*)』 『물가표』 『신문기사』 『천기(天氣)예보』 『야구승부』 『동화』 『연설』 『음악』 등을 송신하야 각 가정에서 수신기를 가지고 바더 듯는 것이니 이것을 『라듸오 가스트』라 하야, 미, 영, 독, 불, 호에서는 극히 유행되며 중국에서도 상해, 향항(香港)에는 이미 이것을 실행하엿고 일본에서도 근근(近近) 동경, 대판에서 위선(爲先) 사단법인으로써 放近局[151]을 조직하야 이를 실시할 예정으로 목하 준비중이다.

무선전화 수신기 시작의 주의

무선전화를 송신하는 일은 전문가 이외에는 좀 곤란한 일이나 수신기를 만드는 일은 좀 연구만 하면 용이한 그러케 곤란한 일이 아니다. 단 기능을 충분히 발휘하야 능률이 조흔 기계의 제작은 기계제작 전문가의 손으로야 비로소 만들 수 잇는 것이다.

최초의 연구가는 위선(爲先) 광석(鑛石)수신기에 착수하는 것이 순서이다.

광석은 『방연광(方鉛鑛)』 『가레나』 또는 『황철광(黃鐵鑛)』을 사용하며 철선(鐵線)은 본견사(本絹絲)만한 『양은(洋銀)』 우(又)는 『동철』의 철선을 사용할 것이다.

『고일』은 경(經) 이촌(二寸) 오분(五分)쯤 되는 것에 수신 사백미돌쯤 되는 것이면 굵기가 견침(絹針)[152]만한 면권동선(綿卷銅線)[153]을 육십회 가량쯤 감엇스면 충분하다. 수화기는 오백 이상 천오백 『옴』 가량 되는 것을 쓰고(수화기는 상당히 주의하야 선정치 아니하면 아니된다) 공중선은 이방(二方) 이상에 장해물(무선전파의 장해되는 것은 금속이니 전선 아연판 철근『콩그리트』가옥 가튼 것이다)이 업는 곳으로서 놉히는 적어도 이십오척, 수평부는 적어도 사십척 이상이 아니면 아니될 것이다.

지기(地氣)는 수도(水道)가 잇는 곳이면 수도의 토수구(吐水口)를 잘 닥근 후에 동선을 갈고 쌔워발이는 것이 조타. 지선(地線)은 무엇에 접촉되던지 관계가 업스나 공중선은 절대

---

151) '放送局'의 오식으로 보임.
152) 비단 바느질용 바늘.
153) 구리줄에 피복을 씌워 절연한 전선.

로 외물(外物)에 접촉되어서는 아니된다.

양철 집웅 쏘는 벽 혹은 양철문에 접근식여서는 아니된다. 광석은 감응이 불량하거든 알 쏠로써 닥는 것이 조흐며 오히려 불량하거든 쌔트려 가지고 쓰는 것이 조타.

광석 수신기는 자기 손으로 쏨이지 아니할지라도 일화(日華)무선제『二少カホケ少トホン』을 구입하면 삼 원 오십 전 가량이며 수신기는 사 원이다.

진공수신기 시작 주의

진공관을 사용하는 수신기를 쏨이는데는 가격은 좀 불렴(不廉)할지라도 부분품은 확실한 것을 선*하야 쏨이지 아니하면 고장이 만어서 성공치 못한다. 부분품의 확실한 것은 일본산으로는 일화무선제품이다. 동 제품은 좌기(左記)에서 판매한다.

동경지구(東京芝區) 신교(新橋) 일화무선 신교판매소, 대판북구(大阪北區) 중근*중일(中根 *中一)의 일사오 일화무선출장소

참고서

통속무선전화の화(話)『가도빈 편』 가(價) 우세(郵稅) 병(並) 삼십 전

동서(同書)는 전기(前記) 일화무선에서 판매함니다. 무선 부분품 외 **은 *권(*券) 이전 봉입(封入) 전(前) 기처(記處)에 말하면 무가진정(無價進呈)

조선 24.12.13 (조2) 배우학교 신설 / 현, 리 양 씨 경영으로

현희운(玄僖運) 리귀영(李龜榮) 량 씨와 밋 극단의 유디로 시내 와룡동(臥龍洞) 칠십일 번디에 배우학교(俳優學校)를 설립하얏다는데 뎨일회 입학생은 삼십오 인을 정원으로 래년 일월 오일부터 교수할 터이며 입학 자격자는 남녀를 물론하고 십오세 이상 이십세 이내의 품행방정하고 보통학교를 졸업한 사람이라 하며 자세한 내용은 그 사무소로 무러보기를 바란다더라.

동아 24.12.14 (3) 〈광고〉

당(當) 십이월 십사일 유사 날

미국 유사 특작품

대활극 **용기백배** 전오권

미국 유사 대제공

마리아무구쌔 양 대역연

명화 **여자의 맹세** 전팔권

미국 유사 대작품
연속활극 **철로맹자(鐵路猛者)** 전십오편 삼십권
제삼회 제오, 제육 사권 상장
＝예고＝
불일(不日) 공개될 조선 명화
조선키네마 대작
총희의 연(寵姬의 戀) 전권(원명 운영전)
고대하서요 봉절 기일을!!
송죽 유사 조선키네마 특약
단성사 전(電) ((광)光) 구오구

십이월 십삼일부터
세리고푸로데유싱그 회사 작품
명우 아−링푸레데이− 양 역연
신비활극 **회색의 신녀(神女)** 전십오편 삽(卅)일권 중
제사회 제칠, 제팔 사권 상장
일활 권위 일천만불 영화 요심무용(要心無用) 자매편
골계활극 **낙담무용(落膽無用)** 전삼권
일활회사 동양권리부
하로로로이도 주연 미루도렛도뷔−스 양 조연
모험활극 **호남(豪男) 로이도** 전오권
포복절도
벙글벙글 **화물옥부(貨物屋敷)** 전이권
사천람(賜天覽) 광영(光榮) 센추리− 영화
골계활극 **전기가(電氣家)** 전이권
절대로 타사에서 볼 수 업는
로이도 영화의 걸작품!!
조선극장
전(電) (광(光)) 이〇오

매일 24.12.14 (5)[154] **24.12.15 (1), 24.12.16 (4), 24.12.18 (3) 〈광고〉 [연예안내]**
동아일보 12월 14일자 단성사 광고와 동일

동아일보 12월 14일자 조선극장 광고와 동일

조선 24.12.14 (석4), 24.12.17 (석1) 〈광고〉
12월 13일자 우미관 광고와 동일
동아일보 12월 14일자 단성사 광고와 동일
동아일보 12월 14일자 조선극장 광고와 동일

동아 24.12.15 (3) 기독 소년 환등
선천(宣川) 기독교청년회 소년회에서는 지난 십이일 하오 칠시부터 동 회관 내에서 환등회를 개최하엿는데 소년 백여 명은 자미잇게 구경하엿고 폐회 후 동 소년회원을 모집하엿다고. (선천)

동아 24.12.15 (4), 24.12.16 (4), 24.12.17 (3) 〈광고〉
12월 14일자 단성사 광고와 동일
12월 14일자 조선극장 광고와 동일

매일 24.12.15 (4) 교육회 교화부(敎化部) 활사(活寫)
전북도(全北道) 교육회 교화부 주최로 사회교화상 일반에게 무료 관람케하기 위하야 좌기(左記) 일할(日割)로 각군으로 순회 활동사진을 영사한다더라. (전주)
▲ 십육 칠일 전주 ▲ 십팔일 이리 ▲ 이십일일 군산 ▲ 이십이일 김제 ▲ 이십삼일 정읍

조선 24.12.15 (석1), 24.12.20 (석4) 〈광고〉
동아일보 12월 14일자 조선극장 광고와 동일

조선 24.12.15 (석3) 세계의 방송전화 / 미국에서는 생활필수품
방송무선전화라는 것은 누차 소개한 바와 가티 전파가 사방팔방으로 전파되는 성질을 이용하야 엇더한 지방에서 송화하고 이것을 그 통달(通達) 거리 내에 잇는 수신기의 소유자는 몃만 몃백만의 사람이라도 동시에 듯게 되는 것이다. 그래서 송화하는 국(局)을 방송국이라하고 수화자를 청취자라고 한다. 원래 이 방송전화는 미국에서 전쟁 쯧혜 국민성을

---

154) 매일신보 1924년 12월 14일자는 일요일로 특별판인 6면으로 구성되어 있다. 영인본에는 이 광고가 12월 14일자 5면에 실린 것으로 되어있지만 카인즈 PDF에는 3면으로 표기되어 있다. 그러나 신문 원본으로 추정하건대, 5면에 있는 것이 맞다.

선도하기 위하야, 쏘는 시장의 시세를 알리기 위하야 이용하던 것이 지금 모양으로 일종의 오락용이 되야 인류 생활상 불가무(不可無)의 것으로 생각하게까지 된 것이다. 다음으로 세계 중요국가의 무선전화의 실시 상황을 듯건대

미국에서는 중요한 전기회사 혹은 신문지 백화점 등이 사회봉사적으로 방송국을 건설하고 일반 청취자로부터는 근소한 기계매매의 수익 우(又)는 사용자로부터 손료(損料)를 징수하는 정도에 그침으로 아직 수지는 맛지 안는다고 한다. 그래서 금년 삼월 조사에 의하면 방송국 五七五, 청취자가 수백만 인에 달한다고 한다.

영국은 아직 미국가티 유행되지는 아니하나 영 본국에만도 십여처의 방송국이 잇서 여러 가지로 이용되는 현상이며 일본에서는 작년 십이월에 방송용 사설 무선전화 규칙이 발표되야 목하 착착 준비중이며 조선에서도 불원간 실시 규칙이 발표될 터이다.

조선 24.12.16 (석2) 무선전화 방송 공개시험

입장 전부 무료

조선일보사 주최＝일화(日華)무선전신기 제조소 실연

십칠, 십팔, 십구, 삼일간

매일 양차　오후 일시부터 삼시까지

　　　　　　　오후 삼시부터 오시까지 학생 일반

(단 학생은 인솔자 잇는 단체됨을 요하며 관람코자 하는 학생단체는 관람코자 하는 전일 (前日)까지 본사와 상의함을 요함)

발신소 조선일보사 장소의 협애로 일반 관람은 사절

단 학교 이과교사의 관람은 무방

수신소 우미관 일반 공개. 단 정원 초과시는 입장사절함

방송무선전화 연설, 성악, 기악 등

외에 무선전화에 관한 강연, 무선전화의 원리를 설명한 활동사진, 고성(高聲) 축음기, 전화(電話) 등 최신 발명의 실사

조선 24.12.16 (석4) 〈광고〉

12월 13일자 우미관 광고와 동일

동아일보 12월 14일자 단성사 광고와 동일

조선 24.12.17 (석3) 근세과학의 일대 경이 / 멧백 멧천리를 격한 곳에 흔적 업시 전파되는 / 방송무선면화의 신긔막측한 비밀을 보라! / 본사 주최로 독자와 일반에 실험 공개

이 편의 소리가 멀리 저 편으로 그 중간에 아모 련락이 업시 다만 종용한 공중을 가만히 거처서 말이면 말, 노래이면 노래대로 들리우는 것이 최근에 가장 놀라운 발명이며 세계덕으로 문명각국에 대류행하는 무선면화이며 이 무선면화를 처음 조선말로 통하는 공개의 시험이 조선일보샤(朝鮮日報社)의 주최로 십칠일부터 우미관(優美舘)에 열고 평소 조선일보의 애독자를 우대하며 과학에 대하야 취미가 잇스며 혹은 학창에 잇는 청년제군의 참고를 삼고저하는 쯧으로 일톄 료금을 밧지 안코 공개를 하게 되얏습니다.

일(日) 삼차 삼일 공개 / 뎨일차는 독자를 위하야 이차는 학생에게 삼차는 공중에게 / 하로 세번식 사흘을 무료공개

당초 본샤에서 이 계획을 발표함에 샤회 각 방면의 환영과 찬동이 극히 열렬하야 한두 번의 공개로는 도뎌히 구경하실 희망자이 멧분지 일도 수용할 수 업슴으로 삼일간을 계속 공개하기로 하야 하로에 두 차례식 실연하기로 결뎡하얏든 바 경성에 잇는 애독자 제씨의 희망에 의지하야 다시 독자 우대의 한 차례를 더 더해 하로 세 차례식 도합 아홉 차례를 공개하게 되얏습니다. 그리하야

뎨일차 아츰 열한시부터 조선일보에 박인 입장권을 가지고 오는 이에게 한하야 입장하고

뎨이차 오후 한시부터 단톄로 관람하는 학생에 한하야 입장하고

뎨삼차 오후 세시부터 아모 제한 업시 일반에 공개할 터인데

무론 회장좌석의 제한이 잇슴으로 만원만 되면 어느 째이든지 뎡각 이전이라도 부득이 입장을 사절하게 되겟슴으로 그 점에 대하야는 미리 량해하기를 바라는 바이다.

연설, 성악, 음악 / 여러 가지 말과 소리 보내기는 본사에서, 듯기는 우미관에서

무선면화를 보내는 방송실(放送室)은 수표뎡 조선일보사 안에 두고 무선면화를 밧는 수신설비(受信

△ 무선전화를 받을 관철동 우미관

411

設備)는 관털동 우미관 안에 공사를 시작하야 조선일보의 방송 『안테나』가 작일부터 수표명의 공중에 놉히 소사 잇스며 우미관의 설비도 금일 오전에 마추어 금일 오후에는 톄신국 관리의 림검 하에 정식으로 시험을 마추고 십칠일 오전 열한시에 톄일차로 애독자를 마저서 공개시험을 행할 터이라 보내는 면화에는 연설도 잇슬 것이며 노래도 잇슬 것이며 혹 풍류도 잇슬 것으로 될 수 잇는 데까지는 조선말로 처음인 이 무선면화의 시험을 성공케 하도록 여러 가지로 로력할 것은 무론이나 텽중이 정숙을 직혀 주시지 아니하면 도뎌히 예긔한 성적을 어들 수가 엄슴으로 이 뎜에 대하야 주의하시기를 미리 희망합니다.

원리설명의 영화 / 활동사진과 류성긔와 고성 / 면화의 여러 가지 신긔한 것

공개시험은 다만 무선면화의 방송쑨 아니라 무선면화의 리치를 가장 알기 쉬웁고 가장 흥미잇게 설명한 활동사진 일천삼백척을 영사하고 자세히 설명하게 되얏스며 쏘 우미관의 옥상에서는 관외에 향하야 고성축음긔와 고성면화의 실연을 행할 터인데 이것도 무선면화와 가치 최신 발명의 면긔긔계를 응용하야 면화와 류성긔 소리가 사방 삼백간 가량은 넉넉히 들리는 것임으로 이것도 조선에서 공개시험을 행하기는 처음인 고로 입장을 못한 이나 근처에 거류하는 이에게 당하*도 한 흥미 잇는 구경거리가 될 것이 올시다.

주의할 일 / 뎨일회는 독자 / 뎨이회는 학생 / 뎨삼회는 일반 / 끗나면 곳 퇴장

우에 긔록한 바와 가티 매일 세 번식 공개를 행하지마는 첫 번에는 입장권 가지고 오시는 이, 둘재 번에는 학생, 세재 번에는 일반공개로 구별을 하얏슴으로 이 구별은 일반이 특별히 주의하야 주기를 희망하며 더욱이 하로에 여러 차례를 열게 되얏슴으로 한 차례가 끗나면 아모조록 속히 퇴장하야 주시기를 바라는 바이다.

자동차로 / 무선면화를 션면할 계획

조선의 방송무선면화(放送無線電話)도 멀지 아니하야 방송감시국(放送監視局)이 설치되는 날에는 민간방송회사(民間放送會社)가 설립될 것임으로 차차 실용덕 방면에도 씨우게 될 터인데 톄신국(遞信局)에서도 두어 번 실험하여 본 결과 실험에 성공하얏고 본사도 긔보와 가티 십칠일부터 삼일간 이를 공개하야 실험할 터인데 톄신국의 계획으로는 무선면화 영업자를 전형(銓衡)하야 이를 실행케 하는 동시에 방금 공무과(工務課)에서는 한층 더 무선면화의 보급을 도모코저 하는 필요상 경성부내 면파(電波)의 강약(强弱)과 파장(波長)의 거리 측뎡(距離 測定)을 행할 계획이요. 준비가 끗나는 대로 착수할 터임으로 그 결과에 의하여서는 명춘 일월부터 두서너 대의 자동차에 수신긔(受信機)를 장치하고 부내를 도라다니면서 수신실험(受信實驗)을 행하는 동시에 각 뎡동(町洞)의 수개소에서 자동차를 뎡

∷『나데앤』의사본는내보를화뎐선무 ∷
════（ 션송솨이줄쇠과돌주신뎐 ）════

△ 무선전화를 보내는 조선일보사의 안테나와 방송선

거하고 확성긔(擴聲機)로 일반에게 무선뎐화실험을 공개할 예뎡이요. 쏘 현재 방송실(放送室)의 송신긔(送信機)는 편의상 탁상(卓上) 유선뎐화긔를 리용한 결과 충분한 효과를 엇지 못하엿슴으로 멀지 아니하야 방송뎐용긔(放送專用機)도 외국에 주문하리라 한다.

조선 24.12.17 (석3) 과학계 낙오자는 / 할 수 업시 뒤떨어진 사람이다 / 일화(日華) 무선전신긔 제조소장 가도빈(加島斌) 씨 담(談)

십칠일부터 본사에서 주최하는 방송 무선뎐화(放送無線電話) 실험에 초빙되야온 일화 무선뎐신긔 제조소(日華 無線電信機 製造所) 가도소장(加島所長)은 말하되『금번 자긔가 조선에까지 온 것은 한갓 조선과 및 조선 사람 되는 여러분의 문화를 조장하는 한 도음이나 될가하는 미충에 지나지 안는 것이올시다. 날로 열려가는 과학의 세계에서 뒤써러저가는 곳은 하는 수 업는 락오자의 세계가 되는 것이니 엇지 유감되지 안켓슴니까. 다행히 귀보에서 무선뎐화에 대한 시험을 하야 보겟다는 의론이 잇는 것을

조흔 기회로 다른 ＊ 볼일은 제처놋코 조선으로 온 것이올시다. 발서 미국 가튼 곳에서는 뎐긔예보이며 주권시세 가튼 것도 전부 이 무선뎐화를 리용하게 되얏스며 각 가뎡에는 각각 소규모의 수신긔를 설치하야 두고 째째로 음악회까지 열게 되얏슴니다. 이 무선뎐화는 만일 대규모의 방송국만 잇스면 한 째에 백만 명에게는 들려줄 수 잇는 것이니 그 내용을 비밀에 부칠 수 업시 여러 곳 여러 사람에게 들리는 것과 한 곳에서 울려나와 골고로 미치

413

는 것은 마치 신문지와 가트나 다만 무선뎐화는 거의 한 쌔에 쏙가티 원근을 울려주는 것이 올시다』하더라.

조선 24.12.17 (석3) 무선전화방송 공개시험

조선일보 12월 16일자 '무선전화방송 공개시험'과 같은 내용이나
'외에 무선전화에 관한 강연, 무선전화의 원리를 설명한 활동사진, 고성축음기, 전화 등 최신 발명의 실연' 부분만 다름

조선 24.12.17 (석3) 〈광고〉 무선전화 급(及) 학술 활동사진

(판매·임대·제작·교환·가공)
동경시 경교구(京橋區) 은좌(銀座) 이정목 십오번지
주식회사 강본양행(岡本洋行)활동사진부
전화 은좌 사팔구팔번

조선 24.12.17 (조1) [사설] 생활의 현대화와 조선인 / 본사 무선전화 방송에 임하야

一

현대의 세계문명은 구주인(歐洲人)의 문명이오, 쏘는 과학문명이다. 십구세기 이강(以降)으로 장척진보(長足進步)한 구주인의 과학문명은 물신물신 자라가는 기세가 그 저지(底止)할 바를 알 수 업다. 과학의 문명은 즉 물질문명이오, 기계문명이오. 싸러서 발술적(拔術的)의 문명이다. 어느 의미로는 현대의 생활은 즉 기계와 기술을 중심으로 한 유물적(唯物的)의 생활이다. 수천만의 생령(生靈)과 누천억의 재화를 던저버린 구*(歐*)의 대전란은 이 기형적인 기계문명의 폐해에 기인한 바이라 한다. 쏘는 온갖 모순과 불합리를 포괄한 현대 사회의 조직도 쏘한 편(偏) 물질적인 기계문명에 기인한 바라 하니 그도 쏘한 명료한 사실이다.

二

그러나 오인(吾人)은 밥이 만병(萬病)의 원인이 된다 할지라도 밥을 폐(廢)함으로 생기는 큰 위험은 더욱 우리의 생명을 해할 것을 알 것이오, 옷을 입음으로 체질을 열약케 하는 점도 아는 바이지만 그러타고 옷을 폐할수 업슴과 가티 우리는 필경 물질문명이나 기계문명의 폐해를 알면서도 드듸어 그로써 형성된 현대의 문명을 **할 수는 업다. 오인이『샥다마』의 행자(行者)와 가티 천연의 대삼림 속에서 자연과 합화(合和)하는 생활함으로써 우주의

사랑밧는 아이되기는 이미 틀리엇고 『집시』족이나 『키리씨쓰』인과 가티 즉흥적 시가(詩歌)와 부운종적(浮雲蹤跡)의 방랑한 생애로써 지낼 수 업슴을 아는 이상 오인은 드듸여 현대문명의 구가자(謳歌者)가 되고 과학문명의 추구자가 되지 아니할 수 업는 것은 다시 말할 필요까지도 업는 것이다. 금일의 일국가 일민족의 성쇠는 어느 의미로는 그의 과학과 밋 기계문명에 대한 조예의 심천(深淺)으로써 측도(測度)하는 것이다.

三

조선인은 유래(由來)로 물질에 담박(淡泊)하엿고 쌀허서 기계와 기술에도 둔한 바 만헛섯다. 즉 과학에 둔하엿다고 할 것이다. 그 결과는 산업적 부진 및 쇠퇴를 오게 하엿다 할 것이다. 효제충신(孝悌忠信)의 교훈이나 치국평천하의 이상이 가(可)치 안흠이 아니오, 홍원(弘遠)치 아님이 아니지마는 이 편벽된 형이상적 유심적(唯心的)의 경향이 물질에 담박하고 과학에 둔하여진 일인(一因)도 될 것이오. 그의 국제상 지리적 위치이나 혹은 정체(政體)와 사회의 사정이 쏘는 그를 장해(戕害)한 사정도 적지 안켓지만 하여간 조선인이 유래로 편(偏) 유심적으로 되어 물질문명에 소외하여진 경향이 잇섯고 그로 인하야 현하(現下)의 전 민족적 궁핍을 초래한 일부의 이유가 되는 것도 쏘한 부인할 수는 업는 사실이다. 그러나 오인은 무수한 선민선철(先民先哲)들의 생활의 묵은 자취를 돌어보건대 결코 과학적 및 기술적 소질이 부족하지 안흔 것은 고사하고 돌이어 매우 비범한 천재적 우월성을 가진 것을 누구나 수긍할 것이다. 그는 반듯이 고려자기이나 활자이나 철선(鐵船)이나 혹은 비행기 발명의 구(舊) 기록이나 쏘는 *주(*州)의 *고물(*古物)이나 고구려의 고분 중으로서 발굴되는 선민(先民)들의 수*(手*)을 일일히 예*할 것도 업시 매우 명확한 사실이다.

四

오인은 선천적으로 우월한 과학적 및 기술적의 소질을 가지고도 오늘날 사계(斯界)에 대하여는 **한 낙후자가 된 것은 비통할 사실이다. 홍담헌(洪湛軒)[155]의 공계(空界) 삼환설(三丸說)[156]이나 박연암(朴燕岩)[157]의 **설(**說)이나 서화담(徐花潭)의 물리(物理)에 대한 연구이나가 모다 *술적(*述的) 대성(大成)에 닐으지 못하고 오늘날의 지리멸렬한 상태에 쌔진 것은 참으로 금고(今古)를 돌아보아 질족(跌足)[158] 장탄(長嘆)할 바이다. 그는 다만 이

---

155) 실학자 홍대용의 호.
156) 땅의 형태를 구로 생각하고 태양, 달, 지구를 같은 부류로 보고 그것이 공중에 떠서 움직이니 지구도 회전한다는 주장.
157) 실학자 박지원의 호.
158) 슬픔, 절망, 후회 등으로 발을 동동거리다.

세적(李世勣)의 평양파괴(平壤破壞)나 요(遼) 왕의 홀한성(忽汗城) *파(*破)이나 백마강반(白馬江畔)에 낙화(洛花)와 가티 슬어지든 백제왕궁의 애화(哀話)이나에 지지안케 유심인(有心人)의 태식(太息)과 통한을 말지 아니할 바어니와 그러나 오인은 뒤늣게라도 다시 이 과학으로의 맹진(猛進) 기술로의 광복을 힘써 구하지 아니할 수 업는 바이다. 오인은 현대 문명을 소화하자, 과학을 이해하고 이용하자. 모든 기계를 제조하고 구사하여야 할 것이다. 물질구국을 부르지즌 인국(隣國)의 석유(碩儒)도 잇는 바이지마는 오인은 정신적 부흥과 함씌 이 과학적 복귀, 물질적 재생도 진격(眞擊)하게 추구하지 아니할 수 업다.

五

오늘날의 조선인은 모든 물*의 문명 *계(*械)의 문명을 이용하기를 즐긴다. 그러나 우리는 그의 이용을 즐기는 이만큼 그 문명을 이해하지 못하엿고 창조하지 못하엿고 쏘는 그를 장악하지 못하엿다 할 것이다. 그럼으로 신문명의 수입과 밋 그 이용의 분량과 정비례로 더욱더욱 민족적 빈궁에 쌔저가는 것은 면할 수 업는 이세(理勢)이다. 쑨만 아니라 모든 관리의 간능(幹能)과 밋 그 기술이 부족하고서 신문명의 방식으로써 건설된 사회의 통재권을 계승하기는 지난할 일일 것이다. 오인은 우리들의 청년들이 아즉도 자연과학에 등한하고 기술적 수련에 등한함을 보매 항상 탄석(嘆惜)하는 바어니와 이제 인방(隣邦)의 기술자와 밋 그들의 기계를 빌어 현대의 최신식의 문명의 이기와 밋 그 효용을 실험하게 됨을 임하매 가장 무량(無量)한 감개에 쌔운 바 잇다. 천하의 부로(父老)와 밋 청년들은 깁히 동감할 바 잇슬 줄 밋는다.

조선 24.12.17 (조2) 금일 무선전화 방송 초일 / 열한시부터 애독자, 오후 한시부터 부인, 오후 세시부터 일반 공개 / 장소는 관텰동 우미관, 무선전화와 활동샤진과 고성축음긔 등의 실연

조선말로 처음 전하는 무선면화의 방송시험은 작일까지 제반 준비를 맞추어 금 십칠일 오전 열시에 정식으로 톄신국 관리의 검열을 바든 후 열한시부터 시작하게 되얏슴니다.

뎨일차 열한시부터는 조선일보에 박힌 입장권을 가지고 오신 이에게

뎨이차 오후 한시부터는 일반부인에게 공개

뎨삼차 오후 세시부터는 일반에게 공개하기로 결뎡되얏슴니다. 만원이 되면 시간 전이라도 입장을 사절할 수 밧게 업슨즉 아모조록 일즉이 입장하시기를 바랍니다. (회장은 관텰동 우미관이며 뎐차로는 종로통 청년회관 압히나 황금뎡 상품진렬관 압 명류장에서 나리는 것이 편함니다)

무선전화의 방송 이외에 자미잇는 활동샤진 영샤와 처음 보는 고성 축음긔 실연도 잇슴니다.

동아 24.12.18 (3) 〈광고〉

당 십이월 십칠일 공개 송죽 날

미국 마－메－도 대작

대모험대희극 **자동차 대경쟁** 이권

미국 뷔아르도사 대작

인생애화(哀話) **진홍의 구(鳩)** 전오권

미국 콜드윙사 대작

론재－니 주연

탐정활극 **지옥의 희백합(姬百合)** 육권

미국 게쓰－타사 대작품

맹투(猛鬪)활극 **금광에 피는 꽃** 오권

＝예고＝

불일(不日) 공개될 조선 명화

조선키네마 대작

총희의 연(寵姬의 戀) 전권(원명 운영전)

송죽 유사 조선키네마 특약

단성사 전(電) (광(光)) 구오구

12월 14일자 조선극장 광고와 동일

조선 24.12.18 (석2) 경이의 눈! 경이의 귀! / 선화(線畵)로 영사된 신비한 무전의 원리 / 본사장 리상재 씨의 연셜소리에 놀래인 군중 / 리동백 군의 『단가』에 흥을 도은 만장 애독자 / 성황을 극(極)한 본사 무전방송의 초일(初日)

조선에서 조선말로 처음되는 조선일보 주최의 무선면화 공개방송 시험은 긔보한 바와 가티 십칠일 아츰부터 시내 관텰동 우미관(優美舘)에서 최되얏다.[159] 독자를 위하야 게개최된[160] 뎨일회 명각은 열한시이엇지만은 여러 가지 준비관계로 아츰부터 만원의 성황을 이루웟스나 하는 수 업시 하오 한시에나 열게 된 것은 비록 부득이한 사정으로 인함이나 매우 미안한 일이엇다.

먼저 본사 리상협(李相協) 씨가 고성면화를 리용하야 간단한 개회사를 베푼 후 무선면화

---

159) '개최되얏다'의 오식으로 보임.
160) '개최된'의 오식으로 보임.

417

무선뎐화사진 =(우)람핀가청웅의주미관쌔수에…설치한무선뎐화를밧는학성구(擴聲器)신긔여긔긔 로여긔 나는광경

△ (좌) 무선전화 소리에 놀라는 관중 (우) 우미관 무대에 설치한 무선전화를 받는 확성기

의 신비한 리치를 설명한 일천팔십척의 신비한 상자(神秘한 箱子)라는 활동사진을 영사하야 먼저 관중에게 무선뎐화라는 것은 엇더케 하는 것이라는 대례의 지식을 엇게 한 후 본 사장 리상재(李商在) 씨의 일장연설이 잇고 류성긔가 잇고 리동백(李東伯) 군의 단가독창이 잇섯는대 리상재 씨의 음성을 아는 이와 리동백 군의 소리를 듯든 이는 더욱 신긔하게 역이어서 박수가 이러낫섯스며 아모 줄도 업시 수표다리 조선일보사에서 관텰동 우미관싸지 소리가 들린다고 매우 신긔하게 역이는 빗이 가득하얏스며 이로써 뎨일회는 원만히 마치엇다.

기적, 신비 / 뎐화에 놀라인 신녀사의 감상

무선뎐화를 듯고 난 여자청년회장 신(申)앨버트 녀사는 말하되 『참으로 신긔한 일이올시다. 신문의 예고를 보고 궁금한 마음에 학생들싸지 다리고 드르* 온 것인대 아모 줄도 업시 들리는 력력한 그 음성은 놀래지 안을 수 업섯습니다. 사람은 오래 살 것이올시다. 자긔 평생에 이 가튼 신긔한 조화를 볼 줄은 쯧도 하지 안튼 바이엇스며 아즉도 과학에 대한 지식이 여튼 조선 민중을 위하야 이 가튼 주최를 하야 주신 조선일보의 성의를 감사함니다』하더라.

강연에 심취한 학생 / 뎨이회는 사현금과 정악 합주 / 룡산 무뎐의 강파로 다소 고장

뎨이회는 가명부인을 위하야 공개할 예뎡이엇스나 각 학교의 형편에 의하야 학생들이 중요한 손님이엇섯는대 이층에는 태화녀자관(太華女子舘) 학생 구십 명이 잇섯스며 아래층에는 중앙학교(中央學校), 공옥학교(攻玉學校), 협성학교(協成學校) 등 세 학교의 오백여 명 학생이 가득하얏섯다. 위선 본사 리사 백관수(白寬洙) 씨가 고성 뎐화긔를 리용하야 개회사를 한 후 특히 학생을 위하야 일화무선 면신긔계 제조소의 가도 소장(加島 所長)의 무선면선에 관한 알기 쉬운 강연과 활동사진이 잇슨 후 무선면화의 실험이 시작되자 벽두에 본사 편집국장 민태원(閔泰瑗) 씨의 례사가 시작되며 뒤를 이어서 성악가 윤극영(尹克榮) 씨의 동요(童謠) 『반달』과 홍영후(洪永厚) 씨의 『바이요린』 독주가 잇섯스며 뒤를 이어서 정악 전습소원의 관현악 합주와 조동석(趙東奭) 씨의 단소 독주가 잇섯는데 불행히 첫날에는 룡산 륙군 무선면신국에서 강한 면파(電波)가 흘려오는 영향을 바다 완전한 성공을 못함은 가장 유감이엇스나 하는 수 업는 일이엇섯다.

조선 24.12.18 (석2) 〈급고〉
무선면화 공개시험은 금일부터 오후 칠시 경성공회당에서 열기로 변경하얏슴니다 자세한 것은 삼면 사고를 보십시오
조선일보사

조선 24.12.18 (석2), 24.12.20 (석4) 〈광고〉
동아일보 12월 18일자 단성사 광고와 동일

조선 24.12.18 (석3) 무선전화 방송 공개 변경
입장무료
조선일보사 주최 =일화(日華)무선전신기 제조소 실연
십팔, 십구, 양일간(매일 오후 칠시부터)
발신소 조선일보사 장소의 협애(狹隘)로 일반관람은 사절
              단 학교 이과교사의 관람은 무방
수신소 경성공회당 십팔일은 일반에 공개
              십구일은 독자에 공개
제일일의 경험에 징(徵)하야 제한잇는 회장에서는 도저히 무조건 공개를 행할 수 엄슴으로 회장을 경성에서 제일 다인수(多人數)를 용(容)할 공회당으로 변경하고 별로히 입장권을 발행하야 십팔일에는 오후 오시 반부터 육시 반까지 사이에 본사 경성 판매소(남대문통 일정목 이십삼 번지 소광교(小廣橋) 동북우(東北隅))에서 희망자에게 난호아 드리고 회장에는 입장권 지참하신 이에게 한하야 입장하시게 함니다
십구일에는 작일(昨日) 본보(本報) 난외(欄外)에 인쇄한 독자 우대권을 지참하신 인사 선착 일천인을 한하야 입장하시게 함
방송무선전화 연설, 성악, 기악 등

외에 무선전화에 관한 강연, 무선전화의 원리를 설명한 활동사진, 고성(高聲) 축음기, 전화 등 최신 발명의 실연

조선 24.12.18 (석4) 〈광고〉
12월 13일자 우미관 광고와 동일
동아일보 12월 14일자 조선극장 광고와 동일

조선 24.12.18 (조2) 금야(今夜)부터 공회당으로 / 오후 일곱시부터 무선뎐화와 활동사진 등 / 입장에는 입장권을 반드시 가지고 오시오 / 무선전화 공개 방송 변경
무선뎐화방송 공개시험의 뎨일일이 비상한 성황으로 맞추엇슴은 이미 보도한 바어니와 뎨일일의 성적을 보건대 입장 희망자가 너무 만허 회장의 정리가 곤난한 까닭에 종용히 무선뎐화를 듯기가 어려웁고 쏘 하로에 세 차례의 개회인 까닭으로 교대가 촉박하야 회장 밧게 모힌 이와 회장 안에 모힌 이의 출입 교대가 곤난할 쑌 아니라 오후의 시간에는
무선뎐화는 줄로 가는 것이 아니라 디구 상의 어느 곳으로든지 공통한 공중으로 전하야 오는 것임으로 다른 곳에서 보내고 밧는 무선뎐신이나 무선뎐화가 잇슬 쌔에는 방해가 되야 소리가 잘 들리지 아니하는데
마츰 룡산(龍山) 무선뎐신국과 일본과 중국 등의 무선뎐신국과 무선뎐신을 교환하는 시간임으로 본사의 무선뎐화는 간간 방해를 밧게 되는 일이 잇슴으로 무선뎐신에 방해를 밧지 아니할 시간을 리용할 수 잇고 겸하야 회장을 정숙히 정돈하야 렬심으로 연구코저 하는 인사의 편의도 도모하고저 회장을 변경하야 저녁에 리용할 수 잇는 회장으로 가장 다수한 사람을 수용할 장곡천뎡 경성공회당(京城公會堂)으로 뎡하고 입장자에게 약간의 제한을 부치기로 하야슴니다. 즉 하로 세 차례의 개회를 두 차례로 고처서 한 차례는 이미 결뎡된 학생의 단톄관람으로 하고 한 차례는 공개하기로 변경하얏슴니다.

필요한 무료입장권 / 금일 밤에는 입장권이 필요 / 입장권 드리는 방법과 시간
금 십팔일의 공개는 오후 칠시부터 행할 터인데 회장의 정리를 위하야 특별히 입장권을 발행하게 되야 금일 오후 다섯시 반부터 여섯시 반까지 한시간 사이에
남대문통 일뎡목 이십삼 번디(소광교 동북 편 모퉁이) 조선일보 경성판매소에서 희망하시는 인사에게 입장권 일천장을 난호아 드릴 터인데 시간 안이라도 일천장을 다 분배하면 중지할 것이며 입장권은 물론 무료로 들임니다.
그리하야 그 입장권을 가지고 오후 일곱시까지 경성공회당에 도착하시는 인사에 한하야 입장하시게 하고 그 이외에는 유감이나마 부득이 거절할 수밧게 업스며

독자와 학생 / 우대와 주의

본사 독자를 우대하는 의미로 작일 본보란 외에 박엿든 독자 입장권은 명 십구일 오후 일곱시 경성공회당으로 가지고 오시면 무료로 입장하시게 할 터인데 이 날도 또한 회장에 제한이 잇슴으로 먼저 도착하시는 일천 명 이외에는 입장을 거절할 수밧게 업시되얏스며, 이 독자 입장권은 명일에만 쓰고 금일 져녁에는 통용치 아니합니다. 이와 가티 시각이 밤으로 변경되얏슴으로 낫에 사무가 잇는 인사로도 구경하실 편의를 엇게 되얏스며 무선뎐화의 성적도 우에 말한 바와 가티 전일보다 더욱 조흘 것이올시다. 학생을 위하야는 무론 십팔, 십구 량일에도 싸로히 뎍당한 시간을 보아 개회할 터이나 이미 발표한 바와 가티 구경오는 전날 본사와 상의하야 두고 또한 학교선생에게 인솔된 단톄가 아니면 입장을 거절합니다.

조선 24.12.18 (조2) 천래(天來)의 유성기 성(聲) / 만장의 청중은 잠시 동안 침묵 / 륙군 무뎐으로 다소간 또 장애 / 무선전화 방송 초일의 오후

뎨이회 학생들의 듯는 것이 긋나자 문 밧 길거리에 갓득히 서서 기다리든 일반시민 여러분을 위하야 뎨삼회의 공개시험을 시작하니 째는 오후 네시나 되야 역시 예명보다 한시간 동안이나 느젓다. 위선 본사 리사 백관수(白寬洙) 씨가 고성뎐화를 통하야 개회사를 한 후 즉시 『신비의 괴작』이라는 무선뎐화에 관한 활동사진 영사가 잇섯고 계속하야 무선뎐화 방송 시험이 잇섯는데 고성 유성긔가

△ 홍영후 씨의 바이올린 연주를 무선전화로 보내는 광경

*곡조 들려오매 만장한 텅중은 경이에 늣기는 듯키 잠잠하얏섯는대 역시 룡산 륙군 무선전신소의 뎐회[161] 관계로 쯧과 갓지 못하야 다섯시경에 산회하얏더라.

동아 24.12.19 (3), 24.12.20 (3) 〈광고〉

12월 14일자 조선극장 광고와 동일
12월 18일자 단성사 광고와 동일

---

161) '전파'의 오식으로 보임.

조선 24.12.19 (석2) 개회 전부터 학생으로 만당(滿堂) / 공회당으로 옮긴 후 제일회 무전 실험 / 의심스런 눈으로 고대하는 녀학생 / 보성과 배재의 남학생도 오륙백 명

무선면화의 방송시험을 공개하는 데이일되는 십팔일에는 긔보한 바와 가티 일반독자에게는 저녁 일곱시를 긔하야 공개하기로 하고 특히 공부를 겸하야 구경을 오는 각 학교 남녀 학생들을 위하야서는 하오 한시부터 방송시험을 짜로히 하기로 되야 아츰부터 무선면화기사 두 명은 경성공회당에 이르러 공중선(空中線)을 매여

수화긔를 장치하는 등 준비에 분망하는 중 하오 한시 명각이 되매 위선 데일착으로 경성녀자고등보통학교(京城女子高普)의 꽃가튼 녀학생 * 명이 교사의 인솔 하에 이르럿는데 검은 동자에는 무한한 의심의 빗을 씌우며 『엇더케 줄도 업시 말이 들린담!』 하는 어린 학생도 잇섯다. 뒤를 이어 보성고등보통학교(普成高普), 배재고등보통학교(培材高普) 등 두 학교의 오륙백 명이 이르러 어느듯 넓은 공회당은 가득히 찻섯다.

유성기의 제일성(第一聲)에 / 긔대하든 바를 성공한 듯이 / 열심히 강연을 들은 학생

위선 좌석이 정돈됨을 짜라 본사 리사 백관수(白寬洙) 씨가 역시 고성면화를 통하야 일장의 개회사를 베푼 후 즉시 무선면화의 수화를 개시하자 고대하고 잇든 학생 중에서는 위선 유창하게 들려오는 류성긔 소리에 의심을 풀고 긔대하든 바를 이루엇다는 우슴이 장내에 넘치게 되얏섯다. 뒤를 이어 본사에서 민태원(閔泰瑗) 씨의 례사와 리동백(李東伯) 군의 단가, 정악전습소원의 조선아악 합주가 갈채 중에 마치고 다시 류성긔 소리로 무선면화 방송 시험은 원만히 끚이 낫스며 뒤를 이워 일화(日華)무선면신긔계 제조소장 가도(加島) 씨의 평이한 경연과 무선

△ 우미관에서 무선전화 방송시험 중 줄 없는 전화에 넋을 잃은 군중

면화의 리치를 말하는 활동사진이 잇슨 후 성황리에 산회되니 하오 세시경이엇다.

조선 24.12.19 (석3) 무선전화와 조선일보 / 사리원 이근택(李根澤)

전기가 우리 일상에 비익(裨益)을 준 것이 파다한 중 최근 장족의 진보가 된 무선전파 *용(*用)은 수백수천리를 격(隔)한 상호간에 무수한 전주와 전선을 불요(不要)할 샏 아니라

막대한 공사비를 불요하고 해륙(海陸) 심고(深高) 지형도 불구하고 과학자에 가정명인 우주간 충만 불*(不*)한다는 『에-데루』로 전파가 유도되야 수천리 피편(彼便)의 사람과 전신 전화 사진 등으로 호상(互相) 의사을 소통하며 공중에 놉히 쓴 비행기와 질주하는 기차, 자동차와도 무선, 대해(大海)에 쓴 선박과도 육지 호상간과 동일한 방법으로 의사교통이 충분이 되는 것이 즉 무선전파 응용 조선일보 공시(公試)가 즉시(卽是)이올시다. 실용의 一, 二 **예를 거(擧)하면** 영국은 一九一九년에 군사비행기가 공중에서 자기 황실에 통화하야 대단이 유공(有功)한 일이 잇섯스며 일본도 작년 구월 일일 대진재 당시에 유선인 전신 전화는 물론이요, 철도는 파괴되고 전차는 정전되고 교통통신이 전부 두절된 쌔에 유독 무선전신이

그 급변 사정을 전국에 알릴 쑌만 아니라 순간에 전 세계에 알니여 이국(伊國) 각 방면의 구조는 물론요, 미국, 영국으로부터 구급품을 만재(滿載)한 기선(汽船)이 급래하야스니 그 무선전의 공로가 그 얼마나 함닛가. 가히 형언할 수 업습니다. 무선전화가 업섯드면 동경은 설상가상이엿슬 것이올시다.

선각자 조선일보는 이러한 과학의 이기을 우리나라에 보급하기 위하야 근일에 일반에게 공시(公試) 방송을 하니 그의 평범하여 보이고도 의미심장한 장거(壯擧)임을 감복하며 과연 각 방면으로 우리 사회에 거울이요, 우리 민중의 선도자임을 우일층(又一層) 절실히 늣김니다.

이십세기 과학의 발달은 물론 우리의 이목을 경이케 하는 것이 일, 이가 아님으로 일일히 매거키 난(難)하지 안습닛가. 우리는 경풍병자(驚風病者)처럼 경이만 하여서야 되겟습잇가. 남을 놀래게도 하여야지오. 내가 한번 놀래면 남을 한번 놀래게 하여야만 남과 가튼 처지에 처할 수도 잇고 남과 가티 살수도 잇는 것이올시다.

장래는 과학의 사회

과학도 인간을 위한 과학이라는 이도 잇겟지만은 나는 장래 사회는 인간의 것이 아니고 과학의 지배를 밧는 과학의 주인공인 사회가 되리라고 합니다. 과연 그러타하면 장래는 필히 과학을 의지하여야만 살 것이요, 과학을 의지하려면 지금의 우리가 필히 과학을 나아서 위대하게 길녀야만 하겟습니다. 즉 과학의 발달을 장려하야 남보다 백승(百勝)한 문명 이기를 조출(造出)함에 재(在)하다 함입니다.

민족과 강토의 적고 좁음을 탄(歎)할 필요가 절대적 업습니다. 과학에 응용할 곳은 국경이 업고 우주간 범위가 엄습니다. 과학의 발달만 세계의 제일로 되면 삼천리 강토가 세계의 제일 큰 가치가 잇슬 것이요, 우리 이천만 동포가 세계 제일의 민족이 될 것은 재론(再論)을 불사(不俟)합니다. 금일에 장*(壯*)한 조선일보사의 무선전화 공시를 보고 드른 이상

오관(五官)이 남갓고 가슴에 쓰거운 생혈(生血)이 약동하는 우리는 이에 무슨 자격과 감동이 잇서야 할 것임니다.

무선전화에 대한 기사는 일, 이시간에 그의 기(幾) 십지일(十之一)을 기록할 수는 업는 고로 다시 시간과 형편이 허하면 전문(專門)으로 연속 게재도 하려하며 책자도 편(編)하야 분포하려 하며 쏘 무선전화 보급회를 조직하야 각 지방에 순회하야 여러분과 악수 상담하려는 계획중임으로 만흔 유감을 머금고 이에 붓을 놋나이다.

조선 24.12.19 (석4) 〈광고〉
12월 13일자 우미관 광고와 동일
동아일보 12월 14일자 조선극장 광고와 동일
동아일보 12월 18일자 단성사 광고와 동일

조선 24.12.19 (조2) 일반에게 공개한 오후 / 입장권 분배장 부근은 인산인해 / 한편으로는 감축하기도 하얏고 / 한편으로는 미안하기도 하얏다
무선뎐화 방송은 조선에서 처음으로 시험을 하는 일이라 다만 독자이나 학생에게 쑨이 아니라 일반시민 여러분에게도 공개할 생각으로 특히 일천 명에 한하야 십팔일 오후 다섯시부터 입장권을 배부하야 드리기로 하얏더니 배부장소로 명한 남대문통 일명목 본보 경성판매소에는 세시 경부터 모도혀드는 남녀로유의 일반시민들은 길거리에 가득히 차서 다섯시 경에는 마츰내 군중으로 인하야 일시 뎐차까지 통행치 못하게 된 결과 부득이 경관까지 출동하야 정리에 노력하게 된 것은 과연 새로히 살고자 하는 우리 조선 사람들이 얼마나 과학에 대한 취미가 큰 것을 반증하는 점으로 보아 감축하기도 하얏스나 늦게 오시어서 입장권을 밧지 못하신 분에게는 미안하기 짝이 업섯스며 더욱히 아기네를 다리고 오시엇다가 밀려드러오는 군중으로 인하야 곤경을 격그신 부인네도 만핫스니 십구일 밤에는 명심하시고 아기네는 다리고 오시지 안키를 바라는 바이다.

공회당이 터질 쑷한 각 계급의 청중
십팔일 밤, 일곱시! 시민 여러분을 위하야 짜로히 공개하는 무선뎐화 공개 시험은 역시 장곡천뎡 경성공회당에서 개최되얏다. 여섯시부터 모혀드는 군중! 양복신사도 잇고 가뎡부인도 모히고 로동자도 잇스며 로인네도 잇서서 실로히 경성시민의 각 계급을 망라하얏는가 하는 감상이 잇섯다. 뒤를 이어 뒤를 이어 모혀드는 군중은 도저히 일시에 수용할 길이 업서서 두 번, 세 번 문을 닷고 정리하지 아니하면 도저히 공회당이 터질 디경이라 성황 이상의 성황을 극한 이 광경을 본 본정서에서는 만일을 념려하야 경관까지 출장하야 겨우

정리를 하얏는대 명각 일곱시에는 이미 공회당 안에는 발씃하나 드려노흘 틈이 업섯섯다.

완연한 음악회장 / 아름답은 노래소리와 청아한 풍류소리가 완연히 음악회장

만원 이상의 만원을 극한 관계상 장내정리로 인하야 하는 수 업시 개회 명각은 일곱시이엇스나 일곱시 삼십분경에나 겨우 개회를 하게 되야 우선 본자[162] 리상협(李相協) 씨가 고성면화를 통하야 일장 개회사를 베푼 후 뒤를 이어 즉시 무선면화 수신을 개시하니 단 우에 노힌 납팔로서는 『이처럼 만히 와주시니 대단히 고맙습니다』 소리가 나아오매 비로소 텽중은

△ 책으로만 배우다 무선전화 시험에 신기함을 느끼는 공회당 안의 남녀학생들

무선전화가 왓다고 서로 도라보며 잠잠하여 졋섯다. 우선 본사 편집국장 민태원(閔泰瑗) 씨 의례사가 잇고 뒤를 이어 김금주(金錦珠)의 아릿답은 목소리가 들리며 바로 단 우에서 부르는 노래나 다름 업는 『단가』가 들려왓섯다. 계속하야 조동석(趙東奭) 씨의 단소, 정악전습소 선생들의 조선악 합주, 리동백(李東伯) 군의 『화룡도』가 잇섯스며 다만 무선면화의 신긔한 실험을

보러 왓든 텽중은 이미 실험쭌으로는 만족지 안코 바로 음악회에 온 텽중과 가티 좀 더 듯자는 주문까지 잇서서 특히 리동백(李東伯) 군의 『단가』와 조동석(趙東奭) 씨의 단소를 더 밧은 후 가장 완전한 무선면화실험 겸 음악회는 씃이 나고 뒤를 이어 무선면화의 리치를 간명히 해석한 활동사진을 빗초인 후 대성황 리에 무사히 마치니 밤 아홉시이엇섯다.

완전한 성공 / 처음 날보다는 성적이 조왓다 / 체신 기사 좌좌목인(佐佐木仁) 씨 담(談)

무선면화를 드른 톄신국 좌좌목(佐佐木) 기사는 말하되 『매우 성적이 좃습니다. 더욱히 자미잇는 음악을 들려가며 시민에게 과학사상을 향상케 하는 것은 무엇보다도 고마운 일이올시다. 첫날에는 다소 성적이 불량하얏다 하나 그것은 무엇보다도 긔계가 자리를 옴기면 자연 여러 가지로 조자가 맛지안케 되야 그것을 마치랴면 아모리 용한 기사라도 몃 번 시험을 하여야 되는 것이올시다. 이만콤 명확하게 들리면 실로 완전한 성공이올시다』하더라.

---

162) '본사'의 오식으로 보임.

금일은 독자 / 미안하지마는 만원되면 사절

금일 밤 일곱시에는 본사에서 발행한 독자우대 입장권을 가지신 이에게만 입장을 허락하야 드릴 터인대 그것도 공회당의 명원이 천 인임으로 명원이 초과되면 부득이 입장을 사절하게 되겟사오며 일반독자는 아모조록 신사적으로 정숙하여 주시기를 바라는 바이다.

조선 24.12.19 (조2) 무선전화 방송 공개

조선일보사 주최 = 일화(日華)무선전신기 제조소 실연

금일 오후 칠시부터

발신소 조선일보사 장소의 협애로 일반관람은 사절

　　　　　　　　　단 학교 이과교사의 관람은 무방

수신소 경성공회당

재작일(再昨日) 본보 난외(欄外)에 인쇄한 독자우대권을 지참하신 인사 선착 일천 인을 한하야 입장하시게 함

방송 무선전화 연설, 성악, 기악 등

외에 무선전화에 관한 강연, 무선전화의 원리를 설명한 활동사진, 고성(高聲) 축음기, 전화 등 최신 발명의 실연

동아 24.12.20 (2) 무선 방전 시험 / 성황 중에 맛처

동업 조선일보(朝鮮日報) 주최로 경성 시내에서 시행하는 무선 뎐화 방송 시험(無線電話放送試驗)은 작일까지 련 삼일 동안을 계속하야 우미관(優美舘)과 공회당(公會堂) 두 곳에서 시민과 학생들에게 여러 가지 리익과 흥미를 주고 성황리에서 맛치엇다더라.

매일 24.12.20 (3) 〈광고〉 [연예안내]

동아일보 12월 14일자 조선극장 광고와 동일

동아일보 12월 18일자 단성사 광고와 동일

조선 24.12.20 (석2) 강전파(强電波)의 돌연 내습(來襲)에 / 잡음을 내이게 하야 만장을 놀래인 / 금일 오후 학생에게 뵈인 무선뎐화

십구일의 무선뎐화 방송시험은 하오 한시 삼십분부터 학생에게 뵈이는 시험이 시작되야 몬저 본사 리사 백관수(白寬洙) 씨가 고성뎐화를 통하야 개회사가 잇슨 후 뒤를 이어 김금주(金錦珠)의 고흔 노래소리가 들려오기 시작하더니 돌연히 수신긔에는 강한 뎐파(强電波)가 부듸처 다시 소리는 요란하야저서 들리지 안케되매 긔사는 크게 놀내엇스나 원인을 됴

△ 12월 18일 밤 공회당에서의 무선전화 시험

사한 결과 경성일보 대리부(京城日報 代理部)에서 『엑쓰』광선의 면긔치료를 하는 중임으로 그 면파가 부듸처와서 잡음이 들리는 줄을 알고 이 사실을 일반학생에게 설명하매 더욱히 신긔하게 역이엇섯다. 잠시 동안 들리든 잡음도 즉시 그치매 뒤를 이어 조선악의 합주가 들려온 후 무선면화 방송시험은 박수 중에 마티고 즉시 일화(日華) 무선면화긔계제조소 소장 가도(加島) 씨의 무선면화에 대한 강연과 이에 대한 활동사진이 잇슨 후 하오 세시경에 성황리에 마티엇다.

참가 십교(十校) / 학생 천여 명
금일 시험에 참가한 학교는 좌긔 열 학교로 참가 학생 수효는 천여 명에 달하얏스며 장소 관계로 이밧게 다른 학교학생을 수용치 못한 것은 매우 유감의 일이다.

▲ 보인(輔仁)학교 ▲ 근화(槿花)학원 ▲ 진명(進明)여자고등보통학교 ▲ 지산(芝山)학교 ▲ 정동공립보통학교 ▲ 배화여자고등보통학교 ▲ 청년회 학관 ▲ 장훈(長薰)학교 ▲ 연희전문학교 ▲ 양정고등보통학교

조선 24.12.20 (석2) 담배불로 극장에 화재 / 두 집이 연소되야 손해액은 백여 원
대구부 상서정(大邱府 上西町) 일번디 남상림(南相林)의 집에서는 지난 십칠일 오후 세시경에 불이 나서 맹렬하게 타는 중 바로 이웃으로 접속하여 잇는 만경관(萬鏡舘)에서도 불이 붓는 것을 발견하고 경관과 소방대(消防隊)가 출동하야 로력한 결과 진화되야 별로 큰 손해는 업섯스나 남상림의 집에는 백여 원 손해는 되겟다는대 불난 원인(原因)은 만경관에

서 노든 사람들이 담배불을 써러트린 싸닭인 듯하다더라. (대구)

조선 24.12.20 (석3) 〈광고〉
십이월 십구일부터 교환
미국 푸옥스사
희극 서는 서(西는 西) 전이권
미국 푸옥스사
월니암랏셀 씨 주연
정극 **정의는 승한다** 전오권
미국 대 월니암푸옥스 회사 걸작
베데이, 부라이스 양 주연 후릿쓰, 데이쌔 조연
쩨−콜트, 에트−와트 씨 감독
대사비극(大史悲劇) **시쌔−여왕** 전십권
천고불멸의 일천만불 대명화
성서 중의 미려한 『로맨스』를 영화화한 대명편이올시다
출연인원 일만인, 마(馬) 육백두, 삼륜마차 삼십일대, 낙타 오백두
특별의상 이천조, 장대(壯大)장면 육백여
일만불의 비용으로써 이개년의 시일을 투(投)하야 촬영한
월니암 푸옥스사 최대 권위의 대작품
신축 낙성한 우미관에 새 자랑……
푸옥스사 특약한 명화을 꼭 관람하여주십시요!
푸옥스사 봉절장 **우미관**
전(電) 광(光) 삼구오번

조선 24.12.20 (조2) 전파를 싸라 집주(集注)되는 인파 / 십구일 밤 최후의 무선뎐화 방송 시험 / 장내보다 몃 배되는 장외의 수천 군중 / 대성공으로 종료한 무전 시험
사흘 동안을 계속하야 전후 여섯 회의 무선뎐화 방송 공개 시험은 성황리에 개최되고 마조막으로 조선일보 애독자를 위하야 개최한 뎨칠회의 공개시험은 십구일 밤 일곱시부터 경성공회당에서 개최케 되얏섯다. 해가 지기 전부터 모혀드는 군중! 그 중에서는 오, 륙십 셰식 되는 로인네도 잇서서
죽기 전에 이상한 조화를 한번 보랴고 왓소

하며 몇 시간식 미리부터 고대하고 안젓는 등 실로 비상한 긔대를 가지고 마조막 시험은 시작되얏든 것이엇다. 정각이 갓가워 오매 뒤를 이어 밀려오는 독자! 겨우 천 명밧게 수용할 수 업는 장소로써는 도저히 엇지 하는 수 업는 일이엇다. 차차 놉하가는
문 여러주오!
소리는 사원 일동의 가슴을 압흐게 하얏스나 아모 도리도 업서서 장내가 터지도록 수용을 한 후 즉시 문을 걸게 된 것은 매우 미안한 일이엇다.

원만 폐회 / 대성공으로 / 무선연주를 마치고

일곱시 명각이 되매 본사원 리서구(李瑞求) 씨가 고성 면화를 통하야 개회사를 한 후 무선 면화의 수신을 개시하니 우선 유성긔 소리가 하늘에서 쩌드러 오기를 시작하매 장내는 차차 잠잠하야 가지고 수신긔를 울려오는 가즌 노래는 점점 가경으로 드러갈 째에 쏘 다시 룡산 무선면신소의 강한 면파를 바다 잡음이 나기 시작하야 홍영후(洪永厚) 씨의『쌔이요린』독주가 쯧이 나자 일시 중지하얏다가 다시 계속하야 번외로 본사원 최성원(崔星源) 씨의 단가로써 실험 겸 음악회는 쯧이 나고 뒤를 이어서 본사 편집국장 민태원(閔泰瑗) 씨의 무선면화에 관한 간이한 강화와 활동사진의 영사가 잇슨 후 아홉시 삼십분경에 원만히 쯧이 낫섯다.

동아 24.12.21 (4) 〈광고〉

당 십이월 입(卄)일일
(자축)
개관 육주년 기념 대흥행
무료 입장
본관 기념을 영원히 기념키 위하야 특히 이십일일, 이십이일, 이십삼일
삼일 한하야 입장하시는 제씨에게 그 입장권을 엇던 날이던지 다시
사용하는 특권이 잇나이다 다시 환언하면
삼일간은 무료로 입장이 될 것이올시다!
푸로그람
미국 유사 작품
실사 **국제시보** 전일권
활극 **연(戀)과 천국** 전이권
미국 유사 대작품
연속활극 **철로맹자(鐵路猛者)** 전십오편 삼십권

제사회 제칠, 제팔 사권 상장

미국 유사 대작품

세계적 대명화 **향락의 몽(夢)** 전권(全卷)

미국 유사 주엘 특작

대명화 남의 낭(嵐의 狼) 전권

보라! 당관 기념날의 공개되는?

송죽 유사 조선키네마 특약

단성사 전(電) (광(光)) 구오구

십이월 이십일(토요)부터

사진 전부 차환

미국 세리고 회사 작품

명여우 아－랑푸레데이 양 주연

연속활극 회색의 여(女) 전십오편 삽(卅)일권

제오회 제구, 제십 사권 상장

이태리 안부로시오사 특작품

사극 **나파륜(奈巴倫)**[163]**의 일대기** 전팔권

一七九三년으로부터 一八一五년까지의

구라파 천지를 경동시키든 절세영웅 나파륜의 일대기!!

보시요 불국 혁명일 이러낫슬 째

공화민정청의 포병 중위로서 불란서를 위하야

필사의 분투하야 전국을 평정한 후

황제위에 나가게되엿섯다

연(然)이나 영웅의 말로란 참으로 비참한 것이다

기후(其後) 전 구주 제국을 적으로 개전하엿다가

패전을 당하고 드듸여 「센트헤레나」 고도(孤島)에서

자기의 여생을 보내게 되엿다

미국 우이리암 회사 대걸작품

명우 후랑구링화남 씨 대역연

세계경탄 비활육탄(飛活肉彈) 모험활극

---

163) '나폴레옹'의 한자 표기. 拿破倫으로 표기하기도 한다.

미로의 비밀 전십오편 삼십권 제이회 제칠, 팔, 구, 십 팔권 상장

조선극장

전(電) (광(光)) 이○오

매일 24.12.21 (4) 〈광고〉 [연예안내]

십이월 이십삼일부터

사진 전부 차환

미국 셰리고 회사 작품

명여우 아-링푸레데이- 양 주연

연속활극 회색의 여(灰色의 女) 전십오편 삼십일권

제오회 제구편, 제십편 사권 상장

이태리 안부로시오 회사 특작품

사극 **나파륜(奈巴倫)의 일대기** 전팔권

미국 우이리암 회사 대걸작품

명우 후랑크링화남 씨 대역연

연속 모험 활극

미로의 비밀 전십오편 삼십권

제이회 제칠, 팔, 구, 십편 팔권 상장

조선극장

동아일보 12월 21일자 단성사 광고와 동일

시대 24.12.21 (2) 만경관(萬鏡館)에 촬영 / 자미가 잇게 되면 키네마를 만들어

(대구) 대구부 경정 일정목 상설활동사진관 만경관(大邱府 京町 一丁目 常設活動寫眞舘 萬境舘)에서는 작년부터 현안(懸案)이 되어오든 조선키네마를 설립하고자 여러번 경영하고 협의하얏스나 경제상 곤난으로 인하야 창립이 못 되엇든 바, 정봉진(鄭鳳鎭), 서창규(徐昌圭), 안병길(安炳吉), 리상악(李相岳) 사 씨가 출자하야 촬영부(撮影部)를 설시하고 남녀 배우(俳優) 모집에 착수하얏다는 바, 배우 모집도 상당하야 얼마 아니하야 제일회로 촬영코자 한다는 바 동관 변사 김상덕(金尙德) 씨의 각색인 추월색(秋月色) 오권과 제이회로 김 씨의 창작 번뇌의 청춘(創作 煩惱의 靑春) 오권과 제삼회로 흑진주(黑眞珠) 팔권을 촬영할 터인데 촬영긔사(技師)를 일본 동경(日本 東京)에서 구하는 중 긔사가 오면 즉시 착수하리라는데 위선 소규모(小規模)로 촬영부라 하나 자미잇스면 즉시 「키네마」를 만들어 대대적

으로 할 모양이라고 한다.

조선 24.12.21 (석2), 24.12.22 (석2), 24.12.23 (석4) 〈광고〉
12월 20일자 우미관 광고와 동일
동아일보 12월 21일자 단성사 광고와 동일
동아일보 12월 21일자 조선극장 광고와 동일

조선 24.12.21 (조2) 단성사 육주(六周) 기념
시내 수은동 단성사(團成社)에서는 금 이십일일, 이일, 삼일, 사흘 동안을 개업 륙주년 긔념흥행날로 명하야 사진도 남의 낭(嵐의 娘), 형락의 꿈(亨樂의 夢) 등 특별사진을 너흔 우에 다시 전긔 사흘 동안에 입장권을 사는 이에게는 입장한 표를 거두우지 안코 그대로 가지고 도라가게 한 후 다음날 다시 한번식 더 구경을 식히기로 한다더라.

동아 24.12.22 (3) 긔근 동포를 위하야 / 민중극단의 흥행
주림에 울고 치위에 쩌는 삼백만의 형제자매를 위하야 더운 눈물과 쓰거운 정성으로써 동정의 만일이라도 될가하야 각종의 음악회, 기타 영화회(映畵會)가 잇섯슴은 긔보한 바어니와 금번 신극계 민중극단(民衆劇團)에서는 동포애의 절실한 늣김을 가지고 동단의 배우 일동은 물론이어니와 기타 전선의 명우(名優) 삼십여 명을 망라하야 래 이십사, 오 량일간 광무대에서 흥행을 한다하는데 최신의 각본을 주로 상장할 터이며 여흥으로 리동백(李東伯) 군의 독창과 「바이오링」 독주와 로서아 「짠스」도 잇다는데 방금 동단에서는 여러 가지 준비에 분망 중이라더라.

동아 24.12.22 (3) 단성사 육주(六週) 기념
시내 수은동(受恩洞)에 잇는 활동사진 상설관 단성사(團成社)에서는 작 이십일일, 이일, 삼일의 사흘 동안을 개업 륙주년 긔념 흥행 날로 명하고 이 날에 입댱권을 가지고 드러오는 손에게는 특히 자축의 의미로 입댱권을 거두지 안고 그 다음날에 그 표로 다시 한번식 입댱을 할 수 잇게 한다하며 특히 사진도 남의 랑(嵐의 狼), 형락의 꿈(亨樂의 夢) 등 유명한 사진을 상영한다더라.

동아 24.12.22 (4), 24.12.24 (4) 〈광고〉
12월 21일자 단성사 광고와 동일
12월 21일자 조선극장 광고와 동일

시대 24.12.22 (1) 기근 동포를 위해 / 민중극단이 흥행

주림에 울고 치위에 쩌는 삼백만의 형제자매를 위하야 더운 눈물과 쓰거운 정성으로써 동정의 만일이라도 보조코저 삭종의 음악회 긔타 영화회(映畵會)가 잇섯슴은 긔보한 바어니와 금반 신극계(新劇界)에 권위를 가진 민중극단(民衆劇團)에서는 특히 동포애의 절실한 늣김을 가지고 동단의 배우 일동은 물론이어니와 긔타 전선의 화형 명우(花形 名優) 삼십여 명을 나하야 래 이십사, 오 량일간 광무대에서 흥행을 한다는데 최신의 각본(最新의 刻本)을 주야로 상장할 터이며 여흥으로 리동백(李東伯) 군의 독창과 「쌔이오링」 독주와 로서아 「짠스」도 잇다는데 방금 동단에서는 여러 가지 준비에 분망중이라 한다.

조선 24.12.22 (석2) 기근구제 연극 / 민중극단의 흥행

주림에 울고 치위에 쩌는 삼백만의 동포를 위하야 민중극단(民衆劇團)에서는 그 단의 배우 일동과 밋 기타 전 조선의 유명한 배우 삼십여 명을 망라하야 래 이십사, 오 량일간 광무대(光武臺)에서 흥행할 터이라는데 최신의 각본을 상연할 터이라 하며 여흥으로 리동백(李東伯) 군의 독창과 『애이오링』독주, 로서아『짠스』도 잇슬 터이라는데 방금 그 단에서는 여러 가지 준비에 분망 중이라더라.

매일 24.12.23 (3), 24.12.24 (2) 〈광고〉 [연예안내]

12월 21일자 조선극장 광고와 동일
동아일보 12월 21일자 단성사 광고와 동일

시대 24.12.23 (2) 영화검열 수

(신의주) 평북 경찰부의 보안과에서 십일년[164] 중에 검열한 영화는

신파 칠건 三八권 二, 八九五○척
구극 오건 二八권 二, 五五○○
양극 육건 二八권 二, 三六七九
희극 사건 四권 二八四○
실사 오건 五권 二五四五
기타 일건 四권 三一○○
계 二八건 一○七권 八, 七五一四척인데 차(此)를 리수로 환산하면 육리 二三五면 三十八*四척 여라고.

---

164) '대정 11년' 즉 서기 1922년을 이렇게 표기한 것으로 보임.

시대 24.12.23 (2) 김청(金靑) 순회 영사

(김해) 경남 김해 청년회에서는 부산 조선기네마에서 영사한 『해의 비곡(海의 秘曲)』을 빌려가지고 제이회 순회 영사하기로 결정되어 지난 십구일에 일행 오 명은 마산 지방을 향하야 출발하엿다고.

동아 24.12.24 (2) 기근구제 연극 / 민중극단에서 출연

조선 안에 날로 심하여가는 긔근을 구제하기 위하야 민중극단(民衆劇團)에서는 공개 연극을 하기로 되엿는데 날자와 긔타는 아래와 갓다더라.

장소 황금정 광무대

일시 십이월 이십사, 오 양일간

입장료 팔십 전, 오십 전, 삼십 전

극제(劇題) 一, 영생의 종(永生의 鍾)

　　　　　一, 도라오는 아버지

　　　　　一, 의와 법(義와 法)

　　　　　一, 희무정(噫無情)

더욱 당일은 여흥으로 로서아 짠스와 「쌔이오링」, 기타 음악, 무도 등의 출연 등 여러 가지가 잇다더라.

조선 24.12.24 (석2) 〈광고〉

십이월 입(卄)육일 금요부터 육일간

미국 푸옥스사

실사 **푸옥스 시보** 일권

희극 **초련(初戀)** 전이권

미국 푸옥스사

쪼-지 월시유 씨 주연

인정극 **해상의 강자** 전오권

미국 푸옥스사

쌜호와이트 양 주연

인정극 **동경(憧憬)의 세계에** 전칠권

(다음 예고)

일월 일일 특별 대공개

미국 푸옥스사 초특작품

무실(無實)의 죄 전구권

사랑할 것 갓흐면 전오권

근일 최대 급행 당관에 현출

여러분 명화 공개일을 쏙 기대하여 주십시요

푸옥스사 봉절장 **우미관**

전(電) 광(光) 삼구오번

조선 24.12.24 (석3) 민중극단 / 구제연극 / 이십사일부터 이틀 동안

조선 내디에만 이백만 명이라는 씀직한 수효의 우리 동포가 긔근(饑饉)에 울고 잇슴은 세상이 다 아는 바요. 또는 각 디방에서 긔근구제에 모든 아름다운 이야기가 만히 잇는 중 극단에서도 긔근구제에 노력하게 되엇다. 민중극단(民衆劇團)에서는 긔근구제를 목뎍으로 이십사일부터 이틀 동안을 시내 광무대(光武臺)에서 구제극(救濟劇)을 흥행할 터이라는대 입장료는 팔십 전권, 오십 전권, 학생권 삼십 전권 등이 잇스며 연뎨는 『희무정』(噫無情) 외 수 뎨이며 배우는 조선에 유명한 이를 망라하고 여흥으로는 아라사『짠스』가 잇다더라.

조선 24.12.24 (석3) 〈광고〉

동아일보 12월 21일자 단성사 광고와 동일

동아일보 12월 21일자 조선극장 광고와 동일

동아 24.12.25 (4) 〈광고〉

당 십이월 입(卄)사일 공개 송죽 날

미국 고-몬사 작품

실사 **시보** 전일권

미국 유사 대작품

론재-니 씨 주연

애화(哀話) **대지진** 전칠권

미국 부레휘-드사 작품

애화(哀話) **애(愛)의 부활** 전육권

미국 콜-드윙사 대작

활극 **기계주공(奇計奏功)** 전육권

=예고=

근일 공개 대명화 (문제 명화)

리리안 킷쉬 자매 주연

대비곡 **남의 고아(嵐의 孤兒)** 전십삼권

고대하서요 공개 기일을!!

송죽 유사 조선키네마 특약

단성사 전(電) (광(光)) 구오구

12월 21일자 조선극장 광고와 동일

조선 24.12.25 (석4) 〈광고〉

동아일보 12월 21일자 조선극장 광고와 동일

12월 24일자 우미관 광고와 동일

조선 24.12.25 (조1) 무전방송 개시는 / 명년(明年) 삼월부터

(동경 전) 동경 무전방송국 이사회에서 미국으로부터 기계가 도착하기까지 동경시의 기계를 차수(借受)하야 삼월 일일부터 방송 개시하기를 결정하고 기사장(技師長)에는 사계(斯界)의 권위인 북촌정차랑(北村政次郎) 씨를 초빙하기로 결(決)하야 즉일 체신성에 인가신청의 수속을 하얏더라.

동아 24.12.26 (4) 〈광고〉

공전에 입장료 대할인

망년(忘年) 특별 연속 활극 대회

십이월 입(廿)오일(목요)부터

사진 전부 차환

미국 세리고 회사 작품

명여우 아-랑푸레이데 양 주연

연속활극 **회색의 여(女)** 전십오편 삽(卅)일권

제육회 제십일, 십이, 십삼, 십사, 십오편 상장

미국 우리람 회사 대걸작품

연속활극 **미로의 비밀** 전십오편 삼십권

제삼회 제십일, 십이, 십삼, 십사, 십오편 상장

＝예고＝

세계 영화계에 신기록

공전(空前)이요 절후인 대명화 출현

우니옹 영화

문예대활극 **거인(巨人)의 고랑** 십사권불국 문호 바루삭크[165] 씨 원작

통쾌 가탄(可嘆) 서부인정대비활극 **라호마** 전칠권

파나마운트 대작품

세계 무비(無比) 대연속 **람바-원** 전십오편 삼십권

불일간 공개됩니다 기대하서요

조선극장

전(電) (광(光)) 이○오

12월 25일자 단성사 광고와 동일

시대 24.12.26 (1) 기근구제 흥행 금지 / 민중극단 흥행을 본정서에서

시내 황금정 광무대(黃金町 光武臺)에서는 조선 긔근을 위하야 민중극단(民衆劇團) 일행이 긔부 흥행을 한다함을 긔보한 바와 갓거니와 지난 이십사일 밤 첫날 흥행에 허가를 맛지 아니한 『영생의 종(永生의 鐘)』이라는 삼막 짜리 각본을 상연하다가 일막을 하고 림장 경관에게 중지를 당한 후, 작 이십오일에 허가를 맛고자 본정 서에 제출하얏다가 허가 업는 각본을 흥행햇다는 사실과 밋 그 흥행이 본래 긔근 구제를 위하야 하는 흥행이나 긔부 흥행은 도지사의 허가를 마터야하는 것인데 그것을 피하기 위하야 보통 흥행으로 한 것이 올치안타는 점으로 본정 서에서는 흥행을 금지하얏다고 한다.

조선 24.12.26 (석3) 〈광고〉

12월 24일자 우미관 광고와 동일

동아일보 12월 25일자 단성사 광고와 동일

동아일보 12월 26일자 조선극장 광고와 동일

동아 24.12.27 (2) 〈광고〉

12월 25일자 단성사 광고와 동일

12월 26일자 조선극장 광고와 동일

---

165) '발자크'로 추정됨.

매일 24.12.27 (2) 〈광고〉[연예안내]

공전에 입장료 대할인

망년(忘年) 특별 연속 활극 대회

십이월 이십오일 목요부터

사진 전부 차환

미국 셰리고 회사 작품

명여우 아-랑푸레이데 양 주연

연속활극 **회색의 여(女)** 전십오편 삼십일권

제십일, 십이, 십삼, 십사, 십오편 상장

미국 우리암 회사 대걸작품

연속모험활극 **미로의 비밀** 전십오편 삼십권

제십일, 십이, 십삼, 십사, 십오편 상장

예고

문예대활극 **거인(巨人)의 고랑** 전십사권

불국 문호 바루삭크 씨 원작

쌔데- 대영화

통쾌 가경(可驚) 서부인정대비활극 **라호마** 칠권

파나마운드사 작품

세계 무비(無比) 대연속 **람바-원** 십오편 삼십권

조선극장

동아일보 12월 25일자 단성사 광고와 동일

조선 24.12.27 (석1) 〈광고〉

12월 24일자 우미관 광고와 동일

동아일보 12월 26일자 조선극장 광고와 동일

조선 24.12.27 (석3) 〈광고〉

동아일보 12월 25일자 단성사 광고와 동일(단, 예고는 생략)

동아 24.12.28 (3) 〈광고〉

당 십이월 입(卄)칠일브터 오일간 유사 날

유나이딧트사 본관 특약

제일회 기념 대흥행

미국 유사 특작품

센취리 희극

대희극 **해수욕장** 전이권

미국 유사 대작

윌리암 당캉 씨 대활약

제오회 연속활극 **철로맹자**(鐵路猛者) 구편 십편 사권 상장

미국 유나이딧트사 초특작

D. W. 크리피쓰 씨 대작

리리안 킷쉬, 돌듸 킷쉬 자매 대역연

대비곡 **남의 고아**(嵐의 孤兒) 전십이권

불국(佛國) 중세기에 이러나는 홍루사(紅淚史) 비풍참우(悲風慘雨)

파리의 일각에 혁명의 구가(謳歌)는 일어나다

불란서의 천지는 소요 혼란에 싸히여젓는데

육탄과 혈투의 화권(禍卷) 중에 쌔젓든 꼿갓흔

이인(二人)의 고아! 운명은 비애를 비탄리에 접어너엇다

아! 과연 이인의 고아의 운명은……

송죽 유사 조선키네마 특약

단성사 전(電) (광(光)) 구오구

12월 26일자 조선극장 광고와 동일

매일 24.12.28 (2), 24.12.29 (2), 24.12.31 (1) 〈광고〉 [연예안내]

12월 27일자 조선극장 광고와 동일

동아일보 12월 28일자 단성사 광고와 동일

조선 24.12.28 (석2) 〈광고〉

12월 24일자 우미관 광고와 동일

동아 24.12.29 (4), 24.12.30 (3), 24.12.31 (3) 〈광고〉

12월 26일자 조선극장 광고와 동일

12월 28일자 단성사 광고와 동일

동아 24.12.30 (3) 금강(金剛) 활사(活寫)대회 / 서강(西江)예배당에서 / 신년에 삼일 동안

시외 서강 의법(懿法)학교에서는 본사 고양지국 후원으로 신년 벽두를 기하야 그 사, 오백 명되는 학생들의게 금강산 활동사진을 한번 구경식여주기로 하엿다는데 이 기회를 이용하야 한번 보기를 원하는 유지(有志)의 청구가 만흠으로 신년 일월 일일로부터 연속하야 삼일간 그곳 서강예배당에서 금강산 활동사진대회를 열 터이라는바, 입장료는 특히 실비로 이십 전식을 바들터이라 하며 이번 이 일을 위하야는 특별히 청엽정(靑葉町) 광활(光活)청년회에서 다대한 후원을 하여주기로하엿다고. (고양)

조선 24.12.30 (석2) 영화로 군사교육 / 일본 륙군의 계획

근래 일본에서는 활동사진을 일반교육에 사용하야오든 중 전번에 륙군성(陸軍省)에서도 이것을 리용하야 디방에 잇는 사람들에게 군대(軍隊)를 리해식히기 위하야 교육총감부(教育摠監部)에서 고속도의 촬영긔로 병식훈련의 해부(觧剖) 활동사진을 작제하야 각 방면에서 영사한 결과 성적이 매우 량호하엿다는데 다시 데이차 계획으로 이번에는 륙군성 창작인 영화각본(脚本)을 일반 영화극 등과 가티 합격식혀서 다시 민간에 대여하야 영사식힐 터이라는데 이 다음에도 데삼차, 데사차의 계획으로 계속 연구하야 실연할 터이라더라. (동경 뎐보)

동아 24.12.31 (3) 〈특별광고〉

조선의 자랑인 금강(金剛) 활사회(活寫會)

시일 일월 일일로 삼일까지 (매야(每夜) 칠시)

장소 서강예배당

입장료 보통 이십 전, 소아 반액

주최 서강의법학교

후원 청엽정(靑葉町) 광활(光活)청년회 동아일보 고양지국

경성 조선영화상설관
상영일람

[부록 1]

1921
~
1924

✳
일러두기

1. 이 일람표는 신문기사로 본 조선영화의 해당 년도 광고를 표로 재작성한 것입니다. 따라서 해당 광고에 게재되지 않은 상영 목록은 포함되지 못했음을 양해해주시기 바랍니다.

2. 영화의 설명어와 제목의 혼돈을 방지하고 주목도를 높이기 위해 영화 제목은 굵은 활자체로 표기하였습니다.

3. 가독성을 위하여 숫자는 아라비아식으로 표기하였고, 한자어를 한글로 바꾸고 최소한의 띄어쓰기를 하였습니다. 그 외에는 당대 광고의 표기를 거의 그대로 살렸으므로 같은 제목이나 인명이 다르게 표기되는 경우도 있습니다.

4. 가능한 정보를 많이 담아내고자 배우명, 스탭명, 장르명, 필름의 길이 등을 광고에 수록된 대로 게재하였습니다.

1921년

상영일	상영관	상영작
20.12.29[1]	단성사	미국 씨듸알 회사 탐정대활극 **침묵의 비밀** 전19편 38권 중 1, 2편 / 독일 유니듸 회사 신비탐정대활극 **마인** 전16편 32권 중 3, 4편 4권 / 기타 희극 실사
01.01	우미관	이태리 이다라 회사 고심의 걸작 대사극 **가비리아** 1만5천척 / 기타 실사 니고니고[2]극 등 / 미국 유사(社) 지유에루 영화 탐정대활극 **심야의 인(人)** 36권 내 제5, 6편 4권
01.04	단성사	미국 씨듸알 회사 탐정대활극 **침묵의 비밀** 전19편 38권 중 3, 4, 5편 / 독일 유니듸 회사 대걸작 신비탐정대활극 **마인** 전16편 32권 중 6, 7편 4권 / 기타 희극 실사
01.08	우미관	미국 유뉴ㅇ-사루 회사 실사 **마가진 육십이호** 전1권 / 미국 유사 세ㄴ지유리-영화 희극 **여통령** 전2권 / 미국 유사 지유에루 영화 인정극 **유수(幽愁)** 전6권 / 미국 유사 지유에루 영화 연속 대활극 탐정 제사회 **심야에 인(人)** 제7, 8편 4권
01.13	단성사	미국 씨듸알 회사 탐정대활극 **침묵의 비밀** 전19편 38권 중 6, 7편 / 독일 유니듸 회사 신비탐정대활극 **마인** 전16편 32권 중 8, 9, 10편 6권 / 희극 **싸려죽인다** 전1권 / 실사 **리지나의** * 전1권
01.15	우미관	미국 유뉴아사루 회사 사진 **후오-쏘 주보** 전1권 / 미국 유사 비쑤다- 영화 희극 **사인련(四人連)** 전1권 / 미국 유사 부리유-바쏘 영화 사회극 **고도의 랑(孤島의 娘)** 전5권 / 미국 유사 지유이루 영화 연속 대활극 탐정 **심야의 인(人)** 제9, 10편 4권
01.20	단성사	미국 씨듸알 회사 탐정대활극 **침묵의 비밀** 전19편 38권 중 8, 9편 / 독일 유니듸 회사 신비탐정대활극 **마인** 16편 32권 중 11, 12, 13편 6권 / 대골계극 **촤푸링의 야유(野遊)** 1권 / 대희극 **도로라미타불**
01.22	우미관	미국 유뉴아-사루 회사 실사 **주보** 전1권 / 미국 유사 에루쏘 영화 희극 **일가의 주(一家의 主)** 전1권 / 미국 유뉴ㅇ수루 회사 인정극 **애(愛)의 부활** 전6권 / 미국 유사 지유에로 영화 연속대활극 탐정 제6회 **심야의 인(人)** 제11, 12편 4권
01.27	단성사	미국 씨듸알 회사 탐정대활극 **침묵의 비밀** 전19편 38권 중 10, 11편 / 독일 유니듸 회사 대걸작 신비탐정대활극 **마인** 16편 32권 중 14, 15, 16편 6권 / 대골계극 **공가의 수직군(空家의 守直軍)**
01.28	우미관	미국 정부위탁 영화 실사 **히스도파데 주보** 전1권 / 미국 유사 네스다- 영화 희극 **중기한 노야(中氣한 老爺)** 전1권 / 미국 유사 지유에루 영화 미루도렛도 하리스 양 주연 정화(情話)비극 **의사와 녀(女)** 전6권 / 미국 유사 지유에루 영화 연속탐정 **심야의 인(人)** 제13, 14편 4권

1) 1920년 12월 29일 상영 목록으로 1921년으로 이월.
2) にこにこ 생글생글, 싱글벙글.

02.03	우미관	미국 유뉴ㅇ-사루 실사 **주보** 전1권 / 미국 유사 영화 네스다 희극 **어객양(御客樣)** 전1권 / 유사 지우에루 *매(*賣) 미담물어(美談物語) **의용병** 전6권 / 미국 유사 지우에루 영화 연속탐정대활극 제8회 **심야의 인(人)** 제15, 16편 4권
	단성사	실사 함대의 진수식 / 희극 대식한(大食漢) / 활극 흑상(黑箱)의 비밀 / 문예사진 명예를 존중히 여기는 남아 / 미국 씨듸알 회사 탐정대활극 **침묵의 비밀** 전19편 38권 중 12, 13편 4권
02.08	우미관	주간 영사의 부(映寫의 部) 　실사 **마가징** 전1권 / 희극 해상 십팔리 전1권 / *명(*明) 기* 전2권 　활극 **진일문자(眞一文字)** 전2권 / 연속 **심야의 인(人)** 최종 17, 18편 4권 야간 영사의 부 　희극 *화(*花) 전1권 / 하리 게-리 출연 인정극 련의 투승(戀의 投繩) 전6권 　미국 오리-우아 회사 연속탐정 **공중마(空中魔)** 제1, 2편 5권 (원명 가-다 사건)
02.10	단성사	미국 씨리알 회사 영화 **침묵의 비밀** 전19편 38권 중 최종 14, 15편 / 활극 **여(女)로로** 전2권 제6편 / 정서극 **수평(手平)** 전5권 / 희극 양산 속의셔
02.13	우미관	미국 유뉴아-사루 회사 실사 **마가징** 오십팔호 / 미국 유사 비구다- 희극 **쓰본의 행위** / 미국 유사 바이슨 활극 **생포** / 미국 유사 쌀루-바-도 인정극 **엄봉(嚴封)의 밀서** / 미국 유류아- 회사 연속탐정대활극 **공중마(空中魔)** 15편 31권 중 제2회 3, 4편
02.17	단성사	미국 싸이다그라부 회사 세계적대모험 대탐정활극 **곡마단의 비밀** 　전15편 31권 1, 2편 안토니오몰예오 군 절세미인 칼로롯홀오웨 양 공연(共演) / 활극 **푸람의 랑(娘)** 전1권 / 희극 **철방의 급사(凸坊의 給仕)** 전1권 / 희극 괴아■손(怪我■損) 전1권
02.19	우미관	희극 **악승부(惡勝負)** 전1권 / 정극 **구토에 서(仇討에 誓)** 전2권 / 사회극 **불사의한 도(不思議한 盜)** 전2권 / 활극 **비밀의 심(心)** 전3권 / 연속탐정 대활극 제3회 **공중마(空中魔)** 15편 31권 내 5, 6편
02.24	우미관	불교 선전 해동 혁신단 공연
	단성사	미국 싸이다그라부 회사 　세계적대모험 대탐정 대활극 **곡마단의 비밀** 전15편 31권 내 3, 4편 4권 / 이태리 야마 회사작 활극 악마의 성 4권 / 희극 **쎄트의 모험** 2권[3] / 미국 가림 회사 연속활극 **여(女)로로** 2권 / 실사 **서서(瑞西)**[4] 베룬시(市) 전경(全景)
03.03	단성사	미국 싸이다그라부 회사 　세계적 대모험 대탐정 대활극 **곡마단의 비밀** 전15편 31권 내 5, 6편 4권 / 미국 우와르트 회사 대탐정대활극 **흑륜단(黑輪團)** 5권 / 미국 가림 회사 대활극 **아미리가양(阿美利加**[5]**)孃)** 2권 / 희극 **집안이 가득** 1권 / 실사 **인도의 제례** 1권

3) 매일신보 광고는 2권, 동아일보 광고는 1권으로 표기됨.
4) 스위스.
5) 아메리카.

03.05	우미관	미국 유사 네쓰다-영화 희극 **소사지거(小舍芝居)** 전1권 / 미국 유사 네쓰다-영화 골계 **돈다 증물(贈物)** 전1권 / 미국 유사 지유에루 영화 인정극 **지시는 지(指示는 指)** 전5권 / 미국 오리우아 회사 연속탐정대활극 제5회 **공중마(空中魔)** 31권 중 9, 10편 4권
03.10	단성사	미국 우왈드 영화 설국정화(雪國情話) **산장의 비밀** 전5권 / 태서희극 **수션스런 케트** 전권 / 미국 쌔이다크타부 제4회 연속모험대활극 **곡마단의 비밀** 7, 8편 / 실사영국 **사당(沙糖)의 제작의 실황** 전1권
03.11	우미관	미국 뉴니우아-사루 회사 실사 **마가진** 전1권 / 미국 유사 에루쏘-영화 희극 **신녀(新女)** 전1권 / 미국 유사 비구다-영화 희극 **천막여행** 전1권 / 미국 유니우으-사루 회사 예데 쏘로- 주연 대활극 **천공마(天空馬)** 전2권 / 미국 유니우으사루사 서부극 **신(身)을 연(挺)**ㅎ야 전2권 / 미국 오리우아- 회사 연속 탐정 대활극 제6회 **공중마** 31권 중 11, 12편 4권
03.12	애관	미국 쌔이다구라부 회사 제2회 모험탐정대대활극 **철완의 향(鐵腕의 響)** 15편 31권 중 4, 5, 6편 6권 / 미국 유니바쌀 회사 실사 **쓰구링 마가징 칠십호** 전1권 / 미국 유사 스다 영화 희극 **황의 물(慌의 物)** 전1권 / 미국 유사 청조(靑鳥) 영화 메히마구라런 양 출연 인정비극 **박명의 녀(薄命의 女)** 전6권
03.14~16	단성사	조선일보 후원 경성음악대 공연
03.17	단성사	미국 바이구라부 회사 제5회 연속대활극 **곡마단의 비밀** 9, 10편 아루바-도 스미스 씨 사이라스부렛데이 씨 합작 구라하무베-가 씨 촬영 쏜-르하-스드 씨 감독 안도니오 모레노 씨 가로-로 호로우에 양 공연 / 미국 루빙 회사 우수 영화 복수미담 **분격(憤激)** 전3권 후란세리아비링돈 양 출연 / 미국 가렴 회사 특걸작 태서활극 **금화의 적(金貨의 跡)** 전2권 화형 마린사이스 양 출연 / 태서희극 **내직(內職)** 전1권
03.19[6]	애관	미국 유사 실사 **마가진** 전1권 / 미국 유사 쓰다 영사 희극 **이상한 증물(贈物)** 전1권 / 미국 유사 지우에루 대작품 인정비극 **지시한 지(指示한 指)** 전5권 / 미국 쌔니다구라후 대작품 제3회 연속 **철완의 향(鐵腕의 響)** 30권 중 7, 8, 9편 6권
03.26	우미관	미국 유사 에루쏘- 영화 희희극 **안푸로쓰의 모험** 전2권 / 미국 오리우아-회사 연속탐정활극 **공중마(空中魔)** 최종편 14, 15편 4권 / 미국 유니우으-사루 회사 특작 연속모험대활극 제2회 **철완의 향(鐵腕의 響)** 4, 5 ,6편 전6권
03.28	단성사	미국 바이구라부 회사 일대 걸작 명화 제6회 연속대활극 **곡마단의 비밀** 11, 12편 / 세계적 야구극 **호-무란** 전6권 / 매일신보 주최 한남권번 독자 위안 연주대회(28, 29일)

---

6) 조선일보는 3월 18일, 동아일보는 3월 19일 사진 차환이라 되어 있음. 전 차환일이 3월 12일임을 감안할 때, 1주일 후인 3월 19일로 추정됨.

04.02 ~08	애관	조선일보 애독자 개관 자축 애활가 위안대회 연속사진 종편(終篇), 유명한 사진 수십종, 경성에셔 흥행한 (인산) 사진 여흥으로 조선에 유명훈 기술사(奇術師)의 참신기발한 기술 수십종
04.02	우미관	미국 유니우ᄋ-사루 회사 실사 **마가진** 전1권 / 미국 유니우아-사루 회사 인정극 **모의 영(母의 影)** 전6권 / 미국 유니우ᄋ-사루 회사 연속모험대활극 제3회 **철완의 향** 30권 내 7, 8, 9편 6권
04.07	단성사	미국 에스 쏜스돈 회사 금계(金鷄) 대영화 신연속대탐정대모험대활극 **응(鷹)의 추적** 15편 30권 중 1, 2편 4권 / 미국 메도로 회사 ○○혁명사 **비밀의 군기(軍機)** 전오권 / 희극 **이것저것**[7] 전일권 / 인형극 **죤미의 야구** / 기타 실사
04.09	애관	미국 하듸 회사 실사 **파스파데 주보** 전1권 / 미국 유사 에루고 영화 희극 **집어쳐라** 전2권 / 미국 유사 에루고 영화 활희극 **안부로수 모험** 전2권 / 미국 유니바살 회사 정활극 **자와 매(姉와 妹)** 전2권 / 미국 바이다구라부 대걸작 신연속대활극 제1회 **뇌악(雷岳)의 위난** 전15편 30권 내 1, 2, 3편 6권 상장 안도니오모러노 가로루사루우에노 공연(共演)
	우미관	미국 정부 위탁 영화 실사 **바데 주보** 전1권 / 미국 뉴니우ᄋ사루 회사 인정극 **신생(新生)** 전6권 / 미국 뉴니우아사루 회사 연속 모험 대활극 제4회 **철완의 향(鐵腕의 響)** 30권의 내 10, 11, 12편 6권
04.14	애관	이화중선, 김녹주 일행 흥행
	단성사	미국 이대 야구단 조도전(早稻田)[8] 선수 실사 **야구대격전** / 미국 풀스돈 회사 제2대활극 대탐정 **응(鷹)의 추적** 제 3, 4편 킹바코트 씨 크레스더몬드 양 출연 / 영국 잘스아-반 영화 향사극(鄕士劇) **생련사련(生戀死戀)** 전7권 / 희극 **여역사(女力士)** 전권
04.16	우미관	미국 유니바-사루 회사 실사 **주보** 전1권 / 미국 유사 주에루 영화 정활극 **화의 녀(火의 女)** 전6권 / 미국 뉴니우아사루 회사 연속대활극 제5회 **철완의 향(鐵腕의 響)** 종편 13, 14, 15편 6권
04.23	우미관	미국 유니바-사루 회사 실사 **주보** 전1권 / 미국 뉴니바사루 회사 인정극 **운명** 전6권 / 미국 뉴니바사로 회사 걸작 신연속대사진 대모험활극 **뇌악(雷岳)의 위난** 전15편 30권 중 1, 2, 3편 전6권
04.28	단성사	중국 마기술 대가 한봉산군 일행 공연(일주일간, 매일신보 후원)
04.30	우미관	미국 정부 위탁영사 실사 **쌰데- 주보** 전1권 / 미국 유사 뉴니바사루 영화 메-마레- 양 주연 인정극 **여명** 전6권 / 미국 유니바-사루 회사 연속대활극 제2회 **뇌악의 위난** 제4, 5, 6편

7) 매일신보는 비밀의 군기, 이것저것, 동아일보는 비밀의 군함, 차처피처(此處彼處)로 표기되어 있음.
8) 와세다.

05.04	애관	미국 선지리 희극 **깃분 여행** 전2권 / 미국 지유에-류 회사 걸작 사회극 **운명** 전6권 / 미국 바이다구락부 제4회 연속 **뇌악(雷岳)의 위난** 전6권
05.07	우미관	미국 유니쌔사루 회사 실사 **스구린 마가진** 전1권 / 미국 유니바사루 회사 인정극 **낙일의 산도(落日의 山道)** 전6권 / 미국 유니바-사루 회사 연속모험대활극 제3회 **뇌악의 위난(雷岳의 危難)** 30권 중 7, 8, 9편 6권
05.11	애관	미국 유사 희극 **쌔데- 주보** 전1권 / 미국 유사 희극 **지용의 악희(惡戱)** 전2권 / 미국 지우에-루 대품(大品) 대활극 **신생(新生)** 전6권 / 미국 바이다구락부 대걸작품 최종편 **뇌악(雷岳)의 위난** 6권
05.12	단성사	미국 인다오뇨사 태서사회희극 **남장한 처녀** 전5권 고아 쏘이스 자키순더 양 볼토단니엘켈헴사 씨 / 불란서 육군성 활동사진반 촬영 시사편담(片談) **전시의 불란서 유년(幼年)** 전2권 / 미국 루이쓰츌스톤 영화 제6회 연속대모험대탐정 **응(鷹)의 추적** 11, 12편 4권 / 문예극 **가츄-사** 전6권
05.14	우미관	미국 유니쌔사루 회사 희극 **견기거(犬其居)** / 미국 유니바사루 회사 인정비극 **여우(女優)의 죄** 전6권 / 미국 유니바-사루 회사 연속대활극 제4회 **뇌악의 위난(雷岳의 危難)** 10, 11, 12편 6권
05.19	단성사	실사 **전국학생 각력(角力)대회** 전1권 / 희극 **토요일로 월요일까지** 전5권 / 희극 **로메오를 서로?** 전1권 / 최종편 연속대모험대탐정 **응(鷹)의 추적** 13, 14, 15편 전6권
05.21	우미관	미국 유니쌔사루 회사 실사 **주보** 전1권 / 미국 유니바사루 회사 부루바도 영화 메리 마구라렌 양 주연 인정극 **의외의 부인** 전6권 / 미국 유니바-사루 회사 주엘 연속 영화 대활극 최종편 **뇌악의 위난** 13, 14편 6권[9]
05.26	단성사	만화 **철방(凸坊)**[10] **좌푸링** 전1권 / 비극 **뷔-라 장군** 전6권 / 미국 쥬네라루 회사 희극 **처군(妻君)** 전1권 / 미국 스레크트 회사 영화 가정극 **사하라** 전7권 (일명 사막의 화(花)) 허영녀 미논: 루이스구롬 양 토목기사 쏜 스단레: 밋트무아 씨
05.27	희락관	순영화극 **이별하는 남** 전5권 / 연속활극 제3 **대선풍(大旋風)** 31권 중 4권 / 벙글벙글구극(舊劇) **골만유(骨漫遊)** 전7권 / 개관 2주년 기념 특별 대여흥
05.29	우미관	대탐정대모험대활극 **라쥬무의 대비밀** 18편 36권 중 1, 2, 3편 6권 / 미국 유니바사루 회사 특작 ♀리시라데인 양 득의(得意)의 여적극(女賊劇) 사정극(社情劇) **니중(泥中)의 장미** 전6권 / 미국 유니바-사루 회사 실사 **마가진** 전1권

---

9) 통상적으로 6권은 3편으로 구성되므로, 광고에서 15편이 생략된 것으로 보인다.
10) でこ-ぼう: 장난꾸러기, 개구쟁이.

06.03	단성사	영국 위임 회사 희극 **어엽쑨 폭탄** 전1권 / 영국 크리쓰지 영화 희극 **위급호 결혼** 전1권 / 화란 암쓰텔다무 회사 세계 일(一)의 대금강석 **괴금고**(怪金庫) 전4권 / 영국 크리쓰지 영화 희극 **난폭호 신부** 전2권 / 독일 랫우드사 작 정극 **동은 동 서는 서** 전6권 / 특별대여흥 영국 가극단 오스트리아 멜본시 아사데레이시 흥행회사 　동양특파원 킵뇨씨 일행 출연
06.04	우미관	미국 유니바사루 회사 대걸작 실사 **국제 주보** 전1권 / 미국 유사 센쥬리 영화 신극 **희**(嬉)**호 여행** 전2권 / 미국 유사 쥬엘 영화 미루도렛도 하리스 양 주연 　인정극 **동경의 도에**(憧憬의 都에) 전6권 / 미국 유니ᄋᆞ바사루 회사 신연속 대사진 군사탐정 **라줌의 대비밀** 18편 36권 중 4, 5편
06.09	단성사	미국 유니버살 회사 희극 **애기를 보내요** 전2권 / 미국 알드 영화회사 　사회극 **서양포도**(浦島) 전5권 와-렛트스-돈 군 리리안호이스 양 출연 / 미국 제스다 회사작 희극 **그럿치 안켓지?** 전1권 / 미국 바라루드사 영화 비극 **홍루점점**(紅淚点点) 전5권 벳시 바리스케일 양 출연
06.11	우미관	미국 유니바사루 회사 　실사 **주보** 전1권 / 희극 **일제에 행**(一諸에 行) 전2권 　하-리 게리- 씨 주연 인정극 **표박의 려**(漂泊의 旅) 전6권 　지유에루 영화 연속 대사진 제3회 **라줌의 대비밀** 36권 중 6, 7편 4권
06.16	단성사	미국 왈드 회사작 설국정화(雪國情話) **설의 조**(雪의 朝) 전5권 / 미국 칼넴 회사 활극 **여장부** 전1권 / 미국 골드윙 영화 시사편담(時事片談) **종군기**(從軍旗) 전5권 맛지게넷듸 양 출연 / 미국 크리스듸 영화 희극 **두엇다 못먹어** 전1권 / 실사 **점토세공** 전1권
06.18	우미관	미국 유사 고루고-영화 희극 **견**(犬)**의 노동** 전2권 / 미국 유니바-살 회사 인정극 **암조**(闇照)**호는 정**(灯) 전6권 / 미국 유니바-살 회사 으린 제짓구 구레 오마지손 양 　연속대탐정대활극 제4회 **라줌의 대비밀** 18편 36권 중 8, 9편 / 미국 유니바-살 회사 실사 유사 **주보** 전1권
06.20	단성사	김도산 일행 특별 대흥행, 실연 희극, 신연쇄극
06.23	단성사	실사 **경응**(慶應)**야구단 시합** 전권 / 쉘크드빗치 회사 포장리(布帳裏)의 애화 **홍루의 적**(紅淚의 跡) 전5권 / 미국 파데 회사 희극 **인공호흡** 전1권 / 이태리 안부로조 회사 훼보마리 씨 원자(原者) 감독 출연 　비극적 애국시 대사극 **앗지라** 전8권
06.25	우미관	미국 유니버-사루 회사 실사 **마가진** 전1권 / 미국 유사 에루고-휘일무 희극 **견수**(犬搜) 전2권 / 미국 유니버-사루 회사 가-메루 마이야-스 양 주연 　인정극 **호접**(胡蝶)**을 추**(追)**호야** 전5권 / 미국 유니버-사루 쥬엘 영화 　연속탐정대활극 제5회 **라줌의 대비밀** 전18편 36권 중 10, 11편

06.29	단성사	김도산 일행 3일간: 신소설 송죽 각색 연극 / 이태리 안부로죠 회사 특작 헤보마리 씨 원자(原者) 감독 　대사극(大史劇) 앗지라 전8권
07.03	우미관	미국 유니버-사루 회사 실사 황석공원(黃石公園) 전1권 / 미국 유사 쥬엘 영화 희극 도망ᄒ면 안니된다 전2권 / 미국 유사 브로-바트 영화 인정극 장자해적(長者海賊) 전5권 / 미국 유사 쥬엘 영화 대모험대활극 라줌의 대비밀 전18편 36권 중 12, 13권 4권
07.07	단성사	실사 동경 천초대화(淺草大火) 전권 / 미국 쎌우닉 영화 라마애화(羅馬哀話) 불멸의 죄 전6권 　세계 문호 유고 선생 원저 명우 후로렌스닐 양 출연 / 미국 갈넴 영화 희극 조홀(粗忽)호 하녀 전권 / 미국 바이다클랍 근대전화(戰話) 전선에 입(立)하야 전구권 아샤가이넘폐 씨 출연
07.09	우미관	미국 유사 센쥬리- 영화 희극 화란용(和蘭踊)[11] 전2권 / 미국 유니버-사로 회사 특작 네바가바- 양 벤 우일손 씨 주연 폴시라데잉 양 조연 　인정극 악마의 섭(囁) 7권 / 미국 유사 쥬엘 영화 연속탐정 대활극 라줌의 대비밀 14, 15편 4권
07.16	단성사	미국 갈넴 회사작 희극 차부링 연예 전2권 / 이태리 리다라 회사 문예영화 환락의 원(園) 전5권 비나메니겔 양 출연 / 이태리 데이벰 회사 연속활극 철의 안(鐵의 眼) 전7편 17권 부비에 양 화루네 양 출연
07.16	우미관	미국 유니버-살 회사 실사 주보 전1권 / 미국 유사 네스다-희극 소극 소사(小使)의 야심 전1권 / 미국 유사 보석영화 미루도레스트 히리스 양 인정극 극중의 처(劇中의 妻) / 미국 유사 쥬엘 영화 연속탐정대활극 최종편 라줌의 대비밀 36권 중 제16, 17, 18편
07.21	단성사	미국 인다나쇼날사 만화 탄환과 흑성(黑星) 전1권 / 희극 누어셔 썩먹기 전1권 / 미국 골도빙 회사 금전? 연애? 애화(哀話) 숨은 사람 전6권 메마슈 양 돕무아 씨 출연 / 미국 칼넴 회사작 철도활극 일주화차(逸走貨車) 전2권 / 이태리 데이벨 회사 제2회 연속활극 철의 안(鐵의 眼) 전7편 17권 중 4, 5편 5권
07.23	우미관	미국 유니버-살 회사 실사 스크린 데레그람 전1권 / 미국 유사 에르고- 영화 활희극 대소제(大掃除) 전1권 / 미국 유니버-살 회사 신연속대활극 신출귀몰 라이온 민 전18편 36권 중 1~5편 10권
07.28	단성사	미국 칼렘 회사 희극 신혼 쎄비 전1권 / 이태리 베이텔 회사 최종편 연속활극 철의 안(鐵의 眼) 6, 7편 5권 / 미국 크리스테 회사 희극 본처(本妻) 전2권 / 미국 파데아스트라 영화 라쓰로란드 양 죠지쳇스부로 씨 출연 　현상부 연속대활극 유령기수(幽靈騎手) 전15편 31권 중 1, 2편
07.30	우미관	미국 유니버-살 회사 실사 암상 도(巖上 島)와 동굴 / 미국 유사 엘고- 영사 희극 소사(小使)의 야심 / 미국 유사 엘고- 영화 희극 자칭 명우(名優) / 미국 유니버-살 회사 신연속 대활극 신출귀몰 라이온, 민 전36권 중 6~9편 8권

11) 네덜란드 무용.

08.04	단성사	실사 폭포 전1권 / 미국 칼넴 회사 희극 소인역자(素人役者) 전1권 / 미국 골도윙사 사회극 통쾌한 남(男) 전5권 / 미국 파데아스트라 영화 제2회 연속활극 유령기수 3, 4편
08.07	우미관	미국 유니버-살 회사 실사 황석(黃石)공원의 태(態) 전1권 / 미국 유사 희극 쟈리의 토이고입(土耳古[12])入) 전1권 / 미국 유니버-살 회사 연속대활극 제3회 라이온-민 전36권 중 10〜14편 10권
08.11	단성사	미국 모도이유메듸 영화 인형극 인형과 소작(所作) 전1권 / 미국 칼피톨 회사 영화 희극 쏄의 야영 전2권 / 미국 바이다크랍사 활극 질풍 전5권 / 미국 후옥쓰 회사 희극 물 속, 산쪽째기 2권 / 불국 파데 미국 지사 아스트라 영화 제3회 연속활극 유령기수 5, 6편 4권
08.13	우미관	미국 유사 엘코-영화 희극 시풍(施風)의 원앙 전2권 / 미국 센쥬리-영화 희극 전장과 고향 전2권 / 미국 유니버-살 회사 연속대활극 최종편 라이온-민 15〜18편 8권
08.18	단성사	미국 크리스듸 영화 희극 제이십삼호 전1권 / 미국 골트윙 회사 사회극 주벽의 적(酒癖의 蹟) 전5권 포리 후례데릭 씨 밀돈실쓰 양 출연 / 미국 나쇼날 회사 피돌 희극 무골(無骨) 결투 전2권 원작자 유작(流作) 작가 페넷도콜 부인 주연 빙글빙글 파슨스 군 / 불국 파데 미국지사 아스트라 영화 제4회 연속활극 유령기수 7, 8편 4권
08.20 〜22	우미관	동양 퓌ㄹ음사 제일회 특작품 실전응용 흉폭 무쌍한 만주마적 전10권
08.21	우미관	미국 유니버-살 회사 실사 주보 전1권 / 미국 유니버-살 회사 메-마레 양 주연 인정극 공작의 무(孔雀의 舞) 전6권 / 미국 유니버-살 회사 메리- 마구라렌 양 주연 / 인정비극 야반의 람(夜半의 嵐) 전6권
08.25	단성사	미국 인스다나쇼날 회사 만화 묘의 전택(猫의 轉宅) 전1권 / 미국 인다-회사 희극 담군(君)의 불유쾌 전3권 / 이태리 게-살 회사 로서아 문호 볼소호후 원작, 이태리 문호 일모리오 비앙크 각색 현대극 주의 한(呪의 恨) 전5권 후라제스카 메루지니 양 리바오바우넬쇼 씨 출연 / 불국 파데 지사 미국 아쓰트라 영화 제5회 연속활극 유령기수(幽靈騎手) 9, 10편 4권
08.27	우미관	미국 유니버-살 회사 실사 수쿠린 데레크람 전1권 / 미국 유사 네스다- 영화 희극 채육(菜肉) 야구시합 전1권 / 미국 유니버-살 회사 인정극 환의 곡(幻의 曲) 전5권 / 미국 유니버-살 회사 와이다 크라후사 걸작 위리암 탕간 씨 에데이스 존손 양 공연(共演) 신연속 대활극 제1회 육탄의 향(響) 전15편 30권 중 1, 2, 3편

---

12) 터어키.

09.01	단성사	실사 서서(瑞西)의 고원 전1권 / 미국 크리스데 영화 희극 **일망타진** 전2권 / 불국 파데 미국 지사 제6회 연속 **유령기수** 11, 12편 4권 / 이태리 게-살 회사 영화 　후란제스가 벨지니 양 주연 금?련?물?영?(金?戀?物?靈?) **탐욕** 전6권
09.08	단성사	희극 복쓰의 곡승(曲乘) 전1권 / 미국 갈넴 회사작 철도활극 **차륜의 향(車輪의 響)** 전1권 / 정말(丁抹)[13] 롤덱스 회사 태세비극 **삼인(三人)** 곡예사 전3권 / 미국 갈넴 회사 활극 **취의 굴(鷲의 窟)** 전2권 / 불국 파데 지사 미국 아스트라 영화 연속활극 **유령기수** 13, 14, 15편 6권
09.10	우미관	미국 유니버-살 회사 　실사 **주보** 전1권 / 인정극 **귀부귀일야(歸不歸一夜)** 전5권 (원명 범(凡)의 속(俗)이라) 　우으이다 구로- 영화 신연속 모험대활극 **육탄의 향** 전15편 30권 중 7, 8, 9편
09.16	우미관	미국 유사(社) 웨르코- 영화 희극 **텅뷔엿다** 전2권 / 미국 유니버-살 회사 에디쓰 로바아드 양 출연 인정극 **위긴(僞緊)** 전5권 / 미국 유니버-살 회사 바이다크라후 영화 　연속대활극 제3회 **육탄의 향(響)** 전15편 30권 중 10, 12, 13편
09.22	단성사	이태리 이다라 회사 촬쓰 칸포가리안 씨 원작 　활비한화(活悲閑話) **남방(南方)의 악마** 전5권 　랫지 아크란다 양 알노칸포가리안 씨 주연 / 실사 불국(佛國) 소도회(小都會) 비루부 실황 / 미국 카스돈 회사 희극 **음악광** 전1권 / 미국 웬스단 회사 죠셉 훼커맨 씨 원작 대모험대활극 **성의 혼(星의 魂)** 　전15편 31권 중 1, 2편 5권 주역배우 촬스핫지손 양 안루터- 씨 출연
09.23	우미관	미국 유니버-살 회사 실사 **주보** / 미국 유니버-살 회사 인정극 **파간의 화판(波間의 花瓣)** 전6권 메리 마구라닌 양 출연 / 미국 유니-별살 회사 쌔이타 쿠라후 영화 　연속대활극 최종편 제5회 **육탄의 향(響)** 13, 14, 15편 6권
09.29	단성사	실사 **어름 지치는 것** 전1권 / 미국 로바도숀 회사 바바라 애화(哀話) **음모가(陰謀家)** 전5권 / 미국 크리스틔 회사작 포복절도희담 **벼란간 선부(船夫)** 전1권 / 미국 웬스단 회사 원작자 죠셉 훼코덴 씨 대모험탐정기담 **성의 혼(星의 魂)** 　전15편 31권 중 3, 4편 4권 주역배우 촬스핫지손 씨 안루터 양 출연
10.06	단성사	실사 **포도아[14]** 풍경 전일권 / 미국 갈넴 회사 희극 **애구애구** 전1권 / 미국 골도웬 회사 천막리(天幕裏)의 연애 곡마단의 퍼리 전7권 / 미국 웬스단 회사 대작품 원작자 죠셉 훼코덴 씨 　대모험탐정기담 **성의 혼(星의 魂)** 전15편 31권 중 5, 6편 4권
10.13	단성사	실사 **해저운동** 전1권 / 미국 갈넴 회사 희극 **여혐(女嫌)** 전1권 / 미국 메도로 회사작 　화류계의 풍자 **유녀(流女)의 말로** 전7권 주연자 후란시쓰, 엑쓰 버쓰민 씨 / 미국 웬스단 회사 원작자 죠셉 훼코덴 씨 　대모험탐정기담 **성의 혼(星의 魂)** 전15편 31권 중 7, 8편 4권

13) '덴마크'의 한자 표기.
14) 葡萄牙, 포르투갈의 음차.

10.16~17	단성사	이기세 씨 작 사회극 **희망의 눈물** / 윤교중 씨 작 인정비극 **운명** / 김영보(金永甫) 씨 작 희극 **정치삼매(情痴三昧)**
10.20	단성사	실사 독을(獨乙)[15] 함대 인도(引渡) 실황 전1권 / 찰스 영화 회사작 희극 **쏜비의 신부** 전2권 / 미국 부레논사 고도의 애사(孤島의 哀史) **비밀의 왕녀** 전5권 / 미국 웬스단 회사 대작품 원작자 죠셉 훼코덴 씨 　대모험탐정기담 **성의 혼(星의 魂)** 전15편 31권 중 9, 10편 4권
10.27	단성사	실사 **신궁참배** 전1권 / 미국 부락 금강석 회사 희극 **성(聲)의 자만** 전1권 / 미국 펜쟈-민 브든사 사회정책 **태풍의 적(跡)** 전7권 / 미국 엔스단 회사 탐정활극 **성의 혼(星의 魂)** 전15편 31권 중 11, 12편 4권 　원작자 죠셉 커-덴 씨 주연자 찰쓰 힛치숀 씨 안투더 양
11.04	단성사	미국 크리스데사 희극 **신량의 도주** 전1권 / 미국 메도로사 절해애화 **해(海)의 신비** 전7권 / 미국 웬스단사 탐정활극 **성의 혼(星의 魂)** 전15편 31권 중 13, 14, 15편
11.10	단성사	미국 인다나쇼날 선화(線畵) **복동가의 도난(福童家의 盜難)** / 이국(伊國) 데이벌 연속활극 **회색의 서(鼠)** 제14편 28권 중 제1회 7권 　출연자 에미라오기오네 씨 삼후진 양 (11.10~16일까지) / 미국 유너버살 회사 걸작 대모험대활극 **명금(名金)대회** 전22편 44권 　10, 11일 1~4편 8권 12, 13일 5~8편 8권 14, 15일 9~12편 8권 　16, 17일 13~16편 8권 18, 19일 17~22편 12권 / 강원도 **금강산 실사** 전오권 / 여흥 서양역사(力士)
11.12	우미관	미국 유니-바살 회사 엘모린칸 씨 쿠레스카-나-트 양 공연(共演) 　연속대사진 대모험대활극 **강력 엘모 대회** 전18편 36권 중 제2회 / 미국 유뉴버-살 회사 수입 와-이다쿠로- 회사 작 워리암 탄곤 씨 　대분투 대대활극 **대분신(大奮迅)** 전15편 30권 중
11.18	우미관	미국 유니-바살 회사 대모험대활극 **강력 에루모** 전18편 36권 중 최종 4권 / 미국 유니-바살 회사 수입 쌔이다 쑤라후 회사 　대활극 **대분신(大奮迅)** 전15편 30권 중 4, 5, 6편 6권 / 실사 **유사 화보** 1권
11.24	단성사	미국 카스돈 회사작 희극 **의외(意外)** 전1권 / 미국 오리바 영화 연속 대사진 과학적 기담 **공중마(空中魔)** 전15편 21권 1, 2, 3편 7권 　원작자 게넷듸세이리* 씨 주연배우 허-바도로빌니숀 씨 마가렛트마-슈 양 / 이태리 이다라 회사 대활극대괴력 **마지스데 용전(勇傳)** 전4편 8권 　주연자 괴력자 엘비스 도바가니 씨 괴미인 린다 모구리아 양
	우미관	미국 유니-바살 회사 수입 미국 쌔이다 쑤라후 회사 　신연속 대사진 대활극 **대분신(大奮迅)** 전30권 중 7, 8, 9편 / 미국 유사 쥬-엘 영화 하-리 케-리 주연 인정활극 **정의의 기수** 전6권

---

15) 독일.

12.01	단성사	미국 크리스데 영화 희극 **쏙갓흔 양쥬** 전1권 / 미국 웬더 회사 기마대활극 **야명(夜明)의 기수** 전7권 / 이태리 케살 회사 소왕녀의 애사(哀史), 불국(佛國)의 대비밀 　**파리의 비밀** 전11권 중 6권 원작자 유제누수 씨 　감독자 구스다오 세루나 씨 주연자 앤나 살도 양 올카베넷듸양 공연
12.03	우미관	미국 유니-바살 회사 에루유 영화 골계 **권투** 전2권 / 미국 유니-바살 회사 인정극 **목장의 소공녀** 전5권 / 미국 유니-바살 회사 수입 미국 우으이다구라후 회사 　모험대대활극 제4회 **대분신(大奮迅)** 전30권 중 10, 11, 12편
12.09	우미관	실사 **주보** 전1권 / 미국 유니-바살 회사 에데쓰 오로버-쓰 양 주연 비애극 **화의 묘(火의 猫)** 전5권 / 미국 유니-바살 회사 수입 미국 우으이다구라후 회사 　연속대활극 최종편 **대분기(大奮起)**[16) 13, 14, 15편 6권
12.15	단성사	실사 서전(瑞典) 놀뷔에[17) 실경(實景) 전1권 / 미국 제스다 회사 희극 담군(君)의 여난(女難) 전2권 / 미국 골도원 회사 연애 **가장 중한 맹세** 전6권 　주연자 제라징 라-라 양 해설자 최병룡 우정식 / 미국 메도로 회사 문예비극 **로미오와 쭐넷** 전8권(일명 사랑의 한) 원작자 섹쓰피어 　출연자 후란시쓰 엑쓰 부슈만 바바라 리펜 해설자 최종대, 김영환, 김덕경, 서상호
12.21	단성사	실사 **놀뷔 풍경** 전1권 / 미국 엘코 회사 희극 **다라나면 전쟁** 2권 / 실사 **아라비아 풍경** 1권 / 미국 도라이앙클 영화 인정극 **무도의 성금(舞蹈의 成金)** 전5권 　주연자 쟈레쓰리 씨 해설자 김영환 최종대 우정식 / 미국 루이쓰 출스톤 영화 연속활극 **십삼의 비밀** 전15편 30권 　출연자 후란시쓰 호-드 씨 해설자 김덕경 서상호

16) 대분신(大奮迅)의 오식으로 보인다.
17) 스웨덴, 노르웨이.

1922년

상영일	상영관	상영작
01.01	단성사	미국 유-스 플스톤 영화 연속활극 제2회 **십삼의 비밀** 전15편 30권 2, 3, 4편 5권 　명우 후란시스 훠-드 씨 주연 / 미국 메도로 회사 태서희활극 **미국의 귀족** 전5권 　명우 디그라스 헤- 아방그스 씨 주연 / 미국 갸니온 쎅쥬아 회사 태서활극 **염마(閻魔)의 골톤** 전2권 　레온도-라 몬데- 씨 주연 해설자 김덕경 최병룡 김영환 우정식 최종대 서상호
01.04	단성사	미국 식스사 정극 **민(罠)** 전3권 해설자 최병룡 / 미국 도라이앙글 회사 태서정극 **도니 아메리카** 전5권 해설자 우정식 최종대 / 미국 유-스플스톤 영화 연속활극 제3회 **십삼의 비밀** 5, 6, 7편 6권 해설자 김영환
01.08	단성사	미국 유-스플스톤 영화 연속활극 제4회 **십삼의 비밀** 전15편 30권 중 8, 9편 4권 / 민중예술 풍자극 **오뇌의 호접(懊惱의 胡蝶)** 전5권 / 이국(伊國) 암쑤로지오 회사 태서정극 **오호 일찰나(嗚呼 一刹那)** 전4권 해설부원 김덕경 우정식 김영환 최병룡 최종대 서상호
01.11	단성사	실사 전1권 / 희극 **사랑의 원슈야** 전1권 해설자 최병룡 / 미국 도마스엣지인스 작품 정극 **남자의 후원자** 전5권 해설자 김영환 김덕경 서상호 / 미국 루이스플스톤 영화 연속 5회 **십삼의 비밀** 전15편 30권 중 10, 11편 4권 　해설자 우정식 최종대
01.15	단성사	실사 **뉴육(紐育)**[18]**의 마천각** 전1권 / 미국 메도로 회사 정극 **황금의 가(家)** 전5권 해설자 1, 2권 김영환 3, 4, 5권 최종대 / 미국 루이스플스톤 영화 연속 5회 **십삼의 비밀** 전15편 30권 중 　해설자 제10편 2권 최병룡 제11편 2권 우정식 / 이태리 이다라 회사 연애비곡 **아-청춘** 전6권 　해설자 1, 2, 3권 김덕경 4, 5, 6권 서상호 / 미국 구리스데리-영화 희극 **오해로써 오해** 전1권
01.18[19]	단성사	실사 **미국 하-도손 하(河)의 상류** 전1권 / 미국 메도로 회사 인정희극 **황당한 신부(新婦)** 전5권 　해설자 1, 2, 3권 우정식 4, 5권 최병룡 / 미국 루이스플스톤 영화 연속 6회 **십삼의 비밀** 전15편 30권 중 　해설자 제12편 2권 김영환 13편 2권 최종대 / 미국 도라이앙글 회사 정극 **자연의 위력** 전5권 해설자 1, 2, 3권 김덕경 4, 5권 서상호
	단성사	실사 **공중마술사** 전1권 / 미국 메도로 회사 인정희극 **황당한 신부** 해설자 1, 2, 3권 우정식 4, 5권 최병룡 / 미국 유-스 플스톤 영화 연속 7회 최종편 **십삼의 비밀** 　해설자 제14편 2권 김영환 제15편 2권 최종대 / 미국 메도로 회사 옛쓰원카-리 씨 감독 엥미-외-련 양 주연 　정극 **사랑 업는 결혼** 전5권 해설자 1, 2, 3권 김덕경 4, 5권 서상호

18) 뉴욕.
19) 1월 18일 상영작 광고가 동아일보와 매일신보가 다르다. 위쪽이 동아일보, 아래쪽이 매일신보 상영 광고임.

01.22	단성사	실사 **마천각(摩天閣)** 전1권 / 미국 캐쎄 회사 희극 **쏘비의 결혼** 전2권 / 영국 영화 회사 대활극기화(奇話) **백면귀(白面鬼)** 전5권 해설자 우정식 최병룡 / 이태리 토리노 회사 연애비곡 **아ー청춘** 전7권 해설자 1, 2, 3, 4권 김덕경 5, 6, 7권 서상호
01.28	단성사	미국 **아라스카 기담(奇談)** / 인정극 **영(影)** 전6권 / 연속대활극 **이상한 환영(幻影)** 전15편 30권 중 1, 2편 4권 / 사회극 **고풍의 약인(古風의 若人)** 5권 / 실사 **파나마 박람회**

01.30	단성사	실사 **파나마 박람회** 전2권
		/ 인다부리세쓰사 인정활극 **남과 남(男과 男)** 전5권
		  주연자 윌이암에쓰하드 씨 해설자 최병룡 최종대
		/ 미국 골도윙사 연속활극 **괴상한 영(影)** 전15편 31권 중 3, 4편 4권
		/ 미국 신(新)영화사 사극 **개선** 전5권
		  주연자 롬발듸 씨 곤스다마구나 양 쟈고비니 양 해설자 김덕경 서상호

02.03	단성사	실사 **여우의 화장실(女優의 化粧室)** 전1권 주악(奏樂) / 미국 엘코 회사 희극 **신가정(新家庭)** 전2권 해설자 최병룡 / 미국 아구메 영화 인정활극 **십삼번의 의자** 전6권 해설자 최종대 최병룡 / 미국 골도윙사 연속활극 **괴상한 영(影)** 전15편 31권 5, 6편 4권 해설자 김덕경 서상호
02.06	단성사	전란 대비시극(大悲詩劇) **전쟁과 평화** 전15권 불국 문호 아벨강크 씨 각색 입장료 일등 1원 이등 70전 삼등 50전 학생 소아 각 등 반액

02.10	단성사	선화(線畵) **빌루의 주반(宙返)** 전1권
		/ 미국 함부돈 영화 태서활극 **사막을 건너** 전7권
		  주연자 이게링강 씨 도와도록센 씨 마죠리윌쇼 양 에이링바ー 양
		  해설자 최종대 우정식
		/ 미국 휄님 영화사 인정활극 **야성의 규(叫)** 전5권
		  주연자 후랑크 보제ー지 씨 아나톨 양 해설자 우정식 김덕경
		/ 미국 콜도윙사 연속활극 **괴상한 영(影)** 전15편 31권 중 7편 2권 해설자 최종대

02.14	단성사	엣사네사 영화 희극 **촤푸링 은행** 전2권 출연자 촬쓰 촤푸링 군 해설자 우정식
		/ 미국 아뮤스멘트 회사 아도라마 씨의 작품 가정극 **여자의 애(愛)로** 전5권
		  주연자 에셀화이트 양 해설자 김덕경
		/ 미국 골도윙사 연속활극 **괴상한 영(影)** 전15편 31권 중 8편 2권 해설자 우정식
		/ 미국 리이랏트사 영화 문예비극 **천애의 고아** 전6권
		  주연자 메리마일스먼다 양 해설자 최종대 김덕경

02.17	단성사	희극 콜도윙 촬영작 전1권 주악 / 미국 쇼상가리홀루니아사 희극 **다른 아해(兒孩)** 전1권 / 미국 후아잉 영화 인정비극 **학대에서** 전5권 주연자 메마시 양 로바도하리손 군 / 미국 케비사 소극 **복동(福童)의 불** 전1권 / 미국 홀막 회사 제알넥산다 씨 원작 연속활극 **괴상한 영(影)** 제9편 2권 주연자 멘월쇼 군 네바캉바 양 / 미국 *에위그사 화류계정화(情話) **홍등의 항(巷)** 전5권 주연자 클로리안돈 군

02.20	단성사	실사 고-몬 제사호 전1권 주악 / 도-마스에치손[20] 회사 희극 **사봇다 죄(罪)** 전1권 / 미국 화-잉아도[21]사 상징희극 결혼광 전6권 / 웅시극(雄詩劇) **나라가난 호접(胡蝶)** 전6권 주연자 루이쓰고메 군 에리나훼이아 양 / 미국 홀막 회사 제알넥산더씨 원작 연속활극 **괴상한 영(影)** 10편 2권 　주연자 멘월쇼 군 네바캉바 양 해설자 우정식 최종대 김덕경
02.23	단성사	윤백남(尹白南) 작 비극 **등대직(燈臺直)** 3막 / 윤백남 작 인정극 **기연(奇緣)** 4막
03.03~4	단성사	은파(隱坡) 박용환(朴容奐) 씨 작 **흑진주** 전15막 18장
03.05	단성사	희극 미국 육군학교 실황 전2권 / 에쉬널 영화 인정극 **탐화접(貪花蝶)** 전6권 주연자 루사쓰고데이 씨 에리나페이아 양 / 미국 홀막크사 연속활극 **괴상한 영(影)** 제11, 12, 13편 6권 　주연자 멘위일손 군 네바캉바 양 해설자 최종대 우정식 김덕경 출장중 서상호 최병룡 김영환
03.08	단성사	실사 동궁전하 어도구(御渡歐) 실황 전2권 / 미국 아메리칸 회사 인정활극 **처를 구(求)하서** 전5권 　위리암 랏세루 씨 후란세리아비리톤 양 출연 / 미국 도라엔클 회사 사회극 **느즈냐? 일느냐** 전5권 / 미국 홀막크 회사 연속활극 최종편 **괴상한 영(影)** 14, 15편 4권 해설자 최종대 이병조 김덕경 출장중 서상호 최병룡 우정식 김영환
03.19	중앙회관	실사 **싸나마** 세계 박람회 전2권 / 희극 **우번뇌(于煩腦)** 전2권 / 골계 데부군의 행수(行水) 전2권 / 희활극 **저것도 신부냐** 전5권 / 실사 **이백만원의 견(犬)** 전2권 / 희극 **차푸린 은행** 전2권 / 정희극 **무답성금(舞踏成金)** 전5권
03.24	단성사	취성좌 김소랑 일행 신파 흥행
04.01	단성사	실사 **나이이라 폭포수** 전1권 / 희극 **마록의 철포(馬鹿의 鐵砲)** 전2권 / 미국 도라이안풀 회사 인정활극 **전진(戰塵)** 전5권 / 미국 메도루 회사 인정극 **몽(夢)의 소로메** 전7권
04.15	중앙관	송욱제천화 공연(5일간)
	단성사	경화권번 연주회(3일간)
04.18	단성사	취성좌 김소랑 일행 공연(연쇄극 포함, 3일간)
04.29	단성사	송욱제천화 일행 공연(매일 저녁 6시, 6일간)
05.05	단성사	매일신보 독자위안활동사진대회
05.06	단성사	세계명우 위이룸-단 외 씨 주연 　대분투대활극 **가인복수(佳人復讐)** 15편 31권 매일 10권씩 영사 / 기타 희극 실사 각 2권씩
05.09	단성사	취성좌 김소랑 일행 신촬영 연쇄극 **두견화**(전7막 38장), **이역(異域)**(전6막 29장) / 기타 실사 각종

---

20) 토마스 에디슨(Thomas Edison)의 당시 표기인 듯하다.
21) 파인 아트(Fine Art)의 당시 표기인 듯하다.

05.13	단성사	이태리 정부 촬영반 실사 **해상의 낭수(狼狩)** 전1권 해설자 오태선 / 미국 홀막크사 희극 **데부군의 처** 전1권 해설자 우정식 / 미국 콜도윙사 작자 벤아메위리암 씨 사회극 **대양의 귀(大洋의 鬼)** 전7권 　해설자 최종대 김덕경 / 미국 세린크 회사 연속활극 **미로의 비밀** 15편 30권 중 1회 6권 해설자 이병조 서상호
05.19	단성사	미국 컹그린사 영화 실사 **이국의 앵화(異國의 櫻花)** 전1권 해설자 오태선 / 미국 화스드 나쇼날사 희극 **흑인의 하인** 전1권 해설자 최병룡 / 미국 골도잉사 작자 베나메 위리암 씨 인정극 **쥬비로** 전6권 해설자 최종대 김덕경 / 미국 셰린크 회사 작자 위리암 왕구 씨 　연속대활극 **미로의 비밀** 전15편 30권 중 4, 5, 6편 6권 　주역 후란시스 화남 씨 가론 호도워 양 공연(共演) 해설자 우정식 이병조
05.24	단성사	실사 **기부와 나라(岐阜²²)와 奈良²³)) 풍경** 전1권 / 미국 화스트내쇼날 회사 희극 **공중의 미인** 전3권 / 미국 메도로사 작자 직크 론돈 씨 사회비극 **해상의 웅성(雄聲)** 전6권 　주역 이제두 루이스 씨 연(演) 해설자 김덕경 최종대 최병룡 오태선 / 미국 세린구사 작자 위리암 왕구 씨 연속활극 **미로의 비밀** 전15편 중 7, 8, 9편 6권 　주역 푸란시스 화남 씨 카론 호-웨 양 공연(共演) 해설자 서상호 이병조 우정식
05.29	단성사	미국 와스토 나쇼날 회사 무자막 영화 자연의 전원극 **깁흔세옴** 　주역 아레스-례 씨 해설자 김덕경 최종대 / 미국 셰린크 회사 작자 위리암 왕구 씨 　연속대활극 **미로의 비밀** 전15편 30권 중 4회 10, 11, 12편 6권 　주역 후란시스 화남 씨 가론 호도워 양 공연(共演) 해설자 이병조 최병룡 / 실사 대정활영회사 근사(謹寫) **영국 황태자 전하 봉영(奉迎)** 전1권
06.03	단성사	미국 화스트나쇼날 회사 사회풍자 **호접(胡蝶)의 잠** 전7권 　주역 아니다스, 싼아-도 양 해설자 김덕경 최종대 / 대활(大活) 영사 실사 **영국관병식(觀兵式)** 전1권 (오케스도라 주악) / 미국 고루도우잉 회사 소년성공미담 **휘(輝)의 고아** 전2권 (원명 적군의 기(旗)) 　주역 잣구, 빗구화도 해설자 이병조 서상호 / 미국 도라나양구루 회사 소극 **비한 위간(飛한 違間)** 전1권 해설자 최병룡
06.05	황금관	하기특별 문예명화대회 　유니바-사루 희극 **사자와 열차** 3권 설명자 전중백룡(田中白龍) 에루포린간 씨 주연 　연속활극 **연(燃)하는 원반** 7, 8편 4권 해설자 *전수수(*田秀水) 　유니바-사 회사 인정활극 **서는 서(西는 西)** 전5권 　　원작 유-지앤만라부로- 씨 각색 조루지시-하로- 씨 　　촬영 하리-후오라 씨 감독 이-이-시에-리- 씨 주역 하와게리 씨 　　해설자 생*천뢰(生*天雷) 남주공리(南洲公利) 대(大)몬로사루스베리 씨 역연 　* *명화 시의 휘(屍의 輝) 전5권 　　원작 조-지스이호두 씨 각색 우오루데만얀구 씨 　　감독 우이리아무우오루바도 씨 촬영 하리-하리스 씨 주역 몬로-사루스베리 씨 　　해설자 석전욱화(石田旭花) 생*천뢰(生*天雷)

22) 일본 중서부 지역. 기후.
23) 일본 지명. 나라.

06.09	단성사	민중극단 공연(5일간)
06.10	황금관	신축 6주년 기념 특별흥행 희극 대회 　에루고 희극 **여(女)천하** 3권 / 희극 **투우** 2권 설명 전중백룡(田中白龍) 　희극 데부의 경업(輕業) 2권 / 희극 **일등상** 3권 해설 생＊천뢰(生＊天雷) 　연속 **연(燃)하는 원반** 9, 10편 4권 　　해설자 ＊전수수(＊田秀水) 소년 리부스이-슨 군 역연 　희비극 **사의 곡(死의 谷)** 5권
06.15	단성사	미국 쌔린구 회사 연속활극 **미로의 비밀** 전15편 30권 중 최종 13, 14, 15편 6권 　해설자 서상호 이병조 / 미국 나쇼나로사 영화 희극 **평화와 전쟁** 전2권 　해설자 최병룡 작자 나지오바 부인 삼대 작품 중 일 / 사회인정극 **사(死)보다 강함** 전7권 해설자 김덕경 최종대 오태선
	황금관	실사 유사 주보 1권 / 스다 희극 **절부의 성명(切剖의 姓名)** 1권 / 유니바사루 영화 **대돌진** 전5권 에루모린간 씨 주연 / 연속 **연(燃)하는 원반** 11, 12편 4권 / 문예대영화 **절문 사람의 안(眼)** 전8권
06.18	단성사	미국 바이다그랍 회사 연속활극 **남아의 철완(鐵腕)** 전15편 30권 중 11, 12편 　주연 위리앙 당칸 씨 에데스 죤숀 양 공연(共演) 해설자 이병조 서상호 / 나쇼날 회사 희극 **주점의 싸부링** 전1권 해설자 오태선 / 미국 콜도윙 회사 희인정극 **나는 지무다** 전6권 　주연 위루로쟈스 씨 해설자 김덕경 최종대 / 미국 막그스넷트사 희극 **권투가 데부** 전2권 해설자 최병룡
06.20	황금관	희극 **여분한 정주(餘分한 亭主)** 1권 쑤루쌔-도 영화 몬로-소-루스메리- 씨 주연 / 삼림정화(森林情話) **농의 향(瀧의 響)** 전5권 에루모린간- 씨 이역(二役) 역연 / 연속활극 **연(燃)하는 원반** 13, 14편 4권 / 유사 문예 대작품 사회인정비극 **절해의 명화(名花)** 전5권 에데이스로쌔-쓰 양 주연
06.23	단성사	미국 콜도윙 회사 희극 **주점의 싸부링** 전1권 주역 쟈레스 쟛부링 씨 출연 해설자 최병룡 / 실사 **모록고의 풍경** 전1권 주악 / 미국 구리휘니스 영화 남양정화극 **갈앙(渴仰)의 무희** 전7권 　주역 지랴도바듸루메스 씨 작자 고-돈레-양-구 씨 해설자 최종대 김덕경 / 미국 쌔니다그랍 회사 혈육용약(湧躍) **염향의 철완(唫響의 鐵腕)** 　전30권 중 3, 4편 4권 주역 위리니앙 담칸 씨 맹연 해설자 이병조 서상호
06.25	황금관	실사 **주보** 전1권 / 희극 **사한 남(捨한 男)** 전1권 / 문로-사류스베리 씨 주연 삼림활극 **강자의 위력** 전5권 / 린간-씨 대모험 연속활극 **연(燃)하는 원반** 15, 16편 4권 / 에데이스로파쓰 양 주연 사계(社界)비극 **니사(尼寺)의 백합** 전5권
06.29	단성사	미국 쌔니다그랍 회사 연속활극 **염향의 철완(唫響의 鐵腕)** 　15편 30권 중 5, 6편 4권 해설자 이병조 서상호 / 미국 화스드나쇼날 회사 희극 **병중에 병** 전2권 / 미국 메도로 회사 인정극 **그날 밤의 참회** 전6권 　주역 아리스레기 양 해설자 최종대 최병룡 김덕경 오형선[24]

24) 이전까지 오태선으로 표기되었던 인물로 추정됨.

06.30	황금관	희극 마지막 결혼 1권 / 유니바사 웅대한 대영화 성금(成金) 전6권 / 최종연속활극 연(燃)하는 원반 4권 / 대정활영회사 제공 미(美)의 비애 미인시(美人市) 전7권
07.04	단성사	미국 쌔니다그라부 회사 위리암 당완 씨 주연 　탐정활극 염향의 철완 전15편 30권 중 7, 8편 4권 해설자 서상호 이병조 / 대정활영주식회사 촬영 실사 동경명소 전1권 / 미국 유닛트아데이스드 회사 　희연소극(喜戀笑劇) 견행(堅行)의 결과 전6권 주역 도구라스 화야방그 씨 / 미국 멧사네이사 영화 희극 보리스 전2권 주역 차례스 쟈부링 씨 　해설자 최종대 김덕경 최병룡 오형선(吳亨善)
07.05	황금관	유니바사루 영화 활극 권투가의 애(拳鬪家의 愛) / 에고-루 영화 희극 대요(大凹) 2권 / 부류바-도 특작 인정극 중심번민(中心煩悶) 5권 　명화(名花) 두스구리쓰후오도 양 주연 히리소게리 주연 / 활극 혈성남아(血性男兒) 5권 / 대정활영 특작신파희극 일본의 부자 5권
07.08	단성사	대정활영주식회사 촬영 실사 북해도 명소 실황 전1권 / 미국 바니다그랍사 세계 명우 위리암 당칸 씨 주연 　탐정활극 염향(喑響)의 철완 전15편 30권 중 제9, 10편 4권 해설자 이병조 우정식 / 미국 아로 회사 희극 옥상의 화성(花聲) 전2권 / 미국 화스트 나쇼닐 회사 인정극 각인(刻印)혼 여자 전7권 　주연 노-마다루마치 양 해설자 최종대 김덕경 최병룡
07.10 [25)]	황금관	실사 주보 1권 / 희극 처군의 서(妻君의 恕) 1권 / 인정비극 주장의 녀(酒場의 女) 전5권 / 영화비극 야명의 가(夜明의 歌) 전5권 / 연속활극 사-가스왕 전36권 중 1, 2편 / 서부삼림대활극 맹목의 도(道) 전6권
07.14	단성사	빙글빙글 희극대회 　*종의 교훈적 희극 10권 해설자 이병조 최종대 우정식 최병룡 오*선 / 미국 바니다그랍 회사 위리암 공완 씨 주연 　연속활극 염향의 철완 전15편 30권 중 11, 12편 해설자 김덕경 서상호
07.15	황금관	실사 주보 1권 / 대활극 연(燃)하는 산도 5권 / 모험대연속극 에데이 쏘로 사가스 왕 제2회 목(目) 공개 / 대활초특작 문예대영화 상전추성(上田秋成) 씨 작 곡기동일랑(谷崎洞一郞) 각색 　고전극(古典劇) 사성의 형(蛇性의 姪) 전10권 / 문부성 추선 교육영화 사회비극 부지(不知)하는 처(妻) 5권 　어치스로쌰쓰 양 주연 우이리안오신도 씨 감독
	조선호텔 장미화원	매 수요, 토요 급(及) 수요일 하오 8시 개연 　희극 다망(多忙) 리부 1권 / 희극 부부의 싸홈 1권 　희극 자번뇌(子煩惱) 2권 / 특별희극 휘(輝)의 고아 6권

25) 동아일보 7월 12일자 광고로 상영 일자가 정확히 표기되어 있지 않으나, 이전까지의 주기(5일)로 볼 때 7월 10일로 추정됨.

07.22	황금관	희극 **집치감(集治監)** 2권 / 유니바사루 대활극 **공권(空拳)** 5권 / 연속모험 **사-가스왕** 제3회 5, 6편 / 메리마구라렌 양 주연 교비극(敎悲劇) **경(耕)하는 을녀(乙女)** 5권 / 전대미문의 대교훈극 희생미담 **황국의 휘(皇國의 輝)** 5권
	조선호텔 장미화원	매 토요, 일요 급(及) 수요일 하오 8시 30분 개연 　실사 **교육사진** 전1권 / 희극 **한참 쉬자** 전2권 　늿슌낼사 연애극 **황야의 화(花)** 전7권 (원명 호접에 숙(蝴蝶에 宿)) 　　안타스리워트 씨 주연
07.24	단성사	미국 콜도잉 회사 사회극 **백은(白銀)의 무리** 전7권 주역 후레속그스단돈 씨 / 희극 **불요(不要)의 걱정** 전1권 차례스 쟈붕링 씨 연(演) 　해설자 서상호 최종대 김덕경 최병룡 / 미국 세렛트 회사 연속활극 **암호의 사미인(四美人)** 전15편 30권 중 1, 2, 3편 　주연 반월손 씨 네브짜브 양 공연(共演) 해설자 이병조 우정식
	대정관	성역전기(聖譯傳記) **묵시록의 사기사(四騎士)** 전11권
07.29	황금관	희극 **부로니군** 2권 / 문부성 추천 영화 **데기사스의 소영웅** 2권 가메루마이아스 양 주연 자구고너 씨 감독 / 사회극 **법의 랑(法의 娘)** 5권 보로 씨 대역연 / 연속활극 **사-가스왕** 7, 8편 4권 / 일본 영화계의 거성 비상정부(非上正夫) 씨 보품(保品) 신파순영화극 **한춘(寒椿)** 5권
	단성사	미국 콜도윙 회사 실사 **모브, 찻트의 산물** 전1권 (주악) / 미국 나쇼날 회사 희극 **일수지몽(一睡之夢)** 전2권 / 미국 바이다그랍 회사 인정활극 **남방의 벽혈(碧血)** 전7권 　해설자 최종대 최병룡 김덕경 서상호 / 미국 세렛트 회사 연속활극 **암호의 사미인(四美人)** 제2회 4, 5편 4권 　주역 반월손 씨 가브레브 양 공연(共演)
08.02	조선호텔 장미화원	희극 **아바클에 치애(痴愛)** 전1권 / 실사 **북미행각(北米行脚)** 제오 전1권 / 호도(胡桃)회사 제유(製油)실황 / 신가정희극 전2권 / 실사 **이태리의 산** 전1권 / 특별사회극 **고산화(故山花)** 전5권 마가렛트 뷔린취 양 주연
08.03	단성사	원작, 문학가 아셀메레스 씨 (원명 룩서리) 미국 아-로 회사 영화 　인정극 **영화의 극(榮華의 極)** 전6권 / 미국 세렛트 회사 연속활극 **암호의 사미인(四美人)** 　전15편 30권 중 제3회 6, 7, 8편 6권
08.05	황금관	희극 **십삼호** 1권 / 희극 **화란용(和蘭踊)** 2권 / 활극 **서부는 됴흔 곳** 2권 홋도기부손 씨의 장쾌극 / 사회극 **금색의 몽(金色의 夢)** 5권 / 연속활극 **사-가스왕** 제5회 9, 10편 / 사계활비극 **화(花) 이바라** 5권

08.08	단성사	미국 나쇼날 회사 실사 **아루푸스 산의 설경** 전1권 (주악) / 미국 콜도잉 회사 희극 **자식의 번뇌** 전2권 해설자 오태선 / 미국 도라이알글 회사 사회극 **황금과 연애** 전5권 　해설자 1, 2권 이병조 3권 최병룡 4, 5권 김덕경 / 미국 마세넷트사 희극 **데부의 간계** 전1권 해설자 최병룡 / 미국 에지손 회사 인정활극 **남자다온 남자** 전5권 　해설자 1, 2권 우정식 3, 4, 5권 최종대
08.12	황금관	희활극 **도망하는 천막** 1권 / 희활극 **건(鍵)의 혈(穴)로부터** 1권 / 서부대활극 **국경의 협위(脅威)** 2권 후로키부슨 씨의 대활약 / 인정대활극 **만추의 애별(哀別)** 5권 쏘로 씨 역연 제6회 / 연속모험 **사-가스왕** 4권 / 사계(社界)활극 **배금광(拜金狂)** 5권
08.13	단성사	실사 **나이야가라 폭포** 전1권 (주악) / 미국 콜도윙 회사 희극 **은배(銀盃)를 취(取)코자** 전2권 해설자 오태선 / 미국 애도로 회사 변화극 **우후의 월(雨後의 月)** 전7권 해설자 김덕경 최병용 우정식 / 미국 셰렉투 회사 연속활극 **암호의 사미인(四美人)** 15편 30권 중 4회 9, 10편 4권 　해설자 이병조 최종대
08.16	조선호텔 장미화원	미국 메투로 회사 사회극 **인인의 휘성(因人의 輝星)** 전6권 / 미국 골도윙 회사 사회희극 **모친의 외출** 전2권 / 미국 비숀* 회사 사회모험 **모겔산의 불가사의** 전1권 / 미국 기넷도 회사 실사 **우리의 동무** 전1권
08.17	황금관	희극 **사자와 여(女)** 2권 / 서부극 **암흑으로부터 광명에** 2권 / 가-메루마이아-스 양 주연 사회극 **요부가 처녀가** 5권 / 연속모험 **사-가스왕** 13, 14편 4권 후란구메요- 씨 주연 / 활극 **맹호의 용(勇)** 5권 / 교훈사실농담 시사애화 **희소야훈도(嘻小野訓導)** 전(全)
08.20	단성사	미국 바이다그립 회사 실사 **과학과 운동** 전1권 / 미국 콜도윙 회사 사회극 **세계와 여자** 전7권 해설자 오태선 김덕경 최종대 / 미국 막크세넷트 회사 희극 **점원의 자리** 전2권 해설자 최병룡 / 미국 세렉트 회사 연속활극 **암호의 사미인(四美人)** 15편 30권 중 제5회 11, 12편 　해설자 우정식 이병조
08.24	단성사	미국 도라이앙글 회사 군사활극 **제일향(蹄一響)** 전5권 해설자 김덕경 최병룡 / 미국 콜도잉 회사 희극 **실부와 모모(失婦와 母母)** 전2권 해설자 오태선 / 미국 세렉트 회사 연속활극 **암호의 사미인(四美人)** 제6회 최종편 13, 14, 15편 　해설자 우정식 이병조 최종대
08.25	황금관	**국제시보** 1권 / 희극 **자승자득(自乘自得)** 1권 / 활극 **제삼열차** 2권 / 계급타파 **결혼의 함정** 5권 / 쏘-로 대활극 **사-가스왕** 15, 16편 4권 / 흑기정화(黑騎情話) **왕후기심중(皇后崎心中)** 5천척
08.29	단성사	미국 바이다그랍 회사 대모험대활극 **신비의 환영** 전15편 30권 중 1, 2편 4권 / 미국 아로 회사 사회극 **비조(飛鳥)와 갓치** 전5권 주연자 네브섯바 양 / 미국 바이다그랍 회사 사회극 **정의의 력(力)** 전5권 / 미국 아-로 회사 실사 **네브가바의 일상생활** 전1권

08.30	조선호텔 장미화원	실사 **산간기행(山間紀行)** 전1권 / 미국 류리잉글사 일(日)희극 **신부의 위난** 전2권 / 미국 내순닐사 희극 **설중(雪中)에 격투** 전1권 / 미국 돔쓰아이쓰사 군사활극 **제에 향(蹄에 響)** 전5권 우리앵쎄쓰몬드 씨 주연
09.03	단성사	실사 **무쎄 이십삼호** 전1권 / 미국 콜도잉 회사 희극 **바데의 공명(功名)** 전5권 / 미국 골도잉 회사 북방애화(哀話) **광명의 빙원(氷原)** 전6권 랏설 십부손 씨 보링스 다-크 양 공연(共演) / 미국 바이다그랍 회사 대모험대활극 **신비의 환영** 전15편 30권 중 2회 3, 4편 4권
09.05	조선호텔 장미화원	모험극 **헨렌의 모험** 전1권 / 미국 콜도원사 희극 **이웃집 아해** 전2권 회리레온 씨 도로비웩쓰트 양 공연(共演) / 미국 애불노사 희극 **쏘시오크러비** 전5권 바이올나다나 씨 주연 / 실극(實劇) **하숙의 짜푸링** 전1권 촬리 짜푸링 씨 주연 / 희극 **우치와 철환(愚恥와 鐵丸)** 전2권
09.08	단성사	미국 기네도사 실사 **견(犬)의 박람회전**1권 / 미국 메도로사 설원극(雪園劇) **태양아(太陽兒)** 전6권 / 미국 코크고메딕사 희극 **밋바진 금고** 전2권 / 미국 바이다클랍사 연속활극 **신비의 환영** 제3회 4권 해설자 이병조 최병룡 최종대 김덕경
09.11	황금관	실사 **이십이호** 1권 / 고루도인사 레지다루도바기 씨 감독 북방애화 **광명의 빙원** 7권 (원명 망월(望月)) / 전율모험활극 신비연속 **대맹호** 제3, 4편 / 미국 메점(占)사 작 사계(社界)활극 **태양아(太陽兒)** 6권
09.13	단성사	미국 고루도우잉 회사 가다-데헤움 부부 주연 희극 **산(山)?? 해(海)??** 전2권 / 아라스가 기담 **이소페루** 전7권 하우스비-다- 씨 / 미국 우아어다구라부 제4회 **신비의 환영** 7, 8편 4권
09.18	단성사	미국 키스돈 회사 희극 **이웃집 애기** 전2권 / 미국 바이다클납사 운명정화(運命情話) **나팔도(喇叭島)** 전7권 / 미국 바이다클납사 제5회 **신비의 환영** 전4권
09.23	단성사	미국 기네도사 실사 **기네도 제오호** 전1권 / 미국 콜도윙사 사회극 **통쾌한 시장(市長)** 전6권 / 미국 콜도잉사 동아극(童兒劇) **엄마 엽난 새** 전2권 / 미국 바이다클납사 제6회 연속 **신비의 환영** 11, 12 4권
09.28	단성사	미국 메도로, 스구링구라식구라식구사 인정극 **재생의 서광** 전7권 / 미국 우이아이다그랍우사 연속활극 **신비의 환영** 최종편 제13, 14, 15편 / 실사 **가나다 수력 전기** 전1권
09.29	황금관	실사 **오호(五號)** 1권 / 희활극 **고향을 출(出)하야** 5권 / 연속모험신비활극 신비소설 **대맹호** 9~12편 8권 / 정희극 **통쾌한 시장(市長)** 전6권

10.06	황금관	실사 녹(鹿)과 비하 1권 / 심각한 사계(社界)극 모단쇄모(牡丹刷毛) 6권 　지식계의 두뇌자 호-러스와 십만불 소유자 마- 씨의 로만스 / 대연속 공중대활극 맹수모험 청호(靑狐) 전30권의 4권 / 신파대비극 야(野)에 피는 화(花) 전9권
10.07	단성사	맹수대활극 청호(靑狐) 제1, 2편 / 인정극 애의 영광(愛의 靈光) 전5권 / 정희극 쥰구스 전5권 / 실사 지비얏도 이십일호 최장척
10.12	단성사	미국 골도윙사 아동극 학교친구 전1권 / 미국 메도로사 상징극 암굴의 기연 전6권 / 미국 아로사 제2회 연속 청호(靑狐) 30권 중 3, 4편 4권
10.13	황금관	실사 무비-잣도[26] 1권 / 사계(社界)인정극 애의 영광(愛의 靈光) 전5권 / 맹수모험활극 청호(靑狐) 3, 4편 4권 / 신파대비극 해의 극(海의 極) えマデ[27] 전5권
10.16	단성사	미국 나쇼날 회사 희극 미인도착 2권 / 미국 유나이릿트 영화협회 불국 문호 아렉산다 듀마 씨 원작 　문예신비극 콜시가의 형제 전6권 / 미국 킷튼 영화 한크민 희극 골속 미인 전2권 / 미국 아로 영화 제3회 맹수활극 청호(靑狐) 5, 6편 4권
10.24	단성사	미국 회드나쇼놀 영화 희극 쏭々이 작란 전1권 / 미국 화드나쇼날 회사 인정극 황태풍(黃颱風) 전6권 / 미국 아로사 맹수활극연속 청호(靑狐) 15편 30권 중 7~10편 8권
10.29	단성사	실사 화려호 파리 / 미국 바이다그립 영화 희극 독갑이[28] 자동챠 전2권 / 미국 영화협회 문예풍자 호상의 일야(湖上의 一夜) 전6권 / 휴식 / 미국 아로사 맹수활극연속 청호(靑狐) 15편 30권 중 11, 12편 4권
11.03	단성사	미국 영화협회 제공 인정극 련과 보옥(戀과 寶玉) 전5권 / 미국 골도잉 영화 인생애화(人生哀話) 자연아(自然兒) 전6권 / 미국 아로사 맹수활극연속 청호(靑狐) 15편 30권 중 최종 13, 14, 15편 6권
11.08	단성사	신극좌 일행 연쇄활극 명천(明天)―百五百尺[29] 전15장 / 사회일화 경은중보(輕恩重報) 8백척 전17장 / 연쇄연화(連鎖戀話) 춘화(春花) 1천2백척 전16장 / 향토극 사시절(四時節) 전6막 / 활극 의외 전5막
11.15	단성사	경화권번 기생 일동 공연　수해동포 구제 자선대회
11.16	조선극장	미국 쌔이다그릿프 회사 전쟁활극 국가를 위하야 전5권 / 기타 실사, 희극 수종 연극예제 　제1일 윤백남 작 비희극 기연(奇緣) 전4막 　제2일 안광익 각색 비극 몽외(夢外) 전5막 　제3일 윤백남 번안 사회극 심기일전 전2막 / 활극 부운(浮雲) 전3막 　해설자 김조성 이병호 김파영 우정식

---

26) 무비 차트 (movie chart).
27) ～에까지, 즉 바다의 끝에까지.
28) 도깨비.
29) 일천오백 혹은 일백오십의 오식.

11.20	단성사	바이다클넙 영화 희극 무대의 소동(騷動) 전2권 / 바이다클넙 영화 인정극 섭시(囁市) 전5권 / 메도로사 영화 문예극 연의 화제(緣의 花祭) 전6권
11.25	조선극장	연극부 예제 　활극 천명 / 정극 경은중보(輕恩重報) / 활극 의형제 / 비극 운명의 조류 　비극 누교(淚橋) / 정극 파란(波瀾) / 비극 누구의 죄냐? / 기타 희극 수종 활동사진부 　미국 쓰레프 회사 실사 철봉기예 전1권 　이태리 아다라 회사 골계극 색광(色狂) 전2권
	단성사	희극 눈(雪)은 굿쳐도 전2권 / 문예극 기가의 녀(其家의 女) 전7권 명우 빌트레드 히리스 양 주연 / 신연속대영화 연속탐정대활극 마의 진주 전15편 30권 중 제1, 2, 3편 6권
	황금관	송죽 キネマ[30] 특작 대명화 　문호 미기홍엽(尾崎紅葉)[34]씨 필세(畢世)의 대작품 신파대비극 장한몽 전10권 　이수일 명우 제구토구(諸口土九) 씨 심순애 명우 천전방자(川田芳子) 양 / 연속탐정활극 魔ノ[32]珍珠 30권 중
11.29	조선극장	활동사진부 　미국 영화제조회사 남북전쟁미담 최후의 일각 전5권 연극부 　연성(演星) 작 비극 파난(波難) 전2막 / 윤송제(潤松齊) 작 희극 헛풍 전2막 　연성 작 비극 누교(淚橋) 전4막 / 양재응(梁在應) 작 비극 누구의 죄 전3막
12.01	단성사	희극 황한 자(荒한 者) 전2권 / 남양정화(南洋情話) 남국(南國)의 악마 전6권 / 신연속대영화 제2회 연속탐정대활극 마의 진주 전15편 30권 중 제4, 5, 6편 6권 / 주식회사 대동권번 예기온습회(溫習會)
12.06	단성사	미국 콜도잉 영화 에도가 희극 함을넷도 전2권 / 휀리 우올솔씨 걸작 인정극 심판일 전7권 / 제3회 연속활극 마의 진주 제7, 8, 9편 6권
12.07	우미관	미국 유사 연구실 실사 유사 주화보 육의 사십호 전1권 / 미국 유사 쓰타– 영화 희극 화해 전1권 / 미국 유닉버셀 회사 에릭이 쏘로 씨 주연 활극 생사지경 전2권 / 미국 유닉버셀 회사 에바노바쓰 양 주연 인정극 표박의 을녀(漂泊의 乙女) 전5권 / 인드에이코트 씨 리버푸레쏘튼 양 공연(共演) 　연속 백마의 기수 전18편 36권 4회 7, 8편
	조선극장	활동사진부 　이태리 도리노 미라노 회사 사회극 혈소(血笑) 전3권 연극부 　이기세 작 희비극 빈한하지만 전1막 / 이기세 작 사회극 희망의 눈물 전2막

---

30) 기네마.

31) 오자키 고요. 장한몽의 원작인 「금색야차」의 작가.

32) の의 가다카나. '～의'라는 의미로 전체 제목은 '마의 진주'라는 의미가 됨.

12.11	조선극장	미국 바이다그리프 회사 대연속활극 **강철아(鋼鐵兒)** 1, 2, 3편 6권 / 미국 바이오그리프사 사회극 **영혼의 불멸** 전7권 / 미국 바이타그리프사 희극 **대골계** 전2권 / 미국 키넷트사 희극 **데부군의 고심** 전1권 / 미국 키넷트사 희사(喜寫) **커넷트레유** 전1권
	단성사	미국 불다스 영화 희극 **도망자** 전1권 / 미국 골도윙 영화 사회극 **천벌** 전7권 해설자 김영환 김덕경 / 미국 막센넷트사 빙금빙글 **결혼생활** 전5권 해설자 성동호 최병룡 / 제4회 연속 탐정활극 **마의 진주** 제10, 11편 4권 해설자 이병조 서상호

	우미관	일본 대정활영회사 실사 **영국황태자전하 횡빈 상륙실황** 전1권
		/ 미국 쌔이다구라후 회사 안다스토유우이트 양 주연
		  사회극 **여(女)의 택할 도(道)** 전5권
		/ 미국 바이다구라후 회사 코링크리쌕이트 양 주연 사회극 **슬푸다 그 보석** 전5권
		/ 미국 유늬버셀 회사 윌랑쎗득크 양 주연 쪼씨지스쌕로 씨 조연 잇트와트칼 씨 감독
		  모험연속 **다아야몬트 여왕** 전18편 36권 중 제1, 2편

12.16	단성사	미국 키네도사 실사 **키네도 제팔호** 전1권 / 미국 앗트 영화 가정극 **적성의 심(赤誠의 審)** 전5권 / 미국 골도잉 영화 전쟁여담 **암운(暗雲)시대** 전7권 / 제5회 연속탐정활극 **마의 진주** 제12, 13편 4권
	조선극장	미국 키넷트사 영화 실사 **키넷트 제이호** 전1권 / 미국 키넷트사 영화 희극 **난사난격(亂射亂擊)** 전2권 / 미국 퍼스트 내슌알사 활극 **빙원의 혈성(血聲)** 전6권 / 미국 바이다그래프사 연속대활극 **강철아(鋼鐵兒)** 4, 5편 4권

12.18	우미관	미국 유사 연구실 영화 실사 **후인레-야수와 야금(野獸와 野禽)** 전1권
		/ 미국 유사 센쭈리- 영화 희극 **견의 다망(犬의 多忙)** 전2권
		/ 미국 유사 씨유엘 영화 밀드레트하리스 양 알레- 씨 공연(共演)
		  인정극 **가정(家庭)** 전6권
		/ 미국 유늬버셀 회사 일링씻득크 양 주연 쪼씨지스쌕로 씨 조연 잇트와트칼 씨 감독
		  모험연속 **다이야몬트 여왕** 전18편 36권 중 제3, 4편

12.21	단성사	실사 **키네도 제팔호** / 미국 휘도내쇼날 영화 빙글빙글 **천하태평** 전5권 / 미국 연합제작자 회사 현대 표현파 수바가리드 선생 저 향토극 **일기당천의 남** 전7권 / 최종편 연속극 대탐정대활극 **마의 진주** 14, 15편 전4권
	조선극장	실사 **동경의 교(橋)** 전1권 / 희극 **아해(兒孩)를 생(生)하얏다** 전1권 / 활극 **북방을 향하야** 전5권 / 활극 **미개지인(未開地人)** 전6권 / 연속대모험활극 **강철아(鋼鐵兒)** 6, 7편 4권

12.24	우미관	미국 유늬버셀 회사 일링씻득크 양 주연 쏘씨지스쑤로 씨 조연 으트와트칼 씨 감독 모험연속 **다이야몬트 여왕** 전18편 36권 중 제5, 6편 / 미국 유늬버셀 회사 푸링크매요 씨 모리마론 양 공연(共演) 　인정활극 **사선을 건너셔** 전5권 / 미국 유사 바이승 영화 닐−하트 씨 일링씻트크 양 공연(共演) 　대활극 **공봉(空奉)** 전2권 / 미국 유사 희극 **완고한 백부** 전1권 / 미국 유사 연구실 영화 실사 **스크링마카칭 팔십사호** 전1권
12.26	단성사	영국 키네도사 실사 **모록고의 풍경** 전1권 / 미국 뮤쥬알사 활극 **공포의 주(呪)** 전2권 / 미국 콜도잉사 사회극 **신(新) 칼멘** 전7권 / 미국 우이스부리사스느마사 맹수활극 **대(大) 다−산** 전15편 31권 중 1, 2편 5권 　주연자 레모린캉 씨
	조선극장	일, 청, 미 삼국 합동 연예단 공연
12.29	조선극장	이태리 이다라사 탐정극 **미인의 사(死)** 전2편 8권 중 4권 / 미국 바이다그래프 회사 연속4회 **강철아(鋼鐵兒)** 전15편 30권 중 8, 9편 4권 / 중화민국 곡예단 공연

1923년

상영일	상영관	상영작
01.01	우미관	미국 유사 연구실 실사 **후인레－ 천연화 제7호** 전1권 / 미국 유사 센쭈리 희극 **사자와 원(猿)** 전2권 / 미국 유사 씨유엘 에데－ 쏘－로 씨 주연 활극 **공탄(空彈)** 전2권 / 미국 유니버셀 회사 레이쑝 영화 구라라킹쓸양크 양 주연 씨에푸링크크렌톤 씨 조연 　연애비극 **장미화** 전6권 (원명 라휘아엘을 위하야) / 미국 유늬버셀 회사 일링씻득크 양 주연 쏘씨지스쑤로 씨 조연 잇트와트칼 씨 감독 　모험연속 **다이야몬트 여황** 전18편 36권 중 7, 8편
	조선극장	미국 크메－틕사 희극 **싸프링의 연애** 전1권 / 이태리 이타라사 탐정극 **속사미인(續死美人)** 전2편 8권 중 종편 4권 / 미국 알버－틕니사 대모험활극 **대곡마왕(大曲馬王)** 전6권 / 미국 메토로사 연애미담 **정복의 력(力)** 전7권 / 연속 제5회 **강철아(鋼鐵兒)** 전15편 30권 중 10, 11편 4권 효장(曉將) 안토니오 씨 주연
	단성사	실사 **명우생활(名優生活)** 전1권 (오케쓰도라 주악) / 미국 콜－도윈 회사 인정극 **폐(閉)하난 비(扉)** 전5권 　해설자 1, 2, 3권 성동호 4, 5권 최병룡 / 미국 콜－도윈 회사 비행대활극 **항공백만리** 전5권 　해설자 1, 2, 3권 김영환 4, 5권 김혜경(金惠經) / 연속 제2회 **대(大) 다－잔** 전15편 31권 중 3, 4편 4권 　해설자 1, 2권 이병조(李丙祚) 3, 4권 서상호
01.06	조선극장	미국 도나빌사 희극 **골계소방(滑稽消防)** 전1권 / 미국 쏠드윈사 인정극 **각성하라 청년아** 전6권 / 미국 메트로사 모험극 **북해의 비밀** 전6권 / 미국 바이타그래프사 연속대활극 **강철아(鋼鐵兒)** 전15편 30권 중 12, 13편 4권
	단성사	실사 **여우생활(女優生活)** 제이호 전1권 / 연속대활극 **대(大) 다－산** 전15편 31권 중 5, 6편 4권 / 미국 바이다크라푸 회사 연속대활극 **자의 기수(紫의 騎手)** 전15편 31권 중 3, 4편 4권 / 미국 콜－드윙 회사 특선 문예 영화 **현대? 과거? 문명? 야만? 씨－ㄱ** 전8권
01.11	단성사	실사 **여우생활(女優生活)** 제십이호 전1권 / 희극 **못된 작난(作亂)** 전3권 / 화스투나쇼놀 영화 인정극 **야반(夜半)의 로민스** 전6권 / 연속대활극 제4회 **대(大) 다－산** 전15편 31권 중 7, 8편 4권 / 연속대활극 제3회 **자의 기수(紫의 騎手)** 전15편 30권 중 5, 6편 4권
	조선극장	미국 크리스틱－사 골계 활동광 전2권 / 미국 쏠드인사 탐정극 **암중의 음환(音幻)** 전5권 / 미국 폭쓰, 썩퍼－, 프로틕슌사 사극 **내가 국왕이 된다하면?** 전8권 　주연 윌리암 과－넘 씨 원작 쟈스친 힌드리－맛아래－ 씨 감독 쏘－돈 에드와－트 씨 / 미국 바이다그립프 회사 연속 최종편 **강철아(鋼鐵兒)** 14, 15편 4권

01.13	우미관	미국 유사 연구실 실사 **후인네 천연화(天然畵) 제십일호** 전1권 / 미국 유사 스타-영화 쎄리후렛짜 씨 출연 희극 **무단배차(無斷拜借)** 전1권 / 미국 유늬베셀 회사 훗기쑤송씨 밀토레트무-아 양 공연(共演) 　서부극 **명의 연(命의 煙)** 전2권 / 미국 유늬베셀 회사 크라테스월톤 양 주연 인정극 **부랑과 빈랑(貧娘)** 전5권 / 미국 유늬베셀 회사 일링씻득크 양 주연 쏘씨지스쑤로 씨 조연 잇트와트칼 씨 감독 　모험연속 **다이야몬트 여왕** 전18편 36권 중 11, 12편 / 미국 쌔데-지사 아니다한셴 양 주연 와나오란트 씨 윌늬암베레 씨 조연 　신비적연속대영화 **환의 적(幻의 敵)** 전15편 31권 1, 2편
'01.16	단성사	미국 아-로사 희극 **미인 사진사** 전1권 / 화스트나쇼놀사 정희극 **이주간의 후** 전6권 / 미국 메도로사 인정극 **남해의 언덕** 전6권 / 연속대활극 제5회 **대(大) 다-산** 전15편 31권 중 9, 10편 4권 / 연속대활극 제4회 **자의 기수(紫의 騎手)** 전15편 30권 중 7, 8편 4권
	조선극장	미국 아-로사 골계 **대활약** 전2권 미국 폭쓰사 인정극 **혼신의 완력** 전5권 　원작 하롤드, 타이터쓰 씨 각색 안토니로-츠 씨 미국 유나이테드사 탐정극 **입서(立誓)한 여자** 전6권 감독 쏜 엠 스탈 씨 미국 와-나형제사 휘릿프로 나-켠 씨 저작 여걸 효장(曉將) 해렌 홀무쓰 양 주연 　대모험대활극 연속 **흑조단(黑組團)** 전15편 31권 중 1, 2, 3편 7권
01.20	우미관	미국 유사 연구실 실사 **스크링마카칭 제구십이호** 전1권 / 미국 유사 스타-영화 아니이시일트 씨 주연 희극 **역려(逆戾)** 전1권 / 미국 유사 씨유엘 영화 마리월키암양 주연 쏘쌰안타송씨 조연 　활극 **가축황(家畜荒)** 전2권 / 미국 유늬베셀 회사 멜마이아스 양 윌늬암이로렌스 씨 공연 　서반아정화(情話) **열정의 국(國)** 전5권 / 미국 유늬베셀 회사 일링씻득크 양 주연 쏘씨지스쑤로 씨 조연 잇트와트칼 씨 감독 　모험 연속 **다이야몬트 여왕** 전18편 36권 중 13, 14편(7회) / 미국 쌔데-지사 아니다한셴 양 주연 와나오란트 씨 윌늬암베레 씨 조연 　신비적연속대영화 **환의 적(幻의 敵)** 전15편 31권 중 3, 4편
01.21	단성사	뉴육(紐育) 고-몽 지사 인정극 **우의 관(羽의 冠)** 전5권 　명화(名花) 마가릿다굿도도 양 주연 / 미국 파데-영화 인정극 **신록의 가(家)** 전6권 명화(名花) 안나규닐손 양 주연 / 연속대활극 제6회 **대(大) 다-산** 전15편 31권 중 11, 12편 4권 / 연속대활극 제4회 **자의 기수(紫의 騎手)** 전15편 30권 중 제7, 8편 4권
	조선극장	릴크라프트 영화 골계 **멍텅구리 자동차** 전2권 / 미국 펠트 영화 투우탐정극 **진홍의 련(眞紅의 戀)** 전7권 / 미국 와-나형제사 제2회 대모험대활극 **흑조단(黑組團)** 전15편 31권 중 4, 5, 6편 6권

01.26	조선극장	미국 파라마운트사 실사 **창파만경(蒼波萬景)** 전1권 / 미국 월-드 영화 연애극 **황혼의 청춘** 전5권 　주연 키틔 쏠돈 작자 프린세쓰 마리온 감독 쏘-즈코-울 / 미국 알로- 영화 인정극 **사아의 령(死兒의 靈)** 전8권 　주연 존로-웰 원작 케-쓰럿셀 감독 오-쓰카-입펠 / 미국 와-나형제사 제3회 대모험대활극 **흑조단(黑組團)** 전15편 31권 중 7, 8, 9편 6권
	단성사	노부유그리브 제공 실사 **운동의 해부** 전1권 / 후옥쓰 영화 희극 **다라나자** 전2권 / 아로-영화 인정극 **천사의 애(天使의 愛)** 전6권 갸스런 가-그흠 양 출연 / 바이다클넙 영화 연속대활극 제5회 **자의 기수(紫의 騎手)** 　전15편 30권 중 9, 10편 4권 / 우이스브라지스누마 영화 연속대활극 최종편 **대(大) 다-산** 　전15편 31권 중 최종 제13, 14, 15편 6권
01.27	우미관	미국 유사 연구실 실사 **유사(社) 주보** 제6권 37호 전1권 / 미국 유사 스다-영화 아사보이트 씨 출연 희극 **변호 부부** 전1권 / 미국 유늬버셀 회사 에데-쏜-로 씨 주연 활극 **사출(思出)** 전2권 / 미국 유사 스쌔살아트라크시용 영화 크레-스다몬트 양 주연 싹크모와- 씨 조연 　인정극 **번민에 장미** 전5권 / 미국 유늬버셀 회사 일링씻독크 양 주연 쏘씨지스쑤로 씨 조연 이트와트칼 씨 감독 　모험연속 **다이아몬트 여왕** 전18편 36권 8회 15, 16편 / 미국 빠데-지사 아니다한셴 양 주연 와나오란트 씨 윌늬암베레 씨 조연 　신비적 연속대영화 **환의 적(幻의 敵)** 전15편 31권 5, 6편
01.28	조선극장	신극 권위 안광익(安光翊) 일파 대대연(大大演) 예제(藝題) 이기세 번안 비극 **지기(知己)** 전5막 / 윤백남 작 비극 **기연(奇緣)** 전4막 　조일제(趙一齊) 작 비극 **장한몽(長恨夢)** 전3막 / 윤백남 번안 비극 **몽외(夢外)** 전5막 　윤백남 번안 사회극 **심기일전** 전2막 / 윤백남 번안 풍자극 **순환** 전2막 　윤백남 번안 희극 **환희** 전2막 / 윤백남 작 비극 **등대직(燈臺直)** 전3막
01.30	단성사	미국 파라마운드 영화 셰실비도유 작품 문예 대극 **우자(愚者)의 낙원** 전9권 　곤랏드네-결 씨 도로시이달톤 양 대역연 / 미국 우에스타쏠닥손 회사 대활극 **천공의 한마(天空의 悍馬)** 전5권 / 미국 왈드-회사 문예 대영화 **호접의 탄식** 전5권 / 연속대활극 제6회 **자의 기수(紫의 騎手)** 전15편 30권 중 11, 12편
02.03	우미관	미국 유사 연구실 영화 실사 **신(新) 마카칭 제백삼호** 전1권 / 미국 유사 스타-영화 로바-토안타송 씨 주연 희극 **소화전(消火栓)** 전1권 / 미국 유늬버셀 회사 해레·키쑤송 양 주연 활극 **애염(愛炎)** 전2권 / 미국 유늬버셀 회사 에바노색크 양 주연 바싸트해이스 씨 조연 　인정극 **북방에 랑(北方에 狼)** 전5권 / 미국 유늬버셀 회사 일링씻독크 양 주연 쏘씨지스쑤로 씨 조연 이트와트칼 씨 감독 　모험 연속 **다이야몬트 여왕** 전18편 36권 중 17, 18 최종편 / 미국 빠데-지사 아니다한셴 양 주연 윌늬암베레 씨 와나오란트 씨 조연 　연속극 **환의 적(幻의 敵)** 전15편 31권 중 4회 7, 8편

02.04	단성사	미국 왈드-회사 로멘휘월데잉그 씨 감독 인정극 **진홍의 구(眞紅의 鳩)** 전5권 　아-라일부락구월 씨 준 열 깃지 양 공연 / 미국 바이다클넙 영화 사회극 **모친을 위하야** 전5권 / 미국 웨-스탄 스타-쑤닥손 회사 휘일 골-드 스돈- 씨 제공 　명우 윌니암 훼-아방그스 씨 대활약 / 일기당천(一騎當千) 대활극 **천공의 한마(天空의 悍馬)** 전5권 (원명 서부 황자(荒者)) / 기타 실사 희극 수종
	조선극장	신극 권위 안광익 일파 대출연 예제 비극 **불여귀(不如歸)** 전7막 / 활극 **형월(螢月)** 전7막 　활극 **호반촌사(湖畔村舍)** 전4막 / 희극 **수염 하나** 전1막 / 희극 **유언** 전1막 　희극 **연애실패** 전3막 / 희극 **개가(改家)** 전2막 　희극 **형제개심(兄弟改心)** 전1막 / 정극 **선처양녀(善妻良女)** 전3막 　희극 **신식영업** 전2막 / 희극 **관상(觀象)** 전2막 / 활극 **남아(男兒)** 전7막
02.08	조선극장	우리 극단의 권위 민중극단 대출연 　윤백남 각색 유-고 원작 **희무정(噫無情)** 전2막 　윤백남 역(譯) **진시황** 전2막 / 윤백남 작 **제야의 종소리** 전3막 　윤백남 모작(模作) **사랑의 싹** 전5막 / 윤백남 역 **영겁의 처(永劫의 妻)** 전2막 　윤백남 역 **대위의 쌀** 전1막 / 윤백남 작 **파멸** 전1막
02.09	단성사	미국 스크랑스납브숏드 제공 실사 **여우생활(女優生活)** 전1권 / 미국 콜드윈 영화 희극 **가짜 의사**[33] 전5권 미-불노-민드 양 출연 / 미국 파라마운드 영화 사회극 **애(愛)의 번민** 전6권 안나 규-닐손 양 출연 / 미국 아-로- 영화 신연속 대활극 제1회 **북국(北國)의 여왕** 　전15편 30권 중 1, 2, 3편 6권 명화(名花) 안, 릿돌 양 주연
02.10	우미관	미국 유사 연구실 싹크알레·소좌 경험담 실사 **아미리가 호화(亞米利加 虎話)** 전1권 / 미국 유사 스타-영화 리온스 씨 리모랑 씨 공연 희극 **유행성 감모(感冒)**[34] 전1권 / 미국 유늬버셀 회사 싹크베링 씨 루이스로렝 양 공연 　서부극 **분투에 혈(奮鬪에 血)** 전2권 / 미국 유늬버셀사 씨유엘 영화 푸리시라데잉양 주연극 사회극 **쟁투** 전8권 / 미국 쌔데-지사 아니다한센 양 주연 윌니암베레 씨 와나오란트 씨 조연 　연속극 **환의 적(幻의 敵)** 전15편 31권 5회 9, 10편
02.16	조선극장	미국 워리앰박-스사 실사 **벅-스 유-스 제칠호** 전1권 / 활극 **한마의 시(悍馬의 嘶)** 전5권 / 쑤리무스 휘리무 회사 연애극 **곡마단의 귀(鬼)** 전6권 / 미국 쌔이타구라쑤사 연애극 **북방의 명화(名花)** 전7권 / 엑쓰포트와임포트사 대연속모험활극 **흑적의 맹투(黑赤의 猛鬪)** 　전15편 31권 중 1, 2편 5권 트루민 반 다이크 씨 대활약
	단성사	미국 바이다클넙 영화 희극 **이-여차** 전2권 / 미국 호도긴손 영화 사회극 **씨여진 문(門)** 전7권 배시바리스켈 양 주연 / 미국 셰레국샤-드 영화 인정극 **광란의 혈(血)** 전6권 호와-드힉만 씨 주연 / 미국 아-로- 신연속 대활극 제2회 **북국의 여왕** 전15편 30권 중 4, 5편 4권

---

33) 매일신보 2월 10일자 광고에는 '가자의사(假者醫士)'로 표기되어 있다.
34) 감기.

02.16	우미관	미국 유사 연구실 영화 실사 **유사 주보 54** 전1권 / 미국 유늬버셜 회사 훗키쑤송 씨 마셰라쌰싱크 양 공연 활극 련(戀)의 영웅 전2권 / 미국 유늬버셜 회사 하리케리 씨 주연 인정극 단복의 사(斷腹의 思) 전5권 / 미국 쌔데-지사 아니다한센 양 주연 윌니암베레 씨 와나오란트 씨 조연 　연속극 **환의 적(幻의 敵)** 전15편 31권 6회 11, 12편 / 미국 유늬버셜 회사 매수품 미국 쌔이타크랍 회사 비장품 　안트레모레노 씨 포링카레 양 주연극 　신비연속탐정활극 **불견에 수(不見에 手)** 전15편 31권 1, 2편 / 기타 수종(數種) 영화
02.19	단성사	미국 제-스타 영화 실사 **백설의 산악** 전1권 / 미국 발보아 영화 인정극 **야반의 흉한** 전5권 / 미국 메드로 영화 인정극 **복수의 알쑤스** 전6권 후란셰리아비린돈 양 주연 / 신연속대활극 미국 아-로- 영화 제2회 **북국의 여왕** 전15편 30권 중 4, 5편 4권
02.21	우미관	미국 유사 연구실 실사 **국제시보 칠호** 전1권 / 미국 유사 스타-영화 치온스 씨 리모람 씨 공연(共演) 희극 **고(古) 편지** 전1권 / 미국 유사 씨유엘 영화 마리월키암 양 주연 활극 **야방(野方)에** 전2권 / 미국 유늬버셜 회사 크라데스월톤 양 주연 정희극 **친절제일** 전5권 / 미국 쌔데-지사 아니다한센 양 주연 윌니암베레 씨 와나오란트 씨 조연 　연속극 **환의 적(幻의 敵)** 전15편 31권 13, 14, 15편(최종) / 미국 유늬버셜 회사 매수품 미국 쌔이타크랍 회사 　안트레모레노 씨 포링카레 양 주연극 　신비연속활극 **불견에 수(不見에 手)** 전15편 31권 3, 4편(2회)
02.21	조선극장	미국 아-로사 희극 **힝크민 인술(忍術)** 전2권 / 미국 이메리킨 영화 연애극 **남아(男兒)의 자랑** 전5권 　원작 윌리암 럿셀 각색 쑤리안 로이스 라-모트 씨 　감독 에드와-드 스로민 씨 주연 윌리암 럿셀 씨 / 독일영화 문제극 **자비** 전6권 작자 야꿉 왓서-민 씨 감독 울빈아-드 씨 / 엑쓰포르-와임포-트사 제2회 연속대모험활극 **흑적(黑赤)의 맹투** 　전15편 31권 중 3, 4편 4권 주연 에리너- 필드 양
02.23	단성사	미국 구리스데이 영화 희극 **펄렁펄렁 비행기** 전2권 / 미국 골-드인 영화 대희극 **이계의 무도(二階의 舞蹈)** 전5권 미-풀노민드 양 주연 / 미국 획스 대활극 **철혈기수(鐵血騎手)** 전5권 (원명 철의 기수) 　명우 위니암 랏설 씨 주연 / 미국 아-로-영화 연속대활극 제3회 **북국의 여왕** 제6, 7편 4권
02.24	조선극장	여명극단 안광익(安光翊) 일파 공연 예제 대활극 **남아** 전8막 / 대활극 **천리마** 전8막 　가정비극 **유령의 복수** 전8막 / 비극 **신춘향곡** 전6막 　비극 **비파가(琵琶歌)** 전7막 / 정극 **호반촌사(湖畔村舍)** 전4막 　희극 **관상옹(觀像翁)** 전2막 / 희극 **신식 독가비** 전3막 　희극 **개가부(改家夫)** 전2막 / 에기쓰포-트와임포-드사 제이회대연속모험활극 **흑적(黑赤)의 맹투** 　전15편 31권 중 3, 4편 4권

03.01	조선극장	산자인 희극 **야회(夜會)가 쯘나셔** 전2권 / 아메리간 영화 인정극 **여(女)의 조각가** 전5권 / 미국 후아스도나소눌사 사회극 **경중의 영(鏡中의 影)** 전6권 주연 미루도렷도하리스 양 / 에기포-트와임포-트사 제2회 대연속모험활극 **흑적(黑赤)의 맹투** 　전15편 31권 중 5, 6편 4권 주연 에리너- 필드 양
03.02	단성사	미국 헉구스 영화 실사 **곡예색색(曲藝色色)** 전1권 / 미국 크리스치-영화 희극 **농촌의 호걸** 전2권 / 미국 골-드인 영화 대활극 **무적의 필승** 전6권 / 미국 에듸솔 영화 주연 데라-홀무스 씨 인정극 **불안의 부(不安의 富)** 전6권 / 미국 아-로사 연속대활극 제4회 **북국의 여왕** 전15편 30권 중 8, 9편 4권
03.04	조선극장	대동권번 예기 특별흥행
03.07	우미관	미국 유사 연구실 실사 **후인레 천연화** 전권 / 미국 유사 스다-영화 희극 **가병의 숭(假病의 崇)** 전1권 / 미국 유늬버셀 회사 작크베링 씨 주연 활극 **법의 수(法의 手)** 전2권 / 미국 유늬버셀 회사 미쓰 태쌍양 벙스칠 씨 주연 사회극 **처(妻)일것 갓흐면** 전5권 / 미국 유늬버셀 회사 매수품 미국 쌔이타크랍 회사 안트레모레노 씨 포링카레 양 주연 　신비연속탐정활극 **불견에 수(不見에 手)** 전15편 31권 중 4회 제8편 / 미국 쌔데-지사 작품 잘스핫치송 씨 쏘씨셰치위크 양 주연극 　연속활극 **모험의 모험** 전15편 31권 중 1, 2편
03.09	단성사	미국 헉구스 영화 만화 **철아(凸兒)와 전당포** 전1권 / 미국 아메리간 영화 희곡 **애의 안(愛의 眼)** 전5권 　주연 메리마일스민다- 양 아랑훼-례스도 씨 / 미국 궈리데- 영화 희곡 **인생의 대의문** 전6권 　주연 하-리바-메-다 씨 루이스리바리 양 / 미국 아-로사 연속대활극 제5회 **북국의 여왕** 전15편 30권 중 10, 11편 4권
	조선극장	실사 **오링빗쑤대회** 전2권 / 독일 우에쑨 영화 대활극 **속 대탐정** 하편 5권 / 미국 위리암바-드사 사회비극 **명우의 입신(名優의 立身)** 전5권 / 미국 파이타크럽 영화 인정활극 **승패차일거(勝敗此一擧)** 전6권 주연 월리암당강 씨 / 미국 에크쓰보도 영화 제4회 연속대모험활극 **흑적(黑赤)의 맹투** 　전15편 31권 중 7, 8편 4권
03.10	단성사	임시 특별 대공개 연속활극 **북국의 여왕** 전15편 31권 중 10, 11편 4권 / 유-나이테쏘아-지트 회사 감독 구리피치 씨 리리안 깃슈 양 주연 　대비극대모험 **동도** 전십일권
03.14	조선극장	실사 **후옥크쓰뉴쓰 십일호** 전1권 / 미국 헨리 리야만사 희극 **소견(小犬) 하무군(君)** 전4권 / 미국 구라골라 영화 인정비극 **고군의 분투** 전5권 원작 　임마-겡 씨 감독 밀본모란데 씨 / 미국 메도로-스쿠링사 전쟁여문담(餘聞談) 인정극 **재생의 서광** 전7권 　원작 에-알와이루 씨 감독 다라쓰엠후잇게랄도 씨 　각색 준마시스 여사 촬영 솔보리도 씨 / 미국 엑구스쏜-도안도사 월리암셰리구 대좌 총지휘 　연속 제5회 모험활극 **흑적(黑赤)의 맹투** 15편 31권 중 9, 10편 4권 　도루만손다이구 씨 에리나후이-루 양

03.14	우미관	미국 유사 연구실 실사 **국제시보 이호** 전1권 / 미국 유사 센쭈리 희극 **사자와 자묘(子猫)** 전2권 / 미국 유늬버셀 회사 푸링크메요 씨 주연 인정극 **북국(北國)의 거인** 전5권 / 미국 유늬버셀 회사 매수품 미국 쌰이타크랍 회사 안토니오모레 씨 포링카레양 주연 　연속 **불견에 수(不見에 手)** 전15편 31권 중 5회 9, 10편 / 미국 쌔데-지사 잘스힛송씨 쏘씨셰치위크 양 주연극 　연속 **모험의 모험** 전15편 31권 중 2회 3, 4편
03.16	단성사	퓍스 영화 실사 **퓍스뉴-스 제팔호** 1권 / 미국 바이다클넙 영화 사회극 **정의의 력(力)** 전5권 / 미국 콜드윈 영화 인정극 **불견의 력(不見의 力)** 전7권 / 미국 아-로사 6회 **북국의 여왕** 전15편 30권 중 12, 13편 4권
03.21	조선극장	미국 스쿠리닛쿠쓰 영화 실사 **산자수명(山紫水明)** 전1권 / 미국 파나마운도 영화 사회극 **금주(禁酒)는 난제** 전5권 / 미국 아로사 　활극 **마상의 용자(馬上의 勇姿)** 전5권 감독 벵윌-손 씨 주연 작구호긴 씨 / 미국 파스도나소나루사 　연애극 **기적** 전7권 주연 노-마탈맛치 양 감독 하-바트부레논 씨 / 미국 엑구스쏀-도사 제6회 연속극 **흑적의 맹투** 전15편 31권 중 11, 12편 4권 　윌리암세릭구 대좌 총지휘 도루만손다이구 씨 에리나후이-루 양 공연(共演)
03.22	단성사	미국 파라마운드 마카지[35] 실사 **명사(名士)의 전당** 전1권 / 미국 아-도라이스도 영화 인정극 **악마 절멸의 일(日)** 전7권 / 미국 콜드윈 영화 인정극 **처(妻)가 되여서** 전5권 포-린후레던릭 양 주연 / 미국 아-로사 종편 **북국의 여왕** 전15편 30권 중 14, 15편 4권 / 미국 파라마운트 영화 인정대활극 **국경을 넘어서** 전8권
03.27	조선극장	미국 아-로사 인정대활극 **투장(鬪將)** 봄푸 전5권 / 미국 모리스사 희극 **미인만재(美人滿載)** 전2권 / 미국 무릐지사 자비극 **신(神)의 진심** 전5권 / 미국 파나마운도사 자비극 **애의 조화(愛의 調和)** 전5권 / 종편 **흑적(黑赤)의 맹투** 전15편 31권 중 제13, 14, 15편 6권
03.28	우미관	미국 유사 스다-영화 희극 **안상의 류(眼上의 瘤)** 전1권 / 미국 유사 스다-영화 희극 **차(茶) 먹지 마라** 전1권 / 미국 유늬베셀 회사 제공 쌰이다크랍사 영화 안토니오모레노 씨 포링카레 양 주연극 　연속 **불견에 수(不見에 手)** 전15편 31권 중 13, 14, 15편 / 미국 쌔데-지사 작품 잘스힛송 씨 쏘씨셰치위크 양 주연극 　연속최종편 **모험의 모험** 전15편 31권 중 7, 8, 9편
03.29	단성사	미국 웩스 영화 희극 **하무의 수부(水夫)** 전2권 / 미국 헉스 영화 인정극 **부가난의 처(妻)** 전5권 / 미국 콜드윈 영화 서부대활극 **육탄화화(肉彈火花)** 전6권 / 미국 바이다클넙 신연속대모험대활극 제1회 **폭탄아(爆彈兒)** 　전15편 30권 중 1, 2편 4권

35) 마카징(매거진)의 오식으로 추정된다.

04.01	조선극장	독일 참모본부 활동사진반 촬영 전쟁실사 **구주대전란** 전15권 2만척 / 기타 고급 사진 수종(數種)
04.04	조선극장	미국 쏜데이사 실사 **후로리다 해면업(海綿業)** 전1권 / 미국 복쿠쓰사 희극 **대(大) 연극** 전2권 / 미국 메도로사 사회극 **선량과 극악(善良과 極惡)** 전5권 　주연 데후잇도제닝구스 씨 원작 작크손구레고리 씨 각색 레노아세갓후이 씨 / 미국 나소날사 대활극 **화염의 해(海)** 전6권 　원작 에쓰데쓰 씨 비에쓰엘 씨 　감독 묘셰후데ㄹ몬트 씨 주연 월헤ㄹ무데이게루만 씨 촬영 묘포로가데이 씨 / 미국 후옥쿠쓰사 제1회 대탐정신비활극 **판토마** 전20편 40권 중 1, 2, 3편 6권 　감독 월이암후목쿠쓰 씨 주연 에도와-도로즈만 씨
	우미관	미국 유사 희극 **쑴이냐 생시냐** 전1권 / 미국 유사 훗키푸송 씨 주연 활극 **미복수(美復讎)** 전2권 / 미국 유사 하-리-케-리- 씨 주연 인정극 취설의 도(吹雪의 道) 전5권 / 미국 쌔데-지사 찰스힛송 씨 쏘씨셰치워크 양 주연극 　연속활극 **모험의 모험** 전15편 31권 중 10, 11, 12편
04.05	단성사	미국 혁스사 만화 **무도교수(舞蹈敎授)** 전1권 / 송죽(松竹) 기네마 회사 실사 **일본 앨푸스** 전2권 / 미국 혁스사 대모험대활극 **백절불굴** 전5권 / 미국 바이다클넙 회사 　신연속대모험대활극 제2회 **전광아(電光兒)** 전15편 30권 중 3, 4편 4권 / 미국 콜드인 회사 연애극 **울지마라 나의 쳐야** 전5권
04.10	조선극장	미국 마-메어도사 희극 **하무의 적모포(赤毛布)** 전2권 / 미국 바이다크럽사 희극 **천공(天空)의 라리-** 전2권 / 미국 골도우잉사 대활극 **불면 날느냔 남자** 전5권 　감독 로-란도우이리 씨 주연 레리론도핫돈 씨 / 미국 호도긴송사 연애극 **개척의 도(道)** 전7권 　감독 작쿠공우에이 씨 주연 로-이스데왓-도 씨 / 미국 폭쓰사 제이회 대탐정 신비활극 **판토마** 전20편 40권 중 4, 5편 4권 　감독 월이암후옥쿠스씨 주연 에도와-도로즈만씨
04.11	우미관	미국 후옥쿠스사 투이스라베리 양 월이암푸아남 씨 공연(共演) 　대활극 **광야의 거인** 전6권 / 미국 쌔데-지사 싸ㄹ스힛송 씨 쏘씨셰치워크 양 주연극 　연속종편 **모험의 모험** 전15편 31권 13, 14, 15편 최종편 / 미국 유늬버셀 회사 일링싯툭크 양 주연 쏘지라킹 씨 에트와트콜 씨 감독 　연속모험 **독선풍** 전18편 36권 1, 2편
04.12	단성사	희소극 **처체이유(妻替理由)** 전2권 / 미국 팔알타사 문예극 **사랑이 잇스니가** 전5권 / 아스타닐-센 영화 사극 **하무레트** 전6권 / 미국 바이다클넙 회사 연속3회 **전광아(電光兒)** 전15편 30권 중 5, 6편 4권

04.17	조선극장	미국 파라마운드사 실사 **세계의 명교(名橋)** 전1권 / 미국 베-몬노사 희극 **폭탄파열** 전2권 / 미국 인타-오-손사 사회극 **운명의 일순(一瞬)** 전5권 주연 자-키산다-쓰 씨 / 미국 쌔이타크라프사 인정대활극 **남방의 벽혈(碧血)** 전7권 　감독 도무데리스 씨 원작 다빗도베라스고 씨 　각색 위리엠고과도니 씨 촬영 도무고-리-씨 / 미국 후옥쿠스사 제3회 대연속 대활극 **판토마** 전20편 40권 중 6, 7편 4권
04.18	우미관	미국 유사 실사 푸인네 **천연화(天然畵)** 전1권 / 미국 유사 밀리월키암 양 주연 활극 **보얏든 가(家)** 전2권 / 미국 유늬버셀 회사 하-리-케-리 씨 헤렝푸아크송 양 공연(共演) 　인정극 **열혈의 염(熱血의 焰)** 전5권 / 미국 쌔데-지사 루이스로란트 양 주연 에트와트한 씨 역연(力演) 　연속활극 주의 독시(呪의 毒矢) 전15편 31권 중 1, 2편 / 미국 유늬버셀 회사 일링싯툭크 양 쏘지라킹 씨 주연 　연속탐정 **독선풍(毒旋風)** 2회 3, 4편
	조선극장	경화권번 주최 삼권번 후원 특별흥행(5일간)
04.19	단성사	미국 루이스레윈 영화 실사 **스크링스납숏트 제사호** 전1권 / 미국 파라마운드 영화 정희극 **가장을 구하야** 전5권 　비리싹그 양 주연 감독 로렌스원톰 씨 촬영 로이오-바하우 씨 / 미국 아-도구라후도 영화 인정극 **인류의 춘(春)** 전7권 　명우 아돌후시스데이나 씨 명화 리리안킷수 양 　명우 로바-도하돈 씨 대역사(大力士) 엘모 린칸 씨 공연(共演) / 미국 바이다클넙 연속 모험대활극 제4회 **전광아(電光兒)** 　전15편 30권 중 제7, 8편 4권
04.25	우미관	미국 유사 소극 **상남의 공명(上男의 功名)** / 미국 유사 레오나트크라함 씨 주연 서부극 **여기수(女騎手)** / 미국 유사 몬로사리스쑤리 씨 주연 삼림애화(哀話) **마의 삼(魔의 森)** / 미국 쌔데-지사 루이스로란트 양 주연 에트와트한 씨 역연 　연속활극 주의 독시(呪의 毒矢) 전15편 31권 2회 3, 4편 / 미국 유늬버셀 회사 일링싯툭크 양 쏘지라킹 씨 주연 　연속탐정 **독선풍(毒旋風)** 제3회 5, 6편
04.26	조선극장	미국 산샤인사 실사 **배우의 생활** 전1권 / 미국 후옥구스사 희극 **사랑의 싸홈** 전2권 / 미국 호도긴손사 사회극 **춘야(春野)** 전7권 / 미국 바이타구라부사 인정활극 **랑(娘)의 데이바** / 미국 후옥쿠스사 제4회 대연속대활극 **판토마** 전20편 40권 중 8, 9편 4권
04.29	단성사	미국 루이스레인 영화 실사 **스크링스납숏트 제24호** 전1권 / 미국 산샤인 회사 대희극 **사월(四月)득이** 전2권 / 미국 파라마운드 영화 인정극 **악희의 도(惡魔의 都)** 전5권 주연 도로지이킷슈 양 / 미국 골-도우잉 영화 삼림정화(森林情話) **설곡(雪谷)의 거인** 전6권 　하우스비-다스 씨 후릿지불넷드 양 공연(共演) / 미국 바이다클넙 회사 연속 모험대활극 제5회 **전광아(電光兒)** 　전15편 30권 중 제9, 10편 4권

04.30	단성사	신극좌 공연
05.02	조선극장	미국 키네트사 실사 **모-도 풍광** 전1권 / 미국 파나마운도사 희극 **도망군의 자취** 전1권 / 절세연애비극 **애? 사?(愛? 死?)** 전7권 / 미국 폭스사 제5회 연속 **판토마** 10, 11편 4권 / 미국 에도와도사 제2회 연속 **괴상한 광선** 3, 4편 4권
	우미관	미국 유사 실사 **독일 함대의 인도(引渡)** 전1권 / 미국 유사 소극 **쪼-군(君)의 활약** 전2권 / 미국 유사 홋트키쑤송 씨 주연 인정극 **표한(慓悍)호 청년** / 미국 쌔데-지사 루이보와트 양 주연 에트와한 씨 역연 　연속활극 **주의 독시(呪의 毒矢)** 전15편 31권 중 5, 6편 / 미국 유늬버셀 회사 일링싯톡크 양 쪼지라킹 씨 주연 　연속탐정 **독선풍(毒旋風)** 전18편 36권 7, 8편
05.04	단성사	송죽 기네마 미국 특파원 촬영 실사 **나부(羅府)[36]의 일본시가(市街)** 전1권 / 미국 후-루게-마루쓰루 회사 인정극 **인형의 재판** 전5권 / 이태리 로-마에라 영화 사극 **주(呪)의 오시리스** 전5권 / 미국 바이다클넙 영화 가-멜마이아-스 양 주연 　연속6회 **전광아(電光兒)** 전15편 30권 중 11, 12편 4권
05.08	우미관	미국 유-만사 교육영화 **포와(布哇)의 육군** 전1권 / 미국 유늬버셀 회사 신극 **지환(指環)의 경쟁자** 전2권 / 미국 파라마운트사 미리옹테워스 양 주연 끼라일쑤랏크우엘 씨 랄푸케-라트 씨 조연 　인정? 연애? **휘(輝)의 청춘** 전8권 / 미국 쌔데-지사 루이로와트 양 주연 에트와한 씨 역연 　연속활극 **주의 독시(呪의 毒矢)** 전15편 31권 중 7, 8편
05.09	조선극장	스구린 스낫부솟도사 실사 **명우(名優)의 생활** 전1권 / 미국 싼쓰사 인정활극 **여성을 위하야** 전8권 / 미국 폭스사 제6회 연속 **판토마** 제12, 13편 / 미국 에도와도사 제3회 연속 **괴상한 광선** 5, 6편 4권
05.16	조선극장	미국 후오-도사 　실사 **어의 관힐(魚의 罐詰)[37]** 전1권 / 희극 대가 **짜푸린의 곡예** 　실사 **곡예색색(曲藝色色)** 전1권 미국 메도로사 　탐정모험대활극 제7회 **판토마** 14, 15편 4권 　사회극 **묵시록의 사기사(四騎士)** 전11권 　　원작 서반아 문호 비센드 씨 각색 쥰 마리-쓰 여사
05.17	우미관	불국 고몽 회사 실사 **고몽 시보 칠육** 전1권 / 미국 모(某)사 희극 **낙조의 위난(洛槽의 危難)** 전2권 / 미국 파라마운트 회사 토로시탈룽 양 주연 정희극 **전파여우(轉婆女優)** 전5권 / 미국 파라마운트 회사 에닛베넷트 양 주연 인정극 **여성의 력(力)** 전5권 / 산국(算國) 쌔데-지사 루이로와트 양 주연 에트와한 씨 역연 　연속활극 **주의 독시(呪의 毒矢)** 전15편 31권 9, 10편

---

36) 로스엔젤레스.
37) カンづめ, 통조림.

05.18	단성사	미국 유니버살 회사 쥬-월 작품 인정극 **랑의 심(狼의 心)** 전7권 / 미국 엑데이 회사 목촌정화(牧村情話) **금단의 녀(女)** 전6권 / 미국 유사 희극 **권투성금(拳鬪成金)** 전2권 / 미국 유사 실사 **국제시보** 전1권
05.22	조선극장	활동연쇄극 안광익(安光翊) 일파 공연 　가정비극 **십년전** 전5막 / 연애비극 **홍엽문(紅葉門)** 전6막 　가정비극 **양녀(養女)** 전4막 / 사회극 **송죽(松竹)** 전4막
05.23	우미관	미국 쌔데-지사 실사 **쌔데-유니스** 전1권 / 미국 윌니암후옥쿠스사 쌜호와이트 양 주연 월타루스 씨 제-송튼쌰스톤 씨 조연 　인정극 **호와미트모루** 전8권 / 미국 쌔데-지사 루이로와트 양 주연 에트와트한 씨 역연 　연속활극 **주의 독시(呪의 毒矢)** 전15편 31권 6회 11, 12편
05.25	단성사	미국 유-사 영화 　실사 **스크링마카칭** 전1권 / 희극 **부염(附髥)한 악한** 전2권 희극 거성 데부군 주연 　대활극 **철권의 계(鐵拳의 戒)** 전2권 명우(名優) 에디포로 씨 출연 　서부활극 **황야**[38]**의 총사(銃士)** 전5권 명우 하-리게리 씨 주연 　신연속 대모험대활극 **대마왕** 전15편 30권 중 1, 2편 4권
05.27	조선극장	사권번 총출동 연합연예대회(5일간) / 기타 연속 4회 **괴상한 광선** 4권
05.31	조선극장	일본 송죽 키네마사 실사 **우오타사가쓰** 전1권 / 미국 고-루도-인사 정희극 **경종난타(警鐘亂打)** 전5권 　주연 도무 무아 씨 원작 웰리엄 하-루밧도 씨 / 미국 라스키 모로스고사 연애극 **애? 우?(愛? 友?)** 전5권 　원작 복앤 데-유스 씨 각색 카-도나-한데 씨 / 연속 판토마 최종편 6권
06.01	단성사	미국 유니버-살 회사 　실사 **국제시보** 전1권 / 희극 **금제의 주(禁制의 酒)** 전1권 　서부극 **백일의 몽(白日의 夢)** 전2권 후트깁송 씨 주연 / 희극 **전차와 자동차** 전2권 　인정극 **철권의 랑(娘)** 전5권 / 신연속 대모험대활극 **대마왕** 전18편 36권 중 3, 4편 4권
06.05	조선극장	미국 에도와도사 연속 최종편 **괴상한 광선** 15편 30권 중 9~15편 14권 / 기타 특별 영화 수종(數種)
06.06	우미관	미국 쌔데-지사 실사 **아이스란트 빙도(氷島)** 전1권 / 미국 쌔데-지사 엣지쌰와-나 씨 주연 인정정탐극 **효전일시간(曉前一時間)** 전5권 / 미국 버-나쌕로사스 회사 벤카데- 씨 아이렝베레스 양 주연 　연속활극 **맹수의 국(國)** 전15편 31권 3회 5, 6편 / 미국 쌔데-지사 쌀스핫송 씨 와-나란트 양 주연 　연속활극 **하리켄하치** 전15편 31권 중 1, 2편
06.08	단성사	미국 유-사 　실사 **국제시보** 전1권 / 희극 **위지진(僞地震)** 전1권 / 인정극 **가련 소녀** 전5권 　설국(雪國)정화 **설곡의 엽사(雪谷의 獵師)** 전5권 명우(名優) 프링크메이요 씨 출연 　연속활극 **대마왕** 전18편 36권 중 5, 6편 4권

38) 조선일보 5월 25일자 광고에는 황원(荒原)으로 표기되어 있음.

06.09	조선극장	미국 메도로사 희극 **야릇한 세상** 전6권 / 미국 후옥크쓰사 사회 활극 **악마의 미궁** 전5권 원작 에도-이나레-유인 씨 각색 루쓰 안바루도-인 씨 / 미국 고스믹크사 연속탐정활극 **금강석의 비밀** 전15편 30권 중 1, 2, 3편 6권 원작 죠지 지-스부로 씨 각색 타-리 가다 씨
06.13	우미관	미국 모(某)사 영화 실사 **아라스카 웅수(熊狩)** 전1권 / 미국 쌔데-지사 쌀스콜톤씨 미리막카워 양 공연(共演) 산중정화(山中情話) **금단의 곡(谷)** 전5권 / 미국 쌔나쑤로사스 회사 벤하카데- 씨 아이렝쌔레스 양 주연 연속활극 **맹수의 국(國)** 전15편 31권 중 4회 7, 8편 / 미국 쌔데-지사 쌀스핫송 씨 루시후옥쿠스 양 주연 연속활극 **하리케·하지** 전15편 31권 중 2회 3, 4편
06.15	조선극장	송욱재천승(松旭齋天勝)일행 공연
	단성사	미국 유니버-살 회사 실사 **국제시보 제십오호** 전1권 명우(名優) 하리-케-리씨 주연 인정극 **자유의 향(鄕)** 전5권 키데-영화 문예영화 **미드챤넬** 전6권 에데보-로 씨 주연 신연속 대모험대활극 제4회 **대마왕** 전18편 36권 중 7, 8편 4권
06.16	조선호텔 장미화원	실사 **기호물** 전1권 / 희사(喜寫) **양(洋)쑹쑹의 허상(虛想)** 전1권 / 희사 **도출(逃出)호 요부** 전2권 / 미국 파라마운트 회사 인정극 **영화로운 몽(夢)** 전6권 여우 화형(花形) 쪼로시-딕슨 양 엘- 마텔 주연
06.20	조선극장	연애극 **갱생의 애(愛)** 전5권 / 인정활극 **시련의 녀(女)** 전6권 / 일회 연속 탐정활극 **금강석의 비밀** 전15편 30권 중 4, 5, 6편 6권
	우미관	미국 모(某) 사 영화 실사 **축항공사(築港工事)** 전1권 / 미국 쌤푸톤 회사 제와렝케리캉 씨 로이스월승 양 공연 인정극 **청년개조** 전5권 / 미국 쌔나쑤로사스 회사 벤하카데- 씨 아이렝쌔레스 양 주연 연속활극 **맹수의 국(國)** 전15편 31권 중 5회 9, 10편 / 미국 쌔데-지사 쌀스해송 씨 루시후옥쿠스 양 조연 연속활극 **하리케·하지** 전15편 31권 중 5, 6편
06.22	단성사	미국 유니버-살 회사 실사 **훤례-천연화** 전1권 (제십호 문(蚊)의 연구) / 미국 유니버-살 회사 희극 **무대리(裏)** 전1권 / 미국 렌-보-사 희극 **차리의 교노(巧勞)** 전2권 / 미국 유니버-살 회사 서부극 **흑의의 적(黑衣의 賊)** 전2권 / 유사 스폐살 아도락숀 영화 연화(戀話) **월광의 몽(夢)** 전5권 / 미국 유니버-살 회사 신연속 대모험대활극 제5회 **대마왕** 전18편 36권 중 9, 10편 4권
06.23	조선호텔 장미화원	실사 **백설 광야** 1권 / 희극 **련와 화사(戀와 火事)** 1권 / 미국 파라마운트 회사 연애활극 **천하무적** 6권 씩홀트 씨 주연
06.25	조선극장	감독 로바도휘네 씨 연애비극 **비(秘)의 열정** 전5권 주연 후메룬 안도라 양 아렉산다-모이쓰 씨 후릿즈골도넬씨 / 미국 고스믹크사 연속 **금강석의 비밀** 전15편 30권 중 7, 8, 9편 6권 / 독일 데구라비사 표랑염화(漂浪艶話) **기우의 삼인(奇遇의 三人)** 전6권

06.27	우미관	미국 빠데-지사 실사 **물리학 연구** 전1권 / 미국 쎠-바-카리트호트킨송사 루이스크로-치 양 주연 　탐정활극 **애(愛)의 일념** 전7권 / 미국 쎄나쑤로사스 회사 벤하카데- 씨 아이렝쌔레스 양 주연 　연속활극 **맹수의 국(國)** 전15편 31권 중 6회 11, 12편 / 미국 빠데- 지사 쌀스해송 씨 루시후옥쿠스 양 조연 　연속활극 **하리케·하지** 전15편 31권 중 4회 7, 8편
06.29	단성사	미국 유사 문예대영화 **들의 핀 숏** 전7권 / 미국 유니버-살 회사 　신연속 대모험대활극 제6회 **대마왕** 전18편 36권 중 11, 12편 4권 / 미국 유니버-살 회사 서부활극 **권의 우(拳의 雨)** 전2권 / 미국 유니버-살 회사 실사 **국제시보** 전1권 / 미국 유사 스타- 작품 희극 **후보자 이인(二人)** 1권
06.30	조선호텔 장미화원	론돈 교육영화회사 실사 **총기제조** 1권 / 센튜리사 희극 미리 **포로** 2권 / 파라운트사 인정극 **자번뇌(子煩惱)** 6권 도마스 메익힌씨 주연
	조선극장	송죽 키네마 회사 실사 **장량천의 제사(長良川의 鵜飼** 39)**)** 전1권 / 미국 마-메이도 영화 희극 **출설목(出鱈目)** 40) 전2권 / 이태리 후엘도 영화 연애비극 **애(愛)의 騰利** 41) 전8권 　이다리아알미란데만지니 부인 주연 원작 각색 마리오 알미란 씨 / 연속 4회 **금강석의 비밀** 전15편 30권 중 10, 11, 12편 6권
07.04	조선극장	동경 토월회 제일회 공연
	우미관	일활 회사 실사 **자치의 화화(字治의 花火)** 전1권 / 미국 빠데-반푸톤 영화 푸링시유스이트- 양 주연 정희극 **남편 선택** 전5권 / 미국 버나쑤로사스 회사 벤하카데- 씨 아이렝버레스 양 주연 　연속활극 **맹수의 국(國)** 전15편 31권 중 최종 13, 14, 15편 / 미국 빠데-지사 쌀스핫치송 씨 주연 루시후옥쿠스 양 조연 　연속활극 **하리케·하지** 전15편 31권 중 5회 19, 20편
	조선호텔 장미화원	파라마운트 최대걸작 연애인정극 **금단에 과실** 전8권 세계적 명우 악네즈·에어스 양
07.06	단성사	미국 유니버-살 회사 실사 **국제시보** 전1권 / 미국 유니버-살 회사 희극 **변장요법(療法)** 전1권 / 미국 유사 서부활극 **경분(驚奔)** 전2권 / 미국 유사 인정극 **암흑에 잠기는 남자** 전5권 / 미국 유니버-살 회사 대연속 대활극 제7회 **대마왕** 전18편 36권 중 13, 14, 15편 6권
07.09	조선극장	5일간 활동연쇄극 특별 공개 　원작 윤백남 활비극 **십년후** 전5막 / 각색 안광익 연애극 **홍엽문(紅葉門)** 전6막 　원작 윤백남 인정비활극 **천성(天性)** 전3막 / 원작 윤백남 인정극 **양녀(養女)** 전3막 　기타 희극 급(及) 실사 수종(數種)

---

39) 가마우지를 길들여 물고기를 잡게 함. 또는 그것을 업으로 삼는 사람.
40) 엉터리. 되는 대로 함. 무책임함. 아무렇게나 함.
41) '勝利'의 오식. 다음 날자 같은 광고에는 '勝利'로 변경되었음.

07.11	조선호텔 장미화원	이종(二種)의 파라마운트 대활극 **설곡(雪谷)에 위협** 전7권 일마·루쎈쓰 양 주연 정희극 **애(愛)에 급행열차** 전5권
	우미관	미국 쌔데-지사 만화 **그림사람** 전1권 / 미국 시에리이 회사 에트칼이스 제공 크렌호이트 씨 쏘세푸잉빌 양 공연(共演) 인정극 **애(愛)와 법률** 전6권 / 미국 파라마운트 회사 카-토니후트 씨 리나케마리에리 양 주연 사극 **연(戀)의 승리** 전5권 / 미국 쌔데-지사 쌀스핫치송 씨 주연 루시후옥쿠스 양 조연 연속활극 **하리케·핫지** 전15편 31권 중 제6회 11, 12편
07.13	단성사	미국 유사 실사 **루시다니야호의 침몰** 전1권 / 희극 **소인활동(素人活動)** 전1권 대활극 **호텔의 일야(一夜)** 2권 / 인정극 **파리(巴里)의 경이** 5권 연속 종편 **대마왕** 전18편 36권 16, 17, 18편 6권
07.16	조선극장	근대 천민(天民)극단 공연
07.18	조선호텔 장미화원	파라마운트 사 초고급 영화 연애극 **아나돌** 전9권 알레스 리드 씨 글로리야 스왠슨 양 공연(共演)
	황금관	이태리 암플지오 회사 대작 **데오도라(テオドラ)** 11권
	우미관	미국 모(某)사 실사 **야천의 사업(野天의 仕業)** 전1권 / 미국 산시야잉 영화 신극 **홍수(洪水) 호텔** 전2권 / 미국 쌔이다쿠리후 회사 월이암당캉 씨 주연 대활극 **텍트삿트우오카** 전5권 / 미국 쌔데-지사 쌀스핫치송 씨 주연 루시후옥쿠스 양 조연 연속활극 **하리케·핫지** 전15편 31권 중 13, 14, 15 최종편
07.23	단성사	이태리 암부로지오 회사 문호 빅도리안살도우 씨 원작 동라마(東羅馬)제국 대폭학홍정(紅情) 대비사(大秘史) 대사극 **대오도라** 전5편 11권 1만5천척 대감독 알쥬로암즈로지오 씨 명우 리다조리베 양 주연
07.25	조선호텔 장미화원	파라마운트사 리리안 씨쉬 양 주연 연애극 **쓰시-에 진심** 전7권 도그라스 마클린 양 주연 정희극 **취컨쓰** 전5권
	우미관	미국 파라마운트사 미리온데우이스 양 싸푸리유스콧트무아 씨 주연 인정극 **발가가는 애(愛)** 전6권 / 미국 미라노 회사 쌔렌지나후라스카로리 씨 주연 카푸리엘모로 씨 마칠트란쌜 양 조연 대활극 **강철의 인(人)** 전6권 / 미국 파라마운트 회사 쓰링풀레데릭 양 주연 우인쌈스당텡크 씨 조연 사회극 **암(闇)으로부터 광명에** 전5권
07.27	단성사	미국 유사 실사 **스크링마카칭** 전1권 / 희극 **세집 차져셔** 전2권 리-모-란 씨 리온스 씨 공연 서부대활극 **열혈아** 전2권 후-트십쓴 씨 주연 인정극 **철퇴를 휘(揮)하야** 전5권 주-폰 양 주연 연속 2회 **서부의 승자** 전18편 36권 중 4, 5, 6편 6권

07.28	조선극장	사실비극 **강명화(康明花)** 전4막
08.01	조선극장	미국 파라마운드 회사 문예대영화 **아나돌** 전9권 / 데부 군 대활동 빙글빙글극 데부의 석유 **성금(成金)** 전5권 / 실사 데부의 일본 방문 전1권 / 희극 **결혼일** 최대장척
08.03	우미관	미국 모 회사 실사 **대뉴육(大紐育)** 전1권 / 미국 쎄혹쿠푸이짤스 회사 하리-데우엘 씨 로데누웃트 양 활극 **맹수의 복수** 전5권 / 미국 파라마운트 회사 안틀돔- 씨 마카렛트쿠 양 인정극 **양쿠루도무스게빙** 전5권 / 미국 쌔데- 지사 쏘지쎄사익 씨 주연 중키야푸리스 양 조연 　　연속활극 **천공의 괴물** 전15편 31권 1, 2편
08.05	조선극장	만화 주의 고노(酒의 苦勞) 전1권 / 희극 **피녀(彼女)의 장래** 전2권 / 파라마운트 회사 명화 **녹(綠)의 유혹** 전6권 / 파라마운트 회사 연화(戀話) **애(愛)의 급행열차** 전5권
08.08	조선호텔 장미화원	파라마운트사 연애애화 **애(愛)의 권리** 전7권 / 기타 희극사진
08.09	단성사	미국 유니버-살 영화 　실사 **국제시보** 전1권 / 인정극 **폭풍의 야(夜)** 전5권 주연 에치스로바쓰 양 　**서부의 승자** 전18편 36권 7, 8, 9편 6권 　연속활극 **독선풍** 전18편 36권 중 5, 6편 4권
08.10	조선극장	미국 파라마운드사 　만화 **무도회** 전1권 　인정활극 **삼자의 낙인(三字의 烙印)** 전7권 원작 우이루 레-노루쓰 씨 　　주연 위리임 에쓰 하-도 씨 　　원작 리자-도 우뭇수-반 씨 감독 조지 데이베-카- 씨 인정활극 **지옥화** 전7권
08.10	우미관	미국 쌔데- 지사 실사 **전기공학** 전1권 / 미국 윌이암후옥쿠스 회사 알파트시이- 씨 에리나푸에야 양 공연 　인정극 **급혼 결혼** 전5권 / 미국 아트크라후트 회사 에리웃트데키다아 씨 안릿토리- 양 공연 　인정극 **정열의 국(國)** 전6권 / 미국 쌔데-지사 쏘지쎄사익 씨 주연 중키아푸리스 양 조연 　연속활극 **천공의 괴물** 전15편 31권 3, 4편
08.15~16	우미관	매일신보 주최 평양 수해 구제 자선 연예대회 　매일신보사 촬영 평양수해 실경활동사진 　대동권번 명기 가무, 이동백 김창환 일류배우 독창 등
08.15	조선극장	실사 **주화보(週畵報)** 전1권 / 희극 **메리의 포로** 전2권 / 미국 파라마운트 영화 해양활극 **해의 장한(海의 壯漢)** 전6권 　도-마쓰 미-안 씨 주연 아쒸네쓰 에-아쓰 양 공연 / 미국 파라마운트 영화 인정활극 **활지옥(活地獄)** 전6권 　우오-레쓰 레이도 씨 주연 사무 우-도 씨 감독
08.16	단성사	미국 유사 　희극 **대변대변(大變大變)** 전1권 / 연속 탐정활극 **독선풍(毒旋風)** 전18편 36권 중 4권 　연속활극 **서부의 승자** 18편 36권 중 10, 11, 12편 6권 / 인정극 **심야의 괴이** 5권

08.20	조선극장	미국 파라마운드사 　정희극 **집세는 일업다** 전5권 　인정활극 **씨-ㄱ** 전8권 루돌후바-렌틔노 씨 아그네스에이야스 양 공연
08.23	단성사	미국 유사 　실사 **국제시보** 전1권 / 대활극 **한마와 여히(悍馬와 如히)** 전2권 　만화 **차야-리의 토이고인(土耳古人)** 전1권 / 인정극 **광란노도(狂瀾怒濤)** 전5권 　연속활극 **서부의 승자** 전18편 36권 중 13, 14, 15편 6권
08.24	우미관	미국 모(某) 사 영화 실사 **수영교련(水泳敎練)** 전1권 ／ 미국 쎌스닉크 영화 엘시이자애니스 양 도크다지에무스 씨 공연 　정극 **귀소승(鬼小僧)** 전5권 ／ 미국 파라마운트사 토로시-탈론 양 홀무스이바-바-트 씨 주연 　사회극 **인(人)의 가치** 전6권 ／ 미국 쌔데 지사 쏘지쎄사익 씨 주연 중키야푸리스 양 조연 　연속활극 **천공의 괴물** 전15편 31권 7, 8편
08.31	단성사	미국 유사 　실사 **스크링마카칭** 1권 / 대희극 **방황하는 사람** 1권 / 활극 **우정** 전2권 　인정극 **암로(闇路)** 전5권 / 연속활극 **서부의 승자** 18편 36권 중 16, 17, 18편
	우미관	미국 아우텡쿠씨에스다 회사 실사 **아후리카 촬영여행** 전2권 ／ 미국 파라마운트 회사 아-트크라후트 영화 　매리옷트테끼스다 씨 크로리마스왕송 양 주연 　사회풍자극 **남편을 변(變)치 마라** 전6권 ／ 미국 쌔데 지사 쏘지쎄사익 씨 주연 중귀야푸리스 양 조연 　연속활극 **천공의 괴물** 전15편 31권 중 9, 10편 ／ 미국 아로-필늼 회사 싹크쏙쿠시 씨 인릿톨 양 공연(共演) 　연속활극 **철화(鐵火)의 부라이스** 전14편 29권 중 1, 2편
09.03	조선극장	미국 파라마운드사 　실사 **풍경탐승(風景探勝)** 전1권 / 서부대활극 **인의 광(刃의 光)** 전6권 　인정활극 **소목사(小牧師)** 전7권
09.05	조선호텔 장미화원	활극배우로 저명한 월임에스히-로 씨 주연 　서부대활극 **삼자에 낙인(三字에 烙印)** 전7권 ／ 파라마운트사 희극 혼례일 장척 / 희극 **니개에 사장(尼介에 師匠)** 전2권
09.07	단성사	미국 유사 　실사 **국제시보** 전1권 / 희극 **탄생일의 소동** 전2권 　대홍극(大洪劇) **매의 명(妹의 命)** 전2권 / 인정극 **등대수의 처(燈臺守의 妻)** 5권 　연속 4회 **독선풍(毒旋風)** 전18편 36권 중 9, 10편 4권
	우미관	미국 도라이알클케이쎄- 영화 월니암데스돈트 씨 주연 크라라윌니암스 양 조연 　군사극 **웅의 독수(熊의 毒手)** 전5권 ／ 미국 쌔데-지사 쏘지쎄사익 씨 주연 중키야푸리스 양 조연 　연속활극 **천공의 괴물** 전15편 31권 중 11, 12편 ／ 미국 아로-필늼 회사 싹크쏙쿠시 씨 인릿톨 양 공연(共演) 　연속활극 **철화의 부라이스** 전14편 29권 3, 4편

09.09	조선극장	미국 파라마운트사 실사 **수렵의 권(卷)** 전1권 / 희극 **다라나는 요부** 전2권 정희극 **셔투른 탐정** 전5권 차-루스레이 씨 주연 루파-드휴드 씨 원작 인정풍자극 **부세의 상사(浮世의 常事)** 전6권 캬스린윌니암스 양 에리옷트닥스타- 씨
09.12	단성사	미국 콜드윙사 인정연화(人情戀話) **물망초** 전5권 실사 **동경진재 실황 제2보** / 실사 **평양수재 실황** 전1권 / 미국 스크링 회사 영화극 **건아의 의기(健兒의 意氣)** 전6권 / 미국 유사 연속 **독선풍** 전18편 36권 중 4권
09.14	우미관	미국 후옥쿠스 영화 실사 **후옥쿠스 주보** 전1권 / 독일 메스텔 영화 희극 **몽의 이상경(夢의 理想境)** 전5권 / 미국 쌔데-지사 연속활극 **천공의 괴물** 전15편 31권 13, 14, 15편 / 미국 아로-필님 회사 연속활극 **철화(鐵火)의 부라이스** 전14편 29권 5, 6편.
09.15	조선극장	미국 파라마운드사 연애극 **하이스보-도** 5권 / 인정극 **오등 오등(吾等 吾等)** 전5권 / 동아일보 후원 실사 **동경지진 대참사 제일·이·삼보**
09.19	단성사	미국 나쇼날사 인정극 **표의 녀(豹의 女)** 전7권 / 이태리 이다라 회사 불국 문호 에미-루소라 원작 인정연화 **파리의 교아(巴里의 驕兒)** 전5권 (원명 난다-스) / 미국 유사 연속 **독선풍(毒旋風)** 전18편 36권 중 13, 14편 4권
09.21	우미관	미국 쌔데-지사 실사 **야천의 사사(野天의 仕事)** 전1권 / 실사 **동경 진재 실황 제4보** / 미국 아로-필님 회사 싹크쏙쿠시 씨 안릿톨 양 공연 연속활극 **철화(鐵火)의 부라이스** 전14편 29권 중 7, 8편 4권 / 미국 쌔데-지사 쏘지쎄사익 씨 주연 연속활극 **해저의 국보** 전10편 21권 중 1, 2, 3, 4편 9권
09.25	조선극장	파라마운트 영화 실사 **시보(時報)** 전1권 / 대활극 **쌍아산(雙兒山)의 괴인** 2권 명화 **나의 아버지** 5권 / 명화 **사랑하는 권리** 7권
09.26	단성사	실사 **명우(名優)생활** 전1권 / 미국 콜도-원 회사 인정연화(人情戀話) **나이루의 명성(明星)** 6권 명화(名花) 메데이콤프손 양 주연 / 미국 유사 연속 **독선풍(毒旋風)** 전18편 36권 중 7회 4권 / 미국 와나-부타자-쓰 회사 신연속 제1회 **사의 와권(死의 渦卷)** 전15편 31권 중 5권 명화(名花) 구례쓰다몬도 양 주연

09.28	우미관	흉아리(匈牙利)[42] 모 회사 실사 **흉아리 농업** 전1권 / 미국 아트크라후트 회사 크로리아스왕숑 양 에리웃트데키스다 씨 공연(共演) 　인정극 **위선위악야(爲善爲惡耶)** 전7권 (원명 연리의 기(連理의 技)) / 미국 아로-필늼 회사 싹크쏙쿠시 씨 안릿톨 양 공연 　연속극 **철화(鐵火)의 부라이스** 전14편 29권 중 5회 9, 10편 / 미국 쌔데-지사 쏘지쎄사익 씨 주연 　연속극 **해저의 국보** 전10편 21권 중 5, 6편 4권(2회) / 실사 **횡빈시(橫濱市)[43] 진재대참상** 전1권
09.30	조선극장	실사 **시보(時報)** 전1권 / 희극 **로메오와 쏠늬엣** 전2권 / 미국 파라마운트 회사 탐정대활극 **칠칠오공호** 4권 / 사회인정극 **혈의 규(血의 呌)** 전5권
10.03	단성사	미국 라스기 회사 세계적 명화(名花) 게리마구라렝 양 주연 인정연화 **기러기** 전7권 　역할 다이아나-마나주 메리마구라렝 양 구무 리다로-간 씨 　　데이박사 데이지유-부라간 씨 메리-부인 도로시-바나도 양 　　오구뎬후에 노-만제리 씨 / 미국 마-믹-도 사 특작품 명우 로이도하미루등 씨 역연 대희극 **하무의 로빈숑** 전2권 / 미국 와나 작품 명우 부이로막카로 씨 명화 구레쓰다모든 양 주연 　맹수연속대활극 **사의 와권(死의 渦卷)** 전15편 31권 중 3, 4편 4권 / 미국 유니버살 명우 조-지링킹 씨 명화 아이링*구칙 양 주연 연속 　탐정대활극 **독선풍** 전18편 36권 중 최종 17, 18편 4권
10.05	조선극장	파라마운트 고급영화, 대동권번 예기 공연, 이동백 독창
10.10	단성사	미국 게-데 회사 희극 **귀(鬼)업늣** 시 전1권 / 미국 메도로 회사 연애극 **련(戀)**과 명예와 복종 / 미국 아-로 회사 대활극 **맹투개살(猛鬪皆殺)** 전5권 / 미국 와나-부타자-쓰 회사 　신연속 **사의 와권(死의 渦卷)** 전15편 31권 중 3회 5, 6편 4권
	조선극장	조선권번 예기 총출 대공연
10.12	우미관	일활(日活) 촬영 실사 **극동 오린쎅크대회** 전1권 / 미국 메도로 회사 후란시스붓시우만 씨 주연 인정극 **량심의 섭(囁)** 전6권 / 미국 쌔데-지사 쏘지쎄사익 씨 주연 연속극 **해저의 국보** 전10편 21권 중 9, 10편 / 미국 아로-필늼 회사 싹크쏙쿠시 씨 안릿톨 양 공연 　연속극 **철화(鐵火)의 부라이스** 전14편 29권 중 13, 14편
10.15	단성사	한남권번 추기온습회(秋期溫習會) / 미국 와나-부타자-쓰 회사 　신연속 **사의 와권(死의 渦卷)** 전15편 31권 중 3회 제5, 6편 4권
10.16[44]	우미관	지나 대마기술 / 활극 **철화(鐵火)의 부라이스** 최종 / 활극 **해저의 국보**

42) 헝가리.
43) 요코하마.
44) 공연 시작 일자가 표기되어 있지 않음. 위에서 표기된 날짜는 매일신보 광고 일자임.

10.20	단성사	특별활동사진[45] 대연쇄극 문화극단 특별 대흥행 박정파(朴靜波) 선생의 역작 연애대비극 신파연쇄극 **희생자** 실연 6막 사진 47장 후원 신극 권위 민중극단 안광익 일파 대출연
	조선극장	대동권번 예기 총출연 공연 / 고급 활동사진 영사
10.25	조선극장	미국 파라마운트 영화 실사 **세계만유(世界漫遊)** 전1권 / 미국 파라마운트 영화 희극 **사자와 곡마여왕(曲馬女王)** 전2권 / 미국 파라마운트 회사 애화(哀話) **고향으로** 전5권 / 미국 파라마운트 영화 신비극 **괴상훈 손** 전2권 / 여흥 이동백(李東伯) 군 독창 / 미국 바이다크럽 회사 연화(戀話) **여자를 차져라** 5권
	단성사	미국 코몬우에루스 영화 실사 **곡예색색(曲藝色色)** 전1권 / 미국 와나 회사 희극 **수염의 백면상(百面相)** 2권 / 미국 콜도잉 영화 정희극 **주(酒)의 신(神)이여** 전5권 / 미국 후옥크스 회사 인정극 **여시장(女市長)** 전5권 / 미국 와나부라싸스 회사 연속활극 **사의 와권(死의 渦卷)** 전15편 31권 중 5회 9, 10편 4권
10.26	우미관	일활(日活) 회사 실사 **서해추힐(曙鮭錐詰)** 제조 실황 전1권 / 미국 파라마운트 라스키 영화 에셀쿠레톤 양 에모리쓴손 씨 공연 인정극 **시대의 죄** 전5권 / 미국 파라마운트 라스키 영화 마리온싸어-스 양 주연 콘무에테-알 씨 조연 정극 **우연의 실현** 전5권 / 미국 쌔데-지사 루스로란트 양 주연 연속극 **복면의 녀(女)** 전15편 30권 중 2회 3, 4편
10.29	조선극장	신파연쇄 문화극단 특별대흥행 금수강산 평양을 배경으로 하고 고심 촬영 신진 청년문사 박정파(朴靜波) 선생 걸작 문예영화양행 이필우기사 촬영 신파계 권위 문화극단 대출연 신파연쇄극 연애비극 **희생자** 전10막 / 신파연쇄극 가정비극 **장한몽** 전7막 / 일류 명창 이동백 군 독창 / 기타 희극 수종(數種)
10.31	단성사	미국 와나사 실사 **곡예색색(曲藝色色)** 전1권 / 미국 와-나사 연속 **사의 와권(死의 渦卷)** 제11, 12편 4권 / 미국 콜드원사 인정극 **너를 생각하면** 전6권 / 미국 메도로사 인정극 **북해의 비밀** 전6권
11.02	우미관	독국(獨國) 모(某) 회사 실사 **독일황족** 전1권 / 미국 쌔데-지사 골계 **령니혼 절믄 량반** 전2권 / 이태리 다이다닛크 영화 에데이스미라 양 하리아릿케 공연 인도기담(印度奇談) 인정활극 **열국의 주(熱國의 呪)** 전7권 / 미국 쌔데-지사 루스로란트 양 주연 연속극 **복면의 녀(女)** 전15편 30권 중 5, 6편
11.03	조선극장	연쇄극 신극좌 특별 대흥행 신파연쇄 군인대활극 **명호천명(鳴呼天命)** 전7막 48장 연쇄인정대활극 **경은중보(輕恩重報)** 전6막 51장 / 연쇄의협대활극 **의형제** 전7막 63장 / 명창 이동백 군 독창

45) 제목이 나와있지 않으나, 당시 기사로 판단컨대 조천고주의 〈춘향전〉으로 추정된다.

11.06	조선극장	신파 신극좌 민중극단 문화극단 전선(全鮮) 일류 명우(名優) 합동 대공연 　제1회 예제 가정비극 **불여귀(不如歸)** 전8막 　제2회 예제 동(同) **비파가(琵琶歌)** 전8막 　제3회 예제 활비극 **천리마(千里馬)** 전8막
11.07	단성사	미국 와나 회사 연속 종편 **사의 와권(死의 渦卷)** 전4권 / 미국 아로사 인정활극 **혈의 광한 취설(血의 狂한 吹雪)** 전6권 / 미국 메도로 회사 인정비활 **왑푸루 소(燒)** 전6권
11.09	조선극장	조선 신파 권위 신극좌 민중극단 문화극단 대합동 　예제는 매일 교환 　대활극 **혈루(血淚)** 전7막 / 인정극 **조수(潮水)** 전7막 / 人情劇 **지기(知己)** 전5막 　비극 **부세(浮世)** 전3막 / 교육극 **황금혈(黃金血)** 전7막 / 정극 **성의(誠意)** 전8막 / 여흥 명창 이동백 군 독창
	우미관	미국 모 회사 실사 **전시의 독일** 전1권 / 미국 라스키 영화 인정극 **천인의 곡(千仞의 谷)** 전5권 / 미국 엑싸배- 회사 푸리이양트벅시우방 씨 해-쎌테-리- 양 공연 　인정극 **영웅 숭배** 전5권 / 미국 쌔데-지사 세계적 거인 자루스핫지송 씨 맹투적 주연 　경도적(驚倒的) 대모험연속극 **호걸 핫지** 전15편 31권 1, 2편
11.14	단성사	미국 스크링 회사 실사 **비율빈의 수우(比律賓[46]의 水牛)** 1권 / 미국 콜도잉 회사 정희극 **술의 세상** 전5권 / 미국 후아스도 회사 인정극 **황랑의 전남(荒浪의 戰男)** 전6권 / 미국 스타- 회사 에데-쏜로 씨 대역연 　신연속 대활극 **영웅 깃도** 15편 30권 1, 2편 4권
	조선극장	조선 신파 권위 신극좌 민중극단 문화극단 대합동 　매일신보 연재소설 천응욱(千應旭) 각색 가정비극 **쌍옥루(雙玉淚)** 전8막 / 여흥 명창 이동백 군 독창
11.16	조선극장	미국 파라운트사 인정극 **충견(忠犬)** 전1권 / 미국 콜드인 영화 대활극 **고성(古城)의 비밀** 최장척 / 이태리 키네트 회사 종교극 **예수 일대기** 전3권 / 이태리 키네트 회사 종교극 **어대로 가나** 6권 (일명 최후의 사랑) 코-바듸스 / 여흥 명창 이동백 군 독창
	우미관	독일 모 회사 실사 **전시의 독일** 전1권 / 미국 휘이레악 회사 데울푸복쌔 씨 주연 인희극 **친절남** 전5권 / 미국 쌔데- 지사 후완니-와-르 양 주연 인정극 **약자의 부루즈짐** 전5권 / 미국 쌔데- 지사 세계적 거인 자루스핫지송 씨 맹연 　대모험 연속극 **호걸 핫지** 전15편 31권 중 2회 3, 4편
11.18	단성사	미국 유사 실사 **스크링마카칭** 1권 / 미국 유사 서부인정극 **거인의 심(心)** 전2권 / 미국 메도사 인정연화(人情戀話) **우자(愚者)** 전6권 / 미국 유사 연속 3회 **로빈송구루소** 18편 36권 13, 14, 15편 6권

---

46) 필리핀.

11.21	조선극장	지상 유일의 표현파 대영화 독일 대표적 우수 영화 데구라비오스고브 회사 루돌후구라인로겟 씨 주연 **독톨, 마부세** 전2편 15권 / 기타 여흥 / 희극 **바−버얀부로쓰** 전2권
	단성사	미국 아로−사 대희극 **나를 좃차** 전2권 / 미국 캐니용 회사 인정활극 **침입자** 전5권 쾌우(快優) 후랑크 링−후아나무 씨 주연 / 미국 코롬비아 회사 인정애화(哀話) **바다 저쪽에** 전5권 / 미국 스타−사 에듸쏠로 씨 주연 연속 **영웅 깃도** 전15편 30권 중 4권
11.23	우미관	일활 회사 실사 가하(加賀)진수식 전1권 / 미국 바이다크라후 회사 메리안다−송 양 주연 활극 **최후의 전(戰)** 전5권 / 미국 도마스엣지인스 회사 토로시이달톤 양 주연 전화애극(戰禍哀話) **불란서 만세** 전5권 / 미국 쌔데− 지사 자루스핫지송 씨 맹연(猛演) 경도적 연속극 **호걸 핫지** 전15편 31권 중 3회 5, 6편
11.25	단성사	미국 유니버−살 회사 실사 **국제시보** 전1권 / 미국 유니버−살 회사 인정극 **황야의 랑(娘)** 전5권 / 후아스도나쇼날 회사 인정극 **영화의 과(榮華의 果)** 전5권 / 미국 유니버−살 회사 대연속 **로빈송 구루소** 전18편 36권 중 16, 17, 18편 6권
11.28	조선극장	유나짓트 아지스트 세계적 명감독 그리퓌쓰 씨 감독 명성(明星) 리리안 킷쉬 양 주연 대모험대비극 **동도(동쪽 길)** 전11권 / 쿨−드인 대영화 대활극 **신의 정(神의 掟)** 전6권 / 파라마운트 영화 만화 **강복자(剛腹者)** 전1권
	단성사	송죽 회사 실사 **군함장문(軍艦長門)** 전1권 / 송죽 회사 대희극 **차푸링의 추억** 전1권 / 미국 유니버−살 회사 서부활극 **위대한 사나히** 전2권 / 이태리 이다라 회사 문예명화 **감격은 하처(何處)** 전7권 이태리 명우 에레나마고−스카 양 주연 / 미국 스타 회사 에태보로 주연 연속 **영웅 깃도** 15편 30권 중 5, 6편 4권
11.30	제일관 (평양)	실사 **신(新)스크링마가징 제십호** 전1권 / 네바카바 양 출연 희극 **황금만능** 전1권 / 연애인정극 **일국의 풍운** 전5권 / 연속사극 **로빈송크로소의 표류기** 전18편 중 10∼13편
12.02	단성사	미국 유사 실사 **주보** 전1권 / 활극 **천고의 대삼림** 전2권 / 인정극 **박명(薄命)한 처녀** 전5권 희극 **신세대** 전1권 / 문예영화 **인류의 심(心)** 전7권 명우(名優) 하우스비−다스 씨 주연
12.05	조선극장	파라마운트 영화 실사 **코기리** 전1권 / 파라마운트 영화 희극 **거짓말은 안이해** 전2권 / 이태리 갓쇼니 회사 대사극 **라마의 탈략(奪略)** 7권 / 유−나짓트아지스트 그리퓌쓰 씨 대걸작 자신(自身) 감독(동도)의 자매극인 절도애화(絶島哀話) **사랑의 꽃** 전7권
	단성사	미국 바이다클넙 회사 희극 **폭탄 라리** 전1권 / 미국 메도로사 정희극 **인어의 군중(人魚의 群衆)**[47] 5권 / 이태리 연합 영화 회사 인정극 **구라스의 가정** 6권 / 미국 스타− 회사 연속활극 **영웅 깃도** 전15편 30권 중 4회 7, 8편 4권

47) 동아일보 12월 8일자 광고에는 **群像**으로 표기됨.

12.07	우미관	독일 모 사 실사 **대포제조** 전1권 / 미국 파라마운트 회사 희극 **뎨부의 입원(入院)** 전2권 / 독일 메스텔 회사 헤니이썰텐 양 주연 절세희유 고전비극 **죽엄의 길** 전7권 / 미국 쌔데-지사 자루스핫지송 씨 맹연(猛演) 　경도적 연속극 **호걸 핫지** 전15편 31권 중 5회 9, 10편
	제일관 (평양)	서부극 미국 유사 **위대한 남자** 전2권 / **혈과 루(血과 淚)** 전2권 / 사회극 구라이데이쓰 양 출연 **야로 구하는 낭자(野로 驅하는 娘子)** 전5권 / 연속 절세기담 **로빈송 표류기** 14, 15, 16권
12.09	단성사	연속활극 **명금대회** 전22편 44권 1~8편 16권
12.12	단성사	미국 메도로 회사 정희극 **몽의 심판(夢의 審判)** 전6권 / 미국 후아스도나소날 회사 명화(名花) 보-링스다크 양 주연 　인정비극 **광의 대양(光의 大洋)** 전7권 / 미국 스타- 회사 연속활극 **영웅 깃도** 전15편 30권 중 5회 9, 10편 4권
	조선극장	미국 호-드킨손 대걸작 정화명편(情話名編) **성(性)** 전7권 / 미국 유-나짓트 아지스트 명화 **평민재상** 전7권 (원명 데-자리) / 비리워스트 작품 대희극 **쏘 왓느냐** 전2권 / 시토니 작품 만화 **소인배우(素人俳優)** 전1권
12.14	제일관 (평양)	미국 유사 실사 **시사휘보 육육호** 전1권 / 미국 유사 수다 작품 희극 **신가정** 전1권 / 미국 파라마운트 작품 인정극 **반가운 고원(故園)** 전5권 / 미국 파라마운트 작품 활비극 **원죄(寃罪)** 전2권 / 미국 유사 지루엘루 지사 사회활극 **폭렬(爆裂)** 전5권 / 대모험사극 표류기 연속 **로빈손쿠루소** 최종편 4권
	우미관	일활 회사 선영(選映) 실사 **화대조대(華大早大)**[48] 야구전 전1권 / 미국 막크셔넷트 영화 골계 **헛풍징이** 전2권 / 미국 파라마운트 아트크라후트 영화 마리온테-워스 양 주연 　활극 **암흑의 요성(妖星)** 전7권 / 미국 쌔데-지사 자루스핫지송 씨 맹연(猛演) 　경도적(驚倒的) 연속극 **호걸 핫지** 전15편 31권 중 5회 11, 12편
12.16	단성사	미국 유사 명우 아-도에이코-도 씨 주연 　신연속대활극 **호용(豪勇) 비루** 18편 36권 중 1, 2편 4권(1회) / 미국 유사 연속활극 **명금대회** 전22편 44권 제2회 9~15편 14권 상장
12.18	조선극장	경성 신극좌 일행 특별 대공연 　예제 가정비극 **실낙원** 전6막 / 군인활극 **천명(天命)** 전7막 　기타 희극 / 예제는 매일 교환
12.21	단성사	미국 파라마운트사 실사 **미인수영** 전1권 / 미국 스타-회사 연속활극 **영웅 깃도** 전15편 30권 중 6회 11, 12편 4권 / 독일 무에부스사 대모험대활극 **화염을 쏠코** 전6권 / 미국 나쇼나루사 문예영화 **악마의 정원** 전7권

---

48) 華大: 華盛頓大學校(워싱턴대학교). 早大: 早稻田大學校(와세다대학교).

12.21	우미관	일활 회사 실사 **영국 황저(皇儲)전하 대판(大阪) 방문 실황** 전1권
		/ 미국 메도로 회사 작자 감독 레온스베렛트 씨 주연자 엘노-자-스릿톤 씨
		  리다조리어에 양 하일톤레우엘 씨 *극(*劇) **불망(不忘)키 위하야** 전7권
		/ 미국 쌔데-지사 자루스핫지송 씨 맹연(猛演)
		  경도적 연속극 **호걸 핫지** 전15편 31권 중 7회 13, 14, 15편

	제일관 (평양)	실사 **스구린마가진** 전1권 / 대활극 유사(社) **천망(天網)** 전2권 / 미국 유사 인정극 **위대한 사랑** 전5권 / 미국 유사 문예영화 **인류의 심(心)** 전7권 세계적 명우 하우스비다 씨 주연
12.23	조선극장	실사 **코마운트 주보** 전1권 / 희극 **수의 심견(粹의 審犬)** 전1권 / 희활극 **목장의 두목** 전2권 / 희극 **사자의 소동** 전2권 / 희극 **괴 잠항정** 전2권 / 기예경쟁적 대영화 눈물의 대희극 **짜푸링깃도** 전6권 / 민중극단 천민극단 합동 공연
12.25	단성사	미국 후옥크쓰 뉘-쓰 사 미국 **후옥크쓰 뉘-쓰** 전1권 / 미국 메도로사 인정극 **아낭과 파남(啞娘과 跛男)** 5권 / 미국 메도로사 인정연화 **사랑과 깃붐과 천국** 전5권 / 미국 스타-회사 연속활극 **영웅 깃도** 전15편 30권 중 최종편 6권
12.28	조선극장	천민 민중 양극단 합동 특별 대공연

12.29	단성사	미국 유사
		  실사 **일구일칠년의 의기** 전1권 / 대희극 **챠뿌링의 도구방(道具方)** 전2권
		  인정극 **고성의 선혈(古城의 鮮血)** 전5권 / 인정활극 **폭렬(爆裂)** 전5권
		  연속 **호남(豪男) 쎄루** 전18편 36권 중 2회 3, 4편 4권

1924년

상영일	상영관	상영작
01.01	단성사	미국 유사 　대작 영화 세계적 대역사(大力士) 에루모링칸 씨 주연 　　대활극 **무철포자(無鐵砲者)** 전2권 　공전의 대작영화 연속군사모험활극 **명금(名金)** 전22편 44권 중 　　최종편 15~22편 전14권
	조선극장	종교극 **여명의 구수(黎明의 救手)** 전5권 / 셰네-델 회사 특작품 알넥산드, 주마 선생 불후의 대걸작 　국제 명미인(明美人) 헤레ㄴ스페리양 주연 문예영화 **춘희** 전6권 / 미국 오리에ㄴ다루 회사 대작품 인정극 **오뇌(懊惱)의 청춘** 전6권
	우미관	미국 호와이트필늬ㅁ 회사 실사 **아이누의 웅제(熊祭)** 전1권 / 미국 파라마운트 크라후트 영화 화형(花形) 바니오레ㅅ트, 해링쿠 양 주연 　풍자** 에부리우망 전8권 / 미국 메도로쏀인다 회사 후랑크링푸아남 씨 주연 　연속활극 **괴인의 비밀** 전15편 30권 중 1, 2편 / 미국 쌔데-지사 루스로란트 양 주연 연속활극 **호와이트이-구루** 전15편 31권
01.04	단성사	미국 파나마운트사 여행특작품 사진 **스라바야의 여행** 전1권 / 독일 스테룬 회사 사극 **샤로레-백작** 전9권 / 이태리 뷔라사 맹수활극 **맹수와 미인** 전6권
01.05	조선극장	미국 에프, 비-오사 대걸작 특선명화 **모의 심(母의 心)** 전5권 　(일명(一名)은 쏀로-드워O, 매돈나) 명성(明星), 도로디, 바레ㄹ카 양 주연 / 미국 유나이디스트사 특작품 진품(珍品) **둘쟤번 남편** 전5권 에드나쑤-드리ㅅ치 주연 / 마기노 회사 동화극성영화(童話劇省映畵) **환다스마** 전5권 / 희극 **야!구레스!** 전1권
01.06	단성사	독일 뷔-부ㅆ 회사 맹우(猛優) 루치아-노, 알-폐루치리 씨 주연 　대모험대활극 **결사의 모험** 최대장척 1만 2천척
	우미관	독일 데크라쌔오크라후 영화 칼트후오크트 씨 주연 탐정 **금강석이 선(船)** 전8권 / 미국 메도로쏀인다 회사 후랑크링푸아남 씨 주연 　연속 **괴인의 비밀** 전15편 30권 중 2회 3, 4편 4권 / 미국 쌔데-지사 루스로란트 양 맹연(猛演) 　연속 **호와이트이-구루** 전15편 31권 중 2회 3, 4편 4권
01.11	조선극장	홍엽(紅葉) 선생[49] 대걸작 일본 마기노 회사 일류 명우 대역연 　대련극(大戀劇) **장한몽** 전2편 9권
01.12	단성사	미국 유사 희극 **북을 치면서** 전2권 / 미국 유사 제공 이태리 게-네쓰사 작품 인정활극 **대경마(大競馬)** 전4권 / 미국 유사 제공 이태리 뷔-쓰사 대작품 인정연화 **애(愛)의 뇌옥** 전4권 / 미국 유사 연속활극 **호용(豪勇) 쌔루** 전18편 36권 중 제3회 5, 6편 4권

---

49) 『장한몽』의 원작 소설 『금색야차(金色夜叉)』의 작가 오자키 고요(尾崎紅葉).

01.16	단성사	독일 콜드원사 실사 **독일군함** 전권 / 미국 유사 작품 송죽 회사 제공 활극 **낭의 군(狼의 群)** 전2권 / 미국 오리엥다-루사 정극 **어둠의 저족** 전5권 / 미국 후아스토나소 회사 학창연화(學窓戀話) **결승 이분간** 전6권
	조선극장	이태리 이다라 회사 연애비화 **권형(權衡)의 여신** 전8권 / 미국 메트로 대작품 대활극 **지옥의 염(焰)** 전8권 / 희극 **휠님 소동** 전2권 / 매트로 특작품 명화 **겐닥기의 矢** 전5권 / 일본극명화 **교룡(蛟龍)을 묘(描)하는 인(人)** 전5권 　(시간상 관계로, 어늬 쪽이든지 오권을 퇴(退)하겟삼)
01.19	우미관	불국(佛國) 고몬 회사 실사 **고몬 주보** 전1권 / 미국 도라이안굴필님 회사 알미한통 양 주연 인정극 **동*(憧*)** 전5권 / 미국 메도로쌘인다 회사 후랑크링푸아남 씨 주연 　연속 **괴인의 비밀** 전15편 30권 중 8, 9, 10편 6권 / 미국 쌔데-지사 루스로란트 양 맹연(猛演) 　연속 **호와이트이-구루** 전15편 31권 중 7, 8편 4권
01.20	단성사	미국 유사 　실사 **유사 주보** 전1권 / 대희극 **여장의 남(女裝의 男)** 전2권 　명우 아-도애이코토 씨 대역연 연속 4회 **호용(豪勇) 쎄루** 　　전18편 36권(卅六卷) 중 제7, 8편 4권 　제-두 영화 명우 하-리케리- 씨 주연 서부활극 **여호(狐)** 전8권
01.22	조선극장	희극 **무숙자의 회(無宿者의 會)** 전2권 / 희극 **후이루무의 소(騷)** 전2권 / 정희극 **녹(錄)에 버션** 전*권 / 사회정책 **태풍의 적(跡)** 전*권
01.23	단성사	미국 아-로사 대서부대활극 **강적분쇄(强敵粉碎)** 전5권 / 독일 에-에푸아사 대문예영화 고대 애급(埃及)[50) 대비(大悲)사극 　**파-라오의 연(戀)** 전12권
01.27	단성사	미국 유사 　실사 **스크링 마칭**[51) 전1권 / 희극 **가병의 공휴(暇病의 公休)** 전2권 　활극 **천망(天綱)** 전2권 / 활극 **음모** 전2권 / 인정극 **위대한 애(愛)** 전5권 　연속활극 제5회 **호용(豪勇) 쎄루** 전18편 36권 중 제9, 10편 4권
01.30	단성사	실사 **동궁전하 가례(嘉禮) 실황** 전1권 / 미국 메도로 회사 명우 우이리아무테쓰몬토 씨 주연 　소천재(小天才) 역 리챠드펜토리크 씨 공연(共演) 　문제영화 **수생의 혈(獸牲의 血)** 전6권 / 독일 에-에푸아- 회사 독일 표현파 대영화 사회풍자극 **알-콜-** 전10권
02.03	단성사	미국 유사 　실사 **횡-레- 천연화** 전1권 / 희극 **역려(逆戾)** 전1권 / 대희극 **몰칸의 낭(娘)** 전1권 　대활극 **백뇌와 여히(百雷와 如히)** 전2권 / 서부활극 **지버처라** 전5권 　연속활극 **호남(豪勇) 쎄루** 전18편 36권 중 제6회 제11, 12편 4권

---

50) 이집트.
51) 스크린 매거진.

02.05	단성사	실사 고-몬 주보 전1권 / 대희극 안되엿다 전2권 / 미국 아-로 사 목물(牧物)대활극 국경의 맹사(猛獅) 전5권 / 이태리 휘루도사 연애극 우(愚)의 처녀 전8권 / 실사 뇌호(瀨戶)[52]의 풍경 전1권 / 독일 에-에푸아-회사 연애극 후아피오라 전8권 / 미국 게도로사 인정극 무대를 동경하야 전6권
02.10	단성사	미국 유사 　실사 국제시보 전1권 / 대활극대희극 기발기발 전2권 　대서부대활극 서부는 조흔 곳 전2권 / 인정극 인생의 서(曙) 전5권 　연속활극 호용(豪勇) 쎄루 전18편 36권 중 제8회 제13, 14, 15편 6권
02.13	단성사	미국 에도로사 실사 영국의 고성(古城) 전1권 / 미국 호루무보이쓰 회사 인희극 훌륭한 운전수 전2권 / 미국 에도로사 연애정희극 나는 당신의 처(妻)요 전5권 / 미국 후아스도나소날 회사 연애대비극 세계를 적으로 하고 전8권 　명화 미리아-무구쌔 양 주연
02.17	단성사	미국 유사 실사 휘잉례-천연화 전1권 / 희극 몰칸의 낭(娘) 전1권 / 미국 유사 서부활극 백뇌와 여히(百雷와 如히) 전2권 / 미국 파라마운트 회사 미국 유니바살 회사 제공 서부활극 심홍(深紅)의 도전 6권 / 독일 야코푸사 영화 미국 유사 특별 제공 인정비극 자비 전6권
2.20	단성사	이태리 이다라 영화 실사 남부 이태리 전1권 / 미국 바-이다크라흐사 대활극 협혈(俠血)의 비약 전5권 / 미국 리아라-도 대명화 연애극 겐듸기-의 봄 전6권 / 미국 후아스도 냐쑈날 희비극 마이 쏘-이 전5권
02.24	단성사	미국 유사 　실사 가나태(加奈太)[53]의 실황 전1권 / 희극 원소동(猿騷動) 전2권 　인정극 사랑의 순례 전7권 / 정희극 결혼은 실패냐 전7권
02.27	단성사	미국 후옥크스사 실사 곡예색색(曲藝色色) 전1권 / 미국 휘괴-사 대활극 돌격분투 전5권 / 미국 위-쓰사 대활극 설중의 육탄(雪中의 肉彈) 전5권 / 미국 휘루무사 대비련극 공탄(空彈)의 비극 전6권
03.02	단성사	미국 유사(社) 　실사 유사 시보 전1권 / 연화(戀話) 두려운 그날 전5권 　연화 허언의 역(虛言의 力) 전5권 　신연속대활극 투장(鬪將) 작크 전15편 31권 중 제1, 2편 5권
03.05	단성사	미국 메도로 회사 초특작정희극 본 것이 참말 전5권 / 미국 후아스도냐쑈날 명화 용감한 고아 전5권 / 이태리 휘-루도 회사 연애극 뷜카의 연(戀) 전5권

52) 일본 아이치 현에 있는 도시 '세토'의 한자 표기.
53) '캐나다'의 음가 표기.

날짜	극장	내용
03.09	단성사	미국 유사 　실사 유사 주보 전1권 / 대활극 해(海)의 법 전2권 / 대희극 최후의 거(擧) 전2권 　대활극 겐닥기의 돕비![54] 전6권 　신연속대모험대활극 투장(鬪將) 작크 전15편 31권 중 제2회 제3, 4편 4권
03.12	단성사	미국 마-메도 회사 대희극 어듸가 조냐 전2권 / 미국 후아스토냐소날 대작품 대활극 열풍호우의 야(烈風豪雨의 夜) 전7권 / 미국 비낙클 회사 특작 대명화 대활극 사막의 혈연(血煙) 전5권
03.16	단성사	유사 　실사 유사 시보(時報)[55] 전1권 / 대희극 바보와 결투 전2권 　군사대탐정대활극 운명의 탑 전3권 / 권투대활극 세계적 선수 전7권 　연속활극 투장(鬪將) 작크 전15편 31권 중 제3회 제5, 6편 4권
03.19	단성사	미국 리-루크라후도사 대활극대희극 진웅(珍雄) 깃도 전2권 / 미국 콜드윙사 대활극 금철의 서(金鐵의 誓) 전5권 / 미국 후아쓰도냐소날 인정활극 무숙의 협한(無宿의 狹漢) 전6권
03.23	단성사	실사 낭담(狼譚) 전1권 / 유사 연속 4회 투장(鬪將) 작크 전15편 31권 중 제7, 8편 4권 / 유사 희극 파리는 조흔 곳 전1권 / 유사 대활극 천변(川邊) 전2권 / 유사 대희활극 서탐(壻探) 전2권 / 유사 대모험대활극 맹투천리(猛鬪千里) 전5권
03.26	단성사	미국 フアストナショナル[56] 문예명화 승합마차 전7권 / 미국 기네트사 대활극 무적(無敵) 전5권 명우 리츠도 바셰투메 씨 대역연 / 미국 크리피-쓰사 세계적 명감독 크리피-쓰 씨 작품 　세계적 명화(名花) 리리안 키쉬 양 대역연 문예명화 행복의 곡(谷) 전6권
03.30	단성사	미국 유사 　실사 유사 시보(時報) 전1권 / 활극 도인의 의(盜人의 衣) 전2권 　활극 장력(張力) 전2권 / 정희극 쌀 먹은 벙어리 전5권 　전시연화(戰時戀話) 세계와 평화 전6권
04.01	우미관	미국 쌔데- 지사 제공 희극계 명성(名星) 할트로이트 씨 친제(親弟) 로이트 씨 주연 　대희극 로이도 관힐(鑵詰)[57] 직공 전2권 / 미국 파라마운트 회사 코랏트네-켈 씨 로이스우일스씨 주연 　특선명화 웃지 안는 사람 전7권 / 미국 데이스토리쎄유토아 회사 여우계 명성(名星) 헤렝 홀무스 양 맹연(猛演) 　연속모험대활극 호의 조(虎의 爪) 전15편 30권 중 1, 2편
04.02	단성사	미국 후아스도냐쇼날사 명화(名花) 카스링마구도나루도 양 주연 　연애 어엽분 허언자(虛言者) 전5권 / 미국 복쓰사 맹우(猛優) 윌이암 랏셀 씨 대역연 대활극 나에게 막기여라 전5권 / 미국 후아쓰도냐쇼날 서부대활극 호용(豪勇) 쌈쑤 전7권

54) 동아 3월 10일자에는 "겐닥기 다비"로 표기되어 있음.
55) 매일 3월 17일자 광고에는 제목이 週報로 표기되어 있음.
56) 퍼스트내셔널.
57) 통조림공장.

04.05	우미관	미국 파라마운트 회사 실사 **차륜제조** 전1권 / 미국 파라마운트 회사 희극 **주부** 전2권 / 미국 로바트송, 콜 회사 벳씨 바리스스켈 양 주연 인정극 **이국의 화(異國의 花)** 전5권 / 미국 쌔테-지사 명성(名星) 루스 로란트 양 맹연(猛演) 　연속모험 **삼림여왕** 전15편 31권 중 13, 14, 15편 / 연속2회 **호의 조(虎의 爪)** 전15편 30권
04.06	단성사	미국 유사 　대활극 **사랑의 영웅** 전2권 / 대활극 **과부** 전2권 / 인정극 **전율** 전6권 　인정극 **처(妻)이니까** 전5권
04.08	우미관	불국(佛國) 에크렐 회사 실사 **비행기 연구** 전2권 / 미국 파라마운트 회사 월바링카- 씨 라이리리- 양 주연 정희극 **정령의 혼** 전6권 / 미국 데이스토리쎄유토아 회사 명성(名星) 헤렝홀무스 양 맹연 　연속모험 **호의 조(虎의 爪)** 전15편 30권 중 2회 제4, 5편
04.09	단성사	미국 아-방키네도사 실사 **륜돈(倫敦)[58]의 명소** 전1권 / 미국 아-도라쓰사 대희극 **작난쏜** 전2권 / 미국 아메리캉사 맹우(猛優) 완-맛메이모아- 씨 역연(力演) 　해양대활극 **해저의 복수** 전5권 / 미국 아메리캉사 명화(名花) 네-루십부-망 양 명우 히유-토무부승 씨 주연 　문예명화 **아라스카의 폭풍** 전8권
04.12	우미관	미국 나시요날 회사 실사 **영불동원(英佛動員)** 전1권 / 불국(佛國) 엑크렐 회사 희극 **경업호신사(輕業好紳士)** 전1권 / 미국 쌔데-함푸톤 영화 쑤란시유스이트 양 주연 인정희극 **시른 남편 역(役)** 전5권 / 미국 파라마운트 회사 아트크라후트 영화 　도마스미-푸왕 씨 크롤아스왕승 양 공연(共演) 리라리- 양 조연 　씨엑스엘라스키 씨 제공 예술영화 **남성과 여성** 전9권
04.13	단성사	실사 **불국의상(佛國衣裳)** 전1권 / 희극 **일류선장(一流船長)** 전2권 / 활극 **한마가편(悍馬加鞭)** 전5권 / 세계적 명마(名馬) 주연 명화 **명마(名馬)의 눈물** 전2권 / 기담 **야성의 환성(喚聲)** 전5권
04.15	우미관	소서(小西)영화 제작품 촬영 대비극 **모친을 차저서** 전4권 / 미국 파라마운트사 베데이-콤송 양 주연 인정비극 **세계의 쏫** 전7권 / 미국 데이스토리쎄유토아 회사 헤렌홀무스 양 맹연(猛演) 　연속모험 **호의 조(虎의 爪)** 전15편 30권 중 3회 7, 8, 9편
04.16	단성사	미국 후아스도냐쇼날사 인정극 **취설의 야변(吹雪의 野邊)** 전6권 / 미국 유나이팃트사 다그라-쓰 흐아방크쓰 메리마구라렌 주연 　세계적대활극 **삼총사** 전10권
04.19	우미관	독일 모 회사 실사 **독일 잠항정 실전** 전1권 / 독일 토릭히 영화 탐정극 **야반의 만찬** 전7권 / 미국 파라마운트사 아트코라후르 영화 심리비극 **섭(囁)의 합창** 전7권
04.20	단성사	미국 유사 쾌한 에딕쏜로 씨 대역연 연속1회 **비밀의 4** 전15편 30권 중 제1, 2, 3편 5권 / 대모험대활극대희극 **삼총사** 전10권

58) '런던'의 한자 표기.

04.22	우미관	불국(佛國) 코본 회사 실사 **고무 제조** 전1권 / 미국 홀룸보이스 회사 희극 **어는 곳까지 강(强)하게** 전2권 / 이태리 알만트우에 회사 크라례ㅅ트반토리 주연 인정활극 **세계의 무대** 전6권 / 미국 데이스토리쎄유토아 회사 헤렌홀무스 양 맹연(猛演) 　　연속모험 **호의 조(虎의 爪)** 전15편 30권 중 10, 11, 12편
04.26	우미관	미국 콜톤 나쇼날 회사 실사 **중미(中米)여행** 전1권 / 미국 라스키- 회사 베토로-무아 양 마롱하밀트 씨 공연(共演) 　　인정극 **정열의 심(審)** 전5권 / 미국 콜트우잉 회사 이케-링코룽 양 바-바라캇슬톤 씨 공연 　　전쟁여담(餘談) **세계의 평화** 전8권
04.27	단성사	대활극 **복면의 괴인** 전2권 하바-드 로리손 씨 주연 / 연애극 **시련의 철화(鐵火)** 전5권 / 인정극 **행복을 위하야** 전5권 / 에듸쏘로씨 대역연 연속2회 **비밀의 4** 제4, 5편 4권
04.29	우미관	독일 모 회사 실사 **세계의 출래사(出來事)** 전1권 / 미국 호-루무-쏘이스 회사 희극 **변해서 하야 보가** 전2권 / 독일 우오링 회사 서부대활희극 **쌰루다의 소녀** 전5권 / 미국 데이스토리비유토아 회사 대모험대활극대연속 **호의 조(虎의 爪)** 종(終) 6권 / 미국 고-몽 회사 희극 **경마? 녀?** 전1권
4.30	단성사	미국 산후호도사 쾌한 비도모리손 씨 대역연 　　야구 대로맨쓰 학창연화 **맹구무적(猛球無敵)** 전5권 / 미국 후아쓰도냐쇼솔사 명우 아니다스치와도 양 주연 문예명화 **명예의 문제** 전7권 / 독일 메토로사 맹우 하리쎄루 씨 대역연 　　연속탐정 **무두기수(無頭騎手)** 전 20편 40권 중 1, 2편 5권
05.02	우미관	미국 콜트나시요날 회사 실사 **목동의 경기(牧童의 競技)** 전1권 / 독일 에멜카 영화 오트쎄율- 씨 아우트에케데닛셀 양 공연 　　인정활극 **사의 벌(死의 筏)** 전7권 / 미국 라스키 회사 조천설주(早川雪洲) 씨 주연 미카렛트루미스 양 조연 　　비극 **감추어둔 진주** 전5권 / 미국 쌔데- 지사 쌀호와이트 양 맹연(猛演) 　　연속군사대활극 **육군의 쌔-루** 전15편 30권 중 1, 2편
05.04	단성사	유사 작품 　　실사 **독와사(毒瓦斯)**[59]**와 포화** 전1권 / 제루 영화 비극 **행복의 궁전** 전6권 　　연속3회 **비밀의 4** 전15편 30권 중 6, 7, 8편 6권 / 희극 **원숭이 쏘이** 전2권
05.07	단성사	미국 산휘드사 희극 **그날! 그날!** 전2권 / 미국 후아쓰도나소날사 세계적 모험 비행가 케네쓰하랑 씨 대역연 　　조인(鳥人) 로민쓰 **천공정복(天空征服)** 전6권 / 불국(佛國) 파-테 본사 대비극 **여심(女心)** 전5권 / 독일 메도로사 쾌한 하리-비루 씨 대명연 　　연속탐정 **무두기수(無頭騎手)** 전8편 14권 중 제2회

---

59) 독가스.

05.10	우미관	미국 나소날 회사 헨리이비-우올솔 씨 주연 인정사회극 **인세(人世)의 십자가** 전6권 / 독일 도란스오샤양 회사 명감독 베다쏠후엘나 씨 대걸작 　 명화 아크네스트랏푸 양 명우 오-켄케로엑푸후엘 씨 주연 　 절세비극 **에리사베스 여왕** 전11권
05.11	단성사	실사 **국제시보** 전1권 / 대희극 **자전차 경주** 전2권 / 미국 유사 명화(名花) 토로디달톤 양 주연 악애극(惡愛劇) **열국(熱國)의 장미** 전7권 / 유사 대작품 연속4회 **비밀의 4** 제10, 11, 12편 6권
05.14	우미관	미국 쌔데- 지사 희극계 거성 하롤트 로이트 씨 주연 　 희극 **시긔를 일치마라** 전3권 (원명 로이도) / 미국 대(大) 퍽스 회사 메리- 카- 부인 주연 　 인도적모성애 대비극 **오버씌힐** 전11권 (원명 구(丘)를 월(越)하야)
	단성사	실사 **파나마 운하** 전1권 / 가정극 **뾔니쓰의 일야(一夜)** 전6권 / 미국 메도로사 연애극 **조건잇는 색씨** 전6권 / 독일 메도로사 명우 하리쎄루 씨 대역작 　 대연속대탐정 **무두기수(無頭騎手)** 전20편 40권 중 제3회 4권
05.18	단성사	실사 **국제시보** 전1권 / 대희극 **자동목욕탕** 전2권 / 연애극 **폭풍이 지난 뒤** 전7권 명화(名花) 메리망구라-덩 주연 / 유사 연속활극 **비밀의 4** 전15편 30권 중 종편 제13, 14, 15편 6권
05.21	우미관	연속모험활극 **비밀의 십삼** 전15편 30권 중 제1편부터 제6편까지 12권 상영 　 23일부터 1회 제7편부터 제12편까지 12권 상영 　 25일부터 2회 제13편부터 제15편까지 6권 상영 / 미국 쌔데-지사 연속활극 **육군의 쌔-루** 전15편 30권 중 　 21일부터 3회 5, 6편 4권 23일부터 4회 7, 8편 4권
	단성사	실사 **명우생활** 전1권 / 연화(戀話) **완고정대(頑固征代)** 전5권 / 대탐정 **브라운 대탐정** 전5권 / 대연속대탐정 **무두기수(無頭騎手)** 제4회 전4권
05.25	단성사	유사 대활극 **독립독보(獨立獨步)** 전5권 / 유사 연화(戀話) **청춘의 혈석(血汐)** 전5권 / 파나마운트사 문예극 **명일(明日)의 운명** 전7권
05.28	단성사	아로 영화 세계적대연속 **절해의 낭(狼)** 전15편 30권 중 제1회 제1, 2, 3편 6권 / 메도로 대영화 인생애화(哀話) **청춘아 영원히** 전6권 / 독일 메도로 대작품 탐정연속 **무두기수(無頭騎手)** 전20편 40권 중 제5회 전5권
06.01	단성사	유사 　 실사 **국제시보** 전1권 / 대활극 **삼림의 왕자(王者)** 전2권 　 애화(哀話) **금색의 교수대** 전5권 / 연화(戀話) **청춘의 혈석(血汐)** 전5권 　 세계적대연속 **십팔간 세계일주** 전12편 24권 제1회 제1, 2편 4권
06.04	단성사	독일 메도로사 대연속대탐정 **무두기수(無頭騎手)** 최종편 4권 / 마스톤사 맹우(猛優) 챠루쓰크라리- 씨 대역연 대탐정극 **최후의 일순(一瞬)** 전7권 / 아로사 특작품 해양대연속 **절해의 낭(狼)** 전15편 30권 중 제2회 제4, 5, 6편 6권
06.08	단성사	유사 　 대활극 **협골(俠骨)남아** 전6권 　 특작 취엘 대명화 인생애화(哀話) **육(肉)에 주린 야수** 전6권 　 세계적대연속 **십팔간 세계일주** 전12편 24권 중 제2회 제3, 4편 4권

06.11	단성사	미국 뷔아루도사 국제적 미인 모리킹 양 대역연 연화(戀話) **산중처녀** 전5권 / 미국 메도로사 세계적 명우 론쌰-니 씨 역연 인생애화(哀話) **쾌남아 소야** 전8권 / 미국 아로사 해양대연속 절해의 낭(狼) 전15편 30권 중 제7, 8, 9편 6권
06.15	단성사	실사 **국제시보** 전1권 / 유사 활극 **환희의 조(朝)** 전2권 / 유사 연화(戀話) **황금의 농(籠)** 전7권 / 유사 세계적대연속 **십팔일간의 세계일주** 전12편 24권 중 제3회 제5, 6편 4권
06.18	단성사	미국 후웟드쓰사 쾌한 토무믹크쓰 씨 맹연 대모험대활극 **삼개(三個)의 금화** 5권 / 미국 후아쓰토냐소날사 명우 챠레쓰레이 씨 역연 정희극 **답은 약하호(若何乎)** 전6권 / 미국 아-로사 세계적대연속 절해의 낭(狼) 전15편 30권 중 제4회 제10, 11, 12편 6권
06.22	단성사	미국 유사 명우 윌이암 데스몬드 씨 역연 　세계적대연속 **18일간 세계일주** 전12편 24권 중 제4회 제7, 8편 4권 / 미국 유나이릿트 거성 D W 크리피-쓰 씨 대걸작 명화(名畵) 리리안 키쉬 자매 주연 　세계대전극(劇) **세계의 심(心)** 전13권
06.26	단성사	미국 휙-쓰사 대활극 **대양(大洋)의 숏** 전6권 / 미국 메도로사 연화(戀話) **영계의 사자(靈界의 使者)** 전6권 / 미국 후아스도냐소날사 사회극 **문명의 가면** 전7권
06.29	단성사	유사 실사 **국제시보** 전1권 / 송죽 실사 **불기(佛機)**[60] **일본 방문견(見)** 전2권 / 유사 대희극 **베리의 작란** 전2권 / 유사 취월 권투왕 레지놀도데-니씨 대역연 대맹투권투극 **권투왕** 전8권 / 미국 유사 세계적대연속 **18일간 세계일주** 전12편 24권 중 제5회 제9, 10편 4권
07.02	단성사	단성사 최근 촬영부 특작품 실사 **전선(全鮮) 여자오림픽대회 실황** 전1권 / 송죽 특작품 만화모험 **작기의 모험** 전2권 / 연화(戀話) **감화원의 낭(娘)** 전5권 / 메도로사 대작품 세계적 미인 바이오라-다-나 양 주연 　인생애화(哀話) **열정의 그대여** 전6권
07.05	단성사	미국 유사 　실사 **국제시보** 전1권 　센추리 소(小)명여우 베버-베기- 양 주연 대희극 **어엽운 작ᄂ군** 전2권 　맹우 토무삼치- 씨 주연 인정활극 **재단(裁斷)날** 전2권 　명우 하바-드로리손 씨 대역연 인정활극 **철권의 인(人)** 전5권 　명우 윌이압데스몬도 씨 대역연 세계적대연속 **세계 십팔간 일주** 　　전12편 24권 중 최종편 제11, 12편
07.09	단성사	미국 파라마운드사 연화 **최후의 승자** 5권 / 미국 포스도냐시오나루사 명우 가스린 마구도ᄂ루 씨 주연 인정애화 **불신자** 전6권 / 미국 아로-사 해양대연속 절해의 낭(狼) 30권 최종편 제13, 14, 15편 6권
07.13	단성사	실사 **국제시보** 전1권 / 희극 **벳기의 재난** 전2권 / 서부활극 **방랑의 인(人)** 전2권 / 활극 **황색 손수건** 전2권 / 맹투활극 **산묘(山猫) 잴탄** 전5권 / 연속활극 **아불리가(亞弗利加)**[61] 탐험 18편 36권 중 제1, 2편 4권
	조선극장	사극 **로빙후드** 전11권 / 인정극 **후문(後門)에서** 전7권

---

60) 프랑스 비행기인 듯 함.
61) 아프리카.

07.16	단성사	미국 컬드윙사 정희극 **춤은 섯톨지만** 전6권 / 불국 파-데 본사 대탐정대활극 **괴인의 여자** 6권 / 미국 후아쓰도냐소날사 연화(戀話) **연문무용(戀文無用)** 전5권
07.20	단성사	유사 　희극 **트집군** 전2권 / 연화(戀話) **괴상한 여자** 전5권 / 연화 **표박(漂泊)의 고아** 전5권 　연속활극 **아불리가(亞弗利加) 탐험** 제2회 제3, 4편 4권
07.24	단성사	미국 후아쓰도냐소날사 미리아 무구버- 양 주연 　인정연화 **활로의 휘광(活路의 輝光)** 전6권 / 미국 파라마운트사 문예명화 **고향의 집** 전9권
07.27	단성사	유사 　실사 **스크링 마카칭** 전1권 / 활극 **심야의 기수** 전2권 　활극 **죄의 길** 전2권 / 희극 **맘것 놀-자** 전2권 　연속3회 **아불리가(亞弗利加) 탐험** 전18편 36권 중 제5, 6편 4권 　공전의 위작품(偉作品) 권투가 레지놀도데-니 씨 대역연 　　맹투연속 **신(新) 권투왕** 전6편 12권 중 제1회 제1, 2편 4권
07.31	단성사	아메리캉사 특작 활극 **완력의 천지(腕力의 天地)** 전5권 / 비낙클사 맹투활극 **맹호일성(一聲)** 전5권 / 휙쓰사 모험활극 **작열의 사막** 전5권
08.03	단성사	유사 　연속2회 **신(新) 권투왕** 전6편 12권 중 제3, 4편 4권 　연속4회 **아불리가(亞弗利加) 탐험** 18편 36권 중 제7, 8편 4권 　특별 제공 탐정복수활극 **백만불의 복수** 전7권
08.07	단성사	미국 휙쓰사 활극 **최강자** 전5권 / 미국 도라이앙클사 맹투활극 **지옥의 쏫** 전5권 / 미국 후아스도냐소날사 사회극 **용기** 전6권
08.10	단성사	유사 　활극 **목적관행(目的貫行)** 전2권 / 연화 **대륙의 여(女)** 전7권 　연속활극 **아불리가 탐험** 전18편 36권 중 제4회 제9, 10편 4권 　연속맹투 **신 권투왕** 전6편 12권 중 최종편 제5, 6편 4권
08.12	조선극장	보-구 회사 벤다빈 씨 독특 희극 **위(僞)변호사** 전1권 / 파데-회사 연속활극 **스피-드 핫지** 제7, 8편 4권 　활극배우 제일인자 스피-드 핫지 씨 역연 / 유-나이뎃트 아-지슷 회사 메이리 빅호-드 양 주연 세계적명영화 **소공자** 전 10권
08.14	단성사	미국 메도로사 활극 **그를 위하야** 2권 / 미국 아-로사 인생애화(哀話) **악마의 섭언(攝言)** 전6권 / 미국 메도로사 베시 라-뷔 양 주연 문예극 **점-든 날에** 전7권
08.17	단성사	실사 **국제시보** 전1권 / 희극 **챠-리-의 성공** 전2권 / 활극 **열혈아** 전2권 / 명화 무리사라데잉 양 주연 인생애화(哀話) **생의 염(生의 焰)** 전7권 / 연속활극 **아불리가(亞弗利加) 탐험** 전18편 36권 중 제6회 제11, 12편 4권
08.18	조선극장	불국 파데-회사 　연속활극 **스피-드 핫지** 제9편 2권 / 희극 **원공염물어(猿公艶物語)** 2권 　매일신보 연속소설 천일야물어(千一夜物語) **만고기담** 전11권 (원명 아바리안나이트)

08.21	단성사	미국 메도로사 정희극 야의 괴조(夜의 怪鳥) 전6권 / 미국 우에쓰다사 항공로맨쓰 천공의 한마(天空의 悍馬) 전5권 / 미국 메도로사 애화(愛話) 애(愛)의 여명 전6권
08.22	조선극장	미국 파라운트 회사 대비극 가주샤 전편 명우 보-린 후레데리그 양 주연 / 불국 파데-미국 지사 연속활극 스피-드 핫지 전15편 내 제10편 / 미국 유-나이텟드 회사 입지미담(立志美譚) 인정대활극 　노자협조(勞資協調) 나일관(裸一貫) 전9편 명우 챠레스 레이 씨 역연
08.24	단성사	실사 국제시보 1권 / 활극 해상의 용자(勇者) 2권 / 희극 숨을 못 쉬게 2권 / 유사 연화(戀話) 세계의 갈채 전7권 / 유사 연속활극 아불리가(亞弗利加) 탐험 전18편 36권 중 제7회 제13, 14편 4권
08.25	조선극장	폭스 회사 인정극 보헤미아의 여(女) 전5권 / 파-데 회사 연속활극 스피-드 핫지 제11, 12편 4권 / 골-드위인 영화 인정대활극 남자 노(怒)하면 전7권 명여우 고-린, 무-아 양 주연
08.28	조선극장	송욱제천화(松旭齋天華) 대마기술(大魔奇術) 프로그람 (3일간)
	단성사	실사 어업(魚業) 전1권 / 대희극 챠푸링 권투 전2권 / 미국 메도로사 명화(名花) 아리쓰레크 양 주연 　인생애화(哀話) 오자의 침안(吾子의 寢顏) 전5권 / 미국 메도로사 명화 크라라 킹부루 양 주연 문예극 어업분 노래 전7권
08.31	단성사	미국 유사 실사 국제시보 전1권 / 미국 유사 동양인 챠-리 군 주연 대희극 활동소동(活動騷動) 전2권 / 미국 유사 미국 파-사 공전의 대작 명화 거암의 피방(巨巖의 彼方) 전8권 / 유사 연속활극 아불리가(亞弗利加) 탐험 전18편 36권 중 제8회 제15, 16편 4권
	조선극장	미국 폭스 회사 명우(名優) 짐-믹크스 씨 역연 희활극 마상(馬上)의 러메오 5권 / 불국 파데 미국 지사 맹우(猛優) 찰스 핫지송 씨 주연 　연속활극 스피-트 핫지 제13, 14편 4권 / 미국 유나이뎃트사 다구라스 후에야방크스 씨 맹연 대전극(大戰劇) 다구라스 대왕 　8권
09.05	단성사	미국 후아쓰도나소날사 명우 미루톤시루쓰 씨 대역연 문예극 혼귀(魂歸) 전7권 / 단성사 박승필 연예부 고심 역작 　각색 김영환 감독 박정현 촬영 이필우 자막 김학근(金學根) 　대비극 장화홍련전 전8권
	조선극장	동아문화협회 노심(勞心) 대작품 조천고주(早川孤舟) 씨 각색 만고열녀 춘향전 전9권 / 스다-필님 회사 희활극 동으로 서에 전5권 / 쌔데-회사 대활극 스피-드 핫지 완결편
09.08	조선극장	혹스 회사 주보 혹스 뉴-스 전1권 / 위리음 혹스 회사 유년노동 사회교화 대영화 침묵의 가치 전5권 　명우 위리음 후아남 씨 주연 / 유나이테토 회사 대희활극 모리-오 전1만척 명우 메-베루 노-만트 양 주연
09.11	조선극장	이태리 파스구와리 회사 라마대전사극(羅馬大戰史劇) 에스파루다고 전8권 / 불국 파-데회사 신연속탐정대활극 베루넷드 전15편 31권 중 제1, 2편 2권 / 미국 인스 인정대활극 인생의 쟁투 전7천척

09.12	단성사	박승필 연예부 고심 역작 각색 김영환 감독 박정현 촬영 이필우 자막 김학근 　대비극 **장화홍련전** 전8권 (12, 13일 2일간 특별연기) / 미국 와-나브라자-스사 매리-브레보-스트 양 주연 풍자극 **여자는 괴물** 전7권
09.14	단성사	유사 　서부대활극 **아름다운 복수** 전2권 / 희극 **휴가** 전2권 　남성극 **역의 도(力의 導)** 전2권 / 대활극 **낭의 정(狼의 掟)** 전5권 　신연속 대활극 윌니암 데쓰몬드 씨 주연 　　제1회 **유령재보(幽靈財寶)** 12편 24권 제1, 2편 4권
09.15	조선극장	스타-후일무 회사 명우 윌리암 밧돈 씨 바지냐와-우익크* 양 공연(共演) 　희활극 **아미리가(亞米利加) 투우사** 전편 / 미국 부링시바루 영화 명여우 도로시-휘립쑤 양 주연 연애활극 **장미의 가시** 전6권 / 불국 바-데 회사 신연속탐정대활극 **베루벳도** 전15편 31권 내 제3, 4편 4권 / 대 유나이뎃트 아-짓스사 세계적 명우 막쿠리신다- 씨 주연 　대희활극 **삼소사(三笑士)** 전5천척
09.17	단성사	미국 쏄쓰닉그사 명우 바-도라이텔 씨 맹연 명화 **풍운의 젠다성(城)** 전9권 / 유나이딧트 아-지쓰트사 　막크 셋넷트 씨 감독 차푸링 선생 명화 메베루도만드 양 공연(共演) 　백만불 대영화 대희활극 **서울은 무서워** 전6권
09.21	단성사	유사 　실사 **국제시보** 전1권 / 인정*극 **무실의 죄(無實의 罪)** 전2권 　문예극 **소란(燒爛)한 소래** 전8권 / 제2회 **유령재보(財寶)** 12편 24권 중 4권
	조선극장	스다후이루무 회사 희활극 **일망타진** 전1권 명우 후랑구링화남 씨 주연 / 대 유나이뎃드 회사 사회극 **부진열화(不盡熱火)** 전7권 / 불국 바-데 회사 탐정대활극 **베루벳도** 전15편 31권 중 제3회 제5, 6편 4권
09.24	단성사	영국 크라하-무사 국제적 미인 메-마-쉬 양 역연 연화(戀話) **정열의 연(戀)** 전10권 / 미국 로-바-드사 메-마-레 양 주연 문예극 **무희(舞姬)** 전8권
09.25	조선극장	윌리암 폭스 회사 로이도히미루농 씨 주연 대희활극 **명의 염매(命의 廉賣)** 전2권 / 파라마운트 회사 자레-스레이 씨 주연 대희극 **여자는 귀문(鬼門)** 전5권 / 유나이뎃드 회사 리리안킷수 양 도로시킷수 양 마이-빗수 양 부란지스이-도 양 공연 　애국열녀 대전사극(大戰史劇) **벳쓰리아 여왕** 전6권 / 불국 바-데 회사 탐정대활극 **베루벳드** 전15편 31권 중 제4회 제7, 8편
09.28	단성사	유사 　맹투(猛鬪)활극 **대현애(大懸崖)** 전2권 　희극왕 하-무 군 대역연 대희극 **서장과 화소(署長과 火消)** 전2권 　활극왕 후드컵손 씨 대역연 대활극 **권투왕의 애(愛)** 전2권 　연화(戀話) **이제(里祭)** 전5권 　월이암데쓰몬도 씨 주연 제2회 **유령재보(財寶)** 전12편 24권 중 제3회 제5, 6편 4권
09.29 ~30	조선극장	동요, 희가극, 동화가극 등
10.01	단성사	이태리 안푸로쓰사 대활극대탐정 **운명의 삼십** 전5권 / 미국 유니버-살 회사 대연속대탐정 **라지움의 비밀** 전18편 36권 중 매회 12권씩 공개

10.02	조선극장	유나이뎃트사 명화 메리 빅크포드 양 주연 　입지미담(立志美談)교육명화 **보리안나** 전8천척 / 스다-휘림 회사 맹우 니-루하-도 씨 대역연 서부활극 **의협일철(義俠一徹)** 전5권 / 파데- 회사 연속탐정대활극 **베루벳드** 전15편 31권 중 제5회 제9, 10편 4권
10.05	단성사	미국 유사 　연속활극 **유령재보(財寶)** 전12편 24권 중 제4회 제7, 8편 4권 　연속탐정활극 **라지움의 비밀** 전18편 36권 중 제2회 제7~12편 12권
10.07	조선극장	유나이뎃트사 메벨노만드 양 주연 후리차-트 촌스 씨 원작, 감독 　대희활극 **스산나** 전6권 / 에후-오-회사 인정대활극 **위험신호** 전7권 / 명우 리차-도 모리스 주연 **지나 대동란의 실황** / 파-데사 대연속 제6회 **베루벳드** 31권 중 11, 12편
10.08	단성사	미국 휙쓰사 조니하잉쓰 씨 대역연 대맹투대활극 **명마일편(名馬一鞭)** 전7권 / 미국 유사 아이링세지웍크 양 대역연 　대연속대탐정 **라지움의 비밀** 전18편 36권 중 최종편 제1~18편 12권
10.10	조선극장	유나이뎃아짓도사 연애명화 **사랑의 꽃** 전7권 / 스다-필님 서부대활극 **괴력 목사(牧師)** 전5권 / 불국 파데-사 대명작 대연속 최종편 **베루벳드** 전15편 31권 중 제13, 14, 15편 6권
10.12	단성사	미국 유사 조-지랑킹 씨 주연 대육탄활극 **역의 휘(力의 輝)** 전5권 / 미국 유사 연속활극 **유령재보(財寶)** 전12편 24권 중 제5회 9, 10편 4권 / 독일 챠링크사 한쓰마-루 씨 주연 불국 문호 시투렐 경 원작 　고전극 **우이리암 텔** 전9권
10.15	단성사	미국 메도로사 미루톤 시루쓰 씨 역연 문예극 **애아(愛兒)를 쌕기고** 7권 / 미국 호옥구쓰 명우 례노아 아루릭크 대표적 작품 대맹투대모험 **록기의 장미** 8권
	조선극장	조선예술단 공연
10.19	단성사	미국 유사 대활극 **행운아** 전2권 / 연속활극 **유령재보(財寶)** 전12편 24권 중 최종편 제11, 12편 4권 / 불국 파-데사 챠르쓰햇치손 씨 대역연 대탐정대연속 **백림의 낭(伯林의 狼)** 15편 31권
10.22	단성사	미국 호루마-크사 안보쑤 양 대역연 연화(戀話) **북국(北國)의 칼-멘** 전5권 / 불국 파-데사 대탐정대연속 **백림의 낭(伯林의 狼)** 　15편 31권 중 제2회 제6~10편 10권
10.23	조선극장	불국 파-데사 대맹투대연속 **황색의 완(腕)** 전15편 31권 / 천연색특선명화 안나 메-왕 양 주연 연애대비극 **연의 수련(戀의 睡蓮)** 전편 / 미국 메도로사 사회극 **하나님의 아달** 전7권 주연 작크-메바 씨 대역연
10.26	단성사	미국 유사 작크 마-와 씨 아이링세지웍크 양 공연(共演) 　대연속대활극 **다니엘 풍** 15편 31권 중 제1회 제1, 2, 3편 7권 / 불국 파-데 본사 챠르쓰햇지송 씨 대역연 　대탐정대연속 **백림의 낭(伯林의 狼)** 15편 31권 중 최종편 제11~15편 10권

10.29	단성사	미국 아이렛심드사 명화 지라징훼-라 양 대역연 명화 미의 여(謎의 女) 전6권 / 미국 뷔카사 도모리손 씨 맹연 맹투활극 철권무자(鐵拳武者) 전5권 / 미국 부리훠드사 하우쓰비-다 씨 역연 모성극 어머니여! 사랑홉다! 전7권
	조선극장	독일 에메루가 회사 인정활극 무희의 환영 전7권 / 불국 파데-지사 연속대활극 황색의 완(腕) 제2회 제3, 4편 4권 / 특별 번외 동아문화협회 조천고주(早川孤舟) 씨 각색 만고열녀 춘향전 전9권
11.02	단성사	유사 　실사 파-데 지사 주보(週報) 전1권 / 희극 백과 흑 전2권 　활극 법과 사(法과 私) 전2권 　거성 몬로소루스베리 씨 역연 인정활극 잠자는 사자 전6권 　연속활극 다니엘풍 전15편 31권 중 제2회 제4, 5, 6편 6권
11.03	조선극장	파데-지사 제3회 황색의 완(腕) 전15편 31권 중 제5, 6편 4권 / 윌리암푹스 회사 인정활극 무언(無言)의 심판 전5권 / 파라마운트 회사 대전(大戰)활극 무중의 안(霧中의 顔) 전7권 / 동아문화협회 제공 사회비활극(悲活劇) 비련의 곡(曲) 전편
11.05	단성사	미국 훡쓰사 활극 여경관(女警官) 전2권 / 미국 부레휘-아드사 활극 가면의 용사 전7권 / 미국 부레휘-아드사 애화(哀話) 낙원의 독초(毒草) 전7권
11.08	조선극장	불국 엘모리후에-사 인정활극 생사의 일(日) 전6권 / 이태리 암부로지오사 마리아로아지오 양 대역연 연애비극 마라우에스도 전6권 / 불국 파데-사 연속활극 황색의 완(腕) 전15편 31권 중 제7, 8편 4권
11.09	단성사	미국 유사 실사 스크링마-카칭 전1권 / 미국 유사 활극 기수의 정(騎手의 情) 전2권 / 미국 파라마운트사 모성애가정극 백견의 여(白絹의 女) 전8권 / 미국 유사 연속활극 다니엘 풍 전15편 31권 중 제3회 제7, 8, 9편 6권
11.12	단성사	미국 후아쓰도 냐소날사 고도애화(孤島哀話) 파무친 황금 6권 / 미국 후아쓰도 냐소날사 노-망커리 씨 대역연 활극 낙뢰(落雷)할 때 전7권 / 조선기네마 회사 각색, 감독 왕필렬(王必烈) 씨 이월화 양 안종화 씨 공연 　조선명화애화(名花哀話) 해의 비곡(海의 秘曲) 5권
11.13	조선극장	이태리 간쏘가리아니사 세계적대모험대활극 광산의 여왕 6권 (원명 광산의 귀부인) 　원작 쏘로 씨 간쏘가리아니 씨 감독 가루로 간쏘가리아니 씨 / 미국 파라마운드사 주연 에루시 휘가손 양 대역연 　인정풍자극 가정이 정돈되여서 전5권 　원작자 아-사우잉구쎄네로 경 각색 감독 히라후오도 씨 / 불국 파데-사 연속활극 황색의 완(黃色의 腕) 전15편 31권 중 제5회 제9, 10편 4권
11.17	단성사	미국 유사 실사 유사 주보(週報) 전1권 / 미국 아-로 연속활극 복면기수(覆面騎手) 전15편 30권 중 제1회 (전편(前編)) 10권 / 미국 유사 연속활극 다니엘풍 전15편 31권 중 제4회 6권

11.19	단성사	미국 콜드윅사 대활극 **어리석은 남자** 5권 / 미국 후아쓰도 냐소날사 정희연활(正喜戀活) **귀공자** 전5권 / 미국 유나이듸사 문예극 **여성을 위하야** 전8권
	조선극장	미국 필님 회사 제공 희극 **사자(獅子)의 소동** 전2권 / 희극 **견과 소아(犬과 小兒)** 전2권 / 미국 바가듸쓰 영화회사 루이스구로무망 양 주연 사회극 **사랑보다 위대(偉大)** 전7권 / 이태리 고루도안드뎃스 회사 세바스데이앙네비 씨 주연 대활극 **신암굴왕** 전5권
11.23	단성사	유사 실사 **국제시보** 전1권 / 미국 유사 활극 **인? 귀?(人? 鬼?)** 전2권 / 미국 유나이듸트사 문예극 **여성을 위하야** 전8권 / 미국 유사 연속활극 **다니엘풍** 전15편 31권 중 최종편 6권
	조선극장	동아문화협회 사회비활극(悲活劇) **비련의 곡(曲)** 전7권
11.26	단성사	미국 센취리 대희극 **위명(危命)** 전2권 / 미국 무데휘드사 정희극 **남혐여혐(男嫌女嫌)** 전5권 / 미국 획쓰사 헤렝호루무쓰 양 대역연 대활극 **산정맹습(山頂猛襲)** 전5권 / 미국 아-로사 케-네쓰하-랑 씨 대활약 대권투대활극 **승패의 피방(彼方)** 전6권
11.28	조선극장	대 우-후아 회사 사회극 **증거의 연(鏈)** 전7권 / 세리고푸로데유싱크 회사 명우 아-링푸레데이- 양 역연 　신연속대모험대활극 **회색의 신녀(神女)** 15편 31권 중 제1, 2편 5권 / 특별 번외 대제공 동아문화협회 특작 각색 촬영 감독 조천고주(早川孤舟) 씨 　사회비활극(悲活劇) **비련의 곡(曲)** 전7권 전속 여우 문용자(文龍子) 양 주연
11.30	단성사	유사 실사 **국제시보** 전1권 / 리차-드 다루마치 씨 대활약 대모험대활극 **모험왕** 전7권 / 대희활극 **최대급행(最大急行)** 전2권 / 에데보로 씨 주연 대활극 **사이크롱쓰미쓰** 전2권 / 윌니암 당칸 씨 대활연(大活演) 대연속대활극 **철로의 맹자(猛者)** 　15편 30권 중 제1회 제1, 2편 4권
12.03	단성사	미국 뷔러뷔-워-드사 베데이휘랭씨-쓰 양 역연 　절세비련애화(哀話) **허영지옥(虛榮地獄)** 전7권 / 독일 데이미도리 씨 촬영 및 제공 바이오네루사 에미아-낭크 씨 대출연 　문제명화 쾌걸 **단돈** 전8권
	조선극장	미국 우아람이리- 회사 호랑구링화남 씨 대역연 　비활(飛活)육탄 모험활극 **미로의 비밀** 전15편 30권 중 전12권 / 미국 세리고푸로데유싱그사 아-링푸레데-이 양 역연 　신비적대연속 **회색의 신녀(神女)** 15편 31권 중 제2회 제3, 4편 4권
12.07	단성사	미국 유사 　실사 **국제시보** 전1권 / 활극 **심야의 해적** 전2권 　정희극 **여자이엿드면** 전5권 / 명화 **바다 건너** 전5권 　맹우 윌니암 당칸 씨 주연 연속활극 **철로맹자(鐵路猛者)** 　　전15편 30권 중 제2회 제3, 4편 4권

12.08	조선극장	미국 세리고푸로데유-싱크 회사 　신비적 대연속 **회색의 신녀(神女)** 전15편 31권 중 제3회 제5, 6편 4권 / 미국 우이리람이리- 회사 후랑구링화남 씨 대역연 　모험활극 **미로의 비밀** 전15편 30권 중 제2회 7, 8, 9편 6권 / 이태리 알망도-붸 회사 에뷰-링 양 역연 대모험대활극 **사의 곡마(死의 曲馬)** 전6권
12.09	우미관	윌니암 푸옥스사 톰믹크 씨 주연 대활극 **황무자일기(荒武者一騎)** 전5권 / 윌니암 푸옥스사 메-카 부인 주연 인정활극 **빈인의 군(貧人의 群)** 전7권 / 모험활극 **돌격** 2권 / 희극 **도망하자** 1권
12.10	단성사	미국 코-몬사 실사 **시보(時報)** 전1권 / 미국 뷔레휘-드사 활극 **시련을 밧고** 2권 / 미국 마-메-도사 공중희극 **쒸고 쎠러지고** 전2권 / 미국 파라마운드사 마리온 데뷔-쓰 양 **무사도 빗날 쌔** 전12권 / 미국 콜드윙사 봐이칭바이앙 씨 대활약 정희활극 **불란서식(式)** 전6권
12.13	조선극장	세리고푸로데유싱그 회사 명우 아-링푸레데이- 양 역연 　신비활극 **회색의 신녀(神女)** 전15편 31권 중 제4회 제7, 8편 4권 / 골계활극 **낙담무용(落膽無用)** 전3권 / 일활회사 동양권리부 하로로로이도 주연 미루도렛도뷔-스 양 조연 　모험활극 **호남(豪男) 로이도** 전5권 / 벙글벙글 **화물옥부(貨物屋敷)** 전2권 / 센추리- 영화 골계활극 **전기가(電氣家)** 전2권
12.14	우미관	실사 **푸옥스 시보** 전1권 / 신극(新劇) **위기일발** 전2권 / 미국 윌니암 푸옥스사 활극 **사선돌파(死線突破)** 전7권 / 미국 푸옥스사 애화(哀話) **고아의 패(唄)** 전5권
	단성사	미국 유사 　대활극 **용기백배** 전5권 / 마리아무구쌔 양 대역연 명화 **여자의 맹세** 전8권 　연속활극 **철로맹자(鐵路猛者)** 전15편 30권 중 제3회 제5, 6편 4권
12.17	단성사	미국 마-메-도 대모험대희극 **자동차 대경쟁** 2권 / 미국 뷔아르도사 인생애화(哀話) **진흥의 구(鳩)** 전5권 / 미국 콜드윙사 론재-니 주연 탐정활극 **지옥의 희백합(姬百合)** 6권 / 미국 게쓰-타사 맹투(猛鬪)활극 **금광에 피는 솟** 5권
12.19	우미관	미국 푸옥스사 희극 **서는 서(西는 西)** 전2권 / 미국 푸옥스사 윌니암랏셀 씨 주연 정극 **정의는 승한다** 전5권 / 미국 윌니암푸옥스 회사 베데이 부라이스 양 주연 후릿쓰 데이쌔 조연 　쎄-콜트 에트-와트 씨 감독 대사비극(大史悲劇) **시쌔-여왕** 전10권
12.20[62]	조선극장	미국 세리고 회사 아-랑푸레데이 양 주연 　연속활극 **회색의 여(女)** 전15편 31권 중 제5회 제9, 10편 4권 / 이태리 안부로시오사 사극 **나파륜(奈巴倫)[63]의 일대기** 전8권 / 미국 우이리암 회사 후랑구링화남 씨 대역연 　비활육탄(飛活肉彈) 모험활극 **미로의 비밀** 전15편 30권 중 제2회 제7~10편 8권

62) 동아일보 1924년 12월 21일자 광고에는 20일부터, 매일신보 12월 21일자 광고에는 23일부터로 나와 있다.
63) '나폴레옹'의 한자 표기. 拿破倫으로 표기하기도 한다.

12.21	단성사	미국 유사 　실사 **국제시보** 전1권 / 활극 **연(戀)과 천국** 전2권 　연속활극 **철로맹자(鐵路猛者)** 전15편 30권 중 제4회 제7, 8편 4권 　세계적 대명화 **향락의 몽(夢)** 전권 / 주엘 대명화 **남의 낭(嵐의 狼)** 전권
12.24	단성사	미국 고-몬사 실사 **시보** 전1권 / 미국 유사 론재-니 씨 주연 애화(哀話) **대지진** 전7권 / 미국 부레휘-드사 애화(哀話) **애(愛)의 부활** 전6권 / 미국 콜-드윙사 활극 **기계주공(奇計奏功)** 전6권
12.25	조선극장	미국 세리고 회사 아-랑푸레이데 양 주연 　연속활극 **회색의 여(女)** 전15편 31권 중 제6회 제11~15편 / 미국 우리람 회사 연속활극 **미로의 비밀** 전15편 30권 중 제3회 제11~15편
12.26	우미관	미국 푸옥스사 　실사 **푸옥스 시보** 1권 / 쪼-지 월시유 씨 주연 인정극 **해상의 강자** 전5권 　희극 **초련(初戀)** 전2권 / 쌀호와이트 양 주연 인정극 **동경(憧憬)의 세계에** 전7권
12.27	단성사	미국 유사 센취리 대희극 **해수욕장** 전2권 / 미국 유사 윌리암 당캉 씨 제5회 연속활극 **철로맹자(鐵路猛者)** 9, 10편 4권 / 미국 유나이딧트사 D. W. 크리피쓰 씨 대작 리리안 킷쉬, 돌듸 킷쉬 자매 대역연 　대비곡 **남의 고아(嵐의 孤兒)** 전12권

기사·인명
극단명·극장명

[색인]

색인(기사)

동아 24.03.25	(2)	조선극장으로 대격투 / 쌍방이 상해 고소	79
매일 24.03.25	(3)	선극(鮮劇) 분규 확대 / 극장 문전에 혈우(血雨) / 변호사와 무뢰비를 믜수하야 문을 바수고 사람을 란타힛다	79
동아 24.03.26	(2)	극단과 격투한 사 명을 검사국에 / 삼 명은 구류에만	81
매일 24.03.26	(7)	본정서(本町署) 관내 무면허 변사 처벌 / 감찰 업시 사진을 설명하는 자나 감찰 업는 변사를 사용한 자신지	82
매일 24.03.26	(7)	단성사의 특별 흥행 / 오날 져녁부터	82
동아 24.03.28	(3)	대저(大渚) 위생 선전	83
동아 24.03.30	(3)	인천에 방화극(防火劇)	83
매일 24.03.30	(4)	[영화계]	84
동아 24.04.01	(3)	부천(富川) 위생 전람 / 육 칠 양일 계남면(桂南面)에서	86
동아 24.04.02	(2)	활동사진 취체(取締)를 / 각디에서 통일할 예뎡 / 경긔도에만 사백삼십여 만척	87
동아 24.04.02	(2)	구경터에 절도 / 그 자리에서 잡히어	87
매일 24.04.02	(3)	「필님」 검사 통일 / 경기도 경찰부 제안 / 활동사진 검열을 전션덕으로 늬디와 제도를 쏙갓치한다고	88
매일 24.04.04	(3)	적지(赤池)총감의 활동 대표 회견 / 활동 필림에 듸한 인상을 셔로 연구	88
시대 24.04.04	(1)	무선전화 실시되면 / 보도기관에 사용 / 시험은 사월 십일에 시행 / 영업자는 국한할 터이고	89
동아 24.04.05	(3)	[판외(版外)소식] 독자위안 / 성황리에 종료	89
매일 24.04.05	(3)	천도교 창도(創道) 육십오회의 천일(天日)기념식 거행 / 축하 활동사진회 / 청년당의 후원으로	89
매일 24.04.05	(3)	활동배우의 승마술 연습 / 연극에 필요한 것을 연습[1]한다	90
조선 24.04.05	(2)	영화 취체(取締) 개정 제의(提議)	90
조선 24.04.05	(4)	인천 노동 정기 총회 / 내 육일 하오 칠시부터 / 외리(外里) 애관(愛館) 내에서 개최	90
매일 24.04.06	(3)	[영화계]	92
조선 24.04.06	(3)	중국극단에 조선인 여배우 / 그 극단의 중추가 된다	93
매일 24.04.09	(3)	단성사에 문예영화 상연 / 아메리킨사 걸작 「아라스카」 폭풍	95
매일 24.04.11	(3)	조선 부식(扶植)농원 자선 활동회 / 십일부터 공회당에셔	96
매일 24.04.11	(3)	[극단에셔] 교육계로 써나간 이채전(李彩田) 부인 / 경쇠 소릐를 들을 씨마다 넷놀을 츄억하고 탄식홀 것이다	97
매일 24.04.11	(4)	문화활사(活寫)순회대	98
매일 24.04.13	(3)	[영화계]	100

1) '연습'의 오식으로 보임.

동아 24.04.14	(3)	연예 음악 대회 / 제물 청년회 주최로	100
매일 24.04.14	(3)	명화 삼총사와 본지 독자 우대 / 황금관에서 일쥬일 동안	101
조선 24.04.14	(4)	예술협회 창립	101
동아 24.04.16	(3)	[중앙판] 단성사에 명화	103
동아 24.04.16	(3)	[중앙판] 천연색 영화회	104
매일 24.04.17	(3)	명화 삼총사 / 작일(昨日)부터 단성사에셔 / 눈물과 피의 결정인 용감한 삼총사의 활동을 보아라!	105
매일 24.04.18	(3)	만도(滿都) 관중을 열광케 하는 / 역사적 명화 『삼인총사』 / 용감한 무사의 피 쓸는 활동 / 요염한 미인의 이타는 사랑	106
조선 24.04.18	(3)	구경이 병이아	107
동아 24.04.19	(3)	극장에 일 풍파 / 소위 청년 극단의 흥행 중에 일 풍파	107
매일 24.04.19	(3)	조선 사정 영화극 / 『깃분 조선에셔』 / 경도 됴션관에셔 영사하야 됫됫덕으로 갓치를 바닷다	108
매일 24.04.20	(5)	[영화계]	109
조선 24.04.21	(3)	가극단 입경(入京)	111
매일 24.04.23	(3)	토월회 공연	113
시대 24.04.23	(1)	토월회 공연 / 금야 칠시 반부터 / 시내 단성사에서	113
매일 24.04.24	(3)	노국(露國) 비장(秘藏) 대전활사회(大戰活寫會) / 이십팔일에 공회당에서	113
시대 24.04.24	(1)	본사 주최 영사 / 단체 가입 성황	113
시대 24.04.24	(1)	로서아 비장 세계대전 활극 영사대회	114
동아 24.04.25	(1)	[횡설수설]	114
매일 24.04.25	(3)	인천 소년 연예대회 / 이십륙일에 / 인천 가무기좌에서	114
시대 24.04.25	(1)	고대하든 영사회 / 정각 전에 만원될 념려가 잇스니 남보다 먼저들 오시오	115
시대 24.04.26	(1)	개막된 영사회 / 눈 압헤 나타난 구주대전 / 립추의 여지가 업는 회장	116
조선 24.04.26	(3)	김시윤(金時允) 씨 / 고국 방문과 세계대전 영화 / 작금 량일간에 / 낫에는 단성사 / 밤에는 청년회	117
조선 24.04.26	(4)	저금 선전 사진대	117
매일 24.04.27	(3)	[영화계]	118
시대 24.04.27	(1)	대성황인 영사회 / 량일 밤낮을 두고 / 입추의 여지업서	119
매일 24.04.28	(3)	성황리에 개연한 토월회 극단 / 데륙회 공연을 준비	119
시대 24.04.28	(4)	[집회와 강연]	119
매일 24.04.30	(3)	조선 명배우를 망라한 무대예술연구회 극단 / 모든 설비를 완전히 하고 불원간 경성에 올라올 터	120
동아 24.05.01	(3)	[중앙판] 흥행장의 물가 / 일명하게 작명	122

[2] 문맥 상 '청년'의 오식으로 보임

색인(인명)

색인(극단 및 단체)

◆ 각 신문의 광고 지면은 제외하였음.

색인(극장)

◆ 각 신문의 광고 지면은 제외하였음.

일제강점기 영화자료총서 — 07

신문기사로 본 조선영화

1924

초판 인쇄	2012년 11월 15일
초판 발행	2012년 11월 25일

기획 및 발간	한국영상자료원
펴낸이	이병훈

펴낸곳	한국영상자료원
주소	서울 마포구 월드컵북로 400
출판등록	2007년 8월 3일 제 313-2007-000160호
대표전화	02-3153-2001
팩스	02-3153-2080
이메일	kofa@koreafilm.or.kr

편집 및 디자인	현실문화연구 (02-393-1125)
총판 및 유통	현실문화연구

값 35,000원

ISBN 978-89-93056-39-6 04680
    978-89-93056-09-9 (세트)